Hans-Jochen Gamm
Führung und Verführung

HANS-JOCHEN GAMM

FÜHRUNG UND VERFÜHRUNG

PÄDAGOGIK DES NATIONAL- SOZIALISMUS

LIST BIBLIOTHEK

Umschlaggestaltung: Gabriele Feigl, München
(© der Photographie: Ullstein-Bilderdienst, Berlin)

ISBN 3-471-77657-5

3. Auflage 1990 Paul List Verlag
in der Südwest Verlag GmbH & Co KG München
© 1964 Paul List Verlag München
Alle Rechte vorbehalten. Printed in Germany
Druck und Bindung: May & Co, Darmstadt

Allen,
die Pädagogik im Widerstand
auszuüben lernten und lehrten

INHALTSVERZEICHNIS

ÜBERSICHT DER SCHEMATISCHEN DARSTELLUNGEN UND TABELLEN

I. PROBLEMSTELLUNG

Einleitung zur Neuausgabe von 1984

1. Zur Edition

Die wiedervorgelegte Quellensammlung zur faschistischen Pädagogik war lange Zeit vergriffen. Häufig wurde ich aufgefordert, die Dokumentation erneut zugänglich zu machen, da inzwischen zwar viele Studien zu erzieherischen und schulischen Einzelproblemen erschienen, das authentische Quellenmaterial jedoch schwer zu beschaffen war. Zur wissenschaftlichen Auseinandersetzung mit dem Faschismus ist es aber unumgänglich, sich die weltanschaulichen Klitterungen der Hauptpropagandisten jener Epoche zu vergegenwärtigen. Ohne deren Kenntnis ist nicht zu begreifen, warum ein Volk in den Sog imperialistischer Politik geriet, bis zum Mai 1945 dafür kämpfte, Eigentum, Heimat, Leben und Zukunft aufs Spiel setzte, ohne nennenswerten Widerstand zu leisten, sich im „totalen Krieg" ausblutete, obwohl die Begeisterung der frühen Jahre, etwa angesichts der Errichtung „Großdeutschlands" und der „Blitzkriege", einer sozusagen fatalistischen Stimmung gewichen war. Im Faschismus müssen „Tugenden" wachgerufen worden sein, die von der deutschen Geschichte lange vorbereitet, auf pädagogische Entfaltung gewartet hatten, die sich freilich kaum mit dem Leitbild bürgerlicher Ethik, ihren Begriffen von Mündigkeit, Autonomie und Gewissen vereinbaren ließen und damit eben keine Tugenden, sondern nur spezifische Erscheinungsformen der „autoritären Persönlichkeit" waren, die *Adorno* und *Horkheimer* anhand sozialpsychologischer Studien kenntlich machten.
Eine Beschäftigung mit den Praktiken von Führung und Verführung, die unvergleichliches Unheil in Gang setzten, ist nicht allein der Retrospektive auf die Verhältnisse jener Jahre wegen erforderlich; vielmehr bedarf die deutsche Gegenwart selbst der Analyse, weil sich faschistoide Züge mannigfaltigen Charakters darbieten, aus deren tatsächlicher Existenz geschlossen werden darf, daß sich trotz des Generationswechsels kein grundlegender Neuaufbau im kollektiven Bewußtsein unseres Volkes vollzogen hat. Wer pädagogisch denkt, wird diese Umstände freilich auf intergenerative Kräfte zurückzuführen imstande sein: Faschistisch erzogene Eltern und Großeltern haben kaum die schwierigste personale Anforderung, ihre eigene geschichtliche Verfehltheit zu revidieren, als subjektive Leistung erbringen können, da dergleichen nur in objektiven Zusammenhängen möglich ist. So haben sie als Erzogene Kinder erzeugt und sie weiter erzogen. Unreflektierte Erfahrungen, unkritisch dargebotene deutsche Episodik, begriffslos gebliebene politisch-soziale Gesamtverhältnisse der Gegenwart durchdringen einander.

Wer unter diesen Umständen faschistische Texte überprüft, wie sie hier auszugsweise zusammengefaßt werden, bemerkt, wie durch Auswahl aus dem Traditionsbestand und didaktische Akzentsetzungen indoktriniert werden kann. Unschwer ist zu erkennen, daß auch heute, wie in jedem Zeitabschnitt bisheriger Geschichte, Herrschaftseliten über die Schule etwa die Verteidigungsbereitschaft (den Wehrwillen) aufzubauen unternehmen, bestimmte Auffassungen unterstützen, Interessen gut oder schlecht heißen, spezifische Bewertungen des Zeitalters anzulegen sich bemühen.

Damit hängt zusammen, daß sich Veränderungen des politischen Gesamtklimas ergeben, wenn Minderheiten um ihre Legitimation besorgt sein müssen, nonkonforme Intellektuelle sich in ihrer Identität zu stärken haben, um den gegen sie geführten konzentrischen Angriffen standzuhalten, Kritiker des kapitalistischen Systems verleumdet und etwa der Kollaboration mit den potentiellen Feinden gezogen werden, Bürgerrechts- oder Friedensbewegungen sich immer wieder dem Zweifel an ihrer Verfassungstreue ausgesetzt sehen.

Gerade der internen und externen Folgen des Faschismus wegen erhalten Verschlechterungen des politischen Gesamtklimas nach der Befreiung vom Faschismus in Deutschland einen höheren Grad von Bedrohlichkeit als in erprobten Demokratien wie etwa den Niederlanden oder Dänemark. Wissenschaftliche Beschäftigung mit der Pädagogik des Faschismus ist deshalb nicht lediglich Arbeit an einem zeitgeschichtlichen Thema, sondern Bemühung um eigene Bildung: von den Symptomen auf wesentliche gesellschaftliche Verhältnisse zurückzuschließen, faschistoiden Trends entgegenzuwirken, mit *Adorno* die elementare, auch pädagogische Forderung wachzuhalten, daß Auschwitz nicht wieder sei.

Die Dokumentation ist in ihrem Konzept unverändert belassen worden. Dafür waren zwei Gründe maßgebend; zum einen konnten durch die Übernahme des damaligen Satzes die Herstellungskosten des umfänglichen Buches gesenkt werden; zum anderen bin ich nach wie vor der Ansicht, daß der Bogen vom dogmatischen ersten Kapitel über die nachfolgenden faschistischen Einzelkonzepte folgerichtig zum zehnten und letzten Kapitel weiterleitet; dieses trägt den Titel „Ideologische Konsequenzen: Die Behandlung der Ostvölker". Der Faschismus unternahm es nämlich, sein „Großgermanisches Reich" über einer dauerhaft zu unterwerfenden slawischen Bevölkerung aufzubauen. Dazu sollte man sich die schematische Darstellung über die geplante deutsche Zivilverwaltung in den besetzten Ostgebieten vergegenwärtigen (S.475) und vor allem die Hierarchie von den deutschen Bauern und Gutsherren, die in den Osten umzusiedeln waren, über die dortigen „Volksdeutschen" bis zu den verschiedenen slawischen Gruppierungen, die teilweise weiter nach Osten abzuschieben oder auch auszurotten waren, wie aus dem Schema S. 476 hervorgeht. Erst unter dieser Perspektive gewinnen die einzelnen pädagogischen Maßnahmen in Deutschland zwischen 1933 und 1945, so wenig koordiniert sie auch zwischenzeitlich erscheinen mochten, ihren menschenverachtenden Charakter: Das Genozid wurde in der Erziehung zum rassebewußten Kämpfer nachhaltig angelegt. Verliert man diese Tendenz aus dem Auge, wird das Verbrechen an der Menschheit nicht als generelle Signatur faschistischer Einzelabsichten erkannt, dann läßt sich mit großem Fleiß in der faschistischen Soziallandschaft mancherlei Spezielles ermitteln, z. B. daß der Schulalltag im „Dritten Reich" nicht immer bedrückend war, sich manche politischen Nischen boten und daß es im KZ nicht ständig grausam zuging, die Häftlinge manchmal sogar der für sie konzertierenden Lagerkapelle lauschen durften und daß es auch dort Krankenversorgung und feiertags mehr zu essen gab. Diese Entwicklungsrichtung hat nämlich eine Anzahl von Untersuchungen zur faschistischen Schule, ihren Lehrplänen, ihren Organisationsformen sowie zum wissenschaftlichen Betrieb jener Jahre eingeschlagen und dabei das Allgemeine aus dem Auge verloren.

An der Auswahl der Quellen halte ich auch deswegen fest, weil es meines Erachtens primär nicht darauf ankommt, immer neue Dokumente zu erschließen und zahlreiche erzieherische Variationen im Thema Faschismus darzustellen, sondern darauf, Faschismus und Pädagogik auf der Begriffsebene miteinander in Zusammenhang zu bringen, dem näherzukommen, was Pädagogik als Wissenschaft leisten kann, wenn sie auf sich selbst reflektiert. Davon ist bei den inzwischen zahlreichen Veröffentlichungen und Untersuchungen zum Gegenstand Erziehung in Deutschland zwischen 1933 und 1945 wenig festzustellen; man handelt und schreibt, als ob es über eine in sich mehr oder weniger abgeschlossene Epoche zu forschen gelte, um von ihr ein immer differenzierteres Bild zu gewinnen. Unter solcher Unverbindlichkeit verliert Pädagogik ihren Gegenstand, nämlich den zwischen geschichtlichen Epochen und wechselnden politischen Formationen bestehenden Kontext, der die Traditionen zur Einheit verknüpft. In dem Maße, wie Traditionen unreflektiert vermittelt wurden, eine „Aufarbeitung der Vergangenheit" (*Adorno*) *nicht* stattfand, blieb das mörderische faschistische Potential nach wie vor anwesend, ist Vergangenheit auf höchst bedrohliche Weise in der Gegenwart wirksam. Wenn es ein existentielles Problem für Pädagogik gibt, dann dieses: Welchen Begriff birgt ihre Wissenschaft, sofern sie zur Aufhellung des verdeckten oder verschwiegenen Kontinuums berufen ist, zu dem sie gehört?

Auf diese Frage wird noch einmal zurückzukommen sein, doch sind einstweilen die Merkmale faschistischer Erziehung zusammenzutragen, wobei auf einzelne Quellen der nachfolgenden Dokumentation als Belege verwiesen wird. Damit ist keine Systematik erstrebt, die es beim Dezisionismus der „Führerbefehle" nicht geben konnte; doch werden die ideologischen Versatzstücke in quantitativer Hinsicht deutlich, die den pädagogischen Alltag im Faschismus kennzeichneten.

1. Faschistische Pädagogik ist zunächst dadurch gekennzeichnet, daß sie den absoluten *Vorrang körperlicher Tüchtigkeit* gegenüber den intellektuellen Kräften feststellte. Der Auszug aus Hitlers „Mein Kampf" (Dokument 1) enthält die für alle Funktionäre gültigen Direktiven. Das Mißtrauen gegen den Geist und seine unberechenbaren Erkenntnisse charakterisierte das faschistische System grundlegend; entsprechend wurde der Vorrang der Gefühle betont (Dokument 62) und deren Beeinflussung durch spezifische Kultformen, besonders im Zusammenhang mit den Reichsparteitagen, vorgenommen. Die SS (= Schutzstaffeln) als Eliteverbände des Faschismus wurden durch zahlreiche Weiheakte bei Fackelschein und Gelübdeformeln auf das „Heilige Deutsche Reich" eingeschworen. Freilich war in der Realität wenig von dem geplanten „Ordens"-Geist zu verspüren. Statt seiner bot sich die SS als eine wuchernde Bürokratie dar, die sich durch die barbarische Ausnutzung der Arbeitskraft von Häftlingen der Konzentrationslager zu einem gigantischen Wirtschaftsunternehmen auswuchs. In der Grafik S. 473 sind dessen Grundlinien aufgetragen.

Da das faschistische System auch zukünftige Führungskader benötigte, wurden dafür Eliteanstalten ins Leben gerufen: Adolf-Hitler-Schulen, Nationalpolitische Erziehungsanstalten (NAPOLA) und „Ordensburgen", deren sorgfältig ausgelesene Stipendiaten körperliche Tüchtigkeit mit einem auf den Faschismus eingeschworenen Verstand kombinieren sollten. Der geplante Weg zur politischen Elitebildung ist aus dem Schema S. 384 ersichtlich. Ideologisch gefestigte Charaktere ließen systemkonformen Gebrauch des Wissens und spezifische Verhaltensweisen erwarten. Mit zwei *Ideologrammen,* wie man die nachfolgenden Skizzen nennen könnte, wird versucht, die verschiedenen Tendenzen einander zuzuordnen.

2. Der Vorrang körperlicher Disposition ließ sich nach faschistischer Weltanschauung dauerhaft nur durchsetzen, wenn die *Vererbungslehre* berücksichtigt, die biologische Substanz des deutschen Volkes systematisch verbessert würde (Dokument 7). Der Faschismus entschied sich damit in der Kontroverse, ob Erbe oder Umwelt für die Entwicklung des Menschen bestimmend seien, zugunsten des ersten Faktors. Folglich mußte an der Erbmasse manipuliert werden, wo immer sie als negativ erschien. Schon am 14. Juni 1933 wurde das „Gesetz zur Verhütung erbkranken Nachwuchses" erlassen, das Zwangssterilisation derjenigen Kinder legalisierte, denen die „Erbgerichte" und das „Reichssippenamt" schlechtes Erbgut bescheinigten. In den Euthanasie-Aktionen, der Tötung „lebensunwerten Lebens", sind Hunderttausende von Kindern und Erwachsenen, denen höhere Grade von Schwachsinn medizinisch attestiert wurden, aus den Heimen und Pflegeanstalten im Deutschen Reich fortgeschafft und systematisch ermordet worden. Es war nur ein Vorspiel zum Genozid, das ab 1941 in den Vernichtungslagern des „Generalgou-

16

Ideologramm I

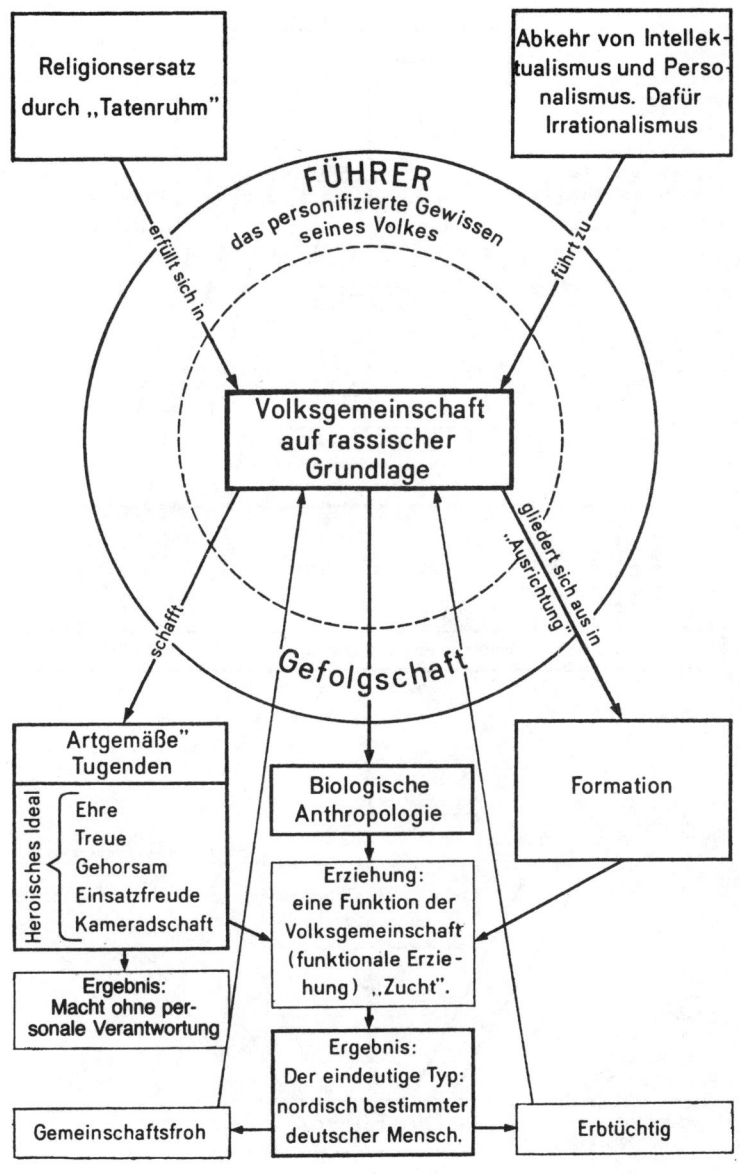

Religionsersatz durch „Tatenruhm"

Abkehr von Intellektualismus und Personalismus. Dafür Irrationalismus

FÜHRER
das personifizierte Gewissen seines Volkes

erfüllt sich in

führt zu

Volksgemeinschaft
auf rassischer
Grundlage

gliedert sich aus in
„Ausrichtung"

schafft

Gefolgschaft

Artgemäße" Tugenden

Heroisches Ideal

Ehre
Treue
Gehorsam
Einsatzfreude
Kameradschaft

Biologische
Anthropologie

Formation

Ergebnis:
Macht ohne personale Verantwortung

Erziehung:
eine Funktion der
Volksgemeinschaft
(funktionale Erziehung) „Zucht".

Gemeinschaftsfroh

Ergebnis:
Der eindeutige Typ:
nordisch bestimmter
deutscher Mensch.

Erbtüchtig

Ideologramm II

Das Schema der nationalsozialistischen „Erfassung" des einzelnen

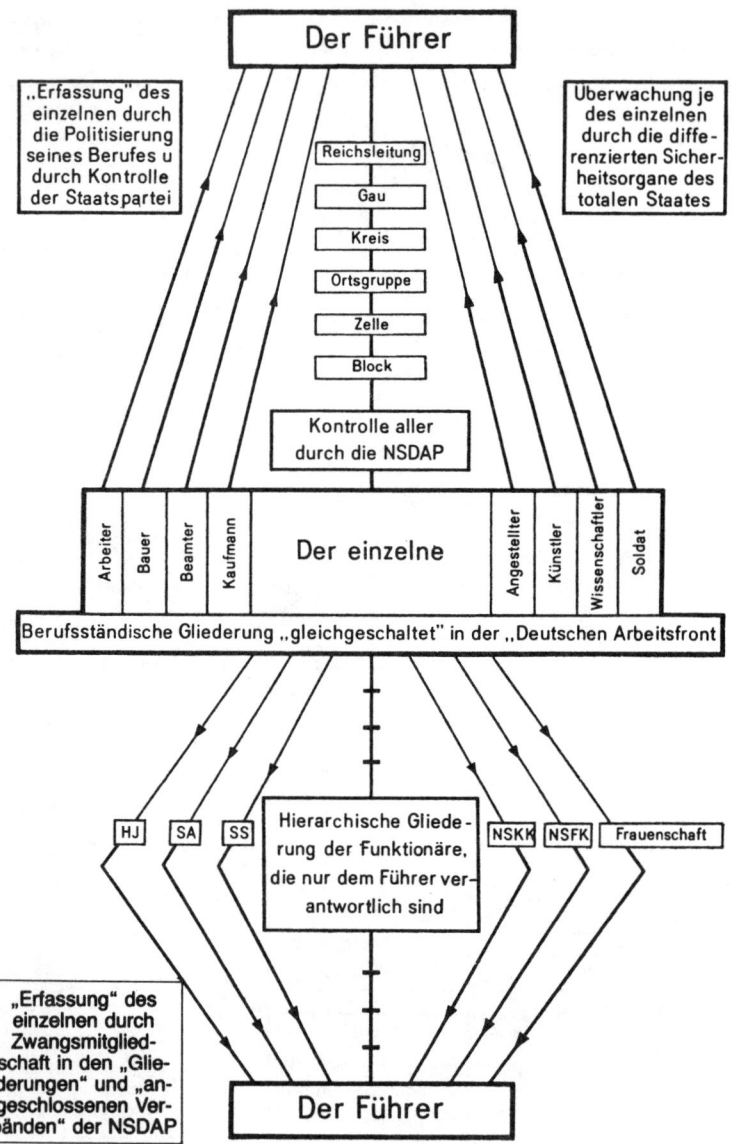

"Erfassung" des einzelnen durch die Politisierung seines Berufes u durch Kontrolle der Staatspartei

Überwachung je des einzelnen durch die differenzierten Sicherheitsorgane des totalen Staates

Reichsleitung

Gau

Kreis

Ortsgruppe

Zelle

Block

Kontrolle aller durch die NSDAP

Arbeiter | Bauer | Beamter | Kaufmann

Der einzelne

Angestellter | Künstler | Wissenschaftler | Soldat

Berufsständische Gliederung „gleichgeschaltet" in der „Deutschen Arbeitsfront"

HJ | SA | SS

Hierarchische Gliederung der Funktionäre, die nur dem Führer verantwortlich sind

NSKK | NSFK | Frauenschaft

„Erfassung" des einzelnen durch Zwangsmitgliedschaft in den „Gliederungen" und „angeschlossenen Verbänden" der NSDAP

Der Führer

vernements", dem besetzten Polen, eingeleitet wurde. Faschistische Pädagogik suchte „Rassenhygiene" zu vermitteln, pflegte den Stolz auf das „deutsche Blut" (vgl. Dokument 80), pflanzte ein Bewußtsein für die Überlegenheit des „nordischen Menschen", des Ariers, in die Vorstellungen des Volkes. Der Lichtgestalt stellte sie den „jüdischen Untermenschen" gegenüber. Die Weltgeschichte galt als Rassenkampf; die Entscheidung der mythischen Schlacht stand angeblich bevor (Dokument 1).

3. Liberale Auffassungen über die Entfaltung des Individuums, sein Recht auf allseitige Differenzierung von Anlagen wurden für überständig erklärt und aus der pädagogischen Wünschbarkeit getilgt. Die Weimarer Republik, in der die Person höher bewertet worden sei als die deutsche Volksgemeinschaft, galt als Nährboden der Vaterlandslosigkeit. Dieser Irrweg sei zu beenden, nicht das Individuum heranzuziehen, sondern der Typ zu züchten (Dokument 17). Das hatte eine sorgfältige Trennung von männlicher und weiblicher Erziehung zur Folge, Koedukation wurde verworfen. Jungen sollten miteinander *hart* umzugehen lernen, und den Mädchen war das unverrückbare Ziel der dienstwilligen und opferfreudigen deutschen Mutter von früh auf vor Augen zu stellen, die sich später in „stolzer Trauer" äußerte, sofern ihr Sohn für „Führer, Volk und Vaterland" fiel. Die Dokumente 48 bis 53 sind daher besonders aufschlußreich für die Typenzucht. Der Stundenplan für Mädchen wurde schwerpunktmäßig auf Fächer des „Frauenschaffens" und der Rassenpflege umgestellt; folglich mußten die bisherigen Bildungsinhalte notwendig reduziert werden. Zudem drosselten die Faschisten das Frauenstudium grundsätzlich. Die auf S. 471 wiedergegebene Tabelle über die Veränderung der Anteile von männlichen und weiblichen Studierenden während der faschistischen Epoche ist besonders aufschlußreich und spiegelt die Arbeitsmarktsituation wider. Durch die Umstände des Zweiten Weltkriegs ergab sich, daß der Mutterkult nicht unmodifiziert aufrechtzuerhalten war. Weibliche Arbeitskraft wurde fortan umstandslos für Rüstung und Dienstleistung rekrutiert. Der Typ bedurfte nicht vordringlich des Arguments, um ihn in Bewegung zu setzen; er mußte nicht eingesehen haben, daß sein „Einsatz" gerechtfertigt war. „Führer befiehl, wir folgen Dir" war sowohl gesungene Parole, als auch die Echolalie des faschistischen Alltags. Die Wehrmacht als „Schule der Nation" vollendete die Unterwerfung, indem der soldatische Typ den laschen Zivilisten endgültig ablöste. Preußischer Drill, seit altersher Quelle von Demütigungen, wurde in der faschistischen Armee als notwendiger Schliff des Mannes gefordert, damit ein befehlsgewohnter Kämpfer übrigbleibe. Das biologisch akzentuierte „Survival of the fittest" verschmolz mit der imperialistischen Komponente: „Junge Völker" durften sich gemäß der „Vorsehung" die Lebensräume untüchtiger oder müder Völker aneignen.

4. Die Faschisten konnten die dafür erforderlichen vielseitigen Prozesse einleiten, weil der Typenzucht ein lebenslanges politisches Gliederungsschema entsprach und mit der *Uniformierung* der gesamten Nation die Befehlshierarchie festgestellt wurde. Der Uniformkomplex verdient nachhaltig betont zu werden, weil er der indifferenten zivilen Kleidung prinzipiell ein Ende setzt und für entscheidenden Parolenempfang den verordneten Kampfanzug samt seinen vorgeschriebenen Attributen befiehlt. Durch Uniformen wurde zudem suggeriert, daß es keine Klassenunterschiede mehr gebe, jeder stehe am befohlenen Platz, einer trete für den anderen ein, das Volk sei ein kämpfender Gesamtkörper. So wurden die weiterhin bestehenden sozialen Unterschiede geschickt verschleiert und die Aggressionen auf sorgfältig definierte Feinde umgelenkt.

Mit der Anlage der Uniform werden die Rangordnungsverhältnisse auf primitiver Ebene unwidersprüchlich. Der Rangniedere verstummt dem Vorgesetzten gegenüber, er erstarrt, nimmt „Haltung an". In diesem Augenblick ist das Rezeptionsorgan für den Befehlsgeber funktionstüchtig. Schon im „Deutschen Jungvolk" galt für die Zehnjährigen, daß sie ihren verschiedenen Führern gegenüber Gehorsam leisteten, Murren oder gar Meutern ausgeschlossen blieb. Überhaupt erinnerte die Matrosenmeuterei bei der Kieler Hochseeflotte im Herbst 1918 an die schlimmste Entartung einer Truppe. Freilich mußte diese von den „November-Verbrechern", von Juden, Sozialisten, Vaterlandsverrätern, erst aufgeputscht worden sein, da deutsche Gemüter zu solchem abgöttischen Verhalten von sich aus nicht imstande wären. Die Faschisten wirkten möglichen Wiederholungen durch *Frühuniformierung* entgegen, wie Dokument 59 besagt. Das Organisationsprinzip, mit Lebensaltern und Symbolen verknüpft, ist im nachfolgenden Schema S. 21 aufgetragen.

Die Übersicht auf S. 469 stellt die Geschichte der faschistischen Jugendbewegung dar, wie sie als parteiamtlich gebilligter und verordneter Lehrgang von jedem Mitglied der HJ anzueignen war. Der Überblick zeigt zudem, wie die Hitlerjugend als Aushilfe bei auftretenden volkswirtschaftlichen Schwierigkeiten heranbefohlen wurde. Das Schema der Reichsjugendführung (S. 472) veranschaulicht die dazu erforderlichen Befehlskanäle.

Zu bestimmten Erfahrungen wurde die Jugend gedrängt, Gemeinschaft sollte erlebt werden, aber nicht durch Analyse der wechselseitigen Beziehungen. Kameradschaft galt als Primärdatum, besonders Kriegskameradschaft und das hochstilisierte *Fronterlebnis*. Kampfspiele sollten auf den realen, den unausweichlichen Kampf vorbereiten, auf den ohnehin alle pädagogischen Maßnahmen zuliefen. Für ihn galt die unumstößliche Erklärung, daß wohl eine Niederlage möglich, niemals jedoch eine deutsche Kapitulation denkbar sei (Dokument 79).

Die erzieherische Großformation ist damit gekennzeichnet. Auf eine Untergliederung wird verzichtet, da diese den Erkenntnisfortschritt doch wohl nur bedingt förderte. Weitere Einsichten dürften zu erwarten sein,

Der Weg des „gleichgeschalteten" Staatsbürgers

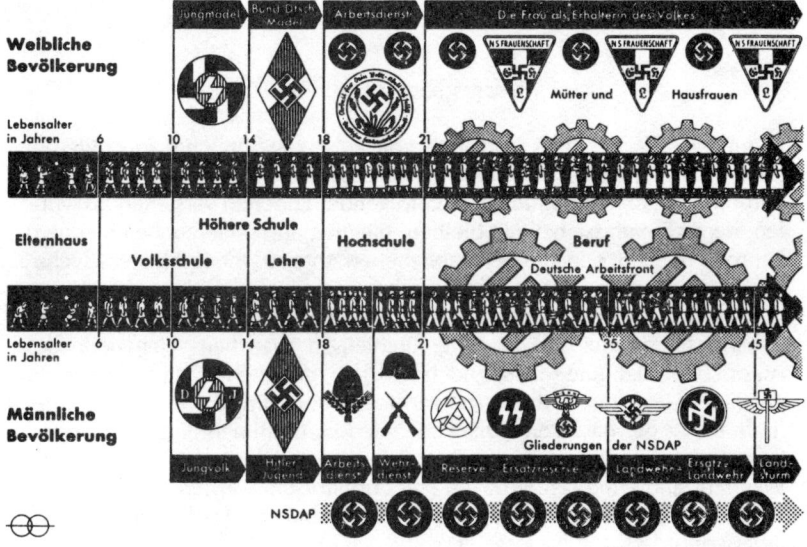

Die Organisation der NSDAP

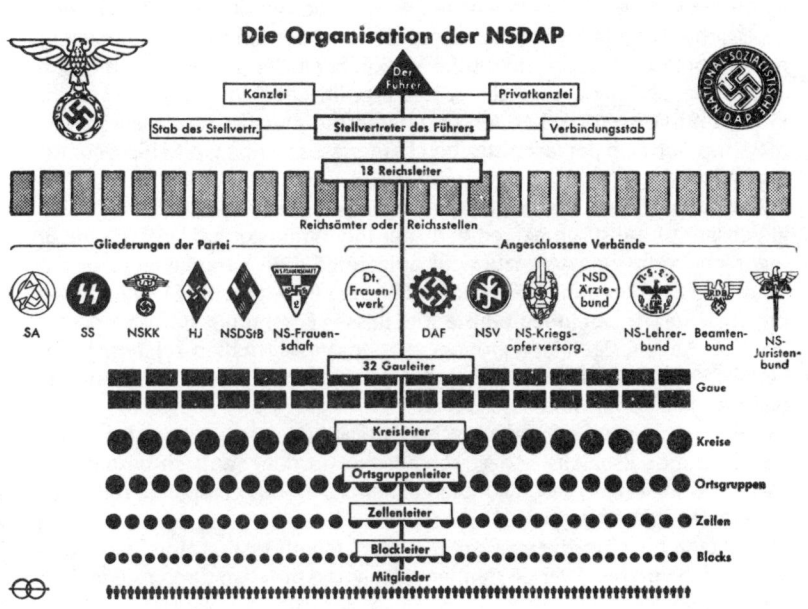

21

Graphiken: Erich Schmidt Verlag

bedenkt man Pädagogik als wissenschaftliche Disziplin in ihrer möglichen Affinität zum Faschismus grundsätzlich.

2. Pädagogik und Faschismus

Es gibt gesellschaftliche Vorgänge von außergewöhnlicher Reichweite, deren bloße historische Existenz es nahelegt, sie als dauernde Herausforderung der Denkbemühungen nachfolgender Epochen verstehen zu wollen, damit Ereignisse bewußt bleiben, die niemand ungeschehen machen kann. Es mag mit den kindlich gebliebenen Anteilen menschlicher Psyche zusammenhängen, daß schlimme Umstände manchmal in der Weise hintergangen werden, daß man träumt, sie seien gar nicht eingetreten, man habe sich grundlos vor ihnen gefürchtet, in Wahrheit seien heilende Autoritäten oder gute Mächte noch wirksam, die Eltern hätten verziehen, das Haus stehe noch, die längst zerrissene oder umgekommene Familie finde hinter der nächsten Hügelkette wieder zusammen und ein heiterer Sommertag kündige sich an. Doch alles *ist* so eingetreten, wie es im Wachzustand ermessen, ertragen und durchforscht werden muß, um den Vorgängen unter Wahrheitsanspruch standzuhalten; das Denken also ist herausgefordert.

So verhält es sich beim reflektierenden Zugang zur faschistischen Epoche, die zur Aufarbeitung ansteht und deren Konturen sich in der Gegenwart um so hintergründiger abzeichnen, je geringer die Bereitschaft ist, ihr noch gesellschaftliche Relevanz zuzusprechen. Dieser Mangel aber kennzeichnet die bundesdeutsche politische Wirklichkeit der Gegenwart, die sich auf formale Demokratie, die Vielfalt politischer Meinungen und ihr Pluralismuskonzept zu berufen und damit die Zweifler abzuwehren vermag, die sich von der faschistischen Hinterlassenschaft weiterhin beunruhigt sehen.

Inzwischen ist auch die Nachfolge-Organisation der Waffen-SS („HIAG") gleichsam pluralistisch akkreditiert; der Innenminister hat sie 1983 nicht mehr im Verfassungsschutzbericht aufgeführt. Die Veranlassung für die staatliche Zuerkennung bürgerlicher Ehrenhaftigkeit an die SS-Nachfolge-Organisation ist laut Innenministerium dessen Erkenntnis, daß die ehemaligen SS-Angehörigen kein grundgesetzwidriges Verhalten zeigten. *Heinrich Himmler*, Reichsführer-SS, hatte das Prinzip dieses politischen Verbandes einst so formuliert:

„So sind wir angetreten und marschieren nach unabänderlichen Gesetzen als ein nationalsozialistischer, soldatischer Orden nordisch-bestimmter Männer und als eine geschworene Gemeinschaft ihrer Sippen den Weg in eine ferne Zukunft."

Der staatliche Gunstbeweis an die Nachfolge-Organisation wird sich schwerlich von den Werten trennen lassen, die mit dem Ordensgedanken der SS, der „nordischen" Mentalität, dem „guten Blut" und dem „Groß-deutschen Reich" zusammenhängen. Darüber hinaus wird indirekt unter-strichen, daß die Konsequenzen aus dem Zweiten Weltkrieg in gewisser Weise zur Disposition stehen, über die Gebiete jenseits von Oder und Neiße möglicherweise im Rahmen endgültiger Friedensregelungen noch einmal zu verhandeln sei.

Die faschistische Epoche als Block innerhalb der deutschen Zeitgeschichte muß weiterhin aufgearbeitet werden. Ihre Zusammenhänge stellen sich für die verschiedenen Wissenschaften unterschiedlich, jede kann spezifische Fragen aufwerfen, um der Genese und den Konsequenzen des Faschismus nachzugehen. Am Kontext der Probleme aller Disziplinen wird deutlich, daß gesamtwissenschaftliche Bemühung gefordert ist, gemeinsame Ver-antwortung gegenüber denen besteht, deren Arbeit in der materiellen Produktion jene Mittel bereitstellt, die den Vollzug von Wissenschaft ermöglichen.

Der Faschismus bietet eine Lektion für die Pädagogik, durch die ihr neue und durch keine bisherige Erfahrung vermittelte Wege der Selbstreflexion offenstehen. Dabei ist der Streit entbrannt, ob die erzieherischen Praktiken zwischen 1933 und 1945 überhaupt mit dem Titel Pädagogik belegt werden dürften, ob jene organisierten Führungsmaßnahmen, die der weltanschaulichen Verführung der nachwachsenden Generation dienten, nicht eher unter den sozialpsychologischen und politischen Bezeichnun-gen Indoktrination oder Demagogie festzuhalten seien. Ferner wird die These vertreten, faschistische Erziehungspraxis lasse sich wiederum nicht durchgehend unter demagogischem Aspekt fassen, denn es seien weite Bereiche traditioneller Schule, wie z. B. das humanistische Gymnasium und andere Bildungseinrichtungen, damals nicht wesentlich verändert worden, der Fächerkanon sei gegenüber dem in der Weimarer Republik nicht tiefgreifend abgewandelt gewesen, der Verzögerungseffekt bildungs-politischer Übersetzung gesellschaftlicher Trends habe sich auch im Faschismus bewiesen.

Wird unter solcher Einschränkung befragt, so ist die Verharmlosung bereits wirksam, die sich allenthalben im öffentlichen Leben gegenüber dem Faschismus-Syndrom bemerkbar macht und damit auch die zuvor genannte Rehabilitation des SS-Nachfolgeverbandes ermöglicht. Bei die-ser Sichtweise besteht Tapferkeit „an sich", heroisches Soldatentum unab-hängig von seiner tatsächlichen Verwendung. Die Angriffskriege der deutschen Truppen gehen dann als „erstaunliche strategische Leistungen" unter positiver Bewertung in die Kriegsgeschichte ein. Wenn die meisten Großstädte und Industrieanlagen im Reich ab 1943 durch die alliierten Luftangriffe erheblich geschädigt waren und es dennoch nur den gemein-samen Anstrengungen anglo-amerikanischer und sowjetischer Armeen gelang, die Wehrmacht niederzuringen, dann kommt dies einem Rätsel, gar einem Wunder gleich, und der Mythos von der deutschen Tüchtigkeit kann ein weiteres Ruhmesblatt ausfüllen, die Geschichtslegende wuchert. In diesem Zusammenhang ist auch die Wendung des ersten Kanzlers unserer Republik heranzuziehen. Hatte er in den Nachkriegsjahren unter dem Eindruck der Greuel noch geäußert, keine deutsche Hand dürfe wieder eine Waffe ergreifen, so schuf *Adenauer* wenig später die politischen Voraussetzungen für den Einbezug deutscher Militärkontingente in die NATO. Weithin verdrängt ist, daß damals der Weg zu einer Neutralisierung ganz Deutschlands offenstand, Mitteleuropa zur blockfreien Zone umzuwandeln war. *Stalin* stellte am 10. März 1952 die Wiedervereinigung Deutschlands in Aussicht, die durch einen Friedensvertrag zustandekommen sollte. Die Bedingung dafür war, daß Westdeutschland auf Militärbündnisse verzichte. Dafür sollte ihm jedoch eine Nationalarmee zugestanden werden, wie es sie etwa heute in Österreich gibt. Von der Moskauer Regierung folgten durch die Nachfolger Stalins bis 1954 weitere vermittelnde Noten, von denen in Bonn jedoch keine beachtet wurde. Am 15. Januar 1955 bot *Malenkow* noch einmal die Wiedervereiŋigung durch freie gesamtdeutsche Wahlen unter UNO-Kontrolle an, sofern die Bundesregierung auf den bevorstehenden Beitritt zur NATO verzichte und die Pariser Verträge nicht unterzeichne. In der Moskauer Erklärung hieß es damals: „Im Falle der Ratifizierung der Pariser Abkommen übernimmt der Bundestag die schwere Verantwortung für das Fortbestehen der Spaltung Deutschlands." Das war das Ende jener sowjetischen Angebote, und inzwischen hat sich die Konstellation bekanntlich verändert. Die damalige Regierung Konrad Adenauers verwarf sämtliche Offerten mit dem Hinweis, daß die Russen es nicht ernst meinten und das Eingehen auf jene Vorschläge sich daher erübrige. Kapital und politisches Rechtskartell setzten einzig auf die Westintegration, nachdem durch die Marshallplan-Gelder bereits eine Verschmelzung der Profitinteressen eingeleitet worden war. Der Verzicht Adenauers zumindest auf Prüfung jener Chancen zeitigte bittere Konsequenzen, die heute an Deutlichkeit gewinnen, da in beiden deutschen Teilstaaten der atomare Megatonnentod unter Betondecken auf seine Auslöser wartet. Vielleicht darf für die hier erörterten Zusammenhänge die These gewagt werden, daß den Westdeutschen von den Westalliierten um der Integration in das westliche Bündnis willen die kollektive Verdrängung der Vergangenheit erlaubt worden sei. Damit käme der Westintegration eine Art Ersatzleistung für die wirkliche äußere und innere Reinigung vom Faschismus zu.

Es ist der Frage näherzukommen, was unter der erweiterten Selbstreflexion von Pädagogik verstanden werden solle und inwiefern der Faschismuskomplex für diese Reflexion eigentümliche Hilfen anbiete. Zunächst bedarf Pädagogik innerhalb der übrigen Sozial- und Geisteswissenschaften einer Selbstdefinition, um so dringlicher, da sie im Vergleich mit Soziologie und Psychologie als weniger potent eingestuft wird, was etwa zur Folge hat, daß sie im Gegensatz zu diesen beiden Wissenschaften kaum jemals öffentliche Gutachterfunktion zuerkannt erhält. Sie gilt als Theorie und Praxis für Schulmeister, deren Wertschätzung sich seit der Antike bekanntlich auf bescheidenem Niveau hält.

Solche Rückmeldungen der öffentlichen Meinung mögen einen in sich wenig gefestigten Wissenschaftstyp zusätzlich irritieren – um so wichtiger ist es, die Legitimation der Pädagogik zu überprüfen. Im Gegensatz zu vermeintlich höherwertigen anderen Sozialwissenschaften enthält Pädagogik eine Theorie-Praxis-Verschränkung, die ihresgleichen sucht und die der Pädagogik gebührende Anerkennung verschaffen könnte, sofern das Reflexionsvermögen der Disziplin ihre potentielle Vorgabe einholte und für sich realisierte. Inhaltlich ist dieser Konspekt folgendermaßen auszufüllen: Pädagogik hat zum einen unabdingbar die Erarbeitung von *Bildungstheorie* zum Gegenstand, weil nur in ihr die Universalität des mit Bildung intendierten Begriffs gewonnen werden kann; Pädagogik unternimmt zum anderen präzise die *intergenerative Verknüpfung* im didaktisch-proportionierten Lehrgang vom Kindergarten bis zur Hochschule; Kultur ist durch konkrete Personalisation fortzuführen und anzureichern, Tradition geschieht also leibhaftig.

Die Gefahr für Pädagogik ist allenthalben diese, Bildungstheorie um ihrer selbst willen zu betreiben, sie esoterisch abzuschließen und jeweils höhere Abstraktionsgrade in der Verknüpfung und Sublimation des dazu erforderlichen historischen Materials zu erreichen. *Heine* sagt einmal, in Deutschland gebe es keinen Verrückten, der nicht einen noch Verrückteren finde, der ihn verstehe. Bei solchen Trapezakten der Hermeneutik und der Gedankenkonstruktion erlischt die didaktische Dimension der Vermittlung. Als unzumutbare Beschwernis wird empfunden, sich in die Niederungen von Kinderspielen, in den Unterricht oftmals lernunwilliger Jugendlicher oder bornierter Erwachsener einzulassen, gleichsam Perlen vor die Säue zu werfen. Im Zirkel Gleichstrebender und -schwebender zu bleiben scheint allemal würdiger; die Konsequenz zeigt sich; eine im Stich gelassene Praxis beharrt nun ihrerseits in Selbstgenügsamkeit, erwartet keine wesentliche Hilfe von der Wissenschaft. *Kants* kleine Abhandlung „Über den Gemeinspruch: Das mag in der Theorie richtig sein, taugt aber nicht für die Praxis", ist daher so aktuell wie eh und je. Wo Pädagogik sich anschickt, keiner der beiden genannten Vereinseitigungen zu erliegen, verklammert sie Theorie und Praxis, wie es anderen im Rampenlicht stehenden Disziplinen kaum möglich ist, da diese die Veränderung allgemeiner Praxis nicht zum Gegenstand haben.

Pädagogik brauchte sich daher nur mit Entschiedenheit der Aufgaben wirklich anzunehmen, die niemand ihr streitig machen kann, um zugleich das Bewußtsein dafür zu kultivieren, daß sie eine unvergleichliche Stellung im Gefüge der Wissenschaften einnimmt. Pädagogik ist die einzige Disziplin, die an der konkreten Herstellung von Tradition arbeitet, indem sie anleitet, zur Führung und Selbstführung des Menschen befähigt,

Bildungshilfen eröffnet. Die Bedingung der Möglichkeit für weitreichende praktische Eingriffe in das soziale Gefüge bietet die vorab entwickelte Theorie von der Bildsamkeit des einzelnen und der geschichtlichen Ausformung der Gattung.

Die Beschreibung pädagogischen Denkens und Handelns und der Vorausentwurf für ein die menschliche Praxis verbesserndes Erziehen sind notwendige Bestandteile eines ausgefüllten Begriffs von Pädagogik. Hinreichend wird er erst, sofern die Vorstellung von Bildung am Gedanken des *Allgemeinen* uneingeschränkt festhält, jedes *Besondere* sich einem Übergeordneten zurechnet. Es bedarf lediglich der vollen Rezeption des pädagogischen Ansatzes, um die eigene Wissenschaft sowohl in ihrem Anspruchshorizont als auch in ihrer historischen Reichweite vorzustellen. Sofern dies geschieht, ist die Kritik der die Pädagogik umgebenden Gesellschaftsverhältnisse begründet und unverzichtbar.

3. Die Lektion für die Pädagogik

Nunmehr läßt sich auf die Lektion zurückgreifen, die für die Pädagogik aus dem Faschismuskomplex resultiert. In ihm haben sich alle Möglichkeiten der bürgerlichen Ideologie nachhaltig ausgelegt. Die Klassenstruktur des bürgerlichen Zeitalters bot die gesellschaftlichen Bedingungen, denen der Faschismus seine Energien entnahm. Letztmalig hat sich in Deutschland das Proletariat während der großen Krisen der Weimarer Republik dargestellt, damals noch eine mächtige gesellschaftliche Kraft. Die Rivalität zwischen den beiden Parteien, die sich um dieses Millionenheer von Arbeitern und Arbeitslosen bemühten – SPD und KPD –, hat zum Sieg des Faschismus entschieden beigetragen. Führungsschwäche, Unentschlossenheit, Verkennung der geschichtlichen Situation, Opportunismus in beiden Parteizentralen entzogen dem auf seine Stunde wartenden Proletariat die Möglichkeit des historischen Eingriffs.

Die historischen Wähleranalysen zwischen 1928 und 1933 zeigen, daß das Proletariat nicht für die Faschisten votierte; aber es vermochte sie auch nicht wirkungsvoll zu bekämpfen. Es wurde auf den Kampf nicht vorbereitet, konnte das Engagement bei der Aufstellung der nötigen Verbände nicht erkennen. Der Generalstreik blieb bekanntlich aus. Die Proletarier wurden „gleichgeschaltet"; sie hatten nicht gekämpft, die Faschisten nicht gewählt, sie waren hinfort in der „Deutschen Arbeitsfront" und in der SA mit neuen Emblemen gekennzeichnet. Das „Reichsbanner Schwarz-Rot-Gold" und der „Rote Frontkämpferbund" waren aufgelöst, die Lohnarbeit blieb, und die Ankurbelung der Wirtschaft erfolgte vor allem über Rüstungsgüter; die Faschisten sollten ihren Krieg haben.

In der Weimarer Republik war, wie gesagt, das deutsche Proletariat letztmalig ein geschichtlicher Faktor. Als der Faschismus alle Organisationen der Arbeiterbewegung zerschlug, das Bewußtsein durch völkische Surrogate auffüllte, mit dem Antisymbol der Judenfeindschaft operierte, wurde auch der Gedanke des historischen Befreiungskampfes der Arbeiterklasse liquidiert. Die sozialpsychologischen Umstände nach der Befreiung vom Faschismus im Sog des sogenannten Wirtschaftswunders, in der Zeit des Einbezugs in zwei Militärbündnisse und der Entwicklung beider deutscher Staaten, erlauben die These, ein Proletariat als revolutionäre Kraft habe hier aufgehört zu existieren. Der Anschluß an die kleinbürgerliche Mentalität der persönlichen Existenzsicherung und der möglichst üppigen Konsumteilhabe ist vollzogen. Dazu tritt ein pädagogischer Faktor, der für diese Überlegungen weitreichend ist. Es gibt keine *Arbeiterbildung* in nennenswerter Größenordnung, in der die Grundlehren des Marxismus so anspruchsvoll, wie sie es erfordern, also dialektisch vermittelt, zum Schlüssel der schwer zu entziffernden weltpolitischen Lage würden. Bis ins 20. Jahrhundert war das Proletariat eine *lernende* Klasse; Marx hatte „Das Kapital" als Studienlektüre für Arbeiter vorgesehen. Die objektive Gestalt des Proletariats − gekennzeichnet durch den Zwang, Arbeitskraft zu verkaufen − ist stehengeblieben, der subjektive Anspruch auf die Tarifbewegungen der Industriegesellschaft umgelenkt; anspruchsvolles Denken wurde überflüssig.

Die moralische und die sozialdarwinistische Komponente der bürgerlichen Gesellschaft, die im Faschismus scharf auseinandertreten, sind Ausdruck einer im Laufe der Geschichte des Bürgertums unterschiedlich bezeugten Doppeltendenz, die sich als *philosophische Universalität* einerseits und als *kapitalistische Wirtschaftsform* andererseits auslebte. Im Zwischenbereich dieser Strebungen ist Pädagogik lokalisiert. Aus beiden Kräften hat sie für ihre Genese Impulse erhalten. Das öffentliche Schulwesen seit dem 18. Jahrhundert, besonders im Typ der allgemeinen Volksschule, ist paradigmatisch davon geprägt. Man kann die Aufnahme beider Impulse als den Versuch kennzeichnen, Humanität und Industriosität zusammenzuführen. Er ist im Lebenswerk *Pestalozzis,* mit gewissen Akzentverschiebungen bei den *Philanthropen,* wirksam. Der spätere Kampf der Neuhumanisten gegen den Utilitarismus beruht weithin auf einem Mißverständnis, da die Philhellenen wesentlich im Interessenhorizont jener Klasse argumentierten, die sich durch Handarbeit nicht zu ernähren brauchte; so war der Vorwurf gegenüber dem einseitigen Utilitarismus letztlich gegenstandslos.

Der Faschismus hat die bürgerliche Produktionsweise mit der ihm eigenen Ideologie überformt. Freilich war im Kapitalismus der Verkauf der Ware Arbeitskraft von freien Rechtssubjekten immer gefordert, sofern sie Produktionsmittel nicht besaßen. Der Faschismus *gigantisierte* die Arbeitskraft, indem er sie tendenziell nicht mehr durch jeweiligen Privatvertrag fixierte, sondern im expansiven Stadium hunderttausendfach durch polnische und sowjetische Zwangsarbeiter potenzierte, nachdem bereits in Friedenszeiten den „Schutzhäftlingen" der Konzentrationslager das Feigenblatt des Arbeitslohnes entzogen worden war, der Mehrwert damit ungebrochen in Progression ging und das Proletariat, gewissermaßen nackt, seiner mühsam erkämpften Absicherungen sämtlich verlustig, in absolute Ausbeutung zurückfiel. Die faschistische Ideologie nun lieferte die spezifisch nationalistischen Ornamente für den Produktionsprozeß, indem alle noch etwa in alten Kampfliedern aufbewahrten internationalen Appelle strikt verworfen, als Residuen liberalistischen oder jüdischen Empfindens gekennzeichnet wurden, vor allem als auszurottendes Erbe der „Systemzeit" – das war die faschistische Bezeichnung für den als „Judenrepublik" geschmähten Weimarer Staat. Die weltanschauliche Umsignierung des Produktionsprozesses und seines Apparates ist nicht eine nebensächliche Größe, sondern erhält zentralen Erklärungswert. Die Elemente der faschistischen Ideologie für sich betrachtet, können faszinieren, etwa die pseudoreligiösen, aus Kultformen abgeleiteten Zeremonien oder die Ergebnisse pyrotechnischer Neigungen. Die politische Dramaturgie nimmt für sich ein und verdeckt die Ideologie. Es muß vorab verstanden worden sein, daß der materielle Produktionsprozeß in jeder Gesellschaft die Basaldaten bietet und daß dessen Überbauphänomene erst als Rückschlußfaktoren methodisch zu nutzen sind.

Damit wird das Problem zweitrangig, ob die Arbeiter in der faschistischen Phase mehr Lohn erhielten und folglich üppiger konsumieren konnten. Tatsächlich sind die Reallöhne gesunken und die Lebenshaltungskosten gestiegen, dementsprechend zogen die Unternehmergewinne kräftig an*. Es muß vor allem erkannt werden, daß der prinzipielle Antagonismus zwischen Lohnarbeit und Kapital durch die faschistischen Organe überdeckt und folglich die Arbeitskraft *für alle Zwecke* disponibel wurde. Ihres gesellschaftlichen Bewußtseins beraubte, fügsame Arbeiter ließen sich als Soldaten verkleiden und für die faschistischen Überfälle auf andere Völker verwenden, denn die „Arbeit ist eine Schwester des Kampfes" bekundeten die Faschisten öffentlich (S. 364).

Die Waffen sollte der Arbeiter ebenso wirkungsvoll gebrauchen können wie seine Werkzeuge, sobald Führerbefehle dies vorsahen. Für Proletarier wurde es zunehmend schwieriger, sich mit dem Kapital als im Widerspruch befindlich zu begreifen. Diese folgenreichen Verschiebungen müssen mit weiteren geschickten sozialpsychologischen Maßnahmen in Verbindung gebracht werden, die die Regie im Reichspropagandaministerium wirkungsvoll darzustellen wußte: Jene Politiker haben die sogenannten „Kraft-durch-Freude"-Schiffe bauen lassen und erstmalig ausgelesene

---

* Der Streit über das Verhältnis von Reallöhnen zu den Lebenshaltungskosten während der faschistischen Phase in Deutschland ist noch nicht beendet. Nach E. Hennig (1973, 83–108) wurde der Preis der Ware Arbeitskraft damals energisch unter sein Niveau gedrückt, während D. Peukert (1982, 33) eine materielle Besserstellung der Arbeiter konstatiert.

Arbeiter nebst ihren Angehörigen auf Seereise geschickt, wobei zugleich die künftigen Truppentransporter und Lazarettschiffe für den geplanten Krieg erprobt wurden. Dem Krieg diente bekanntlich auch das forciert vorangetriebene Netzwerk der Autobahnen, das aber für die künftige Mobilität jedes mit Volkswagen versehenen Deutschen Reisefreuden verhieß. Imperialistische Absichten veranlaßten schließlich unverblümte bevölkerungspolitische Maßnahmen: Die Mütter wurden öffentlich geehrt; es hieß, sie seien der „ewige Kraftquell des deutschen Volkes"; man heftete ihnen Orden für Kinderreichtum an die Kleider; das galt jedoch nur für „erbgesunde" und „rassisch" einwandfreie Frauen. In den Stufen Bronze, Silber und Gold wurde je nach Kinderzahl der Dank des Führers ausgesprochen. Wie immer man sich wendet: Ohne einen zuvor konsequent erarbeiteten Begriff von Faschismus bleiben alle empirischen Einzeldaten blind, lenken von grundsätzlicher Erkenntnis ab, verleiten dazu, sich über die Zuverlässigkeit von Fakten zu streiten und damit die Herausforderung des Faschismus für die intergenerative Arbeit schließlich aus dem Auge zu verlieren. Auf induktivem Wege läßt sich der Begriff des Faschismus nicht gewinnen, sondern vor allem aus den Erkenntnismöglichkeiten der politischen Ökonomie.

Die inzwischen unübersehbare Literatur zur Epoche 1933/45, die auseinanderdriftenden Faschismustheorien bieten ein ständig komplexer entworfenes Bild einerseits des Alltags im Faschismus, andererseits der Bemühungen von Hitlers Ministern und Reichsleitern, nach der Rezession der Weltwirtschaftskrise unabweisbare Konsumbedürfnisse der Bevölkerung sowie forcierte militärische Rüstung aufeinander abzustimmen, Unmut in der „Volksgemeinschaft" nicht aufkommen zu lassen, der letztlich zu politischer Erweichung hätte führen können. Die psychische Konstellation vieler Menschen im damaligen Deutschen Reich entsprach diesen Verhältnissen: Sie genossen neue technische Konsumgüter, denn die Elektroindustrie und die Fotobranche bauten aus, die Mechanisierung der Haushaltsgeräte begann, Wander- und Reisebedarf wurden massenwirksam, das Motorrad mit Soziussitz oder Beiwagen ließ sich erschwinglich an, denn Ratenzahlung wurde in großem Maßstab geübt. Andererseits traten die durch den Versailler Friedensvertrag verbotenen Panzerfahrzeuge, Luftwaffengeschwader und Unterseeboote ins Bild und erzeugten Furcht vor einem neuen großen Krieg, denn die Ereignisse von 1914/18 kehrten für die damalige Generation düster in die Erinnerung zurück.

Im klaren Gegensatz zu den bemerkenswerten sportlichen Erfolgen der Berliner Olympischen Spiele von 1936, mit denen man sich national identifizierte, standen die Maßnahmen gegen Juden und Systemgegner. Von diesen Ausschreitungen wollte man freilich nichts wissen, die Widersprüchlichkeit durfte nicht bewußt werden. So wuchsen selektive Aufmerksamkeit, emotionale Dissonanzen, Abneigung gegen prinzipielle politische Erkenntnismöglichkeiten. Die unbearbeitete Angst setzte sich fest, mit suggerierter Sicherheit sollte sie kompensiert werden; Rüstung verheiße Stärke, der Gerüstete sei nicht erpreßbar; überlegene Waffentechnik biete Sicherheit. So ergab sich ein Konglomerat schlechten Gewissens, für das der Begriff fehlt. Das verstörte Subjekt suchte die private Beschränktheit und wehrte die Zeichen der Zeit ab.

Diesen Vorgängen im sozialpsychologischen Innenraum stand nämlich Hitlers unverrückbare Absicht gegenüber, die Kriegsbereitschaft der militärischen Maschine so rasch wie möglich herzustellen und ihre Überlegenheit gegenüber den Armeen anderer europäischer Mächte aufrechtzuerhalten. Die Nationalisierung der Produktionsprozesse war unumgänglich, damit nicht – wie im Ersten Weltkrieg – Abschnürung durch Blockade erfolgen konnte. Es galt, für Deutschland gesicherte Autarkie, größtmögliche Unabhängigkeit von Einfuhren zu erreichen. Von der „Brotfreiheit" als Grundlage jeder anderen Freiheit war die Rede (S. 365). Mit der Devise „Kanonen statt Butter" wurde die Bevölkerung auf künftige militärische Aktionen eingestimmt. Dem Autarkiebestreben entsprach im intellektuellen Bereich der Kampf gegen den „undeutschen Geist", der am 10. Mai 1933 mit der schmählichen Bücherverbrennung durch deutsche Akademiker in allen Universitätsstädten die vielfältigen Boykottmaßnahmen einleitete. „Wo man Bücher verbrennt, verbrennt man am Ende auch Menschen" hatte *Heinrich Heine* ein Jahrhundert zuvor formuliert und behielt recht.

Zu leugnen ist keineswegs, daß relevante Fakten durch historische, soziologische und psychologische Betrachtung zusätzlich über ein politisches System gewonnen, die Detailkenntnisse entschieden angereichert werden können. Der greise *Friedrich Engels* hat in einem Brief vom 25. Januar 1894 die damals an ihn gerichtete Frage bezüglich Basalverhältnissen und Überbaufaktoren in der Weise beantwortet, daß selbstverständlich Überbaufaktoren auf die Basis zurückwirkten, daß sich jedoch in letzter Instanz die ökonomische Notwendigkeit durchsetzte.

Die sozialdarwinistische Komponente der bürgerlichen Produktionsweise erhält Vorrang, wenn das partielle Interesse einer Gruppe oder Nation sich als das Allgemeine auszugeben unterfängt und danach auch die ideologischen Verhältnisse zu verändern beginnt, damit das falsche Allgemeine im Bewußtsein der Öffentlichkeit hafte. Angesichts dieses Erbes gewinnt Pädagogik Kriterien, gesellschaftliche Polarisierungen in ihren Ursprüngen und Tendenzen schärfer zu erkennen, als es ohne die faschistische Lektion möglich gewesen sein dürfte, obwohl nicht zu verschweigen ist, daß die theoretischen Mittel der gesellschaftswissenschaftlichen Erkenntnis im wesentlichen vorher bereitstanden. „Lektion" besagt hier, daß geschichtliche Irrtümer notwendig theoretischer Bearbeitung bedürfen, sofern überhaupt an zwischenmenschlichen Zusammenhängen festgehalten werden, Erziehung ein Fundament gewinnen soll.

Der Faschismus wird hier nicht personalisiert. Nicht seine Chefideologen liefern den Schlüssel zum Verständnis der Prozesse, sondern eine mit sich

30

selbst in Widerspruch befindliche Gesellschaft bringt das faschistische Syndrom hervor. Diese These ist durchaus mit der ökonomischen vereinbar, daß das Kapital in seiner allgemeinen Gestalt, d. h. als internationale Verflechtung, in eine der zyklischen Verwertungskrisen gerät. An geschichtlichen Beispielen läßt sich belegen, daß dann die bürgerliche Herrschaftsformation in panikähnliche Zustände verfällt, weil sie um die Erhaltung der *Massenloyalität* fürchten muß, und jede sich bietende Doktrin zum Lobpreis der nationalen Einheit bereitwillig unterstützt, den Führungskadern mit Spenden großzügig aufhilft. Bei solchen Gelegenheiten wird auch versucht, das Bild eines potentiellen Feindes möglichst abschreckend zu zeichnen, ihm an Scheußlichkeiten zu attestieren, was perverse Phantasie ausbrüten mag, um von eigenen Widersprüchen abzulenken. Die Säkularisation der Teufelsfigur im geschichtlichen Prozeß hat die einstmals dieser mythischen Chiffre vorbehaltenen Merkmale auf konkrete Gruppen übertragen; bei ihnen handele es sich um Beleidiger der Menschenwürde, Feinde der Freiheit, Weltverschwörer, Verbrecher, Mörder, Repräsentanten des bösen Prinzips schlechthin.

Das krisengeschüttelte und in seiner Substanz bedrohte Kapital bedient sich um so begieriger solcher massenpsychologischen Reize, als der Bildungsstand der Massen im entfalteten Kapitalismus offenkundig immer weiter sinkt, je mehr die Überflutung mit zusammenhanglosen Informationen das Bewußtsein um seine Einheit betrügt. Das pädagogische Desaster der Gesamtverhältnisse ist damit verknüpft und soll später noch einmal bedacht werden. Einstweilen ist lediglich festzuhalten, daß dem ökonomischen Einbruch soziales Krisenbewußtsein korrespondiert, das bewußt gefördert wird, einem agitatorischen Kalkül anheimgegeben ist. Doch hat ja der Faschismus nicht in anderen Nationen Platz gegriffen, sondern eben in Deutschland, wo eine spezifische Führererwartung gegenüber der ungeliebten Weimarer Republik in den sich bedroht fühlenden Mittelschichten und im Kleinbürgertum aufkam. Verwiesen wurde immer wieder auf den Versailler Friedensvertrag von 1919 als „Schanddiktat", das von den Westmächten zur dauernden Demütigung der Deutschen geplant worden sei.

Hitler verstand es besonders, solche Stimmungen wirkungsvoll zu schüren, indem er z. B. Deklassierungsängste aufgriff, dem „arischen" Menschen attestierte, dieser trage höchste Begabungen in sich, es sei eine „Sünde", etwa Farbige akademisch auszubilden, „Hottentotten und Zulukaffern", d. h. „geborene Halbaffen", zu höheren Berufen hinauf*zudressieren*, während die „Intelligenzrassen" im „proletarischen Sumpf" verkämen (S. 60). Hitler hat freilich derlei böse Auslassungen nicht selbständig entwickelt, sondern weithin aus den rassistischen Pamphleten, die vor dem 1. Weltkrieg in den Wiener Tabakläden gehandelt wurden, übernommen. Immerhin traf er damit vor allem Empfindungen kleinbürgerlicher Schichten, denen ökonomische Vorgänge, Weltmarktprobleme und der Konkurrenzdruck unerklärlich geblieben waren und die daher zu sozialdarwinistischen Gewaltlösungen tendierten.

Die durch Prosperitätsschwankungen ausgelöste Neigung der bürgerlichen Herrschaft zum Faschismus wirft die Frage auf, warum die ultima *irratio* statt der ultima *ratio* von einem mit soviel Intelligenzpotential ausgestatteten Komplex gewählt wird. Zu erinnern ist, daß kapitalistische Produktionsweise, geschichtlich betrachtet, die höchste Entwicklungsstufe darstellt und im gegenwärtigen Stadium die Hilfe der Wissenschaft nicht nur auf ihrer Seite hat, sondern daß Wissenschaft selbst zur Produktivkraft geworden ist, das Denkvermögen ist in die Produktion eingegangen; warum erdenkt es sich nicht rationale Lösungen für die wachsenden Widersprüche, schafft sich keine dauerhafte Befreiung?

Die Antwort muß in folgender Richtung gesucht werden: Es ist eine aufs Instrumentelle verkürzte Rationalität hinsichtlich der Organisationsformen der menschlichen Arbeit zu unterstellen und damit eine alles durchdringende Entfremdung im Kontext anstehender Entscheidungen. So wird freilich Vernunft als das Sichtvermögen auf das Allgemeine mit zwingenden Konsequenzen nicht wirksam, sondern nur die *unmittelbar* günstig erscheinende Abhilfe, die sich zudem auf der Preisskala niedrig halten soll, abgewogen gegen andere Tauschgeschäfte. Die ihrem Wesen nach universale Ratio bleibt unbeansprucht. Die sie begleitende Wissenschaft ist nicht mehr zum Offenbarungseid aufgerufen, sie macht sich durch Spezialisierung vorab selbst dienstuntauglich und erklärt sich als unzuständig für die Beantwortung allgemeiner Fragen.

Immerhin wäre ja denkbar, daß die Erkenntnis der periodisch auftretenden Verwertungsschwierigkeiten das Management des Kapitals dazu veranlassen könnte, sich mit den Verkäufern der Arbeitskraft und damit der Mehrheit der Gesellschaft in ein paritätisches Übereinkommen zu bringen. Doch lehrt wiederum die Geschichte, daß einsichtsvolle, d. h. freiwillige Selbstbeschränkung von Herrschaftsträgern bisher niemals erfolgte. Dem objektiven Wertgesetz entspricht die subjektive Reduktion der Einsicht.

Wird der Streit um die schwindenden Ressourcen notwendig erbitterter, muß der Verteilungskampf beim drohenden Fall der Profitrate gleichsam bis aufs Messer geführt werden, bringt ein Kapitalist den anderen um, so verstärkt sich die Tendenz zu faschistischen Eingriffen. Dabei ist der Faschismus nicht als eigenständiges und abgegrenztes politisches Phänomen aufzufassen, sondern als ein Derivat des Kapitalismus, um bürgerliche Herrschaft zu stützen, sie vor dem Untergang zu bewahren. Noch schärfer pointiert heißt dies: Das Kapital, wie jedes andere soziale Gebilde, entwirft in Existenzängsten sein spezifisches Rettungsmodell und wendet es an. Dabei stellt der Faschismus innerhalb der bürgerlichen Herrschaft die Reduktion bzw. die Liquidation der Gewaltenteilung und ihrer Kontrollfunktionen dar, ohne den Produktionsprozeß einzuschränken. Er kann im

Gegenteil gesteigert und die Ware mit geringeren sozialen Reibungsverlusten hergestellt werden, weil die Träger der Arbeitskraft fortan „gleichgeschaltet" sind und ihre zugestandenen Bedürfnisse sicht nicht quer zu Profitinteressen bewegen können, Lohnkämpfe füglich ausgeschlossen sind. Staat und Kapital werden verschweißt und halten die sperrige Arbeiterschaft nieder. Die Faschisten entfalteten zur Unterstützung dieser Absicht einen bombastischen Rummel um die „Ehre" der Arbeit und des Arbeiters. Diese „Ehre" versprachen sie ihm zurückzugeben und ihn damit aus der Indifferenz der Vergangenheit – als liberalistisches Zeitalter geschmäht – zu befreien. „Ehre" sei dem Arbeiter nämlich „unentbehrlicher als Tariflöhne" (S. 364).

Problematisch sind die Untersuchungen zum Faschismus „an sich", auch die vielen mehr oder minder tiefschürfenden psychologisch oder psychoanalytisch angelegten Biographien über Hitler und seine Kumpane sind nicht nur entbehrlich, sondern letztlich sogar schädlich, da sie von der prinzipiellen Erkenntnis bestimmender Verhältnisse ablenken. Wenn aber etwa Hitlerbiographien zu Bestsellern zählen, so wird daran deutlich, wie unpolitisch die Bevölkerung gehalten ist, wie sie als Stargeschichte und Seelenklatsch konsumiert, was nur als gesellschaftlicher Prozeß zu begreifen ist. Freilich werden damit eingeprägte Leseerwartungen mit Titelhelden im Rahmen der Trivialliteratur lediglich auf politische Figuren übertragen. Immerhin hat *Max Horkheimer* bereits in den dreißiger Jahren festgestellt, daß, wer vom Kapitalismus nicht reden wolle, füglich auch vom Faschismus schweigen solle.

Kann also mit Hilfe des Historischen Materialismus die Tendenz des Kapitalismus zur faschistischen Lösung seiner inneren Schwierigkeiten erklärt werden, so bedarf es entsprechender pädagogischer Analysen, um das soziale Problemgefüge zu kennzeichnen. Zuvor war skizziert worden, daß bürgerliche Gesellschaft sich durch einen unvergleichlichen Aufbruch des philosophischen Denkens und eine damit im Zusammenhang stehende Weiterentwicklung der Produktionsinstrumente charakterisiert habe; als moralische und als sozialdarwinistische Komponente sollten beide Bestrebungen gelten.

Die präfaschistische Situation der zwanziger Jahre ist von den Katheder-pädagogen, die als Wissenschaftler, Kulturkritiker und Schriftsteller Resonanz und Ansehen genossen – man erinnere nur, daß *Eduard Spranger* mit seinen Büchern bereits damals hohe Auflagen erreichte – unbeachtet geblieben. Von keinem dieser Gelehrten ist bekannt, daß er sich mit den faschistischen Grunddokumenten, etwa Hitlers „Mein Kampf" oder Alfred Rosenbergs „Der Mythus des 20. Jahrhunderts", kritisch auseinandergesetzt habe, obwohl diese Schriften bereits lange vor der sogenannten „Machtübernahme" erschienen und die Presse für Kritik noch offen war. Das Versagen der exponierten Pädagogenschaft in einer zeitgeschichtlichen Bewährungsstunde muß hier nicht im einzelnen nachgezeichnet werden. Zur moralischen Entlastung jener Gelehrten ließe sich anführen, daß sie – wie ihre Kollegen aus anderen Fakultäten – sich nicht vorzustellen vermochten, eine für sich absurd anmutende politische Doktrin könne als Ideologie einer ganzen Nation verbindlich gemacht werden. Dafür fehlten historische Exempel, der Glaube an den „gesunden Menschenverstand" bildete für viele auch das Unterfutter ihres Wissenschaftskonzepts (alles würde nicht so heiß gegessen, wie gekocht; man müsse mitmachen, um Schlimmeres zu verhüten usw.). Die Kritik der Politischen Ökonomie war bei den bürgerlichen Gelehrten so gut wie unbekannt. Die versuchte Gesellschaftsanalyse blieb zumeist idealistisch oder glitt in abstruse Eigenbrötelei, in verschrobene Theoreme ab. Die deutsch-nationale politische Einstellung vieler Universitätsangehöriger wirkte sich aus. Erklärte Sozialdemokraten oder Kommunisten stellten eine verschwindende Minorität in jenen elitären Zirkeln, doch ist die weitere Analyse der präfaschistischen Umstände hier nicht erforderlich; sie verlangte gesonderte Untersuchung. Zu überprüfen sind die heutigen Verhältnisse, nachdem eine weltweite Koalition mit vereinten Kräften und unter unsäglichen Opfern die Deutschen vom Faschismus befreite.

Es soll zuvor aber das Problem wenigstens angesprochen werden, warum denn die westlichen kapitalistischen Länder sich gegen ein Land desselben Typs – nämlich das Deutsche Reich – mit der Sowjetunion verbündeten, wie also die Anti-Hitler-Koalition motiviert war, wenn doch prinzipiell im Sozialismus die Gefahr für das kapitalistische System lauerte.

Zur Zeit des Faschismus sah sich das Kapital durch die Praktiken Hitlers und seiner Kumpane bloßgestellt. Das brutale Verhalten dieser Clique, das offenkundige Gangstermilieu – Brecht führt es im „Arturo Ui" als dramatisches Exempel vor – schien aktuell als größere Bedrohung für den *berechenbaren* Austausch der Kapitale und die gesicherte Mehrwertabschöpfung. Zudem ist die Frage zu stellen, ob nicht in der nationalen Begrenzung des Kapitals, wie sie mit den wirtschaftlichen Autarkiebestrebungen im Zuge der Kriegsvorbereitungen des Faschismus erfolgte, das internationale Kapital seinen überwundenen eigenen Anachronismus wiedererkannte und fürchtete. Wären die Faschisten zudem um einige Grade domestizierter aufgetreten, hätten sie betonter verhandelt und weniger diplomatisch brüskiert, vor allem aber ihre unverständlichen rassenpolitischen Vulgarismen unterlassen, so hätte das faschistische System sich vermutlich als spezifische Note im kapitalistischen Zirkel zu halten vermocht. Doch bleibt dies geschichtliche Spekulation. In systematischer Hinsicht wäre zu sagen, daß es zum Wesen des deutschen Faschismus gehörte, die imperialistische Konkurrenz als *unmittelbaren Raubzug gegen die Konkurrenten* und nicht etwa gegen Kolonialvölker zu organisieren. Wie also konnten jene Kumpane/Konkurrenten den Faschismus akzeptieren, da er den Verhaltenskomment als kleinste Übereinstimmung durchbrach? Immerhin gab es Anzeichen dafür, daß noch 1945 der deutsche

34

Militärapparat bewahrt und gegen Osten umgedreht werden sollte, was dann allerdings erst ein Jahrzehnt später erfolgte.

4. Perspektiven der Pädagogik

Die weiteren Überlegungen sind allein unter der Prämisse von Selbstermächtigung der Pädagogik mitzuvollziehen, da sonst für diese Disziplin nur ein weisungsgebundener Handlungsradius übrigbleibt. Das organisierte öffentliche Schulsystem untersteht kultusministerieller Aufsicht, ist in das Verwaltungsrecht eingebunden. Solcher Beschränkung unterliegt Pädagogik nicht, denn Kunst und Wissenschaft, Forschung und Lehre sind nach Artikel 5 (3) des Grundgesetzes frei. Wird diese Vorgabe ausgeschöpft, so ist das zuvor erwähnte Desaster als Ausgangspunkt pädagogischer Kritik an der Gesellschaft zu nutzen. Es war gezeigt worden (S. 31), wie das Urteilsvermögen breiter Bevölkerungsschichten immer noch durch mythologische Einlagerungen eines bösen Prinzips behindert ist und wie politische Propaganda das Antisymbol geschickt unliebsamen einzelnen, Gruppen, politischen Verbänden oder Völkern aufprägen kann, weil der gesellschaftliche Bildungsprozeß nirgends die systematische Lektion über den Zusammenschluß ökonomischer Interessen mit Kapitalfraktionen und deren Praktiken zur Täuschung der Öffentlichkeit vermittelt. So obwaltet gleichsam den gesellschaftlichen Kräften gegenüber ein Ethos, wie es im zwischenmenschlichen Bereich praktikabel ist. Die läßliche Sünde der Unterschleife gegenüber „Vater Staat" gehört durchaus in diesen Zirkel, auch bei solchen kleinen Verfehlungen bleibt im allgemeinen ein Rest von schlechtem Gewissen oder die Entschuldigung, die anderen machten es ebenso. Das obrigkeitliche Führungsprinzip wird anerkannt, in seiner patriarchalischen Form vielleicht sogar gefordert. Die Manipulation der politischen Kräfte am Bewußtsein der Völker bleibt unbegriffen. Aufwallungen von Mißtrauen gegenüber offenkundigen Verfehlungen des Staates werden durch Folgen einer Erziehung beschwichtigt, die im Laufe von Jahrhunderten den Respekt vor der Obrigkeit einzupflanzen vermochte. Die über ihre eigene Rolle unaufgeklärte Bevölkerung begehrt zwar gelegentlich punktuell/aktuell auf, erreicht aber eine kritische gesellschaftliche Position nicht.
Hat der Faschismus nur potenziert, was als Folge pädagogischer Verhältnisse seit alters her angelegt war, so muß zweierlei gelernt werden: das gesamtgesellschaftliche Tendenzgefälle in Richtung auf den Faschismus im Frühstadium zu erkennen und die faschistoiden Merkmale in ihrer Variationsbreite wahrzunehmen. Schlecht beraten wäre eine pädagogische Veranstaltung, die lediglich auf die Phänomene des historisch offenbaren Faschismus zu sehen lehrte und dabei gewiß seine Monstrosität ans Licht brächte. In dieser Weise geschah und geschieht manches, was der

sogenannten Bewältigung der Vergangenheit zu dienen vorgibt und dem weithin intellektuelle Redlichkeit zugesprochen wird. Aber die wahrgenommenen Attribute und der Gleichschritt der Kommißstiefel, SA-Standarten und Badenweiler-Marsch, Führerkult und die Architektur einer in Stein gemeißelten Brutalität bleiben Oberfläche und können gleichwohl in Atem halten, weil es beständig weitere bizarre Fakten zu entdecken gibt, Neugier und Sensation wachgehalten werden. Mit hoher Wahrscheinlichkeit dürfte gelten, daß der Faschismus in solcher Gestalt nicht wiederkehrt. Im elektronischen Zeitalter läßt er sich leiser und zielbewußter an; er muß nicht mehr durch Fußtritte einschüchtern; er möchte nur Daten über jedermann speichern.

Pädagogik wird daher auch die Dispositionen der Arbeitskraft gegenüber der Kapitalgröße studieren und zu erkennen lehren. Es müssen die Situationen in ihrer typischen Bedingung erfaßt werden, für die eine faschistische Lösung zu befürchten ist, weil das Herrschaftskartell selbst ins Wanken gerät und sich nach Hilfen umschaut. Die Situation ist nicht unbedingt durch die quantitative Größe der industriellen Reservearmee gekennzeichnet, auch wenn diese sich nach Millionen bemißt. Arbeitslose sind erst dann gefährlich, wenn ihre politische Radikalisierung droht, wenn sie zu fragen beginnen, ob der Anspruch auf Arbeit und Menschenwürde automatisch den Verwertungsschwierigkeiten des Kapitals nachzuordnen sei und ob nicht die Produzenten des gesellschaftlichen Reichtums ihr Produkt selbst vernünftig verteilen sollten.

Zeichnet sich derlei ab, so bieten sich faschistische Handlanger an, solche Leute von der Straße zu bringen, ihnen einen Lagerplatz zu beschaffen, sie „nützlichen" Beschäftigungen zuzuführen. Zumindest lassen sich dann sehr rasch die intellektuellen Drahtzieher und Schürer der Unzufriedenheit hinter Schloß und Riegel setzen, denn wie sollten Massen unzufrieden werden, solange man ihnen Brot und Spiele gewährt? Aufrührer müssen solche Entwicklungen veranlaßt haben; Gegenmaßnahmen sind für sie vorgesehen.

In der bundesdeutschen Gegenwart sollen rechtsradikale Zirkel, „Wehrsportgruppen" und kultbeflissene Nachahmer faschistischer Attitüden keineswegs verharmlost werden, die zum Teil im Verfassungsschutzbericht des Innenministeriums fixiert sind. Sie mögen Angst und Abscheu auslösen, daran finden vielleicht einige ihrer Mitglieder bereits Vergnügen. Eine ernsthafte Gefahr sind sie derzeit nicht, und zwar deswegen nicht, weil das Kapital in seiner anonymen Gestalt noch keine konkrete Abwehrlinie aufbauen muß, weil es sich noch unbedrängt vorfindet. Weit gefährlicher ist der Haß gegen die Ausländer, der sich immer weniger Hemmungen auferlegt. Dabei sind die etwa 2 Millionen Türken in der Bundesrepublik das bevorzugte Objekt, an dem sich die verächtlichen Sprüche und mörderischen Phantasien vieler Deutscher austoben. Den Ausländern unterstellt man, was sich an eignen verdrängten Wünschen nicht artikulieren darf, und vor allem erholt sich daran das rassische und kulturelle Überlegenheitsbewußtsein der Deutschen, das die Faschisten mit kräftigen Anleihen aus der Vergangenheit großzogen. Sie bedienten sich dabei mancherlei nationalistischer Beispiele aus der deutschen Geschichte. Von den originalen Romantikern um 1800 wie von den Pseudoromantikern um 1900 ließen sich Sentenzen über das „deutsche Wesen", über die seichten oder schnöden Nachbarn im Westen, die barbarischen und kulturunfähigen Anrainer im Osten entlehnen.

Der Haß gegen die Fremden, die Wut über ihre schlichte Präsenz müssen sich kaum noch genieren. Auf das Pack von jenseits der Grenzen läßt sich ungescheut schimpfen, man darf es verfluchen, ohne von anwesenden Deutschen energische Gegenargumentationen erwarten zu müssen. Hier meldet sich gleichsam eine pseudorationale Spielart des Faschismus zu Wort: Mit dem Verweis auf geraubte Arbeitsplätze, den Kapitalabfluß ins Ausland und die Gefahr einer „Überfremdung" werden scheinbar Belege für die Schädlichkeit der neuen Minoritäten in Deutschland geliefert, obwohl längst erwiesen ist, daß mit dem Abzug der Ausländer keineswegs die Arbeitslosigkeit überwunden, die Kapitalkrise beseitigt wäre. Vernünftige Gründe bewirken nichts, die Xenophobie nistet im unaufgeräumten zeitgeschichtlichen Bewußtsein. Dabei sind die vorgeschobenen ökonomischen Gründe und das Konkurrenzmotiv eben auch eine Neuauflage der antisemitischen Stereotype der Vergangenheit, die erst Ende des 19. Jahrhunderts mit einem Rassentheorem verquickt wurden. Zuvor hatte der getaufte Jude aufgehört, ein Jude zu sein; er hatte, mit *Heine* zu sprechen, die Eintrittskarte zur europäischen Kultur gelöst, und alle Ämter standen ihm prinzipiell offen. Der finstere und unverrückbare Haß gegen die Juden, wie er von den faschistischen Vulgärphilosophen vorgetragen wurde, kehrt mit geringen Akzentverschiebungen im Affront gegen die ausländischen Arbeiter von heute wieder, auch die Tendenz zur „Endlösung" ist bereits verbal angelegt, die umlaufenden Witze liefern dafür Beweise.

An solchen Umständen wird auch das Scheitern einer großen pädagogischen Erwartung, eines *didaktischen Globalversuchs*, deutlich, den es in solchen Maßstäben nie zuvor gegeben hatte. Die Alliierten verständigten sich auf eine Umerziehung der Deutschen zur Demokratie, um dieses Volk zur Toleranz und Fairneß anzuleiten, nachdem es die einzige nennenswerte Minorität, der es in seiner Geschichte begegnet war, die Juden, umgebracht hatte und mit dem europäischen Holocaust seinen Wahnsinn entgrenzte. Jene geplante Umerziehung brachte keine Früchte. Fraglich ist, ob es einen validen Begriff von „Umerziehung" überhaupt geben kann. Gesellschaftliche Veränderungen über Erziehung bedürfen des mehrfachen intergenerativen Wechsels, können also nicht angesichts nur zweier miteinander verketteter Generationen auf wenige Entscheidungsjahre zusammengedrängt werden.

Hat die pädagogische Ausnahmesituation der „*re-education*" keine eindeutigen gesellschaftspädagogischen Wirkungen gezeitigt, erfüllen die faschistoiden Tendenzen in der bundesdeutschen Gegenwart mit Sorge, so ist pädagogische Analyse und Begriffsbestimmung um so stärker geboten, da außerhalb pädagogischer Bemühungen kein verantwortbarer Ansatz zur Qualifizierung des kollektiven Bewußtseins besteht. Pädagogik muß sich selbst ermächtigen, jene zuvor skizzierte intergenerative Veränderung auch zu wollen und sich zu ihr zu bekennen, da sonst für diese Wissenschaft lediglich die alltägliche Mühe des Lehrens übrigbleibt, verbunden mit der Unsicherheit, welches Quantum des Lernstoffes die Adressaten des Lehrgangs aufgenommen haben, wobei die empirische Überprüfung solcher Resultate zusätzlich pädagogische Kapazität bindet, ohne daß durch notwendige Akribie von Nachweisen die Wendung zum Allgemeinen vorankäme, im Gegenteil, der empirische Beleg kann seinem Wesen nach immer nur höchst speziell sein, und daher lediglich punktuelle Veränderungen nach sich ziehen.

Die Richtung, in der Pädagogik als Wissenschaft ihre systematische Überprüfung zu vollziehen hätte, wird abschließend in dreifacher Hinsicht zu bezeichnen versucht:

1. Pädagogik als Wissenschaft hat als verlängerter Arm der Obrigkeit immer eine spezifische Nähe zur Herrschaftsformation behalten, und an die Schulpädagogik wurden mit der Auflage zu prüfen und zu selektieren, Zensuren und Zeugnisse zu erteilen, hoheitliche Befugnisse übertragen. Damit sinkt Pädagogik tendenziell zur Vollzugswissenschaft von Herrschaft ab; die Option zur Anlehnung an die Obrigkeit erhält klare Ziele. Die späte Lektion für die Pädagogik, nachdem die Befreiung vom Faschismus von außen vollzogen werden mußte, da sich kein hinlänglicher Widerstand ergab, ist zugleich eine schmerzliche Belehrung. Denn Wissenschaft, wie sie zuvor theoretisch entfaltet worden war, kann ihren eigenen Möglichkeiten nur annähernd gerecht werden, sofern sie ihre Vorbehalte gegenüber jenen Instanzen bewahrt, von denen sie organisatorisch abhängt. Nun ist dies zweifellos höchst schwierig, da äußere Abhängigkeit rasch auf innere Konformität drängt und spezifische Dauerreflexion erforderlich ist, sich die Notwendigkeit eines distanzierten Verhältnisses zum Herrschaftsträger überhaupt bewußt zu halten. Doch der Faschismus als Stillegung sämtlicher Bürgerrechte zeigt, wie die Grade der Vereinnahmung sich beständig erhöhen und sehr bald als politische Bewegung nur noch Zustimmung oder Wirken im Untergrund offenbleibt. Ist dies begriffen, übernimmt Pädagogik eine abgehobene Stellung innerhalb der von Wissenschaft insgesamt geforderten Kritik am Staat und seinen Maßnahmen. Die Wissenschaften und ihre Organisationsform, die Universitäten, sind gehalten, das Wirken des Staates permanent kritisch zu begleiten und ihre Erkenntnisse so in die Öffentlichkeit zu tragen, daß Kritik ein gesellschaftliches Fundament erhält. Pädagogik muß hier ohne

Zurückhaltung und Umschweife jeden möglichen Verrat am Glück nachfolgender Generationen ansprechen, sofern *pädagogische Verantwortung* als Begriff Sinn enthalten soll. Nur wenn Sinn vorausgesetzt wird, läßt sich aber pädagogisch handeln. – Hätte Pädagogik eine Theorie zu entfalten vermocht, wie sie *Luthers* Reflexionen über die als „zwei Regimente" gefaßte Konzeption von Staat und Kirche dem Ansatz nach enthalten, so wäre auch bildungspolitisch ein neuer Zusammenhang eröffnet. Luther wollte eine vom Staat freie Kirche, die aus der Vollmacht des Evangeliums eben diesen Staat hätte kritisieren können. Bekanntlich hat es zum Elend der Evangelischen Landeskirchen geführt, daß der Souverän zugleich „Notbischof" wurde. Die üble Liaison von Thron und Altar mißbrauchte die biblische Botschaft für opportunistisches Gerede. Die waffensegnenden „Diener am Wort" bei den imperialistischen Kriegen bezeichnen die äußerste Manifestation dieser Verbindung. Erst eine vom Staat gelöste und wirklich freie Kirche, wie in den USA oder der DDR, kann zur konstruktiven Distanz gelangen.

Fragt man nach einer Schulkonzeption in Deutschland, die auf solche Freiheit einen analogen Hinweis vermitteln könnte, so wären die von Eltern und Förderern unterhaltenen *freien Waldorfschulen* zu benennen, die mit ihrer musischen Grundauffassung die einzige bedeutende pädagogische Alternative zum staatlichen Schulmonopol bieten. Das traditionelle Element der Pädagogik, sich im Bündnis mit der Macht sicher und geborgen zu fühlen, muß von den Pädagogen erst als Irrweg erkannt werden. Die Prüfung aller offenkundigen und abgeschirmten Maßnahmen zur Formation der Nachwachsenden und der an diese herangetragenen Rollenerwartungen ist eine Aufgabe, der sich Pädagogik zu widmen hat.

2. Mit der Annahme solcher Verpflichtung wird der Vorrang des Perfektionistischen oder Faktischen in fundamentale Zweifel gezogen, und Pädagogik erhält Instrumente, die protzige Faktizität als seiner moralischen Legitimation bedürftig abzuweisen. Das Recht des Menschen auf Entfaltung aller Anlagen ist die schlichte Elle, die den Verhältnissen anzulegen wäre. Wenn optimale Entfaltung des Individuums zugleich Voraussetzung für die Vielfalt und den Reichtum der Gattung ist, so müssen die erzieherischen Umstände analysiert werden, ob sie diesen Prozeß fördern, behindern oder neutralisieren. Angesichts des schmerzlichen Mißverhältnisses zwischen dem Reichtum der kulturellen Tradition der Menschheit und der wirklichen Erschließung dieses Erbes für die Nachwachsenden ist Pädagogik in Pflicht genommen, die Diskrepanz nicht nur zu beklagen, sondern die Ursachen dafür in den Kapitalverhältnissen aufzuweisen, deren Inklination zum Faschismus vorgestellt wurde. So wird Pädagogik ihre moralische Seite zu stärken und auszubauen haben, weil sie nur damit sowohl legitim als auch methodisch zu argumentieren vermag, da bürgerliche

Gesellschaft sich seit ihrer Genese immer noch darauf beruft, die gerechte-
ste, obzwar noch nicht vollkommene Verfassung anzubieten.
Pädagogik müßte gerade in der spätbürgerlichen Phase die Rückfrage
offenhalten, zumal das Trauma des Faschismus zugleich ihre Lektion ist.
Pädagogik braucht dabei keine Besetzung fremden Bereichs vorzunehmen, sondern hat sich auf die ihr zuerkannte und eigentümliche Aufgabe
zu besinnen, nämlich die nachwachsende Generation mit den besten
Erkenntnismitteln auszustatten und sie in ihrer Moralität zu festigen.
Freilich ist deutlich, daß die Kapitaleigner jene Erkenntnismittel für alle
hinsichtlich der Analyse der Kapitalverhältnisse aussparen möchten, um
unerwünschte Folgen zu vermeiden. An diesem Punkt jedoch ist nicht nur
der erzieherische Vermittlungsversuch von Moralität an die Nachwachsenden betroffen, sondern es steht die Moralität der Pädagogik selbst auf dem
Spiel. Pädagogik muß den ihr gegenüber geäußerten Verdacht der Subver-
sion ertragen können. Das geschieht im Bewußtsein, sich dem wissenschaftlichen Ethos schlechthin zu verpflichten, *allen* zu allgemeingültigen
und notwendigen Erkenntnissen zu verhelfen.

3. Wo immer diese Entscheidung von der Pädagogik vollzogen und
durchgehalten wird, weder Bestechung durch das Kapital noch Bedrohung
durch den Faschismus das wissenschaftliche Ethos zu zerstören vermögen,
hat die Arbeit der Bildung im Innenraum pädagogischen Denkens begonnen. Denn der praktizierende Pädagoge muß die Kraft der Bildung gegen
die Übermacht der Herrschaftsverhältnisse für sich selbst feststellen, die
furchteinflößenden Kräfte in ihrem geschichtlichen Wandel begreifen, um
sich selbst als Beiträger zur Überwindung von Herrschaft einzubringen.
Doch bedarf der subjektive Faktor ständig weiterer psychischer Arbeit.
Niemand ist durch Erkenntnis ein für allemal sicher, Ängste, Depressionen
und mannigfache Verzagtheit können sich einstellen und bedürfen energi-
scher Gegenwirkung, damit die Gefühle unter dem Primat der Vernunft
sich einrichten. Wichtig ist, die Arbeit der Bildung als ganzheitliche zu
verstehen, die das Subjekt befähigen soll, nicht nur zu erkennen, sondern
auch mit gewonnenen Erkenntnissen umzugehen, ohne sich mit ihnen zu
zerstören, indem etwa Chaos im Gefühlsbereich die Verwirklichung des
vernünftigen Gedankens verhindert.
Erst wenn der Innenraum pädagogisch handelnder Subjekte durch die Kraft
der Bildung seine rationale Grundstruktur erlangt, kann der gesellschaftliche Bildungsprozeß unterstützt werden, indem anleitungsbedürftige Kinder, Jugendliche und Erwachsene, d. h. Menschen aller Lebensalter,
ermutigt werden, ihre eigene geistige Freisetzung zu betreiben. Die
emanzipatorische Funktion der Pädagogik eröffnet sich sukzessiv, indem
Pädagogik sich einerseits von althergebrachter obrigkeitlicher Abhängigkeit freimacht und andererseits das Subjekt zu befähigen versucht, sich in
gesellschaftlicher Verbindung als den Souverän seines Staatswesens und

den Verantwortlichen für seine Geschichte zu erkennen und handelnd in sie einzugreifen.

Die durch den Faschismus historisch noch immer belastete Pädagogik wie das seine Fremdbestimmung weithin kaum noch wahrnehmende Subjekt bedürfen beide nachhaltiger Selbstreflexion. Pädagogik hat mit ihrem Zentralbegriff der Bildung das dafür geschichtlich wirksame Mittel, dessen Anwendung das empirische und das transzendentale Subjekt in mühsamen Schritten einander annähern, vielleicht zukünftig in Übereinstimmung bringen kann. Eine Prognose freilich stellt Pädagogik nicht, da sie sich bestenfalls als Teil eines freiheitlichen Bewußtseins zu verstehen und einzurichten vermag. Reale Sicherheiten entfallen. Vielmehr kann das Bewußtsein nur sich selbst für die jeweiligen Erfordernisse ausrüsten, dazu muß pädagogische Theorie ihren Standort im politischen Kräftespiel, im gesellschaftlichen Widerspruch festigen.

In diesem Stadium der Reflexion ist zu versuchen, die faschistische Epoche endgültig aus ihrer historischen Verkapselung zu befreien, sie in den verborgenen Kontext mit der Gegenwart zu überführen. Welche Elemente sind nach der Niederringung des offenen Faschismus geblieben, wie sie bereits während und vor seiner Epoche bestanden? Die ökonomische Struktur und die psychische Disposition der Massen wären als Schwerpunkte zu benennen. Unabweisbar ist daher die Frage, ob heutige Pädagogik die ihr dargebotene politische Lektion nutzt und, wenn ja, wie sich damit kritisch erweiterte Handlungsräume eröffnen.

II. QUELLENTEIL

KAPITEL 1

DIE DOGMATIKER

Dokument 1

Adolf Hitlers Vorstellungen von Erziehung

Der folgende umfängliche Auszug aus Adolf *Hitlers* programmatischem Buch Mein Kampf[1] bildete das Dogma der nationalsozialistischen Pädagogik. Nach diesen Grundsätzen haben sich nicht nur die engsten Mitarbeiter des „Führers", sondern auch alle Erziehungstheoretiker während des Dritten Reiches richten müssen. Prinzipielle Abweichungen waren unmöglich. Über die zeitgemäße Auslegung einzelner Punkte galt es, in der jeweiligen Situation die absolute Autorität des Führers anzurufen, um weitere Richtlinien zu erbitten. Wer der Zustimmung des Führers sicher zu sein glaubte, konnte sich kalt über andere hohe staatliche Würdenträger hinwegsetzen, ihnen sozusagen den Mund verbieten, wie es typisch in dem Brief des Reichsorganisationsleiters, Dr. Robert Ley, gegenüber dem Reichserziehungsminister, Bernhard Rust, zum Ausdruck kommt (Dok. 21). Die gegenseitigen Intrigen der höchsten Parteileute mußten sich auf dem Felde der Erziehungszuständigkeiten besonders scharf gestalten, da es um eigenen Ruhm, bleibende Anhängerschaft und vor allem um Macht ging.

Hitlers Erziehungsgrundsätze bilden im Rahmen seines Buches einen größeren Abschnitt. Er kommt an anderen Stellen seines Werkes auf sie zurück, variiert seine Ansichten gelegentlich, bringt aber kaum mehr grundsätzlich Neues. Insofern hat man in diesem Block die pädagogischen Meinungen Hitlers aus der Mitte der zwanziger Jahre, die für ihn bis zum Ende gültig blieben, da er, seinem Bekenntnis zufolge, seine Ansichten nicht zu revidieren brauchte (1, 21). Hier liegen demnach programmatisch die Erziehungsgrundsätze vor, die Hitler im „völkischen Staat", von dem er in Mein Kampf spricht, „dereinst" zu verwirklichen gedachte. Es handelte sich damals also noch um eine Erziehungsutopie, deren Merkmale Hitler gewann, indem er die Kulturpolitik der auslaufenden Monarchie im 19./20. Jahrhundert und der Weimarer Republik auf ihre nationalpolitische Ergiebigkeit hin zu prüfen versuchte.

Es ging ihm freilich nicht, wie der Quellenauszug rasch erschließt, um abwägende Beurteilung der pädagogischen Lage; Hitler ließ niemandem Gerechtigkeit widerfahren. Aus diesem Dokument sprechen allein Oberflächlichkeit, Ressentiment und Gehässigkeit, verbunden mit dem Anspruch einer

totalen Reform. Die grobschlächtige Sprache (mehrfach „Menschenmaterial"
u. a.) scheint hier aus lauter Klötzen zu bestehen, die zu einem ungefügen
Gebilde zusammengeworfen sind, das seine Gefolgsleute dennoch als
ideales Bauwerk auszugeben nicht müde wurden.
Das pädagogische Dokument beginnt mit einem rassischen Prolog. Allein
aus dem Rassenwert ist Hitlers Bekundung zufolge auch die geistige Leistungsfähigkeit und damit die völkische Bedeutung abzuleiten. Dieser Entwurf einer Staatspädagogik hob bei den Ungeborenen an, deren Eltern
bereits einer biologischen Auslese unterworfen werden sollten. Mehrfach
ist in dieser primitiven Biologie von „Degeneration" die Rede, der entgegenzuwirken dringliche Pflicht sei. Der erste Kernsatz über die künftige
Erziehungsarbeit im „völkischen Staat" verlangt: die gesamte pädagogische
Bemühung solle sich zuerst auf das „Heranzüchten kerngesunder Körper",
dann auf Charakterschulung und zuletzt auf die Ausbildung der geistigen
Fähigkeiten richten. Mit diesem Dogma war die neue kulturpolitische
Ordnung scharf gekennzeichnet, und sämtliche Erziehungsinstanzen hatten
sich nach 1933 darauf umzustellen. Es gab keine Schule, die diese Wendung
hätte vermeiden können; der Primat der körperlichen Leistungen war ein
für allemal festgelegt. Wo aber vom Lehrplan her eine „Revolution der Erziehung" (Baldur von Schirach) schwer möglich war, wie etwa bei der vom
traditionellen Fächerkanon bestimmten Höheren Schule, da wurden die
Leibesübungen zwar auch zum Hauptfach, aber die eigentliche Ergänzung
des körperlichen Leistungsprinzips fand durch die HJ statt. Damit war eingeleitet, was Hitler erstrebte: eine weit über die Schule hinausgreifende
Prägung des jungen Menschen, die ihre Krönung im Wehrdienst finden
sollte, wie er hier ausdrücklich festlegte.
Der folgende Quellentext bedarf keiner durchgängigen Interpretation. Die
Gedanken sind in sich verständlich. Nur auf einzelne Akzente soll noch
hingewiesen werden.
1. Wichtig ist zunächst, daß Hitler in einer primitiven Schwarzweiß-Male-
rei verfährt. Die im Zusammenhang mit der Schule auftauchenden Wörter
geben dafür Zeugnis: „Eingetrichterter Stoff", „Ballast", „Wissen einpumpen", Lehrer drohen ihren Schülern mit dem Galgen, wenn diese nicht
„zerknirscht abschwören" u. a. Hitler arbeitet propagandistisch mit dem
schwärzesten Bild von Schule, das sich denken läßt. Er beschwört eine im
Grunde geistig völlig tote, verknöcherte und vor allem jugendfeindliche
Schule. Er bedient sich grober, aber wirksamer Effekte, indem er in seinen
Lesern (d. h. eigentlich Zuhörern) weitverbreitete Abneigungen wachzurufen weiß. Der Ursprung dieser Konzeption liegt in Hitlers eigenem Werdegang
begründet; er war in der Realschule gescheitert und ließ zwanzig Jahre später als
bekannter Parteiführer und Politiker seinen Groll über die „unfähigen Lehrer" aus,
die damals so verbohrt waren, seine schlummernde Genialität zu übersehen, und
statt dessen seine mangelhaften Leistungen zum alleinigen Maßstab der Beurteilung wählten. Pädagogen hatten dementsprechend bei Hitler stets einen schweren Stand: Er *mußte* ihnen geradezu durch seine Person beweisen, wie originale
Begabung weit mehr leistete als alles mühsame Studium der Sachverhalte (vgl.
Dok. 30a). Er fürchtete „Überbildung", da ihr die Kühnheit mangele. Am schlechtesten wurden die Professoren beurteilt (30, 62 u. 205 f.), und von den
Geschichtsprofessoren sprach er mehrfach. Seiner Voreingenommenheit

gegenüber den Erfolgreichen verlieh er dadurch Ausdruck, daß er behauptete, die Staatsämter seien mit Schwachköpfen besetzt. Damit gab er auch bereits den Ton seiner späteren außenpolitischen Reden als Reichskanzler an. Er selbst pries sich glücklich, von „wissenschaftlicher Bildung", die er als „Scheuklappen" verstand, bewahrt worden zu sein (33, 212).

2. Ein anderer, dem ersten verwandter Akzent liegt in der pauschalen Abwertung der Farbigen. Auch hier steckt Hitler voller Ressentiments. Er schreibt, man lese gelegentlich in Illustrierten, daß ein Farbiger durch das „fabelhafte Resultat heutiger Erziehungskunst" in einen akademischen Beruf aufgestiegen sei, in Wirklichkeit sei aber nur „ein geborener Halbaffe so lange dressiert" worden, bis man aus ihm etwa einen Advokaten gemacht habe. Hier liege eine „Versündigung am Willen des ewigen Schöpfers"[2] vor, denn dies sei perverse Dressur, vom „Juden"[3] angestiftet, die weiße Menschheit niederzutreten. Auffällig ist, daß Hitler den Farbigen nicht nur jedes geistige Leistungsvermögen abspricht und sie dem Tierreich zurechnet, sondern daß er an dieser Stelle auch mit religiösen Kategorien (Sünde, Schöpfer) arbeitet. Dieser Zug in Hitlers Menschenbild ist absurd und unheimlich verbohrt; er wird aber verständlicher, wenn man weiß. wie bereits sein Erziehungsprogramm der Ostvölker aussah (vgl Kap. 10). Zudem wird mit dieser Aussage über die „Judenbankerte", denen er unterstellt, Hunderttausende (!) arischer Mädchen zu verführen, Hitlers erotisch durchtränkte Phantasie spürbar[4].

3. So mußte Hitler die Krönung seiner Erziehungsarbeit im „Rassebewußtsein" sehen, wozu er jeden Heranwachsenden zu bringen wünschte. Freilich gründete sein eigenes Rassebewußtsein auf folgenschweren biologischen Irrtümern: er verwechselte „Rasse" und „Art" (93, 33f.). Das Rassendogma sollte Schutz bieten und die „Blutreinheit" gewährleisten. Dieses „Wissen" wünschte Hitler jedem Jungen und Mädchen „einzubrennen", wobei die aus der Tierzucht entlehnte Vokabel – Pferden werden Gestützeichen eingebrannt – tief symbolisch für seine Pädagogik ist. Wo die „Blutreinheit" gewährleistet war, bedurfte es keiner weiteren geistigen Orientierung, denn die „Stimme des Blutes" galt als unbestechliches Wissen und Gewissen des Menschen. So konnte Hitler sich sogar anmaßen zu sagen, den niedersten Volksschichten müsse die „Wohltat des Analphabetismus" erhalten werden (33, 47 u. 40).

4. Es war eine Erziehung für die „letzte größte Entscheidung auf dem Erdball" zu leisten: Eine Umwälzung der Welt stand bevor, zum Heil der arischen Menschheit oder zum Triumph des ewigen Juden. Dazu bedurfte es übermenschlicher Anstrengungen, es bedurfte der Indoktrination. Es ging um „fanatische", ja „hysterische" Leidenschaften. Für einen Augenblick legt Hitler dabei den Kern seiner Pädagogik bloß: die weltgeschichtliche Hysterie, den „Veitstanz des 20. Jahrhunderts" (33, 239). Mit keinem Begriff konnte er die maßlosen Forderungen des Nationalsozialismus treffender charakterisieren und sich selbst als den „Führer ins Nichts" (68) bezeugen.

Adolf Hitlers Erziehungsgrundsätze

in: „Mein Kampf" (1, 451–482)

Wenn wir als erste Aufgabe des Staates im Dienste und zum Wohle seines Volkstums die Erhaltung, Pflege und Entwicklung der besten rassischen Elemente erkennen, so ist es natürlich, daß sich diese Sorgfalt nicht nur bis zur Geburt des jeweiligen kleinen jungen Volks- und Rassegenossen zu erstrecken hat, sondern daß sie aus dem jungen Sprößling auch ein wertvolles Glied für eine spätere Weitervermehrung erziehen muß.

Und so wie im allgemeinen die Voraussetzung geistiger Leistungsfähigkeit in der rassischen Qualität des gegebenen Menschenmaterials liegt, so muß auch im einzelnen die Erziehung zuallererst die körperliche Gesundheit ins Auge fassen und fördern; denn in der Masse genommen wird sich ein gesunder kraftvoller Geist auch nur in einem gesunden und kraftvollen Körper finden. Die Tatsache, daß Genies manches Mal körperlich wenig gutgebildete, ja sogar kranke Wesen sind, hat nichts dagegen zu sagen. Hier handelt es sich um Ausnahmen, die – wie überall – die Regel nur bestätigen. Wenn ein Volk aber in seiner Masse aus körperlichen Degeneraten besteht, so wird sich aus diesem Sumpf nur höchst selten ein wirklich großer Geist erheben. Seinem Wirken aber wird wohl auf keinen Fall mehr ein großer Erfolg beschieden sein. Das heruntergekommene Pack wird ihn entweder überhaupt nicht verstehen, oder es wird willensmäßig so geschwächt sein, daß es dem Höhenflug eines solchen Adlers nicht mehr zu folgen vermag.

Der völkische Staat hat in dieser Erkenntnis seine gesamte Erziehungsarbeit in erster Linie nicht auf das Einpumpen bloßen Wissens einzustellen, sondern auf das Heranzüchten kerngesunder Körper. Erst in zweiter Linie kommt dann die Ausbildung der geistigen Fähigkeiten. Hier aber wieder an der Spitze die Entwicklung des Charakters, besonders die Förderung der Willens- und Entschlußkraft, verbunden mit der Erziehung zur Verantwortungsfreudigkeit, und erst als letztes die wissenschaftliche Schulung.

Der völkische Staat muß dabei von der Voraussetzung ausgehen, *daß ein zwar wissenschaftlich wenig gebildeter, aber körperlich gesunder Mensch mit gutem, festem Charakter, erfüllt von Entschlußfreudigkeit und Willenskraft für die Volksgemeinschaft wertvoller ist als ein geistreicher Schwächling.* Ein Volk von Gelehrten wird, wenn diese dabei körperlich degenerierte, willensschwache und feige Pazifisten sind, den Himmel nicht erobern, ja nicht einmal auf dieser Erde sich das Dasein zu sichern vermögen. Im schweren Schicksalskampf unterliegt selten der, der am wenigsten weiß, sondern immer derjenige, der aus seinem Wissen die schwächsten Konsequenzen zieht und sie am kläglichsten in die Tat umsetzt . . . Die körperliche Ertüchtigung ist daher im völkischen Staat nicht eine Sache des einzelnen, auch nicht eine Angelegenheit, die in erster Linie die Eltern angeht, und die erst in zweiter oder dritter die Allgemeinheit interessiert, sondern eine Forderung der Selbsterhaltung des durch den Staat vertretenen und geschützten Volkstums. So wie der Staat, was die rein wissenschaftliche Ausbildung betrifft, schon heute in das Selbstbestimmungsrecht des einzelnen eingreift und ihm gegenüber das Recht der Gesamtheit wahrnimmt, indem er, ohne Befragung des Wollens oder Nichtwollens der Eltern, das Kind dem Schulzwang unterwirft, so muß in noch viel höherem Maße der völkische Staat dereinst seine Autorität durchsetzen gegenüber der Unkenntnis oder dem Unverständnis des einzelnen in den Fragen der Erhaltung des Volkstums. Er hat seine Erziehungsarbeit so einzuteilen, daß die jungen Körper schon in ihrer frühesten Kindheit zweckentsprechend behandelt werden und die notwendige Stählung für das spätere Leben erhalten. Er muß vor allem dafür sorgen, daß nicht eine Generation von Stubenhockern herangebildet wird . . .

Die Schule als solche muß in einem völkischen Staat unendlich mehr Zeit frei machen für die körperliche Ertüchtigung. Es geht nicht an, die jungen Gehirne mit einem Ballast zu beladen, den sie erfahrungsgemäß nur zu einem Bruchteil behalten, wobei zudem meist anstatt des Wesentlichen die unnötigen Nebensächlichkeiten hängenbleiben, da das junge Menschenkind eine vernünftige Siebung des ihm eingetrichterten Stoffes gar nicht vorzunehmen vermag. Wenn heute, selbst im Lehrplan der Mittelschulen[5], Turnen in einer Woche mit knappen zwei Stunden bedacht und die Teilnahme daran sogar als nicht obligatorisch dem einzelnen freigegeben wird, so ist dies, verglichen zur rein geistigen Ausbildung, ein krasses Mißverhältnis. Es dürfte kein Tag vergehen, an dem der junge Mensch nicht mindestens vormittags und abends je eine Stunde lang körperlich geschult wird, und zwar in jeder Art von Sport und Turnen. Hierbei darf besonders ein Sport nicht vergessen werden, der in den Augen von gerade sehr vielen „Völkischen" als roh und unwürdig gilt: das Boxen. Es ist unglaublich, was für falsche Meinungen darüber in den „Gebildeten"-Kreisen verbreitet sind. Daß der junge Mensch fechten lernt und sich dann herumpaukt, gilt als selbstverständlich und ehrenwert, daß er aber boxt, das soll roh sein! Warum? Es gibt keinen Sport, der wie dieser den Angriffsgeist in gleichem Maße fördert, blitzschnelle Entschlußkraft verlangt, den Körper zu stählerner Geschmeidigkeit erzieht. Es ist nicht roher, wenn zwei junge Menschen eine Meinungsverschiedenheit mit den Fäusten ausfechten als mit einem geschliffenen Stück Eisen. Es ist auch nicht unedler, wenn ein Angegriffener sich seines Angreifers mit der Faust erwehrt, statt davonzulaufen und nach einem Schutzmann zu schreien. Vor allem aber, der junge, gesunde Knabe soll auch Schläge ertragen lernen. Das mag in den Augen unserer heutigen Geisteskämpfer natürlich als wild erscheinen. Doch hat der völkische Staat eben nicht die Aufgabe, eine Kolonie friedsamer Ästheten und körperlicher Degeneraten aufzuzüchten. Nicht im ehrbaren Spießbürger oder der tugendsamen alten Jungfer sieht er sein Menschheitsideal, sondern in der trotzigen Verkörperung männlicher Kraft und in Weibern, die wieder Männer zur Welt zu bringen vermögen. So ist überhaupt der Sport nicht nur dazu da, den einzelnen stark, gewandt und kühn zu machen, sondern er soll auch abhärten und lehren, Unbilden zu ertragen.

Würde unsere gesamte geistige Oberschicht einst nicht so ausschließlich in vornehmen Anstandslehren erzogen worden sein, hätte sie an Stelle dessen durchgehend Boxen gelernt, so wäre eine deutsche Revolution von Zuhältern, Deserteuren und ähnlichem Gesindel niemals möglich gewesen; denn was dieser den Erfolg schenkte, war nicht die kühne, mutige Tatkraft der Revolutionsmacher, sondern die feige, jämmerliche Entschlußlosigkeit derjenigen, die den Staat leiteten und für ihn verantwortlich waren. Allein unsere gesamte geistige Führung war nur mehr „geistig" erzogen worden und mußte damit in dem Augenblick wehrlos sein, in dem von der gegnerischen Seite statt geistiger Waffen eben das Brecheisen in Aktion trat. Das war aber alles nur möglich, weil besonders unsere höhere Schulbildung grundsätzlich nicht Männer heranzog, sondern vielmehr Beamte, Ingenieure, Techniker, Chemiker, Juristen, Literaten und, damit diese Geistigkeit nicht ausstirbt, Professoren.

Unsere geistige Führung hat immer Blendendes geleistet, während unsere willensmäßige meist unter aller Kritik blieb.

Sicherlich wird man durch Erziehung aus einem grundsätzlich feig veranlagten Menschen keinen mutigen zu machen vermögen, allein ebenso sicher wird auch ein an sich nicht mutloser Mensch in der Entfaltung seiner Eigenschaften gelähmt, wenn er durch Mängel seiner Erziehung in seiner körperlichen Kraft und Gewandtheit dem anderen von vornherein unterlegen ist. Wie sehr die Überzeugung körperlicher Tüchtigkeit das eigene Mutgefühl fördert, ja den Angriffsgeist erweckt, kann man am besten am Heer ermessen. Auch hier sind grundsätzlich nicht lauter Helden vorhanden gewesen, sondern breiter Durchschnitt. Allein die überlegene Ausbildung des deutschen Soldaten in der Friedenszeit impfte dem ganzen Riesenorganismus jenen suggestiven Glauben an die eigene Überlegenheit in einem Umfange ein, den selbst unsere Gegner nicht für möglich gehalten hatten. Denn was in den ganzen Monaten des Hochsommers und Herbstes 1914 von den vorwärtsfegenden deutschen Armeen an unsterblichem Angriffsgeist und Angriffsmut geleistet wurde, war das Ergebnis jener unermüdlichen Erziehung, die in den langen, langen Friedensjahren aus den oft schwächlichen Körpern die unglaublichsten Leistungen herausholte und so jenes Selbstvertrauen erzog, das auch im Schrecken der größten Schlachten nicht verlorenging.

Gerade unser deutsches Volk, das heute zusammengebrochen, den Fußtritten der anderen Welt preisgegeben, daliegt, braucht jene suggestive Kraft, die im Selbstvertrauen liegt. Dieses Selbstvertrauen aber muß schon von Kindheit auf dem jungen Volksgenossen anerzogen werden. Seine gesamte Erziehung und Ausbildung muß darauf angelegt werden, ihm die Überzeugung zu geben, anderen unbedingt überlegen zu sein ...

Ungeheuerlich war der Zusammenbruch unseres Volkes, ebenso ungeheuerlich aber wird die Anstrengung sein müssen, um eines Tages diese Not zu beenden. Wer glaubt, daß unser Volk aus unserer jetzigen bürgerlichen Erziehungsarbeit zur Ruhe und Ordnung die Kraft erhält, eines Tages die heutige Weltordnung, die unseren Untergang bedeutet, zu zerbrechen und die Kettenglieder unserer Sklaverei den Gegnern ins Gesicht zu schlagen, der irrt bitter. Nur durch ein Übermaß an nationaler Willenskraft, an Freiheitsdurst und höchster Leidenschaft wird wieder ausgeglichen werden, was uns einst fehlte ...

Gerade bei der Jugend muß auch die Kleidung in den Dienst der Erziehung gestellt werden. Der Junge, der im Sommer mit langen Röhrenhosen herumläuft, eingehüllt bis an den Hals, verliert schon in seiner Bekleidung ein Antriebsmittel für seine körperliche Ertüchtigung. Denn auch der Ehrgeiz und, sagen wir es ruhig, die Eitelkeit muß herangezogen werden. Nicht die Eitelkeit auf schöne Kleider, die sich nicht jeder kaufen kann, sondern die Eitelkeit auf einen schönen, wohlgeformten Körper, den jeder mithelfen kann zu bilden. Auch für später ist dies zweckmäßig. Das Mädchen soll seinen Ritter kennenlernen. Würde nicht die körperliche Schönheit heute vollkommen in den Hintergrund gedrängt durch unser laffiges Modewesen, wäre die Verführung von Hunderttausenden von Mädchen durch krummbeinige, widerwärtige Judenbankerte gar nicht möglich. Auch dies ist im Interesse der Nation, daß sich die schönsten Körper finden und so mithelfen, dem Volkstum neue Schönheit zu schenken.

Heute wäre dies alles freilich am allernötigsten, weil die militärische Erziehung fehlt und damit die einzige Einrichtung ausgeschieden ist, die im Frieden wenigstens teilweise einholte, was durch unsere sonstige Erziehung versäumt wurde. Und auch dort war der Erfolg nicht nur in der Ausbildung des einzelnen an sich zu suchen, sondern in dem Einfluß, den er auf das Verhältnis der beiden Geschlechter untereinander ausübte. Das junge Mädchen zog den Soldaten dem Nichtsoldaten vor.

Der völkische Staat hat die körperliche Ertüchtigung nicht nur in den offiziellen Schuljahren durchzuführen und zu überwachen, er muß auch in der Nachschulzeit dafür Sorge tragen, daß, solange ein Junge in der körperlichen Entwicklung begriffen ist, diese Entwicklung zu seinem Segen ausschlägt. Es ist ein Unsinn, zu glauben, daß mit dem Ende der Schulzeit das Recht des Staates auf die Beaufsichtigung seiner jungen Bürger plötzlich aussetzt, um mit der Militärzeit wiederzukommen. Dieses Recht ist eine Pflicht und als solche immer gleichmäßig vorhanden. Der heutige Staat, der kein Interesse an gesunden Menschen besitzt, hat nur diese Pflicht in verbrecherischer Weise außer acht gelassen. Er läßt die heutige Jugend auf Straßen und in Bordells verkommen, statt sie an die Zügel zu nehmen und körperlich so lange weiterzubilden, bis eines Tages ein gesunder Mann und ein gesundes Weib daraus erwachsen sind.

In welcher Form der Staat diese Erziehung weiterführt, kann heute gleichgültig sein; das Wesentliche ist, daß er es tut und die Wege sucht, die dem nützen. Der völkische Staat wird genau so wie die geistige Erziehung auch die körperliche Ausbildung der Nachschulzeit als staatliche Aufgabe betrachten müssen und durch staatliche Einrichtungen durchzuführen haben. Dabei kann diese Erziehung in großen Zügen schon die Vorbildung für den späteren Heeresdienst sein. Das Heer soll dann dem jungen Mann nicht mehr wie bisher die Grundbegriffe des einfachsten Exerzierreglements beizubringen haben, es wird auch nicht Rekruten im heutigen Sinne zugeführt erhalten, es soll vielmehr den körperlich bereits tadellos vorgebildeten jungen Menschen nur mehr in den Soldaten verwandeln. Im völkischen Staat soll also das Heer nicht mehr dem einzelnen Gehen und Stehen beibringen, sondern es hat als die letzte und höchste Schule vaterländischer Erziehung zu gelten. Der junge Rekrut soll im Heere die nötige Waffenausbildung erhalten, er soll aber zugleich auch weitergeformt werden für sein sonstiges späteres Leben. An der Spitze der militärischen Erziehung aber hat das zu stehen, was schon dem alten Heer als höchstes Verdienst angerechnet werden mußte: In dieser Schule soll der Knabe zum Mann gewandelt werden; und in dieser Schule soll er nicht nur gehorchen lernen, sondern dadurch auch die Voraussetzung zum späteren Befehlen erwerben. Er soll lernen zu schweigen, nicht nur, wenn er mit *Recht* getadelt wird, sondern soll auch lernen, wenn nötig, *Unrecht* schweigend zu ertragen.

Er soll weiter, gefestigt durch den Glauben an seine eigene Kraft, erfaßt von der Stärke des gemeinsam empfundenen Korpsgeistes, die Überzeugung von der Unüberwindlichkeit seines Volkstums gewinnen.

Nach Beendigung der Heeresdienstleistung sind ihm zwei Dokumente auszustellen: sein *Staatsbürgerdiplom* als Rechtsurkunde, die ihm nunmehr öffentliche Betätigung gestattet, und sein *Gesundheitsattest* als Bestätigung körperlicher Gesundheit für die Ehe.

Analog der Erziehung des Knaben kann der völkische Staat auch die Erziehung des Mädchens von den gleichen Gesichtspunkten aus leiten. Auch dort ist das Hauptgewicht vor allem auf die körperliche Ausbildung zu legen, erst dann auf die Förderung der seelischen und zuletzt der geistigen Werte. Das *Ziel* der weiblichen Erziehung hat unverrückbar die kommende Mutter zu sein.

Erst in zweiter Linie hat der völkische Staat die Bildung des *Charakters* in jeder Weise zu fördern.

Sicherlich sind die wesentlichen Charaktereigenschaften im einzelnen Menschen grundsätzlich vorgebildet: der egoistisch Veranlagte ist und bleibt dies einmal für immer, genauso wie der Idealist im Grunde seines Wesens stets Idealist sein wird. Allein zwischen den restlos ausgeprägten Charakteren stehen doch Millionen von verschwommen und unklar erscheinenden. Der geborene Verbrecher wird Verbrecher sein und bleiben; aber zahlreiche Menschen, bei denen bloß eine gewisse Hinneigung zum Verbrecherischen vorhanden ist, können durch richtige Erziehung noch zu wertvollen Gliedern der Volksgemeinschaft werden; während umgekehrt durch schlechte Erziehung aus schwankenden Charakteren wirklich schlechte Elemente erwachsen können . . .

Dies soll nur ein Beispiel für viele sein. Heute ist die bewußte Entwicklung guter, edler Charaktereigenschaften in der Schule gleich Null. Dereinst muß darauf ganz anderes Gewicht gelegt werden. *Treue, Opferwilligkeit, Verschwiegenheit* sind Tugenden, die ein großes Volk nötig braucht und deren Anerziehung und Ausbildung in der Schule wichtiger ist als manches von dem, was zur Zeit unsere Lehrpläne ausfüllt. Auch das Aberziehen von weinerlichem Klagen, von wehleidigem Heulen usw. gehört in dieses Gebiet. Wenn eine Erziehung vergißt, schon beim Kinde darauf hinzuwirken, daß auch Leiden und Unbill einmal schweigend ertragen werden müssen, darf sie sich nicht wundern, wenn später in kritischer Stunde, z. B. wenn einst der Mann an der Front steht, der ganze Postverkehr einzig der Beförderung von gegenseitigen Jammer- und Winselbriefen dient. Wenn unserer Jugend in den Volksschulen etwas weniger Wissen eingetrichtert worden wäre und dafür mehr Selbstbeherrschung, so hätte sich dies in den Jahren 1915 bis 1918 reich gelohnt. . .

Von höchster Wichtigkeit ist die Ausbildung der Willens- und Entschlußkraft sowie die Pflege der Verantwortungsfreudigkeit.

Wenn beim Heer einst der Grundsatz galt, daß ein Befehl immer besser ist als. keiner, so muß dies bei der Jugend zunächst heißen: eine Antwort ist immer besser als keine. Die Furcht, aus Angst Falsches zu sagen, keine Antwort zu geben, muß beschämender sein als eine unrichtig gegebene Antwort . . .

Man hat sich oft beklagt, daß in den Zeiten des November und Dezember 1918 aber auch alle Stellen versagten, daß, von den Monarchen angefangen bis hinunter zum letzten Divisionär, niemand mehr die Kraft zu einem selbständigen Entschluß aufzubringen vermochte. Diese furchtbare Tatsache ist ein Menetekel unserer Erziehung, denn in dieser grausamen Katastrophe hat sich nur in einem ins Riesengroße verzerrten Maßstab geäußert, was im kleinen allgemein vorhanden war. Dieser Mangel an Willen ist es, und nicht der Mangel an Waffen, der uns heute zu jedem ernstlichen Widerstand unfähig macht. Er sitzt in unserem ganzen Volk drinnen, verhindert jeden Entschluß, mit dem ein Risiko verbunden ist, als ob die Größe einer Tat nicht gerade im Wagnis bestünde. Ohne es zu ahnen, hat ein deutscher General es fertiggebracht, für diese jammervolle Willenslosigkeit die klassische Formel zu finden: „Ich handle nur, wenn ich mit einundfünfzig Prozent Wahrscheinlichkeit des Erfolges zu rechnen vermag." In diesen „einundfünfzig Prozent" liegt die Tragik des deutschen Zusammenbruches begründet: wer vom Schicksal erst die Bürgschaft für den Erfolg fordert, verzichtet damit von selbst auf die Bedeutung einer heroischen Tat. Denn diese liegt darin, daß man in der Überzeugung von der Todesgefährlichkeit eines Zustandes den Schritt unternimmt, der vielleicht zum Erfolg führen kann. Ein Krebskranker, dessen Tod andernfalls gewiß ist, braucht nicht erst einundfünfzig Prozent auszurechnen, um eine Operation zu wagen. Und wenn diese auch nur mit einem halben Prozent Wahrscheinlichkeit Heilung verspricht, wird ein mutiger Mann sie wagen, im anderen Falle mag er nicht ums Leben wimmern. . .

In die gleiche Line fällt auch die heute grassierende Feigheit vor Verantwortung. Auch hier liegt der Fehler schon in der Jugenderziehung, durchsetzt dann das ganze öffentliche Leben und findet in der parlamentarischen Regierungsinstitution seine unsterbliche Vollendung.

Schon in der Schule legt man leider mehr Wert auf das „reumütige"

Geständnis und das „zerknirschte Abschwören" des kleinen Sünders als auf ein freimütiges Bekenntnis. Letzteres erscheint manchem Volksbildner von heute sogar als sichtbarstes Mittel einer unverbesserlichen Verworfenheit, und so manchem Jungen wird unglaublicherweise der Galgen wegen Eigenschaften prophezeit, die von unschätzbarem Wert wären, bildeten sie das Gemeingut eines ganzen Volkes.

Wie der völkische Staat dereinst der Erziehung des Willens und der Entschlußkraft höchste Aufmerksamkeit zu widmen hat, so muß er schon von klein an Verantwortungsfreudigkeit und Bekenntnismut in die Herzen der Jugend senken. Nur wenn er diese Notwendigkeit in ihrer vollen Bedeutung erkennt, wird er endlich, nach jahrhundertelanger Bildungsarbeit, als Ergebnis einen Volkskörper erhalten, der nicht mehr jenen Schwächen unterliegen wird, die heute so verhängnisvoll zu unserem Untergange beigetragen haben.

Die wissenschaftliche Schulbildung, die heutzutage ja eigentlich das Um und Auf der gesamten staatlichen Erziehungsarbeit ist, wird mit nur geringen Veränderungen vom völkischen Staat übernommen werden können. Diese Änderungen liegen auf drei Gebieten.

Erstens soll das jugendliche Gehirn im allgemeinen nicht mit Dingen belastet werden, die es zu fünfundneunzig Prozent nicht braucht und daher auch wieder vergißt...

Besonders muß eine Änderung der bisherigen Unterrichtsmethode im Geschichtsunterricht vorgenommen werden. Es dürfte wohl kaum ein Volk mehr an Geschichte lernen als das deutsche; es wird aber kaum ein Volk geben, das sie schlechter anwendet als das unsere. Wenn Politik werdende Geschichte ist, dann ist unsere geschichtliche Erziehung durch die Art unserer politischen Betätigung gerichtet. Auch hier geht es nicht an, über die jämmerlichen Ergebnisse unserer politischen Leistungen zu maulen, wenn man nicht entschlossen ist, für eine bessere Erziehung zur Politik zu sorgen. Das Ergebnis unseres heutigen Geschichtsunterrichtes ist in neunundneunzig von hundert Fällen ein klägliches. Wenige Daten, Geburtsziffern und Namen pflegen da übrigzubleiben, während es an einer großen, klaren Linie gänzlich fehlt. Alles Wesentliche, auf das es eigentlich ankäme, wird überhaupt nicht gelehrt, sondern es bleibt der mehr oder minder genialen Veranlagung des einzelnen überlassen, aus der Flut von Daten, aus der Reihenfolge von Vorgängen die inneren Beweggründe herauszufinden...

Gerade im Geschichtsunterricht muß eine Kürzung des Stoffes vorgenommen werden. Der Hauptwert liegt im Erkennen der großen Entwicklungslinien. Je mehr der Unterricht darauf beschränkt wird, um so mehr ist zu hoffen, daß dem einzelnen aus seinem Wissen später ein Vorteil erwächst, der summiert auch der Allgemeinheit

zugute kommt. Denn man lernt eben nicht Geschichte, um nur zu wissen, was gewesen ist, sondern man lernt Geschichte, um in ihr eine Lehrmeisterin für die Zukunft und für den Fortbestand des eigenen Volkstums zu erhalten. Das ist der *Zweck*, und der geschichtliche Unterricht ist nur ein *Mittel* zu ihm. Heute ist aber auch hier das Mittel zum Zweck geworden, der Zweck scheidet vollkommen aus. Man sage nicht, daß gründliches Geschichtsstudium die Beschäftigung mit all diesen einzelnen Daten eben erfordere, da ja nur aus ihnen heraus eine Festlegung der großen Linie stattfinden könne. Diese Festlegung ist Aufgabe der Fachwissenschaft. Der normale Durchschnittsmensch ist aber kein Geschichtsprofessor. Für ihn ist die Geschichte in erster Linie dazu da, ihm jenes Maß geschichtlichen Einblicks zu vermitteln, das nötig ist für eine eigene Stellungnahme in den politischen Angelegenheiten seines Volkstums. Wer Geschichtsprofessor werden will, der mag sich diesem Studium später auf das gründlichste widmen ...
Es ist im übrigen die Aufgabe eines völkischen Staates, dafür zu sorgen, daß endlich eine Weltgeschichte geschrieben wird, in der die Rassenfrage zur dominierenden Stellung erhoben wird.

Zusammenfassend: Der völkische Staat wird den allgemeinen wissenschaftlichen Unterricht auf eine gekürzte, das Wesentliche umschließende Form zu bringen haben. Darüber hinaus soll die Möglichkeit einer gründlichsten fachwissenschaftlichen Ausbildung geboten werden. Es genügt, wenn der einzelne Mensch ein allgemeines, in großen Zügen gehaltenes Wissen als Grundlage erhält und nur auf dem Gebiet, welches dasjenige seines späteren Lebens wird, gründlichste Fach- und Einzelausbildung genießt. Die allgemeine Bildung müßte hierbei in allen Fächern obligatorisch sein, die besondere Wahl dem einzelnen überlassen bleiben.
Die hierdurch erreichte Kürzung des Lehrplanes und der Stundenzahl kommt der Ausbildung des Körpers, des Charakters, der Willens- und Entschlußkraft zugute ...
Die zweite Änderung im wissenschaftlichen Lehrplan muß für den völkischen Staat folgende sein:
Es liegt im Zuge unserer heutigen materialisierten Zeit, daß unsere wissenschaftliche Ausbildung sich immer mehr den nur realen Fächern zuwendet, also der Mathematik, Physik, Chemie usw. So nötig dies für eine Zeit auch ist, in welcher Technik und Chemie regieren und deren wenigstens äußerlich sichtbarste Merkmale im täglichen Leben sie darstellen, so gefährlich ist es aber auch, wenn die allgemeine Bildung einer Nation immer ausschließlich darauf eingestellt wird. Diese muß im Gegenteil stets eine ideale sein. Sie soll mehr

den humanistischen Fächern entsprechen und nur die Grundlagen für eine spätere fachwissenschaftliche Weiterbildung bieten. Im anderen Fall verzichtet man auf Kräfte, welche für die Erhaltung der Nation immer noch wichtiger sind als alles technische und sonstige Können ...

Auch hier muß man unentwegt den Grundsatz einprägen, daß Industrie und Technik, Handel und Gewerbe immer nur zu blühen vermögen, solange eine idealistisch veranlagte Volksgemeinschaft die notwendigen Voraussetzungen bietet. Diese aber liegen nicht in materiellem Egoismus, sondern in verzichtfreudiger Opferbereitschaft.

Die heutige Ausbildung der Jugend hat sich im großen und ganzen als erstes Ziel gesetzt, dem jungen Menschen jenes Wissen einzupumpen, das er auf seinem späteren Lebenswege zu eigenem Fortkommen braucht. Man drückt dies so aus: „Der Junge muß dereinst ein nützliches Glied der menschlichen Gesellschaft werden." Darunter aber versteht man seine Fähigkeit, sich einmal auf ordentliche Weise sein tägliches Brot zu verdienen. Die oberflächliche staatsbürgerliche Ausbildung, die noch nebenher läuft, steht von vornherein auf schwachen Füßen ...

Daß man auf solche Weise nicht zu einer wahrhaftigen Nationalbegeisterung zu kommen vermochte, liegt auf der Hand. Es fehlte unserer Erziehung die Kunst, aus dem geschichtlichen Werden unseres Volkes einige wenige Namen herauszuheben und sie zum Allgemeingut des gesamten deutschen Volkes zu machen, um so durch gleiches Wissen und gleiche Begeisterung auch ein gleichmäßig verbindendes Band um die ganze Nation zu schlingen. Man hat es nicht verstanden, die wirklich bedeutsamen Männer unseres Volkes in den Augen der Gegenwart als überragende Heroen erscheinen zu lassen, die allgemeine Aufmerksamkeit auf sie zu konzentrieren und dadurch eine geschlossene Stimmung zu erzeugen ...

Als Drittes muß daher bei der wissenschaftlichen Erziehung berücksichtigt werden:

Auch in der Wissenschaft hat der völkische Staat ein Hilfsmittel zu erblicken zur Förderung des Nationalstolzes. Nicht nur die Weltgeschichte, sondern die gesamte Kulturgeschichte muß von diesem Gesichtspunkte aus gelehrt werden. Es darf ein Erfinder nicht nur groß erscheinen als Erfinder, sondern muß größer noch erscheinen als Volksgenosse. Die Bewunderung jeder großen Tat muß umgegossen werden in Stolz auf den glücklichen Vollbringer derselben als Angehörigen des eigenen Volkes. Aus der Unzahl all der großen Namen der deutschen Geschichte aber sind die größten herauszugreifen und der Jugend in so eindringlicher Weise vorzuführen, daß sie zu Säulen eines unerschütterlichen Nationalgefühles werden.

Planmäßig ist der Lehrstoff nach diesen Gesichtspunkten aufzubauen, planmäßig die Erziehung so zu gestalten, daß der junge Mensch beim Verlassen seiner Schule nicht ein halber Pazifist, Demokrat oder sonst was ist, sondern ein *ganzer Deutscher.*

Damit dieses Nationalgefühl von Anfang an echt sei und nicht bloß in hohlem Schein bestehe, muß schon in der Jugend ein eiserner Grundsatz in die noch bildungsfähigen Köpfe hineingehämmert werden: *Wer sein Volk liebt, beweist es einzig durch die Opfer, die er für dieses zu bringen bereit ist... Die innige Vermählung von Nationalismus und sozialem Gerechtigkeitssinn ist schon in das junge Herz hineinzupflanzen. Dann wird dereinst ein Volk von Staatsbürgern erstehen, miteinander verbunden und zusammengeschmiedet durch eine gemeinsame Liebe und einen gemeinsamen Stolz, unerschütterlich und unbesiegbar für immer.*

Die Angst unserer Zeit vor Chauvinismus ist das Zeichen ihrer Impotenz. Da ihr jede überschäumende Kraft nicht nur fehlt, sondern sogar unangenehm erscheint, ist sie auch für eine große Tat vom Schicksal nicht mehr ausersehen. Denn die größten Umwälzungen auf dieser Erde wären nicht denkbar gewesen, wenn ihre Triebkraft statt fanatischer, ja hysterischer Leidenschaften nur die bürgerlichen Tugenden der Ruhe und Ordnung gewesen wären.

Sicher aber geht diese Welt einer großen Umwälzung entgegen. Und es kann nur die eine Frage sein, ob sie zum Heil der arischen Menschheit oder zum Nutzen des ewigen Juden ausschlägt.

Der völkische Staat wird dafür sorgen müssen, durch eine passende Erziehung der Jugend dereinst das für die letzten und größten Entscheidungen auf diesem Erdball reife Geschlecht zu erhalten.

Das Volk aber, das diesen Weg zuerst betritt, wird siegen.

Die gesamte Bildungs- und Erziehungsarbeit des völkischen Staates muß ihre Krönung darin finden, daß sie den Rassesinn und das Rassegefühl instinkt- und verstandesmäßig in Herz und Gehirn der ihr anvertrauten Jugend hineinbrennt. Es soll kein Knabe und kein Mädchen die Schule verlassen, ohne zur letzten Erkenntnis über die Notwendigkeit und das Wesen der Blutreinheit geführt worden zu sein. Damit wird die Voraussetzung geschaffen für die Erhaltung der rassenmäßigen Grundlagen unseres Volkstums und durch sie wiederum die Sicherung der Vorbedingungen für die spätere kulturelle Weiterentwicklung.

Denn alle körperliche und alle geistige Ausbildung würde im letzten Grunde dennoch wertlos bleiben, wenn sie nicht einem Wesen zugute käme, das grundsätzlich bereit und entschlossen ist, sich selbst und seine Eigenart zu erhalten.

Im anderen Falle würde das eintreten, was wir Deutschen schon jetzt im großen beklagen müssen, ohne daß vielleicht der ganze Umfang dieses tragischen Unglücks bisher begriffen worden wäre: *daß wir auch in Zukunft nur Kulturdünger bleiben, nicht nur im Sinne der begrenzten Auffassung unserer heutigen bürgerlichen Anschauung, die im einzelnen verlorenen Volksgenossen nur den verlorenen Staatsbürger sieht, sondern im Sinne der schmerzlichsten Erkenntnis, daß dann, trotz all unserm Wissen und Können, unser Blut doch zur Niedersenkung bestimmt ist. Indem wir uns immer wieder mit anderen Rassen paaren, erheben wir wohl diese aus ihrem bisherigen Kulturniveau auf eine höhere Stufe, sinken aber von unserer eigenen Höhe für ewig herab. Übrigens hat auch diese Erziehung unter dem Gesichtspunkte der Rasse ihre letzte Vollendung im Heeresdienste zu erhalten. Wie denn überhaupt die Militärdienstzeit als Abschluß der normalen Erziehung des durchschnittlichen Deutschen gelten soll.*

So große Bedeutung im völkischen Staat die Art der körperlichen und geistigen Erziehung haben wird, ebenso wichtig wird auch die Menschenauslese an sich für ihn sein . . .
Es gibt heute vielleicht ein einziges Gebiet, auf dem wirklich weniger die Herkunft als vielmehr die eigene angeborene Begabung entscheidet: das Gebiet der Kunst. Hier, wo man eben nicht bloß „lernen" kann, sondern alles schon ursprünglich angeboren sein muß und nur später einer mehr oder weniger günstigen Entwicklung im Sinne weiser Förderung der vorhandenen Anlagen unterliegt, kommt Geld und Gut der Eltern fast nicht in Betracht. Daher erweist sich hier auch am besten, daß Genialität nicht an höhere Lebensschichten oder gar an Reichtum gebunden ist. Die größten Künstler stammen nicht selten aus den ärmsten Häusern. Und mancher kleine Dorfjunge ward später ein vielseitiger Meister[6]. Es spricht nicht gerade für große Gedankentiefe der Zeit, daß man solche Erkenntnis nicht für das gesamte geistige Leben nützt. Man meint, das, was bei der Kunst nicht geleugnet werden kann, treffe für die sogenannten realen Wissenschaften nicht zu. Ohne Zweifel kann man bestimmte mechanische Fertigkeiten dem Menschen anerziehen, so wie es einer geschickten Dressur möglich ist, einem gelehrigen Pudel die unglaublichsten Kunststücke beizubringen. Allein, wie bei dieser Tierdressur nicht das Verständnis des Tieres aus sich selbst heraus zu solchen Übungen führt, so auch beim Menschen. Man kann ohne Rücksicht auf ein anderes Talent auch dem Menschen bestimmte wissenschaftliche Kunststücke beibringen, aber der Vorgang ist dann genau der gleich leblose, innerlich unbeseelte wie beim Tier. Man kann auf Grund eines bestimmten geistigen Drills einem Durchschnittsmenschen sogar Überdurchschnittswissen ein-

bleuen; allein das bleibt eben totes und, im letzten Grund, unfruchtbares Wissen ... Solch ein mechanisch eingedrilltes Wissen genügt höchstens zur Übernahme von Staatsämtern in unserer heutigen Zeit ... *Schöpferische Leistungen selbst können überhaupt nur entstehen, wenn Fähigkeit und Wissen eine Ehe bilden.* Wie grenzenlos die heutige Menschheit in dieser Richtung sündigt, mag noch ein Beispiel zeigen. Von Zeit zu Zeit wird in illustrierten Blättern dem deutschen Spießer vor Augen geführt, daß da oder dort zum erstenmal ein Neger Advokat, Lehrer, gar Pastor, ja Heldentenor oder dergleichen geworden ist. Während das blödsinnige Bürgertum eine solche Wunderdressur staunend zur Kenntnis nimmt, voll von Respekt für dieses fabelhafte Resultat heutiger Erziehungskunst, versteht der Jude sehr schlau, daraus einen neuen Beweis für die Richtigkeit seiner den Völkern einzutrichternden Theorie von der *Gleichheit der Menschen* zu konstruieren. Es dämmert dieser verkommenen bürgerlichen Welt nicht auf, daß es sich hier wahrhaftig um eine Sünde an jeder Vernunft handelt; daß es ein verbrecherischer Wahnwitz ist, einen geborenen Halbaffen so lange zu dressieren, bis man glaubt, aus ihm einen Advokaten gemacht zu haben, während Millionen Angehörige der höchsten Kulturrasse in vollkommen unwürdigen Stellungen verbleiben müssen; daß es eine Versündigung am Willen des ewigen Schöpfers ist, wenn man Hunderttausende und Hunderttausende seiner begabtesten Wesen im heutigen proletarischen Sumpf verkommen läßt, während man Hottentotten und Zulukaffern zu geistigen Berufen hinaufdressiert. Denn um eine Dressur handelt es sich dabei, genauso wie bei der des Pudels, und nicht um eine wissenschaftliche „Ausbildung". Die gleiche Mühe und Sorgfalt auf Intelligenzrassen angewendet, würde jeden einzelnen tausendmal eher zu gleichen Leistungen befähigen ...

Zum Erfinden genügt eben nicht eingetrichtertes Wissen, sondern nur das vom Talent beseelte. Darauf aber legt man bei uns heute keinen Wert; die gute Note allein soll es ausmachen ... Unsere geistigen Schichten sind besonders in Deutschland so in sich abgeschlossen und verkalkt, daß ihnen die lebendige Verbindung nach unten fehlt. Dies rächt sich nach zwei Seiten hin: Erstens fehlt ihnen dadurch das Verständnis und die Empfindung für die breite Masse. Sie sind zu lange schon aus diesem Zusammenhang herausgerissen, als daß sie noch das nötige psychologische Verständnis für das Volk besitzen könnten. Sie sind volksfremd geworden. Es fehlt diesen oberen Schichten aber zweitens auch die nötige Willenskraft. Denn diese ist in abgekasteten Intelligenzkreisen immer schwächer als in der Masse des primitiven Volkes. An wissenschaftlicher Bildung aber hat es uns Deutschen wahrhaftiger Gott nie gefehlt, desto mehr jedoch an Willens- und Entschlußkraft. Je „geistvoller" zum

Beispiel unsere Staatsmänner waren, um so schwächlicher war meistens ihre wirkliche Leistung. Die politische Vorbereitung sowohl als die technische Rüstung für den Weltkrieg war nicht deswegen ungenügend, weil etwa *zuwenig gebildete* Köpfe unser Volk regierten, sondern vielmehr, weil die Regierenden *überbildete* Menschen waren, vollgepfropft von Wissen und Geist, aber bar jedes gesunden Instinkts und ledig jeder Energie und Kühnheit . . .

Hier kann die katholische Kirche als vorbildliches Lehrbeispiel gelten. In der Ehelosigkeit ihrer Priester liegt der Zwang begründet, den Nachwuchs für die Geistlichkeit statt aus den eigenen Reihen immer wieder aus der Masse des breiten Volkes holen zu müssen. Gerade diese Bedeutung des Zölibats wird aber von den meisten gar nicht erkannt. Sie ist die Ursache der unglaublich rüstigen Kraft, die in dieser uralten Institution wohnt. Denn dadurch, daß dieses Riesenheer geistlicher Würdenträger sich ununterbrochen aus den untersten Schichten der Völker heraus ergänzt, erhält sich die Kirche nicht nur die Instinktverbundenheit mit der Gefühlswelt des Volkes, sondern sichert sich auch eine Summe von Energie und Tatkraft, die in solcher Form ewig nur in der breiten Masse des Volkes vorhanden sein wird. Daher stammt die staunenswerte Jugendlichkeit dieses Riesenorganismus, die geistige Schmiegsamkeit und stählerne Willenskraft.

Es wird die Aufgabe eines völkischen Staates sein, in seinem Unterrichtswesen dafür Sorge zu tragen, daß eine dauernde Erneuerung der bestehenden geistigen Schichten durch frische Blutzufuhr von unten stattfindet. Der Staat hat die Verpflichtung, mit äußerster Sorgfalt und Genauigkeit aus der Gesamtzahl der Volksgenossen das von Natur aus ersichtlich befähigte Menschenmaterial herauszusieben und im Dienste der Allgemeinheit zu verwenden.

Dokument 2

Die beiden folgenden Proben stammen aus der Gedankenwelt Alfred *Rosenbergs* (geb. 1893 in Reval, 1946 in Nürnberg hingerichtet). Neben Goebbels war Rosenberg Hauptpropagandist der nationalsozialistischen Ideologie, was besonders 1934 durch seine Ernennung zum „Beauftragten des Führers für die Überwachung der gesamten geistigen und weltanschaulichen Schulung und Erziehung der NSDAP" zum Ausdruck kam. Mit seinem Namen ist auch der berüchtigte „Einsatzstab Rosenberg" verbunden, der 1940 begann, in französischen Staatsbibliotheken, Archiven, Kirchenkanzleien und Logen nach „weltanschaulichem" Material der Juden, Freimaurer und Jesuiten zu fahnden. Tausende von Bänden wurden im besetzten Europa beschlagnahmt und nach Deutschland transportiert (IMG 137 – PS). Der Ursprung dieser wissenschaftlichen Raubgesellschaft lag in Hitlers Verfügung vom 29. Januar 1940, wonach die Gründung einer „Hohen Schule der Partei" angeordnet wurde. Mit ihrem Bau am Chiemsee sollte erst nach dem „Endsieg" begonnen, die Vorarbeit aber von Alfred Rosenberg sogleich in Angriff genommen werden. Bücher waren am leichtesten zu beschaffen, da man als Sieger in den besetzten Ländern nichts für sie bezahlte. Oft handelte es sich bei den geraubten Schriften auch um „herrenloses jüdisches Eigentum". Die „Hohe Schule der Partei" hatte die Aufgabe der weltanschaulichen Forschung und Lehre, und man kann aus dem Bücherkanon deutlich ablesen, womit sich die nationalsozialistische Paradewissenschaft am Chiemsee beschäftigt haben würde. Rosenberg benötigte außerdem insbesondere jüdische Quellen, da er ein „Institut zur Erforschung der Judenfrage" in Frankfurt durch eine von Hitler erteilte Vollmacht vom 26. März 1941 gründete. Dieses Institut galt bereits als Außenstelle der künftigen „Hohen Schule".

Rosenberg wurde 1921 Hauptschriftleiter des „Völkischen Beobachters" (sein Vorgänger war Dietrich Eckart) und 1941 Reichsminister für die besetzten Ostgebiete. Sein 1930 erschienenes Buch „Der Mythus des 20. Jahrhunderts" (zuletzt fast 1 Million Exemplare) wurde weniger durch seine Qualitäten bekannt, als vielmehr durch die Polemik, die es besonders in katholischen Kreisen auslöste. Hitler hatte es nur halb gelesen, da es ihm zu „schwer" schien (30, 275). – Rosenberg war erster Träger des „Deutschen Nationalpreises" (30. 1. 1937), der an die Stelle des Nobelpreises trat, den nach einer Verfügung der Reichsregierung Deutsche nicht mehr annehmen durften. Dieses Gesetz wurde durch den Ärger der Nationalsozialisten über die Verleihung des Friedensnobelpreises an Carl von Ossietzky ausgelöst.

Was Rosenberg im folgenden ausführt, beschäftigt sich mit der Charakterbildung, neuer Wahrheit und Wertung und mit der „großen Persönlichkeit". Die wenigen Proben genügen, Rosenbergs Argumente zu kennzeichnen und damit zugleich eine Vorstellung vom Chefideologen der Partei zu geben.

Alfred Rosenberg: Neue Wertung durch die deutsche Schule
in: 34, 624–629.

Wird ein Staatsmann der deutschen Zukunft allen religiösen Regungen seines Volkes ungeachtet persönlicher Bekenntnisse mit größter Behutsamkeit gegenüberstehen und möglichst jeden Eingriff in das Ringen vermeiden, so erfordert die Schule eine durchaus andere, positiv umgrenzende, zielstrebige und nachdrücklich vertretene Haltung. Die allererste Aufgabe der Erziehung ist nicht technische Wissensvermittlung, sondern Charakterbildung, d. h. Stärkung jener Werte, wie sie zutiefst im germanischen Wesen schlummern und sorgfältig hochgezüchtet werden müssen. Hier hat der Nationalstaat ohne jeden Kompromiß die Alleinherrschaft zu beanspruchen, will er bodenverwurzelte Staatsbürger erziehen, die sich einst bewußt sein sollen, wofür sie im Leben kämpfen, zu welcher Ganzheit von Werten sie ungeachtet aller Einzelzüge gehören.

Das einzige geistige große Chaos des heutigen Lebens ist die Folge des hemmungslosen Ringens Dutzender von Gedankensystemen um die Vorherrschaft: des blutlos-humanistischen, welches durch Fernblicke in die Vergangenheit und schematische Gedächtnisschulung den echten Auftrieb des Lebens drosselte; des realistischen, das dem Zeitgeist der liberalistischen Technik ihre Tribute zollt; neuerdings die stärker werdenden kirchlichen Versuche, die Schulaufsicht wieder an sich zu reißen.

Wir haben also genauso viel Schultypen, wie es auf verschiedene Werte als Höchstwerte begründete Systeme gibt. Da stehen die Konfessionsschulen, die heute allen Ernstes auch Geographie und Mathematik auf Grund ihrer alttestamentlichen Offenbarungen lehren wollen, wenngleich sie doch zornerfüllt zugestehen müssen, daß gleich nach ihrer „religiösen" Darstellung der Jahwe-Schöpfung aus dem Nichts und der Arche Noah und den berühmten 6000 Jahren der Weltschöpfung die Ewigkeit des Weltalls verkündet wird und Millionen Jahre der Erdbildung als Vorbedingung unseres Erdendaseins behauptet werden. Der Grundsatz der freien Forschung hat nun aber das beste Blut Europas gekostet gegenüber einer Kirche, die in anmaßender Beschränktheit auch heute noch rein verstandesgemäß eben durch den Verstand überwundene Dinge als „Ewige Wahrheit" zu predigen wagt und trotz ihrer „naturwissenschaftlichen Gelehrten" nur das eine beweist, daß nicht der nordische Forschungsdrang nach Wahrheit oder Erkenntnis das Handeln regiert, sondern ein längst innerlich erledigtes, uns feindliches Zwangsglaubenssystem. Das Heer römisch-kirchlicher Wissenschaftler verfolgt nur den einen Zweck, die Naturwissenschaft, überhaupt alle Wissenschaft dem alten Aberglauben dienstbar zu machen, der durch Kopernikus ein für allemal zertrümmert worden ist. So behauptete Hammerstein, S. J., die Kirche habe durchaus aus ihrem Recht heraus gehandelt, wenn sie in der Naturgeschichte nicht gestattete, das Menschengeschlecht von verschiedenen Stammeseltern abzuleiten, da hiermit die geoffenbarte Lehre von der Erbsünde fallen würde. Die alte Erzählung von Adam und Eva wird also ganz offen zum Maßstab für sämtliche Forschungen erhoben! Und neuerdings bekräftigte Papst Pius XI. zu Beginn des Jahres 1930 in einer Enzyklika ausdrücklich die Bestimmung des Vatikanischen Konzils, wonach die „gesunde Vernunft" nur dazu da sei, die Wahrheit des für immer festgelegten „Glaubens" zu beweisen. Die Kirche ist also nur folgerichtig, wenn sie gegen die Lehrfreiheit auftritt und nur *eine* Darstellung vom Weltgeschehen und Menschenwesen anerkennt, nämlich die, die durch ihre Offenbarungslehre niedergelegt worden ist.

Am klarsten tritt dies natürlich in einem Fach zutage, das am allermeisten das Weltbild eines Menschen beeinflußt, im Geschichtsunterricht. Denn dieser ist mehr als alle *andern Wertung*, nicht Aufreihung von Tatsächlichkeiten. Daß eine römische „Geschichte" alle ihre Fälschungen ableugnet, versteht sich von selbst; daß sie jeden echten Nationalismus verdammt, ist ebenfalls folgerichtig, sie kann ihn höchstens ab und zu als Mittel zu gewissen Zwecken gebrauchen; daß Luther ein niederträchtiger Lump gewesen sei, gilt den römischen Lehrern in allen Staaten als selbstverständlich. Canisius weiß von der „abscheulichsten Unzucht" zu berichten, die Luther erlaubt habe, die Evangelischen sind ihm deshalb „pestbehaftete Menschen". Das Jesuitenwerk „Imago primi saeculi" erklärt Luther als „Weltungeheuer und heillose Pest". Papst Urban VIII. nennt ihn ein „verabscheuungswertes Ungeheuer". So geht es weiter bis auf den heutigen Tag. Es ist ganz falsch, sich nur darüber laut zu beklagen, ohne das römische System im Kern zu begreifen. „Traurig ist es um eine Wissenschaft bestellt, die nichts anderes zu bieten vermag als ewiges Suchen nach der Wahrheit." Dieser wahrhaft großartige Satz des Innsbrucker Professors Joseph Donat enthüllt die tiefsten Tiefen einer gegeneuropäischen Geisteswelt, gegen welche alles, was echt und groß von uns war, seit jeher gekämpft und geblutet hat und einem Faust bezeugte: „Wer immer strebend sich bemüht, *den* können wir erlösen."

Die alttestamentliche und später nachweislich zusammengefälschte wissenschaftliche „Wahrheit" der römischen Geschichtsdarstellung ist zwar derart fadenscheinig, daß jeder Sekundaner sie heute zu enthüllen vermag, aber das Fortbestehen der römischen Lehrsätze zeigt, wie wenig der Mensch von Einsichten allein bestimmt wird, wie stark hierbei Wille, Trieb und Einbildungskraft wirken. Das römische System wendet sich nun mit aller Macht gerade an diese

Eigenschaften der menschlichen Seele. Der Jesuitenorden ist das erprobte Werkzeug, das geängstigte Ich durch Aufpeitschung der Einbildungskraft in seine Dienste zu zwingen und die Vernunft blind zu machen für Dinge, die jeder *aufgewachte* Mensch sofort entdeckt. Der ganze kirchlich-römische Apparat ist von der Wiege bis zum Grabe tätig, sich der Einbildungskraft zu bemächtigen und keine Pause in dieser Beeinflussung eintreten zu lassen. Deshalb die Zauber der Sakramente, deshalb die sinnebetäubenden Formen, deshalb auch die Forderung des konfessionellen Unterrichts – bis zum Schönschreiben hinab.

Diesem geschlossenen System stand bisher nur der bloß auflösende Liberalismus gegenüber. Er ist eine unerfreuliche Folge des endlich erfolgten Durchbruchs der nordischen Seele von Roger Bacon über Leonardo, Galilei, Kopernikus. Aber über die Forderung der Freiheit des Forschens ist er nicht zu einem positiven Kern durchgestoßen. Letzten Endes aber bestimmte – selbst ungewollt – ein Grundsatz auch die Lehrfreiheit des liberalisierenden Zeitalters: das Dogma, daß jedem das gleiche gemäß sei und daß alle Form nichts als Schranke und Entwicklungshemmung darstelle.

Diese „voraussetzungslose" Wissenschaft geht heute einem tragischen Ende entgegen, nachdem sie selbst die unheilvollste Voraussetzung zu unserem rassischen Niedergange geschaffen hatte. Die anfangs skizzierte Auffassung der Weltgeschichte als Rassengeschichte ist die heutige Absage an diese untergehende Lehre der Humanitas. Auch hier steht der Gedanke deutscher Erneuerung als klar bewußte und in sich selbst begründete Forderung dem römischen und liberalen gegenüber. Er verneint die angebliche voraussetzungslose Erkenntnis, er bekämpft den Hysterie züchtenden Aufruf der Einbildungskraft, er erkennt bewußt den seelisch-rassisch bedingten Willen als Urphänomen und Voraussetzung seines ganzen Daseins an. Und er fordert die Wertung von Vergangenheit und Gegenwart nach der Beurteilung, ob dieser allein kulturschaffende Wille durch geschichtliche Ereignisse oder Persönlichkeiten gestärkt oder geschwächt worden ist. Nicht danach wird heute mehr gefragt, ob adamitische „Erbsünden" durch Erkenntnisse gefährdet werden, nicht danach wird die Größe Friedrichs gemessen, ob er Macht errang, sondern daran, ob er und seine Taten Meilensteine waren auf dem Wege zu deutscher Größe. Darum fordert bereits unser heutiges Geschlecht, bei aller Gewissenhaftigkeit den Tatsachen gegenüber, eine neue *Wertung* unserer Vergangenheit, sowohl was politische, als auch was Kulturgeschichte anbetrifft. Daraus ergibt sich aber auch die Ablehnung der bisher üblichen, nach *jeder* Richtung unbeschränkten Lehrfreiheit für alle Berufe. Freiheit der Forschung bleibt natürlich als unverlierbare Errungenschaft im Kampf gegen

Syrien und Rom erhalten. Auf allen Gebieten. Auch Geschichte, auch Schwächen unserer Großen sollen nicht vertuscht werden, aber das über sie hinausragende Ewige, Mythische soll mit suchender Seele herausgefühlt, gestaltet werden. Es wird dann eine Geisterreihe entstehen von Odin, Siegfried, Widukind, Friedrich II. dem Hohenstaufen, Eckehart, dem von der Vogelweide, Luther, Friedrich dem Einzigen, Bach, Goethe, Beethoven, Schopenhauer, Bismarck; inbegriffen ihre germanischen Gegner. Fernab von dieser seelisch-rassischen Linie deutscher Seelenentwicklung stehen für uns die Institoris, Canisius, fernab liegen werden einst auch die Ricardo, Marx, Lasker, Rathenau. Dieser neuen Wertung zu dienen, ist die Schule des kommenden Deutschen Reiches berufen, es ist ihre vornehmste, wenn nicht einzige Aufgabe in den kommenden Jahrzehnten zu wirken, bis diese Wertung zur Selbstverständlichkeit für alle Deutschen geworden ist. Diese Schule harrt aber noch eines großen Lehrers der deutschen Geschichte mit dem Willen zu einer deutschen Zukunft. Er wird kommen, wenn Mythus Leben geworden ist.

Dokument 3

Rosenberg beginnt mit Lessings großer Schrift und dem Humanitätsgedan-
ken, der sich, nach seiner Auffassung, in einem „hohlen Internationalismus" verlor. Die Erziehung scheint ihm entartet, da sie nicht mehr biologisch fundiert sei. Er geht ferner auf Spenglers „Untergang des Abend-
landes" ein, dessen Reflexionen er als verfehlt betrachtet, und denen er
seinen Begriff „Rassenseele" entgegenstellt, den er in Anlehnung an Herder
gewonnen zu haben meint. Er fordert Charaktererziehung auf „Blut und
Boden", getragen von der „Sicherheit des Instinkts" der Partei. Die „letzten
150 Jahre" lehnt er ab.

Alfred Rosenberg: Von der Auffassung über national-
sozialistische Erziehung

in: A. Rosenberg: Gestaltung der Idee. Reden und Aufsätze 1933
bis 1935. Hrsgb. v. Thilo von Trotha. München 1936². S. 47–57.

Diese Rede wurde anläßlich eines Sonderlehrgangs der Reichsführer-
Schule am 15. März 1934 in Bernau gehalten.

Es gab einmal eine Zeit, da große deutsche Träumer von einer *„Erziehung des Menschengeschlechts"* sprachen und alle ihre Kräfte dafür einsetzten, dem lang ersehnten Ziel einer „Humanisierung der
Menschheit" erfolgreich zustreben zu können. Niemand von uns
wird diese große innere Bereitschaft und die Kraft des Über-
zeugungsmutes, der einst von Lessing und Herder ausging, gering-
schätzen, verdankt doch Deutschland ihnen viele seiner schönsten
Antriebe. Und doch werden wir heute sagen müssen, daß, so reich
die Schätze sind, die uns die Großen des 18. Jahrhunderts hinterlassen haben, die Gedanken einer Menschheitserziehung in den
Händen kleiner Epigonen des 19. Jahrhunderts doch in einen alles
verflachenden Schematismus und schließlich in einen hohlen Internationalismus mündeten. Die Erziehung wurde im letzten halben
Jahrhundert unbiologisch und allen inneren Gesetzen der Rassen
und Völker entgegen als ein magisches Zaubermittel hingestellt. Das
Wort, daß man durch Erziehung schließlich *alles* erreichen könnte
und daß fast nur sie den Charakter des Menschen, sein Schicksal
und sein Handeln bestimme, wurde nahezu Zwangsglaubenssatz vieler Geschlechter und verhinderte immer wieder das Aufkommen eines
den Seelengeboten und organischen Naturgesetzen entsprechenden
Denkens. Die herrschenden, von rein wirtschaftlichen Interessen bestimmten Anschauungen besagten, daß Weltanschauungen nichts

mehr und nichts weniger bedeuteten als die wahllose Ausdehnung des Entwicklungsdogmas auf alle Gebiete des Lebens. Daraus folgte unausgesprochen der Glaubenssatz, daß aus einem bestimmt gearteten Wesen eine ganz anders geartete Gestalt durch Erziehungsmethoden erreicht werden könne. Noch tiefer ausgedrückt, wurde damit gesagt, daß aus dem Nichts eine geistige und politische Gestalt geboren werden könne.

Diese rein abstrakte Erziehungsphilosophie war die Parallelerscheinung, genauer, die *Voraussetzung* des demokratischen politischen Gedankens und damit des parlamentarischen Systems. Denn auch dieses demokratische System behauptete, daß durch Zusammenlegung von vielerlei Gedanken ein neuer schöpferischer Staatsgedanke, eine allen Erfordernissen entsprechende staatsmännische Tat geboren werden könne, ja, daß dieses System die eigentliche höchste Errungenschaft des menschlichen Denkens darstelle. Nun sagt uns das Leben zwar tausendfach, daß *nie* aus Zusammenstampfen vieler Samenkörner eine Gestalt entsteht, sondern daß für ewige Zeiten nur aus *einem,* ganz *bestimmt* gearteten Samen der Weizen und aus einem *andersgearteten* etwa die Gerste entsprießt. Aber die Gelehrtenwelt des 19. Jahrhunderts und die naturentfremdeten Menschen der Weltstädte hatten das *Sehen* verlernt, *mit der Kraft der Anschauung aber schwand auch die Klarheit des Denkens dahin,* und es hat einer jahrzehntelang sich vorwärtstastenden geistigen Revolution bedurft, um schließlich, auch nach schwersten Erschütterungen des staatspolitischen Lebens, den Sieg über die Gedankenwelt des 18. und 19. Jahrhunderts zu erringen.

Heute glauben und wissen wir, daß eine Erziehung, die sich zum Ziele setzt, einen einheitlichen Menschentypus zu schaffen, zu Mißachtung und Vergewaltigung ewiger Naturgesetze führen *muß* und daß deshalb auch die sich aufbäumende Natur an diesen Erziehungsmethoden sich dadurch rächt, daß sie Völker und Staaten in zuckenden Revolten vergehen läßt. *Diese* Erschütterungen sind es dann, die die Menschen zu letzten Entscheidungen aufrufen, zum Nachweis darüber, ob sie zu schwach sind, mit dem Leben zu leben und somit als Nation und Rasse untergehen müssen, oder aber, ob sie die Gesetze dieses ewigen Lebens anerkennen und *mit* ihnen gemeinsam eine Klärung und Festigung der ihnen verliehenen seelischen Gestalt durchführen wollen.

Es ist dabei nicht so, als ob auf irgendwelche geheimnisvolle, *„schicksalsmäßige"* Weise der Verlauf der Menschheits- und Erziehungsgeschichte vorher bestimmt und unabänderlich sei. Ein Philosoph in München hat sich bemüht, mit Hilfe einer sogenannten „Kulturkreislehre" eine solche „Schicksalsmäßigkeit" zu konstruieren. Aus irgendeinem Grunde – man weiß nicht, wieso und weshalb – senkt sich nach dieser Auffassung ein Kulturkreis aus nebeliger Höhe hernieder auf ein Stückchen Erde, und so sind dann der indische, der griechische, der römische Kulturkreis entstanden. Die Menschen dieses Kreises sind anfänglich heldisch, schöpferisch. Die Kultur erstarrt dann in Zivilisation, und in Millionenstädten bricht diese Zivilisation und damit das Menschentum zusammen, sei es von innen zermürbt, sei es von außen zerstört. Diese rein konstruktive Lehre einer ins 20. Jahrhundert noch wie eine Versteinerung hereinragenden Größe des 19. Jahrhunderts ist heute von uns allen überwunden und abgeworfen. Wir haben es dabei *nicht* mit einer Morphologie, d. h. mit einer Gestaltenlehre zu tun, sondern nur mit einem Experiment an einem zum Untergang bestimmten Objekt. Hier haben wir von vornherein angegriffen und die seelisch-biologischen Gebote des deutschen Menschen in den Mittelpunkt unseres Denkens gestellt.

Der *gleiche* Herder, der von der Humanität der Menschheit träumte, hat zugleich eines der schönsten Worte ausgesprochen, die am Ausgangspunkte aller deutschen Erziehung stehen können. Er sagte: „Es hat jede Nation *ihr* Zentrum der Glückseligkeit, wie jede Kugel ihren Schwerpunkt." Damit ist in genialster Weise die Eigengesetzlichkeit und Ewigkeit einer echten Volksgestalt, heute können wir sagen, einer *Rassenseele* ausgesprochen worden, und in diesem Geiste sind wir alle Kinder Herders und jener, die in *diesem* Sinne nach ihm gewirkt haben: wir fühlen beglückt, auch *staatlich* Gestalter des deutschen Schicksals geworden zu sein und nunmehr in einer Zeit leben zu dürfen, wo wir uns nicht mehr anmaßen, die *ganze Menschheit* zu erziehen, sondern unser größtes Glück darin erblicken, den *deutschen* Menschen „rechtwinklig an Leib und Seele" in seinen ewigen Antrieben kennenzulernen und alle in *ihm* schlummernden Möglichkeiten zu gestaltender Tat zu führen.

Damit schält sich das Wesentliche dessen heraus, was die deutsche Erziehung leisten *kann,* was sie dann aber auch mit stärkster Eindringlichkeit tun *muß.* Ich habe versucht festzustellen, welches „Zentrum der Glückseligkeit" eigentlich bei den großen, nordisch bestimmten Kulturvölkern lebendig gewesen ist, und habe folgendes als Ergebnis niedergelegt:

„Nach einer Rückschau von fernster Vergangenheit bis auf die jüngste Gegenwart breitet sich vor unserem Blick folgende Vielgestaltigkeit nordischer Schöpferkraft aus: Das arische Indien beschenkte die Welt mit einer *Metaphysik,* wie sie an Tiefe noch heute nicht erreicht worden ist; das arische Persien dichtete uns den *religiösen* Mythos, von dessen Kraft wir alle noch heute zehren; das dorische Hellas erträumte die *Schönheit* auf dieser Welt, wie sie in der uns vorliegenden in sich ruhenden Vollendung nie mehr verwirklicht wurde;

das italische Rom zeigte uns die formale *Staatszucht* als Beispiel, wie eine menschliche bedrohte Gesamtheit sich gestalten und wehren muß. Und das germanische Europa beschenkte die Welt mit dem leuchtendsten Ideal des Menschentums: mit der Lehre von dem *Charakterwert* als Grundlage aller Gesittung, mit dem Hochgesang auf die höchsten Werte des nordischen Wesens, auf die Idee der Gewissensfreiheit und der *Ehre*. Um diese wurde auf allen Schlachtfeldern, in allen Gelehrtenstuben gekämpft, und siegt diese Idee im kommenden großen Ringen nicht, so werden das Abendland und sein Blut untergehen, wie Indien und Hellas einst auf ewig im Chaos verschwanden . . .“

Ich glaube, daß mit diesen Feststellungen der Kern der Erziehungsaufgaben für das deutsche Volk deutlich hervorgetreten ist. Die deutsche Erziehung wird nicht formal-ästhetisch sein, sie wird nicht eine abstrakte Vernunftgestaltung anstreben, sondern sie wird in erster Linie eine *Erziehung des Charakters darstellen*. Damit wird das Erziehungsideal des 18. und 19. Jahrhunderts bewußt und instinktiv beiseite geschoben und angeknüpft an alle großen Gestalten deutscher Vergangenheit und deutscher Gegenwart. Ein großer Mensch und seine Tat erscheinen uns tausendmal wichtiger und erzieherisch wirksamer als eine scheinbar noch so kluge, vernunftmäßige Theorie. Im Mittelpunkt der deutschen Erziehung werden deshalb die großen Menschen der deutschen Erde stehen und nicht danach, ob sie einem humanistischen oder internatonal-universalistischen Idealbild dienten, zu werten sein, sondern danach, mit welcher Kraft und welchen Charakterwerten sie dieses umgestaltet oder sich zum deutschen Menschen schlechtweg bekannt haben. Und zu gleicher Zeit wird eine deutsche Erziehung zeigen müssen, wie sich dieser Gedanke der Ehre immer gepaart hat mit dem Gedanken einer Gewissens- und Forschungsfreiheit, wie um den Gedanken der Ehre nicht nur gekämpft worden ist auf den Schlachtfeldern Europas und auf dem Gebiet der Politik, sondern auch in den Gelehrtenstuben und in der Seele aller großen Künstler. Die Schlacht von Leuthen ist für uns hier ein gleiches Beispiel größter Charaktererziehung wie der Faust oder eine heroische Symphonie Beethovens. Zu gleicher Zeit findet durch diesen Gedanken eine echte *Rückkehr zur Natur* in einem ganz anderen Sinne statt, als es die Anhänger des Träumers Rousseau oder des chaotischen Tolstoj jemals geahnt hatten. Denn die Rückkehr zur Natur, zu ihren Gesetzen und ihren Schönheiten, die wir heute aus der Sehnsucht des Weltstadtmenschen heraus erleben, ist nicht eine sentimentale Verzückung, sondern bedeutet das Neuerleben der deutschen Landschaft, der deutschen Erde und des damit verbundenen Wesens und ebenso deshalb auch ein tiefes Bejahen des deutschen *Bauern* als des stärk-

Diese Rückkehr zur Natur bedeutet aber auch Anerkennung aller sten Trägers dieses *Schicksals* und als des ewigen Erneuerers des deutschen *Blutes*, das wieder die Voraussetzung herstellt zu kraftvoller Verteidigung des deutschen *Bodens*.
Fähigkeiten des *Leibes*, und neben die Erziehung des Charakters stellt sich somit die Erziehung des Körpers . . .
Die Erziehung des Leibes ist die Ergänzung für die Stählung des Charakters, für die Festigung des Willens beim Anstreben eines sich gesetzten Zieles, und so vereinen sich Seele und Leib zu einer einzigen Leistung. Dann kann *jene* organische Verbundenheit entstehen, die einmal in einem freien Zeitalter nordischer Geschlechter in *Hellas* für kurze Zeit verwirklicht worden war. Das Geheimnis der griechischen Kultur liegt darin, daß nordische Völkerschaften einst sich ein anderes Land unterwarfen und, von einem klaren Schönheitsideal getrieben, Leib und Seele einheitlich gestalten und erziehen konnten. Deshalb ist uns das alte Griechenland nicht ein Beispiel, das uns irgendein *fremdes Volk* gegeben hat, dem nachzueifern eine Schande oder mit nationaler Würde nicht vereinbar sei, sondern das antike Hellas hat uns nur gezeigt, wie ein nordisches Volk sich frei gestalten konnte, während anderthalb Jahrtausende deutscher Geschichte bedrückt waren von universalistischen Dogmen und den ihnen entsprechenden militär-politischen Zwangsherrschaften. Deshalb ist die Wiedergeburt der Antike, die sich in den heutigen Seelen des neuen Deutschlands vollzieht, im tiefen Sinne die Wiedergeburt auch des freien *germanischen* Menschen, und die einzige, wirklich große Aufgabe für die nationalsozialistische Bewegung besteht darin, die Werte des Charakters zu stählen, dem Forschungstrieb ein dem tiefsten Willen entsprechendes Motiv zu geben, die biologischen Notwendigkeiten des Lebens zu erforschen und sich gemeinschaftlich ein Schicksal zu gestalten, das den Naturgesetzen des Lebens und den ewigen Forderungen der deutschen Rassenseele entspricht . . . Wir alle aber fühlen uns gestählt durch jahrelange Prüfungen und Kämpfe, stark genug, um uns *ganz* in den Dienst des blutgebundenen Erneuerungsgedankens zu stellen und auf allen Gebieten jene Menschen bilden zu helfen, die, von gleichem Willen getragen, Volkserzieher der Deutschen werden wollen im stetigen Bemühen, die leiblichen und geistigen Kräfte zu stählen, alle Widerstände zu überwinden und schließlich das zu schaffen, was das Streben vieler Jahrhunderte gewesen ist: einen starken, nach außen gesicherten freien deutschen Staat als Schirmer und Schützer einer großen deutschen Volkskultur, eines in sich ruhenden und immer wieder lebendigen deutschen Menschentums.
Mit diesen Bekenntnissen und Erkenntnissen nimmt die nationalsozialistische Bewegung zweifellos eine große *Verantwortung* für

die Gestaltung des deutschen Menschen auf sich, aber sie tut es, weil sie von einem großen *Glauben an die Sicherheit ihres Instinktes* getragen wird. Und so wie der *politische* Kampf Gestalt gewonnen hat, so hoffen wir, daß auch der kommende funkelnde *Geisteskampf,* dem wir entgegengehen, gleichfalls eine weltanschauliche plastische Formung hervorbringen wird.

Wir sind uns natürlich bewußt, daß das geistig-kulturelle Leben durch keinerlei Formeln und Zwangsglaubenssätze im *einzelnen* bestimmt und geregelt werden kann. Die schöpferische *Persönlichkeit* wird immer durch ihre Tat erweisen, was sie richtunggebend zu leisten vermag. Diese Tat aber ist dann auch *wirklich* Richtung, und das ist entscheidend auch auf diesem Gebiet unseres Lebens. Richard Wagner hat einmal einen wunderbar weisen Satz für alle Erzieher ausgesprochen. Er sagte, was der Mensch in seinem schaffenden Leben *positiv* wolle, das wisse er nicht immer genau, was er aber *nicht* wolle, das erkenne er fast immer; und wenn er nur alles von sich abschüttele, was ihm zutiefst widerstrebe, dann werde ihn sein Instinkt zu dem führen, was seinem Wesen gemäß sei. Diese erzieherische Weisheit, die mit den Worten Goethes, was uns das Innere störe, *dürften* wir nicht leiden, zusammenfällt, wird im einzelnen und allgemeinen die Haltung von uns allen bedingen ... Wir lehnen die ganze Sphäre der politischen Gedankenwelt der letzten 150 Jahre ab, wir empfinden aber auch eine tiefe innere Abneigung gegen die den letzten Jahrzehnten entsprechenden verkrampften Darstellungen auf dem Gebiet der bildenden Kunst und vieler dem ganzen Lebensrhythmus des Deutschen widersprechenden Konstruktionen auf dem Gebiet der Musik. Es ist hohe Zeit, daß unser Geschlecht die tiefe Achtung und die große Ehrfurcht vor den Schöpfungen des deutschen Genies, ganz gleich aus welchem Jahrhundert, wieder aufbringt und z. B. nicht jeden unreifen Ausbruch des Pinsels als eine unerhörte Leistung eines mystischen Naturwillens hinzustellen wagt.

Ein großer Teil der nationalsozialistischen Erziehungsarbeit wird also in einem *vorbeugenden* Wirken bestehen, einem ernsten Bestreben, das Unbiologische, das dem germanischen Willen Widerstrebende, auszuscheiden oder an der fremden Gestalt das eigentliche Ich wieder zu vollem schöpferischen Bewußtsein zu entfalten. Auf diese Weise wird die Voraussetzung dafür geschaffen, daß die große Persönlichkeit auch den wirklichen Widerhall findet und nicht ein Seher inmitten einer verständnislosen Umwelt bleibt ... Diese Säuberung des Geistes und des Instinktes, die *Unbefangenheit des Blutes wiederherzustellen,* ist vielleicht die größte Aufgabe, die die nationalsozialistische Bewegung sich nun zu stellen hat.

Dokument 4

Dr. Wilhelm *Frick* wurde 1877 geboren. Als Oberamtmann im Münchener Polizeipräsidium förderte er den Hitlerputsch. Später war er Fraktionsführer der NSDAP im Reichstag. 1930 wurde er Thüringischer Innenminister (Thüringen hatte die erste nationalsozialistische Regierung) und nach 1933 Reichsinnenminister bis 1943. Dann übernahm er das Amt des „Reichsprotektors von Böhmen und Mähren" in Prag. Als Innenminister war er verantwortlich für die Rassengesetze. Am 16. Oktober 1946 wurde er in Nürnberg als Kriegsverbrecher hingerichtet.

Die folgende Rede Fricks bewegt sich völlig in den Bahnen Hitlers. Der Innenminister geht aus von der kulturpolitischen Fehlentwicklung der Vorkriegszeit und von dem „Schutt" der berüchtigten vierzehn Jahre der Weimarer Republik. Er wendet sich gegen die Einzelpersönlichkeit und befürwortet Wehrhaftigkeit und Volksgemeinschaft.

Rede des Reichsinnenministers Dr. Frick auf einer Konferenz von Länderministern über die neue Erziehung vom 9. Mai 1933

in: Dokumente der deutschen Politik, Bd. I, 1933, S. 300–311.

In den letzten drei Monaten haben wir in einem in der deutschen Geschichte unerhörten Ausmaß und unerhörten Tempo die politische Macht im Reich erobert und gegen gewaltsame Umsturzversuche weitestgehend gesichert.
Jetzt stehen wir vor der schwierigen Aufgabe, auf lange Sicht diese Macht auch innerlich derart zu festigen, daß in alle Zukunft ein Rückfall in die Fehler der Vergangenheit unmöglich wird. Dazu muß die Grundlage in der Erziehung unseres Volkes geschaffen werden. Sie legt den Grundstein für Jahrhunderte. Ihre Aufgabe ist es, die Volksgenossen schon vom frühesten Lebensalter an so zu erfüllen mit dem, was der Sinn unseres Volkstums und der ganzen Nation ist, daß die einmal gewonnene Erkenntnis in Fleisch und Blut übergeht und auf Generationen hinaus durch nichts mehr zerstört werden kann. Überstürzte Versuche, Augenblicksmaßnahmen sind hier fehl am Platze. Der organische Staatsgedanke, dessen Sieg wir erreicht haben, verlangt gerade auf dem Gebiete der Erziehung einen klaren Blick, eine ruhige Hand und einen auf lange Dauer wirkenden stahlharten Willen.
Mitten aus Ihrer großen schweren Arbeit an der Neuordnung von Volk und Staat habe ich Sie hierhergebeten, um mit Ihnen grund-

legende Fragen der allgemeinen Schulpolitik zu erörtern . . . Ich habe mit Freude gesehen, wie tatkräftig Sie allerseits die Aufgaben der Neuordnung im Schul- und Hochschulbereich angegriffen haben. Wir stehen alle unter dem Eindruck, wie unendlich vieles gerade in der Kulturpolitik zu tun ist, nicht nur um Schutt und Trümmer der letzten 14 Jahre wegzuräumen, sondern um die weit in die Vorkriegszeit hineinreichende kulturpolitische Fehlentwicklung zu beseitigen und die Form unserer Kulturorganisation mit der wirklichen Lage und den Bedürfnissen von Volk und Staat in Übereinstimmung zu bringen.

Was sich hieraus für die Schule und für die Erziehung überhaupt an Aufgaben für Reich und Länder ergibt, ist nicht mit einigen Umwandlungen im Bau und im Lehrinhalt oder der Lehrweise der Schulen zu leisten. Die nötigen Veränderungen reichen bis auf den Grund. Die liberalistische Bildungsvorstellung hat den Sinn aller Erziehung und unserer Erziehungseinrichtungen bis auf den Grund verdorben. Unter der Geltung dieser Bildungsvorstellung haben die Schulen nicht erzogen, sondern geschult. Sie haben nicht alle Kräfte der Schüler zum Nutzen von Volk und Staat entwickelt, sondern vorab Kenntnisse zum Nutzen des einzelnen vermittelt. Sie haben nicht den volksverwurzelten, dem Staat verpflichteten deutschen Menschen geformt, sondern der Bildung der freien Einzelperson gedient. Sie haben nicht die Einheit des Volkes und die Hingabe seiner Glieder an den Staat gesichert, sondern den Zerfall des Volkes in Bildungsklassen und den Sieg der Privatinteressen über den Staat gefördert. Kurz: Die individualistische Bildungsvorstellung hat wesentlich zu der Zerstörung des nationalen Lebens in Volk und Staat beigetragen und vor allem in ihrer hemmungslosen Anwendung in der Nachkriegszeit ihre völlige Unfähigkeit erwiesen, die Richtschnur der deutschen Bildung zu sein.

Die nationale Revolution gibt der deutschen Schule und ihrer Erziehungsaufgabe ein neues Gesetz: Die deutsche Schule hat den politischen Menschen zu bilden, der in allem Denken und Handeln dienend und opfernd in seinem Volke wurzelt und der Geschichte und dem Schicksal seines Staates ganz und unabtrennbar zu innerst verbunden ist.

Die große Aufgabe, die deutsche Schule auf dieses Erziehungsgesetz umzustellen, wird Jahre angestrengtester Arbeit erfordern. Sie ist erleichtert und in ihrem Erfolg gesichert durch die einheitliche und geschlossene Kraft der nationalen Erneuerungsbewegung. Für das Gelingen wird alles darauf ankommen, die nationalen Kräfte ungebrochen in das Erziehungswesen hineinzuleiten und in ihm zu einheitlicher organischer Auswirkung kommen zu lassen. Nur durch eine in allem Notwendigen einheitliche deutsche Nationalerziehung des heranwachsenden Geschlechts kann das Werk der nationalen Erneuerung vollendet und für alle Zukunft gesichert werden . . .

Ein Mißverständnis und eine Besorgnis möchte ich gleich von vornherein nicht aufkommen lassen: Wenn ich mich mit Entschiedenheit für die einheitliche organische Gestaltung des deutschen Bildungswesens und gegen unnötige und störende Unterschiede in ihm ausspreche, so denke ich dabei keineswegs an Uniformität des Bildungswesens oder an zentralistische Anordnungen des Reichs. Davor bewahrt schon der Begriff vom lebendigen Volk, das sein Wesen und seine Kraft gerade im Reichtum der deutschen Stämme und Landschaften hat . . . Im letzten Grunde wird diese Übereinstimmung sich dadurch am besten sichern und immer leicht herstellen lassen, wenn wir über die Bildungsziele der deutschen Schule einig sind und wenn wir ihnen eine klare und einheitliche Prägung geben. Die Zeit, in der die Ausbildung der selbstherrlichen Einzelpersönlichkeit als die wesentliche Aufgabe der Schule angesehen wurde, ist vorbei. Die neue Schule geht grundsätzlich vom Gemeinschaftsgedanken aus, der ein uraltes Erbteil unserer germanischen Vorfahren ist und demgemäß unserer angestammten Wesensart am vollkommensten entspricht. Er fordert freie Bindung des einzelnen durch das Gemeinwohl. Daher ist die Erziehung des Schülers unter diesen leitenden Gesichtspunkt zu stellen: die Schule hat im Dienste des Volksganzen zu stehen. Zwar bleibt die Entfaltung der Persönlichkeit nach wie vor bedeutsame Aufgabe, aber den selbstverständlichen Rahmen nicht nur, sondern auch den Richtungspunkt ihrer Entwicklung bildet die Volksgemeinschaft, in die wir hineingeboren sind.

Hieraus ergeben sich Volk und Vaterland als wichtigste Unterrichtsgebiete, jenes in der reichen Fülle seiner Leistungen, von denen seine Geschichte, Sprache und Dichtung, heimische Kunst und heimischer Gewerbefleiß zeugen, dieses in der Vielgestaltigkeit seines natürlichen Aufbaues in Boden, Tier- und Pflanzenwelt einerseits und in der Gestaltung dieses Erdraumes durch die schaffende Hand unserer Vorfahren von Urzeiten her andererseits. Nur so gewinnt die Jugend jene feste Verwurzelung im heimischen Boden, die sie im Herzland Europas im Kampfe mit den von allen Seiten auf sie einstürmenden fremden Einflüssen braucht, um fest zu stehen. Das Fremde, Weithergeholte ist zu allen Zeiten eine große Gefahr gerade für den Deutschen gewesen, hat ihn in die Ferne gelockt und oft erstaunlich rasches Aufgehen in fremder Volksgemeinschaft erleichtert . . .

Das soll keineswegs zu unerwünschter Enge des Gesichtskreises führen. Im Gegenteil haben wir heute mehr denn je Ursache, uns daran zu erinnern, daß wir Hand in Hand mit den stammverwandten germanischen Völkern Nordeuropas und ihren Tochterstaaten jenseits der Meere weltumspannende Aufgaben zu lösen haben, die der Tatkraft der nordischen Rasse ein weites Feld kulturaufbauender Betätigung geben. Auch darüber hinaus wollen wir die Werte nicht verleugnen, die wir im Laufe einer zweitausendjährigen Geschichte von anderen arischen Völkern in ständigem Kulturaustausch übernommen haben ...

Im Hinblick auf das angedeutete allgemeine Bildungsziel ergibt sich, daß die Geschichte unter den Schulfächern in vorderster Linie steht ... Es ist künftig nicht mehr angängig, daß wir wie bisher gewissermaßen als Reisende aus der Fremde, aus Vorderasien und Südeuropa, zur Geschichte unseres Vaterlandes kommen, vielmehr müssen wir unsere völkische Entwicklung aus dem Boden und den Rassenverhältnissen unserer eigenen Heimat heraus erleben. Diese Forderung führt zu einer stärkeren Heranziehung und Auswertung der Vorgeschichtsforschung, deren nationale Bedeutung immer mehr zur Geltung kommen muß ... Ein Hauptstück der Geschichtsbetrachtung haben die letzten beiden Jahrzehnte unserer eigenen Zeit zu bilden. Das ungeheure Erlebnis des Weltkrieges mit dem heldenhaften Ringen des deutschen Volkes gegen eine Welt von Feinden, die Zersetzung unserer Widerstandskraft durch vaterlandsfeindliche Kräfte, die Entwürdigung unseres Volkes durch das Versailler Diktat und der ihr folgende Zusammenbruch der liberalistisch-marxistischen Weltanschauung sind ebenso eingehend zu behandeln wie das beginnende Erwachen der Nation vom Ruhrkampf an bis zum Durchbruch des nationalsozialistischen Freiheitsgedankens und bis zur Wiederherstellung der deutschen Volksgemeinschaft am Tage von Potsdam.

Die durch das Versailler Diktat geschaffene Gesamtlage hat es mit sich gebracht, daß zu den Millionen deutscher Volksgenossen, die ohnehin schon jenseits der Grenzen wohnten, weitere Millionen hinzugekommen sind, so daß heute ein volles Drittel aller Deutschen außerhalb des Deutschen Reiches lebt. Dieser Tatbestand zwingt die deutsche Schule, das Schicksal der vom Vaterland losgelösten deutschen Brüder mehr als bisher zu beachten. Sie dürfen und sollen nicht vergessen werden, sondern es müssen im Verein mit dem Verein für das Deutschtum im Ausland und anderen Kulturverbänden alle Anstrengungen gemacht werden, sie der deutschen Kulturgemeinschaft zu erhalten. Das gilt in erster Linie vom Grenzlanddeutschtum, das vielfach ganz besonders schwer unter den Maßnahmen der neuen Gewalthaber zu leiden hat. Darüber hinaus sind aber auch die überseeischen Deutschen immer wieder in den Gesichtskreis der Betrachtung zu ziehen ...

Neben der so geforderten stärkeren Betonung deutscher Kulturwerte im Geschichtsunterricht und in den ihm verwandten Fächern bedarf auch der lebenskundliche (biologische) Unterricht nach zwei Seiten hin des Ausbaues. Zunächst sei die Rassenkunde genannt, und zwar als Behandlung der europäischen Hauptrassen, die an der Zusammensetzung des deutschen Volkes teilhaben. Immer mehr bricht sich die Erkenntnis Bahn, daß die Wesensart eines Volkes und die Grundkräfte seiner geschichtlichen Entwicklung gar nicht begriffen werden können ohne genügende Kenntnis seiner rassischen Besonderheit. Daher ist der Rassenkunde auf allen Stufen der Schule genügend Raum zu widmen, damit die Grundeigenschaften der wichtigsten Rassen dem Schüler vertraut und der Blick für selbständige Beobachtung der Rassenunterschiede geschärft wird ... Dabei ist von einer gehässigen Beschimpfung fremder Rassen grundsätzlich abzusehen. Notwendig ist vor allem der Nachweis der schädlichen Folgen der Rassenverschlechterung und die stete Betonung der Forderung unserer völkischen Zukunft, daß die Überfremdung deutschen Blutes mit fremdrassigem, vor allem jüdischem und farbigem Blut unbedingt verhindert werden muß ...

Diese rassenkundliche Aufklärung aber ist durch eine nicht weniger wichtige erbgesundheitliche zu ergänzen. Schon bei der Jugend kann und muß das Verständnis dafür geweckt werden, daß ein Volk auch in seinem rassischen Gefüge keine unabänderliche Größe ist, sondern daß sein rassenmäßiger und gesundheitlicher Aufbau beständigen Änderungen unterworfen ist, je nachdem bestimmte Bevölkerungsteile sich stärker, andere schwächer vermehren, so daß z. B. unter gewissen Voraussetzungen die Nachkommen der heute lebenden Deutschen in 300 Jahren völlig verschwunden und durch Fremdstämmige ersetzt sein könnten ...

Auch der körperlichen Ertüchtigung seien hier einige Worte gewidmet. Sie ist eine unentbehrliche Voraussetzung unserer völkischen Dauer. Keine noch so große Gelehrsamkeit kann unserem Vaterlande eine Zukunft sichern, wenn ihm nicht immer von neuem gesunde und kräftige Menschen geboren und erzogen werden, die dem Lebenskampfe seelisch und körperlich gewachsen sind. Neben der Ausbildung rein körperlicher Gewandtheit und Leistungsfähigkeit ist besonderer Wert auf die Heranbildung von Willens- und Entschlußkraft zu legen als unerläßliche Vorbedingungen für die Erziehung zur Verantwortungsfreudigkeit, in der der Charakter wurzelt ...

Eine besondere Seite dieser Aufgabe ist die Erziehung zur Wehrhaftigkeit. Die Wehrhaftigkeit des deutschen Volkes setzt eine geistige und körperliche Wehrhaftmachung voraus, wie sie durch die Geländesportlehrgänge des Reichskuratoriums für Jugendertüchtigung erstrebt wird, und bedeutet, daß das deutsche Volk wieder

lernt, im Wehrdienst die höchste vaterländische Pflicht und Ehren-
sache zu sehen . . .
Der Bedeutung der körperlichen Ertüchtigung durch Förderung der
Leibesübungen habe ich durch Einsetzung eines Reichssportkommis-
sars[7] Rechnung getragen. Seine Aufgabe wird die einheitliche Zusammenfassung der verschiedenen Sportverbände sein im Dienste
des Volksganzen . . .
Der Zugang zu höherer Schule und Hochschule darf fernerhin nicht
vom völlig freien Belieben der Eltern der Schüler derart abhängig
sein, daß die Zahl der Abiturienten und Hochschüler jedes vernünftige Verhältnis zum Bedarf der Berufe an höher vorgebildeten Kräften verliert und ein Überangebot an Abiturienten und Akademikern
entsteht, die nicht in die Arbeitsordnung des Volkes eingegliedert
werden können. Durch die Überzahl der nach der höchsten Bil-
dungsstufe Strebenden ist außerdem deren Niveau beträchtlich gesunken. Das Gesetz vom 25. April (1933; vgl. Dok. 22) will der
heutigen Fehlentwicklung abhelfen, soweit das durch eine mechanische Zugangsregelung für die Schulen und Hochschulen geschehen
kann . . .
Die früheren Regierungen haben sich mit viel Kraftaufwand um die
„Entpolitisierung" der Schule bemüht. Die nationale Regierung will
nicht die Politisierung der Schule, so wie man dieses Wort früher
verstand im parteipartikularistischen Sinne. Sie will aber unbedingt den politischen Charakter der Schule in dem Sinne hergestellt
wissen, daß die Schule durch ihre Erziehung die gliedhafte Einordnung der Schüler ins Volksganze herbeiführt, damit der geschlossene
politische Wille auch für die Zukunft eine starke und dauernde
Grundlage im Volke findet . . .

Dokument 5

Der Volksschullehrer Hans *Schemm* (1891–1935) gründete 1929 den Nationalsozialistischen Lehrerbund (NSLB). Es gelang ihm in den folgenden Jahren, besonders die Lehrer Bayerns, Frankens, Sachsens und Thüringens zusammenzufassen. Nach der Machtübernahme wurde er bayerischer Kultusminister und betrieb die „Gleichschaltung": Am 8./9. April 1933 überführte er sämtliche deutschen Lehrerverbände in den NSLB. Damit war die pädagogische Einheitsorganisation geschaffen, und alle ihre Mitglieder wurden nach der Weltanschauung des Nationalsozialismus „ausgerichtet" (vgl. Dok. 36). Die deutsche Schule sollte fortan einheitlich lehren. Nach dem Tode Schemms (1935) übernahm der Gauleiter von Bayreuth, Fritz Wächtler, die Führung des NSLB. Als neuer „Reichswalter" des NSLB entschied er vom „Haus der deutschen Erziehung" in Bayreuth die Standesfragen der Lehrerschaft.

Hans Schemm war wegen Sittlichkeitsverfehlungen aus dem Volksschuldienst entlassen worden (109, 317). Er hatte einen Zug zum Mystizismus und beschäftigte sich zeitweise rege mit okkulten Fragen. Oft sprach er vom „Schicksalsgott", der auf seiten des Starken und Guten sei. Rasse bedeutete ihm „das Fundament der Erziehung". Im folgenden Abschnitt befaßt Schemm sich mit dem „Opfer" für das Volk und enthüllt den irrationalen Kern der nationalsozialistischen Ideologie: Tod und Leben gehen unvermittelt ineinander über.

Hans Schemm: Der Nationalsozialismus als Vaterlandsliebe und Todesbereitschaft

in: Hans Schemm spricht. Seine Reden und sein Werk. Bearbeitet von G. Kahl-Furthmann Bayreuth (1942 [12]). S. 108–113.

Nationalsozialismus ist marschierende, kämpfende, opfernde Vaterlandsliebe.
Die Heiligkeit der deutschen Erde muß dem deutschen Volke nahegebracht werden. Wenn nicht alle guten Menschen innerlich mit der Natur verbunden wären, dann würde die Natur in kurzer Zeit von der reinen Zweckmäßigkeit des menschlichen Lebens ausgenützt, ausgeplündert und dadurch öde sein. Das können wir in tausend Fällen unter Beweis stellen. Denken wir an Griechenland, dessen Berge einst mit Wäldern bestanden waren! Da kam der nur rechnende Mensch, der keine Seele hatte, der mit Berg und Wald nicht verbunden war, und holzte ab und die Gegend verödete. Das kann und darf und wird in unserer deutschen Heimat nie der Fall sein! Es wäre vielleicht in der vergangenen, liberalistisch-

marxistisch-bolschewistischen, nüchternen, nur verstandesmäßigen Zeit gekommen, denn damals, als man sein Volk nicht kannte, konnte man keinen Sinn für die Schönheit der Natur haben. Seien wir die innerlich aufgeschlossenen Menschen, die unser Volk auf seinem politischen Wege braucht, auch der deutschen Natur und der deutschen Heimat gegenüber! *Schau die Schönheit eines deutschen Waldes an und Du müßtest Dich schämen, wenn Du nicht ein guter Deutscher wärest!*

Wie das deutsche Volk, so dürfen wir auch das Vaterland nicht als eine Angelegenheit der Gegenwart betrachten. Was wären wir ohne unsere Väter? – Vaterland! Da sehe ich nicht nur Berge, Täler, Bäume, Wälder, Flüsse, sehe nicht nur Getreidefelder, Landschaften; Vaterland ist für mich etwas Schöneres. Vaterland! Das Land der Väter! Väter, das sind die, die vor uns waren, die dafür sorgten, daß wir heute auf ein Vaterland, auf das Land der Väter, blicken können. Das Vaterland ist dauernd, und wir sind nur Erscheinungen. Aber wir wollen so leben, daß die, die nach uns kommen, von uns sagen, daß wir Erhalter des Vaterlandes waren. Das ist das Entscheidende. Wir jetzt Lebenden haben dafür zu sorgen, zu arbeiten, zu kämpfen und zu opfern und, wenn es sein muß, zu sterben, daß die, die nach uns kommen, einmal durch uns von einem Vaterland sprechen können.

Es könnte die ganze herrliche Freiheitsbewegung mit dem großen Wort Opfer, mit dem Wort Sterben überschrieben werden. Es gibt keine Kraft in dieser Welt, die nicht aus der Bereitschaft zum Opfer, aus der Bereitschaft zum Einsatz des Lebens hergeleitet werden kann. Es gibt keine Ähre, wenn nicht das Samenkorn vorher stirbt und vergeht. *Es gibt keine Befreiung eines Volkes, wenn es nicht Menschen gibt, die beweisen, daß die Befreiung dieses Volkes mehr wert ist als ihr Leben.* „Und setzet Ihr nicht das Leben ein, nie wird Euch das Leben gewonnen sein!" So ist das Leben, das für Deutschland verlangt wird, Todesbereitschaft, ist Dienst für das kommende Leben.

Der einzelne ist vergänglich, das Volk bleibt, die Generationen kommen und wandern in die Zukunft und bauen das Leben. Wer das Volk, seine Mitmenschen und die wundervolle Sprache der Religion „Liebe Deinen Nächsten!" gekannt hat und deswegen Nationalsozialist geworden ist, an dessen Grabe steht das Leben. *Wir haben als Nationalsozialisten durch das Bekenntnis zur Volksgemeinschaft und durch den Glauben an Deutschlands Zukunft den Tod in Deutschland besiegt.* Deswegen ist auch das Sterben eines Nationalsozialisten im Blick auf die Ewigkeit und die Zukunft des Volkes, an der er mitgebaut hat, nur ein Sterben des Körpers. *Wer an dem Werke mitgeschaffen hat, das Leben spendet, ist nicht im gewöhnlichen Sinne des Wortes tot, sondern er lebt.* Wer dagegen nur für sich gelebt hat, stirbt und vergeht, weil er die Liebe nicht kannte, die allein die Verbindung mit dem Ewigen darstellt.

Es ist etwas Herrliches, trotz der tiefen Trauer, das Leben am Grabe zu sehen, die kommenden Geschlechter zu sehen und zu wissen, daß der, der im Grabe liegt, einer von denen war, die an dem deutschen Leben mitbauten.

Es steigen die Toten aus den Gräbern. Hitler ist derjenige, der die Gräber aufreißt und die Toten wieder lebendig werden läßt, der die größten Lehrer um der Erziehung und des Glückes des deutschen Volkes willen wieder erstehen läßt.

Ich sehe durch die Jahrhunderte und Jahrtausende der deutschen Geschichte hindurch eine unerhörte Reihe von Heldengräbern. Die Gräber der Vergangenheit, die der Toten der Bewegung und des Weltkrieges, der Freiheitskämpfe von 1813 und zurück bis zu Hermann dem Befreier sind nicht geschlossen. Aus ihnen quillt Leben und strecken sich uns Hände entgegen, unsichtbare Heldenhände.

Das Beglückende ist, daß bei der jeweils lebenden Generation sich immer Menschen fanden, die diese Heldenhände ergriffen und sagten: „So wie Du will ich auch kämpfen!" So sanken Jahrzehnt um Jahrzehnt, Jahrhundert um Jahrhundert immer wieder viele Helden ins Grab. Weil diese Kette der Toten, die das Leben für ihr Volk gaben, nie abriß, leben wir. Wenn einmal eine Zeit kommen würde, in der die Hände der toten Helden aus den Gräbern keine lebendigen Hände mehr fänden, dann wäre die Todesstunde der Nation angebrochen, dann wäre die dann lebende Generation, die keine Menschen hervorzubringen vermöchte, die ihr Leben für Volk und Vaterland lassen wollen, die Todesgeneration. Wenn die Kette des Heldentums abreißt, ist das Volk tot. Aber die Heldengräber sind immer offen. Aus ihnen tönen immer Stimmen des Volkes, die uns aufrütteln und mahnen, dafür zu sorgen, daß auch bei uns viele und bedeutende Menschen vorhanden sind, deren Gräber sich einst nie schließen werden. Gott sei Dank, im Deutschland der jetzigen Generation ist schon dafür gesorgt, denn *Gräber von Nationalsozialisten sind Gräber des Lebens,* an ihnen stehen Volk und Vaterland.

So sehen wir mit Stolz auf unsere herrliche Freiheitsgeschichte zurück, sehen die Kette von Toten, die Hunderte von Händen, die sich fassen, sehen, wie ein heldisches Deutschland heraufwächst, wie ein ganzes Volk von Helden sich bildet und gestaltet. *Weil die Todesbereitschaft in Deutschland gestiegen ist, deswegen ist auch die Lebenskraft gestiegen.* Beides gehört zusammen, das entspricht dem geheimnisvollen Pendelschlag der Weltuhr. Weil wir, die wir jetzt leben, an diesem unerhört innigen Verbundensein mit den Toten festhalten, deshalb haben wir das beste Vertrauen auf Deutschlands Zukunft. Es muß in Deutschland aufwärts gehen.

Ein Hitlerjunge in Sachsen, der in finsterer Straße von Rotfront erdolcht wurde, hauchte im Lazarett sein Leben aus. Bevor ihm die Augen brachen, trat Hitler ins Zimmer. Man kann ruhig sagen, da trat Deutschland ins Zimmer. Als der Ruf flüsternd durch den Raum geht: „Hitler ist da!", nimmt der Junge alle Energie zusammen, es ruckt und zuckt noch einmal durch den fast erstarrten Körper, noch einmal leuchten seine Augen auf, und als sich der Führer über das Bett neigt, kommt ein letztes „Heil!" von seinen Lippen, und auf seinem Gesicht liegt der Glanz des Glücks. Das ist Deutschland!

Liebe, Friede und Ehre sind heute die Grundlagen des Handelns des deutschen Volkes. Denn wie hat das Volk in sich selbst und nach außen zu funktionieren? Das Gesetz, das nach innen wirkt, quillt aus dem Begriff der Volksgemeinschaft und heißt Sozialismus oder anders ausgedrückt Liebe. Licht, Liebe und Leben sind die drei Kennzeichen der deutschen Volksseele. Das Gesetz, das nach außen wirkt, hat der Führer verkündet, es heißt Friede und Ehre. Friede und Ehre! Zwei wundervolle Grundsätze! Auf der einen Seite lebt heute in Deutschland der durch nichts zu überbietende Friedenswille. Auf der anderen Seite herrschen die Begriffe Ehre und Freiheit, ohne die der Friede nicht möglich ist.

Der Deutsche liebt seine Ehre im nordisch-germanischen Sinn. Das ist keine Eitelkeit. Der Eitle schmückt sich unter Umständen selbst mit dem Ruhme des Vaterlandes wie mit einem schönen Gewand. Der wirkliche Deutsche findet seine Befriedigung und bezeugt sein Bekenntnis zur deutschen Ehre im Dienst am Vaterland.

Eng mit der rassischen Eigentümlichkeit des deutschen Kämpfer- und Suchertums hängt natürlich auch der Wehrgedanke zusammen. Ich brauche nicht zu betonen, daß ein Volk ohne Heer ein Volk ohne Wehr ist und damit das Recht zu leben verwirkt hat. *Wer nicht bereit ist, sein Vaterland zu verteidigen, hat kein Vaterland.* Wehrmacht und Vaterland sind im Wesen nicht voneinander trennbar. Ein Volk, dem der Wehrgedanke und der Wehrwille nicht alles ist, hat auch die Kultur schon aufgegeben. Denn was nützt eine Kultur, wenn nicht die Voraussetzungen gegeben sind, sie zu verteidigen?

Vierzehn Jahre lang hat man sich bemüht, den Heroismus des deutschen Volkes in einen lächerlichen Pazifismus umzufälschen. Wir wenden uns, wie wir uns vom Internationalismus zum Rassenstolz wandten, im Gegensatz zum Pazifismus mit heißer Liebe zum Wehrwillen hin.

Dokument 6

Dr. Rudolf *Benze* war Ministerialrat, Gesamtleiter des Deutschen Zentralinstituts für Erziehung und Unterricht und außerdem SS-Sturmbannführer.
In diesem Dokument wird die NSDAP (die „Bewegung") als absolute
deutsche Führungsinstanz angesprochen. Partei und Staat erscheinen als
eigentliche Erziehungsmächte, während der Familie an dritter Stelle nur noch
Handlangerdienste zugesprochen werden. Dies ist eines der stärksten Dokumente totalitärer Erziehung.

Rudolf Benze: Totaler Erziehungsanspruch

in: 7, 14 f.

Die nationalsozialistische Bewegung als das wache Gewissen des
deutschen Volkes erhebt grundsätzlich den Anspruch, daß sie – wie
in allen weltanschaulichen Fragen – auch in der Erziehung von jung
und alt die letzte Entscheidung hat. In ihrem Auftrage bildet die
Parteiorganisation zusammen mit dem nationalsozialistischen *Staat*
die zweieinige Erziehungsmacht, die allein die *Erziehungshoheit* besitzt. Wenn man früher Elternhaus, Staat, Kirche usw. als *„Erziehungsmächte"* bezeichnete, so entsprang das vor allem liberalistischer
Anschauung, die keine letzte Autorität kannte, sondern von dem
freien Wettstreit – in Wirklichkeit dem Kampf aller gegen alle –
ein Auspendeln zur „gesunden Mitte" erhoffte. Von einer wirklich
entscheidenden „Macht" konnte jedoch – schon der Vielheit wegen –
nicht die Rede sein. Heute sprechen wir von *„Erziehungsbeauftrag-
ten"* und verstehen darunter Stellen oder Organisationen, die berechtigt sind, in grundsätzlichen und praktischen Fragen der Erziehung verantwortlich mitzubestimmen oder auch nur mitzuwirken.
Jenes Gegeneinander der alten Erziehungsmächte ist heute dadurch
beseitigt worden, daß das deutsche Volk für die gesamte Erziehung
zum Maßstab aller Dinge gemacht worden ist und daß die NSDAP
als Treuhänderin des deutschen Volkes und der Staat als die gesetzlich geregelte Ordnung des Volkes das Ziel und den Weg der Erziehung bestimmen. Da die NSDAP bei aller grundsätzlichen Verantwortung für die weltanschaulich-politische Erziehung des Volkes
aber weder rechtlich noch organisatorisch alle Erziehungsarbeit allein
leisten und regeln könnte, so ruht in den Händen des Staates noch
heute der größte Teil der Pflichterziehung des deutschen Volkes, besonders seiner Jugend, während die NSDAP die Beachtung der weltanschaulich-politischen Ziele ständig überwacht und vor allem die
weiten Gebiete der Erziehung beherrscht und ausbaut, die außerhalb des staatlichen Aufgabenkreises liegen.

Der *Staat,* der als bisher stärkste und rechtlich entscheidende Erziehungsmacht das am reichsten gegliederte Erziehungssystem besaß, ist heute endlich Volksstaat geworden, und seine Regierungs- und Verwaltungsstellen handeln, nach den weltanschaulich-politischen Weisungen der NSDAP, im Namen des Volkes und für das Volk. So liegt ihm die öffentliche Erziehungsarbeit und die Überwachung der privaten Erziehung ob. Die Abgrenzung der Aufgaben von Partei und Staat und die Art ihrer Zusammenarbeit wird fortlaufend durch Gesetze und Vereinbarungen geregelt, eine Entwicklung, die in den wenigen Jahren seit dem Umbruch noch nicht abgeschlossen sein kann. Daraus erklärt es sich, wenn trotz der Gleichstrebigkeit einstweilen noch hier und da in der Einzelarbeit gewisse Überschneidungen und belebende Spannungen auftreten. Dieser Übergangszustand entspricht dem auf anderen Gebieten des öffentlichen und privaten Lebens, wo gleichfalls die Überleitung der alten Vorstellungen und Zustände in die neuen Bahnen nur Schritt für Schritt möglich ist, mögen auch diese Schritte schnell aufeinanderfolgen. Zu Verschmelzungs- und Läuterungsvorgängen, wie wir sie heute erleben, ist ja nicht nur das Feuer der Begeisterung nötig, sondern auch die kühle Planung und eine angemessene Zeit.

Neben Partei und Staat hat die *Familie* als natürliche Keimzelle des Volkes unabdingbare Erziehungspflichten und -rechte. Diese sind nach Umfang und Wirkung am stärksten in den ersten Lebensjahren und verklingen in dem Maße, wie Partei und Staat sich in die Erziehung einschalten und wie die jungen Familienglieder selbständig zu leben vermögen. Alle Erziehungsarbeit in der Familie muß sich bewußt sein, daß sie ein Glied in der nationalsozialistischen Gesamterziehung des deutschen Volkes ist und den Treuhändern des deutschen Volkes – NSDAP und Staat – verantwortlich ist.

Dokument 7

Hans F. K. *Günther* (geb. 1891) galt durch seine rassenkundlichen Schriften als bahnbrechender Anthropologe des Nationalsozialismus. Seine „Rassenkunde des deutschen Volkes" und seine „Rassenkunde des jüdischen Volkes" sollten zum Bücherschatz jedes deutschen „Volksgenossen" gehören. Er wurde durch den thüringischen Minister Frick (NSDAP) 1930 auf einen neu gegründeten Lehrstuhl für Sozialanthropologie an der Universität Jena berufen. Die Berufung löste aber den einstimmigen Protest von Fakultät und Senat aus, dem sich durch Anregung der „Deutschen Liga für Menschenrechte" weitere 31 Hochschullehrer anschlossen. Der Protest wurde damit begründet, daß Günther „in seiner wissenschaftlichen Qualifikation den Ansprüchen in keiner Weise gerecht werde, die die Universität an ein Mitglied des Lehrkörpers stellen müsse". 1935 wurde Günther an die Universität Berlin auf einen Lehrstuhl für Rassenkunde, Völkerbiologie und ländliche Soziologie berufen, erhielt ein entsprechendes Institut in Berlin-Dahlem und zu seinem 50. Geburtstag 1941 in „Anerkennung seiner bahnbrechenden Verdienste in der Rassenforschung" die Goethe-Medaille für Kunst und Wissenschaft von Adolf Hitler und 1944 noch den Adlerschild des Deutschen Reiches (93, 27 f.).
Als Rassenbiologe meldete er sich in pädagogischen Fragen nachdrücklich zu Wort und behauptete den Vorrang des „Erbgutes" vor aller Erziehung; er spricht von der „unumstößlich gewordenen Erkenntnis", daß überall Vererbung „die ausschlaggebende Macht ist gegenüber der Umwelt". Da es bei den Völkern um „Aufartung" gehe, könne der Weg zu dieser völkischen Anhebung nicht über Erziehung, sondern nur über „Auslese" gehen.

Hans F. K. Günther: Vererbung und Erziehung

in: 16, 104–124.

Eines ist gewiß: „Vererbung und Erziehung" ist heute eine *Frage* geworden, die viele ernste Menschen beschäftigt. Die Grundfrage, die sich innerhalb dieses ganzen Fragenkreises ergibt, ist die, wie stark die *Bedingtheit* des Menschen und der Menschengruppen durch ihre *Erbanlagen* ist und wieviel dieser Bedingtheit gegenüber die *Erziehung* vermag. Die Grundfrage wird heute wohl sein: Was folgt aus der Einsicht von einer erblichen Bedingtheit des Menschen für die Kinderaufzucht, die Erziehung, die Schulung und Lenkung der Menschen?
Ich sage: so etwa muß diese Frage *heute* gestellt werden – heute, d. h. in unserer Gegenwart, die – besonders durch die Zwillingsforschung – eine überraschend starke erbliche Bedingtheit des Menschen ergeben hat. Wo immer das Gewicht der *Vererbung* verglichen

wurde mit dem Gewicht der *Umwelt,* der verschiedenen Einflüsse, die den Menschen von außen treffen, da hat sich das bedeutende Übergewicht der Vererbung ergeben. Darum muß die Frage nach den Möglichkeiten und dem Sinne der Erziehung heute etwa so, wie angegeben, gestellt werden ...

Es ist anregend zu sehen, daß adelstümlich (aristokratisch) denkende Menschen – wie Goethe, Schopenhauer, Nietzsche – eher das *Ererbte* betonen, die angeborene Artung, daß massentümlich (städtisch-demokratisch) denkende Menschen eher das *Erworbene,* Erwerbbare, Erlernbare, kurzum: die Umwelt betonen. Nun war aber das öffentlich maßgebende Denken des 19. Jahrhunderts überwiegend massentümlich, städtisch-demokratisch – ich sage städtisch-demokratisch, weil bäuerlich-demokratisch immer so viel bedeutet wie aristokratisch – und mußte daher wohl die Umwelt betonen und das Angeborene unterschätzen ...

Ich wende mich zu den *Folgerungen* aus der heute unumstößlich gewordenen Erkenntnis, daß im Leben des Menschen wie aller Lebewesen die Vererbung die ausschlaggebende Macht ist gegenüber der Umwelt – und zwar zu den Folgerungen für die *Erziehung* ...

Erziehung ist ein Anpassungsvorgang und ergibt als solcher Wirkungen, die dem Gebiete des Paratypischen angehören – nicht dem Gebiete des Genotypischen, Idiotypischen. Erziehung kann also niemals am Anlagenbestand etwas ändern, kann zum Anlagenbestand eines Volkes bei noch so emsiger Bemühung nichts hinzufügen. Sie wirkt sich aus auf dem Gebiete des Erwerbbaren, nicht des Vererblichen – wobei die Fähigkeit des Erwerbens oder das Nichterwerben-Können natürlich selbst wieder von Erbanlagen abhängig ist, wie die Fähigkeit des Darbietens von Erziehungsreizen durch den Erzieher wiederum von dessen Erbanlagen abhängig ist. Es gibt „geborene" Erzieher und „geborene" Erziehbare und gibt das Gegenteil dieser Veranlagungen.

Erziehung kann am *Anlagenbestand* eines Volkes nichts ändern. Daher geht der Weg der Aufartung, der Hebung für ein Volk, nicht über die Erziehung – so wichtig diese für die Einzelmenschen in diesem Volk sein mag –, sondern allein über die *Auslese.* Ein Volk kann auf die Dauer nur gehoben werden durch Kinderreichtum der Erblich-Besten in allen seinen Ständen, durch Kinderarmut und Kinderlosigkeit der Erblich-Minderwertigen in allen seinen Ständen. Erziehung kann sich immer nur richten auf die Einzelmenschen und deren Hebung aus einem Gemeinschaftsgeiste, zu dem erzogen werden soll; sie kann sich nicht richten auf die Erbverbesserung, die *Aufartung* dieses Volkes – oder eben nur mittelbar, indem sie auch zur Einsicht in die Bedingungen der Erbverbesserung erzieht ...

Wie wird nun die Erkenntnis von der Macht der Vererbung auf die

Erzieherschaft wirken? Wird sie eine *Entmutigung* hervorrufen? – Das muß sie durchaus nicht. Wo eine solche Entmutigung aufträte, könnte man dem Lehrer ein Wort Goethes entgegenhalten aus den „Maximen und Reflexionen", ein Wort des gleichen Goethe, der die Macht des Ererbten so bestimmt betont hat: „Nicht allein das Angeborene, sondern auch das Erworbene ist der Mensch" ... Wenn die Vererbungslehre und die Erbgesundheitslehre (Eugenik) den Menschen vorwiegend als *Erbträger* sehen und seinen Wert als möglicher Erbträger für seine *Nachwelt* abzuschätzen versuchen, so wird der Erzieher den Menschen vorwiegend als *Einzelmenschen* sehen und den Wert dieses Einzelmenschen für seine *Mitwelt* abzuschätzen versuchen.

Der Blick des Erbgesundheitsforschers richtet sich vorwiegend auf das *Erbbildliche* (Idiotypische, Genotypische), der des Erziehers vorwiegend auf das *Erscheinungsbildliche* (Phänotypische).

Eine überlegte Erziehungslehre wird aber die Erbanlagen nicht übersehen, sondern wird vielmehr versuchen, sich ein Bild zu machen von dem Bestand an *unabänderlichen* Zügen des zu erziehenden Menschen, in denen das Angeborene sich kundgibt: dann erst wird sie mit Überlegung und mit Sinn erziehen können ...

Der Lehrer wird z. B. versuchen zu erkennen, was an einer geringeren Leistung der *Anlage*, was der *Umwelt* zuzuschreiben sein wird. Wenn er nach Belehrung durch die Vererbungsforscher den Erzieher*wahn* aufgeben wird, man könne beinahe alles aus beinahe allen machen, beinahe alle zu beinahe allem erziehen, so wird seine Erzieher*ehre* erfordern, daß er zu einer Vorstellung gelange, innerhalb welcher Grenzen ein Zögling in seinen Leistungen oder auch in der Auswirkung seines vererbten Wesens gebessert werden kann.

Kann Erziehung die Menschheit, eine Menschengruppe, ein *Volk* bessern? – Nein, ein Volk als eine Vorfahren- und Nachfahrengemeinschaft kann nur gebessert werden durch Kinderreichtum seiner Bessergearteten und Kinderarmut seiner Schlechtergearteten.

Kann Erziehung einen *Menschen* bessern? – An dem unabänderlichen Bestand seines Wesens wird sie nichts ändern können. „So mußt du sein, dir kannst du nicht entfliehen!" – Aber eine überlegende und geschickte Erziehung wird innerhalb gewisser Grenzen einzelne zu fördernde Eigenschaften aus dem unabänderlichen Wesensbestand eines Menschen aufrufen können gegen bestimmte zurückzudrängende Eigenschaften des gleichen Menschen ... Ein Mensch kann durch verkehrte Erziehung oder aus Böswilligkeit *verzogen*, verbildet werden, verdorben werden – ebenfalls wieder innerhalb bestimmter Grenzen; durchaus nicht in solchem Ausmaße, wie manche Eltern und Erzieher gemeint haben, deren Gewissen hierdurch oft unnötig belastet worden ist. (Die Eltern hätten in solchen Fällen, wo ein Kind verdirbt, eher ihr Gewissen wegen verkehrter Gattenwahl, verkehrter Wahl des Miterzeugers belastet fühlen sollen.) . . . Somit als Zusammenfassung: die Kunst des Erziehens besteht darin, . . .

abzuschätzen, welcher Spielraum für die Erziehungseinflüsse gegeben ist, welche Eigenschaften gegen andere betont werden sollen oder dürfen;

abzuschätzen, wieweit ohne Gefahr der Verfälschung des Zöglings der Auswirkung seiner Anlagen eine gewisse Richtung zu geben versucht werden soll und darf. Erziehung soll ja nicht irgendwelche Heuchelei und Vortäuschung bewirken.

So etwa ergibt sich die Kunst des Erziehens vom Standpunkt der Vererbungslehre *gegenüber dem Einzelzögling.* Zu allen diesen Überlegungen tritt hinzu, da ja Erziehung nicht nur und nicht einmal überwiegend Pflege des Einzelmenschen ist, die Erziehung *gegenüber Volk und Staat.* Das ergäbe eine beträchtliche Erweiterung unserer Betrachtungen, die ich heute nicht mehr vorzunehmen versuchen möchte. Daher hierüber nur ein paar ungenügende Bemerkungen:

Von dem völkischen Vorbilde aus bestimmt sich, welche Eigenschaften bei den Schülern *betont,* welche in ungefährlichem Grade *zurückgedrängt* werden sollen. Das völkische Vorbild muß so beschaffen sein, daß es lebensförderlich wirkt, d. h. zur Mehrung der höherwertigen Anlagen in dem Volke beiträgt, wo Bildung bisher gerade zum Aussterben der bildungsfähigen Familien beigetragen hat. Es gibt lebensfeindliche Bildung und lebensfeindliche Vorbilder: vieles im mittelalterlichen und auch noch im heutigen Christentum wirkt sich lebensfeindlich aus. Es gibt lebensförderliche Bildung und lebensförderliche Vorbilder: Beispiele hierfür lassen sich aus der Geschichte der meisten Völker indogermanischer Sprache finden, besonders aus dem Persertum, Hellenentum, Römertum und Germanentum[8] . . .

Dann noch eine Bemerkung über die Frage *der Schulung zum Erzieherberufe selbst:* Ich vermute, daß viel Streit um die anzuwendenden Erziehungsverfahren unnötig sein wird, wenn eine Einsicht in die Gesetze der Vererbung sich gerade innerhalb des Erzieherstandes verbreitet und dann die Grenzen alles Erziehens besser erkannt werden. Verbreitet sich eine solche Einsicht, so wird hoffentlich der Glaube schwinden an den Wert vermehrter wissenschaftlicher, vor allem psychologischer Ausbildung für die künftigen Lehrer, vor allem die künftigen Volksschullehrer, denn zum Erziehen muß man viel mehr „geboren" sein als ausgebildet. Mit pädagogischen Akademien mehrt man nicht die Zahl der „geborenen" Erzieher. Ich möchte fast den Satz wagen, daß akademische Bildung

für keinen Beruf gefährlicher werden kann als für den des Erziehers[9]...
Die Schule soll mitwirken an der Begründung einer deutschen *Führerschicht*, einer Schicht ausgelesener Familien, aus deren Verschwägerungen immer wieder die Erzeugung Höchstbegabter erwartet werden darf...

Das schönste Zeugnis für die Erziehung und Bildung eines Volkes ist die Verleiblichung der Bildungswerte dieses Volkes in vielen vorbildlichen Geschlechtern.

Dokument 8 (vgl. Dok. 53b)

Staatssekretär *Reinhardt* über die „Frühehe der Beamten" auf der Reichstagung des Reichsbundes der Kinderreichen zu Frankfurt a. M. am 5. Juni 1937.

Ein Beamter, der nicht heiratet, ist unwürdig

in: Dokumente der deutschen Politik, Bd. 5, Berlin 1938. S. 295 f.

Es muß besonders von einem Volksgenossen, der für die Beamtenlaufbahn zugelassen worden ist, verlangt werden, daß er frühzeitig heiratet. Jeder Beamtenanwärter ist nach nationalsozialistischer Auffassung verpflichtet, allen anderen Volksgenossen auch in der Frage der frühzeitigen Familiengründung Vorbild zu sein. Es wird demnächst bestimmt werden, daß ohne Rücksicht auf das Dienstalter die Bezüge der höchsten Stufe gewährt werden, sobald der Beamte heiratet.

Diese Neuregelung gegenüber bisher wird wahrscheinlich bereits mit Rückwirkung ab 1. April 1937 gelten.

Diese Verbesserung genügt, um den jungen Männern die Ausrede, ihre Bezüge seien noch nicht hoch genug, um heiraten zu können, zu nehmen. Die Bezüge sind, sobald der Beamte heiratet, sofort so hoch wie bisher in der Regel erst ab dem fünften Jahr nach bestandener Prüfung.

Zu der Verbesserung der Anfangsbezüge kommt das Weniger an Lohnsteuer. Ein junger Beamter, der unter solchen Umständen nicht bald nach bestandener Prüfung heiratet, ist nicht wert, in die Beamtenlaufbahn des nationalsozialistischen Staates endgültig übernommen zu werden. Es muß erstrebt werden, die Übertragung einer Planstelle an den jungen Beamten davon abhängig zu machen, daß er verheiratet ist.

KAPITEL 2

NATIONALSOZIALISTISCHE PÄDAGOGEN

In die erste Reihe der Pädagogenschaft traten mit der „Machtübernahme" Männer, deren Aufstieg ohne die politischen Umstände nicht zu erklären ist. Im Dritten Reich benötigte man einen „Typ" des Erziehungswissenschaftlers, der den Vorrang der „Weltanschauung" vor der Pädagogik unbedingt zuzugestehen bereit war, wie die folgenden Dokumente ausweisen. Namhafte Pädagogen wie Herman Nohl, Theodor Litt, Eduard Spranger, Wilhelm Flitner u. a. wurden in ihrem öffentlichen Wirken beschnitten, vorzeitig emeritiert oder sonst in Schwierigkeiten gebracht (vgl. Eduard Spranger: Mein Konflikt mit der Hitlerregierung 1933, als Manuskript gedr., Tübingen, März 1955). Sie konnten z. T. nur noch in kleineren Kreisen weiterlehren, während die „linientreuen" Pädagogen öffentliches Lob empfingen. Aber auch für diese dürfte der Spielraum ständig geringer geworden sein, so daß die restliche pädagogische Verantwortung erlosch und sie einem öden propagandistischen Betrieb anheimfielen, dessen Gesetz allein der totale Staat vorschrieb. War gerade in den zwanziger Jahren die Autonomie der Pädagogik begründet worden, so stellte man, wie zum Hohn, nach 1933 das Erzieherische unter willkürliche Gesetze.

Alfred *Baeumler* wurde 1887 geboren und kam von der Technischen Hochschule Dresden, wo er zuletzt als außerordentlicher Professor tätig gewesen war. 1933 wurde er auf einen Lehrstuhl für Philosophie und Politische Pädagogik an der Universität Berlin berufen. Mit großem Nachdruck versuchte er in die geistige Führungsschicht der Nation aufzurücken und war ein ausgesprochener Opportunist. Seine eigenen Veröffentlichungen waren völlig „linientreu", siehe besonders „Nietzsche, der Philosoph und Politiker" (1931), „Männerbund und Wissenschaft" (1934), „Studien zur deutschen Geistesgeschichte" (1937), „Politik und Erziehung" (1942), „Alfred Rosenberg und der Mythus des 20. Jahrhunderts" (1943). Damit war er ausgewiesen, „Amtsleiter des Amtes Wissenschaft des Beauftragten des Führers für die Überwachung der geistigen Schulung der NSDAP" zu werden. Sein Chef, Alfred Rosenberg, der ihn in seinen Tagebüchern stets wohlwollend erwähnt, hielt ihn für einen bedeutenden Gelehrten und versuchte über Baeumler mit Universitätskreisen in engere Fühlung zu kommen.

Alfred Baeumler: Rasse als Grundbegriff der Erziehungswissenschaft

in: A. Baeumler: Bildung und Gemeinschaft, Berlin 1942. S. 81–85

In welch seltsamer Lage sähe sich heute ein Astronom, wenn ihm zugemutet würde, sich noch einmal in den Formeln des alten ptolemäischen Weltbildes auszudrücken. Er würde diese ehrwürdigen Formeln, falls sie mit der ihm bekannten großartigen Gesetzlichkeit des Sternhimmels in Verbindung gebracht würden, nur als eine scherzhafte Mummerei, als einen Maskentanz ansehen können. – In der Lage dieses Astronomen befindet sich innerhalb der geschichtlichen Wissenschaften heute derjenige, dem der Gedanke der Rasse und der Vererbung in seiner ganzen Größe und Bedeutung aufgegangen ist. Er denkt kopernikanisch, während um ihn herum noch immer unter Zugrundelegung des ptolemäischen Systems gerechnet wird; er kann die Formeln des alten Umweltdenkens unmöglich als etwas anderes als einen Tanz von Masken um das Kenotaph des Menschenbegriffs der Aufklärung empfinden.

Im Mittelpunkt der Erziehungswissenschaft steht der Begriff der *Bildsamkeit des Menschen*. Wäre der Mensch nicht entwicklungsfähig und formbar, so gäbe es keine Kultur. Die Bildsamkeit des Menschen, der nicht wie das Tier mit fertig ausgebildeten Instinkten auf die Welt kommt, ist die Voraussetzung der Gesittung. Es wird immer das wichtigste Anliegen der Pädagogik bleiben, den Begriff der Bildsamkeit richtig zu bestimmen. Das erste, was durch das

Rassedenken im Gebiete der Erziehungswissenschaft zu leisten ist, ist daher der Nachweis, daß der Begriff der Bildsamkeit bisher falsch aufgefaßt wurde.

Das Hauptvorurteil des Umweltdenkens in bezug auf den Erziehungsvorgang ist der *Intellektualismus*. Der Intellektualismus nimmt an: 1. daß der Mensch als reine, d. h. unbestimmte Anlage (Tabula rasa) zur Welt komme; 2. daß die Umwelt die Macht habe, auf diese Tafel zu schreiben, was sie wolle; 3. daß das Organ, mit dem der Mensch sich auf die Welt beziehe, der Intellekt sei; 4. daß das Handeln des Menschen durch den Intellekt geleitet werde und daher durch Beeinflussung des Intellekts entscheidend zu beeinflussen sei.

In der Erziehungswissenschaft ergibt sich aus der intellektualistischen Grundannahme der Begriff der *unbeschränkten Bildsamkeit*. Es ist schließlich kein Wunder, daß die Erzieher durch eine Theorie sich geschmeichelt fühlten, durch welche die Entwicklung des einzelnen Menschen ausschließlich ihrem Einfluß überantwortet wird[10]. Der Intellektualismus behauptet, daß jeder Mensch durch Erziehung zu allem zu bringen sei. Er erspart sich die Mühe, den Menschen kennenzulernen, wie er wirklich ist; das Nachdenken über den geschichtlichen Charakter der Erziehungsziele kostet ihn keine Anstrengung, denn er leitet das Ziel der Erziehung aus der Vernunft ab. Seine Erziehungswissenschaft ist „autonom", d. h. sie kümmert sich nicht um die Geschichte; sein Erziehungsziel ist ein Mensch an sich, den es nie gegeben hat und nie geben wird.

Je weniger der Intellektualismus sich mit dem Ziel der Erziehung beschäftigt, desto eifriger wendet er sich den *Mitteln* zu. Der Erfolg der Erziehung scheint ihm garantiert, falls die Mittel, die er empfiehlt, richtig „angewendet" werden. So wird der Intellektualismus zum Methodismus. Voraussetzung bleibt immer die durch keine ursprünglichen Anlagen in bestimmte Richtungen gewiesene rasselose, d. h. „allgemeine" Menschlichkeit . . .

Alle Erziehungstheorie ist grund- und bodenlos, wenn sie nicht auf dem gesicherten Fundament einer wissenschaftlichen *Menschenkunde* aufbaut. Die Gegner einer lebens- und rassekundlichen Erziehungswissenschaft arbeiten noch heute mit einer Menschenkunde, die die Forschung ertragreicher Jahrzehnte beiseite läßt. Erst wenn das Verhältnis von Intelligenz und Charakter richtig bestimmt ist, kann es eine realistische Theorie der Erziehung geben . . .

Dies vorausgesetzt, ist nichts von größerer Bedeutung als die *Bildung* des Charakters und der Intelligenz. Das rassekundliche Denken setzt nicht einem Prinzip der unbeschränkten Bildsamkeit das Prinzip der beschränkten Bildsamkeit entgegen, sondern es entdeckt erst das wahre Prinzip der Bildsamkeit. Ohne Einheit gibt es keine menschliche Existenz. Die Einheit des Charakters ist aber nicht statisch-ruhend, sondern dynamisch-bewegt. Sie ist eine Einheit der Richtung. *Bildung* vermag sich an diese vorgegebene Einheit immer nur anzuschließen, niemals vermag sie diese Einheit auf dem Wege über Intellekt und Umwelt hervorzubringen. Da es sich aber nicht um eine starre, unbewegliche Einheit handelt, sondern um eine relativ unbestimmte *Einheit* der *Richtung,* so entspringt hier die große Aufgabe der Erziehung: das, was fließend drängt, zu seiner eigenen höchsten Form zu bringen. Nicht von selbst gelangt in der menschlichen Sphäre das Lebendige zur vollkommenen Gestalt. Es bedarf der Erziehung in der Gemeinschaft. Nur durch die bildende Einwirkung der anderen gelangt die Seele zu sich selbst, wird sie das, was sie ist. Am Anfange steht die angeborene, aber noch unbestimmte Richtung des Charakters, am Ende die klare bestimmte Form, in der der Charakter sich erfüllt. Wir nennen diese Form den *Typus,* zu dem der einzelne durch die Gemeinschaft erzogen wird.

Mit der Einsicht in den unmöglichen Begriff einer „unbeschränkten Bildung" fällt also auch der Begriff jeder „Beschränkung" durch erzieherische Maßnahmen dahin. *Die Limitation ist nicht eine Erfindung der rassekundlichen Erziehungswissenschaft, sondern ein Wesensmerkmal des Menschen.* Nur da kann die Erziehungswissenschaft in einer dauernden Gestalt erstehen, wo der Mensch in seiner Wirklichkeit erkannt und dieser Wirklichkeit entsprechend erzogen wird.

Dokument 10

Ernst Krieck

Ernst *Krieck* wurde 1882 geboren und starb 1947 kurz vor seiner Entlassung im alliierten Internierungslager Moosburg. Er bezeichnet einen eigentümlichen Markstein in der Geschichte der Pädagogik. An ihm wird nämlich deutlich, wie die pädagogischen Vorstellungen eines gutbegabten Erziehungswissenschaftlers, durch Zeitumstände radikalisiert, schließlich in den Ideologiebetrieb des totalen Staates einmünden. Dabei verlieren sie die Sorge um das Kind und geben folglich ihren pädagogischen Ausgangspunkt preis; sie überlassen sich dem politischen Sog. Das erzieherische Gewissen ist in der politischen Doktrin aufgehoben. Die Pädagogik entartet zur Agitation. Krieck ist ein Beispiel der Anfälligkeit des Erziehers für das weltanschauliche Pathos seiner Zeit. Die zentrale pädagogische Kategorie der „Bildung" hatte er bereits Mitte der zwanziger Jahre durch seinen Begriff „Zucht" abgelöst, der nicht ohne die damaligen „völkischen" Ideale zu verstehen ist. Schon vor der „Machtübernahme" bekannte er sich öffentlich zum Nationalsozialismus und war fortan bereit, Hitlers Programm durch seine facheigene Arbeit Geltung zu verschaffen, und dabei zerfiel ihm das pädagogische Ethos. – Krieck ging aus dem alten Seminar hervor und war ursprünglich Volksschullehrer, zeitweise unter dem Mannheimer Stadtschulrat Joseph Anton Sickinger (1858–1930), der im „Mannheimer Schulsystem" das Volksschulwesen nach Begabungsklassen aufgliederte und damit für das Problem der Differenzierung einen Modellfall schuf. Krieck bekämpfte allerdings dieses System als Mechanisierung und Bürokratisierung und verdiente sich dadurch seine literarischen Sporen (22, 19). Daneben bildete er sich autodidaktisch besonders im deutschen Idealismus weiter. Durch dieses selbständige Studium gewann er allerdings auch eine gewisse Starre und Verschrobenheit, wie sie vielen Autodidakten eignet, da sie sich nicht mit einer Gruppe Mitstrebender vergleichen müssen. Aus seinem privaten Philosophiestudium erwuchs sein Buch „Persönlichkeit und Kultur" (1910), in dem schon sein späteres pädagogisches System enthalten ist. Dort begründete er erstmalig seine Lehre vom totalen Erziehungsstaat, d. h. vom Staat, in dem alle Gebiete des menschlichen Lebens, wie Kunst, Recht, Wissenschaft, Politik usw., im Dienste der Staatsidee stehen sollten. 1922 schrieb er: „Philosophie der Erziehung"; darin versuchte er nachzuweisen, daß Wissenschaft und Erziehung nur in enger Verbindung mit der Kultur der jeweiligen Zeit und des jeweiligen Volkes gedeihen könnten. Wissenschaft und Schule sollten sich völlig in den Dienst einer Lösung völkischer und kulturpolitischer Aufgaben stellen. Für dieses Buch wurde ihm 1923 von der Philosophischen Fakultät Heidelberg der Doctor honoris causa verliehen. 1924 schied er aus dem badischen Schuldienst aus, in dem er so lange als Lehrer tätig gewesen war, und lebte bis 1928 als freier Schriftsteller. Er schrieb eine Reihe weiterer Bücher und wurde 1928 vom preußischen Kultusminister Becker an die Pädagogische Akademie Frankfurt/Main berufen. 1931 brachte er bei einer Sonnenwendfeier im Taunus das Heil auf das Dritte Reich aus und wurde wegen dieser politischen Provokation an die Pädagogische Akademie Dortmund versetzt. Krieck fuhr aber fort, sich weiterhin politisch zu exponieren. Schon vor der

„Machtübernahme" wirkte er im Ruhrgebiet als nationalsozialistischer Redner. Als Hitler Kanzler wurde, blieb es dementsprechend nicht aus, daß ei
sogleich als Professor an die Universität in Frankfurt berufen wurde, von
wo aus er 1934 den Lehrstuhl für Philosophie und Pädagogik in Heidelberg übernahm, welches bis zum Ende des Dritten Reiches die Stätte seines
akademischen Wirkens bleiben sollte. Als überzeugter Nationalsozialist versuchte er nunmehr, die gesamte deutsche Wissenschaft zu reformieren, wofür sein dreibändiges Hauptwerk „Völkisch-politische Anthropologie" (1936
bis 1938) Zeugnis ablegt.

Krieck entwirft sein System entgegen der Pädagogik seiner Zeit, die er im
Individualismus des 18. Jahrhunderts und der ihm zugrundeliegenden Auf-
klärung begründet sieht und die sich um die Lebenszusammenhänge nicht
bemühe. Aber auch die übrigen Wissenschaften seien von der wirklichen
Welt isoliert und bedürften ebenso wie die Pädagogik einer neuen Orien-
tierung, die er mit seinem genannten Hauptwerk zu leisten unternahm: Die
Wissenschaften sollten im Sinne „ganzheitlichen" Denkens und politischer
Zentrierung umgestaltet werden.

Den Ausgangspunkt seiner pädagogischen Bemühung bildete *die Gemeinschaft*, die er als Organismus höherer Realität wertete. In seinem Denken
über den Volks- und Zeitgeist steht er teils in der Nachfolge der Romantik,
teils in der des Idealismus; Herder, Hegel, Grimm, Savigny sind seine geistigen Väter; insbesondere aber Fichte, dessen Idealismus und Gedanken
der Nationalerziehung er verabsolutiert. Bezogen auf die Gemeinschaft ist
seine Auffassung von der *„Persönlichkeit"*, die nach Kriecks Meinung das
Wesen der Gemeinschaft gültig repräsentiere. Da die Persönlichkeit als Träger der Autorität gelte und auf höherer Entwicklungsstufe stünde, dürfe
sie auch neue Zwecke setzen und die Glieder der Gemeinschaft in Dienst
nehmen. Hegels Begriff der „welthistorischen Individuen" lautet bei Krieck
„schöpferische Persönlichkeiten".

Anstelle des Erziehungsbegriffs setzte Krieck „Menschenformung" oder
„Typenzucht", da er überhaupt einen neuen Lebensstil und einen neuen
Typus Mensch forderte. Erziehung selbst galt ihm als „Urfunktion" der
Gemeinschaft. Dabei erweiterte er den Erziehungsbegriff derartig, daß er
Erziehung ständig wirksam sah: Alle erzögen jederzeit alle, da es sich ohnehin nur um Einwirkungen der Gemeinschaft handele, die unbewußt und
unbeabsichtigt unaufhörlich „funktional" geschähen und also eine „funktionale Erziehung" bildeten. So taucht bei Krieck folgerichtig auch der
Begriff des „Erziehungsfunktionärs" auf, der im Dienste des obersten Führers
steht. „Menschenformung" könne aber nur erreicht werden, wenn neben
die Breitenwirkung der Gemeinschaft noch eine absichtsvolle, überlegte
(intentionale) Erziehung trete. Daneben gebraucht Krieck auch den Begriff der Bildung, die er überall dort wirksam sieht, wo die vorgegebene
Erziehung durch reflektierende Lehre überhöht wird, womit zugleich die
Endstufe aller Erziehung erreicht sein soll.

Das Ziel der Erziehung wird nach Krieck durch die Werte der jeweiligen
Gemeinschaft bestimmt, wie er auch vom „Naturrecht" der Gemeinschaften
auf Erziehung spricht und sich damit polemisch gegen die Naturrechtlehre
der katholischen Kirche abgrenzt. Das Erziehungsziel in der konkreten deutschen Gemeinschaft lautete für ihn, den Deutschen zu seiner Deutschheit

zu erziehen, d. h. das „Deutsche" (das ewig Kämpferische) in ihm frei-
zulegen; Krieck ist, wie gesagt, ein Modellfall des Pädagogen, der auf politische Abwege gerät. Er bejahte das Führertum schon vor Hitler und wurde
darum zum Chefpädagogen des Nationalsozialismus, dessen Verbrechen er
schweigend hinnehmen mußte. Schon vor dem Dritten Reich lehnte er die
individualistische Erziehung ab (die Individualität sollte durch den „Typ"
korrigiert, wenn nicht aufgehoben werden), nach der „Machtübernahme"
verlor er sein pädagogisches Wächteramt vollends. Er hatte die Belange
des einzelnen und seine unvertauschbare Würde nie richtig verstanden.
Freilich war sein Rassenbegriff ursprünglich stärker geistig als biologisch
bestimmt; weil Krieck aber zum hochgefeierten Pädagogen wurde, mußte
er es dulden, daß man seine Theorien während des Dritten Reiches der
Rassenideologie einverleibte und ihn also mitverantwortlich machte für
die Entwürdigung der Erziehung zu einem willfährigen Instrument des
Totalitarismus.

Ernst Krieck: Über Rasse

in: Völkisch-politische Anthropologie, Bd. I, Leipzig 1938 [2], S. 76 f.

Schöpfung und Erziehung können ihr Werk der Steigerung, des
Hinaufführens zum Höchst- und Bestmaß nur vollbringen, wenn
durch geeignete Rassezucht, Rassepflege, Rasseauslese, Rassehygiene
der natürliche Boden des Aufstiegs bereitet ist. Jedes Volk besitzt
notwendig als Rückgrat eine führende Rasse, deren Lebensart, Lebensrichtung und Lebensgesetz bestimmend und maßgebend für
das Volksganze, sein Werden und seinen Weg ist. Der Aufstieg,
der Weg zur Vollendung geht von dieser Grundlage aus, setzt
schöpferische Leistung als Zielgebung und Wegweisung voraus und
geht dann durch Erziehung, durch entsprechende Gestaltung der
Lebensordnungen und Lebensinhalte (Sozialordnung, Recht, Wirtschaft, Kultur) vorwärts zum Ziel der Erneuerung und Vollendung
des Menschentums. Der ganze Weg, das ganze Werden ist eingespannt zwischen die Pole der religiösen Grundentscheidung und der
damit zusammenhängenden politischen Führung.
Rassezucht und Rasseauslese bereitet dafür den Boden. Durch Zucht,
Auslese und Hygiene kann die Rasse zwar in sich selbst keine Steigerung erfahren: man kann durch planmäßige Maßnahmen die Rasse
nicht in sich selbst, in ihrem Sinn verwandeln und „verbessern", man
kann sie nicht steigern, nicht auf andere Ziele und Gestaltungsge-
setze umbiegen. Aber es können in der völkischen Gemeinschaft
die edlen Rassezüge ausgelesen, quantitativ gestärkt, von Hemmungen und Schädlingen befreit, entmischt und zur Herrschaft gebracht
werden. Ihr Gesetz (Wertordnung, Sinnrichtung) wird dann maß-

gebend für die gesamte völkische Lebensrichtung und Lebensordnung, für Politik und Lebensführung jeder Art, für die Gesundheit des Volksganzen und der Volksgenossen, für Erziehung, Recht, Wirtschaft, Kultur – eine feste Achse (Stetigkeit) im geschichtlichen Werden und Gestaltwandel.

Rasse ist jene *innere* Stetigkeitskomponente im Leben des Volksganzen und des einzelnen Volksgenossen, die sie zur Gemeinschaft, zur Einheit des Ziels, des Lebenswillens und der Sinnrichtung fügt und ordnet. Die entsprechende *äußere* Stetigkeitskomponente ist gegeben mit dem *Boden* (Heimat, Landschaft, Klima, dem zugeteilten Lebensraum, der Mutter Erde, dem Wurzelgrund menschlichen Lebens). Hier schließt sich eine neue Gruppe von „Naturwissenschaften", aber auch von mythischen, religiösen und metaphysischen Vorstellungen der völkisch-politischen Anthropologie an.

Landschaft (Heimat) und Volk prägen einander: es kann, wo ein Volk wurzelhaft ist, nicht das eine ohne das andere gedacht werden. Gewiß ist Lebensart und Lebensführung eines Volkes nicht einfach eine Funktion der äußeren Lebensbedingungen, sondern zuletzt Ausdruck rassischer Art und völkischer Lebensrichtung. Kein ackerbaufähiger Boden zwingt ein Volk zum Ackerbau, wenn sein Wille auf eine andere Lebensart gestellt ist. Wie aber zur Wüste der Beduine gehört, so gehört zum deutschen Menschen der deutsche Wald, Raum, Charakter und Seele der deutschen Landschaft überhaupt von der Marsch bis zum Hochgebirge. Der deutsche Wald ist dem Franzosen so unheimlich wie das deutsche Wesen, und das Verhältnis der deutschen Seele zum Wald ist dem Franzosen unverständlich – Rasseunterschiede!

Dokument 11

Baldur von *Schirach* (geb. 1907) stieß als Student zur „Bewegung" und wurde 1928 Leiter des NS-Studentenbundes, 1931 „Jugendführer" und Reichsleiter der NSDAP. 1933 übernahm er eine oberste Reichsbehörde als „Jugendführer des Deutschen Reiches". 1940 wurde sein Nachfolger Artur Axmann, während er bis Kriegsende als Gauleiter und Reichsstatthalter von Wien wirkte. 1946 wurde er vom Internationalen Militärgericht in Nürnberg wegen Verbrechens gegen die Menschlichkeit zu zwanzig Jahren Gefängnis verurteilt. Die Rede Baldur von Schirachs traf damals die junge Generation in Deutschland mit faszinierender Kraft. Sie wurde zur Treue und Bewährung aufgerufen. Es winkte die Aufgabe, dem Vaterland zu dienen und in einem „lichten Glauben" zu reifen, Künder und Träger einer neuen „Volksgemeinschaft" zu werden. Die Erwartungen der jungen Menschen waren von der Weimarer Republik nicht erfüllt worden (vgl. Melita Maschmann, Lit.-Verz. 82), so konnte der Nationalsozialismus in eine ungestillte Sehnsucht hineinstoßen und sich dort ansiedeln. Die Führungsaufgabe, die er gewann, ließ er zur Verführung werden, indem er den hohen Bewährungswillen der Jugend für die eigensüchtigen Zwecke des Totalitarismus mißbrauchte.

Baldur von Schirach: Revolution der Erziehung

München 1939². S. 33–36.

HJ und SS feierten gemeinsam das Fest der Sonnenwende. Die folgende Rede Schirachs wurde am 21. Juni 1936 vor Abordnungen beider Formationen am Sonnenwendfeuer auf der Zugspitze gehalten.

Es ist ein schöner Ausdruck für die Selbstbesinnung der deutschen Nation, daß jahrtausendalte Bräuche wieder zum Leben erwacht sind. Bräuche, die vorübergehend in Perioden ödester materialistischer Aufklärung, aber auch zu Zeiten der Vorherrschaft solcher Mächte, die unserem Volkstum feindlich sind, verspottet und unterdrückt wurden. Es muß aber festgestellt werden, daß die Kraft unseres alten Brauchtums stärker war als jede Gegenbewegung, die es vernichten wollte. So haben denn zu allen Zeiten die Sonnwendfeuer, wenn auch nicht so stark wie heute, von allen Bergen unserer Heimat ins Land geleuchtet und sind zum Wahrzeichen der deutschen Art und zu Symbolen unseres Trotzes geworden. Nach dem Sieg der nationalsozialistischen Bewegung sind die Sonnwendfeuer in Deutschland stärker als je zuvor aufgeflammt. In ihnen und an ihnen bekennen sich Millionen Menschen in unerschütterlicher Treue und Beharrlichkeit zu den alten, heiligen Überlieferungen unseres germanischen Volkstums. So weit die deutsche Zunge klingt, flammen die feurigen Zeichen in den dunklen Himmel und künden die seelische Verbundenheit aller Deutschen in Glück und Leid. Vom höchsten Berg Deutschlands grüße ich in dieser Stunde, die an solchen Feuern stehen. In stolzer Ehrfurcht gedenken wir der unübersehbaren Kette von Generationen, die vor uns an den Sonnenwendstätten die heiligen Feuer entzündeten, gedenken in Dankbarkeit ihres tapferen Lebens, der Taten, die sie vollbracht, um die Voraussetzungen für den Lebenskampf derer zu schaffen, denen sie das Feuer des deutschen Schicksals zu treuen Händen überantworteten. Möge uns diese Stunde läutern, daß wir die letzte Reinheit des Wollens gewinnen und die höchste Kraft, das zu vollbringen, was zum Wohle unseres Volkes und seiner Zukunft vollbracht werden muß. Entzünden wir an diesem Feuer unsere eigenen Herzen und steigen wir selber entflammt hinab in die Täler, um die Botschaft unseres lichten Glaubens zu verkünden. So haben wir ein Licht entzündet, das nie verlöschen kann.

Was der Führer einst als einziger bekannte, es brennt heute in den Herzen eines Siebzigmillionenvolkes, und wir, die Jugend, geben die flammende Wahrheit weiter an die Jüngsten, damit sie als Hüter und Kämpfer in Ehren bewahren, was unser Volk glücklich und stolz gemacht hat. Wir sehen unsere Aufgabe, das darf ich wohl im Namen der deutschen Jugend hier bekennen, in der selbstlosen Hingabe aller Jugend des Reiches an das Werk des Führers und an die Lehre, die er dem deutschen Volke predigt. Generationen werden kommen, kämpfen und niedersinken, aber immer soll sie die gleiche Idee, der wir dienen, miteinander verbinden, nie wieder soll die ältere Generation hoffnungslos und verzweifelt auf die jüngere blicken mit dem Gefühl, daß sie die Aufgabe nicht wird lösen können, die ihr das Schicksal gestellt hat. Aber auch nie wieder soll die jüngere Generation eine ältere vor sich haben, die kein großes Lebensziel mehr erkennt und ein Beispiel der Uneinigkeit und des Bruderkampfes gibt. Alt und jung haben sich im Bekenntnis zu einer jungen Lehre gefunden. Um ein Feuer stehen sie alle, von den Kindern bis zu den Greisen, und alle sind sie glücklich im Bewußtsein ihrer großen, ihrer heiligen Kameradschaft. Hier stehen wir und senden Euch allen durch den Äther unseren Schwur. Über uns nichts als die ewigen Sterne, vor uns das Feuer, das weit hineingrüßt nach unten in unser deutsches Land. Hier, wo Deuschland dem Himmel am nächsten ist, öffnen wir unsere Herzen dem Allmächtigen. Erfüllt von ihm und hingegeben dem Manne, den er uns schenkte als unseren Führer zu Ehre und Freiheit, geloben wir Adolf Hitler, die Treuesten der Treuen zu sein.

Lange Jahre des Kampfes liegen hinter uns. Viele Erkenntnisse und

Erfahrungen haben wir ihnen zu verdanken. Am wertvollsten aber erscheint uns das eine, was wir als Erfahrung aus bitterem Erleben gewannen: Unter allen Tugenden des Menschen ist die Treue die größte Tugend, unter allen Lastern ist die Treulosigkeit das schlimmste Laster. Nicht die intellektuelle Fähigkeit, nicht die Kraft des Verstandes allein bestimmen den Wert eines Menschen. Höher als den schärfsten Intellekt schätzen wir ein treues und tapferes Herz. Die kalten Klugen können irren, allein die Treuen sind immer im Recht. Die Klugheit fragt oft nach dem Vorteil, die Treue kennt keinen Vorteil, sie kennt nur eine Pflicht. Wir Nationalsozialisten siegten, weil wir die Gemeinschaft der Treuesten waren. Wir waren weder ein Verein von Universitätsprofessoren noch ein vornehmer Klub erlauchter Geister, wir kamen von überall her, Bauern und Städter vom Norden und vom Süden, vom Osten, vom Westen – wir wußten vieles nicht, was andere als unerläßliche Voraussetzung politischer Arbeit betrachteten, aber eins wußten wir. Ihr SS-Kameraden habt dieses Wissen zum Wahlspruch Eures Ordens erhoben: Unsere Ehre heißt Treue! So soll dieses Feuer zur Sommersonnenwende ein Feuer der Treue sein zu Führer, Volk und Fahne.

Zur Wintersonnenwende 1935 auf dem Brocken, die so wie unsere Sommersonnenwende hier auf der Zugspitze von Hitler-Jugend und SS gemeinsam gefeiert wurde, übergab der Reichsführer SS das Feuer an die Jugend, damit sie es hüte, bis die längsten Tage des Jahres gekommen seien.

Meine Kameraden in der HJ! Wir haben mit großer Freude diese Aufgabe übernommen, in der wir einen schönen Ausdruck der Freundschaft sahen, die Hitler-Jugend und SS seit Jahren miteinander verbindet.

Meine Kameraden in der SS! Ich begrüße Sie hier im Namen der deutschen Jugend und übergebe Ihnen die Wache an diesem Feuer, das Sie hüten sollen bis zum kürzesten Tage des Jahres, an dem wieder wir an Ihre Stelle treten.

Es ist interessant, daß *Krieck* in diesem Dokument offen von der „Technik nationalsozialistischer Massenerregung" spricht und zugibt, daß nicht „mit intellektuellen Beweisen", sondern „mit der Urkraft des Rhythmus" gearbeitet werde. Der Nationalsozialismus schätze das Symbol höher als den Begriff. „Man nenne das romantisch, primitiv, chaotisch – und hat recht damit!" Krieck gibt hier eine interessante Apologie des Irrationalen, indem er den Nationalsozialismus als „elementare Richtungsbewegung", als „reine Bewegung" beschreibt.

Ernst Krieck: Über Nationalsozialismus

in: Nationalpolitische Erziehung. Leipzig 1934 [17-18], S. 36–38.

Je umfassender die nationalsozialistische Massenbewegung wird, desto mehr Elemente muß sie in sich aufnehmen, desto mehr Ansprüchen Genüge tun, desto mehr Polaritäten und Spannungen in sich selbst entwickeln. Daraus droht sofort die Gefahr des Auseinanderfallens, des neuen Parteiwerdens. Dem wirkt von innen her das neue, von den anderen Parteien wesentlich abweichende Prinzip der Gefolgschaft, der Treubindung an den Führer, der autoritativen Gestaltung und Lenkung entgegen: die inneren Spannungen sollen damit zur einheitlichen Form bewältigt werden. Von hier aus wird also Partei und Massenbewegung innerlich durchgeformt und verfestigt: mit der Führerautorität und ihrem Wertesystem entsteht Bindung, Form, feste Ordnung, Zucht, gemeinsame Ausrichtung und Haltung: Grundlage und Prinzip einer neuen Erziehung.
Nahe verwandt ist auch das andere Element in der Technik nationalsozialistischer Massenerregung und Massenführung, das nicht so leicht auf Form und Begriff gebracht werden kann. Von außen wird dieser Kunst und der ganzen Bewegung hauptsächlich ihre „Ungeistigkeit" vorgeworfen, und dem entspricht von innen eine durchaus berechtigte Abneigung und Abwehr gegen eine gewisse, mit der rationalen Kultur und dem politischen Zwischensystem verbundene Art des Intellekts, des ebenso leeren wie virtuosen Verstandestums, das in der Presse, in der liberalistischen Diskussion – also einem Lebenselement der liberalen Demokratie und seines Parlamentarismus – durchaus vorgeherrscht hat, von jüdischer Seite besonders meisterhaft gehandhabt worden ist, sich aber zunehmend als völlig unfruchtbar und ohne jede Zeugungskraft erwiesen hat: eine negative, auflösende Lebensmacht. Gewiß mußte demgegenüber die revolutionäre Volksbewegung den Acheron, die Unterwelt herauf-

rufen, wenn es auch liberalen Bürgern wie Thomas Mann durchaus mißfällt und von verwandten Meistern der Feder und einer absterbenden „Bildung" als das Böse schlechtweg verrufen worden ist. Zum Beispiel „diskutiert" und argumentiert der Nationalsozialist nicht mit dem Marxisten über Marxismus, sondern „widerlegt" diesen damit, daß er ihm den Anhang wegnimmt durch neue Methoden der Erregung und Bewegung.

Die seelische Unterwelt ist so wenig böse wie die kosmische, sie ist vielmehr Hort und Mutterschoß aller zeugenden und gebärenden Kräfte, aller formlosen, aber jeder Form zum Gehalt dienenden Mächte, aller schicksalhaften Bewegungen, lebenspendend und todbringend, wie sie Bachofen einem rationalistischen Zeitalter durch seine Mythendeutung neu erschlossen oder wenigstens verständlich, sinnhaft hat werden lassen. Diesen Born aller bewegenden, geschichtsbildenden Mächte reißt der Nationalsozialismus mit seinen Methoden der Massenbewegung und Massenerregung neu auf, um sie als Gestaltungstriebe in eine neu werdende Welt einströmen zu lassen. An dieser Stelle hat ja alle revolutionäre Kraft ihren Ursprung, die Geschichte ihren Jungbrunnen, solange die Völker diesen unterirdischen Quell der Erneuerung in sich tragen. Aus einem revolutionären Instinkt heraus arbeitet die nationalsozialistische Agitation vorwiegend nicht mit intellektuellen Beweisen und Argumenten, sondern mit der Urkraft des Rhythmus, der auf der Grenze alles Rationalen und Irrationalen beheimatet ist, und mit allem, was dem Rhythmus verwandt ist und seine erregende Kraft ausströmt. Der Sprechchor ist dieser Art und die ganze Kunst der Beherrschung, der Erregung und Lenkung von Massenversammlungen. Aus demselben Instinkt heraus arbeitet der Nationalsozialismus auch lieber mit dem Symbol und seiner eindringlichen Anschaubarkeit als mit dem rationalen Begriff: Hakenkreuz, Grußformen, Drittes Reich haben die unmittelbare, dem Unterirdischen verwandte Bewegungskraft alles Symbolischen. Man nenne das romantisch, primitiv, chaotisch – und hat recht damit. Aber es ist damit nichts bewiesen und nichts widerlegt: es gibt sich darin das Bewegende, das Irrationale und Elementare kund, aus dem zuletzt die Kraft geschichtsbildender, schicksalhafter Bewegung stammt, ohne die ein Volk sterben, Geschichte aufhören müßte, mit der aber neues Sein und Werden in Volk und Geschichte heraufkommt. Der Vorgang aber heißt Revolution.

Dieser Herkunft wegen ist der Nationalsozialismus elementare Richtungsbewegung, die ihren Weg in eine neue Wirklichkeit sucht durch die Wiedergeburt der Rasse. Sie stammt nicht gleich dem Liberalismus und dem Marxismus aus dem Intellekt. Darum ist der Nationalsozialismus auch nicht Partei und Programm, sondern flüssige und flüssigmachende Bewegung, die wohl einst mit dem Sieg in neue Form, Ordnung, Ratio einmünden wird, die sich aber als reine Bewegung so lange im Fluß halten muß, bis sie das Ganze unseres völkischen Lebensraums ergriffen und durchdrungen hat. Das Werden neuer Form des Volkes und seines Menschentums wird die Vollendung, damit aber auch das Ende der Bewegung sein. Kommt sie vor der Ergreifung des Ganzen zur Form, dann erstarrt sie vor dem Ziel: die Revolution ist vorzeitig beendet und ihr Prinzip um den Sieg gebracht. Dann triumphiert die Reaktion, die deutsche Freiheit und Form wird nicht gewonnen, die Versklavung an den alten Westen bleibt: die deutsche Geschichte ist aus.

Dokument 13

In den Darlegungen *F. A. Becks* dringt durch die philosophische Verkleidung das irrationale Moment: „Der deutsche Mensch ist zweifellos das Wesen, das Tragik und Genialität, Größe und Grenze des nordischen Rasse-, Seelen- und Geisttums am erschütterndsten erlebt." Beck behauptet sogar, daß eine Trennung von Person und Sache im deutschen Leben unmöglich sei; er spricht von der „deutschheitlichen Lebensidee". Diese Verwaschenheit der Begriffe, dieser Wust ungeklärter Vorstellungen bildete die Grundlage der nationalsozialistischen Erziehung.

F. A. Beck: Die nationalsozialistische Erziehungsidee

in: 6, 19–21.

Nationalsozialistische Erziehung ist . . . die Formung der Persönlichkeit im Sinne der Aktivierung derjenigen Kräfte, die den Gemeinschaftsorganismus erhalten und in der Nation zur Vollendung führen. Wie die Gemeinschaft der Inhalt, die Nation als vollendete Gemeinschaftsidee das Ziel der nationalsozialistischen Politik ist, so ist hiermit auch das Ziel der nationalsozialistischen Erziehung gegeben. Jede nationalsozialistische politische Funktion ist somit auch gleichzeitig nationalsozialistisch erzieherische Funktion. Beides, das Politische sowohl als auch das Erzieherische, ist eine organische Funktionseinheit, nur jedesmal von einem anderen Blickpunkt betrachtet, das eine Mal von der Gemeinschaft her, das andere Mal von der Persönlichkeit her. Da der Nationalsozialismus ein universales geistiges Lebensprinzip mit der Ausrichtung durch das Politische ist, ergeben sich daraus grundlegende Änderungen gegenüber der bisher herrschenden Erziehungsidee. Das Erziehungsziel kann nicht allein durch wesentlich intellektuelle Bildungsgehalte erreicht werden. Denn alle intellektuelle Bildung schafft trotz historischer, geistiger und charakterlicher Zugehörigkeit zur organischen Gemeinschaft nicht die Fähigkeit, die urgesetzte Grundrichtung, das Urlebensgesetz der Gemeinschaft ins klare Bewußtsein zu heben. Alle organische und organisierte Erziehung muß deshalb das unmittelbare Erlebnis der Gemeinschaftsverbundenheit im werdenden Menschen erstehen lassen. Dahin gehört die gemeinsame Erziehung jenseits der sozialen und wirtschaftlichen Unterschiede, ja in vielen erziehenden Organisationsformen auch jenseits der konfessionellen Gegensätze. Das Gemeinschaftserlebnis in seiner Totalität und Unmittelbarkeit hat den stärksten Einfluß auf die Willensbildung. In der Willensbildung liegt das Zentrum der Persönlichkeitsformung. Natio-

nalsozialismus ist Durchführung und Vollendung der Gemeinschaftsidee, Entbindung des Gemeinschaftslebensgesetzes. Diese Kraft ist
nur aus dem Willen der gemeinschaftsgebundenen und gemein-
schaftsverbundenen Persönlichkeit zu gewinnen. Bei aller zuzuge-
stehenden Differenzierung nach Anlage und Aufgabe muß die nationalsozialistische Erziehung dennoch diese Bildung eines einheitlichen, auf die Nationalgemeinschaft gerichteten Willens durchsetzen. Bloße Erkenntnis der Gemeinschaftslebensaufgabe und
bloßes Erlebnis der Gemeinschaftsverbundenheit schaffen noch nicht
die charakterliche persönliche Verpflichtung zum Dienst an der Gemeinschaft. Aus der Einheit der Erkenntnis und des Erlebens muß
die Einheit des Willens erstehen. Derjenige stellt den absoluten
Erziehungssinn der nationalsozialistischen Idee dar, der aus Bewußtsein und Erleben bei aller individuellen geistigen Besonderheit dennoch die charakterliche Größe und willentliche Kraft aufbringt, im
Dienst an der Gemeinschaft der Nation die Sinnvollendung und
Werterfüllung seines Lebens zu sehen.
Inhalt der politischen Erziehung wird das Deutschtum sein, Ziel die
Idee der Deutschheit. Das Deutschtum ist uns in der Geistesgeschichte des deutschen Lebens gegenwärtig. Selten ist in ihm die
Idee der Deutschheit, das Ziel deutschgemeinschaftlichen Lebens
klar zum Ausdruck gekommen, niemals hat sich in ihm eine einheitliche deutsche Nationalkultur und deshalb auch niemals eine einheitliche deutsche Nationalerziehung offenbart. Die Schaffung einer
einheitlichen deutschen Geisteswelt aus der ursprünglichen (philosophischen), der personalen (erzieherischen) und aus den charak-
teristischen Geistesfunktionen aus dem Mittelpunkt der deutschen
Lebensidee ist die Voraussetzung einer deutschen Nationalkultur
und damit die Voraussetzung einer deutschen Nationalerziehung.
Im universalen Lebensprinzip des Nationalsozialismus ist zum erstenmal dem deutschen Leben und Menschen dieser einheitliche
Ausgangspunkt gegeben. Von hierher müssen wir die deutsche Gei-
steseinheit gewinnen. Dabei ist zunächst die Idee der Deutschheit
ins Bewußtsein zu heben, um sie in der nationalen Welt zu verwirklichen. Der deutsche Mensch ist zweifellos das Wesen, das
Tragik und Genialität, Größe und Grenze des nordischen Rasse-,
Seelen- und Geisttums am erschütterndsten erlebt. Der deutsche
Mensch findet die Sinnerfüllung seines Lebens in steter kämpfender
Auseinandersetzung mit der empirischen Weltwirklichkeit und Tat-
sächlichkeit: in ihm das aufgegebene ungeborene Lebensgesetz, das
nach Entbindung drängt, um ihn die Grenzen menschlicher und ir-
discher Vollendung. Aus dieser Spannung zwischen objektiver Weltwirklichkeit und geistiger Verpflichtung gegenüber der Idee entsteht
jene Urgewalt der schöpferischen Tätigkeit, die vielfach eruptiv

wirkt, die niemals zum harmonischen Gleichmaß, niemals zu geruhiger Kontemplation kommt. Nicht Objektivierung persönlicher Aufgaben und damit seelischer Befreiung, nicht Vergegenständlichung und Versachlichung ist der Sinn des deutschen Lebens, sondern tiefinnere persönliche Anteilnahme, Hineinnehmen der Welt in die Innerlichkeit, Assimilation und Verarbeitung. Eine Trennung von Person und Sache, von Schöpfer und Schöpfung ist im deutschen Leben nicht möglich ... Bei allem sicheren Gegründetsein des deutschen Lebens in der ewigen rassisch und kosmisch bedingten deutschen Lebensidee trägt das deutsche Leben das Kennzeichen der Unruhe und des Kampfes. Eine Stabilisierung des einzelseelischen und des nationalgeistigen Lebens in einem Zustand der Spannungslosigkeit ist der Tod der deutschheitlichen Lebensidee. Eckeharts Werk wurde gestaltet aus der tiefinnerlichen deutschen Seelenmystik des Dominikanerpriors in Verbindung mit seiner faustischen Gottsehnsucht, Goethes Leben erstand aus seiner synthetischen Kraft und künstlerischen Intuition, Kants preußisch-deutsche Philosophie erwuchs aus seiner Pflichtidee und seinem wissenschaftlichen Gewissen, Hitlers Größe aus seiner universalen Erkenntnis der organischen Lebensgesetzlichkeit der deutschen Wesenheit und seiner sittlichen und geistigen Kraft einer Revolutionierung aller starren Formen und gewohnten Ordnungen. Das ist der Sinn des deutschen Menschen- und Volkstums: siegend oder sterbend, immer aber sich kämpfend mit der Lebenswirklichkeit auseinanderzusetzen und in allem Kampf soviel heldisches Ethos aufzubringen, das Kraft gibt zum Einsatz aller individuellen Existenz für die Idee der deutschen Nation. Aus dieser Grunderkenntnis deutschen Wesens und Lebens werden alle Disziplinen, alle erziehenden Geistesinhalte, mag es sich nun um Geschichte, Deutsch, Rassenkunde, Rassenpflege, Wehrkunde oder Religion oder ähnliches handeln, ihre Formung, ihre Ausrichtung erhalten. Nur von hier aus kann sich die Organisation der werdenden politischen Bildung aufbauen.

Erst wenn der Nationalsozialismus die Idee seiner Erziehung vollendet, hat er seinen Sinn, seine historische und ewige Mission erfüllt. Denn erst in der Bildung der nationalen Persönlichkeit, in der Bildung des deutschen Menschentums wird ihm die geistige Kraft gegeben, die unbedingte politische und nationale Stabilität gewährleistet. Erst hier wird in der Persönlichkeit der neue Typus des ewigen Deutschen erstehen, der unter allen Umständen, also unabhängig von materiellen Dingen, unabhängig von wirtschaftlichen Situationen dem nationalsozialistischen Staat dient, weil er in ihm die Lebensform der deutschen Schicksalsgemeinschaft sieht. Erst hier wächst der deutsche Mensch zu seiner urgesetzten Aufgabe, zum Idealismus der Gesinnung und Heroismus des Dienstes empor. Die deutsche Geistesgeschichte hat die weltenrevolutionierende Genialität, aber auch die lebenerschütternde Tragik solchen Menschentums gesehen. Das eine oder das andere: wir haben Kraft zu jenem und Mut zu diesem. Wir sind ein Anfang:

„Die Morgenröte der neuen Welt ist schon angebrochen und vergoldet schon die Spitzen der Berge und bildet vor den Tag, der da kommen soll" (Fichte).

Dokument 14 a

Der Verfasser will zu „deutschem Charakter", zu „deutscher Eigenpräge" erziehen und beruft sich dazu (Dok. 14 b) auf die germanische Kultur.

Wolfgang Schultz, Professor der Philosophie an der Universität München, über: Deutsche Erziehung und Bildung

in: W. Schultz: Grundgedanken nationalsozialistischer Kulturpolitik. München 1939. S.166–170.

Zwei Gefahren bedrohen den werdenden deutschen Menschen: Erziehungswahn und Bildungswahn.

Die Erzieher der alten Schule glaubten, daß alle Menschen gleich sind und die Erziehung mit jedem jedes Ziel erreichen könne, das man sich stecke. Stößt man auf Schwierigkeiten, dann braucht man nur mehr und bessere Erzieher und Lehrer einzusetzen.

Diesen Wahn hat die Einsicht in die Vorgänge der Vererbung und in das Schicksalhafte der Erbanlagen zerstört. Der Erziehung, auch der Bildung, sind Grenzen gezogen. Sie lassen sich unter günstigen Umständen und durch geeignete Mittel erweitern, aber nicht überwinden. Vieles, das der einzelne Erzieher nicht erreicht, kann die erziehende Kraft einer gutabgestimmten Gemeinschaft leisten ...

Die Lehrer der alten Schule glaubten, daß es auf das Wissen ankomme. Das Wissen sollte alles Wissenswerte umfassen. Und was wäre nicht wissenswert?! So sprengte der Lehrstoff die Schule, aber man nahm das nicht zu ernst. Der Schüler lernte für Prüfung und Zeugnis und ersaß damit sein Anrecht auf Fortkommen und Anstellung. Freilich, er mußte, wenn er mehr erreichen wollte, auch länger sitzen. Die Fähigkeit, sich an eine Sache, auch eine geistige, hinzugeben, wurde zugunsten platter Nützlichkeitserwägungen ertötet. Niemand hat den sittlichen Schaden dieses Berechtigungswesens erschütternder herausgestellt als Lagarde ...

Drei Worte Lagardes kennzeichneten schon damals die Lage. Das erste: Wir können in unseren Schulen nicht erziehen, solange die Eltern der Kinder, die vor uns sitzen, nicht erzogen sind. Das zweite: Der Schüler sitzt in der Schule, den Blick zur Türe gerichtet und nicht auf den Lehrgegenstand. Das dritte: Erziehen kann man nicht schlechthin, sondern nur zu etwas.

Wir fügen in seinem Sinne hinzu: Wir wollen erziehen – zu Deutschen.

Man darf die Erziehung sowenig überschätzen wie die Leibesübung.

Man darf aber beide auch nicht unterschätzen. Dasselbe gilt vom Wissen. Es hat erzieherischen Wert nur insofern, als es willensbildend wirken kann und in der Richtung auf die Willensbildung hin gehandhabt wird. In diesem Sinne genutzt, ist sein erzieherischer Wert entscheidend.

Unser Wollen, unsere Gefühle, vom Wissen, vom Begriffe her klären, schafft, wie Fichte herausgestellt hat, Charakter. Jede Bildung ist im wesentlichen Charakterbildung. Charakter heißt das Eingeprägte, das gesinnungsgemäß Verbindende. Es ist bei jedem die Voraussetzung seines Volkstums.

Jeder Deutsche muß nach deutschem Charakter, nach deutscher Eigenpräge ringen. Den Rohstoff hat er, weil er Deutscher ist. Nun gilt es, ihn zu gestalten. Und das heißt deutsche Bildung. Man kann sie in sehr hohem Maße haben ohne viel Wissen; und mit viel Wissen kann leicht ein erschreckender Mangel an wahrer Bildung verbunden sein.

Bildung ist etwas, das von innen her dem von außen zuströmenden Wissen entgegenreifen, von ihm seine Präge miterhalten, sich an ihm und aus ihm bewähren, ja sogar, wo es not tut, gegen diesen Zustrom durchsetzen muß.

Das Wissen verhält sich zur Bildung etwa wie der Reiz zur Empfindung. Fehlen der Seele die nötigen Reize oder wird sie überreizt, dann erschlafft sie.

Maß und Auswahl der zugelassenen Reize, Bildungsanstöße, ist schon eine erste Probe auf den Charakter.

Daher ist es nicht gleichgültig, welches Wissen, welchen Wissensstoff wir in uns aufnehmen. Vielmehr sollen wir das Feuerlein unseres Gemütes mit reinen Hölzern nähren, daß es zur Licht und Wärme spendenden mächtigen Lohe emporwachse.

Wir brauchen gesinnungsbildendes Wissen, und dieses so genutzt, daß sein Wert fürs Ganze, fürs Volk, deutlich werde – und daß auch noch dies hervortrete, wie alles wahre Wissen nicht tote Kenntnis, sondern Ausdruck lebendigen Ringens ist.

Nicht die Vielwisserei macht es, sondern jeder muß an der ihm gegebenen Stelle einsetzen, und es wird sich zeigen, daß sie immer eine Mitte ist, von der aus sich alles andere aufschließt, wenn man ernsthaft in die Tiefe geht.

Wolfgang Schultz: Urkraft und Kraft

in: W. Schultz: Grundgedanken nationalsozialistischer Kulturpolitik.
München 1939. S. 155–160.

Infolge der Risse in unserem Volkstume, der Hemmungen in seiner
Entwicklung, des Einströmens vorbildlicher Ergebnisse, aber auch
ablenkender Fehlergebnisse stammverwandter Kulturen, haben sich
in der unseren *seelische Restbestände* eingestellt, die aufzuarbeiten,
Minderwertigkeitsgefühle, die abzubauen und durch *Freilegen der
schöpferischen Kräfte* zu überwinden sind.
Immer wieder hat man uns eingeprägt, daß unsere Ahnen rohe
Wilde waren, nichts aus sich selbst hatten und alle ihre Bildung dem
Fremdgute des weit überlegenen Ostens, Südens und Westens verdanken.
Man sprach von unserer „Urkraft zur Form" und pries die Antike,
die Franzosen oder gar China als Mittel, sie zu bannen; selbst von
unserer Urkraft zum Sittlichen wagte man zu faseln.
Das Gegenteil trifft zu.
Altgermanische Kunst hat in der Bronzezeit und nochmals, mit anderem Formenbestand, in der Zeit der Völkerwanderung und
der Wikingerzeit strenge Stilgesetze, auch die germanische Dichtung
eine unvergleichlich starke und hohe Kraft der Formgebung und
Eigengesetzlichkeit. Durch das Vorsetzen fremder, als vorbildlich
hingestellter Formen, so groß und bedeutend sie an sich sind, wird
die Seele gehindert, ihre Fittiche zum Fluge nach den Eilanden
eigener Sehnsucht zu entfalten. Die Form wird Gefängnis und Fes-
sel, wenn sie nicht aus Eigenem erwächst, und es ist kein Wunder,
wenn sich aus einem Durcheinander aufgedrängter Formen Unkraft
einstellt.
Im Sittlichen ging es ähnlich.
Die oft verfochtene Ansicht, vor dem Christentum habe es überhaupt nirgends noch wahre Sittlichkeit gegeben, außer etwa bei den
Juden, ist ebenso empörend wie engherzig und sichtlich falsch. Man
darf nicht Sittlichkeit und Christentum ohne weiteres in eins setzen,
und es gibt viel hohe Sittlichkeit, außerhalb des Christentums, das
in seinen verschiedenen Bekenntnissen nur einen Bruchteil der
Menschheit, auch der Kulturmenschheit, umfaßt.
Die dogmatische Intoleranz des politischen Katholizismus und Pro-
testantismus werden wir nie teilen, sondern ihr mit klarer Entschlossenheit entgegentreten, wo immer es herausgefordert wird.
Was an den sittlichen Werten der Germanen hing, zeigt sich beson-

ders im Norden, als das Christentum sie zerstört, noch ehe es selbst innerlich Wurzel fassen und den keineswegs so ganz freiwillig Bekehrten schon wahrhaft etwas sein kann. Denn die Eiferer des neuen Glaubens lehren die ewige Verdammnis der Ahnen, und alsbald durchwühlen Grabräuber die Hügel der Vorzeit mit goldgierigen Händen. Die Frau, bis dahin als der Gottheit nahe hoch verehrt, gilt nun als mit dem Teufel im Bunde. Eine vorher unbekannte, Blutzeugen schaffende Grausamkeit stellt sich im Gefolge dieser rücksichtslosen Bekehrung im Norden ein.

Jahrhunderte währte es, ehe die Entwurzelung der germanischen Stämme durch die Völkerwanderung und die in sie verflochtenen Erschütterungen des Glaubenswechsels halbwegs überwunden waren. Und als das Christentum in der Machtgier seiner zu Pfaffen herabgesunkenen Priester, in der Käuflichkeit seiner Heiligtümer zu entarten drohte, war es germanische Sittlichkeit, die es in der Reformation aus dem schmählichen Verfalle, und germanisches Blut, das es mit Hilfe von Gustav Adolfs Dalekarliern vor dem Durchgreifen der Gegenreformation errettete. Trotzdem gibt es Christen, auch deutsche, die das vergessen, es dem germanisch-deutschen Wesen keineswegs danken und ihm einreden wollen, daß umgekehrt alle Pflicht des Dankes lediglich auf seiner Seite und daß es aus sich heraus nie etwas gewesen sei.

Mit Behagen weist man immer wieder auf vermeintliche oder wirkliche Fehler der Germanen hin. Sie waren trunksüchtig, spielwütig, leidenschaftlich – wenn die Römer sie um schnöden Gewinn verderbten. Sie übten an dem Mörder Blutrache – in einer Zeit, in der dadurch leichtfertige Untat wirkungsvoll bekämpft wurde.

Die germanische Rachsucht, die meist im Dienste gekränkter Ehre stand, wird gern und oft getadelt, aber selten kreidet man den Semiten ihre unerbittlich grausame Forderung an: Aug' um Aug', Zahn um Zahn. Nicht etwa bei ihnen, bei den Germanen, sagt man, habe die eisige Luft des Heidentums geweht oder dessen Tigerklaue sich gezeigt, oder wie die Stilblüten sonst vom Baume solcher „Erkenntnis" fallen. Versuchen wir aber, das Deutsche wieder auf das Germanische zu gründen, dem es entstammt, dann ist es kennzeichnend genug immer das Sittliche, das uns als Vorbild leuchtet und das sich in dieser Art nirgends anderswo sonst noch findet.

Nicht darum geht es, wieder in Runen zu schreiben, obgleich es uns in der Tat an eine wuchsrechte deutsche festliche Schrift hinführen könnte.

Auch nicht darum, aus germanischem Zierwerk unser Kunsthandwerk zu beleben, obgleich die Folgen für Stilsicherheit und Stilgestaltung auch der höheren Kunst alsbald gewiß sehr wesentliche wären.

Ferner auch nicht nur darum, die alten, ergreifenden Heldensagen und Göttersagen und nicht immer bloß die schon so oft dargestellten biblischen und klassischen Stoffe einer neu aufblühenden Dichtung und Bildkunst zuzuführen oder auch die ewigen Werte altgermanischer Religiosität in künstlerischem Gestalten zu heben.

Endlich auch nicht bloß darum, unseren Kindern wuchsrechte Namen zu geben.

Sondern noch ganz andere Werte des germanischen Altertums stehen uns richtunggebend vor Augen:

Der Führer und die Gefolgschaft,
Ehre, Mannentreue,
die Jugendbünde,
das germanische Recht,
Verehrung der Ahnen und Liebe zur Sippe,
der Erbhof,
die Rücksicht auf das Gemeinwesen – wir nennen es heute den sozialen Gedanken –,
die Heiligkeit der Frau,
die Familie als Keimzelle des Volkes,
die Heimat, die Minne.

Es sind nicht lediglich Gedanken, nicht lediglich Gesinnungen, sondern auch Einrichtungen. Sie alle sind blutbedingt und überzeitlich. Sie gelten für jede Kulturstufe. Wir brauchen auf sie nicht zurückzugreifen, wir brauchen bloß Selbstverständliches, von dem wir zu unserem Schaden abgedrängt wurden, in seine uns gemäße Geltung einzusetzen. Einzig der Zugriff auf den auch uns gegebenen germanischen Wesenskern ist hier das Entscheidende.

K. F. *Sturm* sagt zur „inhaltlichen Wendung der Erziehung", der Schwerpunkt sei zum Weltanschaulichen hin verschoben, und zeichnet den Typ des „politischen Soldaten".

K. F. Sturm: Erziehung für das Dritte Reich

in: K. F. Sturm: Deutsche Erziehung im Werden, Osterwieck und Berlin 1938[4]. S. 94–97.

Aus der nationalsozialistischen Idee wächst mit strengster Folgerichtigkeit eine in sich einheitliche und geschlossene Erziehung heraus, die allmählich alle Aufgaben, Formen, Weisen und Inhalte des Erziehungslebens gestaltet. Diese Erziehung ist zuhöchst Dienst am deutschen Volk und Staat, Formung des einzelnen zum Volks- und Staatsglied, zum Kämpfer für Deutschlands Zukunft. Sie will den Menschen in seiner leiblich-seelisch-geistigen Ganzheit formen, damit er treuer Gefolgsmann Adolf Hitlers werde oder, wie es in der Sprache der Bewegung heißt, politischer deutscher Mensch.

In dieser Zielstellung drückt sich ein mehrfacher entschiedener Gegensatz zum Erziehungsideal der Ichzeit aus. Denn zum ersten soll sich aus der Erziehung ergeben nicht „der" Mensch, der humanus, der doch lediglich Fiktion ist, sondern der *völkische,* der deutsche Mensch. Er soll zum anderen nicht bürgerlicher, sondern *soldatischer* und *politischer* Mensch sein und somit zum dritten nicht „Gebildeter" im Sinne irgendeines Humanismus, nicht einzeltümliche Persönlichkeit im eiteln Glanze ihrer Einzigartigkeit und Einmaligkeit, sondern Typus.

Typus ist nach Ernst Krieck „Gleichförmigkeit der inneren Bildung eines Menschenkreises: Gleichartigkeit der Haltung, der Gesinnung, der Bewußtseinskreise und der Funktionen". Auf Grund gleichartiger naturgegebener Anlagen als einer bestimmten Bildsamkeit entstehen durch gleichförmige Erziehungseinflüsse Menschen gleicher Gesinnung und Haltung. Ein bestimmter Typus erwächst, wenn rassisch bedingte Bildsamkeit zusammentrifft mit bestimmten Formeneinflüssen der naturhaften Umwelt „des Bodens" – und der geistigen Welt der Volksgemeinschaft. „Einzig auf dem Boden des Typus ist es möglich, ein ganzes Volk erzieherisch zu erfassen."

Erziehung zum Typus ist einheitliche Erziehung und als solche heute gefordert durch die „neue Einheit des Volkes". „Die reformerische Erziehung war Gesinnungspädagogik; sie wollte Individualitäten hervorbringen und brachte neutral sich verhaltende Mittelmäßigkeiten hervor." „Alle großen Zeiten haben Individualitäten erzogen." „Wir haben erkannt, daß ein Bildungssystem nur dann fruchtbar sein kann, wenn es auf einem Erziehungssystem beruht." „Nur wo ein Typus da ist, ein festes System von Gewöhnungen, ein Erziehungssystem, das mit dem Leibe beginnt, nur da tut sich die Weite der geistigen Welt ohne Schaden für den Menschen auf." Um die Individualität brauchen wir uns nicht zu sorgen; „sie wird sich durchsetzen, um so sicherer, je weniger absichtlich sie gepflegt wird".

Der Typ, um den es in der nationalsozialistischen Erziehung geht, ist *völkisch*, gemäß der Idee des Nationalsozialismus, die uns die unermeßliche Bedeutung des Volkes wieder vor Augen gestellt hat. Das heißt, aus volkseigener (arteigener, rassenmäßiger) Bildsamkeit ist durch artgemäße Erziehungsweisen und Erziehungsinhalte der völkische Mensch zu formen. Künftig wird eben alles entschieden werden im Hinblick auf die Volksgemeinschaft, „deren Glieder wir sind, deren Leben wir leben, deren Blut uns durchpulst, deren Sprache wir sprechen, deren Geist uns durchdringt, ohne die wir nicht geworden wären, nicht waren und nicht sein werden". Weil die Volksgemeinschaft blutvolle, naturhaft geschichtliche Wirklichkeit ist, stellt sie die alles bestimmende Ganzheit dar, aus der sich durchaus konkrete Erziehungsforderungen ableiten lassen. Von ihr empfängt Erziehung nicht nur ihren höchsten Sinn, sondern auch ihre vornehmsten Gehalte und ihre sinn- und zweckmäßigen Weisen. So gewinnt Erziehung endlich die verlorene Substanz zurück. Allzulange hat in pädagogischen Fragen eine verderbliche Überschätzung des Formalen geherrscht. Man forderte Selbstverantwortung, Gemeinschaft, Arbeit. Aber überall fehlte dabei die Bestimmung des inhaltlichen Momentes, die klare und eindeutige Kennzeichnung dessen, wofür man die Verantwortung übernimmt, worin man wirkliche Gemeinschaft hat, wofür man arbeitet. Es fehlte die „Ordnung des Glaubens, die den Kräften, die entfaltet werden sollen, Richtung und Gehalt" gibt. Es fehlten Tafeln allgemein und unverbrüchlich geltender Gebote. Es fehlte ein einheitlicher, „verbindlicher Inhalt, ein anerkannter, mit der Existenz des Volkes verbundener Gehalt". Wo aber „kein einheitlicher Inhalt ist, da kann es auch keine Schule geben, die erzieht. Denn erziehend zu wirken vermag nur ein Gehalt, der ernst genommen wird auf Leben und Tod." Nun aber ist die inhaltliche Wendung der Erziehung gekommen, die Verschiebung des Schwerpunktes vom nur Technischen und Methodischen zum Weltanschaulichen. Mit der entschiedenen, ganzheitlich bestimmten Forderung einer völkischen, deutschen Erziehung ist ein zugleich inhalt- wie formbestimmender Grundsatz aufgestellt. Er wird helfen, im typischen deutschen Menschen diejenigen Wesenszüge deutscher Volkheit zu verkörpern, die uns ureigen sind, unserem Volke sein besonderes Gesicht unter den Völkern geben, als Ausdruck unseres arteigenen Wertsystems.

Zu diesen Zügen gehört auch alles das, was wir mit dem Begriff des *Soldatischen* und *Politischen* zusammenfassen. Arbeiter und Soldat sein, das ist die eigentliche Daseinsweise des nordischen Menschen. In ihrer Höchstform heißt sie die heroische. Ihr vornehmster Wertbegriff ist die Ehre.

Zum Gegensatz hat diese Lebensform die eudämonistische Haltung, die bürgerliche Daseinsweise. Dabei darf bürgerlich nicht als soziologische Kategorie genommen werden. Bürgerliche Menschen gab es in allen Ständen und Klassen. Bürgerlich bezeichnet hier eben eine Lebensanschauung und Lebenshaltung, die durch eine besondere Wertordnung, letztlich also durch eine Weltanschauung, bestimmt ist. Auch der Bürger hat mit seinem besonderen Weltbild *seine* Pflichten und *seine* Ehre.

„Arbeit ist des Bürgers Zierde." Ehrenvoll ist ihm, einen „Beruf" zu haben und tätig und tüchtig auszufüllen. Als unehrenhaft gilt, beruflich zu versagen, in wirtschaftliche Abhängigkeit von anderen zu geraten, sein Brot nicht selber zu verdienen. Höchste Gefahr dünkt ihm, arbeitslos und brotlos zu werden. Daher strebt er mit aller Kraft nach wirtschaftlicher Sicherung, nach Besitz für sich und seine Familie. Denn damit ist ihm die Sonnenseite des Daseins erobert, Lebensgenuß – grober oder feiner Art – ermöglicht. Rhythmischer Wechsel von Arbeitszeit und Feierabend, Werkel- und Feiertag ist Lebenssinn. Am Ende soll stehen der geruhige Lebensabend. – Dies alles ist unverächtlich, notwendig und selbstverständlich, bleibt aber unterhalb der Ebene, in welcher der soldatisch-politische Mensch seine Ehre sucht.

Pflichten anerkennt der Bürger in seinem Berufe, gegenüber seiner Familie, aber auch gegenüber dem Staate. Nur meint er, als „Staatsbürger" seine Pflicht getan zu haben, wenn er seine Steuern pünktlich bezahlt und die geschriebenen Gesetze nicht verletzt hat. Um das Staatswohl ist er besorgt, weil er weiß, daß von diesem sein eigenes und seiner Sippe Wohl abhängt. Um seines Ich willen bejaht er den Staat, in dem er sich geborgen weiß. Er vergißt aber oder will doch nicht daran erinnert sein, daß er – wie schon Platon einschärfte – samt seiner Sippe und samt seinem Vermögen dem Gemeinwesen gehört, daß er verpflichtet ist, falls es not tut, alles, auch seine Sicherheit und sein Leben, dem Staate zum Opfer zu bringen. Das Goldene Zeitalter der Bürgerlichkeit waren die Jahrzehnte des Zweiten Reiches, als die Wirtschaft blühte und die Staatsordnung für immer gefestigt schien.

Der heutige Deutsche ist ungeborgen. Die Bedrohung seines Volkes und Staates betrifft auch ihn, aber er empfindet sie vornehmlich als eine solche der Volksgemeinschaft. Daher genügt es ihm nicht, in einem Berufe tüchtig zu sein. Er muß vor allem fähig und bereit sein, sich für sein Volk einzusetzen, notfalls seine „gesicherte Existenz" und sein Leben zu opfern. Das heißt aber, er muß Soldat sein. Die Seinsweise des Soldaten ist nicht Geborgen-, sondern Bedroht- und Gefährdetsein oder mindestens: der Bedrohung gewärtig und auf Gefahr gefaßt sein. Seines Lebens tiefster Sinn ist Vorbereitung für den Kampf, Bereitschaft zum Einsatz und zum Wagnis. Ohne den Erfolg schon im voraus zu besitzen, entscheidet er sich im Glauben an den Sieg für eine bestimmte Möglichkeit. Er gehört dahin, wo die Fahne flattert. Ihr zu folgen, bei ihr ohne Wanken zu stehen, das ist *seine* Ehre. Gehorsam und Dienst kennzeichnen seine Lebensführung. Die Uniform ist Ausdruck der ihn beherrschenden Lebensauffassung. Immer ist der Soldat entweder Gefolgsmann oder Führer, in jeder Stellung aber dem anderen zur Treue verpflichtet, zum Einstehen für den Kameraden.

„Soldatsein ist *der* politische Beruf." Was soll da die anscheinend überflüssige Bezeichnung „politischer" Soldat? Sie soll dem Irrtum wehren, daß die unpolitische Haltung des Soldaten dann gefordert sei, wenn der politisierende Soldat abgelehnt wird.

Politischer Soldat ist, „wer nicht nur gehorcht, sondern auch weiß, *wem* er gehorcht, nicht nur kämpft, sondern auch weiß, *wofür* er kämpft". Er ist Kämpfer für eine Idee. „Politisch denken, heißt konkret denken", wissen, worum es geht. Dieses Wissen fließt aus dem geschlossenen Weltbild und aus dem Erleben der gegenwärtigen Wirklichkeit. „Politisch sein, das heißt: wissen um die eigentliche völkische Bedingtheit, um Geschichte und Gegenwart, um Schicksal und Zukunft des Volkes, wieder ein Auge bekommen für die Maßlosigkeit feindlicher Forderungen." Der politische Soldat hat aber nicht nur zum Gedanken des Nationalsozialismus ein innerliches Verhältnis; er schreitet zur wagenden Tat, setzt sich ein für das, woran er glaubt: für Volk und Staat. Er ist also nicht nur aktiver, sondern sich immer und immer entscheidender, d. h. handelnder Mensch. Er handelt schon im kleinen Alltag, und er wird handeln, wenn der große Augenblick da ist.

Wir wollen den deutschen Menschen erziehen und keinen anderen, aber nicht den deutschen Menschen in der Fülle und Mannigfaltigkeit seiner Möglichkeiten, in der Vielzahl und Unterschiedenheit seiner geschichtlichen Gestalten. Wir wollen ihn in der nationalsozialistischen Prägung. Damit ist die große erzieherische Aufgabe der Gegenwart gestellt. Wir erfüllen sie, wir erziehen zum politischen deutschen Menschen, indem wir die rassischen Gegebenheiten bewahren, läutern und gemäß dem rassischen Hochbild steigern, und zwar in tätigem Leben auf deutscher Erde, in den deutschen Volksordnungen, im Umgang mit den geistigen Gütern unseres Volkes, durch Übung des Leibes, Pflege des Gemütes, Zucht des Willens und Übermittlung des deutschen Weltbildes.

Sturm erscheint als Schüler Ernst Kriecks, dessen Hauptformel („Alle erziehen jederzeit alle") er übernimmt und anzuwenden versucht. Er ficht gegen die Schatten einer „autonomen" Pädagogik und will Erziehung als
„geistigen Erbgang" verstehen.

K. F. Sturm: Die neue Erziehungswissenschaft

in: K. F. Sturm: Deutsche Erziehung im Werden. Osterwieck und
Berlin 1938⁴. S. 87–88.

Früher galten Eltern und Lehrer als *„die"* Erzieher, neben ihnen
vielleicht noch Dienstboten und Lehrmeister. Heute wissen wir:
„Alle erziehen alle[11]." Jeder Mensch wirkt erziehend auf seine Mitmenschen, selbst dann, wenn er es weder will noch weiß, schon
durch sein Dasein und Sosein. Erziehung kann ihrem Begriffe nach
nicht grundsätzlich eingeschränkt werden auf bewußtes und absicht-
liches Tun. Neben den „Erziehern" als einzelnen Wesen erziehen
Gemeinschaften: Familie, Schule, Verbände jeder Art. Auch die
„fest" gewordenen und dauernden Erzeugnisse und Werke des Gemeinschaftslebens – Mythen und Symbole, Sprache und Sitte, Recht
und Wirtschaft, Wissenschaft und Kunst – formen den Menschen,
der mit ihnen in Berührung kommt. Wann und wo immer ein
Mensch lebt, da steht er unter erziehenden Einflüssen. Erziehung ist
vor allem Lebensfunktion ganzheitlicher Gebilde. Sie wird überall
wirksam, wo solche Gebilde leben, ohne daß es hierzu zweck-
bewußter und vorbedachter Betätigung eines persönlichen Erziehers
bedurfte. Wann und wo immer Völker, Staaten und Kulturen leben,
da erziehen sie notwendigerweise ihre Glieder durch ihre objektiven Ordnungen und die Gesetzlichkeiten ihrer Sachgebiete. Vor
und neben der rationalen und intentionalen Erziehung steht immer
die funktionale. Damit ist die intentionale Erziehung für unser Verständnis ihres Wesens und ihrer Aufgaben in neue und weite Hori-
zonte gestellt . . .
Dieser funktionale Erziehungsbegriff hat unseren Blick dafür geschärft,
daß sich der Sinn der Erziehung niemals darin erschöpft, den Einzelnen nach Maßgabe seiner individuellen Anlagen zu entfalten und
zu gestalten. Sie ist niemals bloß und nicht einmal zuerst Dienst am
einzelnen, sondern trägt allewege überindividuellen Sinn. Als Funktion, als ungewolltes und nichtorganisiertes allmenschliches Geschehen und Wirken kann sie nur voll verstanden werden, wenn

wir sie betrachten innerhalb der großen geschichtlichen Zusammenhänge. Sie ist nicht autonom, sondern eng und unabtrennbar mit anderen Gemeinschaftsfunktionen verbunden. Sie erweist sich als Voraussetzung und Folge alles geschichtlichen und Gemeinschaftslebens. Sie ist geistiger Erbgang, Überlieferung eines bestimmten Wahrheits- und Geltungsbestandes von einer Generation auf die nachfolgenden, Selbsterhaltung und Fortpflanzung des Volksganzen im Wechsel der Generationen. Sie ist als solche wesenhaft gerichtet auf Einverleibung des einzelnen in die Gemeinschaften, auf die Erzeugung eines durch den Grundcharakter und die geschichtliche Lage der Gemeinschaft bestimmten Menschenschlags, eines typischen Gemeinschaftsgliedes. Sie schafft „Reife der Gliedschaft", die ebenso persönliche Entfaltung und Selbständigkeit bedeutet wie zugleich Gebundenheit in der Norm, Ausrichtung nach den die Gemeinschaft bestimmenden Werten. Im Funktionscharakter der Erziehung gründet ihr Dienstschaftsverhältnis zu Volk, Staat und Kultur.

Damit wendet die neue Erziehungswissenschaft ihr Auge der Wirklichkeit zu. Ein pädagogischer Realismus entsteht. Er sieht, daß wirkliche Gemeinschaft etwas wesenhaft anderes ist als die Gemeinschaft der Reformbewegung und ihrer Philosophie. Der im ersten Viertel des Jahrhunderts herrschende Idealismus verstand unter Gemeinschaft keine gewordene, blutvolle Wirklichkeit. Was er meinte, war nur Idee im kantischen Sinne, nicht *die* Gemeinschaft, „die vor aller bewußten Verwirklichung als Urgegebenheit in der Wirklichkeit unser Schicksal ist". Und was er schaffen wollte, war nicht naturverwurzelte Gemeinschaft, sondern Gesellschaft. Diese kann aus dem Willen der einzelnen hervorgehen. Hingegen beruht Gemeinschaft „auf dem Sinn, auf unbewußter Zusammengehörigkeit", die zwar zum Bewußtsein erhoben werden kann, keineswegs aber Bewußtsein und Willen voraussetzt. Dieser Irrtum verleitete die Reformpädagogen zu dem Unterfangen, Gemeinschaft aus künstlich herbeigeführten Zusammensein von jugendlichen einzelnen „entspringen" zu lassen, also gewissermaßen aus dem Nichts erst zu schaffen.

Die neue Erziehungswissenschaft wendet sich von bloß gedachter und geforderter Gemeinschaft ab, hin zur gewachsenen, konkreten, deren Ort nicht die abstrakte Welt des Geistes ist, sondern die naturhaft geschichtliche Wirklichkeit. Sie erkennt:

Erziehung ist in aller Welt Funktion konkreter Gemeinschaften wie Familie, Volk und Staat und darum auch nur möglich im Dienste wirklicher Gemeinschaftsgebilde. Es gibt Erziehung durch das Volk und zum Volke, aber nicht durch die Menschheit und zur Menschheit. Denn Volk ist naturhaft geschichtliche Wirklichkeit, aber Menschheit ist ein bloßer Begriff. Es hat griechische und römische

Erziehung gegeben, es gibt deutsche, französische, chinesische Erziehung. Aber 'eine übervölkische Erziehung hat es nicht gegeben und wird es nicht geben. Sie ist und bleibt Traum. Wirklich und wirksam ist allein die völkische und staatliche Erziehung, die ihre besonderen und dringlichen Aufgaben immer durch die jeweilige völkische und staatliche Lage empfängt, durch das Geworfensein des Menschen mit seinem Volk in die Nöte und Gefahren des Hier und Jetzt.

Dokument 17

An diesem Dokument läßt sich das hochgesteigerte Pathos ablesen, das damals als Kameradschaft und beim „Marsch in die Zukunft" erfahren wurde. Die nationalsozialistische Auffassung von „Zucht" wird ebenfalls deutlich.

Erich Weißer: Idee und Zucht im Typus

in: Nationalsozialistisches Bildungswesen. Einzige erziehungswissenschaftliche Zeitschrift der Bewegung. Herausgegeben von der Reichsleitung der NSDAP, Hauptamt für Erzieher, Heft 7/1940, S. 241–246.

Die typenbildende Kraft im Werden des Nationalsozialismus

Statt nun in eine tiefer schürfende Begriffserklärung und Sinndeutung einzutreten, dürfte es sich empfehlen, den Blick zur Lebenswirklichkeit zu wenden, um hier den Typus und seine entscheidende menschenformende Funktion: die Zucht in ihrem wirkenden Lebenszusammenhang zu sehen. Denn es ist wichtig und entscheidend, sich immer der Lebensmächtigkeit bewußt zu bleiben, durch die der Typus zur schicksalhaften und rassisch-völkischen Unmittelbarkeit und Bedeutung mitten in unserem lebendigen Dasein wird. Heute können wir sein Wachsen und Werden als die menschenformende Verwirklichung einer lebensmächtigen Idee und ihrer rassisch-völkischen Werte selbst von ihm ergriffen und anteilnehmend nachhaltig erleben.

Durch das umfassende und umwertende Wirken des Nationalsozialismus zeigt sich uns überzeugend und sinnerfüllend das Wesen der typengestaltenden Zucht als die vollendetste und folgerichtigste Form bewußt geleiteter und ideenmäßig ausgerichteter Erziehung, und dazu im Typus, als einer besonderen menschlichen Gestalt, das großartige Ergebnis aus seinem schöpferisch gestalteten, ideenmäßigen Gehalt.

Hier erweist sich der Typus nicht nur in seinem Werden, also aus dem Herauswachsen aus den uns noch sehr erlebnisnahen Ursachen, sondern auch klarer in der hinter seiner lebendigen Erscheinungsweise angelegten allgemein gültigen Struktur, wodurch man in die gestaltende Wesensmitte des Typus eindringt, und in dieser gesetzmäßig bestimmten Grundgestalt kann man ihn erhellend mit seinen

122

mannigfaltigen Erscheinungsweisen innerhalb der lebendigen Wirklichkeit beobachten. Daraus lassen sich entscheidende Einsichten feststellen, die sogar über das eigentliche Funktionsgebiet der Erziehung hinausgehen und tiefe Einblicke in die Urgegebenheit des Lebens vermitteln.

Im Typus findet ein ideenmäßiger Gehalt seine menschenformende Gestalt. Entsprechend der Lebensmächtigkeit und der natürlichen lebensstarken Kraft dieser Idee wirkt sie nicht nur erzieherisch durch die menschenformende Gestaltung des Typus, sondern es bedeutet die Entstehung des besonderen Typus nichts anderes als die organisch-lebensganzheitliche Auswirkung auf dem Funktionsgebiet der Erziehung, die, je mehr sie aus der letzten Tiefe der Lebensmitte aufströmt, auch die ganze Lebenswirklichkeit in ihrer umfassenden und organischen Mannigfaltigkeit ergreift. Eine solche totale, alle Lebensgebiete umfassende Idee verkörpert der Nationalsozialismus, wie er aus unserer rassisch-völkischen Lebensmitte geboren wurde, und daher kommt seine umstürzende, umwertende und neusetzende Kraft. Gewiß offenbart sie sich am nachhaltigsten im Typus, weil hier der Mensch vollständig von der als gestaltende Kraft wirkenden Idee seines blut- und schicksalsbedingten Wesensgrundes gepackt und erfüllt wird.

Es soll hier nicht die Geschichte des nationalsozialistischen Kampfes um Deutschland und die der erfüllenden aufbauenden Jahre der Machtergreifung und Machtgestaltung geschrieben werden, sondern nur auf die ideenmäßig umwertende und menschlich gestaltende gewaltige Tatsache des großartigen Erlebens hingewiesen werden, auf jenen einzigartigen Gestaltwandel, den ein sich selbst aufgegebenes und in zersetzender Untergangsstimmung sich schamlos entblößendes Volk erlebte, das nun einschwenkte in den Gleichschritt unübersehbarer Kolonnen, die sich wieder ihrer rassisch-völkischen Kraft bewußt wurden und die opfernd und sich selbst vergessend an eine erfüllende Zukunft ihres gemeinsamen Wesens glaubten. Das Gesicht des deutschen Volkes änderte sich von Grund auf in Gesinnung und Haltung. Man spricht von einem Wunder, und dabei zeigt sich hier nichts anderes als die bewußte, zielklare und unerbittlich zähe Arbeit eines Mannes, der als ein unbekannter und übersehener einzelner um sich eine Gefolgschaft entschlossener Männer sammelte und sie mitriß, alles aufgebend und alles in diesen namenlos gewaltigen Anruf zum Handeln hineinwerfend, ein neues Deutschland zu schaffen. Es war alles Trotz und Zorn, ein Sichaufbäumen gegen das grenzenlose Elend, mit dem man wie mit freiwillig gebundenen Händen tatenlos alles in ein Nichts versinken ließ. Als die Anständigsten verzweifelten und die Dumpfen, Menschlich-allzu-Menschlichen sich dem betäubenden Taumeltanz des gemeinsten Genusses hingaben und nur in den Tag hineinlebten, da stand diese kleine Schar auf und rief ihr „Deutschland erwache!"[12] ...

Aus dem Kampf um Deutschland, der sich mit seinem unablässigen Einsatz und seiner immer wieder neu geforderten Bewährung als ein elementarer Auslesevorgang erwies, wuchs ihnen die gestaltende und typenbildende Wirkung, die Zucht als entscheidende typenformende und typenschöpferische Funktion. Was heute als entscheidendes Gestaltungsgesetz im Nationalsozialismus seine Zuchtordnungen bestimmt, das wurde in den Kampfjahren als typenbildende Funktion einer lebensmächtigen Erziehung geboren.

Diese Menschen hörten den Anruf des Schicksals in dieser Sternenstunde ihres Daseins, die heute schon Geschichte wurde, und sie folgten nun bedingungslos dem Führer als ihrem Zuchtmeister. Zusammengeschweißt und einander unlöslich verbunden wurden sie durch die nationalsozialistische Idee, die ihnen wie ein fordernder Befehl im Blute strömte und sie ganz erfüllte. Darin offenbarte sich ihnen auch die lebensmächtige und menschenformende Beziehung von Führer und Gefolgschaft ...

In diesem kompromißfremden Entweder-Oder, in diesem letzten Aufgehen in seiner Berufung wuchtet seine Größe, und damit zwang er die Besten und Härtesten in seinen Bann, weil er das Beste und Härteste des gemeinsamen Blutes anzusprechen vermochte. Wie sie sich dann um ihn scharten, da offenbarte sich auch in diesem Block das Gesetz vom Ganzen, das mehr ist als nur die Summe seiner Teile, das die kleine Kraft und der bescheidene endliche Wille des einzelnen im ganzen gewaltig vervielfältigt und ihn in dieser gleichgerichteten und unter dem gleichen Schicksal stehenden Gemeinschaft zu einer ungewöhnlich starken Macht zusammenballt, die Berge und Welten versetzen kann.

Es scheint zwecklos, mit deutenden Worten die Größe und Lebensmächtigkeit dieser lebensgesetzlich bestimmten Tatsache noch weiter und sinnerhellender klären zu wollen. Man suche lieber ihre Wirkung in den ergriffenen Menschen zu sehen und wird dann an diesem Gesetz von der proportional wirkenden und von der ins Unberechenbare gesteigerten Lebensmacht des Ganzen auch eine entscheidende Kraft aller typenbildenden Mächte begreifen. In der Vereinzelung bedeutet der Mensch wirklich nichts, und in der Ganzheit einer gleichmäßig ausgerichteten Gemeinschaft wächst er ins Unüberwindliche hinauf. Die Funktion zu dieser Kräfte steigernden und zusammenballenden Wirkung vollzieht sich menschenformend in der Zucht ...

KAPITEL 3

DAS REICHSERZIEHUNGSMINISTERIUM

Das am 1. Mai 1934 gegründete Ministerium für Wissenschaft, Erziehung und Volksbildung sollte den kulturpolitischen Föderalismus der Länder zunächst einschränken und schließlich überwinden. Der nationalsozialistische Staat mußte seiner ausgreifenden Tendenz gemäß versuchen, sämtliche pädagogischen Einrichtungen seinem Einfluß zu unterwerfen, weil ihm sonst nicht gewährleistet zu sein schien, daß die neue „Weltanschauung" überall wirksam würde. An die Spitze des neuen Ministeriums trat Bernhard *Rust,* ein ehemaliger Studienrat, den der ironische Goebbels in seinen Tagebüchern als „Steißtrommler", aber als „sonst ordentlich" bezeichnete. Rust war bereits preußischer Minister für Wissenschaft, Kunst und Volksbildung und gleichzeitig Gauleiter von Hannover-Süd. Er gehörte zu den frühen Gefolgsleuten Adolf Hitlers und stand seit 1925 im Dienst der NSDAP. Damaligen Verlautbarungen zufolge brachte er „das Herz des alten Nationalsozialisten und die Kenntnisse des erfahrenen Schulmannes mit" (11, 46). Aber er war ein schwacher Mann. In der scharfen Auseinandersetzung mit Hitlerjugend, Partei und Arbeitsfront um aktuelle Erziehungszuständigkeit zog er meist den kürzeren (vgl. Dok. 21). Bei Kriegsende beging Bernhard Rust Selbstmord.

Seine Schwierigkeiten bestanden besonders in der Tatsache, daß manche Spitzenfunktionäre der Partei sich bemühten, zunehmend Einfluß auf das deutsche Bildungswesen zu gewinnen. Da wirkte vor allem Martin Bormann, die „braune Eminenz", ein grober und hinterhältiger Mann, der seine undurchsichtigen Pläne verfolgte und von dem in den letzten Jahren des Dritten Reiches fast allein der Zugang zum „Führer" abhing; da war Alfred Rosenberg, der seinen Auftrag zur „weltanschaulichen Schulung" mit entsprechenden Einrichtungen außerhalb der Zuständigkeit des Reichserziehungsministeriums wahrzunehmen gedachte; da waren Robert Ley, der Führer der DAF, mit seinem Machthunger, Baldur von Schirach als Reichsjugendführer mit dem Wunsch, eigene „Akademien für Jugendführung" aufzubauen und möglicherweise gar ein Reichsjugendministerium; da gab es auch den Reichsleiter Philipp Bouhler, Chef der „Parteiamtlichen Prüfungskommission zum Schutze des nationalsozialistischen Schrifttums", der die Kontrolle über die Schulbuchproduktion zugesprochen erhielt, und es gab schließlich auch noch die unterschiedlich mächtigen Gauleiter und Reichsstatthalter, die Bernhard Rust Steine in den Weg werfen konnten und für ihren Bereich seine Erlasse mehr oder weniger Papier bleiben ließen. In der Verfilzung der nationalsozialistischen Kompetenzen stand der Reichserziehungsminister an einer ganz besonders ungünstigen Stelle. Das mag dazu beigetragen haben, ihn langsam nervlich zu ruinieren. Menschen, die ihn kannten, schildern ihn als aufbrausend und bald wieder verzagt. Obwohl er alter Parteigenosse war, konnte man ihn nicht zu den politisch Mächtigen des Dritten Reiches rechnen. Er blieb der ehemalige „bürgerliche" Studienrat, den die andern hohen Funktionäre überspielten. Seine eigenen Ideen wie das „Landjahr" oder das Musische Gymnasium wurden ihm von anderen streitig gemacht.

Was man erwartet hatte, leistete das Reichserziehungsministerium nicht. Wohl wurden die Spitzenstellen mit renommierten Nationalsozialisten besetzt, das bürokratische Gefüge aber blieb weithin der Indoktrination unzugänglich. Manche Mitarbeiter des Ministeriums vollzogen ihre Amtspflichten nicht anders als schon zur Zeit der Weimarer Republik. Dadurch erhielten viele Erlasse einen anderen „Geist" als vergleichbare Verlautbarungen der DAF, HJ oder SS. Vielleicht ist es sogar möglich, von Ansätzen zu einem „inneren Widerstand" im Erziehungsministerium zu sprechen, der sich freilich nur auf einen Formalismus der Instanzenwege gründen konnte. Immerhin war aber bereits die Verzögerung oder schleppende Bearbeitung von politischen Aufträgen der NSDAP Sand im Getriebe der „Bewegung" und entsprechend auch eine sachliche Personalpolitik, die vermeintliche Ansprüche von „alten Kämpfern" unbeachtet ließ. Überall, wo im Dritten Reich nach Qualität entschieden wurde und Linientreue nicht den Vorrang hatte, ergaben sich Ansätze zum Abbau der Ideologie. Allerdings wurden sie faktisch kaum wirksam. Zweifellos dürfte aber mancher Dezernent im damaligen Erziehungsministerium nach bestem Vermögen an einer gewissen Stabilisierung liberaler Kulturpolitik mitgewirkt haben. So blieben Teile des Apparats „preußisch" und ergaben kein Instrument für die beabsichtigten radikalen „Maßnahmen". Folglich wurde die Elitebildung dem Erziehungsministerium weithin entzogen und in Parteiregie genommen (vgl. Kap. 9). Das Bestreben, die Schule völlig zu politisieren, hätte nach dem „Endsieg" vermutlich eine andersartige Behörde erfordert.

Rust sieht als „zentrale Aufgabe der kommenden Schule", die „Begeiste-rungsfähigkeit des jungen Deutschen" zur „Einsatzfähigkeit" fortzuführen und gesteht, daß zunächst die Schule nicht unmittelbar revolutionär umge-staltet werden konnte. Die Institutionen („Formen") besitzen ein zähes Eigenleben und sind nur „langsam und schrittweise" veränderlich, während der einzelne viel leichter ideologisch beeinflußbar ist. Damit kennzeichnet der Reichserziehungsminister zugleich die Prozedur der nationalsozialisti-schen Schulpolitik: den alten „idealistischen" Bildungseinrichtungen zu-nächst noch relatives Eigenrecht zuzubilligen, daneben aber Einrichtun-gen zu schaffen, in denen der Geist der neuen Zeit deutlicher Gestalt annehme. (Napola, AHS; vgl. Dok. 82, 83, 86–88). Im offiziellen Schema der damaligen Schule standen die beiden Lehrinstanzen bereits gleichberechtigt nebeneinander. Von den politisch-erzieherischen Einrich-tungen erwartete die Führung den Sieg; auf die alten, geduldeten Bildungs-einrichtungen würde sie alsdann verzichtet haben, wenn nicht bis zu jenem Zeitpunkt auch die Schule längst von innen her umgeformt worden wäre.

Bernhard Rust: Grundlagen der Erziehung

(Erlaß des Reichserziehungsministers E III a 245/38 vom 19. Januar 1938 – Reichsministerialamtsblatt „Wissenschaft, Erziehung und Volksbildung", S. 46 f.)

in: 11, 3–8.

Die deutsche Schule ist ein Teil der nationalsozialistischen Er-ziehungsordnung. Sie hat die Aufgabe, im Verein mit den anderen Erziehungsmächten des Volkes, aber mit den ihr eigentümlichen Erziehungsmitteln, den nationalsozialistischen Menschen zu formen ...

Wenn der Nationalsozialismus den Vorrang des Lebens und der Tat vor allen Systemen der Erziehung und Bildung behauptet, dann spricht er das Gesetz der Entwicklung jeder großen Kultur aus. Politisches Handeln ist die Stiftung einer neuen Ordnung. Bevor von einer neuen Erziehung die Rede sein kann, muß die Ordnung, der überzeugende Kraft innewohnt, geschaffen sein. Der Staat Adolf Hitlers ist darum zum Erziehungsstaat geworden, weil der Führer durch die Schöpfung seines Reiches die Kraft seines Volkes in einem einzigen politischen Willen, in eine einzige, alle durchdringende Weltanschauung zusammenfaßte und damit wieder große und sinn-volle Erziehung möglich machte.
Alle *planende* Erziehung ist ausgerichtet nach einer *gegebenen* Ord-

nung. Das nationalsozialistische Erziehungssystem ist seinem Ursprung nach nicht ein Werk der pädagogischen Planung, sondern des politischen Kampfes und seiner Gesetze. SA und Hitler-Jugend wurden zunächst geschaffen als Kampforganisationen der Bewegung, die den politischen Sieg des Nationalsozialismus gewährleisteten. Aber sehr rasch entwickelte sich aus diesen Kampfbünden eine neue Lebensordnung, in der zugleich ein neues Erziehungsprinzip wirksam wurde. In den soldatisch-politischen Kampfgemeinschaften der SA und SS wurde die sozialistische Einheit der Nation, die der Führer forderte, durch die harte Auslese des Kampfes geschaffen. Lange bevor der nationalsozialistische Staat das öffentliche Erziehungswesen in seine Hand nehmen konnte, entstand abseits von der Schule und den Einrichtungen der Volksbildung ein in sich geschlossenes System der Jugenderziehung, in dem nicht durch Belehrung, sondern durch den gemeinsamen Kampf eine neue Haltung erzielt und die Tugenden des Charakters, die die Bewegung auf ihre Fahne geschrieben hatte, entwickelt und erprobt wurden. Die politische Jungmannschaft war zu einem neuen Erziehungsträger geworden, noch ehe sie aus der Hand des nationalsozialistischen Staates ihren besonderen Erziehungsauftrag nehmen konnte. Sinnfälliger konnte der Vorrang der Politik vor der Pädagogik, den der Bildungsoptimismus der Systemzeit verleugnete, nicht dargestellt werden.

Mit innerer Notwendigkeit mußte der Sieg der nationalsozialistischen Bewegung, der ein neues Bild des Menschen und eine neue Grundeinstellung des Menschen zur Herrschaft brachte, das Zeitalter des Bildungsoptimismus beenden und die Frage nach dem Wesen der Bildung auf eine neue Weise beantworten.
Die nationalsozialistische Revolution der Weltanschauung hat an die Stelle des Trugbildes der gebildeten Persönlichkeit die Gestalt des wirklichen, d. h. durch Blut und geschichtliches Schicksal bestimmten deutschen Menschen gesetzt und an Stelle der humanistischen Bildungsideologie, die bis in die jüngste Vergangenheit fortgelebt hatte, eine Erziehungsordnung aufgebaut, die sich aus der Gemeinschaft des wirklichen Kampfes entwickelt hatte. Nur aus dem Geiste dieser politischen Zucht kann auch echte Bildung als die zentrale Aufgabe der kommenden Schule erwachsen, die die Begeisterungsfähigkeit des jungen Deutschen nicht lähmt, sondern steigert und zur Einsatzfähigkeit fortführt. Jede Bildung, die abseits von dieser nationalsozialistischen Erziehungswirklichkeit erfolgt, bleibt abstrakt und volksfremd, weil sie, selbst wenn der völkische Charakter des Bildungsgutes feststeht, nicht den Menschen in seiner Wirklichkeit, sondern als bloßes Verstandeswesen anspricht.
Freilich wurde zunächst die Schule nicht unmittelbar der revolu-

tionären Umgestaltung unterworfen, wie überhaupt die Einrichtungen, die dem Bildungsglauben des hinter uns liegenden Zeitalters ihr Leben verdanken, von dem elementaren Erziehungsgeschehen vorerst nicht so unmittelbar ergriffen wurden wie die politische Wirklichkeit. Der Grund hierfür ist nicht nur in der Tatsache zu suchen, daß der Geist, der in den *Formen* wohnt, zäher und hartnäckger ist als der Geist, der in den *Menschen* lebt, und daß darum die Einrichtungen, in denen die Ideen der vergangenen Zeit Form geworden sind, nur langsam und schrittweise umgestaltet werden können. Es liegt vielmehr im Wesen der Schule als Bildungsstätte, daß sie immer in ihrer Bedeutung zurücktritt, wenn eine neue Kultur, ein neues Lebensgefühl des Menschen im Entstehen ist. Die Schule wird immer von den grundlegenden Kräften ihrer Zeit getragen, aber das Leben geht jeweils voran. Die Schule überliefert den geistigen Inhalt einer Zeit, sie folgt aber der entscheidenden Umbildung des geistigen Weltbildes. Ihre Bedeutung jedoch wächst in dem Maße, in dem der neue geistige Gehalt jenen Grad seiner Durchformung erreicht hat, in dem er lehrbar wird.

Auch das nationalsozialistische Zeitalter wird die Schule hervorbringen, die Geist von seinem Geiste ist, aber wir müssen uns bewußt sein, daß wir am *Anfang* der neuen Bildung stehen ...
Bildung als die eigentümliche Aufgabe der Schule erschöpft sich nicht in der Entfaltung der individuellen Kräfte des einzelnen. Durch die Vermittlung des Bildungsgutes gliedert sie den jungen Menschen in die geschichtliche Gemeinschaft seines Volkes ein, durch die Vermittlung tatsächlicher Kenntnisse und Fertigkeiten befähigt sie ihn, das Leben zu meistern. Diese Aufgabe stellt die deutsche Schule gerade heute unter eine besondere Verantwortung: Deutschland ist arm an Raum und an Schätzen des Bodens, sein wahrer Nationalreichtum liegt in der Kraft, in der Gläubigkeit und in der Tüchtigkeit seiner Männer und Frauen. Aufgabe der deutschen Schule ist es darum, Menschen zu erziehen, die in echter Hingabe an Volk und Führer fähig sind, ein deutsches Leben zu führen, ihre geistigen Kräfte zu entfalten und zur höchsten Leistungsfähigkeit zu entwickeln, damit sie an ihrer Stelle die Aufgaben meistern, die Deutschland gestellt sind.
Ungeheuer ist der Umfang und die Mannigfaltigkeit dieser Aufgaben. Es ist die erste Pflicht des nationalen Schulwesens, jeder lebendigen Kraft den Weg zu der ihr angemessenen Betätigung im Dienste der Gesamtheit ohne Rücksicht auf Herkommen und Besitz frei zu machen. Darum hat im Zusammenhang des nationalen Lebens jede Schulgattung bei verschiedener Zielsetzung die gleiche Wichtigkeit.

Die „weltanschauliche" Erziehung der Erzieher begann mit strenger charakterlicher und „rassischer" Auslese. Sie wurde ergänzt durch die allgegenwärtige scharfe „Reichsdienststrafordnung", eine in totalitären Staaten übliche Einschüchterungsmaßnahme, durch die die Beamten zu Funktionären absinken. Es geht ferner um die neuen Ausbildungspläne und „Umschulungslehrgänge" für Erzieher. Die Umstände des „Lagers" werden in Dok. 20 näher erläutert.

Rudolf Benze: Weltanschauliche Erziehung der Erzieher

in: 11, 16–19

Die weltanschauliche *Erziehung der Erzieher* nahm der Staat zusammen mit der Bewegung sofort in Angriff. Denn ein Umbruch der Schulerziehung ist nur mit Hilfe der Schulerzieher möglich. Diese Arbeit kam schnell voran, da sie auf der altbewährten Pflichttreue und vaterländischen Einsatzbereitschaft der Schulerzieher aufbauen konnte. Die Durchführung lag im staatlichen Auftrag bei den Mittelbehörden und beim *Deutschen Zentralinstitut für Erziehung und Unterricht*, von seiten der Bewegung beim NSLB als der Berufsorganisation der Schulerzieher. Neben und mit der weltanschaulichen Durchdringung ging, sich ständig verstärkend, die fachliche Umschulung der Erzieher einher. Ruhte bei jener das Schwergewicht in der Hand der Bewegung, so stand und steht hier im Vordergrunde die Arbeit des Staates als der für die fachliche Leistung der Erzieher verantwortlichen Stelle.

Für den *Erzieherberuf* waren von jeher nur Männer und Frauen geeignet, die nicht nur eine wirtschaftliche Sicherung durch die Beamtenstellung suchten, sondern aus idealistischer Haltung gewillt waren, sich in vollem körperlichen und seelischen Einsatz ihren hohen Berufspflichten hinzugeben. So hat dem deutschen Erzieherstande diese idealistische Gesinnung stets den tiefsten Antrieb zu seinen großen Leistungen gegeben. Die staatlichen Vorschriften und Prüfungen sahen allerdings in erster Linie auf den Erwerb des notwendigen Wissens und auf die Fähigkeit, dieses Wissen an die Jugend methodisch einwandfrei weiterzugeben. Auch die gesundheitlichen Anforderungen verlangten nur das Fehlen ernster körperlicher Gebrechen. Im übrigen galten für den Erzieher nur die allgemeinen Ordnungs- und Beamtengesetze.

Heute unterliegt der Erzieher nicht nur den strengeren Bestimmungen des Beamtentums (Reichsbeamtengesetz vom 21. Januar 1937 –

RGBl. I S. 39; Reichsdienststrafordnung vom 26. Januar 1937 – RGBl. I S. 71; Reichsgrundsätze über Einstellung, Anstellung und Beförderung vom 4. September 1937 – S. 483), sondern er ist darüber hinaus noch an besondere *Voraussetzungen* gebunden, die seiner entscheidenden Bedeutung für die Volkszukunft entsprechen. Daß nur Deutschblütige die deutsche Jugend erziehen dürfen, sei als selbstverständlich nur bemerkt. Was in dem Erlaß über Schülerauslese von der Jugend gefordert wird, gilt in erhöhtem Maße für die Beschaffenheit, Haltung und Arbeit der Erzieher, da sie als Vorbilder der Jugend vorangehen sollen.

Die *Ausbildungs- und Prüfungsbestimmungen* für alle Schulerzieher stellen die Eignung auf körperlichem, charakterlichem, geistigem und politischem Gebiet als allgemeine Forderung klar heraus. So ist – nach Ausscheidung politisch ungeeigneter Erzieher durch das BBG. (Gesetz zur Wiederherstellung des Berufsbeamtentums vom 7. April 1933 – RGBl. S. 175; dazu die Durchführungsverordnung vom 14. Juni 1933 – Zentralblatt S. 168) – schnell eine Erneuerung und Gesundung des Schulerzieherstandes durchgeführt worden.

Die *Laufbahnen der Schulerzieher* sind für viele Gruppen neu festgelegt; bei den anderen werden sie noch bearbeitet und stehen meist kurz vor dem Abschluß.

Als erster erhielt der *Volksschullehrer* seine neue Bahn abgesteckt: Hochschulen für Lehrerbildung . . .

Fast allen Erziehergruppen gemeinsam ist es, daß der Beginn ihrer Ausbildung auf der *„Hochschule für Lehrerbildung"* liegt oder liegen kann, der damit die bedeutungsvolle Aufgabe zufällt, das Gefühl der durch den gemeinsamen Erziehungsauftrag bedingten Zusammengehörigkeit der gesamten deutschen Erzieherschaft und ihre Gleichstrebigkeit zu stärken, ein Ziel, das aus der nationalsozialistischen Lebenshaltung erwächst und dessen Erreichung sich auch der Nationalsozialistische Lehrerbund als seine Hauptarbeit gesetzt hat . . .

Die *Weiterbildung* der Schulerzieher war zunächst noch nicht dringend, wohl aber ihre Umschulung. Die *Umschulungslehrgänge* des Zentralinstituts, der Schulbehörden und des NSLB dienen dem Zweck, die Erzieher mit den nationalsozialistischen Erziehungsgrundsätzen – allgemein und in Anwendung auf die einzelnen Fachgebiete – vertraut zu machen und sie in die bereits erlassenen neuen Lehrpläne einzuführen. Nach diesen als Übergangsmaßnahmen anzusehenden Lehrgängen und Arbeitsgemeinschaften, bei denen durchweg die Form des „Lagers" angewandt wird, wird eine allgemeine Regelung der Lehrerfortbildung erfolgen müssen. Für die Lehrer des Berufsschulwesens ist dafür bereits die zeitweise Rückkehr in die Berufspraxis vorgesehen.

Rudolf Benze: Umschulung der Erzieher im Lager

in: 11, 347.

Als wichtigste Aufgabe der nationalsozialistischen Schulerziehung nach dem Umbruch erkannte das Zentralinstitut die *nationalsozialistische Umschulung der Erzieherschaft* aller Schularten. Zahlreiche Vorträge, Vortragsreihen und Schulungswochen über grundsätzliche und besondere Fragen der nationalsozialistischen Erziehung gaben den Auftakt in den beiden ersten Jahren. Vor allem die neuen Sachgebiete wie Rassenkunde, Vererbungslehre, Vorgeschichte und solche Fächer und Arbeitsgebiete, die einen völlig neuen Sinn erhielten, wie Biologie und Geopolitik, standen zunächst im Vordergrund. Mehr und mehr wurde an die Stelle des früher üblichen Vortrags- und Diskussionsbetriebs die nationalsozialistische Erziehungsform des Lagers gesetzt. Diese Lager fanden zunächst in Heimen der NSDAP, in Jugendherbergen und Landheimen statt ... Ein gewaltiger Schritt vorwärts wurde getan, als am 24. Juli 1935 der Reichserziehungsminister das am Zemminsee südlich Berlin liegende *„Rankenheim"* dem Zentralinstitut als eigene Schulungsstätte übereignete. Im Oktober 1936 kam die ehemalige *Fichte-Schule* in *Kettwig* (Ruhr) als zweite Schulungsstätte des Zentralinstituts hinzu. Durch diese beiden Schulungsstätten, die ständig ausgebaut und für ihren Zweck vervollkommnet wurden, sind seitdem in 153 Lagern 10 970 in- und ausländische deutsche Erzieher und Erzieherinnen aller Schularten gegangen, dazu zahlreiche Schulaufsichtsbeamte und andere Männer und Frauen, die nach Vertiefung ihrer nationalsozialistischen Arbeit strebten. Die Vielseitigkeit der Lagerthemen, die neben grundsätzlichen Weltanschauungs-, Erziehungs- und Schulfragen fachunterrichtliche Themen behandeln, ist aus den Jahresberichten des Zentralinstituts zu ersehen.

An den
Reichserziehungsminister
Pg. Bernhard Rust
Berlin W 8
Unter den Linden 4

Berlin, W 57, den 22. Jan. 1937
Potsdamer Straße 75

Dr. I./Schoe.

Lieber Parteigenosse Rust!

Es sollte eine nationalsozialistische Lebensweisheit sein, sich Beleidigungen und „Meinungen" niemals schriftlich mitzuteilen, sondern sich dieselben, wenn man es für nötig hält, mündlich zu sagen. Ferner sollte man Auseinandersetzungen zwischen Nationalsozialisten bezw. Parteigenossen niemals vor Nichtnationalsozialisten austragen. Deshalb werde ich Dir, lieber Pg. Rust, kurz und rein sachlich auf Dein gestriges Schreiben antworten und die Abschrift dieses Briefes dem Führer zustellen.
1. Deine Aufgabe als Reichserziehungsminister erstreckt sich niemals auf Parteischulen, deshalb gehen Dich die Adolf-Hitler-Schulen genau wie die nationalsozialistischen Ordensburgen gar nichts an. Daher ist auch Dein Vorwurf der Illoyalität völlig unbegründet, und ich verlange, daß Du denselben zurücknimmst.
2. Dem Führer hat die Denkschrift über die Adolf-Hitler-Schulen vorgelegen. Erst nach deren Durchsicht hat der Führer die Verfügung erlassen und sie damit gebilligt. Die Punkte des gemeinsamen Aufrufes des Jugendführers des Deutschen Reiches und mir sind in dieser vom Führer gebilligten Denkschrift genau enthalten. Deshalb ist Dein schwerster Vorwurf, wir, der Jugendführer des Deutschen Reiches und ich, trieben mit dem Willen des Führers einen unverantwortlichen Mißbrauch, ebenso völlig unbegründet, und ich verlange, daß Du diesen Vorwurf ebenfalls in aller Form zurücknimmst.
3. In Deinem Brief vom 28. September 1936 bewilligst Du als Reichserziehungsminister, daß die NSDAP Schulträger sein kann. In meiner Antwort bestätige ich diese an sich völlig selbstverständliche Tatsache. Inwiefern ich nun durch die Veröffentlichung über die Adolf-Hitler-Schulen mein Wort gebrochen haben soll, ist mir völlig unerklärlich, zumal in dieser Veröffentlichung auch nicht ein einziges Wort über die staatliche Schulaufsicht gesagt ist.

Zusammenfassend stelle ich fest, daß Dein Brief – abgesehen von den strotzenden Beleidigungen – auch sachlich völlig unverständlich ist, da Dich die ganze, völlig parteieigene Angelegenheit als Reichserziehungsminister absolut nichts angeht.

Heil Hitler!
Dr. R. Ley

(Aktenstück aus der Adjutantur des Führers, Inst. f. Zeitgesch. München 1886/56 ED 9 Blatt 85–87.)

Dokument 22

Die Dokumente 22–24 bieten Proben aus einzelnen Erlassen des Reichserziehungsministers und deren Folgen für das öffentliche Leben (z. B.
Dok. 24). Die Texte vermitteln eine Vorstellung von der erstrebten politischen Regulation der Schule. Dok. 22 (§ 4) enthält z. B. den berüchtigten Abschnitt, demzufolge deutsche Studenten jüdischen Glaubens von
den Hochschulen so gut wie ausgeschlossen waren; nach der festgelegten
Quote konnten kaum noch Zulassungen erfolgen, wenn man sich ver-
gegenwärtigt, daß 1933 etwa 500 000 Juden in Deutschland lebten bei einer
Gesamtbevölkerung von 65 Millionen.

Gesetz gegen die Überfüllung deutscher Schulen und Hochschulen vom 25. April 1933

in: Dokumente der deutschen Politik, Bd. I, 1933, Berlin 1938,
S. 277 f.

§ 1.   Bei allen Schulen außer den Pflichtschulen und bei den Hochschulen ist die Zahl der Schüler und Studenten so weit zu beschränken, daß die gründliche Ausbildung gesichert und dem Bedarf der Berufe genügt ist.

§ 2.   Die Landesregierungen setzen zu Beginn eines jeden Schuljahres fest, wie viele Schüler jede Schule und wie viele Studenten
jede Fakultät neu aufnehmen darf.

§ 3.   In denjenigen Schularten und Fakultäten, deren Besucherzahl
in einem besonders starken Mißverhältnis zum Bedarf der Berufe
steht, ist im Laufe des Schuljahres 1933 die Zahl der bereits aufge-
nommenen Schüler und Studenten so weit herabzusetzen, wie es
ohne übermäßige Härten zur Herstellung eines angemessenen Verhältnisses geschehen kann.

§ 4.   Bei den Neuaufnahmen ist darauf zu achten, daß die Zahl der
Reichsdeutschen, die im Sinne des Gesetzes zur Wiederherstellung des Berufsbeamtentums vom 7. April 1933 (RGBl. I, S. 175)
nichtarischer Abstammung sind, unter der Gesamtheit der Besucher
jeder Schule und jeder Fakultät den Anteil der Nichtarier an der
reichsdeutschen Bevölkerung nicht übersteigt. Die Anteilszahl wird
einheitlich für das ganze Reichsgebiet festgesetzt.
Bei Herabsetzung der Zahl der Schüler und Studenten gemäß
§ 3 ist ebenfalls ein angemessenes Verhältnis zwischen der Gesamtheit der Besucher und der Zahl der Nichtarier herzustellen. Hierbei
kann eine von der Anteilszahl abweichende höhere Verhältniszahl
zugrunde gelegt werden.

Absätze 1 und 2 finden keine Anwendung auf Reichsdeutsche nicht-arischer Abstammung, deren Väter im Weltkriege an der Front für das Deutsche Reich oder für seine Verbündeten gekämpft haben, sowie auf Abkömmlinge aus Ehen, die vor dem Inkrafttreten dieses Gesetzes geschlossen sind, wenn ein Elternteil oder zwei Großeltern arischer Abkunft sind. Sie bleiben auch bei der Berechnung der An-teilszahl und der Verhältniszahl außer Ansatz.

§ 5. Verpflichtungen, die Deutschland aus internationalen Staats-verträgen obliegen, werden durch die Vorschriften dieses Gesetzes nicht berührt.

§ 6. Die Ausführungsbestimmungen erläßt der Reichsminister des Innern.

§ 7. Das Gesetz tritt mit seiner Verkündigung in Kraft.

Verschiedene Erlasse des Reichserziehungsministers

in: Die deutsche Volksschule im Großdeutschen Reich. Hrsg. v.
A. Kluger, Breslau 1940, S. 387 f.

Vertrauenslehrer der HJ

Erl. d. RuPrMfWEuV. vom 18. 2. 1938 – E I b 1027/37, E II a,
E III a, K II (b), RMinAmtsblDtschWiss. S. 128

Der Reichsjugendführer hat unter Abänderung der bisherigen Anordnungen über die soziale Schuljugendarbeit der vom Sozialen
Amt der Hitlerjugend bestellten sogenannten „Schuljugendwalter"
bestimmt, daß die Aufgaben der Schuljugendwalter der HJ künftig
von den Vertrauenslehrern der HJ wahrzunehmen sind.
Ich bemerke hierzu, daß die sozialen Schuljugendwalter der HJ als
eine von der HJ geschaffene Einrichtung mit den Jugendwaltern der
Richtlinien über die Schaffung von Schulgemeinden und die Berufung von Jugendwaltern (Runderlaß vom 24. Oktober 1934 – U II
A 2514 –, Zentrbl. f. ges. Unterr.-Verw. S. 327) nichts zu tun haben.
Die genannten Richtlinien bleiben durch die Übertragung der Befugnisse der sozialen Schuljugendwalter auf den Vertrauenslehrer
unberührt. Insbesondere verbleibt es bei der Entsendung der Jugendführer (-führerinnen) der HJ gemäß Abs. 6 der Richtlinien. Ich habe
jedoch nichts dagegen einzuwenden, daß der Vertrauenslehrer oder
die Vertrauenslehrerin von der HJ in die Schulgemeinde entsandt
wird und von der Entsendung besonderer Jugendführer (-führerin-
nen) abgesehen wird.
Hinsichtlich des Vertrauenslehrers der HJ verweise ich auf Ziffer 4
meines Erlasses vom 26. August 1933 (Zentrbl. f. d. ges. Unterr.-
Verw. S. 233) und ordne in Ergänzung hierzu im Einvernehmen mit
dem Reichsjugendführer folgendes an:
1. Der Schulleiter bestellt den Vertrauenslehrer auf Vorschlag des
zuständigen Bannführers, die Vertrauenslehrerin auf Vorschlag der
zuständigen Untergauführerin. Die Bestellung erfolgt auf ein Jahr;
sie kann auf Vorschlag des Bannführers (Untergauführerin) jeweils
verlängert werden. Auf dem Lande kann ein Vertrauenslehrer für
mehrere Schulen bestellt werden.
2. Der Vertrauenslehrer muß dem NSLB angehören. Er soll nach
Möglichkeit aus der HJ hervorgegangen sein oder sich in irgendeiner
Form in der HJ betätigt haben (in der körperlichen Ertüchtigung,
im Jugendherbergswerk usw.). Er soll tunlichst an einem Führer-
schulungslehrgang der HJ teilnehmen.

3. Der Vertrauenslehrer muß mit der HJ ständig Fühlung halten. Er verkehrt unmittelbar mit den zuständigen Führern der HJ (Gefolgschafts- und Fähnleinführern sowie BDM-Führerinnen) und ist Mittelsmann zwischen diesen und dem Schulleiter. Diese Maßnahme dient zur Entlastung des Schulleiters, dessen Stellung als verantwortlicher Leiter der Schule unberührt bleibt.

4. Der Vertrauenslehrer hat bei den Prüfungen und den Beratungen über die Versetzung auf Grund der ihm von dem zuständigen HJ-Führer gegebenen Unterlagen das Verhalten der Schüler in der HJ (Verdienste und Vergehen) zur Sprache zu bringen. Er ist auch bei der Entscheidung über Strafen und Vergünstigungen, z. B. Freistellen und Erziehungsbeihilfen, zu beteiligen.

5. Im übrigen obliegen dem Vertrauenslehrer – unbeschadet der allgemeinen Leistungsbefugnisse des Schulleiters und seiner Stellung als Führer der Schulgemeinde – folgende Aufgaben:

a) Aufklärung über Ziel und Arbeit der HJ bei Eltern, Lehrer- und Schülerschaft;

b) Aussprachen mit den Eltern vom HJ-Angehörigen über Einzelfragen des Zusammenwirkens von Schule und HJ;

c) Aussprache mit den zuständigen HJ-Führern über HJ-Angehörige, die

1. infolge ihrer Fähigkeiten noch mehr in den Dienst der HJ eingespannt werden können,

2. wegen des HJ-Dienstes in ihren schulischen Leistungen versagen,

3. sich unehrenhaft verhalten;

d) Mithilfe bei der Schaffung geeigneter Räume für Heimabende. Darüber hinaus können dem Vertrauenslehrer noch weitere Aufgaben übertragen werden, wie z. B. die Mitwirkung bei der Gesundheitsfürsorge (Kinderverschickung) und die Angelegenheiten des Schüleraustausches, soweit sie von der Schule aus im Benehmen mit der HJ bearbeitet werden (Erlaß vom 2. April 1937 – W III b 15369 E II, E III, M –). Die Beispiele sind nicht erschöpfend. Der Kreis der zu übertragenden Aufgaben wird sich nach den örtlichen Verhältnissen zu richten haben.

Auswahl der Jungmannen für die Nationalpolitischen Erziehungsanstalten

Erl. d. RuPrMfWEuV. vom 7. 10. 1937 – E II a 2728, E III, RMinAmtsblDtschWiss. S. 454

Ich lege großen Wert darauf, daß den Nationalpolitischen Erziehungsanstalten deutsche Jungen zugeführt werden, die nach ihrer Haltung und Fähigkeit den besonderen Anforderungen dieser Anstalten entsprechen, und ordne deshalb an:

1. Die Volksschulen haben diejenigen Jungen des dritten und des vierten Schuljahres, die für eine Nationalpolitische Erziehungsanstalt geeignet erscheinen, zum 1. November jedes Jahres dem Kreisschulrat zu melden. Der Kreisschulrat reicht die Vorschläge der nächstgelegenen Nationalpolitischen Erziehungsanstalt auf dem Dienstwege weiter. Ein entsprechendes Verzeichnis ist beigefügt.

2. Den Leitern der Nationalpolitischen Erziehungsanstalten oder ihren Beauftragten sowie den Vertretern der Landesverwaltung der Nationalpolitischen Erziehungsanstalten in Preußen ist zu ermöglichen, die genannten Volksschulklassen im Unterricht zu besuchen und auch an den Höheren Schulen den Aufnahmeprüfungen für die Sexta informatorisch beizuwohnen.

Auswirkungen des Reichsbürgergesetzes auf das Schulwesen
Erl. d. RuPrMfWEuV vom 2. 7. 1937 – E II e 1564 (6).

Die Vorschriften des Reichsbürgergesetzes vom 15. September 1935 und der I. VO. vom 14. November 1935 zum Reichsbürgergesetz (RGBl. I S. 1333) haben über die Rechtsstellung der Juden im deutschen Reichsgebiet eine grundsätzliche Klärung gebracht. Die Schulerziehung der jüdischen Kinder wird im Anschluß hieran zu gegebener Zeit reichsgesetzlich geregelt werden. Bis auf weiteres ist nach den nachstehenden Richtlinien zu verfahren:

I. Zulassung zum Schulbesuch

1. Die Zulassung der Juden zum Besuch der Pflichtschulen regelt sich nach den allgemeinen gesetzlichen Bestimmungen über die Schulpflicht. Schulpflichtige Juden sind daher in den öffentlichen Pflichtschulen zu unterrichten, soweit sie nicht nach gesetzlichen Vorschriften von der Schulpflicht befreit sind oder die Schulpflicht ruht oder durch den Besuch privater Schulen erfüllt wird. Das gleiche gilt für die jüdischen Mischlinge.

2. Soweit nach den örtlichen Verhältnissen eine abgesonderte Beschulung der jüdischen Kinder im Rahmen eines geordneten Schulbetriebes und ohne besondere Mehrbelastung der Unterhaltsträger möglich ist und private jüdische Schulen nicht vorhanden sind, wird den Unterhaltsträgern der öffentlichen Pflichtschulen nahegelegt, mit schulaufsichtlicher Genehmigung *besondere Schulen* oder *Sammelklassen für jüdische Schüler* einzurichten. Werden solche Schu-

len oder Sammelklassen eingerichtet, so sind sie als Bestandteile der öffentlichen Schulen nach den allgemeinen Vorschriften zu unterhalten. Die jüdischen Schüler sind zu ihrem Besuch verpflichtet. Als Lehrer sind Juden (§ 5 I. VO. zum Reichsbürgergesetz), allenfalls jüdische Mischlinge (§ 2 a. a. O.), zu verwenden, und zwar empfiehlt es sich, in erster Linie nach § 3 des Berufsbeamtengesetzes oder § I. VO. zum Reichsbürgergesetz ausgeschiedene Lehrer aufzufordern und im Falle ihres Einverständnisses *ohne Berufung in das Beamtenverhältnis auftragsweise* zu beschäftigen.

Die hiernach an preußischen Volksschulen verwendeten jüdischen Lehrkräfte sind nach § 20 VBG. in der Fassung der I. SparVO. in Höhe der Anfangsvergütung zu besolden. Die Vorschriften über die Anrechnung früherer Dienstzeiten sowie die Bestimmungen des Preußischen Runderl. vom 1. Juni 1927, U III E 1242 (ZBlUV. S. 220) über das Dienstalter der wiederbeschäftigten Ruhegehaltsempfänger sind nicht anzuwenden. Soweit in preußischen Volksschulen freie Volksschulstellen vorhanden sind, die an die jüdischen Schulen oder Sammelklassen übertragen werden können, bin ich damit einverstanden, daß die Dienstbezüge von der Gemeinde getragen werden. In jedem Falle gelten für wiederbeschäftigte Ruhegehaltsempfänger die allgemeinen Ruhensvorschriften für das Ruhegehalt, da es hier nur auf Beschäftigung im öffentlichen Schuldienst ankommt und nicht auf die Verwendung im Beamtenverhältnis.

4. Jüdische Mischlinge können grundsätzlich an jeder Wahlschule (mittlere, höhere und Fachschule) zugelassen werden ... Den von zwei volljüdischen Großelternteilen abstammenden jüdischen Mischlingen ist auch der Besuch jüdischer Schulen oder Sammelklassen für jüdische Schüler gestattet. Die Namen der die jüdischen Schulen oder die Sammelklassen für jüdische Schüler besuchenden und dort neu eintretenden staatsangehörigen jüdischen Mischlinge sind der zuständigen Schulaufsichtsbehörde unverzüglich mitzuteilen. Diese hat darüber durch meine Hand an den Herrn Reichs- und preußischen Minister des Innern zu berichten, der im Einvernehmen mit dem Stellvertreter des Führers darüber entscheiden wird, ob ihnen künftig das Reichsbürgerrecht zuerkannt werden kann.

Treten die Schüler zur jüdischen Religion über, so werden sie gemäß § 5 Abs. 2 I VO. zum Reichsbürgergesetz zu Juden. Eine Mitteilung der Namen ist in diesem Falle nicht erforderlich.

5. ...

II. Teilnahme an Schulveranstaltungen besonderer Art

1. Staatsangehörige jüdische *Mischlinge* (§ 2 Abs. 2 I. VO. zum Reichsbürgergesetz), die die allgemeinen Schulen besuchen, haben, wie jeder andere Schüler, an allen Schulveranstaltungen der Schule einschließlich besonderer Gemeinschaftsveranstaltungen außerhalb des schulplanmäßigen Unterrichts (z. B. Schulausflüge, Besuch von Schullandheimen, Sportfesten u. dergl.) teilzunehmen. Der preußische Runderl. vom 16. Juni 1934, U II f 1949 m wegen des Ausschlusses nichtarischer Schüler von den nationalpolitischen Lehrgängen ist gemäß § 2 Abs. 2 der I. VO. zum Reichsbürgergesetz vom 14. November 1935 außer Kraft getreten.

2. Staatsangehörige *jüdische* Schüler (§ 5 I. VO. zum Reichsbürgergesetz), die die allgemeinen Schulen besuchen, haben nach Maßgabe der hierüber ergangenen Bestimmungen am lehrplanmäßigen Unterricht teilzunehmen. An jüdischen Feiertagen und am Sonnabend kann ihnen auf Antrag der Erziehungsberechtigten ganz oder teilweise Befreiung erteilt werden.

Von der Teilnahme an Gemeinschaftsveranstaltungen außerhalb des schulplanmäßigen Unterrichts (vgl. Ziffer 1) sind die jüdischen Schüler ausgeschlossen.

3. Ausländischen jüdischen Schülern, die allgemeine Schulen besuchen, kann die Teilnahme an Gemeinschaftsveranstaltungen außerhalb des lehrplanmäßigen Unterrichts nach Maßgabe der allgemeinen Schulordnung und der jeweiligen besonderen Anordnungen des Schulleiters gestattet werden, wenn daraus Schwierigkeiten nicht zu besorgen sind.

III. (betrifft Reifeprüfung)

IV. Lehrerausbildung

1. Juden können nicht Lehrer oder Erzieher deutscher Jugend sein. Auch jüdische Mischlinge sind künftig für den Beruf eines deutschen Jugenderziehers ungeeignet. Zur Ausbildung für den Beruf eines Lehrers oder Erziehers soll daher grundsätzlich nur zugelassen werden, wer für sich und, falls er verheiratet ist, für seine Ehefrau den nach den beamtenrechtlichen Vorschriften erforderlichen Nachweis über die Reinheit seines Blutes erbringen kann.

Den Voraussetzungen zu Ziffer 1 unterliegt insbesondere
a) die Zulassung zu den Hochschulen für Lehrerbildung und den Prüfungen für das Lehramt an Volks- und Mittelschulen . . .

2. Die Ausbildung der Lehrkräfte für jüdische Schulen wird im An-

schluß an die gesetzliche Neuregelung des jüdischen Schulwesens neu zu ordnen sein.

Bis zum Erlaß dieser Neuordnung behalte ich mir vor,

a) einzelne Antragsteller(innen), die ihre Ausbildung auf einer von mir anerkannten jüdischen Lehrerbildungsanstalt erhalten haben, zu den Prüfungen für das Lehramt an Volksschulen von Fall zu Fall vor besonderen Prüfungsausschüssen zuzulassen. Über die Zusammensetzung der Prüfungsausschüsse ergeht besondere Bestimmung;

b) . . .

3. Jüdische Junglehrer(innen), die die erste Lehrerprüfung bestanden haben, können zum Zweck der Vorbereitung auf die zweite Lehrerprüfung nach Maßgabe der hierfür geltenden allgemeinen Vorschriften an öffentlichen jüdischen Schulen beschäftigt werden. Nach Ablegung der zweiten Lehrerprüfung können sie, soweit sie nicht in den privaten Schuldienst treten, an öffentlichen jüdischen Schulen ohne Berufung in das Beamtenverhältnis auftragsweise beschäftigt werden. Von einer planmäßigen Anstellung ist abzusehen.

4. . . .

5. Zur Ausbildung jüdischer Turn- und Sportlehrer(innen) sowie jüdischer Kindergärtnerinnen und Jugendleiterinnen behalte ich mir vor, nach Maßgabe des vorhandenen Bedürfnisses von Fall zu Fall besondere Einrichtungen zuzulassen.

V.

1. . . .

2. Wo in bisherigen Erlassen der Ausdruck „Nichtarier" verwandt ist, sind darunter, soweit durch Gesetz oder Verordnung nichts anderes bestimmt ist oder sich aus den vorstehenden Bestimmungen nichts anderes ergibt, nur „Juden" zu verstehen. In Zweifelsfällen ist mir zu berichten.

3. Von der Durchführung dieses Erlasses ist abzusehen, soweit Vorschriften aus internationalen Verträgen entgegenstehen.

Runderlaß des Reichsministers Rust über die Errichtung gesonderter jüdischer Schulen vom 10. September 1935

in: Dokumente der deutschen Politik, Band III, 1935, Berlin 1938
S. 155 f.

Eine Hauptvoraussetzung für jede gedeihliche Erziehungsarbeit ist die rassische Übereinstimmung von Lehrer und Schüler. Kinder jüdischer Abstammung bilden für die Einheitlichkeit der Klassengemeinschaft und die ungestörte Durchführung der nationalsozialistischen Jugenderziehung auf den allgemeinen öffentlichen Schulen ein starkes Hindernis. Die auf meine Anordnung bisher vorgenommenen Stichproben in einzelnen preußischen Gebietsteilen haben gezeigt, daß die öffentlichen Volksschulen noch immer in nicht unerheblichem Maße von jüdischen Schülern und Schülerinnen besucht werden. Vornehmlich ist dies der Fall in den größeren Städten; aber auch auf dem platten Lande finden sich Gebiete, die mehr oder minder stark mit Juden besiedelt sind.

Auch die über das Volksschulziel hinausführenden Schulen sind trotz der Zulassungsbeschränkungen des Gesetzes vom 25. April 1933 (Reichsgesetzblatt I S. 225) (vgl. Dok. 22) noch immer von einem an einzelnen Orten verhältnismäßig hohen Anteil jüdischer Schüler und Schülerinnen besucht.

Für die Entwicklung des nationalsozialistischen Schulwesens ergeben sich hieraus schwere Hemmungen.

Die Errichtung öffentlicher und privater jüdischer Schulen hat zwar an einzelnen Orten zu einer gewissen Sonderung derjenigen jüdischen Schulkinder geführt, die der mosaischen Religion angehören. Die Trennung nach Konfessionen ist jedoch für ein nationalsozialistisches Schulwesen nicht ausreichend. Die Herstellung nationalsozialistischer Klassengemeinschaften als Grundlage einer auf dem deutschen Volkstumsgedanken beruhenden Jugenderziehung ist nur möglich, wenn eine klare Scheidung nach der Rassenzugehörigkeit der Kinder vorgenommen wird.

Ich beabsichtige daher, vom Schuljahr 1936 ab für die reichsangehörigen Schüler aller Schularten eine möglichst vollständige Rassentrennung durchzuführen.

Hinsichtlich der nicht zu den Pflichtschulen gehörenden Schulen erwäge ich eine Abänderung der durch das Überfüllungsgesetz vom 25. April 1933 getroffenen Bestimmungen in Richtung einer verschärften Abtrennung.

Bei den Pflichtschulen ist mit Rücksicht auf die auch für Nichtarier nach wie vor bestehende Schulpflicht eine Verweisung auf private Volksschulen nicht angängig. Vielmehr wird die Errichtung öffentlicher Volksschulen für Juden erforderlich werden. In diesen Schulen werden alle diejenigen Schüler und Schülerinnen zusammenzufassen sein, bei denen entweder beide Elternteile oder ein Elternteil jüdisch sind. Die sogenannten Vierteljuden, bei denen ein Großelternteil jüdisch ist, beabsichtige ich, bei der auf dem Gebiete des Schulwesens vorzunehmenden Rassentrennung außer Betracht zu lassen.

Voraussetzung für die Errichtung einer öffentlichen jüdischen Volksschule ist das Vorhandensein einer zur ordnungsmäßigen Beschulung hinreichenden Zahl jüdischer Kinder innerhalb einer Gemeinde oder eines unter Berücksichtigung zumutbarer Schulwege abgegrenzten Gebietes (Stadt- oder Landgebietes). Dabei müssen gegebenenfalls mehrere oder sämtliche Jahrgänge in einer Volksschulklasse zusammengefaßt werden. Als eine zur ordnungsmäßigen Beschulung hinreichende Richtzahl wird die Zahl von 20 Kindern anzunehmen sein.

Dokument 24

Entlassung eines „nichtarischen" Schülers[13]

Schillerschule, Oberschule für Jungen
in Stettin, früher: Schiller-Realgymnasium

Stettin, den 15. 12. 1942.
Schillerstraße 6

Sehr geehrter Herr Grawe!
Auf Ihr Schreiben vom 12. 12. 1942 habe ich Ihnen folgendes zu erwidern:
Nach Anhörung der Reifeprüfungskonferenz am 10. 12. 1942 habe ich die Überzeugung gewonnen, daß ein auf Grund eines Reifezeugnisses erleichtertes Aufsteigen Ihres Sohnes in eine führende Stellung den Belangen der deutschen Volksgemeinschaft widerstreitet. Ich habe ihn daher nicht zur Reifeprüfung zugelassen.
Da ferner ein weiteres Verbleiben Ihres Sohnes in der Schule nach meiner Ansicht eine rassenbewußte Erziehung der Klasse behindert, so habe ich nach Anhören der Gesamtkonferenz am 15. 12. 1942 auf Grund der Auslesebestimmungen IV die Entlassung Ihres Sohnes aus der Schule ausgesprochen.
Das Abgangszeugnis liegt an.

Heil Hitler!
gez. Unterschrift
Oberstudiendirektor.

KAPITEL 4

DIE UNIVERSITÄT

Die Universität hat im Dritten Reich dieselbe Entwicklung genommen wie jede andere deutsche Institution jener Jahre. Zwang, Drohung und Anschlußwille wirkten dort wie überall, um das klägliche Schauspiel der „Gleichschaltung" auch im ehrwürdigen Raum der Alma mater in Gang zu bringen. Die akademische Selbstverwaltung wurde stark beschnitten, neue Rektoren und Dekane setzte man nach Maßgabe politischer Zuverlässigkeit ein, und Studenten im Braunhemd veranlaßten, daß „artfremde", „marxistisch verseuchte" oder „liberale" Dozenten boykottiert wurden. Politisches Mitläufertum und Opportunismus hatten ihre Stunde: bereits am 3. März 1933 erklärten sich 300 deutsche Hochschullehrer in einem Wahlaufruf freiwillig für Hitler. Namhafte Gelehrte schlossen sich an und bekannten sich zur neuen Regierung, unter ihnen Martin Heidegger, Ferdinand Sauerbruch, Wilhelm Pinder, Eugen Fischer u. a. (Eine Sammlung begeisterter Zustimmungen von Professoren zum Nationalsozialismus bieten Poliakov-Wulf: Das Dritte Reich und seine Denker. Berlin 1959.) Unmittelbar nach der „Machtübernahme" begann die politische „Säuberung" der Universität von den „nicht tragbaren Elementen". Die Reichsregierung hatte öffentlich nur geringe Quoten eingestanden (vgl. Dok. 25), in Wahrheit handelte es sich um eine große Entlassungsaktion. Im Zusammenhang mit der „Gleichschaltung" der ersten Monate dürften 313 ordentliche, 109 außerordentliche, 284 nichtbeamtete außerordentliche und 75 Honorarprofessoren, 322 Privatdozenten, 42 Lektoren und ähnliche, 232 Assistenten, 133 Mitarbeiter an wissenschaftlichen Instituten und 174 Akademiker aus Schulen, Bibliotheken und Museen entlassen worden sein (109, 321).
Eine Reihe von Nobelpreisträgern verdrängte man aus ihren Ämtern: Meyerhof, Franck, Einstein, Haber und Hertz. Damit wurde die naturwissenschaftliche Forschungskapazität Deutschlands entscheidend geschwächt und im Grunde bereits damals entschieden, daß das Reich auch militärtechnisch unterliegen würde; der Rückstand auf dem Gebiet der Kernforschung ließ sich kaum aufholen.
Bis zuletzt war aber die Universität nicht auf das nationalsozialistische

„Führerprinzip" festzulegen, wiewohl man die Rektoren von oben einsetzte. Das lag in erster Linie an der Eigengesetzlichkeit der Wissenschaft. Das Ziel des Staates aber blieb bestehen: Forschung und Lehre „völkisch" auszugestalten, d. h. sie sollten sich Aufgaben von der Ideologie stellen lassen und nur die Thesen nachträglich untermauern, die „weltanschaulich" als unumstößlich galten. Ferner sollten sie als Stätten „nationaler" Erziehung wirken. Die „voraussetzungslose" Wissenschaft erklärte man für beendet; der wissenschaftliche Funktionär war im Kommen. Weite Kreise der Hochschullehrerschaft waren bereit, ihre Arbeit dem Ideologiebetrieb dienstbar zu machen.

Dokument 25

Rusts Rede bringt nach der für die nationalsozialistischen Führer üblichen pathetischen Einleitung („Zeitwende" durch Hitler) einen Angriff auf die Hochschullehrerschaft, der Rust vorwirft, sich während der Weimarer Republik in die Forschung vergraben, aber die politische Führungsaufgabe vergessen zu haben. Er begründete die Entlassung „nichtarischer" Hochschullehrer mit der Notwendigkeit, das Verhältnis von „Führern und Geführten" an der Universität dem von „Ariern und Nichtariern" im Volkskörper anzugleichen. Rust hält dafür, daß das Prinzip „um der Zukunft willen" durchgesetzt werden müsse.

Die geschichtsphilosophischen Erwägungen des Reichserziehungsministers zeigen seine ideologische Verbohrtheit: ohne Karl Marx keine Sozialdemokratie und kein verlorener Weltkrieg. Die politischen Feststellungen sind entsprechend heuchlerisch, er legt „Verwahrung" dagegen ein, „daß wir etwa eine Diktatur in Deutschland ausübten".

Rede des preußischen Ministers für Wissenschaft, Erziehung und Volksbildung Bernhard Rust bei der Verkündung des neuen Studentenrechts in der Aula der Berliner Universität vom 6. Mai 1933

in: Dokumente der deutschen Politik, Bd. I, 1933, Berlin 1938, S. 278–285.

Magnifizenzen, deutsche Professoren und Studenten! Das deutsche Volk erlebt die Erfüllung langer Sehnsucht. Über die innere Zersplitterung in fruchtlosem Energieverbrauch zu einer Einheit zu gelangen, ist die Sehnsucht nicht erst der gegenwärtigen Generation ...

Am 30. Januar übernahm der Führer, der aus dem Nichts heraus, nicht empfohlen durch Geburt und Bildung, es fertiggebracht hat, ein Drittel des Volkes zur freiwilligen Unterwerfung unter das Gesetz des Volkes herbeizurufen, die Leitung des Reiches. Und seitdem erleben wir ein Wunder über das andere ...

Fast traumhaft ist das Glück der gegenwärtigen Generation. Sie sind ja in diesen wenigen Monaten Zeuge gewesen, wie fast täglich eine Bastion der Eigenbrötelei, des liberalistischen Eigenwollens fiel. Zunächst Entsetzen, Angst, als die ersten deutschen Jugendfäuste das neue Banner Deutschlands emporzogen auf den staatlichen Anstalten. Da wollte niemand glauben, daß so bald selbst das Symbol des großen Weltfriedens und der Größe deutscher Vergangenheit, daß der ehrwürdige Herr Reichspräsident so bald sich entschließen würde, neben der alten Wehrfahne Schwarz-Weiß-Rot dieses Symbol aufzuziehen als die zweite Fahne unseres Deutschen Reiches ... Gott hat sichtbar unser deutsches Volk und seine Führer gesegnet. Wollen Sie zweifeln?

Es ist unausbleiblich, daß in diesen Zeiten ein jeder etwas von seinen Reservatrechten und Vorbehalten in den Flammenhaufen der deutschen leidenschaftlichen völkischen Begeisterung hineinzuwerfen hat. Bei alledem, trotz der nicht mehr zu leugnenden Tatsache, daß die deutsche Einheit nunmehr Wahrheit geworden wie nie zuvor, soweit wir in der Weltgeschichte zurückzublicken vermögen, gibt es aber nun doch andere, in deren Erinnern ein Wort lebt, das gewaltiger war als die Sehnsucht nach Einheit, nämlich die Parole: Freiheit der Persönlichkeit. Und darum zürnen sie und zweifeln, ob denn nicht bei dem unerhörten Glück des Volkes die freie Persönlichkeit geschmälert werde, ob die Freiheit nicht zu kurz komme. Zunächst habe ich eine Frage an Sie alle zu richten: Ist diese Freiheit denn gefährdet, seit das Volk durch Adolf Hitler selbst seine Zügel in die Hand genommen hat? Wie stand es denn mit der Freiheit der Persönlichkeit in den vergangenen 14 Jahren? Der Führer der Studentenschaft in Berlin, der mich vorhin so freundlich begrüßte, hat heute zum Ausdruck gebracht, daß hier eine Zäsur vorliegt. Elf Semester[14] Kampf finden ihren Abschluß. Ja, meine deutschen Volksgenossen, wir alle, die wir in diesen Jahren, seit Sie Hitlers Sendung erkannten und mit ihm den Weg des Kampfes und jetzt des Sieges gegangen sind, wir haben gespürt, was in diesem Staat der Vergangenheit Freiheit hieß ...

In diesem Augenblick sei zwischen uns Wahrheit. Als der Staat und seine Hilfstruppen sich dem Weg der akademischen Jugend, der ja der Weg des deutschen Volkes war, entgegenstellte, meine Herren Professoren, da waren Sie zum großen Teil vollständig eingekapselt in Ihre Aufgaben einer freien Forschung. Sie haben sie erfüllt und hervorragend erfüllt; aber die deutsche Hochschule hat zwei Aufgaben, das muß ganz klar gesehen werden. Es ist die Hochschule nicht nur eine Stätte der Forschung, sondern auch eine Stätte der Erziehung. Wir können den Wert einer deutschen Hochschule nicht nur messen an der Zahl wissenschaftlicher Publikationen, sondern wir müssen sie auch noch von einer anderen Seite aus betrachten. Meine Herren Professoren, in diesen Jahren, wo dieser undeutsche Staat und seine undeutsche Führung der deutschen Jugend den Weg verlegten, da haben Sie in professoraler Einsamkeit und in Hingebung an Ihre große Forschungsarbeit übersehen, daß die Jugend in Ihnen den Führer der Zukunft der deutschen Nation suchte. Die Jugend marschierte, aber, meine Herren, Sie waren nicht vorn. So ist jene Verbindung abgerissen. Professor Vahlen[15], der vorsprang, mutig wie ein SA-Mann, wurde vom Staat davongejagt. Meine Herren Professoren, hätten Sie doch damals den Anschluß gefunden und sich an seine Stelle gestellt, wir hätten heute kein Hochschulproblem ...

Wir blicken nunmehr in die Zukunft. Was der Staat in diesem Augenblick tun kann, das tut er heute und wird er in der nächsten Zeit tun. Er wird der deutschen Hochschule einen Lehrkörper reorganisieren[16], der dann gleichlaufend und gleichgerichtet mit dem Willen der Nation auch die Aufgabe erfüllen kann, die er in seiner Zusammensetzung, wie ich sie am 30. Januar vorfand, nicht zu erfüllen vermochte ...

Seien wir an diesen Tagen nicht unangebracht sentimental. Ich muß einen Teil der deutschen Hochschullehrer ausschalten, auf daß die deutsche Hochschule wieder in der Synthese von Forschung und Führung der Jugend ihre Aufgaben erfüllen kann. Die deutsche Jugend, so wie sie diese Dinge jetzt erlebt hat und sieht, sie läßt sich nun einmal heute von fremdrassigen Professoren nicht führen, sowenig sie sich führen läßt von jenem, der geistig abgekehrt ist von Deutschland und seinem Wesen. Denken Sie nicht immer an den einzelnen, denken Sie an die Nation. Wir sind nur gerecht, wenn wir den Anteil nichtarischer Hochschullehrer einigermaßen der Zusammensetzung unseres Volkes angleichen. Sagen Sie nicht, es sei ungerecht, die Fähigkeit nichtarischer Professoren abzuweisen und damit den freien Wettbewerb zu unterbinden. Der freie Wettbewerb ist nicht von uns unterbunden worden, sondern von jener Weltanschauung, von jener marxistisch-politischen Gewaltherrschaft, die sich in den letzten 14 Jahren nun einmal von der jüdischen Führung überhaupt niemals hat loslösen können. Ich muß das hier aussprechen: ohne Karl Marx keine Sozialdemokratie und kein verlorener Weltkrieg. Das Unheil ist gekommen, als die Führung von jener Seite in die Hand genommen wurde.

Und, meine Herren, wenn ich überprüfe, was an deutschen Hochschulen lehrte und studierte und damit die Führung später in die Hand nahm, so habe ich ein ungeheures Mißverhältnis empfunden zwischen der deutschen Hochschule und den Professoren. Ich mache es den Herren nichtarischer Abstammung keineswegs zum Vorwurf, daß sie in ihrem Blutinstinkt versuchten, den blutsmäßig ihnen näherstehenden Privatdozenten und Assistenten heranzuziehen. Aber ich kann es nicht zulassen. Und wenn mir ein bekannter Professor des Kaiser-Wilhelm-Instituts gestern geschrieben hat, er könne sich auf keinen Fall darauf einlassen, über die Zusammensetzung der Arbeitsgemeinschaft, die er begründet, sich Vorschriften machen zu lassen, so muß ich erklären: Ich bin nicht berechtigt, die Gesetze des deutschen Volkes, die es sich durch die Reichsregierung gegeben hat, nicht auszuführen. Ich bin verpflichtet, sie auszuführen. Wir müssen in Zukunft einen arischen Nachwuchs auf den Universitäten haben, sonst werden wir den Anschluß verlieren. Ich empfinde persönlich tief die Tragik von Menschen, die innerlich zur deutschen Volksgemeinschaft sich rechnen wollen und an ihr mitgearbeitet haben. Nichts ist mir saurer, als wenn ich meinen Namen unter eine Beurlaubung von Männern[17] setzen muß, die als Einzelpersönlichkeiten mir oft gar keinen Anlaß dazu gegeben hätten. Aber das Prinzip muß durchgeführt werden um der Zukunft willen.

Wenn wir in Deutschland jenes Verhältnis von Führern und Geführten auf den deutschen Hochschulen wiederhergestellt haben, in dem Nichtarier zu Ariern im deutschen Volke leben, dann, meine Herren, wird es in Deutschland keinen Rassenkampf mehr geben. Verstehen Sie das richtig, damit werden wir den Kampf abbauen, da wir das Verhältnis wieder richtig hergestellt haben. Ich muß ganz ausdrücklich Verwahrung dagegen einlegen, daß wir etwa eine Diktatur in Deutschland ausübten. Nein, wir haben eine Fremdherrschaft erlebt, die zu beseitigen die Pflicht einer neuen deutschen Volksführung ist. Indem wir dieses richtige Verhältnis herstellen werden – ich betone: dieses richtige Verhältnis herstellen werden – und indem ich nun zu gleicher Zeit überall die Gebiete abgrenze, gebe ich Professoren und Studenten die Möglichkeit, nun von sich aus alles zu tun, um der deutschen Zukunft die deutsche Hochschule zu geben, die Deutschland haben muß . . .

Deutsche Studenten! In diesem Augenblick stehen Sie in einem neuen Rechtszustand. Die Verfassung hat mit diesem Augenblick ihre Wirksamkeit erhalten. Sie sind aus der deutschen Hochschule hinausgezogen in das Volk und haben den deutschen Arbeitsmann und das schaffende Volk gesucht, um erst einmal die Grundlagen für die neue Hochschule mitbauen zu helfen. Nun kehren Sie in Ihre akademische Gemeinschaft zurück, nicht um sich abzusondern vom Volk, sondern um jenen Geist der völkischen Gemeinschaft nunmehr zu verwirklichen in der Zusammenarbeit mit Ihren Lehrern. Kehren Sie nun zurück in Ihre Hochschule. Sie haben Bewegungsfreiheit. Sie haben aber auch Grenzen . . .

Deutsche Studenten und Professoren! Noch einmal stelle ich an den Schluß meiner Ausführungen: Forschungsfreiheit und nationale Weltanschauungsgemeinschaft sind die Säulen, auf denen die Hochschule der Zukunft aufgebaut sein muß und aufgebaut sein wird . . .

Ihnen wird der Weg freigelegt zu dem Werke, das Sie sich vorgenommen haben, als Sie zur deutschen Hochschule gingen. Deutsche Professoren und Studenten! Im Geiste Adolf Hitlers und deutscher Wissenschaft, vereinigt Euch! Heil!

Dokument 26

Diese „Zehn Gesetze" können im Anschluß an Dok. 25 näher umreißen, wie die akademische Führungsaufgabe gedacht war: Pflicht, Ehre, Dienst, Mut, Ordnung und Vorbild wurden zu Parolen, ebenso wie die Zweitrangigkeit des individuellen Lebens und die Aufforderung, dem „Führer" nachzuleben.

Zehn Gesetze der studentischen Erziehung
(vom 9. 9. 1937)

in: Paul Michael: Der neue deutsche Erzieher. Eßlingen 1939. S. 20f.[18]

1. Deutscher Student, es ist nicht nötig, daß Du lebst, wohl aber, daß Du Deine *Pflicht* gegenüber Deinem Volk erfüllst! Was Du bist, werde als Deutscher!

2. Oberstes Gesetz und höchste Würde ist dem deutschen Mann die *Ehre*. Verletzte Ehre kann nur mit Blut gesühnt werden. Deine Ehre ist die Treue zu Deinem Volk und zu Dir selbst.

3. Deutscher sein, heißt *Charakter* haben. Du bist mit berufen, die Freiheit des deutschen Geistes zu erkämpfen. Suche die Wahrheiten, die in Deinem Volk beschlossen liegen!

4. Zügellosigkeit und Ungebundenheit sind keine Freiheit. Es liegt im *Dienen* mehr Freiheit als im eigenen Befehl. Von Deinem Glauben, Deiner Begeisterung und Deinem kämpferischen Willen hängt die Zukunft Deutschlands ab.

5. Wer nicht die Phantasie besitzt, sich etwas vorzustellen, wird nichts erreichen, und Du kannst nicht anzünden, wenn es in Dir nicht brennt. Habe den Mut, zu bewundern und *ehrfürchtig* zu sein!

6. Zum Nationalsozialisten wird man geboren, noch mehr wird man dazu *erzogen,* am meisten erzieht man sich selbst dazu.

7. Wenn etwas ist, gewaltiger als das Schicksal, dann ist es Dein *Mut,* der es unerschüttert trägt. Was Dich nicht umbringt, macht Dich nur stärker. Gelobt sei, was hart macht!

8. Lerne in einer *Ordnung* zu leben! Zucht und Disziplin sind die unerläßlichen Grundlagen jeder Gemeinschaft und der Anfang jeder Erziehung.

9. Als *Führer* sei hart in Deiner eigenen Pflichterfüllung, entschlossen in der Vertretung des Notwendigen, hilfreich und gut, nie kleinlich in der Beurteilung menschlicher Schwächen, groß im Erkennen der Lebensbedürfnisse anderer und bescheiden in Deinen eigenen.

10. Sei Kamerad! Sei ritterlich und bescheiden! In Deinem persönlichen Leben sei *Vorbild!* An Deinem Umgang mit Menschen erkennt man das Maß Deiner sittlichen Reife. Sei eins im Denken und Handeln! Lebe dem Führer nach.

Dokument 27

Rust versucht, die für das deutsche wissenschaftliche Ansehen in aller Welt peinliche Tatsache des Verlustes einer großen Anzahl namhafter Gelehrter verständlich zu machen. Er wünscht aber keine Verteidigung, sondern argumentiert „aus dem Urrecht der Nation" auf Lebensgestaltung nach eigenen Grundsätzen. Zwei Kategorien von Hochschullehrern waren zu entfernen: die „marxistischen Leugner des nationalen Prinzips" und die „nach Blut und Artung" fremden, „denen darum die Fähigkeit abgeht, aus deutschem Geist die Wissenschaft zu gestalten". Dazu beruft Rust sich auf Platon als Gewährsmann. Im übrigen teilt er die nationalsozialistische „Erkenntnis" mit, „daß Wissenschaft ohne Voraussetzungen und ohne wertmäßige Grundlagen überhaupt nicht möglich ist". Was er dafür an geschichtlichen Beispielen anführt, ist grob und schief. Er gelangt schließlich konsequent zum „geheimnisvollen Strom artverwandten Blutes", und damit zu dem, was Alfred Rosenberg „Mythus" nannte. Da der Nationalsozialismus „aus der praktischen Erkenntnis der natürlichen Gesetze der Natur und der Geschichte aufgebaut" ist, sind die Probleme um „Nationalsozialismus und Wissenschaft" beseitigt; Rusts Konsequenzen zufolge konnte es nur eine konstruktive Verbindung beider Kräfte im Dienst am „Volke" geben.

Rede des Reichserziehungsministers Rust bei der 550-Jahr-Feier der Heidelberger Universität über „Nationalsozialismus und Wissenschaft" am 29. Juni 1936

in: Dokumente der deutschen Politik, Bd. 4, 1936, Berlin 1938 [2], S. 310–317.

Vom Führer und von der Deutschen Reichsregierung sowie von der Nationalsozialistischen Deutschen Arbeiterpartei überbringe ich der ältesten deutschen Reichsuniversität zum 550jährigen Bestehen unsere herzlichsten Wünsche für eine Zukunft dieser stolzen Hochschule, würdig ihrer großen Vergangenheit. Ich verbinde mit diesem Wunsche, der zugleich ein Bekenntnis des neuen Deutschlands zum Geiste echter Wissenschaft bedeuten soll, den Ausdruck der Freude, daß die Teilnahme der Hochschulen aus der ganzen Welt Zeugnis davon ablegt, daß heute wie vor 550 Jahren die Forscher und Hochschullehrer ungetrennt durch die Schranken der Staaten und Völker sich durch gleiches Ringen und durch die Erhabenheit ihrer Aufgabe miteinander verbunden fühlen. Wir sehen in dieser Verbundenheit ein einzigartig hohes Gut auch heute, wenn auch die einheitlichen Grundlagen der Wissenschaft des Jahres 1386, die mit der Geschlossenheit des christlichen ordo für das Abendland damals noch gegeben waren, inzwischen zerfallen sind ... Aus der abendländischen Wissenschaft selbst heraus sind die Grundlagen wiederholt verändert, und gerade gegenwärtig steht die deutsche Hochschule, getroffen von der großen inneren Umgestaltung des deutschen Volkes, im revolutionären Umbruch ...

Diese Bemühungen der Wissenschaft jedoch, sich vom Strom der neuen Bewegung befruchten zu lassen und ihre Fragen aus der neuen Sicht zu stellen und zu lösen, erregten die Aufmerksamkeit des Betrachters zunächst weniger als vielmehr gewisse politische Maßnahmen des Staates, die im Vollzug der nationalsozialistischen Revolution auch an den Hochschulen notwendig wurden. Sie haben uns den Vorwurf eingetragen, wir seien unduldsam gegenüber dem freien Geist der Wissenschaft und vertrieben den namhaften Forscher vom Katheder, der es wage, seine eigene Meinung zu vertreten und nicht die der politischen Führung. Nicht nur aus dem Munde des Freundes deutscher Kultur vernehmen wir die Besorgnis, daß der Nationalsozialismus die Wissenschaft zur Magd der politischen Gewalt erniedrige, daß er sie ihrer Freiheit und Unabhängigkeit beraube, die sie sich in den geistigen Kämpfen der Vergangenheit schwer genug errungen habe. Deutschland, das so viele kühne Bahnbrecher der Wissenschaft hervorgebracht habe, laufe Gefahr, seinen Namen als Hort des freien Geistes zu verlieren. Der nationalsozialistische Staat braucht sich wegen keiner seiner Maßnahmen zu verteidigen. Was er tat, tat er aus dem Urrecht der Nation auf die Gestaltung seines Lebens nach dem eigenen Gesetz. Und wir selbst wissen, daß die Zukunft zeigen wird, wie unbegründet die Befürchtungen um das Schicksal der freien Forschung in Deutschland sind. Und doch scheint jetzt die Stunde gekommen, einmal offen vor den Freunden des deutschen Geistes über den Sinn dieser Vorgänge zu sprechen, die ihre Besorgnisse hervorriefen, damit es klar werde, daß auch zwar diese Vorgänge aus der tragenden Idee der nationalsozialistischen Bewegung verstanden werden müssen, daß damit aber noch nicht die Antwort auf die Frage gegeben ist: Wie steht der Nationalsozialismus zur Wissenschaft?

Die nationalsozialistische Bewegung hat sich vor der Geschichte die Aufgabe gestellt, dem in sich zerklüfteten und an seiner Zukunft verzweifelnden deutschen Volk den Glauben an seine Substanz wiederzugeben und eine neue Einheit der Nation aus den lebendigen Kräften des Volkes zu gestalten. Zu groß war diese Aufgabe, als daß der Nationalsozialismus nach Erringung der Macht durch eine falsche Duldsamkeit gegenüber dem Feind des deutschen Selbstvertrauens sein Werk hätte gefährden dürfen. So hat er den unbelehrbaren Feind des deutschen Wiederaufstiegs, den marxistischen Leugner des nationalen Prinzips, von allen verantwortlichen Stellen des öffentlichen Lebens entfernt und ihm so die Möglichkeit genommen, seine politischen Ideen zu verwirklichen. Wenn er dabei vor den Toren der Universität nicht haltmachen konnte, so nur darum, weil auch hier Vertreter jenes Regiments saßen, das wir soeben gestürzt hatten. Wir haben sie nicht entfernt als Vertreter der Wissenschaft, sondern als Parteigänger einer politischen Lehre, die den Umsturz aller Ordnungen auf ihre Fahne geschrieben hatte. Und wir mußten hier um so entschlossener zugreifen, als ihnen die herrschende Ideologie einer wertfreien und voraussetzungslosen Wissenschaft ein willkommener Schutz für die Fortführung ihrer Pläne zu sein schien. Nicht wir haben uns an der Würde der freien Wissenschaft vergangen, wenn wir dem politischen Gegner auch dort entgegentraten, wo er sich in den Mantel der geistigen Autorität hüllte. Wir haben ihn ausgeschieden, nicht weil er für die Freiheit der Wissenschaft eintrat, sondern weil er ihren Namen mißbrauchte. Nichts gibt ihm das Recht, sich als ihren Märtyrer zu bezeichnen, sobald sich auch an ihm das Gesetz des politischen Kampfes erfüllt.

Aber es gab noch eine zweite Kategorie von Vertretern der Wissenschaft, die auch vom Grundgesetz des neuen Staates betroffen wurde. Es waren diejenigen, die uns nach Blut und Artung nicht zugehören und denen darum die Fähigkeit abgeht, aus deutschem Geist die Wissenschaft zu gestalten. Es wird im folgenden deutlich werden, warum wir ihnen das Recht absprechen mußten, an den Stätten der wissenschaftlichen Erziehung zu wirken, und mit Platon zu fordern, daß nur Echtbürger und keine Mischlinge philosophieren dürfen ...

Den Nationalsozialismus trifft der Vorwurf der Wissenschaftsfeindlichkeit dann mit Recht, wenn Voraussetzungslosigkeit und Wertfreiheit tatsächlich Wesensmerkmale der Wissenschaft sind. Wir bestreiten das. Der Nationalsozialismus hat erkannt, daß Wissenschaft ohne Voraussetzungen und ohne wertmäßige Grundlagen überhaupt nicht möglich ist. Alle großen wissenschaftlichen Systeme der Vergangenheit waren getragen von einem bestimmten Glauben an den Sinn der Welt und die Bestimmung des Menschen in ihr, und selbst die sogenannte wertfreie Wissenschaft des positivistischen und liberalistischen Zeitalters ging aus von dem Glauben an einen ewigen Fortschritt der Wissenschaft als eines Organs des Fortschritts der Menschheit. Und der Mensch selbst wurde verstanden als ein von seiner Welt unabhängiges, ihr frei gegenüberstehendes Wesen, das im theoretischen Erkennen sich der Wirklichkeit bemächtige. Nur unter der Voraussetzung dieses Menschenbildes konnte der Gedanke einer voraussetzungslosen Wissenschaft entstehen. Nur für diese Philosophie war es möglich, Erkenntnis zu definieren als ein passives Hinnehmen von Inhalten, die, untereinander wertmäßig nicht verschieden, sich alle in gleicher Weise dem Erkennen darbieten. Das Ergebnis aber war die völlige Standpunkt- und Richtungslosigkeit des Forschers, für den es im wesentlichen gleichgültig war, ob er sich mit dem Nächsten oder dem Fernsten, dem Größten oder dem Kleinsten beschäftigte ...

Was befähigt uns, um nur ein Beispiel zu nennen, heute ein neues, lebendiges Verhältnis zur Wirklichkeit der griechischen Polis zu gewinnen? Warum genügt uns nicht mehr die Vorstellung vom griechischen Menschen als der höchsten geschichtlichen Verkörperung des reinen Menschentums? Etwa weil der Fortschritt der Wissenschaft uns neue Einsichten eröffnet hat?

Indem die deutsche Jugend sich losriß von der Überfremdung einer ihr nicht gemäßen Kultur, indem sie zurückkehrte zu einem Leben der männlichen Zucht und der Opferbereitschaft des einzelnen für die Gemeinschaft, tat sich ihr der Blick auf für die tiefen Gemeinsamkeiten, die sie über Jahrtausende hinweg mit der heroischen Jugend von Sparta verbindet. Die einfachen Lebensformen, die unsere Jugend sich heute selbst gestaltet, sind nicht erwachsen aus Nachahmung eines vorher verstandesmäßig erfaßten griechischen Vorbildes, sondern umgekehrt: Der geheimnisvolle Strom artverwandten Blutes, durch Jahrhunderte verschüttet, bricht plötzlich wieder auf, und mit einem Male erkennen wir die verwandten Züge im Antlitz des griechischen Menschen, die mit den Begriffen der edlen Einfalt und stillen Größe, mit denen sich das Griechenbild eines ganzen Jahrhunderts begnügte, keineswegs erschöpft sind. Wir empfinden plötzlich eine tiefe Vertrautheit mit dem Volk von Hellas. Das Bild des griechischen Jünglings wird auf die Erde herabgeholt, ohne darum an Erhabenheit zu verlieren. Die lebendigen Grundwerte, nach denen die deutsche Jugend ihr Leben zu gestalten beginnt, erscheinen uns hier in einer geschichtlichen Gestalt ...

Wir verlangen nicht vom Gelehrten, daß er die Schöpfungen des nationalsozialistischen Staates verherrliche. Wir sehen allerdings auch nicht seine Aufgabe darin, als Richter über die politische Tat ihr nachträglich die wissenschaftliche Weihe und Rechtfertigung zu geben, von einer Grundlage aus, die nicht die des politischen Handelns ist. Wir lehnen eine verordnete Wissenschaft ab, aber wir dulden auch nicht den politisierenden Gelehrten. Wir wissen, daß wir den wieder auf einem Lebensgrund stehenden Wissenschaftlern den Weg freigeben können, daß sie von selbst die rechte Bahn gehen werden, wenn sie ihren Aufgabenkreis nicht überschreiten, wenn sie in Treue zur Wahrheit und mit unbestechlichem Blick für das, was wirklich ist, ihres Amtes walten.

Daraus wird wohl deutlich, daß der Nationalsozialismus nicht die wahre Objektivität der Wissenschaft angreift, daß er vielmehr in ihr gerade die Bedingung ihres Eigenlebens erblickt. Der Nationalsozialismus ist so felsenfest von der Richtigkeit seiner elementaren Entdeckungen für alle Gebiete des geistigen Lebens überzeugt, daß er es nicht nötig hat, die Wissenschaft zu reglementieren. Wir denken nicht daran, der Wissenschaft ihre Resultate vorzuschreiben, weil dies das Ende der Wissenschaft bedeuten würde, aber wir wissen andererseits auch, daß darum doch nie ein wirklicher Gegensatz zwischen der Wissenschaft und den Zielsetzungen des national-sozialistischen Staates entstehen kann, weil diese aus der praktischen Erkenntnis der natürlichen Gesetze der Natur und Geschichte aufgebaut sind ...

Die alte Idee der Wissenschaft, gegründet auf dem Glauben an den Herrschaftsanspruch des abstrakten Intellekts, ist dahin. Die neue Wissenschaft unterscheidet sich zutiefst von einem Erkenntnisbegriff, der seine Würde in der Zeitlosigkeit seines Wahrheitsstrebens erblickte. Die wahre Autonomie und Freiheit der Wissenschaft liegt darin, geistiges Organ der im Volke lebendigen Kräfte und unseres geschichtlichen Schicksals zu sein und sie im Gehorsam gegenüber dem Gesetz der Wahrheit darzustellen.

Dokument 28

Der „Reichsdozentenführer" stellt nach dem üblichen Prolog (vgl. Dok. 25) fest, daß die Intelligenz dem Rufe Adolf Hitlers, „Deutschland erwache!" nicht gefolgt sei. Das veranlaßt ihn zu der Drohung, daß eine Wissenschaft „außerhalb des Volkes ... keine Daseinsberechtigung hat". Im übrigen schließt er sich den Forderungen von Reichserziehungsminister Rust an, die nationalsozialistische Weltanschauung als „alle Hochschullehrer und damit alle Fakultäten umfassende Idee der Universität" hinzustellen, welche durch den Dozentenbund wirksam durchgesetzt werden solle. Bei der Erörterung der Grenzen wissenschaftlicher Freiheit lehnt sich *Schultze* ebenfalls eng an Rust an. Die Wissenschaft dürfe nur der „Volksgemeinschaft" dienen. Am Ende seiner Ausführungen erweist er dem „Führer" Verehrung, ohne daß er es ausdrücklich sagt: er nimmt Hitlers Bilder vom „Einpumpen des Wissens" und von dem „Ballast" auf, den man im späteren Leben nicht benötige (vgl. Dok. 1). Damit fügt Schultze sich in den Chor der „linientreuen" Pädagogen ein, was auch dadurch zum Ausdruck kommt, daß er einen neuen Typ von Wissenschaftlern fordert. Fast ironisch mutet es an, daß der „Reichsdozentenführer" in seiner Rede davor warnt, in das Fundament des „tausendjährigen Reiches" „falsche Steine" einzubauen, sonst könne „das Gebäude in absehbarer Zeit einstürzen".

Rede des Reichsdozentenführers Reichsamtsleiter Professor Dr. Walter Schultze über „Grundfragen der deutschen Universität und Wissenschaft" anläßlich der Einweihung der ersten Akademie des NSD-Dozentenbundes zu Kiel vom 21. Januar 1938

in: Dokumente der deutschen Politik, Bd. 6/2, Berlin 1939, S. 630–640.

Die Gründung der Dozentenbundsakademien ist eine Tat der nationalsozialistischen Bewegung, die sich würdig an die Seite anderer nationalsozialistischen Schaffens stellen kann. Als Träger einer durch alle Lebensäußerungen dringenden Weltanschauung konnte der Nationalsozialismus vor einer so bedeutsamen kulturellen Einrichtung, wie es die Universitäten sind, nicht haltmachen. Der 30. Januar 1933 bedeutet nicht nur etwa einen Tag, mit dem auf diesem oder jenem Gebiete eine Änderung hervorgerufen wurde, er ist das Datum einer der größten Umwälzungen, die die Weltgeschichte überhaupt kennt. Adolf Hitler führte damals seine Bewegung zum Sieg, eine Bewegung, die es sich zum Ziel gesetzt hatte, das in Länder, Klassen und Konfessionen zersplitterte deutsche Volk zu einer politischen Einheit umzuformen ...

In dieses Chaos schleuderte Adolf Hitler den Kampfruf: „Deutschland erwache!" hinein, und er begann, alle willigen Kräfte für den größten Kampf der deutschen Geschichte zusammenzufassen. Diesem Ruf ist die Intelligenz aus ihrer Weltanschauung heraus nicht gefolgt, wenigstens zunächst nicht! Sie blieb mit verschwindenden Ausnahmen in ihrer Gesamtheit lange, ja allzulange abseits stehen, abwartend in nur allzu falsch verstandener vornehmer Reserviertheit – eine Tatsache, an der auch in dieser Stunde nicht vorbeigesehen werden darf. Die Spitzen dieser Intelligenz aber, wenn ich so sagen darf, die akademischen Lehrer und Wissenschaftler, verbanden mit dem Nichtverstehenkönnen, in erster Linie aus weltanschaulichen Gründen, noch eine weitere Begründung für ihre zunächst abseitige Haltung. In aller Deutlichkeit lehnten sie es ab, am Kampfe um die politische Befreiung des Volkes teilzunehmen, etwa mit dem Hinweis, daß dann die Objektivität und die notwendige Ruhe für ihr Forschen verlorengehen würde. Wir meinen aber, daß die Wissenschaft zwar ein eigengesetzliches Leben führt, das seine Erfüllung nicht in großen Kundgebungen finden kann; aber wir meinen ebenso, daß eine Wissenschaft, die außerhalb des Volkes ein in sich abgeschlossenes Leben führt, das in nichts von den großen Problemen der Nation berührt wird, keine Daseinsberechtigung hat. In erster Linie sind wir immer noch Kinder unseres Volkes und damit ihm weit mehr verpflichtet als dem verschwommenen Begriff einer Menschheit. Was hilft uns denn die bedeutendste Erfindung, was nützt uns die größte geisteswissenschaftliche Tat, wenn sie im Dienste des Feindes erfolgt ist, wenn sie denen allein zugute kommen soll, die uns knechten und vernichten wollen? Nein, die Wissenschaft kann sich erst da ganz entfalten, wo sie die Bindungen an ihr Volk erkannt hat ...

Diesen der nationalsozialistischen Weltanschauung entsprungenen Glauben an den deutschen Hochschulen durchzusetzen und sie damit zu wahren Hochschulen des deutschen Volkes zu machen, ist die große Aufgabe des NSD-Dozentenbundes. Sie kann sich nicht in verwaltungstechnischen Maßnahmen erschöpfen, sondern ist in erster Linie eine Angelegenheit der Menschenführung. Für alle Zeiten aber ist die Arbeit, die Ausrichtung der Menschen im Sinne des Nationalsozialismus, eine Angelegenheit der Partei. Das verkündete der Führer bereits auf dem Reichsparteitag 1934, als er sagte: „Die Partei befiehlt dem Staat und nicht der Staat der Partei", und hat es in den vergangenen Jahren noch oft genug in dieser oder ähnlicher Form zum Ausdruck gebracht. So ist denn auch die Dozentenbundsakademie eine ausgesprochene Angelegenheit des NSD-Dozentenbundes als Gliederung der nationalsozialistischen Partei an den Hochschulen.

160

In dieser Akademie sollen alle aktiven und an der Umgestaltung der Hochschule interessierten Kräfte zusammengefaßt werden, um mit ihnen das Ziel des Dozentenbundes durchzusetzen: die Schaffung einer wahren nationalsozialistischen Hochschule. Eine solche Hochschule aber kann nicht gestaltet werden vom grünen Tisch aus, sie muß organisch hervorwachsen aus der täglichen Arbeit an den Universitäten, sie muß geschaffen werden von Menschen, die den täglichen Kampf um die Gestaltung unserer Weltanschauung aktiv miterleben, die einen politischen Willen in sich tragen und die doch höchste fachliche Leistungen auf ihrem Gebiet zu vollbringen vermögen. So wird die deutsche Universität dereinst getragen sein von Männern, die politische Kampfbereitschaft und charakterliche Festigkeit mit fachlicher Leistung zu verbinden vermögen. Darüber hinaus aber soll die Universität nicht mehr aufgebaut sein auf einem organischen Schema, das sich in eine Unsumme verschiedener Fächer vereinigt, sondern der Urgrund allen Schaffens wird sein die nationalsozialistische Weltanschauung, die als alle Hochschullehrer und damit alle Fakultäten umfassende Idee die Universität wieder als geschlossenes Ganzes hinstellen wird. Im Ringen um dieses Ziel bedeutet die Gründung der ersten Akademie des NSD-Dozentenbundes einen wichtigen Markstein in der Entwicklung der deutschen Universität . . .

Gerade die Freiheit der deutschen Wissenschaft wurde durch das Ausland seit 1933 in stärksten Zweifel gezogen, ja sogar völlig bestritten. Man wollte uns glauben machen, daß es eine solche Freiheit im nationalsozialistischen Deutschland nicht mehr gäbe, sondern daß die Wissenschaft lediglich einem riesigen propagandistischen Ziele diene, nämlich unsere Weltanschauung anderen Völkern einzuimpfen oder gar aufzuzwingen. Wir brauchen uns heute gegen einen solchen Vorwurf nicht mehr zu verteidigen; die Tatsachen haben zur Genüge das Gegenteil bewiesen. Und wenn man von einer Freiheit und Objektivität der Wissenschaft vor 1933 sprach, so sahen diese kritisierenden Kreise doch praktisch diese Freiheit nur allzuhäufig in erster Linie darin, gegen das eigene Volk sprechen zu dürfen. Eine solche „Freiheit" haben wir ausgemerzt und die Vertreter einer solchen Geisteshaltung ebenso beseitigt wie diejenigen, die unserer Weltanschauung nicht folgen wollten und konnten. Denn hier stellen wir uns auf den Standpunkt Alfred Rosenbergs, der in einer Universitätsrede in München feststellte[19]: „Es ist nicht entscheidend, was nach 50 Jahren geschieht, sondern entscheidend für den Sieg jeder Weltanschauung sind die ersten zehn Schritte, die man auf dem Wege zum Ziel tut. Hier ist es notwendig, daß die nationalsozialistische Bewegung etwas schroff, ganz klar und eindeutig ist und sich auf sich selber beruft, auf die eigenen Reden und Kämpfe der 14 Jahre; auf die Männer, die diesen vierzehnjährigen Kampf getragen haben. Wir haben es nicht nötig, nunmehr jene hervorzuheben, die aus einem alten Patriotismus oder gutgemeinter intellektueller Regung früher abseits gestanden haben, und wir können sie nicht als die Lehrer unserer Bewegung werten."

Denn über eins müssen wir uns klar sein: Heute soll der Grundstein gelegt werden zu einem tausendjährigen Reich; und wenn wir heute in das Fundament falsche Steine einbauen, so muß das Gebäude in absehbarer Zeit einstürzen. Irrtümer, die heute bestehenbleiben, werden dann für alle Zeiten legitimiert sein. An diesem Punkt muß die Freiheit ihre Grenzen haben, die somit bedingt sind durch das allgemeine völkische Interesse ...

Jegliche Freiheit findet, und das hat sich immer wieder gezeigt, ihre Grenzen dort, wo der Nation Schaden zugefügt wird. Daher stellen wir fest: Die deutsche Wissenschaft soll und wird frei bleiben, vorausgesetzt, daß ihre Zielsetzung für das Volk tragbar ist. Die deutsche Wissenschaft hat aber nur dann berechtigten Anspruch auf diesen Ehrentitel, wenn auch sie sich bewußt in den Dienst ihres eigenen Volkes stellt. Ganz banal ausgedrückt: Wissenschaft hat nur dann eine Berechtigung, wenn sie zunächst einmal ihrem eigenen Volk nützt ...

Aus diesen Gedankengängen heraus ergibt sich auch die Gründung von Akademien des Dozentenbundes. Sie stellen sich die Aufgabe, die besten und einsatzbereitesten Kräfte zu sammeln, um mit ihnen von der fachlichen Leistung her eine wahre nationalsozialistische Gemeinschaft der Wissenschaften zu ermöglichen. Zwei Grenzen sind daher ihrem Wirkungskreis gestellt: die politische Einsatzbereitschaft und charakterliche Haltung und die wissenschaftliche Leistung. Das zeigt, daß unsere Dozentenbundsakademien keine Angelegenheit der Organisation sind, sondern eine Frage der Menschen, die ihre Träger und ihren Inhalt bilden!

Denn wir wissen, daß nicht nur der NSD-Dozentenbund und die von ihm ins Leben gerufenen Akademien, sondern mit ihm die gesamte Universität stehen und fallen mit dem Typ des einsatzbereiten, im besten Sinne politischen, weil gemeinschaftsgebundenen Wissenschaftlers, den zu sammeln wir immer aufs neue zu einer unserer vordringlichsten Aufgaben machen wollen ...

Und auch die Stellung gegenüber dem jungen Berufskameraden, dem Studenten, wird für diesen Typ des Hochschullehrers eine wesentlich veränderte sein: Diese „Professoren" stehen mitten im Leben, nicht nur in einer abstrakten Welt, und kennen damit die Bedürfnisse der Praxis, aber auch die der Kameraden, deren Lehrer sie sind. Sie werden daher nicht mehr imponieren wollen mit möglichst komplizierten Vorstellungen und Gedankengängen, zu deren Erfassung sie selbst Jahre ihres Lebens gebraucht haben und von denen sie, wenn sie ganz ehrlich sind, noch nicht einmal mit aller Bestimmtheit zu sagen wissen, ob sie auch wirklich jeder ernstlichen Nachprüfung standzuhalten vermögen. Sie werden den jungen Menschen nicht mehr vollpumpen wollen mit einem Schulwissen und ihn – wie es bewiesenermaßen auch heute leider oft genug noch vorkommt – im Examen Dinge fragen, mit denen er in seinem ganzen späteren Leben bestimmt nicht das geringste wird anfangen können; sondern sie werden ihm – als älterer Kamerad zum jüngeren – Wege weisen, auf denen man wirklich gehen und weiterkommen kann ohne Wegweiser und Landkarte, auch wenn man eines Tages diese Wege allein zu gehen gezwungen ist.

Dann aber werden diese Gelehrten und damit die deutschen Hochschulen überhaupt in allen Kreisen des Volkes wieder voll angesehen sein und nicht mehr, wie auch heute noch so mancher – leider häufig genug aus eigener Schuld! –, als Fremdkörper empfunden werden.

Und dann werden wir sagen dürfen, daß die Geburtsstunde des Nationalsozialismus und damit des geeinten deutschen Volkes – unter unser aller kämpferischer Mithilfe – geworden ist auch die Geburtsstunde einer neuen deutschen Wissenschaft und der Deutschen Hohen Schule!

Auch die Studentenschaft trifft der Vorwurf, daß sie sich dem Nationalsozialismus nicht geschlossen einfügte. Das studentische Leben war zu sehr „parlamentarisiert", nur einzelne „bekannten" sich zum „Führer und seiner Idee". Die studentischen Verbände werden als reaktionäre Gruppen gekennzeichnet, die den Hitler-Anhängern Schwierigkeiten im Hochschulleben bereiteten. Mit dem Jahre 1933 sei die Frage gestellt, ob sie nun endgültig mitmarschieren wollten. Die Korporationen waren nicht einzuschmelzen: es ging um „neue Formen und Grundsätze", dazu konnte nur eine „Ausrichtung" verhelfen. Der „Reichsstudentenführer" gibt dann den Kanon nationalsozialistischer Forderungen an die junge Akademikerschaft bekannt. Am Ende gesteht *Scheel*, daß der neue Typ von Hochschule aber noch nicht geschaffen sei.

Reichsstudentenführer Dr. Scheel über „Tradition und Zukunft des deutschen Studententums" (13. 5. 1937)

in: Dokumente der deutschen Politik, Bd. 5, Berlin 1938, S. 404–412.

Das deutsche Schicksal war nicht mehr von Gruppen, von Verbänden oder von Parteien her zu wenden, es bedurfte einer anderen, größeren und tieferen Kraft. In Adolf Hitler erstand uns diese Kraft. Er rief auch das deutsche Studententum zum Dienst am deutschen Volk auf. Nach der Geschichte des deutschen Studententums, nach seinem inneren Wesen und nach seiner inneren Haltung war es selbstverständlich, daß der Ruf des Führers in seinen Reihen nicht ungehört verhallte. Der Stellvertreter des Führers, Rudolf Heß, heute unser leuchtendes Vorbild und unser Schirmherr, führte schon im Jahre 1922 die erste nationalsozialistische Studentengruppe. Immer größer wurde der Widerhall der nationalsozialistischen Bewegung im Studententum. Viele kamen, unter ihnen einer der Besten, Horst Wessel. Es war ein Verdienst des Nationalsozialistischen Deutschen Studentenbundes, dessen ersten Trägern wir auch heute in stolzer Erinnerung unseren Dank aussprechen müssen, daß bereits im Jahre 1931 der Nationalsozialismus die Führung der „Deutschen Studentenschaft" übernehmen konnte.
Hier muß aber festgestellt werden, daß die Durchsetzung des Nationalsozialismus auf den Hochschulen durchaus nicht glatt und reibungslos ging, ja daß sie auf zäheren und erbitterteren Widerstand stieß, als manche wohl vermuten mochten. Ich habe schon eingangs meiner Ausführungen auf die Ursache dieser Tatsache hingewiesen. Es zeigte sich nun, daß das studentische Leben bereits so

164

parlamentarisiert war und daß die politischen Gruppen, die im Staate um die Macht rangen, sich in das Gefüge der Studentenschaft so tief eingefressen hatten, daß zusammen mit der eigenen verbandspolitischen Tätigkeit kein Verband, mit Ausnahme der „Deutschen Wehrschaft", sich restlos in seiner Führung zum Nationalsozialismus bekannte und nur wenige einzelne Korporationen im Laufe der Entwicklung den Weg zur Bewegung fanden. Im Gegenteil, es waren aus den studentischen Gruppen immer nur einzelne, die sich bis zur letzten Folgerung zum Führer und seiner Idee bekannten, während die großen Verbände sich politischen Ideologen verschrieben, die durch die Namen Moeller van den Bruck, Stefan George – um einige zu nennen – gekennzeichnet sind. Um diese Namen bildeten sich sogenannte Kreise, die für sich das geistige Erbe dieser Männer in Anspruch nahmen und mit diesem Pfund nun auf eigene Faust wuchern wollten ...

Als dann im Jahre 1933 der Führer die Macht übernahm und die nationalsozialistische Revolution nun das deutsche Leben und den deutschen Menschen umzuformen begann, da wurde auch an das deutsche Studententum, ebenso wie an die deutsche Hochschule, die Frage gestellt, ob sie sich nun mit ganzer Hingabe der nationalsozialistischen Idee verschreiben wollte. Wir sind heute noch mitten in dieser Auseinandersetzung um die deutsche Hochschule begriffen. Im deutschen Studententum jedoch ist die Klärung bereits vollzogen.

In Zeiten weltanschaulichen Umbruchs wird an alle überkommenen Institutionen die Frage gestellt, ob sie für die neue Zeit Wert- und Existenzberechtigung besitzen. Auch die deutsche Hochschule und die akademische Korporationen waren vor diese grundsätzliche Frage gestellt. Man versuchte es zunächst mit einer Eingliederung und Umgestaltung der Korporationen im Rahmen des nationalsozialistischen Erziehungssystems. Es zeigte sich aber bald, daß dieser Weg unmöglich war. Denn die neue Zeit und die neue Weltanschauung forderte und fordert neue Formen und Grundsätze, die auf diesem Wege nicht durchgesetzt werden konnten. Selbst die einfachste Forderung auf Umwandlung der Verbandsstrukturen und des Korporationslebens löste lange Debatten innerhalb der studentischen Verbände aus, und es gab z. B. ein langes Hin und Her, ob die Korporationen nicht zum Zeichen der Einheit, die der Nationalsozialismus im ganzen deutschen Volk erstritten hat und der zu dienen nunmehr oberstes Gesetz jedes ehrenhaften Deutschen war, die Vielheit ihrer Symbole in Ehren senken sollten, so wie vor mehr als 120 Jahren einmal deutsche Studenten aus dem Erlebnis der großen Gemeinschaft aller Deutschen heraus ihre bisherigen landsmannschaftlichen Symbole zugunsten eines neuen umfassenden senkten. Man kam über diese Auseinandersetzung nicht heraus. Hätten die Verbände damals den Weg gefunden – man kann es heute ruhig sagen –, es wäre uns manches Unerfreuliche erspart geblieben ...

Im Zeichen des Nationalsozialismus gibt es für die einzelnen Kameradschaften keine Sondertümelei auf Spezialgebieten mehr. Jede Kameradschaft muß gleichmäßig ausgerichtet sein auf die späteren Aufgaben, die den deutschen Mann erwarten, auf den Dienst an Volk und Reich ...

Wie aber sehen diese Aufgaben heute aus? Welches sind die Mittel und Wege, die wir im Zeichen der neuen Verpflichtungen durch den Nationalsozialismus nun gehen?

Da ist zunächst einmal die Frage der Kameradschaftserziehung. Aufgebaut auf der Erziehung in der Hitler-Jugend, im Arbeitsdienst, in der Wehrmacht, allein getragen von der Grundlage nationalsozialistischer Weltanschauung und dem unbändigen Willen, Führer und Volk zu dienen, werden die Kameradschaften antreten. Im Rahmen der studentischen Selbstverwaltung und Selbstführung, die geleitet ist von dem Grundsatz der Selbstverantwortung, soll der Student erzogen werden. Hier erfährt er die politische Erziehung für die ihm besonders übertragenen Aufgaben. In Vorträgen und Diskussionen schärft er seinen Geist und wissenschaftliche Fähigkeiten. In der Kameradschaft leistet der Student seine Leibesübungen als selbstverständliche Pflicht. Hier bereitet er sich vor auf die Wettkämpfe mit anderen Hochschulen des In- und Auslandes. Im Landdienst erlebt er den deutschen Bauern an der Grenze, im Fabrikdienst ersetzt er vier Wochen einen deutschen Arbeiter, der sich in dieser Zeit bei vollem Lohn einen vollbezahlten Urlaub nehmen kann; hier erlebt der Student keinen theoretischen, sondern praktischen Sozialismus. In der Kameradschaft wird der Student herangeführt an die Bedeutung des deutschen Volkstums. Über die Kameradschaftserziehung werden junge Studenten mehr und mehr in das Ausland gesandt werden, um dort zu lernen und das Deutsche Reich zu vertreten. Ein neuer Lebensstil wird erstehen. Die kraftvollen alten Lieder der Freiheitskriege werden neben den Liedern der SA und SS erklingen. In Gemeinschaft mit anderen Volksgenossen, mit „Kraft durch Freude", werden sie deutsche Natur erleben, und unter Vermeidung reaktionärer Exklusivität werden sie ihre eigenen Feste durchführen.

Zucht, Sauberkeit und Haltung sind selbstverständliche Grundlagen eines Kameradschaftsstudenten. Eine Prüfung am Ende des zweiten Semesters vor der endgültigen Aufnahme in den Studentenbund verbindet die brauchbaren Elemente der ehemaligen Burschenprüfung mit den geistigen und charakterlichen Forderungen der nationalsozialistischen Bewegung. Mit der unbedingten Satisfaktion

schließlich verteidigt der Student heute nicht mehr eine besondere studentische Ehre, sondern die Ehre, die jeder deutsche Volksgenosse zu verteidigen hat. Der Student von heute weiß genau, daß jeder seiner Volksgenossen den gleichen Anspruch auf Ehre und Achtung hat wie er selber, daß er diesen Anspruch aber gegebenenfalls mit der neuen gefährlicheren Waffe auch mannhaft zu verteidigen hat ... Diese Kameradschaftserziehung soll und wird dann die Brücke schlagen zur Hochschule und zur Wissenschaft.
Die Fachschaften und der Reichsberufswettkampf sind dann die Begleiter des Studenten bis zum Abschluß des Studiums. Diese Selbsterziehung geschieht in engster Verbindung mit der Hochschule, mit der wir eine Einheit bilden wollen. Besonders der Reichsberufswettkampf gibt, wie wir es gerade jetzt bewiesen und von den höchsten Stellen des Reiches anerkannt erhielten, jedem Studenten Gelegenheit, seine wissenschaftlichen Fähigkeiten einmal ganz in den Dienst des Gesamtvolkes zu stellen. Freudigen Herzens will und wird sich der nationalsozialistische Student zur Wissenschaft bekennen, einer Wissenschaft, die nicht Selbstzweck ist, sondern nichts anderes sein will als Dienst an der Nation. Zahlreiche andere Arbeitsgebiete stehen gerade in diesen Semestern dem Studenten offen. Ich erwähne nur die Wirtschafts- und Sozialarbeit, die Nachwuchsfrage, die Berufsberatung und Berufslenkung, die Beschäftigung mit Ausgleichsdienst und Studienförderung, mit Erntehilfe und sozialen Einrichtungen zu Sport und Feiergestaltung in Arbeitsgemeinschaften mit den verschiedensten Aufgaben, in Ausländerheimen und Pressearbeit; bei alledem wird es die besondere Aufgabe der studentischen Arbeit sein, dafür zu sorgen, daß der Punkt 20 des Parteiprogramms[20] in Erfüllung geht, wonach jedem fähigen und fleißigen Deutschen die Möglichkeit einer höheren Bildung gegeben werden muß.
Nach der Kameradschaftserziehung wird der Student in der SA, SS, im NSKK und Fliegerkorps oder als HJ-Führer seinen Dienst in der Volksgemeinschaft unter Beweis stellen ...
Meine Volksgenossen! Die größte Freude ist es, daß wir heute voll und ganz in der Bewegung stehen dürfen. Durch die Erhebung der Reichsstudentenführung zum Hauptamt der NSDAP, durch den Erlaß des Reichsunterrichtsministers über die dreisemestrige Stammhochschule und durch vieles andere ist der Reichsstudentenführung von Partei und Staat wiederholt höchste Anerkennung gezollt worden. Auch zur heutigen Tagung begrüßt die Bewegung mit ihren Gliederungen den Einbau der Alten Herren in die Gesamtaufgaben des studentischen Lebens ...
So wollen wir in die Zukunft gehen, getragen von dem Bewußtsein einer stolzen Tradition studentischen Kampfes um Ehre, Frei-

heit, Vaterland, und wir wollen nie aufhören, als Nationalsozialisten zu wirken. Wir geloben es, daß der Führer und die Bewegung uns immer unter den Ersten finden wird, wenn es gilt, für die Grundlagen des neuen Reiches einzustehen oder Mehrer deutschen Ansehens, deutscher Größe, deutscher Wissenschaft zu sein. Die junge, studentische Mannschaft, vereint mit den Kräften des deutschen Hochschul- und Studentenlebens, die nicht in der Freundschaft und Geselligkeit allein die verpflichtende Grundlage ihres Studententums erblickt, hat den Weg gefunden, auf dem sie im Rahmen der nationalsozialistischen Bewegung in Zukunft in fester Geschlossenheit und mit unbeugsamen Willen marschieren wird. Dann ist auch das Ziel nicht mehr fern, das uns allen vor Augen schwebt und ohne dessen Lösung wir noch nicht mit klaren Augen vor den Führer treten können:

Eine nationalsozialistische Hoch- und Fachschule und eine nationalsozialistische Wissenschaft im Dienste der Nation.

Es lebe der Führer! Es lebe die nationalsozialistische Bewegung! Es lebe Deutschland!

KAPITEL 5

SCHULE — LEHRER — LEHRERBILDUNG

In diesem Kapitel treffen alle unheilvollen Vorurteile der Nationalsozialisten zusammen, die aus ihrer oft schlecht überstandenen
Schulzeit oder von kümmerlichen Ausbildungswegen herrühren.
Viele spätere Parteiführer sind auch in auffallender Weise an die
verhetzende politische Traktätchenliteratur des „europäischen Un-
tergrundes" (Friedrich Heer) geraten und haben von dort aus ihre
„Weltanschauung" aufgebaut, die um so absoluter galt, je dürftiger
sie war.
Diese und ähnliche Voraussetzungen schufen einen Boden, auf dem
das Ressentiment gegen alle geistige Bildung üppig wuchern konnte.
Sowohl die Institution Schule als auch der Lehrerstand verfielen ge-
nerell abschätziger Beurteilung. Es läßt sich kaum eine Zeile in
der umfänglichen braunen Literatur zu Erziehungsfragen finden, in
der je ein anerkennendes Wort über die Ausbildung bis 1933 auftauchte. Das hängt mit dem manischen „Umbruchs"denken zusammen. Der Sauerteig der Bosheit, so wäre man versucht, biblisch
zu sagen, mußte völlig ausgefegt werden. Der „Führer" reinigte
die nationale Würde von allen bösen Flecken durch „artgemäße"
Gesetze, dann erst konnte man an den „Neubau" der Erziehung
gehen, über den der folgende Quellenteil berichtet.

a) *Schule*

Hitler über Schul- und Erziehungsfragen

Dokument 30 a

Hitler urteilt hier auf der Höhe seiner Macht, noch vor der Kriegswende von Stalingrad. Im Grunde hat er seine Ansichten aus „Mein Kampf" beibehalten: eine mechanistische Auffassung vom Lernen und den Maßstab der Nützlichkeit. Das Dokument erschließt auch einiges von Hitlers verklemmten eigenen Schulerfahrungen, obwohl er sich bemüht, allgemein zu sprechen. Er gibt zu, nur 10 Prozent von dem gelernt zu haben, was die anderen lernten, und „von der anderen Seite in den Paternosteraufzug" gelangt zu sein. Seine eigene üble Erfahrung mit Zeugnissen treibt ihn zu der Forderung, daß „das Leben" die Lehrerurteile korrigieren müsse. Unbewußt polemisiert Hitler gegen seine eignen alten Lehrer, die er in der Erinnerung beschwört, das Schulurteil über ihn angesichts seiner politischen Erfolge nachträglich aufzuheben und ihm damit ein ungebrochenes Selbstbewußtsein zurückzugeben, das es nicht nötig hätte, eine „historische" Tat an die andere zu fügen.

Hitler über Schulbildung. Tischgespräch am 3. Februar 1942

in: 30, 350 f.

Man soll überhaupt einem Menschen nicht mehr beibringen, als er nötig hat! Man belastet ihn bloß! Lieber soll man ihm das Schöne zeigen. Ich gehe aus davon, was ein Kind notwendig hat.
Das war sicherlich das Ideale in der griechischen Hochblüte, daß man die Menschen zur Schönheit erzogen hat. Heute pfropft man ihnen Wissen ein!
Die Schulbildung soll nur ein allgemeines Wissen geben, auf das man dann das spezielle Wissen aufbaut. Ich muß die Erziehung auf das Große ausrichten. Die historischen Ereignisse wachsen doch weiter. Was für einen Kopf müßte das Kind haben, wenn es die Heimatgeschichte, die Landesgeschichte und dazu die Reichsgeschichte in sich aufnehmen wollte. Was wir so leicht erleben, werden unsere Kinder einmal auswendig pauken müssen. Das Gehirn kann das gar nicht alles aufnehmen. Es gibt nur eines, daß man es wieder abstößt. Daher: Das Gemeinsame muß man in wenigen großen Zügen sehen.
Es hat doch gar keinen Sinn, jedem Kind in einer Mittelschule⁵ zwei Sprachen beizubringen. 25 Prozent brauchen das doch gar nicht. Es

genügt, wenn man eine allgemeine Grundlage gibt, indem man statt vier Jahren französischen Unterrichts drei Jahre wartet und im letzten nicht drei, sondern eine Stunde wöchentlich das Allgemeine lehrt. Jeder Junge wird erkennen, ob das ein Gebiet für ihn ist. Was braucht ein Junge, der Musik üben will, Geometrie, Physik, Chemie? Was weiß er davon später noch? Nichts!

Das ganze Detaillierte soll man lassen. Zu meiner Zeit war es noch so, daß einer – um die Prüfung zu bestehen – in soundso vielen Fächern eine erträgliche Note gehabt haben mußte. Wenn einer nun hochbegabt ist für ein Fach, warum verlangt man dann das andere noch von ihm? Es muß auf dem Gebiet weitergearbeitet werden! Unser Geschichtsunterricht bestand noch vor 40 Jahren nur aus Daten von Herrschern, von Kriegen und von Entdeckungen. Eine Gesamtschau ist dem einzelnen gar nicht vermittelt worden. Wenn da dann noch ein wenig begabter Professor am Werk ist, das wird eine Qual! Die kleinen Köpfchen können sich das gar nicht merken!

Es ist widersinnig: Weil einer in einem Fach „Ungenügend" hat, soll er das nicht werden können, was er hat werden wollen. Wenn man sich das Lehrermaterial an den Schulen näher anschaut, muß man sagen, daß ein gewisser Prozentsatz davon irrsinnig war: Sie töteten die Kinderseele. Nur die paar anderen hatten Erfolge!

Wenn man sich nun vorstellt, daß so ein Mensch von Lehrer ein ganzes Leben soll abschließen können, dann darf man die Führung einer Nation nicht aufbauen auf der Basis der Schulzeugnisse. Dem Leben muß man die Möglichkeit geben, zu korrigieren! Entscheidend ist ausschließlich die Leistung, niemals das Zeugnis.

Wenn ein Bub so viel Mannbarkeit in sich hat, daß er keinen Augenblick ruhig bleiben kann: Unaufmerksam ist er nicht. Aber er will nicht hören. Seine Betätigung ist nur Unfug. Was soll er auch anders machen. Vielleicht wird er später mehr als die braven Schüler leisten. Da gibt es aber Lehrer, die ärgert so ein kleiner Satan. Das ist verständlich. Doch dem Buben muß die Möglichkeit bleiben, sich zu bewähren.

Ich habe im allgemeinen nicht mehr als zehn Prozent von dem gelernt, was die anderen gelernt haben. Ich war mit meiner Vorbereitung immer sehr rasch fertig. Dennoch: Geschichte habe ich kapiert. Oft habe ich Mitleid mit den Mitschülern gehabt. „Kommst mit spielen?" „Nein, ich hab noch zu tun!" Nun büffelt der. Er macht die Prüfung. Er hat es geschafft! Kommt dann einer von der (andern) Seite in den Paternosteraufzug hinein, so ist die Aufregung groß: „Wieso? Wir haben gelernt!" – Ja mein Gott, einer hat es halt in sich, der andere nicht!

Dieses Dokument fügt sich logisch dem vorhergehenden an und erläutert Hitlers Ansichten über die Lehrerschaft. Der Haß auf den Pädagogenstand bricht bei ihm gewaltsam durch. Was es überhaupt an Schmähungen gibt, nimmt er wahr:

1. Lehrer sind unfähig für den Lebenskampf, darum fliehen sie in die Schule. Schule ist Reservat der notorisch Untüchtigen.

2. Lehrer sind unappetitlich und dreckig in ihrem Äußeren; diesen Vorwurf dehnt Hitler an anderer Stelle (33, 55) auf die protestantischen Pfarrer aus, die er als „kleine dürftige Subjekte" bezeichnet, die „schwitzen vor Verlegenheit, wenn man sie anredet". Auch bei ihnen rügt er die speckigen Kragen (30, 356 f.).

3. Die Lehrer sind durch die Sozialdemokratie zum „Bildungsdünkel" aufgeputscht worden.

4. Die Schriften der Lehrer beweisen, daß sie geistiges Proletariat sind.

5. Jeder Feldwebel leistet bessere Erziehungsarbeit; das Abc zu vermitteln ist keine Kunst.

6. Die Lehrer müßten eigentlich weibischen Charakter haben, denn für „ständige Wiederholungen" taugte nur die Frau.

Hitler über den Lehrerstand
12. April 1942

in: 30, 360 f.

Nach dem Mittagessen kam Hitler auf die Schulerziehung zu sprechen. Lehrer werde leider nur ein bestimmter Typ von Menschen, der sich für den Kampf in freien Lebensberufen nicht eigne. Menschen, die das Zeug in sich fühlten, aus eigener Kraft etwas zu leisten und zu gestalten, werden nicht Lehrer, zumindest nicht Volksschullehrer.

An die Lehrer, die durch seine Jugend gegangen seien, habe er überwiegend unerfreuliche Erinnerungen. Schon in ihrem Äußeren seien sie schmutzig gewesen und durch dreckige Kragen, ungepflegte Bärte und dergleichen aufgefallen.

Im Zwischenreich habe sich die Sozialdemokratie dieser Menschengruppe angenommen und sie durch alle möglichen Sonderkurse zu einem Bildungsdünkel gebracht, der durch nichts gerechtfertigt sei.

Wenn man die Geisteserzeugnisse von Volksschullehrern lese, von ihren politischen Ansichten höre oder ihre Beschwerden zu Gesicht bekomme, dann könne man nur immer wieder feststellen, daß es sich bei ihnen um ein ganz besonders unselbständiges geistiges

Proletariat handelt, so richtig dazu beschaffen, eine Säule des Gott sei Dank überwundenen Systems darzustellen. Wenn diese Leute sich dann doch einbildeten, nicht genug vom Staat bezahlt zu werden, dann müsse man ihnen entgegenhalten, daß jeder Feldwebel unserer Wehrmacht bessere Erziehungsarbeit leiste als sie. Denn kleinen Jungen und Mädchen das Abc beizubringen, sei ja wirklich kein Kunststück.

Dabei müsse man sich wundern, daß diese Volksschullehrer es überhaupt aushalten, alljährlich vor ihren Schülern dasselbe zu exerzieren. Für solch ständige Wiederholungen sei sowohl physisch als auch psychisch an sich ja nur die Frau geeignet. Die Frau empfinde es nicht als Belastung, als Mutter ein Kind nach dem anderen auf dieselbe Weise auf die Welt zu bringen und großzuziehen. Die Frau finde sich als Stenotypistin mit den ständigen Wiederholungen einer überwiegend mechanischen Arbeit ab. Die Frau sei deshalb auch am ehesten geeignet, den Abc-Schützen in den Schulen die Anfangsgründe des Lesens und Schreibens beizubringen. Man solle deshalb sorgen, daß von den zwei Millionen Frauen, die in Deutschland unverheiratet durchs Leben gingen, möglichst viele die Möglichkeit erhalten, als Lehrerinnen einen ihren mütterlichen Empfindungen entsprechenden Beruf zu erhalten.

Vor einigen Jahren seien die Volksschullehrer auch einmal mit dem Ansuchen an ihn herangetreten, über die Schulerziehung hinaus auch mit der menschenerzieherischen Arbeit betraut zu werden. Wenn man heute die Erfolge der HJ betrachte, könne man froh sein, daß er dieses Ansuchen damals rundweg abgelehnt habe. Da die Lehrer es überhaupt nur in sehr wenigen Ausnahmefällen verstehen, die Jugend mit absoluter Autorität zu lenken, halte er es für richtig, für die fortgeschrittenen Volksschulklassen Kapitulanten als Lehrer heranzubilden. Da unsere Kapitulanten vor ihrem Eintritt in die Wehrmacht durch die HJ und den Arbeitsdienst gegangen seien und daher aus eigener Anschauung die menschenerzieherische Arbeit der Bewegung kennten, gingen sie von vornherein mit der richtigen Einstellung an schulerzieherische Aufgaben heran. Man müsse sie nur in den beiden letzten Jahren ihres zwölfjährigen Militärdienstes auf Präparanden-Anstalten schicken, um ihnen auch ein gutes Schulwissen für eine künftige Lehrertätigkeit mit auf den Weg zu geben. Wenn man so mit den Kapitulanten verfahre und es gelinge, genügend Kapitulanten für eine derartige Tätigkeit zu erwärmen, erhalte man für unsere Volksschulen Erzieher, die nicht nur auf Grund ihrer zwölfjährigen Militärdienstzeit hinreichende Erfahrungen auf dem Gebiet der Heranbildung von Menschen mitbrächten, sondern als Persönlichkeiten und nicht als Dreckfinken vor den Schülern ständen.

In diesem Abschnitt monologisiert *Hitler* in üblicher Weise über seine „Sendung" und grollt fortgesetzt über den Unverstand der Schulmeister.

Hitler über die Erziehung großer Menschen
10. Mai 1942

in: 30, 363–365.

Hitler meinte auf einen Einwurf, der Weg von Menschen, die berufen seien, einmal Großes in ihrem Leben zu leisten, sei doch recht seltsam.

Daß ein solcher Mensch schon als Kind als besonderes Talent erkannt worden sei, sei wohl nur bei Mozart der Fall gewesen. Irgendwann auf ihrem Lebensweg schlage das Schicksal plötzlich diese Menschen an und lasse sie ihre besondere Stärke erkennen.

Wie befangen sei er in seiner Wiener Zeit gewesen, obwohl er auf den verschiedensten Gebieten damals schon recht genau Bescheid gewußt habe! An einen großen Mann heranzutreten, habe er ebensowenig gewagt wie etwa vor fünf Menschen zu reden.

Wenn der Krieg nicht gekommen wäre, wäre er sicher Architekt geworden, vielleicht – ja, wahrscheinlich sogar einer der ersten Architekten, wenn nicht der erste Architekt Deutschlands, und nicht, wie es heute der Fall sei, der erste Geldbeschaffer für Deutschlands beste Architekten.

Aber plötzlich greife dann das Leben ein und mache den Menschen locker für seine Berufung und lasse sich das Milchgesicht auf einmal im Kampf als unüberwindlichen Feuerkopf entpuppen.

Wenn unsere Schulmeister das angehende oder nachmalige Genie in der Regel nicht erkannten, sondern sogar als untalentiert ablehnten – man denke nur an Bismarck, Wagner, Feuerbach, der von derselben Akademie in Wien, die ihn einmal als untalentiert abgelehnt habe, zehn Jahre später gefeiert und ausgezeichnet worden sei[6] –, so liege das daran, daß sich in ein Genie wohl nur ein Genie ganz hineinversetzen könne.

Beim Kinde, beispielsweise von zehn Jahren, könne der Lehrer wohl die Durchschnittsbegabung konstatieren, viel mehr von seinen geistigen Anlagen aber nicht.

Charakterzüge seien wesentlich leichter zu erkennen. Denn der, der in seiner Jugend unkameradschaftlich sei, sei es bestimmt auch noch im Alter. Man müsse aber auch insoweit vorsichtig sein, sei doch das Lügen eines Kindes sehr oft nur Ausdruck einer besonders lebhaften Phantasie, wie bei vielen großen Dichtern und Erzählern einwandfrei feststehe.

Das Gefährlichste sei die Einseitigkeit, mit der Erwachsene die Kinder oft beurteilten. Der Mathematiklehrer glaube, wenn sein Schüler irgendeine höhere Gleichung nicht fertigbekomme, werde er später auch sein Gehalt nicht zählen können.

Wenn ein Schüler z. B. musisch begabt sei, für andere Unterrichtsgebiete aber wenig Interesse habe, werde ihm das sofort als bodenlose Verbocktheit ausgelegt, wie er aus eigener Erfahrung wisse. Die Eltern machten derlei Fehler noch schlimmer, indem sie das Kind vorzeitig für bestimmte Berufe vorzubereiten suchten und, wenn dann etwas nicht klappe, sofort vom verlorenen oder mißratenen Sohn zu sprechen begännen. Ihn selbst habe man schon mit dreizehn Jahren für die Beamtenlaufbahn begeistern wollen und ihn zu diesem Zweck in das Linzer Hauptzollamt, einen wahren Staatskäfig, geschleppt, in dem die alten Herren aufeinandergehockt gesessen seien so dicht wie die Affen. Da man nicht bedacht habe, daß man mit solch einem Anblick in einem jungen Menschen nicht Begeisterung, sondern nur Abscheu oder Haß wecken könne, habe man ihm von vornherein die Beamtenlaufbahn verekelt. Er sei daher ein Feind davon, Söhne zu früh auf einen bestimmten Beruf festlegen zu wollen, man müsse sie von ihrem 18. Lebensjahr an sich nach und nach entscheiden lassen. Was in einem Menschen endgültig stecken könne, zeige ja das Beispiel eines so tüchtigen Gauleiters wie Hildebrandt, der Landarbeiter gewesen sei, und wie Sauckel, den er sogar wegen seiner außerordentlichen Befangenheit verkannt habe.

Nachdem er die Rolle der HJ neben der schulischen Ausbildung umrissen und auf die Begeisterungsfähigkeit der Jugend hingewiesen hat, entwirft *Hitler* seine dürftigen Vorstellungen über Lehrerbildung, die er in Dok. 30 e abschließt.

Hitler über Schule und Jugendverbände als Erziehungsinstrumente
8. Juni 1942

in: 30, 367–369.

Im Verlauf des Abendessens führte Hitler aus, daß die Schule ebenso wie die Presse ein Volkserziehungsinstrument sei. Auf ihre Lenkung und Ausrichtung dürften daher private Eigentumsinteressen keinerlei Einfluß haben.

Als Erziehungsinstrument der Jugend reiche die Schule aber nicht aus. Denn sie stelle in erster Linie auf die Unterrichtsleistungen der jungen Menschen ab.

Er habe deshalb zusätzlich die HJ geschaffen und sie unter das kühne Motto gestellt, daß in ihr die Jugend von Jugend geführt werden solle. Er habe damit erreicht, daß die Jugend schon in frühen Jahren nach denen durchgesichtet werde, die „rädeln", sich also als kleine Rädelsführer herausschälen. Zu der Beurteilung durch den Lehrer, die mehr oder minder auf das exakte Wissen eines Menschen abstelle, käme so in der HJ eine Beurteilung durch die Jugendführung hinzu, die den entscheidenden Wert auf Charaktereigenschaften lege ...

Die Schlagkraft der Schule und der HJ als Erziehungsinstrumente sei eine Frage der Jugenderzieherauslese. Bei der Auswahl unseres Jugendführerkorps in der HJ und bei der Gestaltung des Lehrkörpers im Schulwesen müsse man davon ausgehen, daß die Jugend vom HJ-Führer und vom Lehrer ein Vorbild fürs ganze Leben erwarte, ähnlich wie es für die Jugend des klassischen Griechentums der Lehrer am Gymnasium sowohl in geistiger als auch in körperlicher Hinsicht in vollendetem Maße gewesen sei. Da die Jugend im Alter von 10–12 bis 16–17 Jahren am begeisterungsfähigsten sei und einen überaus stark ausgeprägten Idealismus zeige, bedürfe sie gerade in diesen Jahren in besonderem Maße geeigneter Führerpersönlichkeiten, denn nur sie böten die Gewähr für eine Erziehung, deren Zielsetzung einheitlich klar sei.

Was das vergangene System an der Jugend gesündigt habe, das sei ihm durch einen Bericht über die Verhältnisse in Baden besonders kraß vor Augen geführt worden: Dort sei bei der Machtübernahme die Zersplitterung der Jugenderziehungsarbeit bereits so weit gegangen, daß es in den Schulen konfessionell getrennte Aborte – also solche für evangelische und solche für katholische Kinder – gegeben habe. Welch einfressendes Gift bei einer derartigen Zersplitterung der Jugenderziehung in das jugendliche Gemüt gelegt worden sei, sei der damaligen Staatsführung offenbar gar nicht zum Bewußtsein gekommen. Dabei sei das Empfindungsvermögen der Kinder gerade in diesen Entwicklungsjahren am stärksten ausgeprägt. Wie viele führende Parteigenossen seien zuerst von ihren Kindern für die Ideen der nationalsozialistischen Bewegung innerlich aufgeschlossen worden! Gerade Jugendliche hätten in unzähligen Fällen, von dem Gedankengut des Nationalsozialismus begeistert, zunächst die Mutter und mit deren Hilfe schließlich auch den Vater für die NSDAP gewonnen.

Es sei deshalb auf dem Gebiet des Schulwesens besonders wichtig, bei den Lehrern das Verständnis für die Bedürfnisse der Jugend zu wecken und zu stärken. Wenn man sich deshalb Gedanken über den Lehrernachwuchs mache, dürfe man die Menschen nicht übersehen, die auf Grund ihrer Anlagen oder ihrer bisherigen beruflichen Tätigkeit in erster Linie für die Jugenderziehung geeignet seien. Er denke vor allem an die Frau und an die Kapitulanten der Wehrmacht. Für den Elementarunterricht auf den Schulen seien weibliche Lehrkräfte und Kapitulanten seines Erachtens ideal. Man dürfe sie aber nicht durch eine übertriebene Ausbildung, also gleichsam übertriebene Gehirnmassage, blödsinnig machen, sondern müsse ihnen nur den Wissensstoff mitgeben, der für den Elementarunterricht unbedingt erforderlich ist. Denn eine akademische Vorbildung brauche kein Lehrer, der sein Leben lang in einem Bauerndorf bleibe.

Wer sich allerdings von diesen Lehrkräften besonders bewähre, verdiene Aufstiegsmöglichkeiten. Man dürfe ja auch einem geistig regen Offizier nicht zumuten, daß er sein ganzes Leben lang Rekruten ausbilde, da er sich sonst aufhängen könne. Ebenso müßte man deshalb bewährten Lehrkräften die Möglichkeit geben, an erweiterte Bildungsmöglichkeiten heranzukommen, und dürfe sie nicht für immer verdammen, Elementarunterricht zu erteilen. Insbesondere der Aufstieg zum Einsatz an Mittelschulen müsse ihnen unter allen Umständen erleichtert werden.

Als Bormann einwarf, daß es auf Grund des Lehrermangels im Warthegau sich als notwendig erwiesen habe, die Ausbildung der für den Elementarunterricht vorgesehenen Lehrkräfte noch über das in der Ostmark angewandte Maß hinaus zu verkürzen, bestätigte

Hitler, daß er dagegen aus den angeführten Gründen keinerlei Bedenken habe. Wer sich von diesen Kräften zu Höherem berufen fühle, werde von sich aus die Freizeit nutzen, um sich weiterzubilden. Wer aber zeige, daß er auch für den Unterricht an Mittel- oder höheren Schulen geeignet sei, solle versichert sein, daß der Staat ihm den Weg zur erweiterten Ausbildung, gegebenenfalls auch zum Studium, ebne.

Hitler über Lehrerbildung
30. Juni 1942

in: 30, 404.

Er könne sich auch immer wieder darüber ärgern, daß man auf den Lehrerbildungsanstalten den künftigen Volksschullehrern eine Unmenge Zeugs einzutrichtern suche, obwohl sie den Kindern hernach doch nur die Anfangsgründe des Rechnens, Lesens und Schreibens beizubringen hätten. Was müsse man denn schon aus allen möglichen Wissensgebieten kennen, um sechsjährigen Kindern die richtige Aussprache des a, a, a . . . b, b, b . . . vorzumachen.

Es sei auch ein wahrer Unsinn, den Kindern in der Schule alles Mögliche einpauken zu wollen. Wenn man sie ein oder zwei Jahre nach Verlassen der Schule nach all diesen Dingen frage, wüßten sie ja doch kaum mehr etwas davon. Es sei daher Aufgabe der Schulleitung, den Unterrichtsplan so aufzustellen, daß den Kindern nur das Wissen vermittelt werde, das sie tatsächlich brauchten, um später im Leben ihren Mann zu stehen. Im übrigen sei es viel gescheiter, sie möglichst viel Zeit in der frischen Luft verbringen zu lassen. Denn so bekämen wir einen gesunden Nachwuchs, der auch einmal körperliche Strapazen vertragen könne, ohne gleich auf der Nase zu liegen.

Dokument 31

Schemm will die „Ideenwelt in Monumentalbauten" darstellen, „die wie steinerne Imperative" sind, nachdem in den Nachkommen ein „geistiges Denkmal" aufgerichtet sei. Das „Haus der deutschen Erziehung" in Bayreuth möchte er als „Aufschrei" zur Deutschheit verstehen. Hitler erscheint ihm als erzieherische „Synthese zwischen Pestalozzi und Fichte".

Hans Schemm: Das Haus der deutschen Erziehung

in: Hans Schemm spricht. Seine Reden und sein Werk. Bearbeitet von G. Kahl-Furthmann. Bayreuth (1942)[12]. S. 287–290.

Es hat noch nie in der Weltgeschichte kämpfende, aufstrebende Völker gegeben, die nicht, von einem grandiosen Zukunftsdenken beseelt, den Willen hatten, ihre Staatsidee monumental in Steinen zu gestalten. Jeder Geschichtskenner weiß, daß die Bauten in Rom, in Griechenland, im fernen Indien, in Ägypten und in Amerika Zeugen strebender, kultursuchender Völker waren.
Nur ein kleines Geschlecht mit nichtiger Weltanschauung denkt nicht daran, schöpferisch in die Zukunft zu wirken. Ein großes Geschlecht verankert seinen Willen grandios und machtvoll in seinen Bauwerken, in seiner Kunst. Auf den Grundlagen der Weltanschauung des Nationalsozialismus ist heute der Lebenswille unserer Nation erwacht. Das Wesen des Nationalsozialismus besteht in seinem Wirken in die Zukunft hinein. Unser eigenes Leben ist in den Dienst für die Zukunft unseres Volkes gestellt. Wir schaffen uns in den Herzen unserer Kinder ein lebendes geistiges Denkmal. Wir haben jedoch auch die Pflicht, dafür zu sorgen, daß unsere Ideenwelt in Monumentalbauten, die wie steinerne Imperative in kommenden Jahrhunderten immer wieder mahnend, aufrüttelnd, neue Kräfte gebärend wirken, ihren Ausdruck findet. Wenn wir einmal nicht mehr sind, sollen die Steine, die wir formten, für uns predigen.
Haus der deutschen Erziehung! Schon dieser Name zeugt von der Größe unserer Zeit. Das Haus der deutschen Erziehung soll wie ein einziger großer Aufschrei wirken: *Deutsch sei die Erziehung, deutsch und immer wieder deutsch!*
Die nationalsozialistischen Erzieher des heutigen Deutschland bauen das Haus der Erziehung in Bayreuth. Es gibt dafür keinen würdigeren Platz. München ist die Stadt der Kunst und der Parteileitung, die Geburtsstätte der Bewegung. Berlin ist die Stadt der Reichsregierung. Potsdam ist die Stätte, an welcher auf märkischem Sand der deutsche

Soldat aufwuchs. Bayreuth ist die Stadt, in der Richard Wagner und Chamberlain, die beiden großen Erzieher im höchsten, weltanschaulichen Sinn, wirkten. Um Bayreuth herum schwingt und klingt es von Erziehung. Nicht umsonst hat die Reichsregierung und haben die Länderregierungen junge kultur- und kunstsuchende Deutsche zur großen Unterrichtsstunde und zum tiefen Erleben zu den Festspielen nach Bayreuth entsandt.

Bayreuth ist seit der Zeit Friedrichs des Großen und seiner Schwester, die das Markgrafentum zur Blüte brachte, mit geschichtlichen Energien geladen. Es ist mit Kunst und Weltanschauung geladen: es barg den urwüchsigen Deutschen Jean Paul in seinen Mauern, den Schöpfer des Erziehungsbuches „Levana", und wurde Wagner und Chamberlain zur Heimat. Mitten zwischen diesen herrlichen Zeugen aus großer Zeit soll unser Denkmal der deutschen Erziehung lebendig aufwachsen.

Bei der Grundsteinlegung des Hauses weihte ich den ersten Schlag dem Pädagogen der Liebe, Pestalozzi, und leitete aus dem Begriff der Liebe überhaupt die Liebe zu Volk und Vaterland ab. Ein Wort, das das Wesen Pestalozzis trifft, ist ‚Muttertum'. Er bringt das liebevolle, sorgende, helfende und heilende Element zum Ausdruck. Den zweiten Schlag weihte ich dem Pädagogen des Staates, Fichte. Was dieser sprach und tat, war von den großen Imperativen ‚Volk, Vaterland und Leben der Nation' getragen. Sein Wesen kann man als ‚Vatertum' bezeichnen. Der dritte Hammerschlag wurde unserem Führer Adolf Hitler geweiht, der die Synthese zwischen Pestalozzi und Fichte, zwischen heißer Liebe und stahlhartem staatspolitischen Willen darstellt, dessen staatsmännisches Wollen und Fordern aus der heißen Liebe zu Volk und Vaterland herausgewachsen ist.

Dieses Haus soll kein Museum werden, sondern ein Haus des Lebens, ein Haus, das seine Fenster weit öffnet und die Lebensäußerungen der deutschen Jugend in sich hineintrinkt, das aber auch selbst wieder Leben spendet. Es steht mitten im Pulsschlag des deutschen Volkes und darf nie eine abgeschlossene Gelehrtenanstalt werden.

Die Schulung deutscher Erzieher in nationalsozialistischer Weltanschauung soll in den Räumen dieses Hauses Wirklichkeit werden. Von diesem Hause soll für unser deutsches Erziehungsleben Kraft und Stärkung ausstrahlen, damit wir deutschen Lehrer in den Herzen unserer Kinder einen Dom deutschen Wesens aufrichten können, der härter ist als Granit und Stahl.

Dokument 32

In einer verfehlten Anthropologie des Kindes vom „einfachen, glücklichen Menschen" gelangt *Schemm* zum bloßen Erlebnisunterricht. Er wünscht einen Lehrer, der „ein fabelhafter Erzähler ist". Schemm gesteht, immer die Methode gehaßt und ihr Studium abgelehnt zu haben. An ihre Stelle setzt er notwendig das Gefühl und die „Erzieherpersönlichkeit". Was er sonst noch über Unterrichtsmethodik sagt, entspricht dem ideologischen Verfahren, gegen Umstände zu polemisieren, die es kaum gab.

Hans Schemm: Die nationalsozialistische Erziehungsmethode

in: Hans Schemm spricht. S. 259–262.

Will der Lehrer das Kind, diesen einfachen, glücklichen Menschen, erziehen, so muß er in einfachen Gedankengängen denken. Besitzt er diese Fähigkeit, so wird sich das Kind ihm gläubig anvertrauen und mit wachsendem Eifer sich von ihm durch immer weitere Tore in immer größere Reiche der völkischen Kultur führen lassen.
Es ist notwendig, daß der Lehrer ein fabelhafter Erzähler ist. Er bringt dem Kinde erzählend weit mehr bei als mit der vielfachen Stundenzahl in Katechismen. Aber erzählen kann bloß der, der auch in der Lage wäre, das, was er erzählt hat, zu erleben.
Ein Lehrer muß das, was er theoretisch vertritt, praktisch zeigen können. So darf der Lehrer nicht vor der Klasse stehen und in begeisterten Tönen von körperlicher Ertüchtigung sprechen und theoretisch die Freiübungen erklären, ohne hinterher praktisch mitzuturnen. Wenn er das täte, würde es dem Buben nicht gefallen. Dieser würde fragen: „Warum macht der Lehrer mir das nicht vor?" Ich bestreite nicht, daß es da und dort auf Schwierigkeiten stößt und schlecht ausfallen wird. Aber das ist nicht das Entscheidende. Viel wichtiger ist, daß der Schüler und die Schülerin merken, daß beim Lehrer der Entschluß zum Mittun vorhanden ist. Wieviel dabei geleistet wird, spielt eine untergeordnete Rolle. Der Wille ist es, worauf es ankommt.
Ich war in der vergangenen Zeit ein Feind des Wortes und des Begriffes Methode. Nichts habe ich mehr gehaßt als die Methodiker und die Forderung, daß man sie studieren sollte, denn damals galt die Form und das Formale als das Wesentliche des deutschen Erziehens. In Zeiten meiner praktischen Lehrtätigkeit haben ganze Schulen den größten Teil der freien Zeit auf nichts weiter als auf moderne Gesangstechnik verwendet. Bei allem Verständnis für den Sinn und Inhalt dieses Übens begreife ich nicht, daß man um seinet-

willen das Wichtigste und Wertvollste, die charakterliche Erziehung, hintansetzte. Es ist wahrhaftig tausendmal wichtiger, daß unsere Kinder das deutsche Lied innerlich und von Herzen erfassen, als daß sie es methodisch richtig singen. Ich bin sogar überzeugt, daß ein Kind, wenn es die ganze Größe, Schönheit, Ethik, den charakterlichen Gehalt und die Liebe, die in unseren Volksliedern liegt, erfaßt hat, so daß seine Seele innerlich mitschwingt, mit zehnmal schönerer Stimme singt, als wenn es bloß nach richtiger Methode leere Intervalle malt. Je gründlicher wir den Stoff inhaltlich anpacken, desto besser wird er sich auch formal gestalten lassen.

Ich bin absolut kein Gegner der Methode. Ich schätze ihren Wert. Sie muß fleißig studiert werden. Es soll niemand glauben, daß man nur mit dem Herzen ohne die Geschicklichkeit, die auch dazu gehört, erziehen könnte. Die Verfasser mancher Bücher über Methodik sind bedeutende Persönlichkeiten gewesen. *Aber Methode ist nicht Selbstzweck, sondern Mittel zum Zweck.* Wer Methodik in sich aufnimmt und dadurch ein Sklave des Geistesgutes anderer wird, der gibt sich im Unterricht nicht selbst. So bin ich ein leidenschaftlicher Gegner aller der Menschen, welche die Methoden vergöttern, die aus dem Lehrer einen methodischen Mechanismus und Apparat machen wollen, so daß er in seinem Kopf die gesamten Experimente und Formeln der Vergangenheit besitzt. Wenn sämtliche methodischen Tatsachen der vergangenen Jahrhunderte wie ein großes Ausrufezeichen vor ihm aufleuchten, legt der Lehrer seinen Menschen ab und wird Apparat und methodischer Akrobat. Dann rollt der Unterricht oft wundervoll wie ein Brillantfeuerwerk herunter. Jede Antwort kommt wie aus der Pistole geschossen. Leben scheint in der Klasse zu sein und doch ist sie innerlich tot.

Ein anderer Lehrer dagegen spricht nicht so flüssig, ja vielleicht sogar in gewissem Sinne unbeholfen, abgerissen, und doch erwecken die Worte dieses formal weniger gut veranlagten Kollegen einen weitaus größeren charakterlichen und seelischen Widerhall bei den Kindern als die des ersten Lehrers. In dem Benehmen des Lehrers und dem der Kinder ist etwas, was Herzlichkeit und Innerlichkeit zum Ausdruck bringt. Wo das wirklich vorhanden ist, da braucht man gar keine Methoden, sondern da bewahrheitet sich der Spruch: „Wes das Herz voll ist, des gehet der Mund über."

Man soll keinen Lehrer zwingen, nach einer bestimmten Methode zu unterrichten, denn die Methode ist das Instrument, und dieses wird von einem lebendigen Lehrer gehandhabt. Er ist es, der die personifizierte Methodik darstellen muß. Weil aber jeder Lehrer anders ist, wird auch die Methode eines jeden Lehrers anders sein müssen. *Es sollte nur die Methode der eigenen Lehrerpersönlichkeit geben.*

Das Kind besitzt ein feines Empfinden. Es fühlt sofort, ob das, was sein Lehrer sagt, von ihm selbst innerlich verarbeitet ist oder ob er es sich nur äußerlich angeklebt hat. Die Methode, die aus dem Inneren heraussprudelt, ist schon fast keine Methode mehr zu nennen, sie ist aber dennoch die allein richtige, da sie durch das Aufschließen des Innenlebens des Schülers die Voraussetzungen für jede Erziehung schafft. Jeder Lehrer muß den Zauberschlüssel zum Tore des geistigen Lebens des Zöglings besitzen und damit aufsperren, so daß die Tore weit aufgetan sind. Das ist die wichtigste, anzuwendende Methode.

Wenn freudige, rassisch hochwertige, charakterlich hochstehende, dem Kinde in Liebe zugeneigte deutsche Lehrerpersönlichkeiten das Herz des Kindes aufgeschlossen haben, so daß die Tore des geistigen Lebens des Kindes empfangsbereit geöffnet sind und über ihnen ein großes „Willkommen!" steht, dann kann die formale Lehrmethode Mängel aufzeigen, es wird doch ein viel höheres Ziel erreicht werden als bei der besten Methode, bei der die Herzen verschlossen bleiben.

Im Dritten Reich muß jeder Lehrer nach seiner eigenen, persönlichen Methode unterrichten, denn *das größte Mittel und Instrument der Erziehung ist und bleibt allein die eindrucksvolle, gewaltige, auf dem Wege nach oben sich befindende, mitreißende Erzieherpersönlichkeit.*

b) *Lehrer*

Dokument 33

Der „Beauftragte des Führers für die Überwachung der gesamten geistigen und weltanschaulichen Schulung der NSDAP" galt als berufener Sprecher, eine „Schulungsstätte" für Lehrer einzuweihen. Er geht aus von der „Wende" und von einer besonderen „Intensität" der damaligen Geschichte, die vom „politischen Kämpfer" und vom „Soldaten" getragen worden seien. *Rosenberg* verspricht, der Pädagogenschaft entgegenzukommen, um ihr soziales Ansehen zu stärken. Diese Äußerung steht in völligem Gegensatz zu Hitlers Meinungen (vgl. Dok. 30b, e), die tatsächlich allein galten, wie der Abbau der Lehrerbildung beweist.

Was Rosenberg schließlich noch über die „Schönheit" des Pädagogenberufs ausführt, klingt ideal und war als augenblicklicher Impuls für die deutsche Erzieherschaft gedacht. Immerhin nennt Rosenberg selbst in dieser nach Propagandarücksichten gestalteten Rede die „Schönheit" des Pädagogenberufs erst an vierter Stelle (nach Politik, Armee, Technik), was einigen Aufschluß über den tatsächlichen politischen Stellenwert des Berufserziehers im Dritten Reich gibt.

A. Rosenberg über die Aufgaben des Lehrers und Erziehers

in: Dokumente der deutschen Politik, Bd. 6, 2. Berlin 1942[4] S. 670–675.

Rede des Reichsleiters Rosenberg über „die Mission des deutschen Erziehers" bei der Einweihung der Reichsschule des NS-Lehrerbundes zu Donndorf (bei Bayreuth) vom 27. Oktober 1938.

Wir wissen, daß, wie manche andere Berufe, auch der Lehrer in das Blickfeld einer neuen öffentlichen Kritik getreten ist. Ich bin Ihrer Aufforderung gern gefolgt, hier zu Ihnen offen über diese Tatsache zu sprechen. Um sie richtig würdigen zu können, müssen wir uns dessen bewußt sein, daß wir in einem kämpferischen Zeitalter leben, dessen Intensität wohl in der Geschichte ohnegleichen dasteht. Eine einzige Generation umspannt das wirtschaftliche Blühen des Zweiten Reiches, den größten Krieg der Weltgeschichte, die furchtbarste Erniedrigung der deutschen Nation, den opferreichen Kampf der nationalsozialistischen Bewegung, den Sieg eines neuen Gedankens und nun bereits einen unerhörten Wiederaufstieg des Deutschen Reiches und die Wiederherstellung des äußersten Respekts und der inneren Achtung der ganzen Welt vor diesem Reich. Dies alles bedingt, daß jene Gruppe von Menschen, die diesen Riesenkampf

185

durchgehalten hat, in den Vordergrund des Lebens getreten ist, d. h. der politische Kämpfer und der Soldat...

Der Lehrer hat heute genauso eine revolutionäre Mission wie der nationalsozialistische Staatsmann und Soldat. Von dem Lehrer wird es zum großen Teil auch abhängen, wie vorgebildet in Zukunft unser junges nationalsozialistisches Geschlecht in die politischen Formationen der Bewegung eintritt, wie es in der Schule in die deutsche Geschichte, in die Kunde der Sprache, in die Kunde der Natur und ihrer Lebensgesetze eingeführt worden ist. Es wird vom deutschen Lehrer abhängen – und in entscheidender Weise von ihm allein abhängen –, ob nach und nach anstatt trockener Wissensvermittlung eine lebendige plastische Schau und ein tiefes inneres Erlebnis sich einstellen wird oder nicht. Er wird also – und das ist das erste, was wir von einem nationalsozialistischen Lehrer erwarten – einen inneren Stolz auf seinen Beruf mitbringen müssen, einen inneren Willen, wirklich Lehrer und Erzieher zu sein, nicht nur Vermittler des erlernten Wissens...

Ich möchte hier deshalb mit aller Deutlichkeit erklären, daß eine Verunglimpfung des heutigen Lehrertums in uns einen entschiedenen Gegner finden wird. Die nationalsozialistische Bewegung wird für den Lehrerstand in seiner Selbstachtung und für seine Achtung im Volk genauso eintreten, wie sie es in fortschreitendem Maße für alle Stände getan hat...

Stellenweise fordert man, daß der Lehrer zwar gewissenhaft das erlernte Wissen der neuen Jugend vermittle, daß aber die gesamte Erziehung der Jugend nur von ihr selber durchgeführt würde. Mit derartigen Forderungen ist nach meiner Ansicht eine prinzipielle Gegnerschaft in einer Sache postuliert, die eine solche Gegnerschaft durchaus nicht notwendig macht, im Gegenteil. Es ist vollkommen klar, daß man einem sich selbst achtenden Lehrer nicht zumuten kann, gleichsam nur eine Wissensmaschine zu sein. Das wäre nämlich die grundsätzliche Verewigung des kritisierten Zustandes einer liberalistisch-marxistischen Zeit, die zu überwinden wir ja gekommen sind. Es wäre die Einschränkung des Lehrers auf eine nahezu mechanisierte Vermittlung des einmal Erlernten und eine unerträgliche Minderung seiner menschlichen Autorität. Gegen eine solche Doktrin würden sich die starken Persönlichkeiten zwar vereinzelt durchsetzen, doch würde der größte Teil der Lehrer zu einer unfruchtbaren Tätigkeit verurteilt und gerade das Vergehen einer liberalistischen Zeit gleichsam zur ewigen Abstempelung der „Wissenspauker" führen. Das aber kann weder im Interesse des Lehrers noch im Interesse der Jugend liegen. Stets hat die Jugend, und auch die akademische Jugend zu großen Lehrern aufgeblickt und hat sich gern von ihrer Persönlichkeit gefangen nehmen lassen. Und was an der Spitze Geltung hat und zu fruchtbarsten Entfaltungen der heranwachsenden menschlichen Persönlichkeit führt, muß auch auf anderen Stufen des Lehrens, Forschens und Erziehens durchgesetzt werden. Ein Lehrer, der die ihm anvertrauten jungen Menschen nicht auch innerlich bilden und damit erziehen will, auch, wenn nötig, mit Autorität erziehen will, ist eben kein Lehrer mehr . . .

Der Beruf des Lehrers geht nicht unmittelbar auf die Einwirkungen auf Millionen, sondern – und das ist ja das Schönste an ihm – auf den unmittelbar vor ihm stehenden einzelnen Menschen. Diese Einzelpersönlichkeit im Laufe der Jahre zu klären, sie mit pflegender Hand zu bilden und mit Hilfe von Wissen und Gemüt einen gemeinsamen starken Willen im Dienst an Deutschland und zu einer festen Haltung dem Schicksal gegenüber vorzubereiten, das gehört zur Voraussetzung eines starken deutschen Menschentums, gehört mit zur Grundlage der Verteidigung der nationalsozialistischen Weltanschauung überhaupt, und ich wüßte nicht, welche Aufgabe hier für einen Menschen schöner sein könnte – der vielleicht nicht unmittelbar mit Politik, Waffe und Technik zu tun hat – als die eines Lehrers und Erziehers. Ich bin auch der Überzeugung, daß, wenn es dem Nationalsozialistischen Lehrerbund gelingt, Menschen, die Natur, Leben und Geschichte groß sehen und unbedingt in ihrer Haltung sind, im Laufe der kommenden Jahrzehnte heranzubilden, er mit das seinige Große für die Gesundung der deutschen Nation getan haben wird.

Wenn ich diese Reichsschule des NS-Lehrerbundes hiermit einweihe, so hoffe ich, daß diese Stätte der Zurückgezogenheit mit dazu beitragen wird, die tiefere Besinnung und damit eine innere Stärkung im nationalsozialistischen Lehrer herbeizuführen, was wiederum einen Kraftquell für die Tätigkeit in allen Gauen des Deutschen Reiches bedeutet. Ich bin der Überzeugung, daß dann auch der NS-Lehrerbund ein Bollwerk gegen alle Internationalen sein wird, die mit sentimentalen Appellen an überlebte Begriffe der Vergangenheit glauben, sich wieder maßgebend in das deutsche Leben einschleichen zu können. Ich hoffe, daß dann auch diese Stätte zu einem Hort des kämpferischen Nationalsozialismus heranwächst, der begriffen hat, daß seine Mission mit der Erringung der Macht und der Sicherung des Deutschen Reiches nach außen noch lange nicht zu Ende ist, sondern daß sich die Lösung seiner Aufgaben auf viele, viele Geschlechter erstreckt. Und diese Geschlechter mit zu erziehen und zu begreifen, daß eine Geschichtsspanne der deutschen Nation nicht mit der Lebensdauer eines einzelnen Menschen gemessen werden kann, das gehört mit zu der kompromißlosen Durchsetzung der nationalsozialistischen Weltanschauung.

Die Einheit von Lehre und Leben und die gemeinsame innere

Entschlossenheit, dieses deutsche Leben von innen zu bilden und sich nicht nach Schablonen der Vergangenheit zu richten, das sei auch eine Aufgabe des Nationalsozialistischen Lehrerbundes. Ich wünsche ihm und seiner Führung eine kritische Wertung der Vergangenheit, einen entschlossenen Willen, einen Typus des nationalsozialistischen Lehrers heranzubilden, einen inneren Antrieb, die Jugend in ihren besten Kräften zu begreifen, um mit ihr gemeinsam die Bildung eines neuen Geschlechts durchzuführen und auf diese Weise mit Fundamente für den kommenden geistigen Dom der deutschen Nation zu errichten.

Dokument 34

Auch *Baeumler* geht von dem magischen Wort „neu" aus und ficht gegen Anschauungen, die es in der von ihm versimpelten Weise nie gab. Pestalozzi und Herbart sind seine klassischen Muster, die erst durch die „neue Zeit" überboten wurden. Baeumler entfaltet ferner, was er mit „politischer" Pädagogik meint, und erklärt dabei überraschend, daß das „Wörterbuch der erbarmenden Liebe" den Nationalsozialisten nicht zur Verfügung stünde. Dies ist eines der wichtigen zeitgenössischen Geständnisse, da das fehlende Wort auch für den fehlenden Inhalt steht. Der Lehrer soll vom Politischen her „in Bewegung (!) gesetzt werden", da das Pädagogische dazu nicht ausreiche.

Zum Schluß polemisiert Baeumler gegen einen Beitrag Fritz Blättners in der Zeitschrift „Die Erziehung" und wirft ihm vor, heimlich gegen die „Neugründung des Reiches der Deutschen" zu sein, darum wären „mildernde Umstände" ausgeschlossen. Die pädagogischen Wortführer des Dritten Reiches warfen sich ebenso zu Richtern auf wie die politischen Funktionäre. Die Bedrohung war zwischen 1933 und 1945 im geistigen Leben allgegenwärtig.

Alfred Baeumler: Die deutsche Schule und ihr Lehrer

in: A. Baeumler: Bildung und Gemeinschaft, Berlin 1942. S. 98–108.

Die nationalsozialistische Revolution hat dem Lehrer eine neue Stellung in der Lebensordnung des Volkes angewiesen. Aus einem Angestellten in dem Tempel „ewiger Werte", aus einem Aufklärer, der sich mit jenem „Wissen" gerüstet wähnte, das „Macht" ist, wurde ein schlichter Volksgenosse, dem eine bestimmte Aufgabe übertragen ist: die Aufgabe, auf die Jugend seines Volkes *durch Bildung* erzieherisch einzuwirken und auf diese Weise das Seine zu leisten an dem Aufbau der deutschen Volksgemeinschaft. In dem Augenblick, da diese Gemeinschaft in den härtesten Kampf um ihre Stellung in die Welt hineingerissen ist, muß sich erzweisen, wieweit und wie tief der Lehrer seine neue Aufgabe erfaßt hat.

Die Folgerungen, die sich aus der durch die Revolution geschaffenen Stellung des Lehrers ergeben, sind viel weitreichender und umfassender, als manche annehmen. Ein untrügliches Kennzeichen der sich wandelnden Lage ist die Schnelligkeit, mit der wir uns von dem pädagogischen Schrifttum der Vergangenheit entfernen. Dabei ist es natürlich gleichgültig, ob dieses Schrifttum vor fünfzig, dreißig oder zehn Jahren entstanden ist oder ob es aus dem Geiste der Vergangenheit noch in unseren Tagen entsteht. Der Lavendelduft der Abgestandenheit rührt ja nicht von der Jahreszahl her, sondern von der

189

Tatsache der völligen Unangemessenheit gewisser „pädagogischer" Gedankengänge an die gewaltige Wirklichkeit dieser Tage. Wer mitten in dieser Wirklichkeit steht, wird sich immer gerne und niemals umsonst zu den klassischen Schriftstellern der Pädagogik, zu Pestalozzi und Herbart, zurückwenden. Aber der Nutzen, den er aus der Beschäftigung mit den Klassikern zieht, beruht gerade darauf, daß er von seinem Standort her ihre Einsichten prüft. Nichts schiebt sich verwirrend zwischen ihn und sie, kein falscher Anspruch trübt die geistige Auseinandersetzung. Im Lesen der pädagogischen Klassiker erleben wir den Geisteskampf der Jahrhunderte; wir lernen nicht nur durch Teilnahme an ihren Erkenntnissen, sondern erhalten durch ihre Klarheit und Entschiedenheit auch noch das Geschenk, daß wir unserer eigenen Probleme um so gewisser werden. Durch die Schriften der Epigonen erfahren wir diese Erfrischung nicht mehr ...
Wie ganz anders klingt die Zielsetzung der Schulreform des Großdeutschen Reiches: „Bildung als die eigentümliche Aufgabe der Schule erschöpft sich nicht in der Entfaltung der individuellen Kräfte des einzelnen. Durch die Vermittlung des Bildungsgutes gliedert sie den jungen Menschen in die geschichtliche Gemeinschaft seines Volkes ein, durch die Vermittlung tatsächlicher Kenntnisse und Fertigkeiten befähigt sie ihn, das Leben zu meistern. Diese Aufgabe stellt die deutsche Schule gerade heute unter eine besondere Verantwortung. Deutschland ist arm an Raum und an Schätzen des Bodens, sein wahrer Nationalreichtum liegt in der Kraft, in der Gläubigkeit und in der Tüchtigkeit seiner Männer und Frauen. Aufgabe der deutschen Schule ist es darum, Menschen zu erziehen, die in echter Hingabe an Volk und Führer fähig sind, ein deutsches Leben zu führen, ihre geistigen Kräfte zu entfalten und zur höchsten Leistungsfähigkeit zu entwickeln, damit sie an ihrer Stelle die Aufgaben meistern, die Deutschland gestellt sind."
Was diese Zielsetzung ganz allgemein von der anderen unterscheidet, ist der politische Nerv. Von den besonderen Gegebenheiten des deutschen Daseins in einer grundlegenden Umschreibung des Erziehungszieles zu reden, wäre der pseudopolitischen Pädagogik der Vergangenheit als ein Verrat an den ewigen Werten erschienen. Wir sind dagegen der Meinung, daß man die ewigen Werte schlecht wahrt, wenn man dem Erzieher nicht als erste Aufgabe stellt, sich mit allen seinen Kräften für die völkische Gemeinschaft einzusetzen, die allein dauernde Werte zu schaffen vermag.
An die Stelle einer unbestimmten Pädagogik, die sich von ihrer Höhe auch zu den nationalen und sozialen Werten herabließ, haben wir die politische Pädagogik gesetzt ... Der Lehrer ist kein Ausnahmewesen, das sich etwa durch die besondere Nähe zu einer „Idee" auszeichnete, sondern steht in Reih und Glied mit Arbeitern, Bauern,

190

Soldaten in der großen Front. In der Schule dient er seinem Volk, und nach der Leistung der Schule innerhalb des nationalen Gesamtdaseins richtet sich sein Wert. Vor kurzem hat das der Chef der Schulabteilung des Reichserziehungsministeriums ausgesprochen: „Wird einmal die Schule als eine der vornehmsten Aufgaben und Einrichtungen des Reiches erkannt, dann wird es auch für den jungen Deutschen ehrenvoll und erstrebenswert erscheinen, den Beruf des Lehrers zu ergreifen. Die Wehrmacht des Dritten Reiches ist auch nicht dadurch zur heutigen Größe entwickelt worden, daß man sich begnügte, den Soldatenstand vor ungerechtfertigten Angriffen in Schutz zu nehmen, sondern dadurch, daß die Bedeutung einer starken Wehr für die Sicherung des Reiches erkannt wurde."

Neben dem Ernst einer solchen Formulierung nehmen sich die schönsten und längsten Definitionen der letzten Vergangenheit wie sentimentale Redeblumen aus.

Aus der im umfassendsten Sinne politischen Zielsetzung der Erziehung ergibt sich, daß der Lehrer von uns wesentlich und zuerst nur vom Politischen her angesprochen werden kann. Wir können ihm nicht im sternenbestickten Mantel der „pädagogischen Idee" gegenübertreten, das umfangreiche Wörterbuch der erbarmenden Liebe der Reiferen zu den Unreiferen steht uns nicht zu Gebote. Unsere Sprache ist nüchtern und manchmal vielleicht sogar hart. Wir wissen nur eines: werden wir vom Politischen her richtig verstanden, dann ist alles gewonnen, denn aus der Zielsetzung folgt alles andere. Werden wir nicht verstanden, dann ist alles umsonst, und die schönsten Anpassungen an die neue Zeit, die klügsten Rettungen der „Methode" helfen rein gar nichts. Ja, gerade diese Vermittlungsversuche wirken schädlicher als alles andere, weil sie Verwirrung stiften statt Klärung zu bringen und nichts als Lustlosigkeit und Ermüdung hinterlassen ...

Im Neuen Reich haben die Versuche aufgehört, den Lehrer von der Pädagogik her zu bewegen. Es ist einfach nicht mehr möglich, zu verkennen, daß der Lehrer von nun ab nur noch vom Politischen her in Bewegung gesetzt werden kann. Keiner, der nichts als Schulmann, Methodiker oder Bildungstheoretiker ist, hat heute noch Aussicht, von der gesamten Lehrerschaft gehört zu werden. Das mag eine schreckliche Vorstellung sein für solche, die Lehrstühle der unpolitischen Pädagogik einnehmen oder in Anspruch nehmen, allein es ist nun einmal die notwendige Voraussetzung für eine Umwandlung der deutschen Schule ...

Ein kritischer Betrachter der humanistischen Pädagogik von gestern hat kürzlich in der Zeitschrift „Die Erziehung" den Versuch gemacht, sich auch kritisch zu der theoretischen Grundlegung der Schulreform des Reichserziehungsministeriums zu äußern. Er findet einen

„lebenshemmenden Widerspruch" in folgenden, den Begriff des Lehrers berührenden Gedankengängen: Die Erziehung folgt der politischen Tat und dem Leben nach – soweit glaubt der Verfasser, Fritz Blättner, der Grundlegung zustimmen zu können. Unvereinbar damit findet er aber die Fortsetzung des Gedankens, die so lautet: Wenn eine neue Kultur entsteht, tritt die Schule, deren Aufgabe es ist, durch Bildung zu erziehen, in ihrer Bedeutung zurück, weil auch die Bildung aus dem Leben stammt und das Leben das erste Wort hat, nicht die Schule. „Ihre Bedeutung jedoch wächst in dem Maße, in dem der neue geistige Gehalt jenen Grad seiner Durchformung erreicht hat, in dem er lehrbar wird."

Was damit gesagt werden soll, ist völlig klar. Es wird ein geschichtsphilosophischer Grundbegriff eingeführt, der über den gesamten Gedankengang hinwegleuchtet. Wenn die Schule nicht mehr eine Insel der Seligen ist, auf der man fern dem „Getümmel" der Völker Mathematik und Grammatik treibt, sondern ihren Sinn und ihre Gehalte aus der ringenden Volksgemeinschaft empfängt, dann nimmt sie auch notwendig an dem geschichtlichen Auf und Ab der Dinge teil. Sie ist eben in Wahrheit nicht mehr unabhängig vom Leben, sondern ein Stück völkisches, geschichtliches Leben selber, dessen Gesetzen sie sich nicht entziehen kann. Eine im Entstehen begriffene Kultur vermag der Schule nicht geformte Gehalte darzureichen; sie vermag nur die *Lehrer* aufzurufen, sich in den Dienst des Werdenden zu stellen. Mit welcher Kraft ist zu dieser Arbeit gerufen worden – aber es gibt Menschen, die nicht hören wollen. Der Kritiker will nicht sehen, daß es die geschichtlichen Ernteepochen sind, in denen ein geistiger Gehalt „jenen Grad seiner Durchformung erreicht, in dem er lehrbar wird". Er erkennt daher nicht, daß „Lehrbarkeit" hier geschichtsphilosophisch verstanden werden muß: deutlich weist dieser Begriff auf die Leichtigkeit und Vollkommenheit hin, mit der sich in den Reifezeiten des Völkerlebens die erkämpften geistigen Gehalte fassen, überliefern, „lehren" lassen. *Wir* leben nicht in einer Erntezeit, unsere Generation ist nicht eine Generation der Ernte, sondern der Aussaat. Deshalb schauen wir vorwärts auf die Zeiten, in denen das geistige Gut, um dessen Fassung wir ringen, einmal lehrbar und damit nicht nur allen unseren Volksgenossen, sondern vielleicht auch einmal anderen Völkern zugänglich sein wird. „Auch das nationalsozialistische Zeitalter wird die Schule hervorbringen, die Geist von seinem Geiste ist, aber wir müssen uns bewußt sein, daß wir am *Anfang* der neuen Bildung stehen."

Unüberhörbar in seiner knappen Formulierung, und überdies noch durch den Druck hervorgehoben, muß dieser Satz jedem willigen Leser den Schlüssel zum Verständnis bieten. Wer von dem betonten Wort „Anfang" den Text rückwärts liest, kann den Sinn gar nicht verfehlen. Allein es scheint, daß die Fähigkeit zur Auslegung eines geschlossenen und durchdachten Gedankengangs durch allzu wortreiche Bücher über pädagogische Fragen geschwächt worden ist. Was wird bei dem Kritiker der Schulreform aus der Feststellung des geschichtlichen Charakters der Bildung und der Schule? Aus der Diagnose unseres Zeitalters als einer Epoche des Beginns? Eine zeitlose Behauptung über – den Lehrer! Wenn die Schule, so schließt Fritz Blättner, nur möglich ist im Einklang mit einem lebendigen politischen Leben („im Einklang" – an ihrer Ausdrucksweise sollt ihr sie erkennen), so kann sie sich nicht mit Bildungsgütern befassen, die einem abgelaufenen Tag der Geschichte entsprungen sind. Ohne mit der Wimper zu zucken, unterschiebt er der Grundlegung den ungemein törichten Gedanken: erst nachdem das neue Weltbild von Künstlern und Denkern seine „Durchformung" erfahren habe, werde es der Schule als Lehrstoff übergeben; von der Erringung des Weltbildes selbst jedoch soll die Schule ausgeschlossen sein. Damit, so endet diese bedenkenlose Auslegung, ist der Lehrer zum bloßen Vermittler eines Durchgeformten von gestern gemacht – und, so dürfen wir wohl ergänzen, so etwas nennt sich Schulreform – eine Schulreform ohne Lehrer!

Der von Fritz Blättner entdeckte „Widerspruch" sieht also folgendermaßen aus: die Reform behauptet, die Schule mit dem Leben in Verbindung zu setzen; sie tut aber das Gegenteil, indem sie den Lehrer vom schaffenden Leben aussperrt und zum bloßen Übermittler schon geformten Stoffes herabsetzt. Und diese ganze Verkehrung ist angeschlossen an das einzige von seinem Zusammenhang sorgfältig befreite Wort „Durchformung". Daß bei dieser sonderbaren Auslegung ein Zwischenraum von einigen Jahrzehnten (oder auch Jahrhunderten) entsteht, in denen der Lehrer überhaupt nichts zu tun hätte, ficht den Kritiker nicht an. Er hält sich offenbar durch einen unsichtbaren Ausschuß für berufen, die zu belehren, die den Satz „das Leben und die Politik haben den Vorrang vor der Schule" nicht mit dem Kopfe nachgesprochen, sondern mit dem Herzen gedacht haben. Und wenn seine Anklage in den Vorwurf ausläuft, daß die Reform dem Lehrer keine schöpferische Aufgabe stelle – diese Reform, deren theoretische Grundlegung ein einziger Aufruf an den aus politischer Haltung mitschaffenden Lehrer ist –, dann gibt es dafür nur die Erklärung, daß der Vorwurf früher war als die Begründung. Auf die eigenen schwächlichen Versuche Blättners, etwas zu bieten, lohnt es sich nicht einzugehen, sowenig wie auf den Kniff, eine immanente Kritik vorzuschützen, um in Wahrheit eine Kritik aus einer fremden Grundhaltung heraus zu geben. Wir stellen abschließend nur noch von unserer Seite her einen „Widerspruch" fest. Der Kritiker gibt vor, vom Boden des heutigen deutschen

Staates aus zu denken. Er sucht den Eindruck zu erwecken, als vertrete er die wahren Belange des Lehrers. Und dieser eingeweihte Mann weiß nicht, welcher Gedanke vor allem sich für jeden Nationalsozialisten an die Person des Führers knüpft, der Gedanke von der *Neugründung* des Reichs der Deutschen. Daß wir am *Anfang* stehen, weiß jeder – der kluge Kritiker aber hat nicht einmal das unterstrichene Wort „Anfang" in der von ihm kritisierten Schrift finden können. Er, der sich selber existenziell widerspricht, will der Schulreform einen weltanschaulichen Widerspruch nachweisen. Die Erscheinung, daß gerade diejenigen sich zur geistigen Führung berufen fühlen, die keinen Schimmer von nationalsozialistischer Weltanschauung haben, ist uns wohlvertraut. Der Fall Blättner hat den Vorzug, das Verfahren der ganz Klugen in einem Modell darzustellen: erst empfiehlt man sich (z. B. durch eine Kritik am Humanismus) als neuer Staatsbürger; beim ersten Begriff aber, bei dem es ernst wird, enthüllt man sich als das, was man ist und immer war. Daß sich die peinliche Komödie in diesem Falle angesichts eines pädagogischen Textes von kristallklarer Logik abspielt, schließt mildernde Umstände aus.

194

Stricker spricht von „totaler Weltanschauung" und geht mit dem Begriff „Urfunktion" auf Ernst Krieck zurück, in dessen Gedankengängen er bleibt. Zum Schluß wird der Lehrer als „Vollstrecker des Willens unseres einzig großen Führers" dargestellt.

Reichshauptstellenleiter Hans Stricker: Der Lehrer ist Erzieher

in: Die neue deutsche Schule, H. 3/1937, S. 160–162.

Darin liegt das Wesen einer totalen Weltanschauung begründet, daß sie neben der Gestaltung eines politischen Ideals die Menschen in ihrem tiefinnerlichsten Wesen erfaßt, prägt und formt. Ziel und Wege der Erziehung sind deshalb von der Weltanschauung bestimmt.

Wohl ist Erziehung zum Teil *Urfunktion*. Wohl vollzieht sich Erziehung oft unbewußt und ungewollt durch das Leben, durch die Gemeinschaft, durch den Kampf ums Dasein. Wohl vollzieht sich die Erziehung längst, ehe sich der Mensch darauf besinnt. Was sich aber im Leben zufällig abspielt, muß durch ein planmäßiges Entfalten aller positiven Kräfte in einer bestimmten Zielrichtung bewußt gestaltet werden. Und so wird Erziehung Aufgabe.

Es ergibt sich nun die Frage, ob es vielleicht doch nicht besser und zweckmäßiger sei, die Erziehung vom Unterricht zu trennen, die Erziehung dem Elternhaus und der Hitler-Jugend zu überlassen und das Aufgabengebiet der Schule nur allein auf den Unterricht zu beschränken. Die Antwort ist klar. Unmöglich! Die Erziehung ist kein mechanisch konstruierter Entwicklungsprozeß. Erziehung ist niemals reine Funktionsschulung allein. Erziehung ist immer getragen von der Übermittlung konkreter Inhalte. Es gibt keine Formung ohne Erkenntnisse. Es gibt keinen Unterricht, der nicht erzieht. Wer heute in echt liberalistischer Weise trennen will zwischen Erziehung als Charakterformung und Unterricht als Bildung des Intellekts, wer heute unterscheiden will zwischen Erzieher und Lehrer, versündigt sich an der Ganzheit des Lebens.

Schon das Zusammenleben der Jugend im Klassenverband löst in gegenseitiger Wechselwirkung außerordentlich wertvolle erzieherische Kräfte aus, und alles, was in der Schule an Bildungsgut erarbeitet wird, wendet sich nicht nur an den Geist, sondern beeinflußt in gleichem Maße auch den Willen und den Charakter des jungen Menschen . . .

Es ist den deutschen Lehrern eine große Freude, daß der Führer die politische Aufgabe der deutschen Schule und die Bedeutung der erzieherischen Arbeit der deutschen Lehrer klar zu würdigen weiß. Der Führer hat das Hauptamt für Erzieher als Parteigliederung anerkannt und für die Erziehung innerhalb der Schule das Hauptamt für Erzieher und für die Erziehung außerhalb der Schule die Hitler-Jugend als parteimäßig verantwortlich erklärt. Und nach dem Führer hat auch eine Reihe anderer führender Persönlichkeiten der nationalsozialistischen Partei wiederholt die *drei* Erziehungsmächte, Elternhaus, Schule und Hitler-Jugend, eindeutig herausgestellt.

Die deutschen Lehrer handeln ohne Zweifel nach dem Willen des Führers, wenn sie sich mit aller Entschiedenheit dagegen wehren, im nationalsozialistischen Staate nur noch beamtete Kenntnisvermittler mit streng abgesonderten Pflichten und Befugnissen zu werden. *Die deutschen Lehrer sind Erzieher.* Sie haben in der Schule eine politische Aufgabe zu erfüllen. Ihnen ist nicht nur der Intellekt der Jugend allein, ihnen sind auch Seele und Körper dieser Jugend anvertraut. Der deutsche Lehrer spürt die große Verantwortung, die auf ihm ruht, und läßt sich darum sowohl in seiner nationalsozialistischen Haltung als auch in seinem nationalsozialistischen Wollen von niemandem übertreffen. Durchdrungen von dem felsenfesten Glauben an Deutschlands Größe und Unsterblichkeit kennt er nur ein Glück: *Als Vollstrecker des Willens unseres einzig großen Führers mit Recht Mitgestalter der deutschen Zukunft zu sein.*

Dokument 36

Dieses im „Parteichinesisch" verfaßte Dokument stammt aus der ideologischen Zentrale selbst und ist im „Organisationsbuch der NSDAP" niedergelegt. Was der Nationalsozialismus an Definitionen überhaupt geben konnte, findet man dort: den bürokratischen Entwurf einer „Schulung", die lückenlos wirksam werden und den Menschen verwandeln sollte. Die straffe Organisation der politischen Rang- und Befehlsverhältnisse war eine Wirkungsmöglichkeit der Ideologie, während sie in manchen anderen Zügen bewußt verschwommen gehalten wurde.

Der NS-Lehrerbund

in: Organisationsbuch der NSDAP, München 1943[7]. S. 252–256.

Hauptamt und Ämter für Erzieher

Aufgaben:
Das Hauptamt bzw. die Ämter für Erzieher haben bei den zuständigen Behörden alle schulischen Belange der NSDAP zu vertreten.
Für amtliche Zwecke, wie Anstellung, Ernennungen und Beförderungen, hat es die politisch-weltanschauliche Beurteilung der Erzieher und Erzieherinnen aller Schulgattungen vorzunehmen.
Die Beurteilungen werden im engsten Einvernehmen mit den zuständigen Kreisleitungen der NSDAP erstellt und in Form von Gutachten den zuständigen Regierungsstellen zugeleitet.
Gleichzeitig wahrt das Amt für Erzieher in Zusammenarbeit mit den staatlichen Anstellungsbehörden die Belange der NSDAP bei Schulstellenbesetzungen, insbesondere bei der Besetzung leitender Stellen (Schulleiter, Amtsleiter, Schulratsstellen usw.).
Ferner beschäftigt sich das Amt für Erzieher auch mit der Prüfung und Ausarbeitung von Vorschlägen zur Durchführung nationalsozialistischer Reformen.
Das Hauptamt für Erzieher betreut den Nationalsozialistischen Lehrerbund e. V. Der NS-Lehrerbund ist ein der NSDAP angeschlossener Verband.
Die Leiter des Amtes für Erzieher sind die Berater des Hoheitsträgers in allen Erzieherfragen.

NS-Lehrerbund

1. Mitgliedschaft:
Der Nationalsozialistische Lehrerbund e. V. (NSLB) ist die umfas-

197

sende deutsche Erziehergemeinschaft, der alle deutschen Erzieher als Einzelmitglieder angehören. Die Schulart ist dabei Nebensache.

2. Aufgaben:

Der NS-Lehrerbund ist für die Durchführung der politisch-weltanschaulichen Ausrichtung aller Lehrer im Sinne des Nationalsozialismus verantwortlich. Die in den NS-Lehrerbund seitens der Partei abgestellten Politischen Leiter der NSDAP werden unmittelbar durch das zuständige Schulungsamt der NSDAP weltanschaulich-politisch betreut und geschult.

Die weltanschaulich-politische Ausrichtung innerhalb des NS-Lehrerbundes erstreckt sich auf alle Walter und Mitglieder des NS-Lehrerbundes unter Würdigung ihres besonderen erzieherischen Einflusses auf das gesamte Volksleben; sie beschränkt sich also nicht auf die Walter innerhalb des NS-Lehrerbundes. Sie obliegt allein den Schulungsämtern der NSDAP, die die notwendigen Schulungsreferenten der NSDAP dazu abstellen und mit deren Einvernehmen die Leiter der Hauptstelle (bisher Abteilungsleiter) für Schulung im NSLB arbeiten.

Die gesamte fachliche Schulung auf weltanschaulicher Grundlage führen die Schulungshauptstellen (bisher Abteilungen) des NS-Lehrerbundes selbständig durch. Sie wird vom zuständigen Schulungsamt der NSDAP überwacht.

In Grenzgauen besteht die besondere Aufgabe, die Erzieher in grenzpolitischer Schulung zu unterrichten.

Von Zeit zu Zeit (nach Möglichkeit alle 2 bis 3 Monate) soll der jeweils zuständige Kreisabschnittswalter bzw. Kreisunterabschnittswalter des NS-Lehrerbundes an den Führerbesprechungen (Blockleiter, Zellenleiter, Amtsleiter) in den Ortsgruppen des zuständigen Arbeitsbereiches teilnehmen. Er soll über sein Aufgabengebiet *kurzgefaßte* Mitteilungen oder grundsätzliche, sein Fachgebiet betreffende Gedankengänge bekanntgeben und evtl. auftauchende Fragen beantworten.

3. Unterstellungsverhältnisse und Zuständigkeit:

Der Leiter des Hauptamtes für Erzieher ist in Personalunion Reichswalter des NSLB. Dem Hauptamt für Erzieher obliegt die fachliche Ausrichtung der Gauämter im Stab des jeweiligen Gauleiters.

Diesen Gauämtern sind angeschlossen die Gauwaltungen des NSLB. Der Leiter des Gauamtes für Erziehung ist in Personalunion Gauwalter des NSLB. Er untersteht disziplinär dem Gauleiter, fachlich dem Hauptamt für Erzieher.

Die Gauämter richten fachlich die Ämter für Erzieher in den für den Gau zuständigen Kreisleitungen der NSDAP aus. Diesen angeschlossen sind die Kreiswaltungen des NSLB. Der Leiter des Kreisamtes für Erzieher ist in Personalunion Kreiswalter des NSLB. Er untersteht disziplinär dem Kreisleiter. Die Kreiswaltung des NSLB stellt die unterste selbständige organisatorische Einheit dar. Bei Vorhandensein von Kreisabschnitten untersteht der Kreisabschnittswalter dem Kreiswalter des NSLB.

Sofern in größeren Schulen die Bildung von Kreisunterabschnitten notwendig wird, untersteht der Kreisunterabschnittswalter dem Kreisabschnittswalter.

4. Gebietliche Organisation:

Die gebietliche Organisation des NS-Lehrerbundes stimmt ohne Ausnahme mit derjenigen der NSDAP überein, d. h. der Arbeitsbereich einer Gauwaltung des NS-Lehrerbundes deckt sich mit demjenigen eines Gaues der NSDAP. Der Arbeitsbereich einer Kreiswaltung des NS-Lehrerbundes deckt sich mit demjenigen eines Kreises der NSDAP.

Bei Notwendigkeit, d. h. wenn eine erhöhte Anzahl von Mitgliedern dies erfordert, kann eine Kreiswaltung eine weitere Unterteilung in Kreisabschnitte erfahren. Dabei muß der Arbeitsbereich eines Kreisabschnittes sich mit demjenigen einer oder mehrerer Parteiortsgruppen decken, wobei ein Kreisabschnitt mindestens 50 Mitglieder haben muß. Ferner können in größeren Schulen bei Notwendigkeit Kreisunterabschnitte als weitere Unterteilung der Kreisabschnitte gebildet werden, wenn der Kreisunterabschnitt mindestens acht Mitglieder umfaßt.

Außerdem faßt der NSLB seine Mitglieder in den Gauwaltungen und bei Notwendigkeit in den Kreiswaltungen noch nach Fachschaften zusammen. Fachschaften werden in jedem Einzelfalle nur dann gebildet, wenn 20 oder mehr Angehörige der gleichen Fachschaft innerhalb eines Dienstbereiches vorhanden sind. Bei nicht genügender Anzahl von Angehörigen der gleichen Fachschaft findet die Zusammenfassung im übergeordneten Dienstbereich statt.

Die Fachschaften des NSLB sind folgende:

Fachschaft   I: Lehrer an Hochschulen,
Fachschaft II: Lehrer an Höheren Schulen,
Fachschaft III: Lehrer an Mittelschulen,
Fachschaft IV: Lehrer an Volksschulen,
Fachschaft V: Lehrer an Sonderschulen
(Taubstummenwesen, Blindenwesen, Anstaltsschulen, Hilfsschulwesen),
Fachschaft VI: Lehrer an Berufs- und Fachschulen
(kaufm. Schulen, gewerbliche Schulen, Berufs- und Fachschulen, techn. Lehranstalten, hauswirtschaftliche Schulen),

Fachschaft VII: Sozialpädagogische Berufe:
        a) Kindergärtnerinnen, Hortnerinnen,
           Jugendleiterinnen,
        b) Sozialpädagogische Lehranstalten.

5. Dienststellung:

Der Leiter des Hauptamtes für Erzieher bzw. die Leiter der Ämter für Erzieher berufen Parteigenossen in ihren Stab und beordern sie zur Dienstleistung im angeschlossenen Verband (NSLB) ab. Sie können diese Parteigenossen für den Dienstrang eines Politischen Leiters dem zuständigen Hoheitsträger vorschlagen; dabei sind die Bestimmungen des Personalamtes zu beachten. Diese Parteigenossen bzw. Politischen Leiter treten als Einzelpersonen zum Stab des Hauptamts- bzw. Amtsleiters.

Der Leiter des Gauamtes für Erzieher bzw. der Gauwalter des NSLB hat die Dienststellung des Leiters eines Amtes der Gauleitung, der Leiter des Kreisamtes für Erzieher bzw. der Kreiswalter des NSLB die Dienststellung des Leiters eines Amtes der Kreisleitung, der Kreisabschnittswalter des NSLB die Dienststellung des Leiters einer Hauptstelle der Kreisleitung, der Kreisunterabschnittswalter die Dienststellung des Leiters einer Stelle der Kreisleitung.

Diese Erhebung muß als Apologie verstanden werden. Es lag nach der „Machtübernahme" jeder Berufsgruppe am Herzen, ihren gewichtigen Beitrag für das Dritte Reich ins rechte Licht zu rücken, weil davon politisches Ansehen und finanzielle Zuwendungen abhingen. Über den wissenschaftlichen Wert dieser Statistik läßt sich wenig sagen, da totalitäre Staaten bekanntlich ihre Materialien nie objektiv zugänglich machen, sondern alle Zahlenangaben bereits unter propagandistischen Vorzeichen mitteilen. Immerhin gibt die Statistik einen gewissen Anhalt.

Statistisches Material über die aktive Mitarbeit der deutschen Lehrer an der nationalsozialistischen Lebensgestaltung nach einer Erhebung vom 1. Mai 1936

in: Johann von Leers und Heinrich Hansen: Der deutsche Lehrer als Kulturschöpfer, Frankfurt 1939, Verlag Diesterweg, S. 164 f.

Mitglieder des NSLB: 97 Prozent der gesamten Erzieherschaft, davon 32 Prozent Parteigenossen und 700 Ehrenzeichenträger.
Die Erzieherschaft stellte der Bewegung: 7 Gauleiter und stellvertretende Gauleiter[21], 78 Kreisleiter, 2668 Ortsgruppen- und Stützpunktleiter; 62 Prozent aller männlichen Parteigenossen im NSLB waren Politische Leiter.
In den Gliederungen der Partei (SA, SS, NSKK, NSFK, NS-Marinebund) befanden sich: 23 Prozent der männlichen Mitglieder und 52 Prozent der männlichen Parteigenossen, 1388 in Stellungen vom Sturmführer aufwärts.
HJ und Jungvolk: 10 533 Lehrer waren verantwortlich tätig, 170 in Stellungen vom Bannführer an und 3500 in Stellungen vom Fähnleinführer an.
BDM und Jungmädchen: 7500 der weiblichen Mitglieder hatten Stellungen von der Untergauführerin bis zur Führerin einer Mädelgruppe inne.
In der NS-Frauenschaft waren 27 000 Mitglieder des NSLB tätig, davon 74 als Gau- und Kreisfrauenschaftsleiterinnen und 1218 als Ortsfrauenschaftsleiterinnen.
Dem Luftsportverband gehörten an: 13 Prozent der männlichen Mitglieder, davon 14 000 im Modellbau ausgebildet, d. h. 14 000 Lehrer hatten an Lehrgängen teilgenommen, um die Jugend dem Luftsport zuzuführen.

Höhe der Gesamtleistungen an die HJ:

1934:	8 541.– RM
1935:	19 000.– RM
1936:	280 000.– RM

ebenda, S. 165.
Die Zeitschrift „Weltanschauung und Schule" belegt mit überzeugenden Berichten die tatkräftige Mitarbeit der Lehrer in der HJ. Viele Lehrkräfte stehen aktiv in der Jugendarbeit, in den Adolf-Hitler-Schulen, als Jungbannführer, Sportwarte und Referenten für weltanschauliche Schulung. Insgesamt waren nach dem letzten Bericht 11160 deutsche Lehrer in der HJ neben ihrem Schuldienst tätig. Von ihnen sind 15,8 Prozent über 40 Jahre, 40,5 Prozent 30 bis 40 Jahre alt. 130 Lehrkräfte sind zur Tätigkeit in HJ und DJ voll beurlaubt. Das Gerede von „vergreisten Schulmeistern" und Gegensätzen zwischen Schule und HJ erweist sich danach als gänzlich unberechtigt.

ebenda, S. 168. Über Schulung
Ein besonderes Wort dürfte noch über die Hauptabteilung „Schulung" am Platze sein. Als wir mit dem Umbruch 1933 vor der Aufgabe standen, dem Führer zur Verwirklichung seiner schulpolitischen Ideen eine geeignete Erzieherschaft zur Verfügung zu stellen, erwies sich eine gründliche Schulung als notwendig. Sie durfte nicht nur der allgemeinen politischen Seite gelten, sondern mußte sich ebensosehr auf die eigentliche praktische Berufsarbeit erstrecken. Gauleiter Wächtler hatte als derzeitiger Kultusminister von Thüringen schon vor der Machtübernahme mit der Jungerzieherschulung in Egendorf (Thüringen) mit großem Erfolg begonnen. So entstanden denn nun auch in kurzer Zeit überall in den Gauen Schulungsstätten des NSLB, in denen die Lehrer mit dem neuen Geiste der Erziehung vertraut gemacht wurden. Dabei kam den Lehrgängen im „Haus der deutschen Erziehung" noch eine besondere Bedeutung zu. Von den Gau- und Zentralveranstaltungen gehen monatlich unzählige Lehrer als Bannerträger der Idee und Erneuerer unseres Gedanken- und Wissensgutes wieder hinaus in Stadt und Land, um die Erziehung nach den neuen nationalsozialistischen Grundsätzen einheitlich zu gestalten.

c) Lehrerbildung

Wie eine politische Machtgruppe sich zu den Fragen der Lehrerbildung stellt, ist ein untrügliches Kennzeichen für ihre kulturpolitische Haltung überhaupt; die Fortschrittsfreudigkeit läßt sich an kaum einer anderen Stelle deutlicher ablesen. Dort zeigt sich nämlich wie in einem Brennglas, welche Auffassung man von Volksbildung und damit von der kulturellen und politischen Mündigkeit des einzelnen und der Gruppen hat. Wenn die Lehrerbildung verändert wird, so deutet das auf bestimmte dahinterstehende politisch-pädagogische Absichten, auf eine allgemeine Umorientierung. Von daher läßt sich erwarten, daß der Nationalsozialismus besonders auf dem Felde der Ausbildung von Volksschullehrern neue Vorstellungen entwickelte.

Der große Fortschritt der Lehrerbildung hatte im 19. Jahrhundert darin bestanden, einen geregelten Ausbildungsweg zu schaffen. Damit gewann der Lehrerstand korporativ die Möglichkeit, bestimmte soziale und wirtschaftliche Forderungen anzumelden und sich um öffentliches Prestige zu bemühen. Es handelte sich damals um eine sechsjährige konfessionell unterschiedene Ausbildung, die nach dem Volksschulabschluß begann, so daß der junge Mensch zumeist mit zwanzig Jahren in das Berufsleben übertrat. Dieses alte Lehrerseminar (drei Jahre Präparandenanstalt, drei Jahre Seminar in engerem Sinne) leistete im Rahmen des ihm gesteckten Zieles gute Arbeit. Es erhob nicht den Anspruch einer wissenschaftlichen Ausbildung, sondern vermittelte mit dem Wissen in den Lehrfächern auch die Methode der Wissensvermittlung. Es ging um eine Art Kompendienlehrstoff, der zugleich didaktisch und methodisch erschlossen werden sollte. Der Lehrer lernte aber nicht, wie er sich selbständig weiterbilden konnte; und deshalb plagte nicht wenige Lehrer oft der Neid auf das „akademische Wissen".

In der Weimarer Verfassung von 1919 hieß es (Art. 143, Abs. 2), daß die Lehrerbildung nach den Grundsätzen einheitlich für das Reich zu regeln sei, „die für die höhere Bildung allgemein gelten". Damit war erstmalig ein akademischer Status des Lehrers ins Auge gefaßt mit der Voraussetzung, daß die Reifeprüfung den Zugang zum pädagogischen Studium öffnete. Die zwanziger Jahre wurden, wie überhaupt im geistigen Leben des deutschen Volkes, für die Lehrerbildung sehr fruchtbar, obwohl es zu der verfassungsgemäßen einheitlichen Regelung für das gesamte Reich nie kam. Verschiedenartige Möglichkeiten zeichneten sich ab. In einigen Ländern verlegte man die Lehrerbildung an bestehende Universitäten oder Hochschulen (sogenannte Pädagogische Institute), oder es wurden überhaupt neue Modelle geschaffen wie vor allem in Preußen die Pädagogischen Akademien durch den Weitblick und die Tatkraft des Kultusministers Carl Heinrich Becker (1926 als erste Gründungen Bonn, Elbing, Kiel). Schließlich bestanden 1930 fünfzehn solcher Akademien in Preußen, die in einem viersemestrigen Studium die künftigen Lehrer heranbildeten. Die wirtschaftliche Notlage zwang leider die Regierung im Frühjahr 1932, acht der bestehenden Pädagogischen Akademien zu schließen. Freilich kam auch in einigen deutschen Ländern die Entwicklung über das alte Seminar nicht hinaus.

Mit der „Machtübernahme" geschah ein kulturpolitischer Erdrutsch. Durch den Erlaß vom 6. Mai 1933 wurden die Pädagogischen Akademien in „Hochschulen für Lehrerbildung" umgewandelt und bewußt in ländliche Umgebung verlegt bzw. dort neu gegründet, wie z. B. in Lauenburg/Pommern (vgl. Dok. 44a). Voraussetzung zum Besuch dieser Anstalten war noch das Reifezeugnis einer höheren Schule, und die jungen Menschen wurden in einem viersemestrigen Lehrgang ausgebildet. Wegen des starken Lehrermangels richtete man aber 1939 *Staatliche Aufbaulehrgänge zur Vorbereitung auf das Studium an Hochschulen für Lehrerbildung ein, um körperlich, geistig und charakterlich besonders bewährten Volksschülern und Volksschülerinnen nach Vollendung ihrer Schulpflicht in vierjähriger Ausbildung die Möglichkeit zum Studium an einer Hochschule für Lehrerbildung zu geben. Diese Staatlichen Aufbaulehrgänge erfaßten in erhöhtem Maße Jungen und Mädchen vom Lande und aus der breiten Masse des Volkes, die eine Förderung im Sinne des Punktes 20 des Parteiprogrammes verdienten. Sie wurden in der bewährten Form der nationalsozialistischen Gemeinschaftserziehung auf Staatskosten in Gemeinschaftsheimen untergebracht, verpflegt, bekleidet und von besonders ausgewählten Lehrkräften (Studienräten, Studienassessoren, Volks- und Mittelschullehrern) erzogen und ausgebildet. Es entsprach dem Geist dieser Lagererziehung, daß die Jungmannen und Jungmaiden der Staatlichen Aufbaulehrgänge die Uniform der HJ und die Bundestracht des BDM, die Lehrkräfte (Schul-, Zugführer) eine Uniform ähnlich der der Erzieher an Nationalpolitischen Erziehungsanstalten trugen und daß der Selbstführung der Jugend ein weiter Spielraum gelassen war. (7, 132 f.)* Das Pensum an den *Hochschulen für Lehrerbildung* wurde der nationalsozialistischen Ideologie geöffnet und zeigte die geplante Entwicklungsrichtung durch seinen Ansatz: Man schuf neue politisch-weltanschauliche Grundfächer. Dazu zählten Vererbungslehre, Rassen- und Volkskunde sowie Wehrwissenschaft und Grenzlandkunde (vgl. Dok. 44a). Die religionspädagogische Unterweisung erlosch, da die Dozenturen seit 1939 nicht mehr neu besetzt wurden. Dies ist ein übliches Mittel des totalen Staats, unliebsame Bereiche langsam abzudrosseln. Außerdem erhielt in der Parteispitze die kirchenfeindliche Bormann-Gruppe immer stärker die Oberhand (vgl. auch 102, 6 f.).

Der stärkste Einschnitt erfolgte aber durch eine Entscheidung Hitlers im Frühjahr 1941 über die grundsätzliche Neuordnung der Volksschullehrerbildung. Danach wurden zum 1. April 1942 alle bisherigen Hochschulen für Lehrerbildung in *Lehrerbildungsanstalten* umgewandelt. Hitler schwebte dabei das Modell der Lehrerbildung seiner österreichischen Heimat vor, wo sich das alte Seminar erhalten hatte wie übrigens auch in Bayern. Hitlers geringe Meinung von den Lehrern und ihrer Arbeit (vgl. Dok. 30 b und e) sprach sich darin aus: Wer vom Gegenstand her nichts Wertvolles leistete, hatte auch keinen Anspruch auf differenzierte Ausbildung. Fortan traten vierzehnjährige Volksschüler in die Lehrerbildungsanstalten (LBA) ein, nachdem sie in einem „Musterungslager" auf ihre Tauglichkeit hin geprüft worden waren. Alfred Baeumler erklärte sogar das Lager zum „Ausgangspunkt der neuen Lehrerbildung" und berief sich auf die „pädagogische Atmosphäre" (vgl. Dok. 39). *Volksschullehrer werden künftig in einem Ausbildungsgang von fünfjähriger Dauer an eigens dafür bestimmten, mit Gemeinschaftsheimen verbundenen Anstalten ausgebildet. Jede Lehrerbildungsanstalt soll 300 Jungen oder Mädel umfassen. Diese tragen Hitler-Jugend-Uniform. (7, 133.)* Die neue Lehrerbildungsanstalt stand noch *unter* dem Seminar des 19. Jahrhunderts, das bereits pädagogisch sehr viel differenzierter ausbildete, als es in den nationalsozialistischen Instituten geschah. Der Lehrer wurde zu einem kleinen Funktionär des totalen Staates herabgedrückt. An der folgenden Stundentafel der Lehrerbildungsanstalt läßt sich die kümmerliche Berufsausbildung deutlich ablesen. Die Hilfswissenschaften der Pädagogik und die Geschichte der Erziehung erschienen überhaupt nicht; dafür gewann die Leibeserziehung die höchste Stundenzahl und verwirklichte damit Hitlers Forderungen aus „Mein Kampf":

Stundentafel der Lehrerbildungsanstalt

in: 7, 135.

Das Eingeklammerte gilt nur für Lehrerinnenanstalten, das übrige für Lehrer- und Lehrerinnenanstalten

	I.	II.	III.	IV.	V.Jahr	Summe
Leibeserziehung	5	5	5	3	3	21
Deutsch	5	4	4	3	–	16
Geschichte	3	3	3	2	–	11
Biologie	2	2	2	2	–	8
Volkskundliche Arbeitsgemein-schaft	–	–	–	–	2	2
Deutsch- und lebenskundliche Arbeitsgemeinschaft	–	–	–	–	4	4
Erdkunde	2	2	2	2	–	8
Musikerziehung	2	2	2	2	2	10
Instrumentalmusik	2	2	2	2	–	8
Kunsterziehung mit Zeichnen (einschl. Schriftpflege)	2	2	2	2	2	10
Werkerziehung	2	2	2	2	–	8
(Hauswerk mit) Gartenarbeit	1(–)	1(–)	1(–)	2(4)	–(3)	5(7)
Chemie	–	2	2	–	–	4
Physik	2	2	2	2	–	8
Mathematik	4	3	3	2	–	12
Fremdsprache	3	3	3	2	–	11
Grundfragen der Erziehung .	–	–	–	3	5	8
Allgemeine Unterrichtslehre und Methodik der Fächer. . . .	–	–	-	2	5	7
Schulpraxis	–	–	–	4	9	13
Schulkunde	–	–	–	–	1	1
	35	35	35	37	33(35)	175(177)

30 Jungen bzw. Mädel bilden eine Einheit eines Ausbildungsjahres.

Dokument 38

Krieck nimmt den von Eduard Spranger im Rahmen der Diskussion um die Pädagogische Akademie in den zwanziger Jahren geprägten Begriff „Bildnerhochschule" auf, den er in vier Forderungen völlig politisiert.

Ernst Krieck über Lehrerbildung

in: E. Krieck: Nationalpolitische Erziehung, Leipzig 1934 [17-18], S. 177 bis 179

Die deutsche Zukunft braucht nicht in erster Linie Träger einiger Fachwissenschaften, sondern Lehrer der deutschen Bildung, deutsche Bildner mit weitem Blick und Sinn. Solche Lehrer für alle Arten und Gattungen der Schule zu bilden, ist die Aufgabe einer künftigen pädagogischen oder Bildnerhochschule. Dabei wird diese Hochschule, gleich allen andern Typen der Hochschulen, alles das, was für ihre Berufsgruppe nötig ist, in sich enthalten und in ihrer Lehre darbieten, und zwar nicht als eine Sammlung für sich selbst bestehender Wissenschaftszweige, sondern in der Weise, wie es für die Lehrer erforderlich ist: zusammengefaßt zu einer zielbewußten Gesamterziehungswissenschaft. Die Hochschule hat Lehrer auszubilden, die auf das nationalpolitische Ziel realistisch von den verschiedensten Seiten her ausschauen und die durch ihre bildende Arbeit in den Schulen bewußt mitwirken am Werden der Nation. Leitgedanke für die Bildnerhochschule sind also die Forderungen der völkischen Schule und Schulreform:
1. Ausrichtung der bildenden Arbeit in allen Schulen auf die Wirklichkeit in ihrer polaren Spannung zwischen dem Gegebenen und dem Aufgegebenen;
2. Weckung des nationalpolitischen Bewußtseins in den Schülern, deren Heraufführung zum völkischen Weltbild in seinen weiten Zusammenhängen und großen Zielen;
3. Zusammenschau der vielen Einzelheiten und Einzelaufgaben in lebendigen Ganzheiten und unterrichtlichen Einheiten, die von den verschiedenen Wissenschafts- und Sachgebieten aus in Angriff zu nehmen und zur Darstellung zu bringen sind;
4. Abwandlung dieser Ganzheiten nach den jeweiligen Bedürfnissen der gemeinbildenden oder der Berufsschulen im weiten Rahmen der gestuften und gegliederten nationalen Einheitsschule.
Die Bildnerhochschule ist so zu organisieren und auszustatten, daß sie den Lehrern aller Gattungen und Stufen die für ihre Zwecke er-

forderliche Bildung mit auf den Weg geben kann, nicht sowohl in der Meinung, es sollten aus ihr fertige Menschen und Lehrer, Meister ihres Berufes unmittelbar hervorgehen, die Meisterschaft soll vielmehr in der Schule erst erworben werden. Aber die Hochschule hat den jungen Lehrern das Bewußtsein der Ziele und Aufgaben, dazu das nötige Wissen und Können mitzugeben, das sie befähigt, die Wege zu diesen Zielen selbst zu finden und zu beschreiten, das Wissen vor allem, wie die Methoden zu bilden, wo die nötigen Güter und Mittel für den lebendigen Gesamtunterricht zu finden sind, damit die Lehrer dereinst als Meister ihre Bildungsgüter selbst wählen und gestalten, daraus die bildenden Einheiten zusammenordnen und die wirksamen Weisen der Belebung des Unterrichts beherrschen können. Auch die Hochschule ist nur Weg und Anleitung zu lebendiger Selbstbildung: gerade der innerlich freie Mensch weiß, daß er nie fertiger Mensch ist, sondern im Ringen um seine Aufgaben unausgesetzt wachsen muß. Offen bleibe dabei vorerst die Frage, ob die Lehrer an technischen und Handelsschulen erst zu Technikern (Ingenieuren, Architekten) und Volkswirten ausgebildet und erst von da aus zum Lehramt angeleitet werden, oder ob sie Verzweigungen vom allgemeinen Lehramt nach der fachlichen Seite hin darstellen sollen. Es ist organisatorisch die Frage, ob die pädagogische Hochschule von sich aus auch die Fachlehren für diese Lehrer darzubieten oder das Fachliche den Technischen und Handelshochschulen zu überlassen habe. Jedenfalls hat die Bildnerhochschule gegenüber den Fachlehrern aller Art nicht nur die pädagogisch-technische Aufgabe, das Lehren zu lehren, sondern sie soll unter allen Umständen den völkisch-weltanschaulichen Lehrer bilden . . .
Die Lösung kann nur darin liegen, daß auf die Allseitigkeit, auf die Vielfächerigkeit, überhaupt auf das Prinzip der Fächerung, und auf die angebliche „Harmonie" dieser enzyklopädischen „Allgemeinbildung" grundsätzlich verzichtet wird, daß sie ersetzt wird durch eine Realerkenntnis des deutschen Volkstums und Lebensraums, die an lebendigen Bildungseinheiten gesamtunterrichtlich dargeboten wird, wobei nun auch jeder Lehrer das Recht auf seine Eigenart in Auffassung und Darbietung hat: er soll nicht vorgeben und vorschwindeln, ein enzyklopädischer Alleswisser und Alleskönner zu sein, sondern er soll einzig und allein seinen Unterricht beleben und seine Schüler bildend führen mit Richtung auf das gesetzte Ziel. Das Idol der Gleichförmigkeit und Ausgeglichenheit, der Harmonie der Bildung, worunter doch nur eine oberflächlich schematische Vielwisserei von unnützen Einzelheiten herauskommt, ist endlich vom Altar zu stürzen. Das ist nun die gewiß nicht leichte – zumal nicht in den Anfängen – Aufgabe der Lehrerbildung und

der Hochschule, jene lebendigen Einheiten, in denen die Bildung vorschreiten soll, selbst zu gestalten, den Lehrer danach zu bilden und ihn anzuleiten, wie er sie in seinem Unterricht dereinst neu gestalten könne.

Dokument 39

Baeumlers 1942 entstandener Beitrag setzt sich mit der im selben Jahr erfolgten endgültigen Neuregelung der Lehrerbildung auseinander. Er geht von der Tatsache der Lehrerbildungsanstalt (LBA) aus, die nach der grundsätzlichen Entscheidung Hitlers niemand mehr in Frage stellte. Baeumler drapiert diese willkürlichen Maßnahmen mit „Notwendigkeiten des nationalen Daseins" und „Gegebenheiten der Sache". Das ist ein Hinweis auf die schmähliche Rolle, die der Pädagogik unter einer zementierten Ideologie noch übrigblieb.

Baeumler preist das „Lager" als geeignete Stätte der neuen Lehrerbildung und beruft sich auf die „pädagogische Atmosphäre", die dort herrsche, um sich exakte Definitionen zu ersparen. Folglich treten lauter gefühlshafte Vokabeln auf wie „Gemeinschaftsleben", „Schullager", „Erlebnis", „innere Anteilnahme", „Luft erzieherischen Lebens", „Bereitschaft", „verehrendes Herz", „ergreifen", „verwandeln", „Wunder", „reden hieße zerreden", „Lagerfeier" usw.

Dies ist eines der deutlichsten Beispiele nationalsozialistischer Erziehung, der klaren Begrifflichkeit gedanklicher Durchdringung zu entgehen und sich im trüben Zwischenbezirk halbgeklärter Gefühle anzusiedeln. Von dort her war die deutsche Jugend allerdings auch zu „Opfern" aufzurufen, die unter dem ehrwürdigen Namen des Vaterlandes gefordert wurden.

Alfred Baeumler: Die neue Lehrerbildung

in: A. Baeumler: Bildung und Gemeinschaft, Berlin 1942, S. 74–80.

Die Lehrerbildung steht heute im Mittelpunkt des Interesses nicht nur des Kulturpolitikers, sondern auch des Theoretikers der Erziehung, weil hier, gleichsam an einem Modell, gezeigt werden muß, *wie man vom Politischen her ein Grundproblem der Kultur seiner Lösung entgegenführt.* Zum ersten Male kann unbeeinflußt durch Überlieferung die Lehrerbildung rein aus den Notwendigkeiten·des nationalen Daseins und aus den Gegebenheiten der Sache aufgebaut werden ...

Die künftige Lehrerbildungsanstalt ist äußerlich (also unzulänglich) angesehen eine *höhere Schule mit zusätzlicher Berufsausbildung.* Aus technischen und psychologischen Rücksichten ist es sogar empfehlenswert, die vier Jahre der allgemeinen Ausbildung von der Berufsvorbildung durch eine Zwischenprüfung zu trennen. Allein durch diese Trennung wird die Eigenart der Lehrerbildungsanstalt nicht berührt. Diese besteht gerade darin, daß der der Allgemeinbildung

210

gewidmete Abschnitt und der der Berufsvorbildung gewidmete Abschnitt untereinander aufs engste verbunden sind. Die Lehrerbildungsanstalt richtet sich in ihrem *Gesamt*aufbau nach dem Beruf, zu dem sie ausbildet, indem sie das Schülersein in den Vorgang der Berufsausbildung mit einbezieht. Nicht erst von einem bestimmten Zeitpunkt an, sondern *schon als Schüler* wird der heranwachsende junge Mensch auf seinen künftigen Beruf ausgerichtet. Das ist das einfache Geheimnis der Lehrerbildungsanstalt.

Ausgangspunkt der neuen Lehrerbildung ist das *Lager.* Die Wirklichkeit der Erziehung selbst, so wie sie sich im und am werdenden Menschen in den Jahren seiner reichsten Empfänglichkeit ereignet, steht am Anfang. Damit ist etwas gegeben, was aus Gründen der Exaktheit nur mit einem unbestimmten Ausdruck bezeichnet werden darf. Nennen wir es die *pädagogische Atmosphäre.* Der künftige Lehrer wird in jedem Falle aus einer Stätte kommen, die ihn durch ein von Musik, Spiel und Wort lebendig durchströmtes *Gemeinschaftsleben* geformt hat. Er kommt nicht von der Schule in eine Hochschule, sondern er kommt aus der Schule ins Schul-Lager und kehrt von da zur Schule zurück, bereichert um das Erlebnis der Gemeinschaftserziehung, an welchem alle anderen Bildungserlebnisse von nun an sich zu messen haben.

Es macht einen gewaltigen Unterschied, ob ein junger Mensch, getrieben vom eigenen Wunsche oder bestimmt durch den Zufall, nach dem Durchlaufen einer höheren Schule sich dem Lehrerberuf „zuwendet" – oder ob er von seinem vierzehnten Lebensjahr an innerhalb einer bewegten, frischen Gemeinschaft steht, die ihm in ihren lebendigen Bezügen den *Vorgang der Erziehung täglich neu zum Erlebnis werden läßt.* Nicht darauf kommt es an, wieviel man einer werdenden Seele darbietet oder aufnötigt, sondern darauf, wieviel sie aus innerer Anteilnahme tatsächlich in sich aufnimmt und verarbeitet. Je kräftiger und reiner im pädagogischen Lager die Luft erzieherischen Lebens weht, desto reiner und inniger wird sich auch das Bild künftigen Lehrertums unbewußt in der Seele des Heranwachsenden gestalten. Damit aber wird eine Bereitschaft zur Aufnahme geschaffen, die wichtiger ist als jede zeitliche Ausdehnung des Studiums. Die Seele läßt sich, wie alles Lebendige, nicht künstlich abrichten. Sie verkümmert unter dem Zwang von Zielsetzungen, die sie nicht versteht; sie blüht auf und leistet das Größte, wenn sich das, was sie zu schaffen hat, an ein vom verehrenden Herzen erfaßtes Bild anschließt. Der Grundgedanke der neuen Lehrerbildung ist, daß der Schüler im Anstaltslager nicht nur „lernt", sondern unmerklich zugleich *ergriffen wird von dem, was ihn verwandelt,* von der Atmosphäre einer dem Leben nach allen Seiten offenstehenden pädagogischen Provinz...

Es wäre falsch, die Aufmerksamkeit der Heranwachsenden zu früh auf methodisch-pädagogische Probleme zu lenken, und völlig verfehlt wäre es, durch wiederholte Hinweise auf die Bedeutung des Geschehenden für den künftigen Beruf *Stimmung machen* zu wollen. Vor nichts hat sich das pädagogische Lager mehr zu hüten als vor der direkten Bewußtmachung und vor der Alltäglichmachung des Wunders. Wohl hat vieles von dem, was im Lager geschieht, eine doppelte Seite: die Lieder, die gesungen werden, wird der junge Lehrer später auch mit seiner Klasse singen, die Spiele, die er jetzt spielt, die Leibesübungen, die er mitmacht, wird er später selber leiten. Aber dieses „Später" soll ihm nicht immerfort vor Augen gestellt werden. Die Beziehung auf den künftigen Beruf wird ein für allemal als *selbstverständlich* vorausgesetzt. Von ihr reden, hieße sie zerreden. Auch bei den Lagerfeiern sollte davon nicht immer die Rede sein. Der junge Mensch ist gegen nichts mehr negativ empfindlich als gegen Absichten und gegen Anspielungen auf ferne Zwecke, die mit seiner Person zusammenhängen. Man überlasse das Berufsproblem zunächst in der Hauptsache den Vermutungen und Gedanken der Jugendlichen selbst. Erst wenn die Zeit der Allgemeinbildung abgelaufen ist, wird der *Beruf als Problem* in das Bewußtsein gerückt, dann aber sogleich mit der größten Entschiedenheit und dem stärksten Nachdruck.

Auf der letzten Stufe wird die Tätigkeit des Lehrers Gegenstand der Lehre. Damit wird das Problem der Erziehungswissenschaft an der neuen Lehrerbildungsanstalt aufgeworfen. Fritz *Uplegger* hat im Februarheft von „Weltanschauung und Schule" (1941) festgestellt, daß pädagogische Unterweisung in der künftigen Lehrerbildungsanstalt kein Fach unter Fächern sein wird. Das kann die Pädagogik an einer Lehrerbildungsanstalt schon deshalb niemals sein, weil sie zentral ist. Uplegger hat mit Recht das *Bewußtmachen der erzieherischen Wirklichkeiten und Erfahrungen* in den Mittelpunkt gerückt und ausgesprochen, daß es keinen pädagogischen Theoretiker mehr geben könne, der nicht zugleich aktiver Zugführer sei . . . Der belebende Hauch des großen geistigen Umbruchs, in dem wir stehen, muß gerade in der erziehungswissenschaftlichen Arbeit spürbar werden.

Die Lehrerbildungsanstalten haben nicht nur den Auftrag, aus der Weltanschauung heraus zu erziehen, sie müssen auch *Mittelpunkte des neuen Erziehungsdenkens* werden. An jeder Anstalt müssen sich Erziehungswissenschaftler befinden, die aus der Praxis heraus zu den neuen Grundproblemen vordringen. Nicht um eine bloße Spiegelung der Wirklichkeit geht es, sondern um das Aufsuchen der echten Problematik: aus dem Erlebnis heraus muß gefragt werden, es müssen Folgerungen durchdacht und grundsätzliche Antworten gegeben werden – alles das aber im Angesicht und in der stetigen Auseinandersetzung mit der großen deutschen pädagogischen Tradition. Diese Erziehungswissenschaftler werden sich nicht als Urheber der neuen Lehrerbildung fühlen, aber sie werden sich immer bewußt bleiben, daß ohne ihre Tätigkeit dem pädagogischen Lager das fehlen würde, was von Herbart auf gut deutsch *Besinnung* genannt worden ist.

Der Redner geht von Hitlers Gaserkrankung aus, die im Lazarett Pasewalk behandelt wurde, wo Hitler auch den Zusammenbruch der deutschen Armeen erfuhr. Auf diese Nachricht hin beschloß er, „Politiker zu werden", wie er in „Mein Kampf" wenigstens erzählt. Der „Leiter der Hansischen Hochschule für Lehrerbildung" macht daraus „geistige Schöpferunruhe" und „Genialität". Die Apotheose Hitlers ist damit eingeleitet, der sich die Vorstellungen vom „einsatzbereiten Volksgenossen" leicht anfügen lassen. Das Soldatische kennzeichnet er als rassische „Bindekraft" und führt von daher zum Lehrer als „pädagogischem Soldaten" oder „Offizier" weiter.

Der deutsche Lehrer und Erzieher als pädagogischer Offizier

Vortrag des Leiters der Hansischen Hochschule für Lehrerbildung (Hamburg), SS-Hauptsturmführer Prof. Pein anläßlich der Verpflichtungsfeier für die Jungsemester am 19. 1. 1940

in: Nationalsozialistisches Bildungswesen, Heft 5/1940, S. 145–152.

Adolf Hitler hat in dem tiefsten Schmerz seines Lebens, auf dem Verwundetenbett im Lazarett Pasewalk, als einfacher Gefreiter des Weltkrieges die geistige Schöpferunruhe in sich gespürt, die Wiedergeburt des zusammengebrochenen Deutschlands in einer Idee neu zu finden und zu gestalten. Allein, Ideen sind schon oft in der Geschichte aufgetaucht, haben eine Zeit mit Interessen und Geisteskämpfen lebendig gemacht, ohne jedoch dauernde Spuren zu hinterlassen. Adolf Hitler hat neben seiner genialen Neuschöpfung des Wertes „Volk" auf rassischer Grundlage und als Synthese in dem bisher in bürgerlichem Nationalismus und proletarischem Sozialismus aufgespaltenen deutschen Volkskörper die große Eigenschaft gezeigt, seine Welt mit zeitgemäßen Mitteln zu bauen und seine Gegner nicht zuletzt durch diese Zeitgemäßheit zu vernichten. Seine Sturmabteilungen haben mit ihrer elementaren Instinktsicherheit und Soldaten-Unbedingtheit die Idee des Nationalsozialismus zum praktischen und damit politischen Durchbruch geführt. Das soldatische Moment der nationalsozialistischen Bewegung mit seinen Bestandteilen Kampf und Kameradschaft spricht eine Seite der deutschen Rassenseele an, die im Gefolgschaftswesen unserer nordisch-germanischen Vorfahren, im Rittertum, im Wehrbürgertum des Mittelalters, im friderizianischen Preußentum, im Frontsoldatentum des Weltkrieges erklungen ist und heute wieder erklingt. Wenn ein neues Reich aus schöpferischem Geist verbunden mit soldatischer

Haltung geboren wird, aus der tiefsten Tiefe völkischer Zersetzung neu ersteht, dann haben die Ewigkeitswerte unserer Rasse bei dieser Geburt Pate gestanden, dann gelten sie für das Leben unseres Volkes und damit für den Beruf als einen Teil des Lebens in unserem Volke schlechthin. Wir sind ein Volk von Soldaten geworden, und das soldatische Moment in Verbindung mit jeder Berufssondernote ist uns heute eine Tatsache. Wir sprechen vom politischen Soldaten und verstehen unter ihm den für die Gesamtheit stets einsatzbereiten Volksgenossen, gleich, ob es sich um Saalschutz, Wehrsport, Winterhilfe oder Altmaterialsammlung handelt. Wir erblicken in dem politischen Soldatentum unserer Bewegung den einzigen Boden neben der Wehrmacht, auf dem Volksgenossenschaft ohne gegenseitigen Neid, ohne abstrakte Verflüchtigung, ja ohne irgendeine menschliche Verfälschung gelebt werden kann. Das Soldatische ist eben die elementarste, natürlichste Bindekraft, die uns aus unserer Rasse mitgegeben ist.

Der militärische Soldat

Der militärische Soldat wird geprägt durch den unbedingten Gehorsam, durch die disziplinierte Waffenhandhabung, aber auch durch den Geist, in dem der Waffendienst ausgeübt wird. Seine Sprache ist das Exerzierreglement: knapp, eindeutig, praktisch, imstande, in einer Waffeneinheit mit dem geringsten Wortumfang disziplinierte Gefechtstätigkeit zu erzielen. Der letzte, tiefe Ernst dieser harten Disziplin wird garantiert durch die Verantwortung des militärischen Führers für die Schlagkraft und den Lebensschutz der Truppe. Der militärische Soldat und vor allem der Offizier muß immer in Haltung sein, weil sein Beruf am engsten mit dem wehrmäßigen Schutz der Nation verbunden ist und diesen nur so garantieren kann. Diese Haltung kennzeichnet ihn im und außer Dienst: beherrscht, bestimmt, von eindeutiger Knappheit im Wortgebrauch. Das Exerzierreglement ist seine Grundschule und muß ihm trotz bedeutender Geistesausweitung, wie z. B. im Generalstab, als formendes Gebot immer erhalten bleiben.

Der politische Soldat

Der politische Soldat wird bestimmt durch das dynamische Moment der Politik, Politik in Wort und Sinn aufgefaßt als Kampf und Arbeit für die Erhaltung und Wertsteigerung des Volkes. Er muß in Linie stehen und schweigen können wie der militärische Soldat, aber daneben muß er innerlich in dauernder geistiger Spannung sein, die ihn befähigen soll, ein immer waches Interesse an dem Volksleben und seiner praktischen Gestaltung zu nehmen. Wo politischer Dienst am Volk als besondere Aufgabe gestellt wird, wie in der

Propaganda der Kampfzeit, in der aufbauenden Arbeit nach der Machtübernahme und in der heutigen Kriegshilfe, stets ist er zur Stelle. Das Inliniestehen unter dem Kommando des Formationsführers und das gleichzeitige Mittragen und Miterleben der politisch-dynamischen Entwicklung hält ihn in einer polaren Spannung zwischen beherrschtem Schweigen und aktiver Anteilnahme und Äußerung: Er befiehlt und nimmt auf in militärisch-soldatischer Haltung, er soll außerdem politisch an allen Tagesaufgaben aktiviert werden und wird durch das daraus entspringende Interesse und die mit ihm verknüpften Erlebnisse zur Beredsamkeit gedrängt. Die Volksführung hat in der breiten Masse der politischen Soldaten eine wertvolle Trägerschaft ihrer Maßnahmen und Entschlüsse. Diese Trägerschaft gibt den Willen der Staatsführung unbewußt und bewußt an die breiten Massen des Volkes weiter.

Der pädagogische Soldat

Können wir nun neben diesen beiden Soldatentypen einen pädagogischen Soldatentyp begründen, der nach Lebensechtheit und Berufstreue bestehen kann und nicht eine analogisch gesuchte Konstruktion darstellt? Ist der Erzieher und Lehrer als pädagogischer Offizier zu denken, und welche persönlichen und beruflichen Eigenschaften muß er dann haben? Zum Unterschied vom militärischen und politischen Offizier hat er den Menschen in seiner wechselreichsten Entwicklungszeit vom 6. bis zum 18. Lebensjahre zu führen. Das Grundschulkind muß anders angesprochen und geistig geführt und gebildet werden als das Kind im Altersabschnitt von 10 bis 14 Jahren, und die Jugend von 14 bis 18 Jahren hat wieder ihre eigenen Entwicklungsstufen, die beachtet werden müssen, wenn der Lehrer und Erzieher einen lebendigen Dienst leisten will. Die Jugend im Schulalter muß sich innerlich einem Exerzierreglement widersetzen, weil ein Exerzierreglement zugeschnitten ist auf den Mann, der die Härte und Unbedingtheit des militärischen Befehls bis zur restlosen Einordnung ertragen kann. In der Jugenderziehung ist diese restlose, schweigende Einordnung wesenswidrig, weil der Schüler und Jugendliche in seinem ganzheitlichen Wachstum durch das Frage- und Antwortspiel des Unterrichts, die geistige und seelische Hingabefähigkeit des Lehrers und Erziehers und durch das Erlebnis der Klassengemeinschaft in Arbeit und Feierstunde innerlich unruhig gehalten werden muß. Zu dieser Unruhe tritt als beharrendes, stetiges Moment die Methode, Stoffplanung und der sachlich-nüchterne Gehalt einzelner Fachgebiete.

An diesem Punkt setzt das soldatische Element ein. Eine Jugenderziehung, die ein Übermaß an unruhigem Erlebnisinhalt hat, schwächt und überanstrengt die Jugend. Die Wissensübermittlung bringt schon durch ihre methodisch gesetzten Widerstände des Erziehers ein dauerndes Wachsein des Schülers mit sich, das sich dabei ergeben'de Interesse ebenfalls. Der Erzieher muß bei allem Selbstwert des Unterrichts und anderer erzieherischer Vorgänge auf den Nutzeffekt seines Handelns bedacht sein, und das führt ihn immer wieder zu einer gesunden Nüchternheit in seiner Arbeit und zur Selbstkritik zurück. Diese Eigenschaften sind durchaus soldatisch. Die Leistungshärte ist eine Grundbedingung für das Gedeihen einer Klassen- und Schulkameradschaft wie der stramme Dienst in der Kompanie für die militärische Kameradschaft. Sie ist der unentbehrliche Gegenpol zu dem jugendlichen Tummeln wie der Regen zum Sonnenschein und die Kälte zur Wärme. Die Jugend will diese Härte selbst und erkennt nur den Erzieher und Lehrer an, der sie in seinem Wesen hat. Diese Härte und Sachlichkeit muß nun auf den einzelnen Entwicklungsstufen der Jugend in einem Stoff- und Sachzusammenhang wirken, der aus den ewigen Lebensgesetzen unseres Volkes und ihren zeitgemäßen Ausdrucksformen fließt. Der Lehrer kann z. B. das germanische Gefolgschaftswesen der heutigen deutschen Jugend viel praktischer und eindringlicher an den Formationen der Bewegung und der Gefolgschaft eines Betriebes schildern als in manchen heute nicht mehr ansprechenden Literaturerzeugnissen. Die Aktualität des Unterrichts ist dann voll anzuwenden, wenn sie wirklich zeitformende Stoffe und Kräfte der Gegenwart enthält. Die planmäßige körperliche, charakterliche und geistige Ausbildung und Erziehung unserer Jugend in der Schule ist ein fest in sich verflochtenes System ... Die Bereitschaft zum politischen und praktischen Mitgehen und Handeln in den großen Fragen des Volkslebens muß die Krönung der Schulerziehung sein. In dieser Leistung vollendet sich der pädagogische Offizier. Ein Kapitulant der Wehrmacht, der an der Hansischen Hochschule für Lehrerbildung studierte, um Heeresfachschullehrer zu werden, erklärte mir vor kurzem auf mein Befragen, was ihm nach seiner bisherigen militärischen Ausbildung an dem Lehrstil unserer Hochschule fremd sei, folgendes: Es sei ihm aufgefallen, daß in den Vorlesungen und Übungen sehr eingehend und breit über die Lehrgegenstände gesprochen werde. Man könne das auch in der halben Zeit erledigen. Der Mann hat von seinem anerzogenen militärischen Standpunkt aus recht. Aber die beiden erzieherischen Situationen sind verschieden. Der pädagogische Offizier muß ausgiebig und mit Geduld erklären können. Er muß die Persönlichkeitsentfaltung des Kindes und Jugendlichen anreizen und bewußt Neben- und Umwege gehen, um zur völligen Klarheit im Erkennen zu führen. Er muß also mehr sprechen als der militärische Offizier, das hat er mit dem politischen Offizier gemeinsam. Er darf sogar mit heißer Leidenschaft Gedanken übermitteln, wenn seine Natur ihn dazu drängt. Das soldatische Moment liegt in seiner Tatbereitschaft und männlichen Haltung. Die Jugend muß wissen, daß er stets bereit ist, das zu tun, was er ihr als völkische Pflicht hinstellt. Er muß auch in der Form seiner Kleidung und seines gesellschaftlichen Auftretens so beschaffen sein, daß das Bild der Führerpersönlichkeit niemals verwischt wird.

Kann man auch der Erzieherin und Lehrerin diese Haltung zumessen? Einen weiblichen Offizier im Sinne des Mannes gibt es von Natur nicht; also können wir ihn auch nicht heranbilden. Die Frau ist jedoch im heutigen Deutschland im Arbeitsdienst, Luftschutz und im BDM zur Uniformträgerin geworden und soll an allen Vorgängen des völkischen Lebens auf ihre Art ebenso teilnehmen wie der Mann. Sie verhält sich anders zur Jugend als der Mann und hat ihre eigenen Voraussetzungen für die Jugenderziehung. In der Volksschule muß sie gleich dem Manne vor Jungen und Mädchen bestehen können. Sie wirkt am nachhaltigsten, wenn sie ihr Frauentum unverfälscht zum Ausdruck bringt. Die Notwendigkeit der Planung, Methode, Disziplin und Kameradschaft weisen in die Richtung soldatischer Tugenden ...

Die Hochschule für Lehrerbildung muß in Zukunft in den Stand gesetzt werden, in einer Zeit von sechs Semestern ein in pädagogischer, schulpraktischer, fachwissenschaftlicher und nicht zuletzt haltungsmäßiger Ausgeglichenheit geprägtes pädagogisches Offizierskorps heranzubilden. Das Pädagogisch-Soldatische besteht in der engen Bindung zwischen Dozenten und Studenten, in dem Zwang für den Studenten und die Studentin, vom ersten Semester ab vor der Klasse zu stehen und sich zu bewähren, und in dem ganzen praktischen Tun der Hochschule. Das pädagogisch-wissenschaftliche Moment liegt in der strengen geistigen Durchbildung; das Jugendleben und die notwendige persönliche Freiheit muß gewährt werden durch die Möglichkeit der Persönlichkeitsentfaltung im geistigen Suchen ...

Die akademische Freiheit der früheren Zeit hat sich nicht bewährt. Sie war bei dem großen Durchschnitt der Studenten – und mit einem, wenn auch durch geistige Bildung gehobenen Durchschnitt müssen wir auch auf den Hochschulen rechnen – praktisch eine Willkür. Man konnte früher so lange studieren, wie man wollte, wenn man Neigung und Geld dazu hatte. Nach unserer heutigen sozialistischen Auffassung vom Volksleben ist eine solche persönliche Willkür Diebstahl an der Nation. Der Student aller Fakultäten hat die Pflicht, sein Studium so gründlich zu betreiben und so rechtzeitig zu beenden, daß er bei voller Gesundheit und Arbeitskraft möglichst früh in den Arbeitsgang der Nation eintreten und eine Familie gründen kann.

Dokument 41

Das folgende Dokument kreist um das zentrale Wort „Einsatz" und unterstellt ihm alle pädagogischen Verhältnisse. *Freudenthals* Abhandlung bietet geradezu einen Katalog politisch-militärischer Terminologie: Front, Ausrichtung, Mannschaft, Lager, Flaggendienst, Volksdienst, Stoßtrupp, Kampfverband, Kameradschaft und schließt volltönend mit dem „Glauben an die Sendung". Alle pädagogische Problematik schiebt der Verfasser beiseite. Er schwimmt auf einer Woge von Begeisterung, im Reiche Adolf Hitlers als Erzieher dienen zu können.

Prof. Dr. Herbert Freudenthal: Die Hochschule für Lehrerbildung als Erziehungsstätte im Dritten Reich[22]

in: Deutsche Volkserziehung, Frankfurt a. M., Heft 1/2 1937, S. 1–6.

Das wesentliche Kennzeichen der nationalsozialistischen Lehrerbildung ist nicht irgendein neuzeitlicher Einzelzweig ihrer Arbeit, sondern die einheitliche Sicht. Wissenschaftliche Schulung, berufspraktische Vorbildung, Leibesübungen, Musik- und Kunstschaffen – alles wächst aus der Zuversicht eines neuen deutschen Glaubens, aus den Aufgaben seines Bauplanes und aus den Inhalten seines Weltbildes. Das aber ist gleichbedeutend mit einer ausgesprochen *erziehungspolitischen Gesamtausrichtung* alles bildnerischen Bemühens.
Mit dieser Haltung steht die Hochschule für Lehrerbildung in der gemeinsamen Front der Erziehungsstätten und Erziehungsordnungen des Dritten Reiches. Was ihren Auftrag jedoch heraushebt, ist der Umstand, daß hier nicht eine allgemeine oder gar nur zusätzliche weltanschauliche Schulung getrieben, sondern hauptamtlich wiederum für den Erzieherberuf erzogen wird, der alle Erfahrung und Besinnung ein ganzes Leben lang in der Schulstube tagtäglich zu übersetzen hat. Dieser Sachverhalt rückt in dem Maße, als sich die Auswirkung vervielfacht, das erzieherische Anliegen selbst als Theorie und Praxis ausdrücklich in den Mittelpunkt, vertieft die Sicht, schärft das Gewissen, erhöht die Verantwortung und klärt die Mittel und Wege.
So liegt sowohl in der allgemeinen Ausrichtung der Lehrerhochschule als einer nationalsozialistischen Ausbildungsstätte als auch in ihrer besonderen Aufgabe als einer Berufshochschule für Lehrer eingeschlossen, daß die einzelnen Arbeitsfelder, die der Systematiker aus dem einheitlichen Lebensvollzug der Lehrerhochschule für die Betrachtung herausgliedert, nach Ziel und Inhalt überall erziehungspolitisch bestimmt sind . . .

Hier liegt nun der *erzieherische Einsatz* der nationalsozialistischen Lehrerbildung *im engeren Sinne.* Er erfolgt im wesentlichen *auf zwei Gebieten,* die in ihrer Eigenheit wie in ihrer Bezogenheit aufeinander und zur übrigen Arbeit für die deutsche Hochschule ausgesprochen neuartig sind.

Der *erste Einsatz* hat die ausdrückliche Aufgabe, über das Verhältnis von Angebot und Entgegennahme der Vorlesungen und sonstigen Veranstaltungen im materialistischen Sinne einer Umschlagstelle geistiger Güter hinaus eine Lebensform der Gemeinschaft zu entwickeln, die auf Grund zwischenmenschlicher Kameradschaft die sachliche Schicksalsverbundenheit in einem sinnfälligen Brauchtum immer wieder ins Bewußtsein hebt. Diese Lebensform kann im neuen Deutschland nur in der Mannschaft gefunden werden. So bestrebt sich ein dem übrigen Betrieb unlösbar eingelagerter, der Betrachtung aber als Sonderbereich erkennbarer *„Hochschulgemeinschaftsdienst",* ein mannschaftliches Brauchtum zu stiften und zu hüten. Umfang und Erscheinungsformen sind an den einzelnen Lehrerhochschulen verschieden, dem lebendigen Verlangen, den örtlichen Verhältnissen, der geschichtlichen Stunde angepaßt und dennoch überall in Gesinnung und Absicht gleich und vor allem keineswegs nur Programm, sondern nach vier Jahren Aufbauarbeit Wesensbestandteil.

In einem Normalaufriß lassen sich etwa folgende Veranstaltungen verzeichnen: Am Anfang steht ein Einführungs-, Vorbereitungs- und Ausleselager der Studentenschaft; außerhalb des Hochschulortes erfolgt vor Beginn des Studiums in der bewährten Form der Lagerkameradschaft die erste Fühlungnahme des Nachwuchses untereinander, mit den älteren Semestern und mit den kommenden Aufgaben. In unmittelbarem Anschluß wird am Hochschulorte der höchste einheimische Festtag begangen, der „Tag der Verpflichtung", der Aufnahme des neuen Semesters und seiner Einfügung in die verschiedenen Pflichtenkreise. Am Ende steht nach der Ablegung der Ersten Lehramtsprüfung die feierliche Entlassung, eine Vormittagsstunde des besinnlichen Abschieds und ein Erinnerungen weckender und festigender Kameradschaftsabend, veranstaltet zusammen mit dem örtlichen NSLB, der an diesem Tag die nunmehrigen Schulamtsbewerber von der Hochschule in seine Obhut übernimmt.

Und zwischen diesen Anfangs- und Endgliedern liegt nun die ganze Fülle des alle Hochschulangehörigen verpflichtenden brauchtümlichen Umgangs im Werktagsleben bis hin zu seinen feiermäßigen Überhöhungen, die den Rhythmus der Arbeitswoche und des festlichen Hochschuljahres begleitet und stützt: Da ist der Flaggendienst mit dem das Schwarze Brett entlastenden Betriebsappell zu Beginn der

Werkwoche und an ihrem Schluß, dazu die Gemeinschaftsstunde am Montag früh als Morgenfeier oder ein ähnliches Unternehmen, das alle vor dem Auseinandergehen an die verschiedenen Arbeitsplätze zunächst um ein gemeinsames Vorhaben zusammenschließt. Da ist die große Feier des 30. Januar, in deren Mittelpunkt eine national-politisch-wissenschaftliche Festrede steht, ebenso wie bei der Antrittsvorlesung jedes neuen Dozenten, die in einer sinnfälligen Verpflichtung vor der Hochschulmannschaft und der Hochschulgemeinde ausklingt. Da sind die Semestereröffnungs- und -schlußumzüge, die Lehr- und Wanderfahrten, die Rundfunkempfänge und Gastvorträge, regelmäßige Berichte und Aussprachen über die politische Lage wie im „politischen Zeitungsdienst", zusammenschließende Vorhaben wie die Vorbereitung des Verpflichtungstages, der Sommer- und Winterfeste, der Hausmusik und der Ausstellungen, der Abende für die Kameradschaften, in die sich die Studentenschaft aufgliedert. Alles wirkt zu seinem Teile mit, im Antreten und Beisammensein die Hochschule immer wieder als ein lebendiges Lager, als eine Schicksals- und Arbeitsgemeinschaft in mannschaftlicher Bindung zu erfahren und zu gestalten, sie für sich selbst und den anderen sichtbarlich herauszustellen.

Erst diejenige Erziehungseinrichtung, die selbst in einer festen Lebensform steht und sich dadurch als Erziehungsordnung ausweist, kann darangehen, eine Sendung nach außen zu erfüllen. So stellt der Hochschulgemeinschaftsdienst den tragenden und nährenden Untergrund für den *zweiten* ausgesprochen erziehungspolitischen Sonderbereich der Lehrerhochschularbeit dar, der sich als „Volksdienst" bezeichnen läßt.

Daß dieser Volksdienst nicht eine schöne Fassade oder eine ins Belieben gestellte zusätzliche Betätigung ist, sondern in der Aufgabe der nationalsozialistischen Lehrerhochschule beschlossen liegt, geht schon aus der Bevorzugung kleiner Grenzstädte bei der Neugründung und Verlegung der Lehrerhochschulen hervor. Diese Maßnahme enthielt stillschweigend den dringlichen Auftrag, am neuen Orte aus den Mauern der Hochschule herauszutreten, mit allem Ernst und aller Kraft durch einfaches Mittun und zielsicheres Vortun die Volksverbundenheit zu suchen und so die Erzieherhochschule zum pädagogischen und kulturellen Rückhalt ihrer Landschaft zu machen. Dieser Auftrag war in der Kleinstadt zeitgemäßer, sichtbarer und im Augenblick wirkungsvoller zu erfüllen, obwohl er auf seine besondere Weise auch für die Großstadt bestehen bleibt.

Eine solche Aufgabe wird durch eine andere Überlegung noch unterstrichen: Der nationalsozialistische Außenauftrag bedeutet nicht nur Versprechen und Geschenk der Hochschule an die Landschaft, sondern auch umgekehrt eine Sättigung der Hochschule mit den lebendigen Kräften der Landschaft, eine unbedingt notwendige Erweiterung der Erziehungsgrundlage und Bewährungsebene der neuen lehrerstudentischen Ausbildung. Im Gegensatz zu dem äußeren und geistigen Internat der Vorkriegsseminare ist die nationalsozialistische Lehrererziehung öffentlich in dem Bewußtsein, daß Schule und Hochschule sich nur erlebnismäßig aus dem Ganzen der politischen Volkserziehung von heute und morgen begreifen können, daß sie von einem „Boden" ihrer Arbeit nicht nur sprechen, sondern in ihm durch Dienst verwurzelt sein müssen. Lehrerbildung darf sich nicht erschöpfen in der Vermittlung von Handwerkskniffen für die Schulstube und ihrer theoretischen Begründung. Sie muß tatkräftig leben im Gesamtvollzug des erziehungspolitischen Geschehens der Gegenwart und aus dieser vielseitigen Erfahrung die Stellung der Schule bestimmen, bauen und halten. In dieser Erkenntnis muß der künftige Lehrer schon während seines Studiums aufwachsen; es muß ihm zur selbstverständlichen Pflicht werden, in den Volksordnungen seiner Landschaft die erziehungspolitischen Aufgaben am eigenen Leibe zu erfahren, sie entweder als einzelner, als Gruppe, als Hochschulmannschaft im Einsatz aufzusuchen oder ihre Träger hereinzuholen in die Hochschulgemeinde oder die Ordnungen im eigenen Verband abbildlich und vorbildlich darzustellen. Unter diesen beiden Gesichtspunkten erwuchs in den wenigen Jahren der nationalsozialistischen Lehrerbildung eine nach Zahl und Art überreiche Fülle von Einsätzen im Volksdienst. Er ist von Hochschule zu Hochschule wiederum ebenso unterschiedlich wie der Gemeinschaftsdienst, weil er sich wie dieser richten muß nach den Möglichkeiten und Erfordernissen der jeweiligen Landschaft. Wie der Hochschuldienst ist auch er in allen seinen Einzelformen eine Einheit und deshalb schwer zu untergliedern. Eine Übersicht über eine normale Durchschnittsleistung mag auch hier die allgemeine Kennzeichnung verdeutlichen:

Schlichtes, anspruchsloses Mittun findet die Hochschule geschlossen überall vertreten bei den großen Gemeinschaftsveranstaltungen im festlichen deutschen Jahr der heimischen Landschaft, wie beispielsweise am Tage der Deutschen Arbeit. Weiterhin erklärt sie alle ihre großen einheimischen Sonderveranstaltungen, Verpflichtungs- und Revolutionsfeiern, Antritts- und Gastvorlesungen, Hausmusik- und Laienspielabende, Umzüge und Sportfeste zu öffentlichen und schafft sich so eine treue Hochschulgemeinde. Darüber hinaus aber sucht sie den Einsatz überall da, wo er nicht Bereicherung einer bloßen Unterhaltung überlebten bürgerlichen Stils bedeutet, sondern den kulturpolitischen Forderungen unserer Zeit entspricht; hierher gehört die Inangriffnahme wissenschaftlicher Arbeiten im Rahmen der Landesplanung und auf den Forschungsgebieten der heimatgebundenen Rassen- und Volkskunde, des Naturschutzes usw., ferner der Land- und Fabrikdienst der Studentenschaft, die Grenzlandarbeit, die Singefahrten. In diesen Vorhaben begegnet sich der lebendige Wille der Hochschule mit den Wünschen der Landschaft, die sie in dem Maße zu Hilfe ruft, als sie ihre Einsatzbereitschaft erfährt: Vorträge der Dozenten im NSLB und im Auftrage der verschiedensten Dienststellen und Organisationen in Versammlungen, Tagungen und Lagern, öffentliche Vorlesungen im Volksbildungswerk, Durchführung nationalpolitischer Veranstaltungen der Landschaft in eigener Verantwortung oder als Berater, Helfer und Ausgestalter (z. B. 30. 1., 9. 11.; Tag der deutschen Jugend, Langemarckfeier), Volkssinge- und Laienspielkreise, Bastelstunden für Mütter, Lese- und Erzählstunden für Kinder, Raumgestaltung im Sinne des Amtes „Schönheit der Arbeit", „Stoßtrupp"dienst der Kameradschaften in den Dörfern und Ortsgruppen, Patenschaften für auslandsdeutsche Schulen. Die Mehrzahl dieser Einsätze geschieht schon im Rahmen der Parteiarbeit, und hier liegt zweifellos die für beide Teile fruchtbarste innere Begegnung, die wiederum am sichtbarsten zutage tritt in dem Dienst sämtlicher Hochschulangehörigen in den Kampfverbänden der Bewegung. Die Lehrerhochschulen haben als erste und einzige die Mitgliedschaft in einem Kampfverband als Voraussetzung des Studiums gefordert und während der Ausbildung ein kräftiges Mittun für erzieherisch unbedingt notwendig gehalten. So hat sich überall ein ersprießliches Verhältnis gegenseitigen Nehmens und Gebens zwischen Hochschule und HJ (BDM), SA, SS entwickelt, wobei der Umstand, daß die Referentenstellen der Städte vielfach von der Hochschule besetzt werden, weniger wichtig ist als die Tatsache, daß Dozenten und Studenten Schulter an Schulter nach den Dienstgraden, die sie bekleiden, aktiv in der Front der Kampfverbände marschieren.

Von dieser einzigartigen Kameradschaft durchpulst ein warmer Strom schicksalhafter Zusammengehörigkeit auch die anderen Veranstaltungen der Hochschule. Keine steht außerhalb als Sonderangelegenheit etwa des Lern- oder des Lehrkörpers, und selbst Landdienst und Reichsleistungskampf, die unter der Verantwortung der Studentenschaft vor sich gehen, sind eingebaut in das Ganze der Hochschularbeit. Es ist vielleicht das beglückendste Erlebnis dieser Arbeit, daß die Lehrerhochschulen grundsätzlich keinen Streit der Belange und Kompetenzen von Dozentenschaft und Studentenschaft gekannt haben. Der große erziehungspolitische Auftrag verpflichtet alle auf geschlossenen Einsatz der Kräfte, und jede gemeinsame Erfahrung in diesem Dienst verstärkt das Bewußtsein der Kameradschaft in der Verwirklichung einer neuen deutschen Hochschule.

Andererseits senkt sich die Lehrerhochschule, getragen von dieser inneren Gewißheit ihres einheitlichen Wollens und Tuns, immer fester in das Gefüge ihrer Landschaft ein, und sie ist schon heute in Auswirkung ihres erziehungspolitischen Auftrags fast überall unlösbar mit ihr verbunden. Bereits der erste Jahresbericht einer Hochschule konnte diesen Sachverhalt *zusammenfassend* dahin kennzeichnen: „So entrollt gerade der ‚Hochschulgemeinschafts- und Volksdienst' ein vielfältiges Bild neuer deutscher Hochschularbeit. Er wird nicht aus Betriebsamkeit oder Geltungssucht geleistet, sondern als entscheidender Bestandteil einer nationalsozialistischen Erziehung der neuen Volkslehrergeneration ... Die Lehrerhochschule gliedert sich damit als Betrieb nationalsozialistischer Prägung organisch in das Gesamtgefüge der völkischen Arbeitsfront ein und schafft sich bei den Volksgenossen die Grundvoraussetzung all ihres Tuns: den Glauben an ihre Sendung."

Für die Dokumente 42 und 43 gilt sinngemäß, was bereits einleitend zum Text 41 ausgeführt wurde.

Prof. Max Momsen: Die Leibeserziehung in den Hochschulen für Lehrerbildung

in: Deutsche Volkserziehung, Frankfurt a. M., Heft 1/2 1937, S. 22–25

Das äußere Bild der Studentenschaft einer Hochschule für Lehrerbildung unterscheidet sich wesentlich von dem einer Universität. Damit ist nicht nur gemeint, daß an Festtagen und bei anderen Gelegenheiten die Studenten einheitlich im Braunhemd erscheinen – die Zugehörigkeit zu den Kampfverbänden der Bewegung ist selbstverständlich Voraussetzung für die Zulassung zum Studium –, sondern was den Unterschied ausmacht, ist die Tatsache, daß sie eine *Mannschaft* bilden. Während an der Universität die Vorlesungen und Übungen beinahe die einzigen Veranstaltungen darstellen, fügen sie sich an der Hochschule für Lehrerbildung in einen größeren Rahmen von Ausbildungsformen ein. Hier bilden alle Angehörigen der Hochschule eine enge Lebens- und Arbeitsgemeinschaft. Dafür sind die Höchstzahl von nur 450 bis 500 Studierenden und die einheitliche Arbeit die beste Voraussetzung. Die Hochschule für Lehrerbildung kann sich nicht damit begnügen, Erziehung zu lehren, sie muß vor allem selbst eine vorbildliche Erziehungsstätte sein. Wenn sie zur Volksgemeinschaft erziehen will, so muß sie selbst in sich einen geschlossenen Organismus darstellen, der das Volksganze versinnbildlicht. Sie muß selbst eine wahre „Betriebsgemeinschaft" sein. Daher gewinnen alle Veranstaltungen, die gemeinschaftsbildende Wirkung haben, eine besondere Bedeutung. Unter ihnen aber steht die Leibeserziehung an erster Stelle, denn kein Weg führt so sicher und so schnell zur Gemeinschaft wie der über den Leib. Das Leben und Treiben auf dem hochschuleigenen Spiel- und Sportplatz ist Ausdruck des Gemeinschaftslebens, das deshalb so nachhaltig wirken kann, weil durch Arbeit und Feier, durch den gemeinsamen Dienst im öffentlichen politischen Leben, durch Lager und Fahrt eine ganze Reihe von Lebensbereichen erfaßt werden. So ist also die Möglichkeit gegeben, zu einer wirklichen Hochschulmannschaft zusammenzuwachsen, die selbstverständlich auch die Dozenten und die Angehörigen der Hochschulverwaltung umfaßt. Wenn bei den studentischen Wettkämpfen die Hochschulen für Lehrerbildung selbst gegen Hochschulen, die mehrere tausend Studierende haben, erfolgreich abschneiden konnten, so ist das einerseits darauf zurückzuführen, daß hier wirkliche Erfassung des einzelnen Studenten möglich ist, andererseits aber auf die Auswirkung des an der Hochschule für Lehrerbildung lebendigen Mannschaftsgedankens.

Aus der Anerkennung der Leibesübungen als Grundlage der Erziehung schlechthin ergibt sich auch ihre Einordnung in den Studienplan der Hochschule. Schon vor der Zulassung zum Studium hat der Bewerber bei der Aufnahmeprüfung seine Eignung für den später zu erteilenden Turnunterricht nachzuweisen. So wird grundsätzlich kein Abiturient aufgenommen, der nicht schwimmen kann, denn ein junger Lehrer, der nicht Freischwimmer ist und auf dem Gebiet der Leibeserziehung versagt, wird heute von der Jugend als Führer nicht mehr anerkannt ... Dem eigentlichen Beginn des Studiums am Hochschulort ist bei fast allen Hochschulen ein Vorbereitungslager vorgeschaltet, das in der weiteren Umgebung der Hochschule an einem besonders geeigneten Ort durchgeführt wird. Inhalt der Lagerarbeit ist neben der weltanschaulichen Schulung und dem gemeinsamen Musizieren und Singen vor allem die Leibeserziehung. Als äußeres Ziel gilt die Erwerbung des Reichs- und des SA-Sportabzeichens. Die Vorwegnahme dieser Aufgabe kommt dann später der Studienarbeit zugute. Das eigentliche Ziel des Lagers aber ist die Hochschulmannschaft, und wenn nach Beendigung des Lagers die Studentenschaft in ihren Hochschulort einzieht, dann zeigen Lied und Marschrhythmus den Erfolg dieser Lagererziehung, die das neue Semester dem Hochschulverband besser einfügt, als es wochenlange Arbeit im Hörsaal vermöchte. Im Studienplan steht die Leibeserziehung vollwertig neben den anderen Arbeitsgebieten, was in der stundenplanmäßigen Berücksichtigung und in der Gleichstellung mit den anderen „Fächern" in bezug auf Vorlesung, Übung und Unterrichtspraxis zum Ausdruck kommt. Bei ihrer Durchführung ist eine doppelte Aufgabe zu lösen: einmal kommt es darauf an, den Studenten in seiner eigenen Leistungsfähigkeit zu fördern, zum anderen ist er für seine spätere Schultätigkeit auszubilden. Was die erste Aufgabe anbetrifft, so wird der noch nicht genügend oder nur einseitig vorgebildete Student durch stetig wechselnde Stundenbilder mit der Vielseitigkeit der deutschen Leibesübungen vertraut gemacht. Vor allem aber soll er die Leibesübungen in ihrer richtigen geistigen Grundhaltung kennen lernen, d. h. erkennen, daß es sich darum handelt, den Menschen vom Leibe aus für die Gemeinschaft, für den Dienst am Volke zu erziehen. Bei der Übungsauswahl finden die Gebiete eine besondere Berücksichtigung, die geeignet sind, ihn zu einer wehrhaften, kämpferischen Haltung zu erziehen. Daher sind Boxen, Fußball und Raufspiele als die Formen, die einen ausgeprägten Kampfgedanken enthalten, zum Kampf Mann gegen Mann erziehen, in den Ausbildungsplan aufgenommen; daneben gilt als Richtlinie Abkehr vom Spezialistentum, Pflege der Breitenleistung, des Mannschafts- und Mehrkampfes, Abhärtung gegen Schmerz, Unbilden der Witterung, Hunger und Durst; straffe Ordnung und Anerkennung des Führerprinzips, Bevorzugung der Leibesübungen, die in die Natur hinausführen, und Ablehnung der einseitigen „Aschenbahnkultur" mögen als weitere Gesichtspunkte die Richtung unserer Arbeit andeuten.

227

Prof. Peter Seidensticker: Die Kunsterziehung an den Hochschulen für Lehrerbildung

in: Deutsche Volkserziehung, Frankfurt/M., Heft 1/2 1937, S. 25–28.

Der Einsatz der Kunsterziehung an den Hochschulen für Lehrerbildung wird bestimmt vom Bilde des deutschen Volksschullehrers der Zukunft, von den kunsterzieherischen Aufträgen, die ein volkhaft bestimmter Unterricht ihm stellt, und von der Rolle, die er als Pfleger und Pflanzer deutscher Volkskultur spielt und spielen kann. Von der klaren Sicht der Tatsächlichkeiten und Möglichkeiten, die die Stellung des Volksschullehrers umfaßt, her, gewinnt die Kunsterziehung in der Lehrerbildung die Knappheit und die Eindringlichkeit, die eine so kurzfristige Ausbildung fordert.

Die Kunsterziehung sieht ihr Ziel im Rahmen der Gesamtausbildung darin, einen Lehrer mitschaffen zu helfen, der

1. einen arteigenen deutschen Zeichen- und Werkunterricht erteilen kann.

Dazu muß er sich bewußt darüber sein, daß durch seine Hand die gesamte deutsche Jugend geht, die einmal als herangewachsene Volksgenossenschaft auch die Sachwalterin der deutschen Kultur sein wird. Die Fähigkeit, das Kulturerbe der Vorfahren zu erkennen, zu werten und weiterzuentwickeln, kann der deutsche Volkslehrer während des Durchlaufs des jungen Volkes durch seine Schule entscheidend beeinflussen. Der einstmals kulturtragenden Gesamtheit kann er hier die Verantwortung deutlich machen, die in der Verwaltung dieses Erbes liegt. Dazu muß er ihr die Verpflichtung zeigen, die das Überkommene enthält. Der kommenden kulturschaffenden Künstlerschaft aber, die ja auch unter seiner Schülerschar verborgen sitzt, muß seine sichere Führung die Irrwege und die schweren Mühen ersparen, die sich immer daraus ergeben, daß die erbangelegte Formkraft deutscher Kinder in einem Zeichenunterricht unterdrückt und verborgen wurde, der gegen die Grundgesetze künstlerischen Denkens und Fühlens verstieß. Ebenso sicher, wie eine kommende deutsche Dichtung ihre schlichteste Voraussetzung in einer sauber gelernten Muttersprache hat, ebenso gewiß beginnt eine volkhafte deutsche Kunst mit dem selbstsicheren Finden des deutlich lesbaren Bildzeichens in der Zeichnung des Kindes. Aus der Erkenntnis des ununterbrochenen Stufenweges, der von der Kinderzeichnung über die volkskünstlerische Leistung des Bauern, Handwerkers und Arbeiters zum hohen volkkündenden Kunstwerk führt, ergibt sich die Verantwortung, die jede Zeichen- und Werkstunde enthält. Darum muß der Lehrer, der ihr gerecht werden will, die Entwicklungsgesetzlichkeit der kindlichen Formkraft kennen und muß wissen, welchen Anteil Werkstoff und Werkzeug am Schaffensvorgang haben.

Der Volksschullehrer muß

2. imstande sein, die wichtigsten Ansprüche, die von den Fächern an den Zeichenunterricht gestellt werden, so in die Zeichen- und Werkarbeit einzufügen, daß eine Vermengung der Grundsätze, die für die sachlichen Aufgaben gelten, mit denen der eigentlich künstlerischen Schaffensarbeit vermieden wird. Die Auswirkungen der notwendigerweise abstrakten und schematischen Zeichnungen, die für Physik, Chemie und Erdkunde beispielsweise gebraucht werden, auf den übrigen Zeichenunterricht können verheerend sein. Erst eine saubere Trennung und Verdeutlichung der jeweiligen Inhalte wird ihnen gerecht und führt zu klaren Ergebnissen.

3. muß der deutsche Volksschullehrer über den Raum der Zeichen- und Werkstunden hinaus den Gestaltungsanruf verstehen und befriedigen können, der von jeder gesunden Gemeinschaft, also auch von der Klasse und Schule, ausgeht. Erziehungs- und Festräume muß er mit seiner Gefolgschaft formen und schmücken, die täglichen Lebensformen der Gemeinschaft wie die großen Feiern und Feste der Nation mit ihr für sie ausgestalten. Er muß um die Bindung volkstümlichen Brauchtums an die Artung ihrer Trägerschaft wissen, damit er Raum- und Festformung über die Kurzlebigkeit individualistischer Gestaltung hinweghaben kann.

Der deutsche Volksschullehrer muß

4. der Kulturwart des Kreises sein, den sein Schulsprengel bezeichnet. Von der kulturellen Arbeit an und mit der Geschlechterkette, die in 40 Dienstjahren durch seine Erziehung geht, muß das Vertrauen in die Gemeinden ausstrahlen, das ihn zum getreuen Eckart der Kunst- und Kulturwerte macht, die diese Gemeinschaft zu hüten hat. Er wird das Gesicht der Dörfer überwachen, Verschandelungen verhüten und beseitigen helfen und Neues mit seinem verständigen Rat gut in das verpflichtende, vorhandene Schöne einpassen.

5. und endlich müssen politische Klarheit und Schärfe seine kunsterzieherische Arbeit beherrschen. Politischer Wille kann bedeutungslose „Auchmöglichkeiten" netter Zeichenstunden ebensowenig dulden wie die gefährliche Luft reaktionärer und expressionistischer Versuche. Politische Einstellung verlangt von den Dingen, die geformt und gestaltet werden, straffe und ehrliche Haltung und erprobt ihre Kraft im Ernstfall. Der Lehrer muß in der Kunsterziehung ebenso entschlossen für die Grundlegung einer neuen Volkskunsthaltung arbeiten, wie er den Versuch abwehren muß, an die Stelle ernster

und tiefsinniger Volkskunst die neumodische Massenware schablonenhafter und verniedlichender Volkstümelei zu setzen. In gleichem Maße zu bekämpfen ist die abstoßende Art konjunktureller Ausnutzung der nationalen Symbolik und ihre Verkitschung.

Aus dieser Zielsetzung ergeben sich Planung und Arbeitsweise der Kunsterziehung an den Hochschulen für Lehrerbildung ...

Der kunsterzieherische Stoßtrupp jeder Hochschule ist das „Kunstseminar", das aus den Studenten besteht, die sich für Kunsterziehung als Wahlfach entschieden haben. Neben seiner wissenschaftlichen Arbeit in Theorie und Praxis ist das Seminar der berufene Träger aller Fest- und Feiergestaltung, erfüllt auch alle laufenden Anliegen in künstlerischer Hinsicht vom gutgeformten Anschlagbrett bis zum Sportabzeichen für den Anzug der Sportmannschaften ...

Schon heute ist der Erfolg der kunsterzieherischen Arbeit der Hochschulen erkennbar an der wachsenden Form aller Feste und Feiern im Hochschulbereich, auch da, wo sie sie selber nicht gestaltet, an den Klassenräumen vieler Schulen des Landpraktikums und in der Arbeit der jungen Lehrer, die die Hochschule erzog. Der neue Volksschullehrer wird zum wichtigen, wenn auch unbekannten Kämpfer der deutschen Volkskultur.

Dokument 44 a

Die „Grenzlandhochschule für Lehrerbildung" in Lauenburg (Pommern) war die erste Einrichtung dieser Art nach 1933. An ihr läßt sich die Absicht des Staates über die Lehrerbildung ablesen, verbunden mit der „kulturpolitischen" Aufgabe. Es ging
1. um „Blut und Boden"; der Lehrer sollte sich an die „Scholle" gebunden wissen.
2. Es sollten „Stützpunkte" der ländlichen Bildung geschaffen werden.
3. Die soldatische (gymnastisch-musische) Erziehung hatte in „artgemäßer" Umgebung zu geschehen.
4. Die „blutende Ostgrenze" war zu stärken, der „Grenzlandkampf in breiter Front" vorwärtszutragen. Man hatte „geistiger Vorposten auf östlicher Grenzwacht" zu sein.

Franz Kade, Lauenburg/Pommern

in: Die neue Schule. Monatsschrift für alle Fragen der Volksschule. Ausgabe B, Heft 1/1934, S. 5–8.

Ostpommern ist durch den Versailler Vertrag Grenzland geworden und leidet deshalb besondere Not. Das wurde von dem überwundenen System zuwenig beachtet, im Reich kaum gesehen. Man hat für Ostpommern nichts getan, deshalb war hier ein Gefühl der Verlassenheit aufgekommen.
Jetzt bahnt sich ein Wandel an. Der nationalsozialistische Staat wendet den Blick nach Osten. Die neuen Männer im preußischen Kultusministerium haben erkannt, daß der Osten nicht nur ein wirtschaftliches Problem ist, sondern daß hier auch wichtige kulturpolitische Aufgaben zu erfüllen sind. Mit dem Schwung der jungen Generation haben sie durch die Gründung der Lauenburger Hochschule einen entscheidenden Schritt nach dem Osten getan. Lauenburg ist damit der erste Brückenkopf der neuen geistigen Ostarbeit geworden. Durch die Wahl Lauenburgs als Sitz der ersten nationalsozialistischen Hochschule für Lehrerbildung hat die Regierung den Ostpommern einen großzügigen Beweis dafür geliefert, daß sie gewillt und bereit ist, die Ostpommern in ihrem wirtschaftlichen und kulturpolitischen Kampf an des Reiches Grenze tatkräftig zu unterstützen. Das Grenzland ist stolz auf dieses Geschenk und dankbar dafür, das zeigte sich besonders am Tage der Eröffnung. Die Hochschuleröffnung war ein gemeinsames Volksfest für Stadt und Land. Der ganze Kreis Lauenburg nahm daran teil.
Die Lauenburger Hochschule ist ein Werk und ein Stück der na-

tionalsozialistischen Revolution. Mit Lauenburg ist die preußisch-deutsche Lehrerbildung in einen neuen Abschnitt eingetreten. Die Gründung der ersten landgebundenen Hochschule für Lehrerbildung ist ein wegweisender Schritt zur nationalpolitischen Ausrichtung des deutschen Bildungswesens. In der Lauenburger Neugründung offenbart sich unverfälscht das kultur- und bildungspolitische Wollen des Nationalsozialismus, das alle Erziehung und Bildung in den Dienst der Wiedergeburt des deutschen Volkes aus Blut und Boden stellen will. Die Tragweite dieser entscheidenden kulturpolitischen Tat kann heute noch nicht übersehen werden.

Die Arbeit der Hochschule wird durch die nationalsozialistische Bildungsidee bestimmt, welche die deutsche Schule auf eine neue Grundlage und sinnvolle Einheit stellt. Sie muß uns Lehrer der deutschen Bildung, deutsche Bildner mit weitem Blick und Sinn und nicht Träger von Fachwissenschaften geben (Krieck).

Die Hauptaufgabe der Hochschule liegt in einer radikalen Wendung zur Scholle hin. Sie wurzelt in der Landschaft: Aufbau und Arbeitsweise werden von den besonderen Bedingungen des Ostraumes bestimmt. In Abkehr von der Großstadt erstrebt sie in volks-, boden- und grenzgebundener Arbeit den Durchbruch zur volkhaften Bildung. Sie will zu einem Teil der Rücksiedelung aufs Land werden. Kultusminister Rust hat diese Aufgabe bei der Eröffnungsfeier scharf herausgestellt. Er sagte: „Es ist ein bewußter Schritt, den ich heute getan habe. Es ist der erste – und es soll nicht der letzte sein. Hinaus auf das Land, wo die Menschen mit Heimatverbundenheit in ihren Empfindungen unzerstört beieinanderwohnen. Dort soll der junge Lehrer sich bilden. Und er soll sich nicht bilden in den vier Mauern seiner Schule, sondern er soll aus ihr herausgehen und die unmittelbare Verbindung mit Volk und Boden täglich und stündlich herstellen. So wird wenigstens die ländliche Lehrerhochschule ein wesentlicher Faktor werden für die Verlangsamung der Entwurzelung unseres Volkes. Sie wird umgekehrt zunächst einmal dem Lande den Lehrer geben, nach dem es schreit, und der Großstadt den Lehrer, der die Kräfte des gesunden Landes in die Großstadt wieder hineintragen wird: Volksverbundenheit und Bodenverbundenheit."

Eine weitere wichtige Aufgabe ist der Hochschule durch die Lage hart am Korridor, an der blutenden Ostgrenze, gestellt. Aus dem Geist der Kräfte des Ostens wächst ihre Arbeit, und sie erzieht zur Erfüllung der Aufgaben, die uns der Osten stellt. Sie will die Grenzlandarbeit geistig unterbauen und den Grenzlandkampf in breiter Front vorwärtstragen. Sie steht als geistiger Vorposten auf östlicher Grenzwacht und wird an der kulturellen Betreuung der Ostgrenze mitarbeiten und wird versuchen, von dieser Seite her das nationalpolitische Kräfteverhältnis zu unseren Gunsten zu beeinflussen. Sie sieht in der kulturpolitischen Grenzlandarbeit eine Ehrenaufgabe und einen Ehrendienst am deutschen Volke.

Für beide Aufgaben werden besondere Institute aufgebaut: Institut für Landpädagogik und Institut für historisch-politische Grenzlandkunde.

Vorlesungen und Übungen sind nicht die einzigen Arbeitsformen. Damit die Studenten eine lebendige Verbindung mit dem Volke, mit Land und Stadt und Grenze finden, wird ein großer Teil der Arbeit in die Landschaft verlegt. In allen Semestern gehen die Studenten in kleinen Gruppen unter Führung eines Dozenten ins Land hinaus (Dorf, Siedlung, Grenze), um es wirklich zu erobern. Es wird ernsthafte Hinwendung, restlose Hingabe und voller persönlicher Einsatz erstrebt. Diese Arbeit in der Landschaft ist Grundlage der ganzen Hochschularbeit.

Überall im Lande sollen als Stützpunkte der weitgreifenden Hochschularbeit kulturelle Zellen gebildet werden, durch die der Landvolkbildung und der Grenzlandarbeit starke Antriebe gegeben werden. Diese Zellen werden mit völkischen dorfeigenen Beispielschulen verbunden, durch die der Aufbau von Landschulengemeinschaften (nicht Zentralschulen) in Angriff genommen werden soll. Diese Landschulengemeinschaften sollen Keimzellen eines organischen, landschaftlich geschlossenen Schulsystems werden, das alle Schularten des Landes umfaßt.

Die Arbeit in der Landschaft ist Grundlage der Hochschularbeit. Das Studium der Wirklichkeit ist nicht ein Teil der praktischen Berufsausbildung, sondern Arbeitsmethode einer neuen realistischen Theorie, die nicht vom Begriff, sondern von der Lebenswirklichkeit des neuen Volkes ausgeht. Hier liegt eine große Aufgabe und eine schwere Verantwortung. Aus der Betrachtung und Deutung der Wirklichkeit volkhaften Seins und Werdens erwächst die „Erziehungswissenschaft vom Volke aus", die Fundament der Hochschularbeit ist.

In Verbindung damit und auf gleichem Wege wird der Neubau der angewandten Erziehungswissenschaft in Angriff genommen. Hierbei ist die Entwicklung einer neuen Unterrichtslehre wichtigste und dringendste Aufgabe. Sie muß die Herbartschen Formalstufen endgültig ablösen und dem deutschen Lehrer wieder ein gediegenes Handwerkzeug geben.

Hand in Hand damit geht das Bemühen zur Gewinnung des neuen Bildungsgutes. Die Fachdozenten dringen durch Zusammenschau der vielen Einzelheiten und Einzelaufgaben über ihr Fach hinaus zu den organischen Unterrichtseinheiten vor, in denen künftig die Bildung vorschreiten muß, damit sie volks- und bodenverbunden wird. Volks-, Grenzland-, Rassenkunde und Wehrgeographie haben an der Lösung dieser Aufgabe hervorragenden Anteil und helfen die Realerkenntnis des deutschen Volkstums und Lebensraums wesentlich fördern ...

Neben der Geistes- und Werkerziehung nimmt die soldatische (gymnastisch-musische) Erziehung einen großen Raum ein. Dieser neue Erziehungsbezirk harrt noch der Erschließung. Hier geht es um Pflege, Zucht und Formung von Körper und Seele. Leibesübungen, Musik, Dichtung, Sprechbildung und Kunsterziehung erhalten ein neues Gesicht und werden zu einem Ganzen verschmolzen. In organischer Verbindung damit stehen Wehrsport und Erziehung in den politischen Kampfverbänden, denen sich Professoren und Studenten eingliedern. „Aus der wehrhaften Übung allein kann der soldatische Geist nicht erwachsen: Wehrhaftigkeit vollendet sich erst im Seelischen, in Haltung und Ethos, in Ehre, Hingebung und Gefolgschaftstreue. Dahin führt aber zusammen mit der leiblichen Übung erst die musische Erziehung durch die Formgewalt der rhythmischen Künste" (Krieck). Bei Arbeit und Fest wird die Uniform getragen. Die soldatische Erziehung wird auch die Formen des studentischen Gemeinschaftslebens bestimmen, das zu einer wehrhaften, auf Staat und Volk bezogenen studentischen Gemeinschaft führen muß, in der echter soldatischer Geist lebendig ist. Das aus nationalsozialistischem Geiste geborene Gemeinschaftsleben wird auch zu einer neuen Gestaltung der Hochschulfeste führen. Die gesamte Hochschularbeit und die von ihr bestimmte Arbeit des neuen Volksschullehrers wird im Rahmen der völkischen Gesamterziehung gesehen, die von der nationalsozialistischen Bewegung durch einen radikalen Umbruch gestaltet wird, der sich in einem Zuge mit der politischen, sozialen und wirtschaftlichen Neuordnung vollzieht.

Dokument 44 b

Hier ist u. a. die Rede von einem Lager für Hochschullehrer, in denen die „aus ganz verschiedenen Wirkungskreisen kommenden Dozenten zu einer Kameradschaft verbunden" wurden. Im Anschluß daran folgte das weitere gemeinsame Lager für Dozenten und Studenten. Darin sollten alle zu einer „geschlossenen und klar ausgerichteten Mannschaft" geformt werden.

E. Mayser: Die Hochschule für Lehrerbildung in Karlsruhe

in: Die neue deutsche Schule, H. 1/1937, S. 48.

Die Ausbildung der Volksschullehrer in Baden war seit mehreren Jahren unterbrochen. Nachdem nun alle Junglehrer beschäftigt sind und in den nächsten Jahren sogar ein Lehrermangel eintreten wird, ist in Karlsruhe eine der neuen Hochschulen für Lehrerbildung eröffnet worden. Sie wird den gesamten Lehrernachwuchs des Landes erfassen und nach den neuen Grundsätzen der Reichsrichtlinien ausbilden. Im Rahmen dieser allgemeinen Richtlinien sind der Hochschule für Lehrerbildung in Karlsruhe besondere Aufgaben gestellt, die sich aus den örtlichen Verhältnissen, aus der Landschaft und vor allem aus ihrer Grundlage ergeben.

Die Arbeit der Dozenten begann Anfang Oktober mit einem vorbereitenden Lager in Frauenalb, an dem auch Professor Ernst *Krieck* aus Heidelberg teilnahm. Da die Erziehungswissenschaft Ernst Kriecks im Mittelpunkt der wissenschaftlichen Ausbildung an der Hochschule für Lehrerbildung stehen wird, war das mehrtägige Zusammensein mit ihm für die Klärung aller grundsätzlichen Fragen von der größten Bedeutung. Dieses Lager hat auch die aus ganz verschiedenen Wirkungskreisen kommenden Dozenten zu einer Kameradschaft verbunden und an ihre künftige gemeinsame Arbeit herangeführt.

Ende Oktober trat die ganze Hochschule mit allen Dozenten, Studenten und Studentinnen zum erstenmal in einem zehntägigen Lager in Titisee zusammen. Mit diesem Lager wurde die Semesterarbeit aufgenommen. Eine Reihe von Vorträgen diente der Einführung in die wissenschaftliche Arbeit. Gemeinsames Singen und Musizieren, Ausmärsche und Wanderungen, Kameradschaftsabende und Feierstunden formten die Studenten zu einer geschlossenen und klar ausgerichteten Mannschaft, die ihre Fähigkeit zu kameradschaftlicher Haltung und zu gemeinsamem Arbeitseinsatz gleich in ihrem ersten Lager erproben und beweisen konnte.

Da fast alle Studenten durch die Schule des Arbeits- und Heeresdienstes, der SA und HJ gegangen waren, konnte diese Aufgabe des Eröffnungslagers ohne Schwierigkeiten in vollem Umfange gelöst werden. Die Formen des Umgangs, der Arbeit und der Feier waren für diesen Erfolg ebenso ausschlaggebend wie der Einklang der Gesinnung und der Arbeitsauffassung, der sich aus allen Vorträgen und Aussprachen ergab. Im Mittelpunkt dieser Stunden gemeinsamer Besinnung standen brennende Fragen unseres völkischen Schicksals wie Weltkrieg und Versailles, Grenz- und Auslandsdeutschtum, Vierjahresplan und Gestaltung unseres Lebensraumes. Daneben bot sich reiche Gelegenheit zu zwanglosem Sichkennenlernen und zur Klärung der wichtigsten Fragen der künftigen Hochschularbeit.

Die regelmäßigen Vorlesungen, Übungen und Unterrichtsbesuche in Karlsruhe begannen mit dem 9. November. Die Gebäude des früheren Lehrerseminars waren völlig umgebaut und dem Gestaltungswillen unserer Zeit wie dem Zweck der neuen Hochschule angepaßt. Die feierliche Eröffnung erfolgte mit dem Gemeinschaftsempfang der Rede des Reichserziehungsministers anläßlich der Einweihung der neuen Hochschule für Lehrerbildung. Der badische Minister des Kultus und Unterrichts, Dr. Wacker, entwickelte die Geschichte der Lehrerbildung in Baden. In der Hochschule für Lehrerbildung haben wir endlich das Instrument des nationalsozialistischen Staates zur Ausbildung des neuen Lehrers, die Erfüllung eines alten Ideals des im ganzen Reiche einheitlichen Typus der Ausbildungsstätte für den Lehrernachwuchs. Direktor Dr. Hohlfeld schloß die Feier mit einem Ausblick auf die nationalpolitische Menschenformung und Lehrerbildung. Wissenschaftliche Erkenntnis und nationalsozialistisches Bekenntnis werden hier sich gegenseitig durchdringen und zu einer Einheit verschmelzen. Der Heimat dienen heißt aber zuerst, sich zum Reiche bekennen, das die Heimat schützt. Die geschichtliche Größe unseres Volkes wird sich darin erweisen, daß es in einer großen Schicksalsstunde seinem Führer folgte. Dieser Verantwortung ist sich auch die neue Hochschule für Lehrerbildung in ihrer ganzen Arbeit bewußt.

KAPITEL 6

DAS NATIONALSOZIALISTISCHE BILDUNGSGUT

Im Dritten Reich bemühte man sich nicht nur um gänzlich neue Fächer, sondern versuchte auch, traditionelle Inhalte ideologisch dienstbar zu machen. Das folgende Kapitel bietet dafür repräsentative Beispiele. Neben „weltanschaulichem" Neuland (Dok. 45) und fachlicher Umorientierung (Dok. 46) folgen Beispiele für einen heimlichen Austauschprozeß in der grundlegenden Kinderlektüre (Dok. 47). Dieser letzte Schritt war besonders folgenreich: im Klassenverband besprochene Texte prägen sich meist unvergeßlich ein; dafür zeugt die Tatsache, daß Erwachsene sich lebhaft ihrer einstigen Lesebücher zu erinnern pflegen.

Dokument 45

Das folgende Dokument entstand zwischen Polen- und Frankreichfeldzug und zehrt aus den ersten überraschenden Erfolgen der Wehrmacht, die systematisch abgesichert werden sollten. Gleichzeitig ist im folgenden Text aber auch schon die Dimension des „totalen Krieges" wirksam, obwohl er erst 1943 ausgerufen wurde. Die „wehrgeistige Erziehung" greift in den Fächerkanon der Schule unerbittlich ein und stellt ihm einen letzten Sinn: Aus dem Heranwachsenden sei ein zuverlässiger Soldat zu entwickeln. Abgesehen von der Gewaltsamkeit, mit der den Fächern ein militärischer Beitrag abgerungen wird, erschließt gerade dieser Quellentext, wie der totale Staat *alles* „schalten" kann. Kein Sektor der Bildung bleibt unabhängig von den ideologischen Gruppierungen, die der „Führer" anzuordnen für nötig befand.

Wehrgeistige Erziehung der Schulen

(ohne Verfasserangabe)

in: Nationalsozialistisches Bildungswesen, Heft 5/1940, S. 172–175.

Der Soldat des neuzeitlichen deutschen Volksheeres erfordert in Verbindung mit der Motorisierung und Technisierung der einzelnen Waffengattungen eine tiefgehende, mannigfaltige Ausbildung, um ihn zum besten Soldaten der Welt zu machen. Diese umfangreiche militärische Ausbildung stellt an den einzelnen Soldaten hohe Anforderungen und macht es daher notwendig, daß der Rekrut beim Einrücken in die Wehrmacht das Bewußtsein von der überragenden Bedeutung der Wehrfragen für sein Volk und eine entsprechende Gesinnung sowie eine körperliche Geeignetheit mitbringt...

Wehrerziehung in der Schule ist nun keine Sache eines neuen Fachs oder bestimmter Stunden, sondern ein Unterrichts- und Erziehungsgrundsatz. Es geht nicht in erster Linie um die Vermittlung von Wehrwissen, sondern um die Weckung sittlicher Werte. Jedes Fach und jede Stunde haben die sich bietenden Möglichkeiten zu benutzen, um den Schüler erkennen, fühlen und auch praktisch üben zu lassen, was soldatische Haltung im Alltag, in der Geschichte bedeuten, worin Ehr und Wehr bestehen. Der Stoff, das Bildungsgut ist so zu wählen und so auszuwerten, daß der Schüler, ohne es bewußt zu merken, immer wieder auf die Idee des Soldatentums, auf die Rolle der Wehrstärke seines Volkes, auf die Freude, einmal selbst dienen zu dürfen, gestoßen wird. Überall sehen wir ja heute im Leben der Nation den krassen Gegensatz zu der pazifistischen Haltung des früheren Systems: Nicht Völkerbund, sondern Wehrmacht, nicht Erfüllung und Verzicht, sondern Forderung des Völkerbodens, nicht Anleihe und Hilfe von außen, sondern Vierjahresplan, nicht Verächtlichmachung des Soldaten, sondern höchste Wertung soldatischer Haltung!...

Wie aber soll ein junger Mann innere Begeisterung für den soldatischen Beruf aufbringen, wenn ihm die großen Feldherrn und Erzieher unserer Wehrmacht völlig unbekannt sind? Wie soll er Verantwortungsbewußtsein gegenüber Volk und Vaterland empfinden, wenn er mit dem Ringen des deutschen Volkes aus seiner Zerrissenheit zur Einheit, mit seinen großen Staatsmännern und Führern nur unklare Begriffe verbindet? Es gehören eben gewisse Kenntnisse dazu, um die edelsten Regungen zu entwickeln, aus denen der Soldat seine Wehrfreudigkeit hernimmt und sich diese trotz aller notwendigen Härten des Dienstes bewahrt...

238

Das Wichtigste aber, was die Wehrmacht von der Schule erwartet, ist, daß sie zum klaren konzentrierten Denken erzieht. Der Soldat und namentlich der Unterführer muß sich tagtäglich schnell in neuen Situationen zurechtfinden, muß Feind, Gelände und eigene Lage richtig beurteilen. Er muß diese Denktätigkeit unter schwierigsten Verhältnissen unter der Wirkung der feindlichen Artillerie leisten. Das setzt voraus, daß er im logischen Denken geübt ist.

Wehrgeistige Erziehung, als ein Sondergebiet der weltanschaulichen Schulung, erstreckt sich nicht nur auf die männliche, sondern ebenso auf die weibliche Jugend. Ist es doch ihre Aufgabe, die gesamte junge Generation für den totalen Einsatz, der im Krieg seine vollendete Form und Aufgabe erhält, vorzubereiten. Selbstverständlich muß die wehrgeistige Erziehung der Mädchen anderer Art sein als die der Jungen. Sie muß ausgerichtet sein auf die besondere Wesensart der Frau, ihre sittlichen Werte und ihre Aufgaben innerhalb der wehrhaften Volksgemeinschaft. Keinesfalls darf sie gegenüber der männlichen Jugend als minder wichtig angesehen werden.

Zur Ausgestaltung der wehrgeistigen Erziehung werden folgende Anregungen gegeben:

1. Das *Zeitgeschehen* ist vor Beginn des eigentlichen *Geschichtsunterrichts* mit den Schülern an Hand von Karten durchzusprechen. Es ist notwendig, daß die Lehrer die Ereignisse des Krieges behandeln und die Schüler auf die Forderungen hinweisen, die sich aus dem Kriege für jeden Deutschen und für die Schuljugend insbesondere ergeben. Beispielsweise hätte während des Feldzuges in Polen der Fortgang des Krieges in jeder Klasse an der Karte anschaulich gemacht werden müssen.

Als *Grundlage für militärische Fragen* könnten folgende Themen in den *Geschichtsunterricht* eingearbeitet werden:

a) Gliederungen der Wehrmacht, ihre Waffengattungen und deren Bedeutung (belegt durch besondere Leistungen und als belebendes Moment einflechten);

b) die Laufbahnen in der Wehrmacht und die Abzeichen der einzelnen Dienstgrade (Uniformtafeln vom Verlag „Offene Worte");

c) die Landesverteidigung Deutschlands (Westwall und der Schutz im Osten);

d) bedeutende Heerführer der alten und jungen Wehrmacht;

e) Feldzug in Polen sowie Land und Leute des eroberten Gebietes;

f) Truppengeschichte der im betr. Gau liegenden Regimenter;

g) Feind hört mit! (Erziehung zum abwehrmäßigen Denken und Handeln). Geeignetes Vortrags- und Lichtbildmaterial wird vom Wehrkreiskommando zur Verfügung gestellt.

2. Im *Erdkundefach* ist die gründliche Kenntnis der *Kartenzeichen* sowie das Kartenlesen zu üben. In Frage kommen Karten 1:100000. Das Kartenlesen ist hierzu nach immer neuen Gesichtspunkten vorzunehmen. Beispiele: Wege, Hindernisse, Deckungen, Beurteilungen der Bäche und Flüsse als Hindernisse (Übergangs- und Übersetzungsmöglichkeiten). Kann für Brückenbau Material beschafft werden? – (Brauereien, Ziegeleien usw.) Steilheit und demnach Gangbarkeit der Straßen und Wege. Wo sind Engen? – Was sagen mir die Höhen- und Tiefenpunkte, Bergstriche und Höhenschichtlinien über die Bodengestaltung? – Das Kartenlesen ist so weit zu fördern, daß der abgehende Schüler fähig ist, sich im Gelände durch Nah- und Fernorientierung einwandfrei zurechtzufinden.

Hilfsmittel: Sichtlinien mit Hilfe von Lineal, Nadeln, Fäden, Marschkompaß sowie Richtkreis und dem 6400-Strich-Vollkreiswinkelmesser. Voraussetzung: Kenntnis der Möglichkeiten der Feststellung der Himmelsrichtungen. Weiter ist die Fertigkeit im Rechnen mit Maßstäben auch mit dem Transversalmaßstab im Gebrauch des Planzeigers, des Marschkompasses in seinen weiteren Verwendungsmöglichkeiten (Gehen nach Marschrichtungszahlen, Benutzung beim Entfernungsschätzen und Messen des Geländewinkels) im Lesen der Kärtchen mit Linien gleicher Nadelabweichung zu fordern. Auf die Klärung der Begriffe der Nadelabweichung des Kompasses und der Meridiankonvergenz ist Wert zu legen. Auch ist in großen Zügen auf die Entstehung und das Wesen des Gauß-Krügerschen Gitternetzes einzugehen.

3. *Mathematik:* Neben der *Kreiseinteilung* in 360 Grad ist die in 6400 Strich einzuführen und Sicherheit im Rechnen damit und im Umrechnen von Strich in Grad und umgekehrt anzustreben.

Die *Flugbahn* ist in einfacher Weise zu besprechen. Ihre hauptsächlichsten Begriffe sind zu klären und festzuhalten: Mündungswaagerechte, Zielwaagerechte, Abgangswinkel, aufsteigender Ast, Gipfelpunkt und Gipfelhöhe, absteigender Ast, Fallwinkel und Auftreffwinkel, Aufschlagpunkt. – Das einfache Verfahren des Messens von Flußbreiten ist zu üben. Die einfachen Verfahren der Punktbestimmung. – Einkrokieren durch Bogenschnitt, Einkrokieren mit Lot. Die Punktbestimmung mit Hilfe eines behelfsmäßigen Richtkreises – Anhängen an einen Punkt. Streckenzug.

Die trigonometrische Berechnung der Seite und Entfernung eines Punktes des Gitternetzes zu einem anderen mit Hilfe der Logarithmentafel. Zeichnung einer Flugbahn im luftleeren Raum mit Koordinaten.

4. *Physik:* Das Wesen und die Wirkungsweise der hauptsächlichen optischen Beobachtungsmittel (Scherenfernrohr, Strichglas, Flieger-

kamera, Entfernungsmesser) sind zu behandeln. Die zum Verständnis der *Fernsprech- und Funktechnik* notwendigen physikalischen Grundlagen sind eingehender zu behandeln. Spannung, Stromstärke, Widerstand. Ohmsches Gesetz. Die Elemente und ihre Schaltung. Magnetismus und Elektromagnetismus, Induktion, Selbstinduktion und Magnetinduktion. Akkumulatoren, Schaltungen. Die Schüler müssen über die Grundschaltung eines Fernsprechers, eines Senders, eines Empfängers sowie über die Wirkungsweise eines Umformers im Bilde sein.

Praktisch ist der Aufbau eines Senders und eines Empfängers zu üben.

Jeder Schüler, der die Schule durchlaufen hat, muß fähig sein, einen Fernsprecher in Betrieb zu setzen und Fehler zu beseitigen, soweit sie äußerlich erkennbar sind. Auf die Hauptgesichtspunkte beim Leitungsbau ist dabei Bezug zu nehmen.

Der *Motorenkunde* ist verstärkte Aufmerksamkeit zu schenken.

Im Hinblick auf die *Einflüsse der Witterung auf die Geschoßbahn* bedürfen folgende Begriffe besonderer Klärung: Luftgewicht, Luftdruck, Windrichtung (erweiterte Windrose) und Windgeschwindigkeit. Das Umrechnen des Luftdrucks von 0 m Meereshöhe auf die verschiedenen Höhenlagen ist zu üben (Annäherungswerte).

Der *Kompaß* ist gründlich zu behandeln und sein Gebrauch weitgehend zu üben.

Übung in der Feststellung der Mißweisung und Nadelabweichung im Gelände mit Hilfe einer Bussole und festen Kartenpunkten.

Die Grundlagen des *Lichtbildwesens* sind gründlich zu behandeln. Aufbau einer Lichtbildkammer, Arbeitsvorgang von der Belichtung bis zum fertigen Abzug.

In großen Zügen ist auf die *Munition* der Artillerie und Infanterie einzugehen. Treibladung und Sprengladung. Funktionsweise der Zünder (einfachste Darstellung). AZ, AZ m.V., Abpraller, Z, ZZ.

5. *Chemie:* Die Chemie der Sprengstoffe (Schießpulver, Schießbaumwolle, Knallquecksilber, chlorsaures Kalium, Dynamit, Nitroglyzerin) ist in einfachem Umfange, aber gründlich zu behandeln.

6. *Biologie:* Der Blick des Schülers ist beizeiten auf die Tatsachen und Möglichkeiten der Anpassung an die Umgebung und an das Gelände zu lenken (Beispiele aus dem Tierreich). Das Ziel ist praktisches *Vertrautwerden mit der Natur.* Blick für das Verhalten der Tierwelt, für Naturerscheinungen aller Art, für Pflanzen und Bewachsung usw.

Weckung des Sinnes für unauffälliges Verhalten in der Natur.

Verstärkter Hinweis auf die *Hygiene* und den Gesundheitsschutz im Hinblick auf Seuchengefahr.

7. *Leibesübungen:* Im Hinblick auf die große Bedeutung der

Schwimmfertigkeit für den Soldaten ist alles daranzusetzen, jeden Schüler zum Freischwimmer zu machen.

Zur Erreichung der für Melder wünschenswerten *Ausdauer* sind Geländeläufe und Hindernisläufe verstärkt zu üben.

Die Schüler sind in den Stand zu setzen, *Erste Hilfe bei leichteren Unglücksfällen* zu leisten, leichte Verbände anzulegen. – Richtige *Fußpflege!*

Neben den üblichen Leibesübungen sind das Handgranatenwerfen und – wo Gelegenheit vorhanden – das *Kleinkaliberschießen* besonders zu pflegen.

8. Im *Zeichenunterricht* ist das Anfertigen von *Karten- und Geländeskizzen* zu üben. Preisausschreiben entsprechend dem Muster des Schulamtes Kassel sind zu empfehlen.

9. Im *Gesangsunterricht* sind neben guten Volksliedern auch *Soldatenlieder* einzuüben.

10. *Praktische Übungen* im Kartenlesen, Geländekunde usw. sind unumgänglich notwendig. In welcher Form diese Übungen den Bedingungen der Wehrmacht entsprechen, zeigen vorbildlich die Lehrgänge der Waldschule in Kassel.

11. *Besichtigungen von Kasernen, Truppenübungen* gewähren jedem Jungen einen guten Einblick in das militärische Leben und sind daher von Zeit zu Zeit über den Standortältesten anzustreben.

12. *Fachzeitschriften*, die den Schulen und Lehrern zur Verfügung stehen, sollen zeitweilig Aufsätze bringen, die diese wehrgeistige Erziehung unterstützen. Das Wehrkreiskommando ist bereit, in Kürze entsprechende Artikel zur Verfügung zu stellen.

Dokument 46

Im Rahmen dieser Quellensammlung können nur Modelle für die fachliche Beflissenheit aufgezeigt werden, an denen deutlich wird, wie sich jede Disziplin nach 1933 um ihren eigenständigen „Beitrag" zur nationalsozialistischen Ideologie bemühte. An Stelle dieses Geographen hätten auch ein Physiker (Philipp Lenard sprach von „arischer" Physik), ein Philologe oder selbst ein Theologe zu Wort kommen können. Überall war man in den Wissenschaften bereit, sich geräuschlos einzufügen und den neuen politischen Gegebenheiten anzupassen. Viele bemerkten erst spät oder überhaupt nicht, daß es sich dabei nicht mehr um Schwerpunktverschiebung handelte, sondern um Mißbrauch der Forschung und Lehre durch ihnen wesensfremde Ansprüche. Was aus dem Pathos der „nationalen Wiedergeburt" von Wissenschaft und Schule zunächst noch als Gabe in die „Volksgemeinschaft" eingebracht wurde, verwandelte sich unter dem Diktat der Kulturfunktionäre bald in Knechtschaft, der niemand entrann. Wer als Gelehrter nicht mitzog, den Ansichten der vielgeschmähten „voraussetzungslosen" Wissenschaft zuneigte und sich nicht „gleichschalten" lassen wollte, dessen öffentliche Wirksamkeit war im Dritten Reich rasch zu Ende.

Jörgen Hansen: Zehn Thesen für einen nationalpolitischen Erdkundeunterricht[23]

Frankfurt 1937, S. 3–7

1. Grundidee des gesamten Erdkundeunterrichts ist die Heimat. Der Heimatgedanke ist sowohl stoffliches als auch methodisches Prinzip.
2. Ausgangs- und Mittelpunkt jeglicher erd- und heimatkundlichen Unterweisung ist die Landschaft. Sie ist nach raumorganischen, rhythmischen und seelischen Gesichtspunkten zu behandeln (Landschaft und Volkstum).
3. Zur Erhaltung und Pflege des Volkstums müssen auch volkskundliche Tatsachen sorgfältig berücksichtigt werden.
4. Bei allen erdkundlichen Erörterungen ist die Rassenkunde Unterrichtsgrundsatz.
5. Ein Hauptteil des erdkundlichen Unterrichts ist die Politische Geographie (Geopolitik).
6. Der Weckung, Förderung und Pflege des Ehr- und Wehrgeistes dienen die Wehrgeographie (Wehrgeologie) und das heldisch-kämpferische Erziehungsgut.
7. Der erdkundliche Unterricht verlangt eine eingehende Behandlung des volksdeutschen und kolonialpolitischen Gedankens (Grenz- und Auslandsdeutschtum, Kolonien).

8. Er mündet in einen abschließenden nationalpolitischen Gesamtunterricht auf der Oberstufe aus. (Kultur-, Politische und Wirt-
schafts-Geographie Deutschlands.)
9. Die sogenannte Allgemeine Erdkunde (einschließlich Geologie,
Wetter- und Himmelskunde) wird nicht gesondert behandelt, sondern an gegebener Stelle angefügt.
10. Das erdkundliche Bildungsgut wird durch facheigene Arbeitsformen gestaltet.

Die neue Zielsetzung

Die unerfreuliche Auseinandersetzung über Ziel und Aufgabe der
Erdkunde während der liberalistisch-positivistischen Zeit hörte mit
dem Sieg der nationalsozialistischen Bewegung mit einem Schlage
auf. Die neue Zielsetzung ergab sich aus dem völkischen Ideengut
ganz von selbst.

Wie in der gesamten Erziehung, so ist auch im Erdkundeunterricht
das nationalsozialistische Ziel bestimmend, wie es Adolf Hitler
in seinem Buch „Mein Kampf" aufgezeigt hat, nämlich die Erziehung
des Kindes zum deutschbewußten, politischen Menschen, der mit
Volkstum und Boden untrennbar verwachsen ist und in all seinem
Denken und Tun dienend und opfernd sich für die Erhaltung und
Förderung seines Volkes und Vaterlandes einsetzt, ohne an sich
selbst zu denken.

Daraus ergibt sich eine dreifache Aufgabe:

1. Der Erdkundeunterricht erstrebt gründliche Kenntnis der engeren Heimat und des deutschen Lebens- und Schicksalsraumes. Es
ist darauf zu achten, daß ein gewisser Grundstock erdkundlichen
Wissens, besonders auch aus der sogenannten Allgemeinen Erdkunde, stets vorhanden ist. Fertigkeit im Kartenlesen ist unbedingt
notwendig. Von der Landschaftskunde Deutschlands eröffnet sich
dann der Blick in die Welt. Es werden aber nur solche Fremdländer
behandelt, die besondere Beziehungen zum Deutschen Reich und
Volk haben. Sie müssen gleichsam durch das „deutsche Fenster"
gesehen werden; dabei sind das Grenz- und Auslandsdeutschtum
sowie der kolonialpolitische Gedanke besonders zu berücksichtigen.

2. Die erdkundlichen Erscheinungen müssen in ihrer Ganzheit,
in ihren ursächlichen Zusammenhängen und ihren wechselseitigen
Beziehungen zwischen den natürlichen Verhältnissen und den
Äußerungen des menschlichen Lebens in wirtschaftlicher, kultureller und politisch-sozialer Beziehung verstanden werden. Ebenso
sind die Zusammenhänge zwischen Raum und Rasse, Land und
Volk, Landschaft und Volkstum, Natur und Kultur sowie die Abhängigkeit der Geschichte vom erdkundlichen Raum (Politische
Geographie, Geopolitik) aufzudecken.

3. Aufgabe der Schule ist die Pflege des Gefühls der Verbundenheit mit der Heimatscholle, mit Volk und Vaterland. So werden
der Glaube an die deutsche Volkskraft, das Gefühl der Volksgemeinschaft und die Liebe zur Heimat und zum Vaterland gefördert
und vertieft. Aus dieser Gesinnung heraus entsteht die verantwortliche Verbundenheit mit dem Schicksal des Staates und die sittliche
Pflicht, sich zu jeder Zeit mit Gut und Leben für Vaterland und Volk
einzusetzen. Die Grundlage dafür ist die Wehrhaftigkeit. Die wissenschaftliche Geographie hatte vor der Machtübernahme ihre Stellung nicht richtig erkannt; sie berücksichtigte zuwenig den eigenen
deutschen Volksraum. In den Hörsälen wurde meist über fremd-
ländische Räume gelesen. Dazu kam, daß den meisten Dozenten
die praktische Unterrichtserfahrung fehlte; sie blieben in ihrer Lehrweise, ihren Darstellungen und Abhandlungen abstrakt und un-
volkstümlich.
Die Hochschulgeographie hat neben ihrer erzieherischen Tätigkeit
eine doppelte Aufgabe; sie soll forschen und lehren. In bezug auf
die Forschung gibt es zwei Möglichkeiten: Zunächst hat die Wissenschaft ihre angeblich an nichts gebundene Eigengesetzlichkeit und
forscht darum, wie Heidegger es mehrfach gerügt hat, als „reine"
Wissenschaft nur um des Forschens willen. Eine solche Wissenschaft aber, die nur ihrer eigenen Gesetzmäßigkeit folgt, ohne auf
die Ansprüche, die das Volk und das Leben an sie stellen, einzugehen, muß mit Naturnotwendigkeit als nicht volksverbunden abgelehnt werden. Nur die Wissenschaft, die bei ihrer Aufgabenstellung sich den Bedürfnissen der Volksgemeinschaft anpaßt, ist
berechtigt. Dadurch unterscheidet sich der Nationalsozialismus in
erster Linie von der liberalistischen Wissenschaft, die eine solch
uferlose Forschung gestattete. Infolgedessen ist es notwendig, daß
auch die Hochschulgeographie heute mehr und mehr sich von der
fremdländischen und meist morphologisch eingestellten Forschung,
die in der vergangenen Zeit unsere Wissenschaft beherrschte, ab-
und anderen volkstümlicheren Problemen und Forschungsrichtun-
gen zuwendet . . .

Dokument 47

Die folgenden Quellentexte berücksichtigen besonders solche Teile aus den Lesebüchern, in denen Ideologie vermittelt wurde, ohne daß die Heranwachsenden sich wehren konnten. Freilich war dies nur ein Teil des Lesegutes. Weite Abschnitte sind auch im Dritten Reich nicht anders gewesen als in der Weimarer Republik oder in unserem heutigen Staat. Hier sollen Stücke gezeigt werden, in denen unmerklich die Leidenschaften wachgerufen und in gefährliche Richtungen gelenkt wurden, in denen die sittlichen Normen langsam verblaßten angesichts der nationalen Maßlosigkeit und des Führerkults.

Deutlich ist das an den kommunistischen Gruppen, der „Kommune", aufzuzeigen, die gegenüber den nationalsozialistischen Verbänden als Banditen abgestempelt wurden. In den folgenden Quellenauszügen erscheinen sie bestenfalls als Gesindel, das über HJ und SA meuchlerisch herfällt und eine Mordtat an die andere fügt. Die im Legendenstil ausgeschmückte Geschichte von Horst Wessels Tod ist dafür symptomatisch: ihm steht eine Horde vertierter Kommunisten gegenüber. Die Lesebücher der damaligen Zeit haben den in weiten Teilen des deutschen Volkes lange vorhandenen antisozialistischen Komplex vertieft.

Quellenbeispiele aus nationalsozialistischen Lesebüchern

Quellen: 1. *Saat in die Zeit*. Ein Lesewerk für Höhere Schulen. Bd. VII: 7. Klasse. Düsseldorf 1943[3].
2. *Hirts Deutsches Lesebuch*. Erster Teil: Klasse 1. Ausgabe B. Oberschule für Mädchen. Breslau 1939.
3. *Deutsches Lesebuch für Höhere Lehranstalten*. Teil B 3. Leipzig und Berlin 1939.

a) *Hermann Thimmermann: Der Sturm auf Langemarck*

in: Saat, 313–315 (vgl. Dok. 74).

Die Reservedivision vor Langemarck ist im Verbluten.
Das, was da vor ihnen in der Mittagssonne liegt, ist kein befestigtes
Städtchen mehr, ist keine Festung mehr und kein verschanzter Ort,
das ist die leibhaftig gewordene Vernichtung. Jedes Dach speit
Feuer, jeder Busch speit Feuer, jede Baumspitze speit Feuer, jede
Hecke speit Feuer, ohne Pause, unaufhörlich.
Die Stunden vergehen, und es ändert sich nichts.
Immer noch bleibt diese teuflische Landschaft leer vom Feinde,
immer noch sieht man weder ein französisches Käppi noch eine
englische Tellermütze, noch ein Gewehr, noch einen Schützengra-
ben, nichts.
Die Büsche und die Hecken scheinen selber zu feuern und die
Häuser selber zu töten, in dieser Geisterlandschaft, dieser brüllen-
den, heulenden Geisterlandschaft ist nicht ein Atom von dem zu
sehen, was man sich unter dem Feind vorstellt.
Die Regimenter sind in diesen grauenhaften Stunden nicht sehr weit
vorwärts gekommen. Der immerwährende Orkan hat es nicht zugelassen. Die Häuser von Langemarck starren den zusammenge-
schossenen Regimentern entgegen wie hohle, entsetzliche Gesichter, eiskalt und grausam. Über denen, die noch liegen und atmen,
schmettert der unaufhörliche Donner. Mitten unter ihnen zuckt der
Tod umher und greift mit seinen unsichtbaren Tatzen um sich, Minute um Minute zuckt einer zusammen, Minute um Minute muß
einer sterben.
Sie sind eingefangen in einem Käfig aus Geschossen, und sie
können nichts andres mehr tun, als warten, bis jemand kommt und
ihnen sagt, sie sollen weitersterben oder sie sollen zurückkommen.
Es ist ihnen gleichgültig, ob da einer kommt und was er zu ihnen
sagt.
Sie liegen und pressen den Kopf an die Erde, wenn ein Einschlag
kommt, und dann sehen sie wieder auf und schießen.
In dieser oder in der nächsten Sekunde wird es doch zu ihnen kommen, wie es bis jetzt zu jedem gekommen ist, in die Stirn oder in
das Herz, in den Bauch oder in das Bein, vielleicht auch in die
Schulter oder in die Hand oder in alles zusammen zugleich. Es ist
ja soviel Auswahl da an Menschen und an diesen Menschen soviel
Platz für die Kugeln oder die heißen Fetzen Eisen.
Und um diese Stunde ist es gewesen, daß sie Männer geworden
sind. Und Soldaten so raffiniert wie jene in Langemarck. Es war zu
spät, aber es geschah trotzdem. Was noch lebend war, baute sich

in Sträuchern ein, machte sich aus Rübenblättern einen Schutz gegen Sicht, schmiegte sich an, Erde an Erde. Und schoß. Und schoß. Kalt, erbittert, noch das letzte Zittern der Panik im Halse.

Um diese Stunde des Frühnachmittags, da es bei den Stäben sicher war, daß der erste Schlachttag vor Langemarck verloren sei, erstickt, erwürgt und erschlagen, um diese Stunde ist es dann in einem Winkel der erbarmungslosen Sterbelandschaft gewesen, daß mitten in den Seufzern der Verwundeten, angesichts der Toten, Hunderten und Hunderten von Toten, mitten im Jammer, mitten in der siedendheißen letzten Not – daß sich plötzlich eine Stimme hob. Eine helle, klingende, vertrauende Stimme, ruhig und schön.

Im rasenden Brodeln und Rollen der Schlacht ist sie kaum zu vernehmen, zart wie ein Hauch schwebt sie zwischen wachsgelben Gesichtern, blutenden Gliedern und Sterbegebeten hoch. Der schnelle Hieb einer vorbeisurrenden Kugel könnte sie zertrümmern und zerstören.

Aber sie ist nicht zertrümmert und zerstört worden. Denn eine zweite Stimme kam zaghaft, zuerst ungläubig, dann mutiger hinzu. Eine dritte, zaghaft, dann fest und feierlich und noch eine und noch eine. Und dann sind es zehn oder fünfzehn und werden immer mehr.

Die Verwundeten horchen auf und heben sich hoch. Die Sterbenden versuchen noch, den Kopf dorthin zu wenden.

Und Stimme um Stimme findet sich ein.

Tiefe Stimmen und hohe, tapfere und verzweifelte, laute und leise, starke Stimmen und schüchterne, hallende und brechende, klare und heisere, kindliche und männliche. Und ein Gesang löst sich los von der tödlichen, verfluchten Erde, aus Äckern und aus den Wiesen steigt es auf, das Lied, das Lied, das Lied!!! Offizier und Mann, Freiwillige und Landwehrleute... „Deutschland... Deutschland... über... alles... über... alles... in... der... Welt...“ Und die Übriggebliebenen, die Unversehrten, denen bis jetzt noch nichts geschehen ist, klammern die erdverklebten Hände um ihr Gewehr, heben die Köpfe hoch, furchtlos, und singen die heiligen Worte. Manche haben Tränen der Wut und der namenlosen Erbitterung in den Augen, sie lassen die Tränen über die Wangen rinnen und singen. Verwundete vergessen ihre rotleuchtenden Verbände, heben sich auf und singen die heilige Melodie. Und wer unter ihnen nicht mehr imstande ist, sich zu bewegen, singt, die blassen Lippen dicht am Boden, in die Erde hinein. „...wenn... es... stets... zu... Schutz... und... Trutze...“

Und das Wunder geschieht, das unvorstellbare Wunder. Schon steht, inmitten der neu heranwogenden Sturmflut von Knallen, Bersten, Aufflammen, Dröhnen und Splittern, inmitten des neu

ausbrechenden Vulkans von Eisenklumpen und Stahlregen, steht
einer aufrecht, und jetzt noch einer, ein fünfter, zehnter, da und
dort, und noch mehr, manche ohne Helm, mit wehenden Haaren
und freien Stirnen, manche mit durchbluteten Verbänden um die
Hand, um den Arm, um den Kopf – und jetzt ist es eine dünne,
ganz dünne, todesentschlossene Stürmerreihe geworden – ein Offizier, dem der Rock in Fetzen gerissen ist, reißt sich den hemmen-
den Verband von der Schulter, stürzt vorwärts und mit ihm die
anderen und mit allen – das Lied, das Lied. „...brü...der...lich..."
Es sind keine Menschen mehr, keine Kinder, Jünglinge und Männer
mehr, die da ankommen, mehr schwankend und fallend als laufend,
mit dem Sturmgesang auf den Lippen, Schritt um Schritt, unauf-
haltsam, unhemmbar – auf diesen gespenstigen, teuflischen, feuer-
speienden Häuserrand zu, es sind unwirkliche Gestalten aus einer
Sage, mit glühenden Gesichtern, mit brennenden Augen – „zu . . .
sam . . . men . . . hält . . ."
Und einen Augenblick scheint es, als ob Langemarck in eisigem
Entsetzen den Atem anhalten würde vor diesem apokalyptischen
Traum, der da angetaumelt kommt, dann aber bricht jäh aus allen
Winkeln und Ecken der Landschaft ein vertausendfachtes Geklirr,
Gefauche, Geschmetter; ein brühheißes Gewölbe aus Schrapnell-
wolken, Erdfontänen, Eisenzacken und Flammenbögen kommt auf
die Stürmenden herunter und bricht über ihnen zusammen.
Das Lied stirbt.
Es stirbt, wie die sterben, die es gesungen haben und die es noch
auf den Lippen haben.
Stimme um Stimme verdunkelt sich, verröchelt, schweigt. Mund um
Mund klafft auseinander. Stirn um Stirn sinkt zu Boden. Dort, dicht
vor den Gärten der ersten Häuser von Langemarck, liegt nun die
vorderste Reihe stummer, grauer Hügel . . .

b) *R. A. Schröder: Reiterlied.*

in: Hirts Deutsches Lesebuch, S. 222.

Wir reiten, von Wäldern und Schluchten verborgen,
wir traben hinein in den dämmernden Morgen,
Deutschland, Deutschland!
Es wiehert und stampft der Scheck und der Schimmel,
Es klappert und trappelt der Hufe Gewimmel,
rot leuchtet der Himmel.
Und deute die blutige Röte Verderben,

für dich will ich leben, für dich will ich sterben,
Deutschland, Deutschland!

Und wenn sie mit Eisen und Stahl dich umklammern,
wir schlagen die Bresche, wir brechen die Klammern,
Deutschland, Deutschland!
Wir kommen wie Geier vom Felsen gestoßen,
wir kommen wie Wasser vom Berge geschossen,
wie Hagel und Schloßen!
Da klirren der Stahl und das Eisen in Scherben;
für dich will ich leben, für dich will ich sterben,
Deutschland, Deutschland!

Es kommen Dragoner, es kommen Ulanen,
es flimmern die Lanzen, es flattern die Fahnen,
Deutschland, Deutschland!
Und wenn uns die Feinde mit Kugeln begaben
und unter den Rossen die Reiter begraben,
noch halten und haben
ein Schwert und ein heilig Gelübde die Erben;
für dich will ich leben, für dich will ich sterben,
Deutschland, Deutschland!

(entstanden 1914)

c) *Walter Flex: Die Dankesschuld.*

in: Hirts Deutsches Lesebuch, S. 248.

Ich trat vor ein Soldatengrab
und sprach zur Erde tief hinab:
„Mein stiller, grauer Bruder du,
das Danken läßt uns keine Ruh'.
Ein Volk in toter Helden Schuld
brennt tief in Dankes Ungeduld.

Daß ich die Hand noch rühren kann,
das dank' ich dir, du stiller Mann.
Wie rühr' ich sie dir recht zum Preis?
Gib Antwort, Bruder, daß ich's weiß!
Willst du ein Bild von Erz und Stein?
Willst einen grünen Heldenhain?"

Und alsobald aus Grabes Grund
ward mir des Bruders Antwort kund:
„Wir sanken hin für Deutschlands Glanz.
Blüh, Deutschland, uns als Totenkranz!
Der Bruder, der den Acker pflügt,
ist mir ein Denkmal, wohlgefügt.

Die Mutter, die ihr Kindlein hegt,
ein Blümlein überm Grab mir pflegt.
Die Büblein schlank, die Dirnlein rank
blühn mir als Totengärtlein Dank.
Blüh, Deutschland, überm Grabe mein,
jung, stark und schön als Heldenhain!"

d)   *Franz Schauwecker: Unbesiegtes Regiment*

in: Deutsches Lesebuch, S. 214f.

Der Krieg ist vorbei und verloren. Der Mord im Land beginnt.
Das Regiment steht zum letzten Male auf dem großen Platz vor den
Kasernen der Heimatgarnison angetreten, draußen vor den letzten
Häusern der Stadt. Der Platz ist viel zu groß für die kleine Schar,
die dort steht: Die Kompanien in Gruppenkolonne, die drei Ba-
taillone kompanieweise nacheinander. Die Bataillone gleichen Kom-
panien, manche Kompanien haben nur drei Gruppen.
Mit zweitausend Mann, frisch aufgefüllt, ging das Regiment vor
zehn Wochen in den Großkampf. Dies sind die Reste: vierhundert-
fünfzig Mann. Ein unbesiegtes Regiment.
Eine Mauer von Menschen umdrängt den Platz. Die Leute aus der
Stadt sind herbeigelaufen. Sie wollen den Vorbeimarsch ihres alten
Regiments sehen, den letzten Vorbeimarsch.
Der Regimentskommandeur hält mit seinem Adjutanten vor der
Mitte der einen Längsseite des Platzes. Neben ihm steht der Fah-
nenträger des Regiments mit der enthüllten Fahne. Das ist ganz
gegen den Brauch; denn die Fahne marschiert im Regiment. Aber
niemand sagt ein Wort.
Kommando schallt. Die Menge starrt aus tausend Augen.
Der Gleichschlag des Marsches beginnt, überrollt vom lockenden
Wirbel der Trommeln und dem Gellen der Pfeifen. Dann brandet
der Paradenmarsch des Regiments steil auf, braust, dröhnt, klirrt. Die
Musik schwenkt ein ... steht. Das Regiment marschiert vorbei, alle
Blicke emporgerissen zum Antlitz des Majors ...

Das Gesicht des Majors ist unbewegt. Nur die Muskeln der Kinn-backen straffen sich mit einem Ruck. Er sitzt steif aufrecht auf seinem Pferd und starrt auf sein Regiment, das da herankommt: in ver-blichenen, geflickten Uniformen, alle Spuren der Schlachten in den Falten der Röcke, Furchen der Entbehrungen in den Gesichtern, straff, baumgrad. Und bevor noch die erste Reihe heran ist, gibt er dem Fahnenträger ein Zeichen. Und die Fahne, die stolz und auf-recht steht, neigt sich und senkt ihr Tuch.
Die Fahne, vor der sonst die Hand an den Helm geht, senkt sich vor dem Regiment. Sie senkt sich tief, tief, bis in den Staub ... Der Schlag des Marsches dröhnt ... Der Major greift zum Helm, aber er legt die Hand nicht an den Rand. Er nestelt am Sturmband und nimmt den Helm ab vor seinen Soldaten. Sein Haupt ist grau. Eisern starrt sein Antlitz.
Zu dem im Viereck angetretenen Regiment spricht der Major kurze Worte des Abschieds. Die Soldaten horchen. Die Menge lauscht.
„Soldaten! Kameraden! Vor vier und einem halben Jahr rückte das Regiment von diesem Platz ins Feld. Ein General sprach von dem Beispiel der Väter, von den Tagen der Jahre 1870/71. Ihr waret der Väter würdig. Größeres habt ihr gelitten und getan. Unbesiegt steht ihr hier. Das wißt ihr. Große und leuchtende Vorbilder seid ihr den Geschlechtern nach euch. Große Väter seid ihr euern Söh-nen. Mögen sie eurer wert sein ... Ihr kommt aus dem Reich der Front, der Tat. Gedenkt eurer selbst und eurer Taten! Gedenkt des Vaterlandes! Lebt wohl, Kameraden, und gedenkt! In eurem Geist, in Pflicht und Manneszucht ruht immer das Vaterland, ruht die Zu-kunft, alle Zukunft!"
Die Kompanien treten weg. Das Regiment wird aufgelöst. Das Heer des Kaisertums geht auseinander.
Das Vorbild bleibt.

Mögen Jahrtausende vergehen, so wird man nie von Helden-tum reden und sagen dürfen, ohne des deutschen Heeres des Weltkrieges zu gedenken. Dann wird aus dem Schleier der Vergangenheit heraus die eiserne Front des grauen Stahlhelms sichtbar werden, nicht wankend und nicht weichend, ein Mahn-mal der Unsterblichkeit. Solange aber Deutsche leben, werden sie bedenken, daß dies einst Söhne ihres Volkes waren.

Adolf Hitler.

e) *Hermine Franke: Drei deutsche Mädel aus Afrika
besuchen Hindenburg*

in: Hirts Deutsches Lesebuch, S. 237 f.

Es war im November 1919. Wir drei Schwestern waren seit einigen
Wochen mit der Mutter in Deutschland, zum ersten Male seit vielen
Jahren, und bald auch in Hannover, wo jener Mann lebte, der uns
im Auslande als ein leuchtendes Vorbild deutscher Heldenhaftigkeit
und Größe erschienen war. Diesen Mann mußten wir sehen!
In der Seelhorststraße fanden wir auch bald sein Haus. Mutig,
wenn auch mit klopfendem Herzen, klingelten wir. Ein Diener
öffnete. „Wir möchten so gern den Feldmarschall von Hindenburg
sehen", sagten wir schüchtern. – „Seine Exzellenz empfängt keine
Besucher!" – Wir müssen wohl grenzenlos enttäuscht ausgesehen
haben, denn er fügte hinzu: „Die Damen sind wohl nicht von
hier?" – „Nein, wir kommen aus Kapstadt, Südafrika, und möchten
doch so gern den Feldmarschall von Hindenburg einmal sehen."
Da ließ er uns doch eintreten und kam bald mit der Nachricht zurück, daß Seine Exzellenz uns empfangen würde. Wir standen gleich
darauf im Zimmer unseres Helden. Die fast sagenhaft gewordene
Reckengestalt saß am Schreibtisch, und ernst, aber freundlich klang
es uns entgegen: „Sind die Damen aber auch wirklich deutsch? Sie
kommen aus Britisch-Südafrika?" – Ich glaube nicht, daß es lange
gedauert hat, ihn von der Echtheit unserer deutschen Gefühle zu
überzeugen. Alles sprudelten wir in nicht ganz fehlerlosem Deutsch
heraus. Lächelnd hörte er zu, wie ein richtiger Großvater.
Meine Schwester erzählte ihm, daß sie bald heiraten würde, und erzählte stolz von ihrem Verlobten, der leitender Ingenieur auf dem
U 35 gewesen und jetzt in Hannover studierte.
„Und Sie?" fragte mich der Feldmarschall. – „Ich suche mir auch
einen deutschen Mann!", antwortete ich prompt.
„Nun, dann wünsche ich Ihnen viel Glück!" war die freundliche Er-
widerung. Zum Abschied gab er uns die Hand, und selig gingen wir
nach Hause, nicht ohne unserm Freunde da draußen noch herzlich
zu danken. Unsere kleine Schwester, damals erst 13 Jahre alt, hätte
am liebsten wochenlang ihre Hand nicht gewaschen, so stolz war sie
darauf.
Als ich mich nach einem knappen halben Jahr mit einem Jahrgangs-
kameraden meines Bruders verlobte, schickten wir dem Feldmarschall
auch eine Anzeige.
Seine Glückwunschkarte mit eigenhändiger Unterschrift ist ein kost-
bares Andenken an den getreuen Eckart unseres Volkes.

f) H. St. Chamberlain zum Geburtstag Adolf Hitlers am 20. April 1924

in: Saat in die Zeit, S. 317–319.

Ich bin Adolf Hitler zweimal begegnet: das erstemal war er so freundlich, mich am Spätabend des Bayreuther „Deutschen Tages" aufzusuchen, das zweitemal traf ich ihn am folgenden Morgen, in einem größeren Kreise sitzend, im Garten vom Hause Wahnfried. Außerdem habe ich viel von ihm erzählen gehört und zum Teil von Menschen, die ich besonders hoch zu schätzen Veranlassung habe und welche alle weiter treu an ihm hängen; auch sind mir Hitlers Reden in der Sammlung von Koerber bekannt. Sie werden mir sagen, das sei wenig, um einen Menschen zu beurteilen; doch gehört Hitler zu den seltenen *Lichtgestalten* – zu den ganz durchsichtigen Menschen.

Wir alle sind aus hundert Mischungen zusammengesetzt, nichts ist seltener als Einfachheit; darum sind wir so undurchsichtig, so schwer auszukennen. Hitler gab sich ganz in jedem Wort, das er spricht, und wenn er spricht, faßt er stets irgendeinen der Zuhörer fest ins Auge, niemand kann diesem faszinierenden Blick widerstehen, diese Gewohnheit gründet sich offenbar auf die Tatsache, daß sich seine Worte immer unmittelbar an das Herz wenden und deswegen die Sprache des Auges nicht entbehren können; kann auch das Auge in jedem Augenblicke nur einen einzelnen erfassen, so teilt sich doch etwas im Tone mit, das auf alle wirkt – etwas Intimes, zu Herzen Gehendes, unmittelbar Wirkendes. Somit wären wir bei dem Hauptorgan dieser Persönlichkeit angelangt: dem Herzen! Man kann bedeutende Menschen in zwei Klassen unterscheiden, je nachdem der Kopf oder das Herz vorwiegt. Hitler würde ich entschieden zu den Herzmenschen rechnen, nicht etwa, daß ich seine intellektuellen Fähigkeiten geringschätze, im Gegenteil; aber das mittlere Bewegungsorgan, der Herd, worauf die Glut sich entfacht, in der seine Gedanken geschmiedet werden, ist das Herz. Das unterscheidet ihn von den meisten Politikern, er liebt das Volk, er liebt sein deutsches Volk mit inbrünstiger Liebesleidenschaft. Hier haben wir den Mittelpunkt, aus dem seine ganze Politik, seine Wirtschaftslehre, seine Gegnerschaft gegen die Juden, sein Kampf gegen die Verrohung der Sitten usw. erfließen.

So z. B. liegt das klar auf der Hand bei seinem vielbeklagten Antisemitismus. Weil er kein Phrasendrescher ist, sondern konsequent seine Gedanken zu Ende denkt und furchtlos seine Folgerungen daraus zieht, erkennt er und verkündet er: Man kann sich nicht zugleich zu Jesus bekennen und zu denen, die ihn ans Kreuz schlugen. Das ist das Großartige an Hitler: sein Mut! Die Zivilcourage, deren Fehlen bei den meisten Deutschen Bismarck so sehr beklagte, besitzt er in überschwenglichem Maße. In dieser Beziehung gemahnt er an Luther. Und woher kommt diesen beiden Männern der Mut? Er kommt ihnen daher, daß es ihnen beiden heilig ernst um die Sache ist, die sie vertreten. Hitler spricht kein Wort, um das ihm nicht Ernst wäre, es finden sich in seinen Reden kein Füllsel, keine Übergangsphrasen. Goethe sagt einmal: „Man glaubt nicht, in welcher Hochburg der Mann wohnt, dem es immer Ernst ist um die Sache." In solch einer Hochburg wohnt Hitler; dies hat aber die Folge, daß er als Phantast verschrien wird. Man behauptet, Hitler wäre ein Träumer, der den Kopf voller Unmöglichkeiten habe, und doch sagt ein höchst beachtenswerter neuerer Historiker von ihm, er sei „seit Bismarck der schöpferischste Kopf auf dem Gebiete der Staatskunst". Ich glaube, jenes Vorurteil leitet sich daher, daß wir alle geneigt sind, die Dinge für unausführlich zu halten, die wir nicht als schon vollbracht vor uns sehen. Es ist ihm z. B. unmöglich, unser aller Überzeugung über den verderblichen, ja, über den todbringenden Einfluß des Judentums auf das Leben des deutschen Volkes zu teilen und nicht danach zu handeln; erkennt man die Gefahr, so müssen schleunigst Maßregeln gegen sie ergriffen werden. Das sieht wohl jeder ein, aber keiner wagt's auszusprechen, keiner wagt die Konsequenz von seinem Denken auf sein Handeln zu ziehen; keiner außer Adolf Hitler.

Ebenso in seinem Verhältnis zu den Marxisten; da kennt er nur Vernichtungskrieg, während ihre politischen Gegner im Reichstage „Koalition" mit ihnen bilden. Der Jude Gambetta brachte das Wort „Opportunismus" in Gang, und es ist für alle Fachpolitik unentbehrlich geworden; nun denn, Hitler ist das Gegenteil eines Opportunisten und gewinnt dadurch jedes redliche, gerade, gesunde Gemüt für sich. Endlich einmal der Mann, der meint, was er sagt, und was er meint, ist überall so tief als wahr und so einfach als tief. Hitler würde es als Lüge empfinden, wenn er nicht seine Gedanken in äußerster Einfachheit auszusprechen verstünde, er ist ein großer Vereinfacher, das gehört zu seiner Wahrhaftigkeit, zu seinem Mut, zu seinem Ernst, zu seiner Liebe. Hier liegt der Quell des tiefen Eindrucks, den seine Reden auf jedermann ausüben. Der einfachste Mensch kann ihm überall folgen, er gewinnt das Volk im Sturme, sein Wort hält es im Banne, sein Ernst erzwingt Achtung, seine Folgerichtigkeit überzeugt, sein pulsierendes Herz begeistert. Das erklärt seine unerhörte Wirkungsgewalt auf die uns so entfremdeten Arbeiter, die es ihm allein gelang scharenweise zu gesünderen Ansichten zu bekehren und damit zugleich eine Macht zu brechen und eine andere an ihrer Stelle aufzurichten.

Das, was Hitler schon geschaffen hat als sein eigenstes Werk, ist bereits ein gewaltiges, was nicht so bald hinschwinden wird. Dieser Mann hat gewirkt wie ein Gottessegen, die Herzen aufrichtend, die Augen auf klar erblickte Ziele öffnend, die Gemüter erheiternd, die Fähigkeit zur Liebe und Entrüstung entfachend, den Mut und die Entschlossenheit stählend. Aber wir haben ihn noch bitter notwendig: Gott, der ihn uns geschenkt hat, möge ihn uns noch viele Jahre bewahren zum Segen für das deutsche Vaterland!

g) *Ein verwegener Sturmflug*
Von Reichspressechef Dr. Otto Dietrich

in: Hirts Deutsches Lesebuch, S. 239–241.

Am 8. April 1932 tobt ein Unwetter über Deutschland, das alle Vorstellungen übersteigt. Aus schwarzer Wolke prasselt der Hagel hernieder. Die Sturzwasser verwüsten Felder und Gärten. Der trübe Gischt unterspült die Straßen und Bahngleise, und der Orkan entwurzelt selbst die ältesten Baumriesen.
Wir fahren im Wagen zum Mannheimer Flugplatz. Niemand möchte das Wagnis unternehmen, ein Flugzeug diesem Toben der Elemente auszusetzen. Die Deutsche Lufthansa hat den gesamten Flugverkehr eingestellt.
Im strömenden Regen stehen dichtgeschart die unverzagtesten unserer Anhänger. Sie wollen dabeisein, sie wollen selbst sehen, wenn der Führer sich bei diesem Unwetter dem Flugzeug anvertraut.
Der Führer befiehlt, ohne zu überlegen, sofortigen Start, ... denn in Westdeutschland warten Hunderttausende.
Nur mit äußerster Anstrengung können die kräftigen Fäuste der Monteure und SA-Männer mit langen Stangen die Maschine an den Tragflächen festhalten, damit der Sturmwind sie nicht emporwirft und zerschellt. Die großen Motoren setzen ein. Ungeduldig zittert in gebändigter Kraft unser Flugzeug, bis ihm die Bahn freigegeben wird.
Ein kurzes Aufbäumen, und schon fegt unser wildes Roß über die grüne Steppe. Ein paar verwegene Sprünge, ein letztes kurzes Berühren der Erde, und wir reiten durch die Luft in den brodelnden Hexenkessel hinein.
Das ist kein Fliegen mehr, das ist ein Wirbel, an den wir heute nur noch wie an einen fernen Traum zurückdenken können. Bald setzen wir über Fallböen hinweg, bald peitschen wir durch Wolkenfetzen hindurch, bald zieht uns ein unsichtbarer Strudel in die Tiefe, bald

ist es uns, als ob wir von einem fernen Schleuderkran steil empor-
gezogen würden ...
Unterdessen bahnt sich unten auf der Erde unsere Wagenkolonne
mühsam ihren Weg. Vom Sturm gefällte Bäume sperren die Straße.
Unterspülte Dämme machen zeitraubende Umleitungen notwendig. Aber auch sie schaffen es.
Schnee und Hagel prasseln auf die Tragfläche unserer D 1720 und
gegen die Scheiben der Kabine. Manchmal jagen wir so tief dahin,
daß der Funker die Antenne einziehen muß, damit sie sich nicht
in den Wipfeln der Bäume oder den Leitungsdrähten der Telefon-
masten verfängt.
Die bellenden Motoren laufen mit Vollgas, während der Führer ab-
wechselnd auf die Landkarte und die Uhr blickt, nur von einer Sorge
bewegt, daß wir den Kurs nicht verfehlen und nicht zu spät zur
nächsten Versammlung kommen ...
Wir atmen auf, als über Frankfurt die Wolken zerreißen und wir
bald durch einen Regenbogen den Rhein im hellen Sonnenschein
vor uns liegen sehen. Koblenz taucht auf, dann Bonn und Köln
und bald darauf Düsseldorf, unser Ziel.
Wir sehen das einsame Denkmal auf der Golzheimer Heide, auf
der Leo Schlageter von fremden Schergen ermordet wurde, und die
Radrennbahn in Düsseldorf, in der dichtgedrängt schon die Menschen den Führer erwarten.
Wir landen auf dem Düsseldorfer Flugplatz. Der Sturmflug ist beendet.

h)   *Hans Maikowski: SA im Kampf*

in: Hirts Deutsches Lesebuch, S. 241 f.

Es ist der 9. Dezember 1927. In der Hasenheide ist Versammlung
angesetzt. Die gesamte Berliner SA bildet den Saalschutz. Um
11 Uhr ist die Versammlung in Ruhe beendet. Da die SA verboten
ist, kommt ein geschlossener Abmarsch nicht in Frage. Andererseits
können wir aber bei all den Abgaben für die Partei das Fahr-
geld nicht aufbringen; wir beschließen zu laufen.
Wir sind vier Freunde, denen sich noch einige Kameraden anschließen. Sorglos gehen wir durch die Hasenheide, dann die dunkle,
stille Gneisenaustraße hinunter. Einige Wochen ohne Überfall haben uns leichtsinnig gemacht, wir denken an keinen Gegner. Wir
sehen nicht die Gruppen, die sich aus den Häusern lösen und uns
folgen, nicht die Radfahrer, die uns überholen und mustern.

257

Vom Kaiser-Friedrich-Platz an folgt uns eine blutgierige Meute auf beiden Straßenseiten; wir aber ahnen und wissen von nichts. Wir gehen und unterhalten uns, als wären wir ruhige Bürger und nicht SA-Männer. Wir haben einen Augenblick vergessen, daß wir Freiwild sind, verboten, gehetzt und verhaßt bei jedermann . . .
An der Yorck-, Ecke Möckernstraße trennen sich unsere Wege. Zu zweien gehen wir weiter, als uns plötzlich fünf Mann den Weg versperren; sie grüßen mit „Heil Hitler!" Wir stutzen, und im Augenblick haben wir begriffen: eine Falle! Zurück! Da ertönen Pfiffe und Rufe: „Schieß doch!" Von allen Seiten tauchen plötzlich Gruppen auf, auf beiden Straßenseiten, auf der Promenade eilen sie im Laufschritt heran. Wir SA-Männer sind waffenlos, nicht einmal ein Messer oder einen Schlagring haben wir bei uns; werden wir doch bei jeder Versammlung nach Waffen durchsucht.
Überrascht und ahnungslos sind wir im Moment des Überfalls auseinandergezogen. Der Gegner rast heran, wir müssen um unser Leben rennen. Die Möckernstraße ist frei; hinein! „Wo ist Hans?" rufen wir uns im Laufen zu. „Mit Kuno zur Katzbachstraße!" – Wir mäßigen unser Tempo, die Kommune bleibt zurück. Wir biegen ab zum nächsten Polizeiposten. Nach langem Hin und Her ist er bereit, mit uns zum Schauplatz des Überfalls zu kommen. Jetzt ist alles ruhig. Kuno kommt uns entgegen. Auch er sucht Hans. Nichts ist zu erfahren. Was ist geschehen?
Am Anhalter Güterbahnhof versuchte Hans mit einer Taxe zu entkommen. Er sprang hinein und forderte den Chauffeur auf zu fahren. Der Fahrer zögerte; da ist die Meute heran und zerrt Hans aus dem Wagen. Gegen die vielfache Übermacht ist auch der tapferste Widerstand umsonst; bald liegt Hans bewußtlos am Boden. Die Meute trampelt auf ihm herum und jagt ihm das Messer in den Leib. Dann überlassen sie ihn seinem Schicksal.
Hans rafft sich noch einmal auf und ruft eine Taxe heran. Am Nollendorfplatz wird ihm schlecht. Er läßt halten und bittet in einem Café um ein Glas Wasser. Entsetzt ruft ihn der Fahrer an: „Sie bluten ja!" . . . Hans will nach Hause, aber seine Kräfte verlassen ihn. Schwarz wird's ihm vor den Augen, er sinkt zusammen.
Der Fahrer liefert den Bewußtlosen in das Achenbach-Krankenhaus ein. Sofort muß Hans operiert werden. Die Ärzte zweifeln an seiner Rettung.
Als wir ihn das erstemal wiedersehen, ist er kaum zu erkennen. Die Nase gebrochen, das Gesicht zerquetscht – ein entsetzlicher Anblick. Wachsbleich liegt er in den Kissen; das Gesindel hatte ganze Arbeit geleistet.
Wochenlang schwebte Hans zwischen Leben und Tod. Zu Weihnachten wußten wir, daß er gerettet ist.

i) Wilfrid Bade: Horst Wessels Tod

in: Hirts Deutsches Lesebuch, S. 242 f.

Die Arbeit der vergangenen drei Jahre hatte Horsts Gesundheit
schwer erschüttert. Der plötzliche Tod des Bruders warf ihn aufs
Krankenbett. Eine Zeit schwebte er zwischen Tod und Leben, aber
dann überwand er das Fieber. Es war nicht seine körperliche Kraft,
die die Krankheit besiegte, es war sein fanatischer Wille, nicht auszuscheiden vor dem Tag, da Hitlerfahnen über allen Straßen wehen
sollten. Jetzt, da es hineinging in das Jahr 1930, konnte er, wollte er
seinen Sturm nicht allein lassen. Die Mutter, die Schwester, die
treuen Kameraden, sie flehen ihn an, wenigstens nicht wieder in
sein möbliertes Zimmer in der Frankfurter Straße zurückzukehren,
sondern sich zu Hause in dem stillen Pfarrhaus völlig gesund pflegen
zu lassen. Tag für Tag bestürmen sie den Genesenden, bis er endlich seine Einwilligung gibt.
Den Kameraden fällt ein Stein vom Herzen. Sie wissen von den
kommunistischen Plänen, Horst Wessel zu beseitigen. Seit einiger
Zeit schon hatte der Sturm, ohne daß Horst Wessel es wußte, eine
besondere Schutzwache vor sein Haus postiert. Nun endlich war es
gelungen, ihn aus dieser gefährlichen Lage herauszuführen.
Horst Wessel hätte zu Hause bleiben können, er hätte niemals
wieder in diese Wohnung, die einer kommunistischen Wirtin gehörte, zurückzukehren brauchen. Seine Sturmkameraden hätten ihm
die wenigen Sachen gebracht, die noch in seinem Zimmer in der
Frankfurter Straße lagen, ein paar Uniformstücke, ein paar Bücher,
etwas Wäsche. Seine Mutter wollte es so. Seine Kameraden wollten es auch. Aber wie er sich geweigert hatte, den Posten in Greifswald zu übernehmen, wie er es ausgeschlagen hatte, auf eine Welt-
reise zu gehen, so weigerte er sich auch jetzt und schlug die Hilfe
der Kameraden aus. Selbst wollte er seine Sachen nach Hause
bringen.
Am Nachmittag des 14. Januar macht er sich auf. Seine Wirtin empfängt ihn mit scheelen Augen. Kaum ist er im Zimmer, als sie in das
nächste Kommunistenlokal läuft. Eine Viertelstunde später schlei-
chen Verbrecher, geführt von einer kommunistischen Jüdin, die
Treppe zur Wohnung Horst Wessels empor. Zweimal zögern selbst
die hartgesottenen Kreaturen. Zweimal peitscht sie die Jüdin vorwärts. Dann endlich ist es soweit. Es klopft an der Tür Horst Wessels. Ahnungslos ruft er „Herein!", wähnend, es sei einer seiner
Sturmkameraden. Er öffnete selbst die Tür. Viele Schüsse fallen.
In den Mund getroffen, bricht Horst Wessel zusammen. Die Mörder flüchten in ihr Lokal, bei Schnaps und Bier wird der Sieg gefeiert.

Aber Horst Wessel ist nicht tot. Im Krankenhaus am Friedrichshain
mühen sich die Ärzte verzweifelt, sein Leben zu erhalten.
Einen vollen Monat lang bangt die nationalsozialistische Bewegung
um das Leben Horst Wessels. Einmal scheint es so, als wollte der
Tod doch an ihm vorübergehen. Das Fieber geht zurück. Der
Schwerverwundete kann beglückt seinen Gauleiter empfangen,
seine Sturmkameraden sehen. Da setzt die Kommune zu einem
neuen Schlage an. Horst Wessel sollte nicht länger leben, durfte
nicht länger leben. Sie befiehlt den Sturm auf das Krankenhaus;
aber irgendeiner aus der KPD hat nun doch eine anständige Regung.
Ein anonymer Zettel verständigt die Schwester Horst Wessels von
dem geplanten Überfall, und als die Kommunisten zum Angriff antreten, da steht der Sturm 5 in den Gängen des Pavillons, wo der
auf den Tod Verwundete liegt, und schlägt mit Erbitterung in einem
viertelstündigen Kampf die Kommunisten zurück. Von diesem Tage
an steht das Krankenzimmer Horst Wessels unter ständigem SA-
Schutz.
Aber die Treue kann den Tod nicht besiegen. Am 23. Februar 1930
stirbt Horst Wessel.

k) *Heinrich Anacker: Opfer*

in: Hirts Deutsches Lesebuch, S. 244

> Fallen müssen viele
> und in Nacht vergehn,
> eh' am letzten Ziele
> groß die Banner wehn.
>
> Auch die übrigblieben,
> tragen all ihr Mal
> auf die Stirn geschrieben,
> flammend' Notfanal.
>
> Euch, die nach uns kommen,
> hämmern wir es ein:
> Was zum Glück soll frommen,
> muß erblutet sein!

l) Georg Bauschuß: Unser Kamerad Herbert Norkus

in: Hirts Deutsches Lesebuch, S. 31 f.

Der 23. Januar 1932 war ein Sonnabend. Jeder Hitlerjunge aus dem Beußelkietz wird ihn für sein Leben lang im Gedächtnis behalten. Wir saßen im SA-Lokal zusammen, und Herbert Norkus spielte für uns auf dem Klavier nationalsozialistische Lieder. Als die Zeit weit genug vorgeschritten war, beschlossen wir, wie es immer so üblich war, zwei unserer Kameraden, deren Eltern Kommunisten waren und die mitten im roten Zentrum wohnten, nach Hause zu bringen. Da wir aber gleich am Sonntagmorgen, dem 24. Januar, weiter Zettel verteilen wollten, beschlossen die übrigen sechs, bei ihrem Kameradschaftsführer zu übernachten.

Grau und neblig brach der 24. Januar an. Während andere noch schliefen, gingen sechs Hitlerjungen für ihre Idee auf Propaganda. Unermüdlich verteilten sie in den Häusern treppauf, treppab ihre kleinen Werbehandzettel.

Mittlerweile waren sie zur Gotzkowskystraße gekommen. Ruhig und verlassen lag die Straße vor ihnen. Vier Hitlerjungen verteilten in den Häusern Zettel, zwei andere hatten die Wache. Sie gingen die Straße auf und ab, um die Häuser im Auge zu behalten, in denen ihre wagemutigen Kameraden sich aufhielten. Plötzlich kam ein größerer Haufen Menschen um die Ecke. Aus dem Nebel löste sich eine Gruppe von zwölf Kommunisten, die sofort die zwei Hitlerjungen erkannten und laut ihren Genossen zubrüllten: „Da sind sie ja!" Die beiden Hitlerjungen bissen die Zähne zusammen und versuchten, ihre Kameraden auf die Gefahr, die da lauerte, aufmerksam zu machen. Aber ehe sie sich's versahen, wurden die beiden Jungen umzingelt. Zwölf RFB.-Leute, die, mit dem Messer bewaffnet, riefen: „Hände aus den Taschen!" Ein Schreckschuß, den einer der beiden in höchster Notwehr abgab, sprengte den Ring. Dadurch gelang es ihnen, zu entkommen. Mit der Pistole feuerten sie immer wieder Schüsse ab, um ihre Kameraden zu warnen.

Aber vergeblich! Als die vier Hitlerjungen ahnungslos aus den Häusern kamen, wurden sie von etwa vierzig Kommunisten überfallen und durch die Straßen gehetzt. Herbert Norkus wurde in die Zwinglistraße hineingetrieben. An der Ecke Zwinglistraße holte ihn die Kommune ein; zwei Messerstiche trafen ihn. Mit ungeheuerlicher Kraftanstrengung befreite sich Herbert Norkus von der besoffenen, vertierten Meute und versuchte, in die Meierei in der Zwinglistraße zu entkommen. Aber das Fabriktor wurde absichtlich von dem Wärter geschlossen. So konnte ihn die Kommune wieder einholen. Sie fielen über ihn her und bearbeiteten ihn mit Messern und Stiefelabsätzen. Noch einmal entwand er sich der Mordbestie dank seiner ungeheuren Körperkraft. Vor dem Hause Zwinglistraße 4 versuchte er, sich an einer Laterne aufrecht zu halten, aber seine Kräfte verließen ihn. Da zerrten die Mordbuben den schon mit dem Tode Ringenden in den Hausflur Zwinglistraße 4. „Helft mir!" stöhnte er und hauchte sein junges zukunftsreiches Leben aus. Nach längerer Verfolgung fanden die anderen Kameraden sich wieder zusammen. Jetzt merkten sie, daß Herbert Norkus fehlte. Sie rannten gemeinsam durch die Straßen, wo sie ihren Kameraden vermuteten. Der aber lag schon im Krankenhaus auf der Totenbahre.

m) *Wilhelm Fanderl: Ich weiß, daß ich für Hitler sterben muß*

in: Hirts Deutsches Lesebuch, S. 250 f.

31. Mai 1932. Heimabend der Hitler-Jugend. Nicht weniger als acht Überfälle sind in den vorhergegangenen drei Tagen auf Kameraden der HJ ausgeführt worden. Die Schutzmaßregeln werden durchgesprochen. „Alles geht geschlossen nach Hause!" so lautet der Befehl des Gefolgschaftsführers. Die Kameraden sind verständlicherweise erregt, sie wollen Gleiches mit Gleichem vergelten. Auf dem Heimweg unterhalte ich mich mit Werner Gerhardt. Er ist mit den wüsten Reden nicht einverstanden; er sagt zu mir: „Es sind ja nur arme, verhetzte Proleten, es sind so viele gute Volksgenossen unter ihnen." Eine Viertelstunde später sticht ihm ein solcher verhetzter Genosse das Messer in den Leib.
An einer Ecke waren wir stehengeblieben, um uns noch mit kommunistischer Jugend zu unterhalten. Werner Gerhardt geht zweihundert Schritte voraus, da bricht er zusammen, schreit Hilfe. Ein Reichsbannermann hat ohne jeden Grund einen der besten Jungen niedergestochen.
Wir stürmen, während einige Kameraden Werner zum Arzt bringen, dem Verbrecher nach. Leider hat ihn schon ein Polizist festgenommen. Mit der Pistole muß er die erregten Jungen zurückhalten, die den Mörder verprügeln wollen. Der Verbrecher wird auf die Wache ins Rathaus gebracht. Schnell hat sich die gemeine Bluttat in Zeitz herumgesprochen, kurze Zeit später haben sich an die sechshundert Menschen vor dem Rathaus versammelt, die gegen die Mordpest protestieren. Wie ein Bekenntnis steigt das Horst-Wessel-Lied zum nächtlichen Himmel.
Die Polizei geht mit dem Gummiknüppel gegen uns vor! –
Zum erstenmal darf ich Werner Gerhardt im Krankenhaus besuchen.

Bleich liegt er in seinem Bett, doch die blauen Augen strahlen genau wie früher, als ich ihm einen Blumenstrauß seiner Kameraden überreiche. Leise spricht er von der Operation; er fragt nach seinen Jungen, ob auch alles ordentlich weitergeführt wird. Noch einmal drückt er mir die Hand, wir schauen uns an, dann gehe ich schnell hinaus, um meine Tränen nicht zu zeigen.

Ich spreche noch mit der Schwester. Sie erzählt mir von den furchtbaren Schmerzen, die er zu erdulden hat. Bereits zweimal hat man ihn operiert.

„Ich muß mich zusammennehmen und auf die Zähne beißen, damit meine Mutter nichts merkt, sonst regt sie sich auf", hatte er noch zu mir gesagt. Heldenmut eines deutschen Arbeiterjungen! –

Wieder im Krankenhaus. Ich darf sein Zimmer nicht betreten, er liegt allein. Zum fünftenmal hat man ihn operiert. Seine Mutter liegt zu Haus, sie hat genau wie Bruder, Onkel und Kameraden ihr Blut gegeben, um ihren Sohn durch Blutübertragung zu retten.

Vier Wochen furchtbare Qualen und Schmerzen. Bei der letzten Operation sagt er zu seiner Mutter: „Mama, nicht weinen, ich weiß, daß ich für Hitler sterben muß."

Zwei Tage später erhalten wir die furchtbare Nachricht.

Wir gehen zu Werners Mutter. Zusammengefallen ist das Gesicht dieser deutschen Frau. Bleich liegt sie im Bett, als wir in das Zimmer gerufen werden. Beim Anblick dieser armen Arbeiterfrau, die schon ihren Mann im großen Krieg dem Vaterland geopfert hat, kommen uns die Tränen.

Doch die Frau ist stärker als wir. „Nicht weinen, mein Werner will es nicht!" ruft sie uns zu.

Wir reißen uns zusammen, sind erschüttert von der Größe dieser Frau. Sie spricht mit uns; erzählt uns, wie der Schwerkranke noch alles bestimmt hat, damit ja alles in Ordnung geht. Der Nachfolger, die Kasse, alles ist genau geregelt, damit sein Jungvolk weitermarschieren kann und ja keinen Schaden erleidet. Als sie nun weiter erzählt, wie Werner fast jeden Tag bis spät in die Nacht für seine Jungen gearbeitet hat, wie er Wimpel für sie genäht, wie er weiterhin nicht nur für seine Jungen, sondern auch noch für seine Mutter gearbeitet und verdient hat, da verstehen wir so recht, was wir an Werner Gerhardt verloren haben.

n) Ein Mecklenburger Mädel: Du wirst heute etwas ganz Großes erleben

in: Hirts Deutsches Lesebuch, S. 14 f.

Es war im Dezember 1931. Vom Reichskanzler Brüning war Burg-
friede und Uniformverbot für alle Gliederungen der NS-Bewegung
angeordnet.
Um elf Uhr vormittags schrillte das Telephon. Mein Bruder war am
Apparat und sagte mir, ich müsse um ein Uhr in Severin sein.
Ich solle auf jeden Fall hinkommen. Es würde mir nicht leid tun.
Auf meine Frage, was denn los sei, antwortete er mir nur: „Das
darf ich nicht sagen; aber du mußt kommen."
Ich fuhr um zwölf Uhr mit dem Rade los. Es setzte ein fürchterliches
Schneejagen ein. Ich hatte aber gesagt, ich wolle kommen, und
fuhr los.
Als ich in Severin ankam, war dort ein mächtiger Betrieb. Last-
autos mit SA-Männern in weißen Hemden und blauen Mützen
fuhren vor. Die SA sperrte das ganze Dorf ab. SS-Männer standen
vor dem Toreingang zum Gutshof Wache. Als ich näher kam, hielten
sie mich an und sagten mir, ich dürfe den Hof nicht betreten. Ich
bestand aber darauf, daß ich zum Gutshaus müsse, und fragte, was
denn eigentlich los sei. Die Männer sahen mich an und zuckten mit
den Achseln. Mir wurde gesagt, ich müsse warten. Schreckliche
Angst plagte mich. Sollte vielleicht schon wieder ein SA-Mann ermordet oder irgendwo ein Überfall gewesen sein? Der erste SS-
Mann holte meinen Bruder, und dieser mußte bestätigen, daß ich
auf besonderen Wunsch nach Severin bestellt sei. Mein Gesicht
wurde immer fragender, bis mein Schwager schließlich sagte:
„Du wirst heute etwas ganz Großes erleben. Dr. Goebbels wird
hier in der Dorfkirche getraut. Adolf Hitler und General Epp sind
Trauzeugen." Dann gingen wir zur Kirche, wo ungefähr zwanzig
Menschen anwesend waren. In der ersten Bank vor dem Altar mußten wir Platz nehmen. Kurz nach unserem Eintreffen kam der Hoch-
zeitszug, und vor uns nahmen Dr. Goebbels, Frau Goebbels, der
Führer und General Epp Platz. Dann begann die Feier. Aber ich muß
ehrlich sagen, ich habe sie und die Traurede kaum beachtet und nur
immer den Führer angesehen. Es war ja auch zu überwältigend, dem
Führer so nahe zu sein und an so einer Feier teilnehmen zu dürfen.
Als dann die Trauung vollzogen war und alle die Kirche verließen,
ging der Führer an uns vorbei. Und dann stand er plötzlich vor
mir und sah mich fest an. Diesen Blick, so fordernd und ernst, werde
ich nie vergessen. Wenn mir vorher noch vieles unverständlich war,
jetzt wußte ich, daß ich immer nur für den Führer und seine Be-

wegung kämpfen würde. Wenn mir jetzt, wo ich nun mitten in der Arbeit stehe, irgend etwas schwer und unmöglich erscheint, dann denke ich immer an den Tag, wo der Führer vor mir stand und von mir Gefolgschaft forderte.

o) Hanna Blömer: Vater Tiarks erzählt

in: Hirts Deutsches Lesebuch, S. 253 f.

Gemeinsam gehen wir die Deichtreppe hinauf in das Gasthaus von Horumersiel. Dann sitzen wir hinter den großen Glasscheiben der Veranda, den Blick auf das weite Wasser, das langsam näher rollt. Wir fassen Mut und bitten den alten Gastgeber des Führers, sich ein wenig zu uns zu setzen. Ein Lächeln gleitet über sein Antlitz: Er hat uns durchschaut ... Und nicht lange dauert es, da sind wir mitten in der erwünschten Unterhaltung, und Vater Tiarks erzählt uns gern, antwortet ruhig und bedächtig auf alle Fragen, die von uns auf ihn losstürmen. Wir spüren seinen inneren Stolz, als er uns sein Gästebuch zeigt. Wir blättern und blättern: Da, auf einmal finden wir es, da steht es ganz klein zwischen all den vielen der Namen der Menschen, die hier einmal als Kurgäste weilten: „Adolf Hitler, Schriftsteller, München."
So sind wir bei dem „Damals" angelangt, als der Führer dieses friedliche Fischerdorf zum ersten Male aufsuchte. Wir blättern langsam weiter: „1932 ... Ja, da habe ich den Führer acht Tage beherbergen dürfen. Der kleine Raum dort war sein Arbeitszimmer. Abends fuhr er in die Städte, sprach zu dem Volk, und dann kam er wieder zurück in die Stille an der Küste." — „Haben Sie auch Gelegenheit gehabt, sich persönlich mit ihm zu unterhalten?"
„Ja, ich durfte ihn so recht als Menschen kennenlernen. Öfter saß ich ein halbes Stündchen mit ihm am Deich. Dort am Meer weilte er gern." — „Hat er dann auch über seine Erlebnisse, Erfolge und Pläne gesprochen, über all das Politische, was ihn doch in der Kampfzeit ganz in Anspruch nahm?"
„Ach nein, wenn er hier war, dann mußte er Ruhe haben. Der Führer freute sich immer, wenn ich ihm von der Rettungsstation erzählte, von unsern Fischern, von schweren Zeiten, da das Meer Opfer und Menschenleben von uns forderte. Von den Familien, den Bauern an der Küste ließ er sich berichten, von ihrer Arbeit, ihrem Leben."
Nun ergreift Vater Tiarks ein großes Photoalbum, zeigt uns all die Bilder mit dem Führer, gibt die Erklärungen dazu und deutet dabei

stets nach draußen: „Das war dort am Deich. – Das ist in der Rettungsstation. – Und das ist der Führer mit meinem Bruder, der ihn einmal weit hinaus aufs Meer gefahren hat."

„War der Führer auch noch nach der Machtübernahme bei Ihnen?" fragen wir Herrn Tiarks. „Ja, er sucht Horumersiel wohl bei jeder Gelegenheit auf, wenn er hier in den Nordwesten kommt. Aber als er das letztemal hier war, da kannte er sein stilles Horumersiel wohl nicht wieder. Immer hatte er hier Ruhe gefunden. Nun aber war an der Küste eine große Menschenmenge versammelt, die ihn sehen und begrüßen wollte ... Und wie überall, so fing auch hier das Heilrufen an."

„Aber der Führer hat sich bestimmt gefreut." – „Ja, er drückte mir beide Hände und schaute mich fest an, als wenn er sagen wollte: Wissen Sie noch, als ich hier zum ersten Male war? – Froh war er diesmal und lachte mit all den anderen am großen Frühstückstisch."

„Für Sie hat er aber sicher noch einen Augenblick gefunden?" Da sagt Vater Tiarks fast leise: „Ich habe mich einfach über ihn gebeugt, als er an der Tafel saß, und habe ihn gefragt, ob er seine Zimmer noch einmal wiedersehen möchte. – ,Wie gern, mein lieber Vater Tiarks', sagte er froh, faßte mich an und ging allein mit mir."

Da wird unser Erzähler ernst, stockt einen Augenblick, und wir warten ruhig, bis er weiterspricht: „Dann standen wir beide in dem kleinen Arbeitszimmer, eine ganze Zeit lang, stumm, der Führer mit ernstem Gesicht und verschränkten Armen, bis er meine beiden Hände ergriff und sagte: ,Der Raum birgt manche Erinnerung an eine schwere und große Zeit.' Oben in seinem Schlafzimmer stand er lange am Fenster und schaute hinaus auf das Meer. Ich blieb an der Tür stehen. Dann sagte er zu mir: ,Der Anblick des Meeres bleibt ewig neu.' Doch auf einmal hub von draußen ein mächtiges Heilrufen an: Die wartenden Leute hatten ihren Führer am Fenster bemerkt."

„Das also war das letztemal, daß der Führer hier war?" – „Ja, aber als er mir zum Abschied die Hand drückte, da sagte er: ,Lieber Vater Tiarks, es ist nicht das letztemal, daß ich bei Ihnen in meinem lieben Horumersiel war.' "

Das Fischerdorf wartet also auf den nächsten Besuch des Führers und ist stolz, ihm so lieb geworden zu sein.

p) Heinz Geck: Wahlversammlung

in: Deutsches Lesebuch, S. 228 f.

Der große Tanzsaal der Mühle faßt etwa vierhundert Personen; und bestimmt nicht viel weniger sitzen rauchend und trinkend an den langen Tischen, als Everlein seinen Sturm bei dem Versammlungsleiter und Redner Paul Bäumer meldet. Bäumer hat sich mit seinen paar Mann auf die Bühne zurückgezogen, um nicht einzeln erdrückt zu werden. Erleichtert drückt er Everleins Hand.

„Gott sei Dank, daß ihr gekommen seid, Kameraden! In zehn Minuten fange ich an; was daraus werden wird, wissen die Götter. Was du hier sitzen siehst, ist die ganze Kommune von Rondorf, Spillenburg und Umgebung. Auch Fremde sind dabei. Sie wollen es anscheinend ganz genau wissen, diesmal. Ich habe um Polizei gebeten, aber die kommen ja doch erst, um zu verhaften, was von uns übrigbleibt. Am besten geht ihr über den Hof und an die hintere Tür. Das letztemal war es nicht halb so schlimm, und wir wären beinahe mit ihnen fertig geworden, aber da kamen sie von hinten und hatten uns dazwischen. Wenn du rausgehst, nimm dich übrigens in acht. Sie warten nur auf die erste Möglichkeit."

Everlein nickt grimmig. Das kann man nicht gut übersehen. Er ist auf einer Flut übelster Schmähworte durch den Saal getragen worden und hat sich eigentlich gewundert, daß er überhaupt bis zur Bühne vorkam. Noch hält die Versammlung mehr oder weniger ihre Plätze ein, vielleicht weil das Bier noch nicht ausgetrunken ist – aber eine Welle bitterster Feindschaft schlägt aus ihr hoch und greift schon nach der kleinen Schar im Braunhemd, die mit harten, verbissenen Gesichtern unbeweglich hinter dem Rednerpult steht.

„Also denn", sagt Everlein. „Ruhig atmen, Kopf kühl und warme Unterbuxen. Wenn ich zwei Minuten aus dem Saal bin, kannst du loszwitschern."

Er drückt Bäumer noch einmal die Hand und nickt den SA-Leuten zu. Feine Kerls! Gesichter wie Holzschnitte[24] und Fäuste wie Vorhämmer. Arbeiter und Jungbauern alle.

Everlein geht zurück durch den ganzen Saal. Eine Frau spuckt nach ihm, ein Bursche im blauen Hemd stellt ihm ein Bein, und ein Tisch mit Jungarbeitern macht sich das Vergnügen, ihn unter wüstem Lachen mit Bierdeckeln zu bombardieren. Aber das große Tier beißt noch nicht – es wetzt erst die Zähne. Everlein geht mit harten Augen langsam durch den ganzen Saal.

Zwei Minuten später eröffnet Paul Bäumer die Versammlung der NSDAP.

„Deutsche Volksgenossen...", beginnt er, aber auf den Beginn haben sie nur gewartet. Auf ein Zeichen heult die Versammlung auf.

Bäumer schwingt die Glocke. Er schreit mit voller Lungenkraft: „Wenn Sie nicht Ruhe geben, lasse ich die Schreier hinauswerfen!" Das Brüllen wird zum Orkan.

Ein großer, breitschultriger Mann in blauer Mütze springt plötzlich auf die Bühne und stößt Bäumer vom Rednerpult fort. Rotfront-Rufe und Schreie grüßen ihn, aber da hat schon ein SA-Mann zugegriffen, und der Mann fliegt hinter seiner blauen Mütze her in den Saal zurück.

Als Bäumers Pfeife gellt, ist die Saalschlacht schon in vollem Gange. Die wenigen SA-Leute kommen kaum dazu, sich zu wehren. Hageldicht fliegen die Stühle, fallen die Schläge. Da kommt Everleins Sturm.

Sie sind einer gegen acht oder neun, aber hinter ihnen steht der Wille.

Eine halbe Stunde später ist die SA allein inmitten eines Trümmerfeldes. Es ist gut, daß Everlein Arzt ist, und es ist verdammt gut, daß jeder SA-Mann zwei Verbandspäckchen immer bei sich hat. Was soll man mehr sagen?

Draußen wird die Internationale gesungen. Everlein schreit durch das Fenster: „Einzeln dürft ihr wieder hereinkommen!" Gebrüll antwortet.

An den Türen stehen Posten. Manchmal fliegt ein Stein.

Gott sei Dank, es ist niemand wirklich schwer verletzt. Ein paar Unentwegte spielen tatsächlich schon in aller Seelenruhe einen Skat. Als der Saal wieder einigermaßen aufgeräumt ist, kommt mit wildem Sirenengezwitscher ein Üko an, und Polizei stürmt herein.

„Keiner verläßt den Saal!"

„Wie, bitte?" fragt Everlein und steckt dabei einen Verband fest.

Der Polizeioffizier geht auf ihn zu.

„Machen Sie keine Schwierigkeiten. Ich muß Sie nach Waffen untersuchen. Sie sollen einen Feuerüberfall auf die Versammlung..."

Keiner lacht.

Erst als das Üko längst wieder fort ist, als die gutmütige Wirtin einen Eimer Kaffee gekocht hat und als der Bäumer Paul aus einem erheblich verschwollenen Mundwinkel heraus mummelt: „Soll ich euch jetzt meinen Vortrag halten?", da lachen sie alle.

„Brich dir keine Verzierung ab", sagt Everlein. „Zur nächsten Versammlung kommen wir wieder. Und dann wollen wir dafür sorgen, daß die anderen auch zuhören, die roten Brüder..."

in: Hirts Deutsches Lesebuch, S. 9 f.

Der Kameradschaftsführer Kaß besieht sich das Werk seiner Jungen. Sie haben sich sogar einen Tisch gezimmert und vier Bänke. Jetzt sind sie dabei, die große rote Flagge mit dem weißen Feld und dem schwarzen Kreuz an der Wand aufzuhängen. Über dem Tisch hängt bereits das Bild des Führers. Eine Menge kleiner Bilder ist schon gegen die Wände genagelt, Photos von Fahrten und Ausmärschen, Landschaften und Gruppen. Zwei Gitarren hängen in einer Ecke. Auf einem Regal stehen Bücher. „Fein habt ihr das gemacht, Jungens", lobt Kaß, „die gemütlichste Stube im ganzen Beußelkietz." Dann kam Fritz Dörries an mit einem großen Pappkarton unter dem Arm. Er wollte nicht recht heraus mit der Sprache. Er wollte etwas stiften für das neue Heim, möchte aber doch bitten, das Paket erst zu öffnen, wenn alles andere fertig sei.
Viel war nicht mehr zu machen. Am Abend sollte schon die Einweihung vor sich gehen. Die letzten Späne wurden fortgefegt, an allen Dingen wurde noch einmal gerückt und geschoben. Zu guter Letzt kam noch das Dienstmädchen des Hauswirts mit ein paar gebrauchten, aber ganz leidlich erhaltenen Läufern. Damit die jungen Herren keine kalten Füße bekämen, ließe der Hausherr bestellen. Das gab natürlich kein übles Gelächter, und das Mädchen sah ordentlich verdutzt in die lachenden Gesichter. Die Läufer aber wurden mit Hallo in Besitz genommen und gleich auf den Fußboden gelegt. Minutenlang schritten die Jungen mit ihren genagelten Schuhen auf den Läufern hin und her. Es wurde ihnen ganz erhaben zumute. „Wie auf einem Smyrna geht sich das", sagte einer, „wie in einem Schloß!" – „Schloß Beußelkietz", lachte Kaß, „ich schlage vor, wir nennen unser Heim Schloß Beußelkietz."
Jeder war dafür.
Der Beginn der Feier war auf acht Uhr angesetzt. Schon um fünf war die ganze Kameradschaft zur Stelle. Es gab Kaffee und Kuchen. Es wurde geklönt und gesungen. Ganz von selbst kam eine kleine Vorfeier zustande, bevor noch die Gäste kamen. Jeder gab sich dem Gefühl hin, zu Hause zu sein, und es wurde immer ruhiger, bis zuletzt keiner mehr sprach. Jetzt stand Fritz Dörries auf und löste die Schnüre von seinem Paket. Dem geöffneten Karton entnahm er ein gerahmtes Bild und einen Kranz von frischen Blättern. Das Bild zeigte den lebensgroßen Kopf eines jungen Mannes. Bild und Kranz nagelte Fritz Dörries neben die große rote Flagge.
Alle Jungen waren aufgesprungen. Atemlos sahen sie auf das Bild in dem schwarzen Rahmen. Jeder kannte dieses Gesicht, jeden über-

lief es, jeder ballte die Faust, doch keiner sprach den Namen aus. Endlich trat der Kameradschaftsführer vor, trat vor das Bild, hob die rechte Hand zum Gruß. Alle übrigen hoben die Hände zugleich. „Kameraden!" sprach der junge Führer mit bewegter Stimme, „er starb für uns. Wir lieben ihn. Unser neues Heim soll seinen Namen tragen! Es heiße Norkus-Heim!"
Es blieb noch lange still im Raum.

KAPITEL 7

MÄDCHEN- UND FRAUENBILDUNG

Die nationalsozialistische Sichtweise widerstrebte entschieden jedem höheren geistigen Bildungsanspruch der Frau. Was die Frauenbewegung in Jahrzehnten mühevoll errungen hatte, wurde durch politisch-biologistische Betrachtung höhnisch in den Wind geschlagen (vgl. Dok. 53 b), und der Rückschritt begann. An vier Zügen läßt sich der nationalsozialistische Widerstand gegen eine qualifizierte Frauenbildung aufzeigen:

1. An der spürbaren Geringschätzung der Frau als Politikerin oder Vertreterin geistiger Berufe[25] (die Künstlerin und die Volksschullehrerin waren davon ausgenommen).
2. An der beschränkten Zulassung der Mädchen und Frauen zur gymnasialen Ausbildung und zum Studium. Das „Gesetz gegen die Überfüllung der deutschen Schulen und Hochschulen" vom 12. Januar 1934 richtete sich *gegen Juden und Frauen gleichermaßen.*
3. An der Aufnahme von praktisch-hausfraulichen Ausbildungswegen in die Höhere Schule (scherzhaft „Puddingabitur"), durch die die Mädchen von gründlicher Beschäftigung mit den Bildungsgütern abgehalten wurden.
4. Am Ausbau eines eigenständigen Frauenschulwesens (vgl. 102, 18 f.).

Das Resultat lag im Sinne der Nationalsozialisten; es gelang ihnen mit dieser reaktionären Kulturpolitik tatsächlich, die Mädchen vom Studium abzudrängen. Die Zahl der weiblichen Studierenden, die seit dem Anfang des 20. Jahrhunderts beständig angestiegen war, sank fortan unentwegt (vgl. Statistik im Anhang S. 471 und die Ausführungen zur Geschlechterphilosophie S. 19).

Die Versuche einzelner hoher BDM-Führerinnen, den deutschen Mädchen für oberste Parteiämter vorbereitende Ausbildungsstätten in Gestalt von Adolf-Hitler-Schulen zu schaffen, blieben erfolglos. Daran hatten die „Reichsleiter" und ihr Führer kein Interesse. Ihnen schwebte lediglich vor, auffallend schöne Mädchen sportlich, gesellschaftlich und fremdsprachlich ausbilden zu lassen, um über sie sozusagen als Staatsgesellschaftsdamen bei hochdekorativen Anlässen

zu verfügen; als Anrede sollte ihnen „Hohe Frau" zukommen, nachdem Frau Göring sich bereits so nennen ließ.
Die folgenden Quellen bezeugen auch den vergeblichen Kampf der Frauen, ihre Gleichberechtigung zu erhalten.

Das Dokument erschließt eindringlich, wie das Wort „Volk", emotional auf-
geladen, zum mythischen Ruf werden konnte und die Kräfte des abwägen-
den Verstandes drosselte, so daß kaum etwas anderes übrigblieb, als sich
dem Sog zum „Volke" berauscht auszuliefern.
Von diesem Ausgang her wird verständlich, daß der Gedanke vom Dienst
für das „Volk" dem Mädchen keine großen individuellen Möglichkeiten
ließ, sondern daß es mit seinem Körper der „ewigen" Gemeinschaft als
Frau und Mutter dienen sollte.
Schließlich wird an dem Quellentext noch deutlich, wie sich die Erzieherinnen um den Nachweis bemühten, daß sie eine eigenständige und nur von
ihnen wahrzunehmende pädagogische Aufgabe an den pubertierenden
Mädchen hätten. Das war erforderlich, weil der nationalsozialistische Männerstaat („Männerbund") ihnen auch dieses kümmerliche Reservat zunächst
verweigerte. Die ganze Dürftigkeit der Diskussion enthüllt sich an dem
Umstand, daß man nicht Mann und Frau als gleichwertige Pädagogen recht-
fertigte, sondern schließlich die Lehrerin nur noch von den Intimitäten
der weiblichen Reifung her als unentbehrliche Ratgeberin darstellen
konnte.

Die Mädchenbildung in der Volksschule des Dritten Reiches

Elisabeth Lenz, Referentin in der Reichsfachschaft für Volksschulen

in: Weibliche Erziehung im NSLB, hrsg. v. A. Reber-Gruber, Leipzig
und Berlin 1934, S. 33–43.

Die Volksschule ist eine Schule des Volkes für das Volk. Einen stol-
zeren und inhaltsreicheren Namen kann es nicht geben. Alles, was
mit dem Namen Volk verbunden ist, denken wir an Volkskanzler,
Volksbildung, Volkswirtschaft, Volkswohlfahrt u. a., hat einen solch
vertrauten Klang, faßt so weit um sich und ist so heimatverbunden,
daß es ans Herz greift. Eine wichtigere und bedeutungsvollere Schule
als die Volksschule kann es darum nicht geben ...
In diesem Kreise brauche ich nicht über gewesene Arten zu sprechen. Sie kennen alle das Auf und Ab der Vergangenheit und den
erlangten Tiefstand der Volksschule. Wir waren die vom Staat beauftragten und verantwortlichen Erzieher. Und mancher unter uns
könnte berichten von den tiefgreifenden seelischen Konflikten, in
die er durch die schulgesetzlichen Maßnahmen getrieben wurde.
Da kam der Retter des Volkes, Adolf *Hitler,* und mit ihm die nationalsozialistische Regierung, die endlich gründlich mit den wider-
sinnigen, volksschädlichen alten Bestimmungen aufräumte. Aufgabe

der neuen Regierung ist es, das Volk wieder zum Volk zurückzuführen; denn es hatte nicht mehr gewußt, was es heißt, ein Volk zu sein. Mit Hitlers Machtübernahme begannen Schulungen auf allen Gebieten, auch auf dem der Erziehung, und die Schulen erhielten auch ihre neuen Aufgaben. Wohl dem Lehrer, der schon lange dem Nationalsozialismus ergeben war. Mit welch inniger, tiefer Freude konnte er von nun ab frei mit dem reinigenden Hitlergeist aus der Schulstube das Morsche entfernen, um sie bereit zu halten für die wahren Erziehungswege zur Volkhaftigkeit. Alle haben teil an der Erziehung, und alle müssen miterziehen, gleich ob alt oder jung, arm oder reich, Mann oder Frau, Junge oder Mädchen ... Wir wollen und sollen erziehen lernen im Geiste unseres Führers. Für uns vom Staat Beauftragte ist das Erziehen zum Volk unsere Lebensaufgabe, unser Beruf. Ein Teil der Volkserzieher sind wir Erzieherinnen. In unsere Hände ist eine doppelte Erziehungsaufgabe gelegt, nämlich die Erziehung des deutschen Kindes im allgemeinen und die Erziehung des deutschen Mädchens im besonderen. Die Arbeit an der Erziehung der Mädchen in der Volksschule ist eine der wichtigsten Kulturaufgaben; denn gerade aus der Volksschule kommt die Mehrzahl der zukünftigen deutschen Mütter. Sie gebären ein Geschlecht, welches durch seine Taten dereinst die Ernte der jetzt erfolgten Aussaat des Nationalsozialismus darstellen wird An diesem Geschlechte wird es sich zeigen, ob die Mädchenerziehung der Volksschule vom Geiste Adolf Hitlers getragen war. An ihm werden wir Erzieherinnen der Volksschule einst hoffentlich auch erkennen können, ob wir unsere Pflicht getan, ob wir wert waren des Führers und der uns von ihm gestellten Aufgabe, in dieser revolutionären Zeit Volkserzieherin zu sein ...

Unser Führer hat einen Vierjahresplan für die Arbeitsbeschaffung gegeben. Mindestens vier Jahre wird es auch dauern, ehe die neue artgemäße Volksschule richtig gebildet ist. Und auch vier Jahre werden vergehen, ehe wir die Richtlinien für die Bildung des Mädchentyps bzw. Frauentyps für das Dritte Reich herausgearbeitet haben. Mit klarem Blick, mit Zähigkeit, Aufopferung und höchster Uneigennützigkeit sind wir berufen, auch die Erzieherinnen heranzubilden, welche in dem Mädchen die neue deutsche Frau schaffen sollen.

Nun werden Sie mich fragen, wie der neue Mädchentyp, den die Volksschule bilden soll, geartet sein muß. Bei der Beantwortung dieser Frage kann es sich nur darum handeln, unser Augenmerk darauf zu richten, worauf es für uns Erzieherinnen bei der nationalsozialistischen Mädchenbildung in der Volksschule in der Hauptsache ankommt. In folgendem werde ich Ihnen meine persönliche

Einstellung nach allgemeinen Gesichtspunkten unter Hervorhebung des mir Hauptsächlichen mitteilen.

Meine Worte als nationalsozialistische Frau, Pflegemutter, Volksschullehrerin und Leiterin einer Volksschule werden diktiert von der großen heiligen Liebe zu meinem deutschen Volke, dem ich angehöre, und zu jedem einzelnen Volksgenossen, der meines Blutes ist. Jeder, der mir erreichbar ist, gehört zu mir, für den einzustehen mit mütterlicher, deutscher Sorge, ist meine von Gott mir eingegebene Pflicht. Und einer Schwester, die mir bei einer Meinungsäußerung über ihre kleine Tochter sagte: „Das ist mein Kind und nicht Dein Kind, darum brauchst Du Dich nicht zu bekümmern, das geht Dich nichts an!", mußte ich empört antworten: „Es geht mich doch was an, es hat dasselbe Blut wie ich und ist ein deutsches Mädchen."

Ich habe ein Recht, mich zu sorgen und zu helfen oder zu ermahnen, daß es heranwächst zu dem einen einzigen deutschen Pflichtgefühl, eine deutsche Frau zu werden.

Die hohe Kultur der Germanen ist dem deutschen Volke jetzt endlich vor Augen geführt worden. Auch die Stellung, der Aufgabenkreis und die seelische Struktur der germanischen Frau sind uns jetzt wahrhaft klar. Uns wurde in den vergangenen Jahrzehnten gelehrt, daß die Männer Barbaren waren, auf die Jagd gingen und tranken; gewissenlose Kreise arbeiteten daran, das Germanentum herabzureißen. Aber eins vermochten sie nicht, der germanischen Frau als Hüterin und Erhalterin des Hauses, die das Feld bestellte, das Gesinde beaufsichtigte, Seherin und Beraterin der Männer war, das Ansehen zu nehmen. Wie hoch muß sie geachtet worden sein, daß nach vielen Jahrhunderten von ihr noch mit derselben Würdigung gesprochen wird! Was muß sie ihrer Sippe, ihrem Stamme gewesen sein, daß an ihrem Rufe nichts geändert wurde! Zu den Zeiten, da die deutsche Frau das Ansehen und den Aufgabenkreis hatte, die ihrer Art gemäß waren, war das Männergeschlecht stets stark und erfolgreich.

Aus den vergangenen Zeiten der Größe muß gelernt sein und noch reichlich gelernt werden ... Das Mädchen muß seiner Art gemäß und den ihm von der Natur eigenen Veranlagungen entsprechend aufs beste erzogen sein. Körper, Geist und Seele müssen sich hineinranken in das ganze wunderbare Volksgeflecht. Jede körperliche Bewegung, jede geistige Tat und jede Seelenregung müssen unter dem Geleitwort stehen: Für mein Volk. Dieser Gedanke muß durch die Erziehung so sehr in Fleisch und Blut übergehen, daß jedes kleinste Handeln und Denken, ohne sich darüber Rechenschaft zu geben, als Mosaiksteinchen für das ganze Lebensbild als deutsche Frau gelten können ...

Der Mädchenkörper ist so zu bilden, daß er den Anforderungen der Mutterschaft und denen der Frauenberufe entsprechen kann. Pläne dafür entwerfen darf darum auch nur unter allertätigster Mitwirkung der Lehrerin für Leibesübung geschehen. Sie allein kennt den Frauenkörper und kann und darf auch nur unter Mitwirkung von Ärztinnen die Entscheidungen treffen ...

Die Jahrgänge der letzten beiden Jahre, die ich als Schulleiterin entließ, haben mich gar oft in tiefster Seele traurig gemacht. Sie waren die Produkte der Nachkriegszeit mit all den Vergiftungserscheinungen der schädlichen Einflüsse, so daß es ein erlösendes Aufatmen war, als unser Führer die Macht ergriff. Es war die allerhöchste Zeit! Schon ist die reine, heilende Luft zu spüren; denn auch die Schulärzte, bereinigt vom Judentum, atmen freier, und ganz anders ist gottlob die Einstellung zur Behandlung des Mädchenkörpers geworden. Vom Dritten Reich erwarte ich, wenn es nur irgend möglich ist, für die Schülerinnen so viel als notwendig Schulärztinnen einzustellen, damit auch sie gemeinsam mit der Lehrerin den Körper des Mädchens für die zukünftigen Volksaufgaben schulen ...

Viel zuviel wird auf dem Gebiete der Physik, was die Volksschülerin nicht braucht, verlangt. Es genügt, wenn sie mit den Erscheinungen ihrer nächsten Umgebung, soweit sie damit in irgendwelche Verbindung tritt, vertraut gemacht wird. Auch in der Naturkunde ist mancher Stoff vorhanden, der das Mädchen nur aufhält. Alles möge so gestaltet sein, daß Raum und Zeit geschaffen sind, um im Mädchen genügend Erkenntnis vom Sinn und Zweck seines und seines Volkes Dasein zu wecken. Körperkunde, Körperpflege und Hygiene, Samariterdienst, Vererbungslehre, Rassen- und Familienkunde u. a. seien die Gebiete, welche im letzten Schuljahr den Naturkundeunterricht ganz und gar ausfüllen möchten ...

Hat der Körper nun seine rechte Erziehung, dann ist er auch, abgesehen von Einflüssen, die nicht im menschlichen Kraftbereich liegen, das für den Geist recht geformte Gefäß. Auch der Geist braucht genau wie der Körper die rechte Erziehung, und wozu soll er erzogen werden? Zur höchsten Denkfähigkeit und stärksten Willenskraft. Wenn ich hier höchste Denkfähigkeit verlange, dann meine ich damit die Geisteseigenschaften „verständig und klug". Eine deutsche Hausfrau, die nicht verständig und klug ist, wird nie im Volkssinne wirken, ist sogar ein Schädling ... Jeder Mann wird stolz darauf sein, in seiner Frau eine verständige Ehegattin, eine vernünftige Mutter seiner Kinder und kluge Verwalterin seines Hauses zu haben, also eine Frau, bei der Intellekt und Intelligenz durch eine gute Geisteserziehung in der deutschen Schule eine denkbar mögliche Höhe erreichten. Wie sollten sonst auch Männer höchster Geisteseigenschaften geboren werden! Den Intellektualismus lehnen wir als ungesund und, wie die Erfahrung zeigte, als Irrtum für die Frau völlig ab.

Zur Intellektbildung der Volksschülerin gehört neben die Erziehung zur Fähigkeit des Denkens die Bildung der Willenskräfte. Ein zielsicherer und unter dem Geleitwort „für mein Volk" stehender Wille muß in die Volksschülerin hineingepflanzt werden; denn nur dadurch kann sie ihrer Pflicht als deutsche Volksgenossin gewissenhaft nachkommen. Nichts ist widerlicher als ein phlegmatisches, willensschwaches Weib ohne Initiative, das dem Manne eine schwere Kette ist, die er durch sein Dasein schleppen muß. Denken wir einmal an Schillers Frauengestalten im Tell, an Gertrud Staufacher, wenn sie nicht gewesen wäre, dann wäre es nicht zum Rütlischwur gekommen; sehen wir uns in der Geschichte um, stets waren kluge und willensstarke Frauen die berufenen Beraterinnen ihrer Männer. Deutsche Geschichte kann nicht ohne die deutsche Frau gemacht werden, und das deutsche Volk kann nicht ohne die geistig tätige Mithilfe der Frau wiederauferstehen . . .

Um ein harmonisches Geisteserziehungswerk zu schaffen, haben Erzieher und Erzieherinnen an den Plänen gemeinsam zu arbeiten, denn auch der Knabe muß die deutsche Frau kennen und verstehen lernen wie das Mädchen den deutschen Mann. Kürzlich sprach auf einem Schulungsabend ein an Jahren noch junger Kämpfer von dem Männerstaat und nur von den Männern. Ich rechnete es seiner Jugend zu. Wir haben einen Volksstaat, und dazu gehören auch die Frauen. Hitler sagte: „Die Mutter ist die wichtigste Staatsbürgerin." Unsere Volksschülerinnen sind die Mehrzahl der Mütter und darum auch ein Schwergewicht für die Erziehung. Wir Lehrerinnen sind und wollen keine sogenannten Frauenrechtlerinnen sein, wenn wir hier unser gut Teil an der Volkserziehung und den größten Teil der Mädchenerziehung fordern, um sie naturgemäß zu gestalten. Auf die deutsche Frau darf dereinst nicht mit Fingern gezeigt werden, daß sie es war, die den Geist der Zeit Adolf Hitlers nicht erfaßt haben sollte. Mit deutscher Geisteskraft wollen und müssen wir an der Wiedergestaltung des deutschen Volkes mitarbeiten . . .

Was nützen aber hervorragende Körper- und Geistesbildung, wenn die Seele nicht dabei ist. Sie ist das Lebensprinzip! Die deutsche Seele ist das deutsche Volksbewußtseinsprinzip; sie kennzeichnet die Vorgänge im Innenleben des deutschen Volkes. Sie ist die Uranlage, womit das deutsche Volk die nur ihm allein eigentümlichen seelischen Vorgänge und Tätigkeiten erlebt. Deutsches Fühlen und Empfinden sind in der ganzen Welt bekannt, es ist tief und innerlich, und wir sind stolz darauf. Unsere Meisterwerke der Dichtkunst, der Malerei, der schönen Künste und der Musik zeugen von der deutschen Volksseele. Die deutsche Volkskunst vergangener

Zeiten erzählt von dem Reichtum des inneren Empfindens und Fühlens. Naturgemäß ist die deutsche Frauenseele noch empfindsamer als die des deutschen Mannes. Leider begann sie unter den fremden Einflüssen zu verflachen, zu verkümmern und fiel in einen Dornröschenschlaf. Daß sie sich jetzt erlöst und wieder scheu und zaghaft aufrichtet, verdanken wir der Befreiungstat unseres Führers. Die schönste Aufgabe der Mädchenbildung in der Volksschule ist es, die deutsche Mädchenvolksseele wieder abzustimmen, damit alle ihre Saiten in zarten harmonischen Tönen ausklingen mit den ungesprochenen Worten „für mein Volk". Die deutschen Märchen, die deutschen Helden- und Heldinnengestalten in Wort, Ton und Bild, die deutsche Familie, die deutsche Kunst, die deutsche Handarbeit, die deutsche Heimat und alles, was deutsche Seele atmet, muß in der Volksschule zum deutschen Mädchen sprechen. Ihre Seele werde erfüllt von den deutschen Eigenschaften der Treue, Liebe, Hingabe und Selbstlosigkeit, um ihre Seele dann ganz ihrem Manne, ihren Kindern, ihrem Volke bringen zu können in ewig dienender Selbstverständlichkeit.

Wenn das Mädchen heranreift und die Jahre des Erwachens kommen, ist ihr Gefühl und Empfindungsleben am zartesten und empfänglichsten. Wehe dem Erzieher, der zertritt, was erblühen will. Die deutsche Lehrerin allein ist dann nur geeignet, die Klassenlehrerin der obersten Klassen zu sein. Sie kennt ihr eigenes Geschlecht und weiß die Nöte der Entwicklungsjahre; der Lehrer sei dann nur Bildner des Geistes und heimlicher, verstehender Helfer; er überlasse die Seele des Mädchens der Seele der Frau, bis sie sich von selbst loslöst und sich dem Gatten schenkt. Aus Erfahrung weiß ich, wie schwer es wieder umgekehrt ist; eine Knabenseele in diesen Jahren durch eine Frau formen zu wollen. Es ist ihr nur gegeben, leise einzuwirken. Darum ist es Unkenntnis, ich hoffe es wenigstens, wenn in manchen Gauen nach der Machtübernahme Hitlers manche Lehrer, es waren meist junge, sagten: „Wir brauchen keine Lehrerinnen, wir können die Mädchen allein erziehen." Mancherlei Härten wurden mir berichtet, und ich rufe ihnen aus tiefster, verantwortlicher deutscher Frauenseele zu: „Nein, in den oberen Klassen könnt und dürft ihr das deutsche Mädchen nicht allein erziehen, denn manches Mädchen hat keine Mutter mehr, und die Mütter sind auch noch nicht alle für das Dritte Reich erzogen. Das Mädchen der Volksschule braucht die Lehrerin, weil sie nur zu oft das einzig weiblich verstehende Wesen ihrer Umgebung ist, und es braucht auch die Schulleiterin. Anders wird die Volkserziehung Fehler aufweisen, die sich dereinst rächen werden." Hier Mittel und Wege über die Seelenbildung unserer Schulmädchen zu bringen, wäre falsch. Das muß jede einzelne Lehrerin in Anlehnung an ihre eigene

Seele und an die heimatverbundene Volksseele ihres Gaues in sich verspüren und die Erziehungswege damit beeinflussen.

Noch einmal sei kurz gesagt, wie das deutsche Volksschulmädchen die Volksschule verlassen muß: mit gesundem Körper, klarem Geist, schwingender Seele, bereit zum Dienste für Volk und Vaterland, wohin es das Leben auch stellen möge ...

Dokument 49

Trude *Bürkner* war verantwortliche Referentin für die gesamte Erziehungsarbeit im „Bund Deutscher Mädel". Sie hatte ihren Platz in der Reichsjugendführung und damit in einer obersten Reichsbehörde. Ihr Entwurf ist
folglich als offizielle Konzeption zu verstehen. Sie bemüht sich, die „Mädel" unter denselben „völkischen" Gedanken von Dienst, Opfer und Treue
zu stellen, der für die Jungen als selbstverständlich gilt. Dann umreißt Trude
Bürkner die organisatorischen Einzelzüge und die Arbeitsgebiete des BDM,
an denen wieder die Hitlersche Anweisung, daß das Körperliche Vorrang
habe, deutlich wird, darüber hinaus aber auch, wie lückenlos die Organisation alle Lebensbezirke zu besetzen trachtete.

Reichsreferentin Trude Bürkner: Der Bund Deutscher Mädel
in der Hitler-Jugend
Berlin 1937, S. 5–7

Nationalsozialistische Mädelerziehung

Geht man von der Erkenntnis aus, daß man durch die Erziehung
eines Jungen eine Persönlichkeit formt, daß man aber bei der Erziehung jedes Mädels das Gesicht der Familie von morgen bestimmt, so liegt die Notwendigkeit, ja die Forderung, nach einer
gleichwertigen und intensiven Erziehung der Mädel unseres Volkes
durch die nationalsozialistische Bewegung – und damit durch den
Staat – klar auf der Hand.
Die totale Erziehung der Jugend, die vom Nationalsozialismus her
gefordert wird und in Angriff genommen worden ist, begegnet, was
die Erziehung der Jungen anbetrifft, eigentlich sofort dem Verständnis aller. Der Gedanke des Dienstes, der Einordnung, der Zucht
und des Gehorsams, unter den die deutsche Jugend gestellt worden
ist, war schon seit langer Zeit für den männlichen Teil unseres
Volkes immer als Forderung vorhanden. Der Junge und der junge
Mann stellten sich zur Dienstleistung für ihr Land und ihr Volk,
und in Notzeiten standen die Männer, eben aus diesem selbstverständlichen Dienstgedanken heraus, als Wall vor ihrem Volk.
Daß diese gleichen Forderungen auch als Lebensgesetz über dem
anderen Teil unseres Volkes zu stehen haben, ist immer von dem
besten und aktivsten Teil der deutschen Frauen und Mädchen empfunden und in Notzeiten in die Tat umgesetzt worden. Unsere Mütter, die im Großen Kriege überall selbstverständlich für ihre Kinder,
ihre Familien – und damit für ihr Volk standen, sind uns großes und
leuchtendes Vorbild . . .

Wir haben heute gelernt, als *Jugend* zu denken, zu arbeiten und uns einzusetzen. Die verschiedenartigsten Jungen- und Mädelbünde der Nachkriegszeit bis 1933 hin sind von dieser großen Forderung: „Nationalsozialistische *Jugend-Erziehung*" hinweggefegt worden. Wir glauben, daß, wenn unsere Jugend in einer selbstverständlichen Kameradschaft denken und handeln lernt, diese Jugend auch morgen einmal als *Volk* das große Gemeinsame und Verpflichtende, das dann über ihrem Leben steht, spüren wird.

Es ist oft gefragt worden, ob es denn richtig und auch nützlich sei, diese Forderung nach einer geschlossenen und gemeinsamen Jugenderziehung zu erheben und ob nicht das Bestehen der früheren Jungen- und Mädelbünde organischer und gesünder gewesen sei. Dazu möchte ich hier noch einmal folgendes klar sagen: Die Erziehungsgrundsätze, die uns vom nationalsozialistischen Wollen des Führers her gegeben sind, bleiben verbindlich für beide Geschlechter. Es gibt keinen „männlich" oder „weiblich" zu verstehenden oder zu erklärenden Nationalsozialismus. Dieselbe Grundhaltung, dieselbe Grunderkenntnis und dieselben grundsätzlichen Erziehungsmaßnahmen wird man bei der Jungen- und der Mädelerziehung fordern müssen, aber *wie* man es an die Jungen und Mädel heranträgt, *wie* man es in die Praxis umsetzt, das wird diktiert sein von der Verantwortung, die man dieser Jugend gegenüber als Führer und Erzieher trägt. Der Junge soll als *Junge* – und das Mädel als *Mädel* erzogen werden. Die Grundforderungen dieser Erziehung müssen immer die gleichen sein; das *Wie* der Erziehung wird wesensbedingt sein müssen.

Über der Arbeit des BDM stehen zwei Erziehungsparolen, die der Führer selbst und der Jugendführer des Deutschen Reiches, Baldur von Schirach, uns gaben. Am 1. Mai 1936 sprach der Führer bei der Jugendkundgebung in Berlin das Wort: *„Und ihr im BDM erzieht mir die Mädel zu starken und tapferen Frauen!"* Und unser Reichsjugendführer sprach es einmal zu Beginn unserer Arbeit so aus: *„Im BDM sollen die Mädel zu Trägerinnen der nationalsozialistischen Weltanschauung erzogen werden."* Mit diesen beiden, so einfach klingenden Sätzen ist die gesamte Erziehungsarbeit an der *ganzen deutschen Mädelschaft* umrissen . . .

ebenda, S. 8 f.

Der BDM ist heute die größte Mädelorganisation der Welt und hat über 2,8 Millionen Mitglieder, die die Jahrgänge von 10 bis 21 Jahren umfassen. Der Einwand, der in früheren Jahren oft erhoben wurde, daß ein so starkes Organisieren von Jugendlichen ja zwangsläufig zur Massenorganisation führen müsse, ist heute durch die Praxis längst widerlegt. Wir sind wohl eine zahlenmäßig starke und große Gemeinschaft – diese Gemeinschaft aber eben wird garantiert durch das Leben und Arbeiten der jungen Menschen in der kleinsten Einheit.

Unser Reichsjugendführer hat einmal gesagt, daß diese Jugendorganisation eine *Gründung der Jugend für den Staat* war und daß wir uns dadurch grundlegend unterscheiden von den Jugendorganisationen aller anderen Länder. Jede Staatsjugend, die dort bis jetzt geschaffen wurde – oder in der Vorbereitung ist, ist eine *Gründung des Staates für die Jugend.* Die jungen Nationalsozialisten und Nationalsozialistinnen, die sich in der Kampfzeit freiwillig in Marsch gesetzt hatten, bekannten sich zu einem Staat, der in Wirklichkeit noch gar nicht vorhanden war. Sie bekannten sich zu einer Fahne und zu einer Idee aus einem letzten inneren Muß heraus, aus einer leidenschaftlichen Begeisterung und aus einer Opferbereitschaft, die alle die verpflichtet, die nun zu dieser Jugendorganisation *freiwillig* strömen. Dieses Prinzip der Freiwilligkeit, das von den ersten Tagen der Hitler-Jugend an über der Arbeit der Hitler-Jugend stand, ist auch heute gültig und soll nach dem Wunsch des Jugendführers des Deutschen Reiches immer seine Gültigkeit behalten.

ebenda, S. 12–24.

Arbeitsgebiete des BDM

Der BDM ist ein Erziehungsbund. Was heißt denn nun „erziehen"? Erziehen ist nichts weiter als vorleben – Vorbild sein, so klar und sauber dastehen, daß die Geführten sich danach ausrichten können – und heißt weiter: den Geführten Zeit lassen zum Wachsen und Reifen ...

Hand in Hand mit der körperlichen Erziehung unserer Mädel geht die weltanschaulich-politische Schulung. So wie für die Schulung der Sportwartinnen die Reichssportschule und laufend Sportkurse im ganzen Reich zur Verfügung stehen, so dienen der gründlichen Vor- und Ausbildung unserer Führerinnenschaft die verschiedenartigsten schulischen Einrichtungen des BDM. Die Reichsjugendführung besitzt drei Reichsführerinnenschulen, in *Potsdam, Godesberg* und *Boyden* in Ostpreußen, in denen die höheren Führerinnen – bis zur Ringführerin – geschult werden. 44 Schulen in allen Teilen Deutschlands dienen der Schulung der Gruppen- und Scharführerinnen, und ununterbrochen laufende Wochenendschulungen in unseren Jugendherbergen vermitteln den Schaftführerinnen und den Führerinnen-Anwärterinnen das Rüstzeug für ihre Arbeit. Dazu kommt in den großen ländlichen Obergauen die seit zwei Jahren betriebene Wanderschulung, durch die Führerinnen *und* Mädel der entlegensten Dörfer und Flecken erfaßt werden.

Als Krönung der gesamten Schulungsarbeit wird die im Bau befindliche Schule in *Braunschweig* anzusehen sein, in der in Zukunft die Führerinnen, die zur Übernahme eines Untergaues ausgesucht werden, in Halbjahreskursen gründlichst für dieses Amt vorbereitet werden. Eine abschließende, kurzfristige Arbeit in einer reichsdeutschen Kolonie im Ausland wird dieser künftigen Untergauführerin den Blick weiten für alle die Fragen, die in ihrer Arbeit und im Leben ihres Volkes vor ihr stehen werden. So ausgebildete Führerinnen werden in der Lage sein, ihren Mädeln die Sicherheit in weltanschaulich-politischen und kulturellen Fragen zu geben, die sie brauchen, wenn sie als Frauen einmal mittragend und mitverantwortlich in ihrem Volk stehen.

Diese politische Erziehung bedeutet nicht, daß wir unsere Mädel als Parlaments-Rednerinnen oder intellektuelle Blaustrümpfe sehen möchten, sondern es bedeutet einfach, als Mädel und Frau wach und aufgeschlossen zu sein für die Fragen seines Volkes und sich dem Leben dieses Volkes mit Bewußtsein verbunden zu fühlen in guten und bösen Tagen.

Im Rahmen dieser Schulung werden Führerinnen und Mädel herangeführt an die deutsche Geschichte, an innen- und außenpolitische Fragen, an die Probleme, die sich aus dem Versailler Vertrag und seinen Forderungen, aus dem Grenz- und Auslandsdeutschtum und aus der Kolonialfrage ergeben. Das Parteiprogramm mit seinen Forderungen, die Rassen- und Vererbungslehre, die Nürnberger Gesetze sind weitere Punkte dieses Schulungsprogramms; die überstaatlichen Mächte und nicht zuletzt all die vielen wirtschaftspolitischen Fragen, die sich um den Vierjahresplan ergeben, gehören mit zu diesem großen Aufgabengebiet.

All diese Fragen werden nicht nur in den Heimabenden, in Kurzschulungen und Schulungslagern gründlichst behandelt und verarbeitet, sondern bekommen durch die Fahrten im Sommer, die sowohl durch das Reich wie zur Grenze und ins Ausland führen, noch ihre erlebnismäßige Unterstreichung. Diese Wochenend- und Großfahrten dienen aber nicht nur der erlebnismäßigen Vertiefung des im Heimabend oder im Schulungslager Erarbeiteten, sondern sind auch der große Kraftquell, der unendlich viel neue Anregungen und Forderungen in den Heimabend und in das Schulungslager trägt. Fahrten, Großfahrten und Austauschlager mit volksdeutscher, reichsdeutscher und fremdvölkischer Jugend verstärken die Fühlungnahme der jungen Kräfte in *aller* Welt . . .

Die Zeitschrift „Das deutsche Mädel", die heute ohne Pflichtbezug eine Auflage von über 170 000 Stück aufweist, ist als ergänzendes Schulungsmaterial – aber auch als Propagandamittel zur Elternschaft und Schule von großem Wert. Wir haben in den deutschen Tageszeitungen 226 regelmäßige Mädelbeilagen, und wenn man sich einmal überlegt, wie verhältnismäßig gering die Zahl der Frauen ist, die auf diesem Gebiet arbeiten, dann ist es wohl ersichtlich, wieviel Arbeit auch auf diesem – ich möchte sagen – Neuland geleistet worden ist . . .

Aus dieser Kameradschaft, die von der Führerschaft der Jugend vorgelebt wird, wächst zwangsläufig die saubere, klare Haltung der Geschlechter zueinander, die mit einem Wort „deutsch" sein soll, die nichts mehr weiß von einer Auffassung, die eben aus dem Orient kam. Bei uns soll eine gesunde, frische Luft herrschen. Unsere Jugend hat eine Pennäler- und Backfischatmosphäre überwunden, die der liberalistisch-bürgerlichen Zeit gemäß war. Sie hat aber auch die Zuchtlosigkeit der kommunistischen und sozialdemokratischen Jugendverbände überwunden. Man vergleiche das Gesicht der Jugend von 1930 bis 1932 mit dem Gesicht unserer Jungen und Mädel von heute.

Wir wissen, daß hier junge Menschen aus eigenem Antrieb einen sauberen, geraden, stolzen Weg gehen, um ein sauberes, stolzes, junges Volk von morgen zu sein, das nur einen Führer kennt – in politischem und geistig-seelischem Weiterwachsen: Adolf Hitler!

Dokument 50

Die Forderung nach „Wehrhaftigkeit" war ein sicheres propagandistisches Mittel, um in nationalen Kreisen des Volkes ein lebhaftes Echo auszulösen. Die Beschränkung der deutschen Rüstung durch den Versailler Vertrag (u. a. Verbot, Flugzeuge, U-Boote und Panzerfahrzeuge zu halten) wurden als nationale Demütigungen empfunden. Viele stimmten darum Hitler freudig zu, als er sich über den Vertrag von Versailles hinwegsetzte, die „Wehrhoheit" zurückbrachte, aufrüstete und die allgemeine Wehrpflicht wieder einführte.
In diesem Zusammenhang sollte die folgende Quelle verstanden werden. Da Soldatentum als höchste völkische Repräsentation galt, hatte man sich auch über die „Wehrerziehung" an Mädchenschulen Gedanken zu machen, wie es im folgenden Abschnitt durch eine Frau geschieht.

Ilse Gadow: Wehrerziehung an Mädchenschulen

in: Deutsche Volkserziehung, Frankfurt/M., Heft 5/6 1937, S. 180–182

Ein Volk kann nur dann ein wehrhaftes Volk genannt werden, wenn es die Landesverteidigung unter Einsatz seiner gesamten Volkskräfte aufzunehmen gewillt ist. Wehrbereitschaft, Wehrwillen und dementsprechend auch Wehrerziehung ist also nicht nur eine Angelegenheit der Männer, sondern eine Angelegenheit des ganzen Volkes. Diese Tatsachen sichern dem Wehrgedanken seine Berechtigung in dem Bereich der Mädchenerziehung.
Weibliche Wehrerziehung hat nicht den Sinn, Frauen in einem Krieg als weibliche Soldaten einzuberufen. „Solange wir ein gesundes männliches Geschlecht besitzen – und dafür werden wir Nationalsozialisten sorgen –, wird in Deutschland keine weibliche Handgranatenwerferinnen-Abteilung gebildet und kein weibliches Scharfschützenkorps, denn das ist nicht Gleichberechtigung, sondern Minderberechtigung der Frau." (Adolf Hitler auf dem Parteitag der Ehre 1936 in Nürnberg.)
Welchen Sinn hat also der Wehrgedanke in der Mädchenerziehung? Wehrerziehung geht nicht auf in der Vermittlung technischer Kenntnisse und körperlicher Fähigkeiten. Marschieren, Schießen und Felddienst erschöpfen nicht den Begriff des Soldatentums. Wahres Soldatentum erfüllt sich in dem Willen, das als Höchstwert erkannte Dasein des Volkes mit seinen rassemäßig bedingten Lebensformen und seinen Ansprüchen auf Freiheit und Sicherheit unter Einsatz des Lebens zu schützen und zu erhalten. Diesen Willen und die sich daraus ergebende gesamte Haltung dem Leben gegenüber in allen

Volksgenossen, Männern und Frauen, wachzurufen und zu erhärten, ist die vordringlichste Aufgabe der Wehrerziehung. Zur Verkörperung der soldatischen Charakterwerte wie Tapferkeit, Ordnung, Pünktlichkeit, Ausdauer, Entschlußfähigkeit, Verantwortungsfreudigkeit, Verschwiegenheit usw. müssen Jungen und Mädchen gleichmäßig erzogen werden.

Wie kann eine solche innere Wehrhaftmachung der Mädchen durchgeführt werden? Es genügt nicht, den Mädchen ein Wissen um die militärischen Heldentaten des deutschen Volkes zu vermitteln oder ihnen durch das Erleben militärischer Aufmärsche und Übungen soldatischen Geist und soldatische Fähigkeiten sichtbar vor Augen zu führen. Gewiß kann nicht bestritten werden, daß dadurch Werterlebnisse in den Mädchen wachgerufen werden können, die sie zu einer spontanen Bejahung soldatischen Tuns und soldatischer Tugenden veranlassen. Und doch ist es damit nicht getan! Eine dauerhafte, echte, wehrhafte Gesinnung kann nur dann erreicht werden, wenn sich die Erziehung nicht nur allein an die gefühlsmäßigen Elemente des Seelenlebens der Mädchen wendet, sondern an ihre Einsicht, wenn der Wehrwille durch Bekanntschaft mit den wichtigsten praktischen und theoretischen wehrkundlichen Fragen verstandesmäßig unterbaut wird. Darauf kann nicht verzichtet werden, denn der Mensch kann sich letzten Endes nicht für Dinge einsetzen, die er nur gefühlsmäßig in einer Hochstimmung bejaht, sondern nur für solche, die er kennt und von deren Richtigkeit und Wahrheit er überzeugt ist.

Der wehrkundliche Unterricht an Mädchenschulen hat eine dreifache Bedeutung:

1. Er erzieht die Mädchen zu einer wehrhaften Gesinnung in dem inneren Sinn, daß sie im Wissen um die Wehrbelange die Notwendigkeit der militärischen Ausbildung mit allem, was dazu gehört, einsehen und imstande sind, diese Notwendigkeit auch andern Menschen, die diese Einsicht noch nicht haben, in einfachen Worten klar zu machen. Dazu kommt noch folgendes: Man vergegenwärtige sich im Kriege ein zu Hause gebliebenes Volk von Frauen, das über das Leben ihrer Männer draußen an der Front gänzlich unwissend ist. Ihnen fehlt jede Vorstellung von dem riesigen Mechanismus des Krieges. Das kriegerische Geschehen ist für sie eine andere, fremde Welt, mit der ihr Dasein nur wenig gemein hat. Sie wissen schließlich nur, daß die dort draußen an der Front für Deutschland kämpfen, alles andre ist ungewiß. Von dieser Ungewißheit, diesem Nichtverstehen der Welt des Krieges kann der Weg nur zu leicht zu Mutlosigkeit und von hier aus zur Verneinung des wehrhaften Einsatzes überhaupt führen. Wenn aber die Frau durch ihr Wissen um wehrkundliche Dinge erkennt, mit welch unendlichen körperlichen,

seelischen und geistigen Schwierigkeiten und Strapazen die Aufgaben eines Soldaten verbunden sind, dann wird im Ernstfalle eines Krieges der deutsche Soldat dort draußen an der Front mit Sicherheit darauf rechnen können, daß in der Heimat, für die er kämpft, Frauen sind, die ein mitfühlendes Verstehen für seine Lage aufbringen, die wissen, was es bedeutet, den und den Apparat bedienen zu müssen und in einer bestimmten Zeit die und die Strecke marschieren zu müssen. Solch eine moralische Unterstützung von der Heimat her ist sicher auch ein Faktor zur Erhaltung der Geschlossenheit und des ungebrochenen Kampfeswillens der Front.

2. Werden in den wehrkundlichen Lehrstoff hauptsächlich solche Gegenstände einbezogen, deren Beherrschung außerhalb des rein militärischen Gebrauchs auch sonst für das Mädchen oder die Frau wichtig sind, wie z. B. richtiges Kartenlesen, Zurechtfinden im Gelände mit und ohne Karte, Entfernungsschätzen, Wetterkunde, Richtungshören usw., dann werden die Mädchen niemals den Eindruck bekommen, daß man sie mit Dingen belastet, die außerhalb der Schule wenig oder gar keine Bedeutung haben, sondern sie werden das Gefühl haben, daß ihnen hier etwas geboten wird, das ihnen das Rüstzeug gibt, es an einer anderen Stelle nutzbringend für die Gemeinschaft und für sich anzuwenden, sei es für die Familie, für Schulwanderungen oder Fahrten mit dem BDM. Vielleicht erweckt es in den Mädeln auch nur den Wunsch, das Gehörte und Gelernte andern Kameradinnen mitzuteilen. Auch dann hat es schon einen Sinn, denn es zeigt, daß es dem Erzieher gelungen ist, Interesse für einen Gegenstand wachzurufen, der, wie der Wehrgedanke, tief in das Dasein des Volkes hineingreift.

3. Es gibt aber eine noch viel ernstere und praktischere Aufgabe der weiblichen Wehrerziehung, nämlich die Frauen für den wehrhaften Einsatz im Falle eines Krieges heranzubilden. Die vorbehaltlose Bereitschaft zur Erfüllung der Aufgaben, die an die Frau in einem Kriege herantreten können, kann wohl in einem politisch wachen Volk bei allen Frauen vorausgesetzt werden. Doch damit ist es nicht getan.

Die Einführung der Frau in die Arbeitsprozesse, in denen im Frieden die Männer gestanden haben, stellt an die arbeitsbereiten Frauen Ansprüche auf dem Gebiet des geistigen und werklichen Könnens; sie verlangt Ausbildung des technischen Sinnes und des technischen Könnens, wenn man an die notwendige Einstellung der Frau in die Rüstungsindustrie denkt. Das alles sind Dinge, die besser nicht erst bei Ausbruch des Krieges – wie es im Weltkriege gewesen ist – in übereilter Schulung, durch die nur die Zeit für die eigentliche kriegerische Arbeit verlorengeht, an die Frauen herangebracht werden, sondern schon vorher im Chemie- und Physikunterricht ...

Eine praktische und theoretische Einführung in die Fragen des Luftschutzes ist gerade für Mädchenschulen eine dringende Forderung. Luftschutz ist ein Gebiet, in dem die Frauen in einem Krieg mit derselben Stärke, ja vielleicht noch stärker eingesetzt werden als der Mann, da sie ja in der Hauptsache der in der Heimat bleibende Volksteil sein werden. –

Die Erziehung zu praktischem, werklichem Können und die dazu gehörige Arbeitsdisziplin ist eine Aufgabe, die vom Physik- und Chemieunterricht an Mädchenschulen in ihren Grundlagen bewältigt werden kann und muß, damit die Frau in den Anforderungen, die ein Krieg an sie stellt, im wahrsten Sinne des Wortes ihren Mann stehen kann ...

Auguste *Reber-Gruber* kam selbst aus der Frauenbewegung. Im Quellentext nennt sie respektvoll den Namen Helene Lange, obwohl sie damit eine
„liberalistische" Gestalt bejaht. Die Frauen versuchten vergeblich, ihre
Würde vor den nationalsozialistischen Verunglimpfungen zu retten. Mit
dem Opfer ihrer politischen „Gleichschaltung" meinten sie zunächst, ihre
Loyalität überzeugend bewiesen zu haben, um als gleichberechtigte Glieder
im Dritten Reich an aller Verantwortung teilzunehmen. Es dürfte zur herb-
sten Enttäuschung für diese politisch aufgeschlossene Frauengeneration gehört haben, daß ihr guter Wille das eherne Vorurteil nicht aufzuheben vermochte. Die Ideologie bestimmte, daß Frauen in der Politik nichts zu
suchen hätten.

Dr. Auguste Reber-Gruber, Reichsreferentin für weibliche Erziehung im NSLB: Die Stellung der Frau im NSLB[26]

in: Weibliche Erziehung im NSLB.
Hrsg. v. A. Reber-Gruber, Leipzig und Berlin 1934. S. 1–6.

Ein freudiges Hitlerheil Ihnen allen, die Sie unserer Einladung gefolgt sind nach diesem schönen Fleck deutscher Erde. Sie sind gerne
gekommen, Sie werden es alle unserer Reichsleitung zu danken
wissen und unseren Gauamtsleitungen, die diese Tagung ermöglicht haben. Sie ist für uns und für die deutsche Lehrerinnenwelt,
für die Frauen und Mütter Deutschlands und nicht zuletzt für die
Frauen des Auslandes der beste Beweis, daß Frauenarbeit nicht ausgeschaltet ist, nicht verschüttet von den gewaltigen Umwälzungen
des vergangenen Jahres, sondern daß sich frisches Leben zu regen
beginnt, leidenschaftlich vorwärtsdrängend, bereit, sich ganz einzusetzen, in neuem, noch nie gesehenem Ausmaße gekräftigt und geschlossen durch unsere herrliche nationalsozialistische Bewegung.
Diesen Gedanken möchte ich heute unserer Tagung voraussetzen.
Wer noch zaghaft, eingeengt, vielleicht sogar resigniert heute zu
uns gekommen ist, möge sich sagen: wann sind je deutsche Lehrerinnen aus allen Gauen, aus allen Schularten, aus den verschiedensten Arbeitsgebieten zusammengekommen, die alle nur Trägerinnen einer einzigen großen Idee, einer einzigen Weltanschauung, eines einzigen schönen Zieles waren: dem Reiche Adolf Hitlers
die nationalsozialistische Frau zu erziehen, ohne die es keinen
dauernden Aufstieg und keinen ewigen Bestand gewinnen kann ...
Unseres Reichsleiters Gründung, der NSLB als die Vereinigung der
Lehrerparteigenossen und -parteigenossinnen, mußte wohl nach
dem Umbruch von der Gesamtlehrerschaft anerkannt, ja als welt-

anschaulich führend angesehen werden. Wie aber diese Führung organisatorisch und fachlich sich durchsetzen sollte, darüber schwieg man. Die Verbände waren gleichgeschaltet worden, aber sie führten ihr Leben wie bisher nebeneinander weiter. Die nationalsozialistische Leitung war da, gewiß, aber man muß selbst gleichgeschalteter Führer gewesen sein wie ich, um die Erfahrung gemacht zu haben, wie schwer es war, bei einem größeren Verband wirklich durchzudringen bis ins letzte Schulhaus, ins letzte Dorf hinaus. Und dann gab es immer noch eine große Zahl von Verbänden mit so starken Sonderinteressen, daß niemals der Nationalsozialismus dort als Grundgedanke ihrer fachlichen und berufsständischen Tätigkeit gelten konnte.

In dieses Durcheinander, in dieses Schwanken und in diese Unklarheit warf *Schemm* seine Parole „zum Ganzen hin". Die Reichstagung des NSLB in Leipzig im April 1933 war der erste Schritt zur Einheit . . . „Ein Volk – eine Schule – ein Erzieherstand" war der Befehl, den der Führer Hans *Schemm* der neugegründeten Erziehergemeinschaft für alle künftige Arbeit gab . . .

Aus diesen Tatsachen erwuchs für uns eine große Verantwortung. Eine künftige Frauengeneration wird uns Nationalsozialistinnen schwere Vorwürfe machen, wenn wir unserer Pflicht heute nicht bewußt sind. Die große Gestaltungsidee des künftigen deutschen Schulwesens besteht vor allem in seiner Geschlossenheit, es soll sein eine einzige Entfaltung aus der Einheit von Blut und Boden heraus. Und nun tritt plötzlich eine tiefe Spaltung dieses gradlinigen Gedankens ein: Es gibt nicht Deutsche schlechthin, es gibt deutsche Männer und deutsche Frauen; die Unterscheidung ihrer Aufgabe ist so groß, daß sowohl im Bildungsziel als in den Bildungsmöglichkeiten ein gänzlich anderer Standpunkt eingenommen werden muß. Und leider wird bei dieser Wertung nur von einer falschen Auslegung des Biologischen oder vom Wirtschaftlichen ausgegangen, und die Folge wird unausbleiblich ein Rückschritt, ein Absinken sein. Die höchste Erfüllung des Nationalsozialismus ist seine Kulturaufgabe, an dieser hat aber die Frau genauso Anteil wie der Mann, auch im Geistigen.

Wer behauptet, daß geistige Bildung das Mädchen seinem eigentlichen Beruf als Frau entzieht, hat sich noch nicht bemüht, das Wesen einer Berufsbildung zu erfassen. Wenn der Mann erst durch allgemeine Geistesschulung, durch Aufschließen seiner Kräfte fähig wird, seinen eigentlichen Beruf zu erlernen und ihn zu durchdringen, will man dann für die Frau andere Gesetze aufstellen? Und erfordert die Erziehung der Kinder nicht die beste Schulung der mütterlichen Kräfte? Und endlich, wann wäre es möglich gewesen, die Frauen, die in ihrem Beruf als Gattin und Mutter stehen, so zu

sichern, daß sie nicht eines Tages doch in schwerem Kampf ums
tägliche Brot für sich und ihre Familien stehen?

Die im NSLB geeinte Erzieherinnenschaft Deutschlands steht heute
in vorderster Linie einer großen Arbeitsfront, die das Werk Adolf
Hitlers in besonderer Aufgabe ergänzen will: die Frau zu schaffen
und zu bilden, die in bewußter Umkehr von der jüngsten
Vergangenheit, in der sie Angleichung an den Mann suchte und in
allen Gebieten des geistigen und wirtschaftlichen Lebens seine Kol-
legin sein wollte, sich als Hüterin aller menschlichen Werte betrachtet, an Leib und Geist als voller Mensch gebildet, aus dieser Ganzheit heraus von Kraft und Freude erfüllt...

Wenn wir also vor Auflösung unserer alten Verbände dem Herrn
Reichsleiter „Richtlinien" vorlegten, so taten wir das nicht um einer
Machtstellung willen, sondern um unsere Sonderaufgabe zu sichern.
Wir hatten die Freude, daß der Herr Reichsleiter die Notwendigkeit
solcher Sonderung bestätigte und durch die Unterzeichnung unserer
Richtlinien uns das Versprechen gab, sie durchzuführen. Wir lösten
dann die alten Verbände auf, gewiß nicht ohne ein schmerzliches
Gefühl, da viel schönes Streben, viel tapfere Arbeit im Dienst des
Volkes in ihnen wirksam war, und nicht zuletzt auch, weil sie alle
das Gepräge einer wahrhaft edlen, unvergeßlichen Frau getragen
hatten: Helene *Langes*. Aber die Freude und Bereitwilligkeit, in
einem großen, starken Bund unter einem verehrten, hinreißenden
Führer am Werk der nationalsozialistischen Erziehung mitzuarbeiten, war so groß, daß in allen auflösenden Versammlungen einzig
diese Bereitschaft zum Ausdruck kam. Und das Schönste war, daß
dieser geschlossene Wille der deutschen Lehrerinnen in einer Zeit
sich zeigte, als unter der männlichen Kollegenschaft sich Sonderinteressen regten, als ein Widerstand einsetzte, der sich vor allem
gegen den von uns anerkannten Anspruch der Totalität des NSLB
richtete...

Ich betrachte es als unglückliches Erbe des Liberalismus, der, wie ich
heute schon einmal gesagt habe, den Kampf der Geschlechter hervorgerufen hat, daß in den Gauen draußen den Lehrerinnen mit
soviel Mißtrauen begegnet wird, selbst die Parteigenossinnen haben
schon darüber geklagt. Und dieses Mißtrauen ist der Grund der Zu-
rücksetzung, der Nichtbeachtung, die soviel schmerzliche Enttäuschung erregen.

Meine lieben Gaureferentinnen, es liegt an Ihnen, daß Sie Ihrem
Herrn Gauamtsleiter beweisen, daß er in dieser Hinsicht noch Reste
liberalistischen Denkens hat! Zeigen Sie ihm, daß er es mit Frauen
zu tun hat, die auch nur den einen Befehl: Deutschland! kennen,
die die Frauenfrage nicht von sich aus sehen, sondern nur von dieser Ganzheit her und um dieser Ganzheit willen.

Im Gegensatz zu Dok. 51 handelt es sich hier um eine weit weniger qualifizierte Äußerung einer Frau zu Fragen der Erziehung. Lisl *Schmid* geht als praktizierende Pädagogin naiv vom Recht der HJ auf die gesamte deutsche Jugend aus, von den Opfern, die der Staat Adolf Hitlers von allen Menschen verlangen könne. Schule und HJ sind ihr „Garanten" für eine nationalsozialistische Erziehung der Jugend. Die Verfasserin gibt dann ihre eigenen Erfahrungen als Lehrerin und Führerin zum besten. In einer dauernden Verbindung beider Typen sieht sie die berechtigte Forderung an den Pädagogen, sowohl vom Staatsinteresse als auch von den Schülerbedürfnissen her.

Lehrerin und Führerin
Lisl Schmid: Lehrerin und weibliche Hitlerjugend

in: Weibliche Erziehung im NSLB.
Hrsg. v. A. Reber-Gruber, Leipzig und Berlin 1934, S. 110–119.

Lehrerin und *Hitlermädel.*
Ein Thema, das gegenwärtig sehr akut ist und worüber jede Erzieherin einmal gründlich nachdenken sollte, damit sie die richtige Haltung gegenüber unserer deutschen Jugend findet. Tatsache ist, daß in dieser Hinsicht jene Lehrerinnen, die schon länger in der Bewegung stehen, zu dieser Jugend, ich möchte sagen instinktiv das richtige Verhältnis finden. Aber es ist auch begreiflich, wenn manche Erzieherinnen, für die es früher nur die Schule und über eine enge Kirchturmspolitik hinaus nichts gab, erschraken, als sich da plötzlich ein neuer Erziehungsfaktor meldete und vielleicht in ihr vermeintlich ureigenstes Gebiet eindringen wollte. Denn daß es nicht ohne Reibung abgeht, wenn bisher die Erziehung von zwei Faktoren (Eltern und Schule) geleitet wurde, und nun ein dritter dazukommt, das ist selbstverständlich. Namentlich aber, wenn dieser neue Faktor, wie dies bei Revolutionen immer der Fall sein wird, etwas ungestüm seine Rechte fordert.
Daß aber die HJ-Organisation ein Recht auf die Jugend, und zwar die gesamte deutsche Jugend hat, ist eine Tatsache, auf deren Boden sich jeder Erzieher im nationalsozialistischen Staate stellen muß. Der nationalsozialistische Staat kann verlangen, daß die Jugend in seinem Sinne erzogen wird. Ja gerade er, der mehr als je eine frühere Staatsform im Morgen, in der Zukunft des Volkes denkt und handelt, der nationalsozialistische Staat, der vom Menschen der Gegenwart Opfer um Opfer verlangt, damit die Zukunft seiner

Kinder wieder besser, wieder heller wird, der es als Schandfleck an seiner Ehre empfinden würde, unserer Jugend ein verlottertes Erbe zu hinterlassen, der nationalsozialistische Staat, der in der Jugend von heute erst die Vollendung und einstige Erfüllung seiner Idee erblickt, er hat ein Recht auf diese Jugend, er hat die heilige Pflicht, über diese Jugend zu wachen, damit sie nicht wie einst vergiftet wird, sondern mit sauberen Händen das Werk der alten Kämpfer weiterbaut und mit reinem Herzen das Erbe Adolf Hitlers antritt. Welche Möglichkeit hat nun der Staat, die Erziehung der Jugend in seinem Sinne zu erzwingen?

Der erste Garant für sein Wollen muß ihm die Schule sein, denn sie ist eine staatliche Einrichtung. Ich glaube im Namen vieler deutscher Erzieher feststellen zu dürfen: Noch in keiner Zeit ist es uns deutschen Erziehern so leicht gewesen, Organe des Staates, Vollstrecker des Volkswillens zu sein, als jetzt im nationalsozialistischen Staate. In keiner der früheren Zeitperioden hat uns das Bewußtsein, Diener des Staates zu sein, mit solcher Begeisterung, ja ich darf sagen, mit solchem Glück erfüllt als heute, wo wir uns als Pioniere einer neuen Weltanschauung, als Kämpfer für das nationalsozialistische Gedankengut nicht bloß in Deutschland, sondern in der Welt fühlen.

Das Gesicht unserer Jugend, es ist ein anderes geworden in diesem Jahr. Die Schule darf ruhig sagen, ich habe daran mitgearbeitet, ich habe alles getan, die Jugend im Sinne des nationalsozialistischen Staates zu erziehen, ich kann vor meinem Führer Adolf Hitler bestehen.

Wir Erzieher im nationalsozialistischen Staat sind uns der Macht bewußt, die wir gerade, wenn die Jugend von unserer Gesinnung überzeugt ist, auf sie ausüben, und zwar nicht bloß in der Schulzeit selbst, sondern auch darüber hinaus in der Freizeitgestaltung unserer Schüler ...

Wir wissen aus vergangenen Jahren, wie gefährlich es ist, die Freizeit der Jugend vorbehaltlos zu überlassen, und verstehen darum, daß der Nationalsozialismus in der HJ eine Organisation sich geschaffen hat, die mit der nationalsozialistischen Schule der beste Garant für die nationalsozialistische Erziehung der Jugend, für den nationalsozialistischen Staat der Zukunft ist.

Schule und HJ, sie wollen darum heute dasselbe, sie haben ein Ziel: *Erziehung des deutschen Jungen, des deutschen Mädels zum deutschen Menschen.* Deutschland, nichts als Deutschland, steht über beiden, nur ihre Wege dorthin sind verschieden ...

Meine Stellung zum Thema „Lehrerin und Hitlermädel" wäre nicht vollständig, wenn ich der Führer-Lehrerin nicht noch gedenken wollte. Ich selbst bin eine solche und habe in München-Mitte, mit zehn Mädeln beginnend, die Jungmädel aufgebaut. Ich glaube also berechtigt zu sein, Ihnen über die Lehrerin als Führerin einiges sagen zu können, besonders wenn ich Ihnen erzähle, neben meinem Berufe als Lehrerin bin ich jede freie Stunde, jeden freien Nachmittag und Sonntag, ja fast die ganze Ferienzeit als Führerin tätig. Der Privatmensch existiert nicht mehr, er ist begraben. Gott sei Dank fühle ich mich gesund dabei. Wie lange ich das machen kann, weiß ich nicht, denn Sie wissen ja selbst, Führerin sein heißt nicht, sich vornehin setzen, sondern vorangehen, bei unserer Jugend eigentlich voranstürmen, in geistiger Hinsicht, aber auch in körperlicher. In geistiger Hinsicht, da fehlt sicher bei uns nichts, da nehmen wir es, was Stürmertum betrifft, mit manchem auf, der an Jahren viel jünger ist als wir. Aber die körperliche Seite! Da hat uns die Natur Grenzen gesetzt, da wird einmal der Zeitpunkt kommen, wo wir sagen, ich komme nicht mehr mit.

Ich denke da an unsere vorigjährige Pfingstfahrt zur Saldenburg in der Ostmark. Das waldige, hügelige Gelände, dazu die Burggräben und Wälle, hatten es unseren Mädeln angetan. Da müssen wir doch Räuber und Schandi spielen. Für die Führerin heißt es dann natürlich mitmachen und nicht bloß zuschauen. Ich glaube, in Anbetracht solcher Situationen, wenn ich zu jeder Lehrerin sagen würde, du mußt Führerin werden, dann würde sie erschrecken und erwidern, das kann ich einfach nicht, mein Herz, mein Fuß usw. erlaubt es nicht, und sie hat recht. Oder ich denke an andere Situationen: da heißt es nächtigen bei den Mädeln in der Jugendherberge. Ich kann mir denken, daß es mancher älteren Lehrerin unmöglich wäre, da mitzumachen, weil sie das eben in ihrem Leben nie gemacht hat und im Alter nicht mehr lernt. Oder ich denke an das gemeinsame Essenfassen. Vielleicht aus der Gulaschkanone. Das sind alles Dinge, die die Jugend leichtnimmt, weil sie augenblicklich nur an ihren Hunger denkt, die man aber später nicht mehr lernen kann.

Wenn ich Ihnen diese Dinge erzähle, es sind zwar nur Nebensachen, will ich damit sagen, daß sich sicher nicht jede Lehrerin, sowenig wie jeder Mensch, zum Führen eignet.

Aber dieser Behauptung muß ich sofort die andere entgegenstellen, so gut wie in jedem anderen Stande tüchtige Führerinnen stecken, so gewiß hat gerade unser Lehrerinnenstand Kräfte in sich, die Führerinnen unserer künftigen Mädchen- und Frauenorganisationen werden müssen. Der neue Staat sieht ja auch in der Lehrerin weniger die Einpaukerin von Wissen als die Erzieherin, was aber ist Erziehen anders als Führen? ...

Der Erzieher des Dritten Reiches will etwas erzwingen, aber nicht mit Stock und sonstigen Mitteln, sondern mit seiner zwingenden, besser gesagt gewinnenden Persönlichkeit will er die Herzen der Menschen erobern und sie zunächst zu sich ziehen, dann kann er damit machen, was er will und sie dorthin führen, wo er sie haben will, dorthin, wo seine eigene Sehnsucht und sein Wille hinzeigt. Von diesem Gesichtspunkte aus, wenn wir unseren Führer Adolf Hitler betrachten, dann ersteht in ihm neben dem Führer der größte Erzieher, den Deutschland je sah.

Ich kehre zur Schule zurück und sage, jeder Erzieher des neuen Reiches muß ein Führer sein, und auch umgekehrt jeder Führer muß zugleich Erzieher sein. Darum fordert gerade die Schule des Dritten Reiches Menschen als Lehrkräfte, die das deutsche Blut in ihren Adern spüren, Führernaturen, die die Jugend hinführen zu ihrer deutschen Aufgabe.

Der Begriff Lehrer, der bisher in der Schulstube dominierend war im Zusammenhang mit der Überbetonung des Wissens und der einseitigen Verstandesbildung, wird dem Begriff Erzieher und Führer in der Schulstube Platz machen müssen. Der Schüler im neuen Reich will in seinem Lehrer auch seinen Führer sehen, wo er dies nicht kann, da ist ein Riß da zwischen Schule und Jugend . . .

Ich selbst aber kann mich des Gefühls nicht erwehren: *Die jetzige Jugendgeneration wird einst zurückschauend als das größte Erleben ihrer Jugendzeit empfinden, Hitlerjunge – Hitlermädel gewesen zu sein.*

In diesem Sinne bitte ich Sie, schwören Sie mit mir zu dieser deutschen Jugend, grüßen Sie mit mir diese Jugend und in ihr unseren Führer *Adolf Hitler* mit einem kräftigen *Sieg Heil!*

Dokument 53 a

Über Joseph *Goebbels,* den geschickten und bedenkenlosen Propaganda-
minister des Dritten Reiches, waren viele Geschichten in Umlauf, die seine
erotischen Abenteuer festhielten. Er liebte die graziöse Frau und wußte
Künstlerinnen zu schätzen, damit stand er im Gegensatz zum damaligen
Schönheitsideal der breithüftigen und üppigen blonden Frau, die nicht „zu-
rechtgemacht" sein durfte. – Die folgenden Äußerungen, von einem seiner
engsten Mitarbeiter aufgezeichnet, stehen in kritischem Abstand zur Mädchenbildung im Dritten Reich. Er beklagt die Vergröberung der Frau, den
Verlust ihrer Anmut. Die Schuld spricht er der Massenorganisation HJ und
dem „weiblichen RAD" zu. Bezeichnenderweise wurde nicht etwa eine
Verfeinerung dieser Organisationen versucht; ein „Führererlaß" befreite
lediglich den Nachwuchs für die künstlerischen Frauenberufe vom Dienst,
damit nicht „wahre Trampel" entstanden.

Joseph Goebbels: Mütter sollen graziös und hübsch sein

in: Wilfred von Oven: Mit Goebbels bis zum Ende. Bd. I. Buenos
    Aires (1949 ³). S. 40 f.

Ausführungen im Juli 1943. Berlin.
An ihn speziell (gemeint war der Berliner HJ-Führer. Der Herausgeber) sind die Worte gerichtet, die der Gauleiter jetzt über die
Jugenderziehung sagt. Man könne leider nicht behaupten, daß die
HJ im Volk den gleichen guten Ruf genieße wie etwa das Heer.
Dieses sei in allen Schichten des Volkes gleich beliebt. Der General-
direktor sage ebenso wie der Arbeiter zu seinem Sohn: Na, warte
mal, wenn du zum Militär kommst, da wird man dir schon Schliff
beibringen! Die Einstellung, die sich in diesem Satz bekunde, gelte
leider nicht gegenüber der HJ. Das müsse anders werden.
Ziel unserer Jugenderziehung müsse es sein, den Jungen neben
charakterlicher und wissenschaftlicher Bildung und vielem anderen
auch eine absolute Sicherheit im öffentlichen Leben zu geben. Die
englische Führerschicht z. B. sauge diese Sicherheit bereits mit der
ersten Milch der Wissenschaft in den Colleges auf. Es sei nicht
länger tragbar, daß sich etwa auf einer x-beliebigen Tagung alle Teilnehmer sicher bewegten mit Ausnahme des Vertreters der Partei,
der nicht wisse, ob er dem Portier die Hand drücken, mit welchem
Besteck er welches Gericht essen, und ob er sich die Serviette in den
Ausschnitt der Uniform stecken solle, der vor lauter Verlegenheit
über den Teppich stolpere und seine Unsicherheit oft hinter einer
betonten Rüpelhaftigkeit zu verbergen suche. „Wir sind heute die

Träger des Staates und seine Repräsentanten und nicht mehr die Rabauken, die aufs Parkett spucken."
Und nun zur Mädelerziehung. Da müsse sich noch vieles ändern. Er sähe nicht ein, warum eine tüchtige Hausfrau und Mutter marschieren können müsse. Der Doktor sprach mir so recht aus dem Herzen, als er die Militarisierung und Vermännlichung unserer Mädels mit beißendem Spott überschüttete. Das sei nicht nur lächerlich und abstoßend, sondern auch physiologisch ein Nonsens. „Ich habe gewiß nichts dagegen, wenn Mädels Gymnastik oder Sport in vernünftigen Grenzen betreiben. Wozu muß aber eine künftige Mutter Gepäckmärsche machen? Sie soll gesund und kräftig, graziös und hübsch anzusehen sein. Dazu können ihr vernünftige Leibesübungen verhelfen. Aber sie soll keine Muskelpakete an Armen und Beinen und einen Tritt wie ein Grenadier haben. Jedenfalls werde ich nicht dulden, daß unsere Mädels in Berlin zu Kerls gemacht werden.
Wenn die HJ es nicht schafft, unsere jungen Mädchen zu wahren Trampeln auszubilden, dann holt das bestimmt der weibliche Arbeitsdienst nach. Es ist doch ein trauriger Zustand, daß Schauspielerinnen, Tänzerinnen und Sängerinnen durch besonderen Führererlaß vom Arbeitsdienst befreit werden müssen, um wenigstens auf dem Gebiet der schönen Künste in Deutschland eine Art Reservation zu schaffen, in der weibliche Schönheit und Anmut, unbedroht von der sozusagen von Amts wegen geförderten Verrohung und Vermännlichung unserer Frauen, ein bescheidenes, aber gesichertes Dasein führen zu können." Verständnisvolles Schmunzeln geht über die Gesichter der Versammelten. In solchen internen Besprechungen herrscht natürlich ein viel freierer und offenerer Ton, als wenn die Parteiführer gewissermaßen vor dem Hintergrund des Parteiprogrammes öffentlich sprechen.

Es war eine der nationalsozialistischen Anmaßungen, das „Wesen" der Geschlechter zu bestimmen und Mann und Frau ihrer stets gültigen Sinnerfüllung zuzuweisen. Der Frau wurde vorrangig der biologische „Einsatz" verordnet, mochte sie auch verbrämt als „das Weib der völkischen Lebenstapferkeit" angesprochen werden. Der Text wirkt heute peinlich oder lächerlich; damals aber war er einer unter vielen, in denen der „Schrei des Weibes" nach dem Kind so oder ähnlich als „Wesen" der Frau festgelegt wurde. Dabei diente diese Propaganda zur Gebärfreudigkeit einer kalten bevölkerungspolitischen Kalkulation (vgl. Dok. 8).

Das Wesen der Frau

in: Franz Kade: Die Wende in der Mädchenerziehung. Dortmund-Breslau 1937. S. 6–8.

Die hinter uns liegende Epoche der Frauenbewegung hat der Frau Rechte erobert, aber diese Rechte wurden unter den schwersten Opfern für die Frau erkauft: sie mußte weitgehend auf ihre Wesensart verzichten, und durch diesen Verzicht wurden die ursprünglichen Kräfte weiblichen Wesens und weiblicher Eigenart von der Gestaltung des völkischen Lebens ausgeschaltet. Die liberalistische Frauenbewegung hat die natürlichen Gesetze der Frau zerbrochen, die Frau aus ihrer Bahn geworfen, zu einer Minderachtung von Frauen- und Muttertum geführt und eine Mutter- und Frauennot heraufbeschworen.

Die vom Liberalismus getragene Frauenbildungsbewegung schuf trotz aller gegenteiligen Forderungen, die nur Forderungen blieben, in der Wirklichkeit ein Mädchenbildungswesen, das, abgesehen von einigen Anhängseln in Form von „technischen" oder „Neben"-fächern, ganz nach den Knabenschulen ausgerichtet war. Je höher sich das weibliche Bildungswesen entwickelte, je mehr es ausgebaut wurde, um so stärker wurde das wesensgemäß Weibliche im Bildungs- und Lebensweg des weiblichen Geschlechts zurückgedrängt.

Der Nationalsozialismus hat eine neue Frauenbewegung geboren, deren Ziel es ist, die Frau ihrer Wesensart entsprechend in den völkischen Lebensordnungen einzusetzen. Die nationalsozialistische Frauenbewegung führt die deutsche Frau zu ihrer eigenen Art und Aufgabe und damit zu ihrem Recht und ihrer Würde. Sie läßt lebendig werden, was das Weib zum Weibe macht, und schafft damit die Lebensgrundlage für echtes Frauen- und Muttertum und damit die Voraussetzungen zur Erfüllung der großen Aufgaben, die der Nationalsozialismus der deutschen Frau stellt. Sie überwindet Reaktion und Emanzipation. Sie will weder das „Hausmütterchen", das lediglich Haus und Familie umsorgt, noch das „Weibchen" als Spielzeug des Mannes, noch die „Frauenrechtlerin", die ihren Lebens- und Wirkungskreis überschreitet; sie will nicht die Frau der bürgerlichen Welt und Lebensform, sondern das Weib der völkischen Lebenstapferkeit, das als Frau und Mutter die Lebensaufgaben des Volkes sieht und sie in gläubiger Lebenszuversicht einsatz- und opferbereit meistert, das mit ihrem Leibe, ihrer Seele und ihrem Geiste dem Volke dient. „Wir sehen in der Frau die ewige Mutter unseres Volkes und die Lebens-, Arbeits- und auch Kampfgefährtin des Mannes", sagte der Führer auf dem Reichsparteitag 1935.

Der Nationalsozialismus hat uns zum Bewußtsein gebracht, daß im Schoße des Weibes die Zukunft des Volkes ruht, daß der Volkstod unser unabwendbares Schicksal ist, wenn das Weib dem Volke die Fruchtbarkeit seines Schoßes verweigert. Die völkisch wertvollen Kräfte, die der Schöpfer in Schoß und Herz der deutschen Frau gelegt hat, werden im Existenzkampf unseres Volkes hoch gewertet und restlos eingesetzt. Der Nationalsozialismus hat uns gelehrt, daß das Weib als Hüterin der Reinheit des deutschen Blutes eine große Verantwortung trägt.

Aus diesen Erkenntnissen hat die Familien- und Bevölkerungspolitik des Dritten Reiches die Folgerungen gezogen, sie hat die Voraussetzungen dafür geschaffen, daß die Frau die ihr von unserem völkischen Schicksal gestellte Aufgabe erfüllen kann. Die Frau steht auf einer neuen Lebensgrundlage und in einem reichen Wirkungskreise. Sie muß nun zeigen, daß sie sich ihrer völkischen Verantwortung bewußt und bereit ist, daraus zu handeln. Sie muß den Schicksalsruf der Volkheit hören und den Auftrag des Volkes erfüllen.

Aber auch der Mann muß sich der sich daraus für ihn ergebenden völkischen Verantwortung und Verpflichtung bewußt sein. Er muß die Frau mit den Augen und dem Herzen des *deutschen* Mannes sehen. Sie darf ihm nicht erotisches Spielzeug und nicht „Arbeitstier" sein, sondern er muß in ihr die ewige Mutter seines Volkes, die Gebärerin und Erhalterin deutscher Volkskraft sehen, zu der er aufschaut, die er verehrt, die ihm heilig ist, deren Recht und Ehre er verficht. Ihre Ehre muß seine Ehre sein. Es gehört zum nationalsozialistischen Ehrbegriff, daß keine Frau unverteidigt bleibt.

Das „Schönheitsideal" der jüngsten Vergangenheit, welches das schmalhüftige und engbrüstige Püppchen auf den Thron hob, ist im Wanken. Man beginnt wieder aufzuschauen zu kraftvollen, blühenden Frauengestalten voll gesunder Natürlichkeit, zu dem deutschen

Frauentypus, der in stolzer leiblicher und seelischer Schönheit eine heilige Fruchtbarkeit und den Lebenswillen des deutschen Volkes verkörpert.

Das Ja des Mannes zu diesem Typus und damit zur völkischen Ehe und Familie wird das Ja des Weibes zum Kinde, seine Sehnsucht, seinen Schrei danach wecken helfen, wird uns wieder gesunde, kinderreiche Familien schenken, ohne die unser Volk nicht leben kann. Der Nationalsozialismus hat für das Heranwachsen eines neuen weiblichen Geschlechts den Boden bereitet und die Voraussetzungen geschaffen. Dieses Wachsen und Werden muß behütet, unterstützt, gefördert und überhöht werden durch Erziehung. Damit ist allen völkischen Erziehungsordnungen eine wichtige Erziehungsaufgabe gesetzt, damit steht die Mädchenerziehung vor einer Wende. Wenn auch der Schwerpunkt der weiblichen Erziehung beim nachwachsenden Geschlecht, beim Mädchen liegt, darf doch darüber die erzieherische Beeinflussung der schon der Schule entwachsenen Generation nicht vernachlässigt werden, sie ist in dieser Umbruchzeit besonders wichtig und dringend.

Vor uns liegt als Aufgabe der Aufbau einer wesensgemäßen weiblichen Erziehung und Bildung, die den Lebenskern der Frau trifft.

KAPITEL 8

ERZIEHUNG IN DEN
POLITISCHEN ORGANISATIONEN

Die nationalsozialistische Regierung war stolz auf ihre Organisa-
tionskünste, und man muß bei objektiver Betrachtung zugeben, daß
sie dazu Anlaß hatte. Es war überwältigend, wie etwa ein Reichs-
bauerntag in Goslar, ein Erntedankfest auf dem Bückeberg, ein Er-
innerungsmarsch zur Feldherrnhalle, Parteiaufnahmen oder gar
Reichsparteitage in Nürnberg „klappten". Ein unsichtbares Räderwerk lief, der Apparat funktionierte. Mit dieser zentralen Organisation *bestachen* die Nationalsozialisten das deutsche Volk. Sie
suggerierten ihm, daß *alles* möglich sei, sofern man „unbedingt"
wolle. Wie die Massenveranstaltungen reibungslos abliefen, jeder
Unterkunft und Verpflegung fand, auch wenn Hunderttausende aufgeboten wurden, so festigte sich die Überzeugung, daß noch weit
größere nationale „Einsätze" organisiert werden könnten. Hieraus
hat sich auch das Denken in „Lebensraum"kategorien gespeist. Die
Organisationen bildeten den wirkungsvollen Rahmen für die Erziehung zum „politischen Soldaten".

a) Hitlerjugend

Zur Geschichte der Hitlerjugend

Nationalsozialistische Jugendgruppen entstanden in der Frühzeit der NSDAP.
Der parteiamtlichen Geschichtsschreibung zufolge gründete Hitler 1922 in
München einen „Nationalsozialistischen Jugendbund" (24, 18); auch Wien
soll bereits 1923 eine „NS-Arbeiterjugend" gehabt haben. Doch dürfte tatsächlich vor dem mißglückten Hitlerputsch vom 9. November 1923 kaum
eine eigenständige Jugendorganisation im Rahmen der NSDAP zu finden
gewesen sein; die Behauptung, daß eine solche existierte, entsprang dem
Bemühen um Tradition. Nach Hitlers Festungshaft wurde die Partei von ihm
neu gegründet (1925), und damals entstanden die ersten nationalsozialistischen Jugendgruppen im Vogtland unter Kurt Gruber und in Franken unter
Rudolf Gugel. Am 3./4. Juli 1926 wurde beim zweiten Reichsparteitag der
NSDAP die „Hitler-Jugend" gegründet und Kurt Gruber zum „Reichsführer
der HJ" ernannt. Den Namen „Hitler-Jugend" erfand der berüchtigte Gau-

leiter von Franken, Julius Streicher, wie auch „Braunes Haus" (Kennwort der Münchener Parteizentrale). Indem der Verband den Namen Hitlers annahm, wurde bereits symbolisch dessen Verfügungsgewalt über „seine" Jugend proklamiert. Zusätzlich nannte sich die Gruppe noch „Bund deutscher Arbeiterjugend", wodurch die sozialistisch orientierten jugendlichen Handarbeiter angezogen werden sollten.

Neben die sich vornehmlich proletarisch gebende HJ trat 1926 der „Nationalsozialistische Schülerbund", der eindeutig die sozial angehobenen Schichten umwerben sollte. Ihm stand als „Reichsführer" Dr. Theodor Adrian von Renteln vor, der auch 1931 Kurt Gruber als „Reichsführer der HJ" ablöste. Die HJ war zunächst der SA unterstellt, bis Hitler erkannte, daß man für die Jugend anderer Parolen bedurfte als für die notorisch unzufriedenen SA-Radaubrüder. Auf dem Reichsparteitag 1929 trat die HJ erstmalig mit 2000 Angehörigen selbständig auf. 1931 übersiedelte die HJ-Führung von Plauen im Vogtland nach München und wurde damit ins Organisationszentrum hineingenommen. Inzwischen hatte sich eine sozial noch höherrangige Jugendgruppe gebildet: der nationalsozialistische Studentenbund, durch Baldur von Schirach geleitet, den Hitler am 30. Oktober 1931 zum „Reichsjugendführer der NSDAP" erhob. Unter ihm führte Dr. von Renteln die Hitlerjugend und den Schülerbund bis zum Juni 1932. Dann nahm von Schirach alles selbst in die Hand und bereitete eine große Demonstration vor: den „Reichsjugendtag" am 1./2. Oktober 1932 in Potsdam; sieben Stunden lang marschierten 100 000 Jungen an Hitler vorbei. Es sollte der „größte Jugendaufmarsch der Welt" sein (7a, 79). Hitler rief damals den Heranwachsenden zu: „Ihr seid das kommende Volk, auf euch ruht die Vollendung dessen, um was wir heute kämpfen."

Nach der „Machtübernahme" am 30. Januar 1933 erfolgte die zwangsweise „Einigung" der Jugend durch Versprechungen, Lüge und Terror (vgl. Dok. 58). „Der Totalitätsanspruch der HJ war in wenigen Monaten durchgesetzt. Der Gedanke einer einigen Jugend fand auf dem Gesetzeswege in der Ernennung des Reichsjugendführers am 17. Juni 1933 zum ‚Jugendführer des Deutschen Reiches' seinen Ausdruck. Durch diese Ernennung wurde ihm auch die Jugendarbeit außerhalb der HJ unterstellt" (24, 20). Der Reichsausschuß der deutschen Jugendverbände wurde aufgelöst; die Bünde verbot man. Der „Reichsbischof" Ludwig Müller überführte 1933 die Evangelische Jugend „geschlossen" in die HJ. Damals erfolgte die Gliederung der HJ in Obergebiete, Gebiete und Banne zur „Erfassung der gesamten deutschen Jugend". Am 1. Dezember 1936 wurde das „Reichsgesetz über die Hitlerjugend" erlassen (Dok. 54); dadurch erhielt die HJ außerhalb von Elternhaus und Schule den staatlichen Erziehungsauftrag im Rahmen einer Obersten Reichsbehörde. Nun konnten die „Staatsjugendpläne" verwirklicht werden (vgl. Dok. 55) nachdem die „Durchführungsbestimmungen" vom 25. März 1939 die Ausschließlichkeit noch verschärft hatten („Jugenddienstpflicht"; siehe für die Reihenfolge der Ereignisse die Tabelle S. 469).

Am 7. August 1940 ernannte Hitler Baldur von Schirach zum Reichsstatthalter von Wien; Reichsjugendführer wurde bis zur Befreiung vom Faschismus Artur Axmann, ein Kriegsversehrter. Da Hitler aber gern Kompetenzen einander überlagern ließ, blieb Baldur von Schirach ihm persönlich weiterhin für die HJ verantwortlich. – Der „Kriegseinsatz" der HJ führte schließlich dahin, daß oftmals die

Jungen weiterkämpften, wenn die Wehrmacht bereits abzog. In den Trümmern von Berlin verteidigten einzelne „Gefolgschaften" mit Panzerfäusten und Maschinengewehren Frontabschnitte gegen die Rote Armee, und Hitler dekorierte an seinem letzten Geburtstag (20. April 1945) Jungen mit Eisernen Kreuzen. Wie viele Jugendliche bei diesen wahnwitzigen Gefechten fielen, weiß niemand. Auch „Werwolf"-Unternehmungen wurden in besetzten deutschen Gebieten von Angehörigen der HJ durchgeführt. Hitler hatte hier und dort „das freie, herrliche Raubtier" wachrufen können (33, 237) oder wenigstens eine Haltung, die er einst der Jugend als vorbildlich ausgab: *Flink wie Windhunde, zäh wie Leder und hart wie Kruppstahl* (1, 392).

Gesetz über die Hitlerjugend vom 1. Dezember 1936

in: Dokumente der deutschen Politik, Bd. 4, Berlin 1938², S. 328 f.

Von der Jugend hängt die Zukunft des deutschen Volkes ab. Die gesamte deutsche Jugend muß deshalb auf ihre künftigen Pflichten vorbereitet werden..

Die Reichsregierung hat daher das folgende Gesetz beschlossen, das hiermit verkündet wird:

§ 1.   Die gesamte deutsche Jugend innerhalb des Reichsgebietes ist in der Hitlerjugend zusammengefaßt.

§ 2.   Die gesamte deutsche Jugend ist außer in Elternhaus und Schule in der Hitlerjugend körperlich, geistig und sittlich im Geiste des Nationalsozialismus zum Dienst am Volk und zur Volksgemeinschaft zu erziehen.

§ 3.   Die Aufgabe der Erziehung der gesamten deutschen Jugend in der Hitlerjugend wird dem Reichsjugendführer der NSDAP übertragen. Er ist damit „Jugendführer des Deutschen Reichs". Er hat die Stellung einer Obersten Reichsbehörde mit dem Sitz in Berlin und ist dem Führer und Reichskanzler unmittelbar unterstellt.

§ 4.   Die zur Durchführung und Ergänzung dieses Gesetzes erforderlichen Rechtsverordnungen und allgemeinen Verwaltungsvorschriften erläßt der Führer und Reichskanzler.

Dokument 55

Schirachs Erklärung zum „Gesetz über die Hitlerjugend" versucht, ein Recht abzuleiten, die HJ zur Pflichtform für alle zu erheben. Hitlers Parole: *Jugend muß von Jugend geführt werden,* schließe die Notwendigkeit ein, die Leitung der Organisation immer wieder jüngeren Mitarbeitern zu übergeben. Freilich gesteht er nicht ein, daß jeder Jugendführer zwar „führen" durfte, aber nicht den geringsten Spielraum hatte, seinen Verband persönlich zu gestalten. Die Massenorganisation HJ verordnete in ihrer „Dienstvorschrift" einheitliche Kommandos, sie legte den einzelnen bis in die Gebärde fest. Die HJ sollte eben nichts anderes sein als eine militärische Vorschule. Hitlers Wort von der Selbstführung der Jugend war eines seiner üblichen Täuschungsmanöver. Der Jugendführer aller Grade lag ganz fest an der ideologischen Kette, nicht weniger als sein Untergebener. Beide waren nach oben hin zum absoluten Gehorsam verpflichtet. Folglich gab es in den unteren Rängen auch keine eigentliche Führungsaufgabe, sondern nur einen Funktionärsauftrag, den Entscheidungen der Oberen rücksichtslos Geltung zu verschaffen. Die Entscheidungen selbst waren völlig jugendfremd, eigentlich jugendfeindlich. Insofern schließt die Parole von der „Selbstführung" eine geschickte Verführung ein. Indem die Nachwachsenden vermeintlich sich selbst leiteten, wurden sie ebenso um ihre individuellen Gestaltungskräfte wie um ihr Gewissen gebracht.
Helmut Schelsky hat diesen Umstand aus der Sicht des Soziologen (Die skeptische Generation. 1963. S. 70.) folgendermaßen gekennzeichnet: „... die großen politischen Organisationen waren auf *pseudo-personalen Bindungen* seitens ihrer jugendlichen Gefolgsleute aufgebaut. Das offenkundigste Modell dieser Art Sozialbeziehung war die Führer-Gefolgschafts-Bindung im Nationalsozialismus: der jeweilige ‚Führer' wurde durch die modernen Publikationsmittel zum – scheinbar – persönlich Vertrautesten gemacht und der Vorstellung und dem Erleben des Jugendlichen so nahe gerückt, daß dieser ein persönliches Verhältnis zu ihm entwickeln zu können glaubte. Daß dies einseitig war und von der anderen Seite in Wirklichkeit keineswegs die korrespondierende persönliche Bindung zum einzelnen Gefolgsmann, also keine echte personhafte Dualität vorhanden war, das ist die eigentliche Lüge, die strukturelle Schizophrenie dieser Organisationsform."
Schließlich nimmt Schirach noch zu einer „weltanschaulichen" Frage Stellung: Jeder soll der religiösen Überzeugung dienen können, die er für richtig halte, obwohl er wenig später sagt, das Leben dieser Jugend gehöre „allein" Adolf Hitler. Gewollt scherzhaft wendet er sich gegen den „Wotanskult" und die Zauberkünste „bärtiger Krautapostel", denen er die Jugend nicht ausliefern wolle. Mit diesem Trick, auf lächerliche Verbohrtheiten hinzuweisen, verschleiert er geschickt, daß er die Jugend einem viel böseren „Zauberer" auslieferte, der sie für seine politischen Pläne mißbrauchen wollte.

Erklärung des Reichsjugendführers Baldur von Schirach über das Hitler-Jugend-Gesetz vom 2. Dezember 1936

in: Dokumente der deutschen Politik, Bd. 4, Berlin 1938², S. 329–331

Die Reichsregierung hat am 1. Dezember ein Gesetz beschlossen, dessen Bedeutung für die Erziehung unserer Jugend erst in späteren Jahren ganz verstanden werden wird. Obwohl das Gesetz über die Hitlerjugend etwas Einzigartiges und Einmaliges in der Geschichte der menschlichen Erziehung darstellt, ist es praktisch doch nichts anderes als die staatliche Anerkennung einer bereits vollzogenen Entwicklung. Denn die Jugend, die nunmehr durch Gesetz und Unterschrift des Führers und Reichskanzlers in der Hitlerjugend Dienst tun soll, ist zum weitaus größten Teil bereits hinter unseren Fahnen angetreten. Nicht dieses noch irgendein anderes früheres Gesetz hat die Jugend für die nationalsozialistische Staatsidee mobilisiert; sie ist aus freiwilligem Entschluß, aus Begeisterung und echtem sozialistischem Gefühl zur HJ gestoßen.

Als ich zu Beginn dieses Jahres die kommenden 12 Monate als das „Jahr des Deutschen Jungvolks" erklärte, konnte ich trotz größter Zuversicht nicht damit rechnen, daß über 90 v. H. der im Jungvolkalter befindlichen Jugendlichen meinem Ruf Folge leisten und auch in den älteren Jahrgängen Hunderttausende und aber Hunderttausende neuer Kameraden und Kameradinnen sich uns anschließen würden. Heute, am Beginn des letzten Monats des Jahres 1936, haben Führer und Reichsregierung dem freiwilligen Einsatz der Jugend die höchste Anerkennung zuteil werden lassen, die ein Staat zu vergeben hat.

Aber gerade in diesem Zeitpunkt scheint es mir wichtig und wesentlich, daß wir uns der Grundsätze erinnern, nach denen diese Jugend einst angetreten ist und gekämpft und gesiegt hat. Das große und weise Wort: Jugend muß von Jugend geführt werden, das der Führer mir einst in der schwersten Zeit des Kampfes auf meinen Weg mitgab, als er mir den Sektor Jugend der Nationalsozialistischen Arbeiterpartei anvertraute, wird auch in Zukunft Richtlinie unserer Arbeit bleiben. Auch ich selbst gedenke nicht, dereinst mit langem Bart vor meiner Jugend herzuwanken. Die Führung jeder Einheit der Jugend muß dem Geiste der Jugend entsprechen! Nicht unreife Nichtkönner, sondern junge Aktivisten, die in unseren Führerschulen und Akademien hart angefaßt worden sind, werden auch in Zukunft der Jugend vorangestellt werden. Aber auch hier werden wir nicht dogmatisch verfahren und werden uns erst recht, nachdem wir nun eine Oberste Reichsbehörde geworden sind, uns davor hüten, Paragraphen zu reiten und den gesunden Instinkt mit Aktenstaub zu ersticken. Zu allen Zeiten unseres Kampfes habe ich in meiner Umgebung eine Reihe von Mitarbeitern besessen, die an Jahren alt waren, aber in ihrer inneren Jugendlichkeit und Elastizität selbst in grauen Haaren Vorbilder jedes Pimpfen waren.

Ich sehe es ferner als meine Aufgabe an, das Prinzip der Freiwilligkeit auch unter den veränderten Verhältnissen nach Verkündung des Gesetzes in einer mir bereits klar vorschwebenden Form aufrechtzuerhalten. Die Jungen und Mädel, die vor dem 1. Dezember 1936 in die eigentliche HJ oder den BDM, d. h. in die Altersstufe der 15- bis 18jährigen (beim BDM 15- bis 21jährigen) eingetreten sind, werden von den später Hinzukommenden in einer bestimmten Form unterschieden werden. Trotzdem habe ich nicht die Absicht, in der deutschen Jugend zwei verschiedene Rangstufen zu schaffen und damit einen Grund zur Eifersucht und Zwietracht. Wohl aber will ich eine Leistungsstufe errichten, die jeder auch nach dem 1. Dezember in unsere Gemeinschaft eintretende Jugendliche durch Treue und Pflichterfüllung und Einsatzbereitschaft physischer und seelischer Art erklimmen kann.

Der Kampf um die Einigung der deutschen Jugend ist beendet. Ich habe es für meine Pflicht angesehen, ihn hart und kompromißlos durchzuführen. Viele mögen es nicht verstanden haben, daß hierbei um die Jugend soviel Aufhebens gemacht wurde. Und doch. Die Nationalsozialistische Deutsche Arbeiterpartei, als deren Treuhänder ich mich stets gefühlt habe und stets fühlen werde, diese Partei hat im Kampf ihrer Jugend die Entscheidung über die Zukunft des deutschen Volkes gesehen. Daß der Nationalsozialismus diesen Kampf siegreich bestand, die Herzen der jungen Generation unseres Volkes eroberte und die Jugend froh und glücklich machte, sichert ihm auch in kommenden Jahrzehnten und Jahrhunderten seine entschlossene und kompromißlose Gefolgschaft.

Meine Tätigkeit in der Zukunft wird nunmehr ganz der Führung und Ausrichtung meiner Millionengefolgschaft gewidmet sein. Der Streit um die Einheit der Jugend ist vorüber, und so, wie ich die Millionen einst in marxistischen Jugendverbänden organisierter Jugendlicher versöhnt und als treue Kameraden und Mitarbeiter gewonnen habe, hoffe ich, auch alle anderen, die nunmehr durch den Willen des Reiches in unsere Gemeinschaft kommen, zu versöhnen und innerlich zu gewinnen.

Ich gedenke weder in den Wäldern Germaniens heidnische Opferstätten zu errichten und die Jugend zu irgendeinem Wotanskult zu bringen, noch das junge Deutschland sonstwie den Zauberkünsten irgendwelcher bärtiger Krautapostel auszuliefern. Im Gegenteil! Möge jeder der religiösen Überzeugung dienen, die er vor seinem Gewissen verantworten kann.

Die Hitlerjugend ist keine Kirche und die Kirche keine Hitlerjugend. Die von mir geführte und verantwortete Gemeinschaft wird im Sinne des Führers für den nationalsozialistischen Staat ausschließlich durch mich und meine Unterführer bestimmt werden. Und ich gebe der deutschen Öffentlichkeit das Versprechen ab, daß die Jugend des Deutschen Reiches, die Jugend Adolf Hitlers, im Sinne des Mannes, dem allein ihr Leben gehört, ihre Pflicht erfüllen wird.

Dokument 56

Die folgende Verfügung über den „Staatsjugendtag" war eine tiefgreifende Maßnahme und räumte der HJ umfassende Wirkungsmöglichkeiten ein. Durch Reichsgesetz wurde der Sonnabend für HJ-Mitglieder schulfrei. Diese Verfügung mußte den Zustrom zur HJ erheblich verstärken, da die Schüler für einen Tag dem Unterricht entgehen konnten. Die dafür einzutauschenden „Geländespiele" waren durchaus anziehend. Außerdem wurde der Mittwochabend gesetzlich der HJ als „Heimabend" zugesprochen. Damit erreichte der totale Staat, sich auf zwei Arten der jungen Generation zu versichern: durch vormilitärische Ausbildung am Sonnabend und durch „Schulung" am Mittwoch; körperliche und ideologische „Ausrichtung" verstärkten sich wechselseitig.

Verfügung des Reichsjugendführers Baldur von Schirach über den Staatsjugendtag vom 7. Juni 1934

in: Dokumente der deutschen Politik, Bd. 2, Berlin 1936, S. 287 f.

Für die Erziehung der Schuljugend im nationalsozialistischen Staate sind Schule, Reichsjugendführung (HJ-Bewegung) und Elternhaus nebeneinander berufen.
Um ein fruchtbares Zusammenwirken zu gewährleisten, sind der Reichsminister für Wissenschaft, Erziehung und Volksbildung und der Jugendführer des Deutschen Reiches über folgende, in der Zukunft zu verwirklichende Maßnahmen einig:
1. Der Sonntag der Jugend gehört grundsätzlich dem Elternhaus und der Familie. Veranstaltungen der Schule und der Reichsjugendführung (HJ-Bewegung) sind daher grundsätzlich auf die Werktage zu verlegen.
2. Für die Erziehungsarbeit der Reichsjugendführung (HJ-Bewegung) wird den ihr unterstellten Schülern der Sonnabend als schulfreier Tag eingeräumt (Staatsjugendtag). Daneben steht der Reichsjugendführung (HJ-Bewegung) der Mittwochabend als Heimabend zur Verfügung, der von der Reichsjugendführung zentral gestaltet wird. Für die der Reichsjugendführung (HJ-Bewegung) unterstehenden Schüler fallen die bisherigen Sportnachmittage weg.
3. Für alle übrigen Schüler findet am Sonnabend Unterricht wie üblich statt. Der aufgabenfreie Sportnachmittag für diese Schüler wird auf den Sonnabendnachmittag verlegt.
4. Im übrigen stehen die Werktage uneingeschränkt der Arbeit der Schule zur Verfügung.
5. Für die beruflich tätige, der Reichsjugendführung (HJ-Bewegung)

unterstehende Jugend wird bis zum vollendeten 18. Lebensjahre die gleiche Regelung angestrebt.

Berlin, den 7. Juni 1934.

(gez.) Baldur von Schirach.
(gez.) Dr. Stuckart.

Schirachs Erläuterung beginnt mit dem Vorgriff auf die nächsten „tausend Jahre" und einem Lobgesang auf Hitlers Ruhm. Sodann beschäftigt er sich mit der sittlichen Haltlosigkeit der Weimarer Republik, die der Jugend das Geleit versagt habe. Der „Neuanfang" konnte nur Hitler gelingen, da er eine „Weltanschauung" brachte. Jugendbewegungen spricht Schirach lediglich Daseinsberechtigung zu, sofern sie nationalen Nutzen stifteten. Der Bürokratisierung seiner Behörde gedachte er zu entgehen, indem seine Beamten sich zugleich als Jugendführer bewähren sollten. Schließlich behauptet er, „Treuhänder" der Eltern zu sein.

Rede des Reichsjugendführers Baldur von Schirach vor der in- und ausländischen Presse in Berlin über das Hitler-Jugend-Gesetz vom 7. Dezember 1936

in: Dokumente der deutschen Politik, Bd. 4, Berlin 1938, S. 331–335.

Das Gesetz über die Hitlerjugend, das die Reichsregierung am 1. Dezember 1936 beschlossen und verkündet hat, ist eine Schöpfung unseres Führers Adolf Hitler, der durch Inhalt, Form und Unterschrift des Gesetzes seinem Willen Ausdruck gegeben hat, die heranwachsenden Generationen mit seiner Person und seinem Werk für alle Zukunft zu verknüpfen. Neben den großen Bauten dieser Zeit, neben dem Reichssportfeld, dem Königlichen Platz in München und den Reichsautobahnen, die noch in tausend Jahren Zeugnis ablegen werden vom Geist Adolf Hitlers, wird seine neue, einzigartige Schöpfung vom 1. Dezember als ein ebenso monumentales Denkmal seines Willens bestehen bleiben. In unserer von immer neuen Ereignissen gejagten Zeit wird das lapidare Gesetz der Jugend vom 1. Dezember bei der großen Masse des Volkes bald in Vergessenheit geraten. Und doch bin ich der Überzeugung, daß die Nachwelt gerade dieses Gesetz zu den größten Taten Adolf Hitlers zählen wird ... Die Nachkriegszeit zeigte uns eine Jugend, die führerlos allen schlimmen Einflüssen und Strömungen preisgegeben war, es war dies die Zeit der großen Sexualprozesse in der Jugend. Die Presse der damaligen Zeit machte diese Prozesse zur Sensation des Tages. Ich glaube, daß gerade Sie, meine Herren, die Sie die Presse des Dritten Reiches hier vertreten, mir recht geben werden, wenn ich sage, daß wohl noch nie das verantwortungsvolle Amt des Journalisten so schamlos, ja so verbrecherisch mißbraucht wurde wie in jener Zeit. Daß man damals bereit war, die Phantasie jugendlicher Leser rücksichtslos zu verderben, nur um ein verlegerisches Geschäft

zu machen, das muß heute noch jeden empören, der dem schrift-
stellerischen Beruf angehört. Daß sich der gesunde Teil der damaligen Jugend gegen die ihm feindlichen Kräfte in der älteren Generation zur Wehr setzte, war in diesem Falle reine Notwehr. In der
folgenden Zeit kristallisierten sich aus der Masse der Jugend einige
Führer und Gemeinschaften heraus, die alle auf ihre Weise neue
Wege der Jugenderziehung beschreiten wollten. Daß es keinem
dieser Führer gelungen ist, das Ziel zu erreichen, kann für ihn angesichts der Tatsache, daß Adolf Hitler selbst die große Jugendbewegung dieser Zeit begründete, keine Schande bedeuten. Die
Jugendbewegung des Führers siegte kraft der Weltanschauung, die
sie von ihm empfing ...
Der Gegensatz der Generationen ist heute überwunden. Und das
ist gut so, denn Jugendbewegungen haben nur insoweit Daseinsberechtigung, als sie fähig sind, ihre Tätigkeit für den Staat und damit
für alle Generationen positiv zu gestalten. Sie sind nicht daseins-
berechtigt als Organisation unreifer, oppositioneller Kräfte gegen
die Führung ihrer völkischen Gemeinschaft. Und so wie alle anderen Erscheinungen im Leben des Volkes werden auch sie von der
Geschichte gewertet werden nach dem idealen und materiellen
Nutzen, den sie ihrer Nation gebracht haben. Man mißtraue der
Ideologie vergangener Jugendbewegungen, wenn sie uns weismachen will, daß die Jugend in einem romantischen Wolken-
kuckucksheim leben muß und daß es ihr Recht sei, einen ewigen
Sonntag zu erleben. Jugend soll fröhlich sein, Jugend soll glücklich
sein, aber auch die Jugend, und vor allem die deutsche Jugend,
muß die harten Notwendigkeiten der Zeit früh begreifen lernen,
um ihren Platz dereinst ausfüllen zu können. Es soll ihr nichts geschenkt werden, sie soll sich alles selbst erobern, das muß ihre
Ehre und ihre tiefste Freude sein. Die Hitlerjugend hat von jeher
sich dadurch von den anderen Jugendorganisationen im Inland und
im Ausland unterschieden, als sie schon als kleine Gemeinschaft
mit dem Anspruch der Totalität auftrat. Dieser Anspruch bezog sich
nicht nur auf die Masse der in Deutschland lebenden Jugendlichen,
sondern auf alle Tätigkeitsgebiete der Jugend im volklichen und
staatlichen Leben. So haben wir bereits lange vor der Machtergreifung nicht nur rund zwei Millionen der deutschen Jugend zu
einer Organisation zusammengefaßt, sondern haben dieser Jugend
auch Aufgaben gestellt. Die Forderung nach beruflicher Leistung
führte zu planmäßiger, berufserzieherischer Arbeit. Diese unsere
Tätigkeit ist später der ganzen Welt in den mit Reichsleiter Dr. Ley
gemeinsam veranstalteten Reichsberufswettkämpfen von 1934, 1935
und 1936 sichtbar geworden ...
Eine neue Oberste Reichsbehörde ist errichtet worden. Schließt dies

nicht die Gefahr in sich, daß die Führung der Jugend verbürokratisiert und damit ihren eigentlichen Aufgaben entzogen wird? Ich will darauf eine klare Antwort geben: wir bleiben, was wir sind. Ich, der Jugendführer des Deutschen Reiches und Reichsjugendführer der NSDAP, meine Mitarbeiter, Obergebietsführer und Gebietsführer, Oberbannführer und Bannführer. Die aus der nationalsozialistischen Kampfzeit und aus der nationalsozialistischen Weltanschauung heraus geprägten und mit stolzer Tradition erfüllten Begriffe werden auch in Zukunft beibehalten werden. Es wird in meiner Behörde Mitarbeiter geben, die die Funktionen eines Ministerialdirektors oder Ministerialrats erfüllen werden, aber für das deutsche Volk und insbesondere für die deutsche Jugend bleiben sie HJ-Führer. Glauben Sie nicht, daß ich den Ehrgeiz habe, einen riesigen Beamtenapparat aufzubauen, sondern im Gegenteil, es wird gerade mein Ehrgeiz sein, die kleinste deutsche Reichsbehörde zu führen. Es ist eine größere Kunst, durch sinnvolle Konstruktion und klare Aufteilung der Arbeitsgebiete mit verhältnismäßig wenigen Menschen eine Millionenorganisation zu führen, als einen zahlenmäßig kaum übersehbaren Stab zu errichten, dessen Größe immer mit Schwerfälligkeit verbunden bleibt. In der Jugend aber kommt es vor allem auf die Beweglichkeit der Führung an und auf die direkte Verbindung mit der Jugend selbst. Ich werde die Mitarbeiter meiner Behörde immer wieder mit vorübergehenden aktiven Führungsaufgaben in der Jugend selbst betreuen, so daß ebensowenig, wie das bei der Jugend bisher der Fall war, die Verbindung zwischen der Jugend draußen und der Führung der Gesamtorganisation abreißt. Zudem werde ich in den nächsten Tagen für das gesamte Führerkorps die Durchführung bestimmter sportlicher Aufgaben verfügen, die in einem modernen Zehnkampfprogramm bereits festgelegt sind und nur noch veröffentlich zu werden brauchen. Wir alle, die wir zum Führerkorps der HJ gehören, werden uns ausnahmslos und freudig der Erfüllung der in diesem Leibeserziehungsprogamm gestellten Aufgaben unterziehen. Jeder von uns wird Jahr für Jahr diese sportlichen Übungen wiederholen müssen. Die Jugend weiß von uns, daß wir nichts von ihr verlangt haben, was wir nicht selber zu tun bereit sind. Wir haben uns bei der Auseinandersetzung mit dem Marxismus vorn hingestellt und sind auch bei der weltanschaulichen Erziehung der Jugend diejenigen gewesen, die alle Fundamentalsätze unserer Lehre nicht nur verkündeten, sondern auch bei sich selbst angewendet haben. Die Haltung des Führerkorps der Hitler-Jugend wird auch in bezug auf die sportlichen Aufgaben, die der Jugend gestellt werden, in Zukunft nicht anders sein . . .
Im Winter 1937 wird der Bau unserer Akademien für Jugendführung in München und Braunschweig fertiggestellt sein. Dort werden die-

jenigen Jugendführer, die sich als Unterbannführer in der praktischen Führung der Jugend ausgezeichnet haben, nach abgeschlossenem Arbeits- und Militärdienst für ein Jahr zusammengefaßt und für ihre besonderen Aufgaben als zukünftige Bannführer ausgebildet. Nach einem weiteren halben Jahr Auslandsdienst werden die als Bannführer in Aussicht genommenen HJ-Führer nochmals geprüft und erhalten sodann nach bestandener Prüfung unter gleichzeitiger Verleihung des Führerdolches der HJ ihr Patent als Bannführer. Mit diesem Verfahren hoffe ich auch in der ferneren Zukunft unserem Führerkorps eine wirkliche Auslese gewinnen zu können. Die Kampfzeit der Bewegung hat die Führung der Jugend besonders ausgelesen. Was sich damals durch Tüchtigkeit und Tapferkeit, Treue und Beharrlichkeit durchsetzte, ist hundertfach erprobt. Unsere zukünftigen Führer werden zwar nach einem anderen System ausgelesen werden müssen. Sie werden es in mancher Beziehung leichter haben als wir, aber ihre dienstliche Ausbildung wird außerordentlich hohe Anforderungen an sie stellen . . .

Ich teile mit allen Eltern in unserem deutschen Volk ihre Freuden und ihre Sorgen. Ich bin ihr Treuhänder. Ich weiß, daß ich in ihrem Auftrag handle, wenn ich die Jugend der deutschen Nation nach dem großen Vorbild erziehe, das uns in Adolf Hitler gegeben ist.

Die folgende Rede hielt *Schirach* vor internationalen Pressevertretern und
wählte einen Ton der Verständigung und Bereitschaft zur Zusammenarbeit.
Alle Erklärungen standen außerdem bereits im Zeichen der Olympiade, die
1936 in Berlin stattfand: man forderte „Gegenseitige Achtung der Kameradschaft und unbedingte Aufrichtigkeit". Jede Jugendbewegung sei zudem nationaler Ausdruck. Schirach präzisiert dann den Grundsatz der „Selbstführung" der Jugend in Richtung auf „absolute Verantwortung" nach oben
und „absolute Autorität" nach unten und charakterisiert damit die Befehlsverhältnisse im Staat. Man muß sehen, daß mit dieser Weichenstellung der
Heranwachsende eine bestimmte Machtstruktur von Anfang an als selbstverständlich erfuhr und naiv in sie hineinwuchs. So lernte er beides: „absolut" zu gehorchen und zu befehlen.
Wichtig ist auch, was Schirach über das „Heim" und die weltanschauliche
Schulung an jedem Mittwoch erklärt. Das von der RJF herausgegebene Ma-
terial gewährleistete „reichseinheitliche Schulung". Die „Stunde der jungen
Nation" mußte überall in Deutschland über den Rundfunk gehört werden.
Auch über das Lager galt ähnliches: „In nicht allzu ferner Zeit wird es
keinen Hitler-Jungen mehr geben, der nicht wenigstens drei Wochen des
Jahres regelmäßig im Lager verlebt."
Schirach gesteht dann zynisch ein („ich nahm mir die Freiheit"), die Berliner
Geschäftsstelle des Reichsausschusses der Deutschen Jugendverbände durch
HJ „besetzt" zu haben, und deutet den Terror an, den er auslöste, um die
Reste der unabhängigen Jugendbewegung zu „zerreiben". Das schmähliche
Schauspiel des „Reichsbischofs" Müller, die evangelische Jugend „freiwillig"
in die HJ zu überführen, muß Schirach außerordentlich gefallen haben. Ent-
sprechend heftig schilt er die katholischen Jugendverbände, die er nicht
„gleichschalten" konnte und die er deshalb warnt, die Grenzen „religiöser
Erziehung" zu überschreiten. Zum Schluß wendet er sich dem „Reichsberufswettkampf" zu.

Rede des Reichsjugendführers Baldur von Schirach auf dem
Empfangsabend des Außenpolitischen Amtes der NSDAP
am 12. Mai 1935 über „Wesen und Aufbau der Hitler-Jugend"

in: Dokumente der deutschen Politik, Bd. 3, Berlin 1938[3], S. 262–273

Die Erziehung der Jugend ist eine jener Fragen, die jede Kultur-
nation unablässig beschäftigen muß. Wohl wird die Lösung dieses
Problems in jeder Nation eine andere sein, weil sie durch die nationale Eigenart eines Volkes bedingt ist. Trotzdem meine ich, ist
gerade das Gebiet der Jugenderziehung wie kein zweites zu einem

friedlichen Meinungsaustausch der Jugenderzieher aller Völker geeignet. Je mehr es den Jugenderziehern der Kulturnationen gelingt, sich über gewisse Grundprinzipien der Erziehung zu verständigen, um so größer ist die Wahrscheinlichkeit, daß die Jugend der Völker nicht gegeneinander, sondern miteinander aufwächst und somit in sich selbst die Voraussetzungen einer späteren Zusammenarbeit schafft, denn die Jungen von heute sind die Politiker von morgen. Ein erfolgreiches Zusammenwirken von Jugendführern verschiedener Nationalitäten, so wie ich es anstrebe und im bescheidenen Umfange auch verwirklichen konnte, setzt vor allem voraus, daß alle beteiligten Personen darauf verzichten, die ihnen anvertraute Jugend fremder Nationen mit politischen Ideen zu infizieren. Auf dem Felde der internationalen Verständigung junger Menschen untereinander hat der verantwortungsbewußte Jugendführer nicht die politischen Erfolge bestimmter Ideen und Maximen zu suchen, sondern die menschlichen der gegenseitigen Achtung der Kameradschaft und der unbedingten Aufrichtigkeit. Dies war die Tendenz der bisherigen Austauschbesuche zwischen deutscher und ausländischer Jugend und muß auch für die Zukunft die Zielsetzung internationaler Zusammenarbeit der Jugendführer bleiben. Gerade zur Zeit findet zum Beispiel in England ein Lager deutscher Jugend statt als Gegenstück zu den englischen Lagern, die im vorigen Jahr in Deutschland bestanden.

Der Wert solcher Veranstaltungen beruht vor allem auf der Erweiterung des Horizontes des einzelnen. Je mehr die Jugend aller Nationen mit ihren Altersgenossen in fremden Ländern zusammenkommt, um so mehr wird sie fremdes Volkstum achten lernen und vielleicht auch ein Gefühl für die innere Gesetzmäßigkeit des Ablaufes des politischen Geschehens im allgemeinen erhalten. So betrachtet, ist der Jugendaustausch, wie wir ihn fördern wollen, für alle beteiligten Nationen kein Instrument der Politik, sondern ein Gegenstand der Bildung...

Ich bin von jeher der Überzeugung gewesen, daß, um nur zwei Beispiele herauszugreifen, die englische Boy-Scout-Bewegung und die italienische Balilla mit ihren Nachfolgeorganisationen nach Idee und Form die glückliche Lösung der Jugendfrage für diese Länder darstellten. Die Hitler-Jugend, die in ihrem Aufbau von diesen beiden Organisationen in entscheidenden Punkten abweicht, ist – das beweist schon die Millionenzahl ihrer freiwilligen Mitglieder – die für Deutschland allein zweckmäßige Form eines Jugendbundes. Wie der Boy-Scout und der kleine Angehörige der Balilla ist der Hitler-Junge ein Ausdruck der nationalen Eigenart seiner Heimat...

Der Grundsatz „Jugend muß von Jugend geführt werden", den ich innerhalb einer ganzen Generation junger Deutscher mich durch-

zusetzen bemüht habe, stellt den Ausgleich zur reinen Schulerziehung her. Sie können heute beobachten, und haben dies gewiß
schon getan, wie unsere sogenannten Pimpfe (das sind die im Alter
von 10 bis 14 stehenden Angehörigen des Deutschen Jungvolks, der
Vororganisation der eigentlichen Hitler-Jugend) in ihrem kleinen
Befehls- und Arbeitsbereich ein Stück Verantwortung tragen, das die
älteren Generationen im gleichen Alter noch nicht gekannt haben.
Ein solches System, die Jugend ganz auf sich selbst zu stellen, mag,
wie alle menschlichen Einrichtungen, seine Fehler und Mängel haben. Ich glaube aber, daß alle diese Fehler und Mängel zurückstehen
müssen vor dem großen Gewinn, den die Tatsache einer frühen
Selbständigkeit bedeutet...
Von welcher Art ist nun die Stellung, die ein durch die Führerschulen der Hitler-Jugend ausgebildeter und ernannter Führer der
Hitler-Jugend einnimmt? Ganz gleich, welche Dienststellung und
welchen Dienstrang der einzelne Führer bekleidet, ist er in seinem
Verantwortungsbereich der Träger einer ungeteilten Befehlsgewalt.
Der nationalsozialistische Grundsatz der absoluten Verantwortung
eines Führers seinem Vorgesetzten gegenüber und seiner ebenso
absoluten Autorität gegenüber seiner Gefolgschaft ist in der Hitler-
Jugend durchgeführt. Der Hitler-Jugendführer teilt den Dienst seiner
Gefolgschaft ein, führt sie auf Fahrt und ins Lager, gestaltet die
Abende im Heim und all die tausend anderen Dinge, die zum Leben
eines deutschen Jungen in dieser Zeit gehören. Heim, Lager, Fahrt
sind Begriffe, die zu sehr zum Hitler-Jungen gehören, als daß ich sie
nicht wenigstens mit ein paar Worten kurz streifen möchte. Zunächst das Heim: es ist der Mittelpunkt der unteren Einheiten unserer Organisation. Durch das Heim macht sich die Jugend vom
Wirtshaus unabhängig und damit frei von Alkohol und Nikotin. Ein
solches Heim kann so anspruchslos sein wie nur möglich. Zwei alte
Eisenbahnwaggons nebeneinandergestellt und innen von den Jungen selbst eingerichtet, sind ebensogut ein Heim wie eine leerstehende Villa, die den Jungen durch wohlwollende Freunde zur
Benutzung, zur Verfügung gestellt wird und in der sie sich ebenfalls mit den Händen ihre Einrichtung schaffen. Hier sind sie alle
anzutreffen, und wenn ein Junge Langeweile hat, ist er sicher,
in dem Heim seiner Gefolgschaft oder Kameradschaft den einen
oder anderen Freund zu finden. Außerdem dient das Heim in ganz
außerordentlicher Weise der weltanschaulichen Schulung unserer
Jugend. Jeden Mittwochabend findet hier der sogenannte Heimabend statt. Die Jungen und Mädel versammeln sich in ihren Heimen,
und der zuständige Führer oder die Führerin nimmt nun die von der
Reichsjugendführung herausgegebene Heimabendmappe zur Hand,
in der die Lieder verzeichnet stehen, die gemeinsam gesungen wer-

den. Auch Bilder finden sich darin, die nun von Hand zu Hand gehen und zur Erläuterung des Themas des Heimabends dienen, der für das ganze Deutsche Reich einheitlich ist. Nun wird der Lautsprecher eingeschaltet und über alle deutschen Sender hören sie die pünktlich jeden Mittwochabend um 20.15 Uhr beginnende „Stunde der jungen Nation", die das Thema des Abends durch ein Hörspiel, einen Dialog oder Vortrag behandelt. Diese Stunde der jungen Nation wird von den Abteilungen Schulung und Rundfunk der Reichsjugendführung mit einem Spezialstab von Mitarbeitern vorbereitet und durchgeführt. Millionen junger Menschen werden auf diese Weise einheitlich geschult. Ich darf hier nur kurz bemerken, daß die Stunde der jungen Nation nicht die einzige Jugendsendung in der Woche ist ...

Das Lager ist natürlich ein Zeltlager. Es stellt den großen gesundheitlichen Ausgleich für die Großstadtjugend, vor allem für die in der Industrie tätige Jungarbeiterschaft her. Die Lager sind von verschiedener Dauer. Einige erstrecken sich über einen Zeitraum von vier bis sechs Wochen. Es wurden, um ein Beispiel herauszugreifen, im Hochlandlager 1934 am Fuße des Karwendelgebirges tausend Jungen für vier volle Wochen zusammengefaßt. Der Tag wurde mit Spiel und Sport verbracht, abends fanden dann auf einem inmitten des Lagers gelegenen freien Platz große Feierstunden mit chorischen Aufführungen statt. Es waren Gelegenheiten zum Schwimmen, die Jungen hatten Pferde zum Reiten, und manche der kleinen Pimpfe haben an dem letzten Abend, als sich das Lager schloß, bittere Tränen vergossen, daß nun die schöne Zeit für ein ganzes Jahr vorbei sein sollte. Wir haben sie beruhigen können; wenn im vorigen Jahr rund eine Million Jungen unter dem Zeltdach geschlafen haben, werden es in diesem Jahr vielleicht zwei bis drei Millionen werden. Und in nicht allzu ferner Zeit wird es keinen Hitler-Jungen mehr geben, der nicht wenigstens drei Wochen des Jahres regelmäßig im Lager verlebt ...

Der nationalsozialistische Staat stand und steht heute noch auf dem Standpunkt, daß es außerhalb der schulischen Erziehung keine andere Erziehungsgemeinschaft in Deutschland geben darf als die Hitler-Jugend. Dieser Standpunkt mußte im Jahre 1933 durchgesetzt werden. Noch nach der Machtergreifung amtierte in Berlin der sogenannte Reichsausschuß der deutschen Jugendverbände, eine Arbeitsgemeinschaft, in der alle deutschen Jugendorganisationen, und zwar marxistische, konfessionelle und bündische, gleichberechtigt nebeneinander saßen und in endlosen Diskussionen ihre Daseinsberechtigung nachzuweisen suchten. Ich nahm mir die Freiheit, diesen unwürdigen Zustand zu beenden, indem ich Befehl gab, die Geschäftsstelle dieses Reichsausschusses zu besetzen. Nachdem dies von der Berliner Hitler-Jugend ausgeführt worden war, übernahm ich selbst die Führung dieses Reichsausschusses, den ich im Laufe des Jahres endgültig auflöste. Unter einem wahren Trommelfeuer von Kundgebungen wurden nun die Reste der anderen Jugendorganisationen zerrieben. Viele Verbände gliederten sich in die Hitler-Jugend ein, und zu Beginn des Jahres 1934 war mit der Eingliederung der evangeiischen Jugend der vorläufige Schlußstrich gezogen, d. h., es gab nun außerhalb der Hitler-Jugend nur noch eine einzige Jugendorganisation, die katholische, alle anderen standen in unserer Gemeinschaft. Diese Feststellung berührt ein Problem. Vielleicht interessiert es Sie, bei dieser Gelegenheit die grundsätzliche Stellungnahme der Jugendführung des Deutschen Reiches zu der Frage der konfessionellen Verbände zu hören. Meine Ansicht über dieses Problem ist so häufig entstellt wiedergegeben worden, daß ich es für durchaus notwendig erachte, gerade vor diesem Forum meinen Standpunkt, der sich im Laufe der Jahre nicht geändert hat und sich auch in Zukunft nicht ändern wird, zu präzisieren. Die Erziehung der Jugend ist ein unveräußerliches Hoheitsrecht des Staates. Das Ziel der staatlichen Jugenderziehung ist die systematische Heranbildung des unbewußten Jungen zum bewußten Staatsbürger und Träger der Staatsidee. Das wichtigste Erziehungsmittel zu diesem Zwecke ist die Staatsjugend, das heißt, die im staatlichen Auftrag arbeitende freiwillige Gemeinschaft der jungen Deutschen aller Stände, Klassen und Konfessionen, die Hitler-Jugendbewegung. Sie ist die weltanschauliche Erziehungsgemeinschaft des jungen Deutschland. Wer schon in jungen Jahren dem Aufbauwerk des Führers seine Kräfte widmen möchte, wer Dienst tun will an der Idee des nationalsozialistischen Staates, der tritt in die Hitler-Jugend ein. Sein Eintritt beruht auf einem freien Entschluß. Aus der Durchführung dieses seines freien Entschlusses erwachsen ihm keine materiellen Vorteile, denn nach der Lehre der Hitler-Jugend muß aller Dienst an der Gemeinschaft ein selbstloser Dienst sein. Wer nicht in die Hitler-Jugend eintritt, wird deswegen nicht verfolgt, er hat lediglich zu erkennen gegeben, daß er nicht am Werk des Führers mitschaffen will. Es erwachsen ihm aus seiner ablehnenden Haltung keine Nachteile. Von der Jugend her betrachtet besteht seine Strafe darin, daß er des beglückenden Erlebnisses der großen Kameradschaft aller deutschen Jugend nicht teilhaftig wird. Er bleibt als einzelner seinem „Ich" verhaftet, während die Millionenschar seiner Altersgenossen das stolze „Wir" erleben lernt und bereits in jungen Jahren von dem Bewußtsein erhoben wird, ein tragender Teil im Gebäude der Nation zu sein. Soweit über das Verhältnis des Hitler-Jungen zum Nicht-Hitler-Jungen.

Der konfessionelle Verband in seiner heutigen Gestalt ist ein außerhalb des Staates stehender Zusammenschluß derer, die die Idee des Staates verneinen. Er bedeutet in dieser Gestalt einen Ausläufer aus der Zeit des Klassenstaates. Denn die sozialistische Idee des Dritten Reiches verlangt von jedem einzelnen die bedingungslose Unterordnung seines individuellen Seins unter das sozialistische Sein seines Volkes. Dieses sozialistische Sein hat aber in der Jugend nur eine einzige Ausdrucksgestalt: die Hitler-Jugend. Jeder Jugendverband außerhalb der Hitler-Jugend verstößt gegen den Geist der Gemeinschaft, der der Geist des Staates ist. Dennoch gibt es eine Ebene, auf der der konfessionelle Bund eine innere Daseinsberechtigung besitzt, die von der Hitler-Jugend anerkannt und geachtet wird. Wie schon der Name sagt, fühlt sich der konfessionelle Jugendbund an ein religiöses Erlebnis gebunden. Dieses religiöse Erlebnis darf nicht sein Ausgangspunkt sein auf dem Wege zu politischen Zielen, sondern muß das zentrale Erlebnis des Verbandes bleiben, oder aber es werden auf diesem Marsche zwei Dinge verletzt, die nicht verletzt werden dürfen. Einmal der Staat, dessen Erziehungsrecht unantastbar bleiben muß, und zum anderen die Religion, von der sich der konfessionelle Verband in eben dem Maße abkehrt und entfernt, in dem er dem politischen Leben zustrebt. Indem wir also fordern, daß der konfessionelle Verband sich ausschließlich auf seinen religiös-seelsorgerischen Bezirk beschränkt, plädieren wir zugleich für die Religion. Ich habe nichts dagegen einzuwenden, daß die konfessionelle Jugend Deutschlands, mag sie nun viele oder wenige Mitglieder umfassen, in konfessionellen Bünden organisiert ist, deren Führung und Tätigkeit uns alle von ihrem rein religiösen Streben überzeugt. Nach einer solchen Beschränkung der konfessionellen Jugend auf ein Feld rein religiöser Erziehungsarbeit, im Sinne konfessioneller Seelsorge, würde ich bereit sein, das Verbot der Doppelmitgliedschaft der Hitler-Jugend aufzuheben, weil die Gefahr gebannt wäre, daß sich angeblich religiöse Vereinigungen mit Aufgaben befassen, für deren Stellung und Lösung der Staat allein zuständig bleiben muß. Das Recht zur Überschneidung staatlicher Kompetenzbereiche durch die konfessionelle Jugend aus einem Traditionsrecht historisch zu begründen, kann in Deutschland nicht gelingen. Wer nur einigermaßen über die Geschichte der deutschen Jugendbewegung orientiert ist, wird dies ohne weiteres verstehen. Schließen wir dieses Kapitel mit der Feststellung: Die religiöse Erziehung der Kirche, die weltanschaulich-politische dem Staat, und wir haben die Formel gefunden, die zugleich die Basis einer fruchtbaren Zusammenarbeit bedeuten könnte.

Doch nun zu etwas, das wesentlicher ist. Von allen Arbeiten der Hitler-Jugend möchte ich hier nur eine herausgreifen ... Diese eine

Aufgabe ist aber so symbolisch für die Tätigkeit unserer Jugendbewegung überhaupt, daß ich sie hier behandeln muß. Ich meine
den Reichsberufswettkampf[27] der deutschen Jugend, den wir in Verbindung mit der Deutschen Arbeitsfront veranstalten und der gestern seinen Abschluß mit der Vorstellung der jugendlichen Sieger
in der Reichskanzlei gefunden hat. Der Gedanke, Idee und Form des
sportlichen Wettkampfes in das Berufsleben hineinzutragen, ist nicht
neu ... Noch nie aber erlebten wir es, daß ein Volk einen solchen
Wettkampf über alle Berufe ausdehnte und zentralistisch durch-
führte. Erst ein technisches Zeitalter mit seinen hierfür unerläßlichen
schnellen Verbindungen durch modernste Verkehrsmittel und Funk
schufen Voraussetzungen für solch eine Leistung. Die wesentliche
Voraussetzung aber war die organisatorische Erfassung aller schaffenden Deutschen in der Arbeitsfront und der Jugend in der Hitler-
Jugend. Das Riesenmaß an Arbeit, das der Berufswettkampf jedes
Jahr mit sich bringt, läßt sich nur mit Tausenden und aber Zehntausenden ehrenamtlicher Hilfskräfte durchführen, die durch ihre
Organisation über die Funktionen, die sie innerhalb des Berufswett-
kampfes einzunehmen haben, unterrichtet und geschult sind. Wenn
Sie sich vorstellen, daß aus einer Million Jungarbeiter, die zum
Reichsberufswettkampf zugelassen wurden, die zwanzig Besten
durch ein lückenloses System technisch genauestens ausgearbeiteter
Aufgaben ausgesucht wurden und daß zur Durchführung dieser Auslese Tausende von Fachkommissionen tätig sein müssen, und zwar
für jede Berufsgruppe und unter Berücksichtigung der in vielen
Landschaften grundverschiedenen Arbeitsmethoden und Geräte,
können Sie sich einen Begriff von dem ungeheuren Räderwerk machen, das lückenlos ineinandergreifen muß, um die Maschinerie dieser größten beruflichen Aktion, die die Welt je gesehen hat, in
Tätigkeit zu setzen ... Diese Jugend kennt keinen anderen Adel als
den Adel der Arbeit, und sie grüßt an jedem ersten Mai in jener
Elite der deutschen Jungarbeiterschaft, der sich die Tore zur Reichskanzlei öffnen, ein sozialistisches Symbol, eine Inkarnation ihrer Haltung und Gesinnung ...

Hier meldet sich die nationalsozialistische Erziehungsphilosophie zu Wort. Das Wort „Kind" sollte getilgt werden, weil Kindsein die politische Ohnmacht gegenüber bestimmten Altersstufen bekundete, was der Ideologie widerstritt. Darum mußte das „Kind" verschwinden oder wenigstens auf das frühe Alter beschränkt werden. An seine Stelle traten der „Junge", der „Bub", der „Sohn", der „Pimpf": sie waren zugänglich für die Parolen, bereit zur „Gefolgschaft" und willig, „Führer" zu spielen.

Baldur von Schirach: Kinder sind nicht uniformierte Wesen

in: 37, 86–89.

Das Jungvolk erklärt dem Muttersöhnchen den Krieg. *Jungvolkerziehung ist Erziehung zur Selbständigkeit.* Noch nie gab es eine so große Zahl selbständiger Jungen. Sie sehen mit einer gewissen Verachtung auf das herab, was man landläufig *„Kinder"* nennt, und ärgern sich maßlos, wenn sie von Erwachsenen selbst so bezeichnet werden. Nach ihrer (und auch meiner) Meinung sind Jungvolkjungen eine Sache für sich. Mit „Kinder" bezeichnen wir die nichtuniformierten Wesen niedriger Altersstufen, die noch nie einen Heimabend oder einen Ausmarsch mitgemacht haben. Wir wollen nicht falsch verstanden werden: Jungvolkpimpfe bilden sich nicht etwa ein, Männer zu sein. Sie wollen nichts anderes sein als Jungvolk, als Buben, die die Kinderschuhe ausgetreten haben und schon wissen, wie man Zelte baut und im Kochgeschirr die Erbsensuppe bereitet. Oh, ein Pimpf versteht schon etwas von der Welt! Wenn er unterwegs seine Hosen zerrissen hat, näht er sie selbst wieder zusammen. Geht es nicht anders, dann mit Bindfaden. Kinder pflegen in ähnlichen Situationen zu heulen und nach der Mutter zu schreien. Pimpfe sind auf sich selbst gestellt. Kinder verreisen nur in Begleitung Erwachsener. Pimpfe gehen mit ihrem Führer auf Fahrt. Andere Eltern sprechen von ihrem Kinde, die Pimpfeneltern aber reden von ihrem *Sohn.* „Mein Sohn, der Pimpf!" In diesem Satz liegt die tiefe Wandlung unserer Jugend...

Die Tracht des Jungvolks ist die Bubentracht schlechthin. Sie entspricht dem Wesen der Jugend und damit zunächst den praktischen Anforderungen. Wenn sie zugleich auch die für jeden Jungen kleidsamste Tracht ist, so beruht das darauf, daß höchste Zweckmäßigkeit und Schönheit immer Hand in Hand gehen. Noch vor dem Kriege meinte man, alle Jugendlichen blieben bis zur Konfirmation Kinder. Von einem Tag zum andern änderte sich dann das Verhältnis des Lehrers zu seiner Klasse, denn er mußte plötzlich die Jungens, die er gestern mit Du begrüßte, mit Sie anreden. Eine ziemlich lächerliche Einrichtung. Die so Gesiezten waren natürlich auch nicht Männer geworden, sondern befanden sich mit ihren langen Hosen und etwas disproportionierten Gliedmaßen in einem Stadium der Entwicklung, das ich mit „halbgar" bezeichnen möchte. Auch die bürgerliche Gesellschaft bemühte sich krampfhaft, jede Regung ihres Jungentums mit dem Hinweis auf ihr nunmehriges Erwachsensein zu unterdrücken. Tanzstunde und Rauch- und Trinkerlaubnis, alles natürlich in bescheidenen Grenzen, vollendeten das Bild des „jungen Herrn". *Dieses neue Mitglied der Gesellschaft war aber nichts anderes als ein maskierter Junge. Man hätte ebensogut schon die Zehnjährigen als Erwachsene verkleiden können.*

Jungvolk und HJ haben ihre Gefolgschaft zur Bewußtheit ihres Jungseins erzogen. Die Jugendzeit ist heute zu schön, um abgekürzt zu werden. Und noch im 18. Lebensjahr ist man in der HJ ein Junge und kein Pseudo-Erwachsener.

Der Trennungsstrich zwischen Pimpfen und Hitlerjungen, der mit dem Abschluß des 14. Lebensjahres gezogen wird, verhindert, daß die Jüngsten auf Grund der größeren Leistungsfähigkeit der Älteren überanstrengt oder die Älteren aus Rücksicht auf die Jüngsten in ihrer Ausbildung gehemmt werden. *Pimpfe und Hitlerjungen sind zweierlei, aber beide sind eine Jugend.*

Dokument 60 a

Dieser Beitrag aus dem „Organisationsbuch der NSDAP" spricht für sich selbst. Er zeigt, wie man Kinder von 6 bis 10 Jahren zu „erfassen" gedachte: es sollten „die gefühlsmäßigen Impulse in ihnen angesprochen werden, auf denen der Nationalsozialismus allein (!) aufbauen kann."
Dokument 60 b enthält den Aufruf an die Zehnjährigen und liefert sie Hitler aus: „Ihm gehören wir heute, morgen und immerdar."

Die Kindergruppen der NS-Frauenschaft

in: Organisationsbuch der NSDAP. München 1937[7]. S. 267 f.

Die Kindergruppen der NS-Frauenschaft und des Deutschen Frauenwerkes erfassen alle deutschen Jungen und Mädel im Alter von 6 bis 10 Jahren.
Die Erfassung der Kinder erfolgt karteimäßig. Die Kinder erhalten Mitgliedskarten.
Die Kindergruppen stellen die erste nationalsozialistische Gemeinschaft dar, in der der junge Mensch Kameradschaft und Einordnung lernt. Ehe das Kind „Volksgemeinschaft" verstandesmäßig aufnehman kann, lernt es auf diese Weise seinen Inhalt durch die eigene kleine Tat ermessen. Bevor es von der Schicksalsverbundenheit aller Deutschen weiß, lernt es hier, sich freiwillig einzufügen in eine kleine Kameradschaft. Nicht politische Ideen sollen den Kindern beigebracht werden, wichtiger ist es, daß die charakterlichen Werte, die gefühlsmäßigen Impulse in ihnen angesprochen werden, auf denen der Nationalsozialismus allein aufbauen kann. Ebenso wie körperliche Vernachlässigung in den ersten 10 Jahren später kaum je wieder ganz aufgeholt werden kann, ist es auch ein schweres Beginnen, Fehler in der Erziehung dieser Altersstufe wiedergutzumachen. So will die Kindergruppe neben Schule und Elternhaus dem Kinde helfen, den Weg in die Gemeinschaft zu finden, für die es geboren ist und der es dereinst seine Kräfte zu geben hat.
Der Führer selbst hat mit seinem Wort: „Nicht früh genug kann die Jugend dazu erzogen werden, sich zuallererst als Deutsche zu fühlen", die gesamte Kindererziehung im nationalsozialistischen Reich ausgerichtet.
Die Kinder tragen einheitliche, gaugebundene Spielkleidung.
Die Kinder, die das 10. Lebensjahr vollendet haben, werden in Form einer Feierstunde an das Jungvolk oder an die Jungmädel abgegeben.

Aufnahme des neuen Jahrgangs der Zehnjährigen in die Hitlerjugend am Vorabend des Führergeburtstages (19. April 1938)

Proklamation des Reichsjugendführers Baldur von Schirach an die Zehnjährigen

in: Gerd Rühle: Das Dritte Reich. Dokumentarische Darstellung des Aufbaus der Nation. Das sechste Jahr 1938. Berlin (1939). S. 134

Deutsche Jugend!
In großer Zeit steht ihr vor der Fahne des Führers angetreten, um durch feierliche Verpflichtung in die Jugendbewegung Adolf Hitlers aufgenommen zu werden. Mit dieser Stunde beginnt ein neuer Abschnitt eures Lebens. Die *Kindheit* liegt abgeschlossen hinter euch. Von nun an zählt ihr zur *Jugend*. Damit werden euch zum erstenmal in eurem Dasein große Pflichten auferlegt, die ihr in Zukunft treu und gewissenhaft zu erfüllen habt.
Die *Hitler-Jugend* nimmt euch als Gliederung der nationalsozialistischen Bewegung in ihre Gemeinschaft auf, damit ihr dieser Bewegung und dem Deutschen Reich in allen kommenden Jahren eures Lebens dienen könnt. Der Führer Adolf Hitler braucht eine Jugend, die treu und selbstlos seinem Werk und seinem Willen jedes Opfer bringt, das er für Deutschlands Zukunft von ihr fordert. Ob ihr arm seid oder reich, das ist Adolf Hitler gleichgültig. Er sieht nur auf Treue und Tüchtigkeit. Darum hat er euch in der Hitler-Jugend die große Kameradschaft gegeben, die alle Jugend Deutschlands zusammenschließt.
Werdet dieser Hitler-Jugend, ihrer Fahne und Adolf Hitlers würdig, indem ihr, so wie der Führer das von euch will, als Kameraden und Kameradinnen fest zusammenhaltet. In der Hitler-Jugend ist niemand einsam oder verlassen. Millionen deutscher Jugend stehen in der HJ füreinander ein. Einer hilft dem anderen, alle helfen dem einen, der unser geliebter Führer ist. *Ihm gehören wir heute, morgen und immerdar.*

Dokument 61

Baldur von Schirach: Bedeutung des Lagers

in: 37, 107.

Das *Lager* ist die idealste Form des Jungenlebens. Im Lager wird in Zelten (vereinzelt auch in Baracken) geschlafen. Es wird eine Lagerfahne gehißt, Wachen werden ausgestellt und Jungen bestimmt, die die Verpflegung übernehmen. Der Tagesplan sieht vor: Gymnastik, Turnen und Sport, weltanschauliche Schulung, gemeinsames Singen. Wer ein paar Wochen solchen HJ-Lagerlebens mitgemacht hat, hat etwas gewonnen, woran er sein ganzes Leben zurückdenkt. Ob es in den bayerischen Bergen oder in den thüringischen Wäldern war oder gar an der See, er vergißt nie den Zauber des vollkommenen Gelöstseins von allem städtischen Leben und von aller bürgerlichen Form. Er denkt an den riesigen Holzstoß, der in prasselnden Flammen verbrannte, und wie er und seine Kameraden im Kreis darum saßen und in das Feuer starrten. Ob er in einer Wolldecke schlief, während der Wind den Regen gegen die Zeltwand peitschte, oder ob er in glühender Sonne durch einen einsamen Flußlauf schwamm, immer war es ein unvergängliches und herrliches Erlebnis, das ihn nie im Stich lassen wird. Muttersöhnchen lernen im Lager Selbständigkeit, Schwächlinge werden gekräftigt. Das Lager ist der schönste Traum einer Jugend.

Dokument 62

Schirach zeigt, wie die gefühlsmäßige Ansprache zum Prinzip der Jugend-sendefolgen des Rundfunks erhoben wurde, und erläutert weiterhin seine Grundsätze der „Führerschulung", die er zwar als „soldatisch" aber als nicht „militärisch" bezeichnet.

Baldur von Schirach: Für uns ist Gefühl mehr als Verstand

in: 37, 130–140

Die HJ ist eine *weltanschauliche Erziehungsgemeinschaft.* Wer in der HJ marschiert, ist keine Nummer unter Millionen, sondern Soldat einer Idee. Je nachdem er mehr oder weniger tief in die Idee eingedrungen ist, ist sein Wert für die Gemeinschaft zu bemessen. Der beste Hitlerjunge ist – unabhängig von Rang und Dienst-stellung – derjenige, der ganz in der nationalsozialistischen Welt-anschauung aufgeht.

Unsere Weltanschauung ist eine Sache des Herzens. Für uns ist das Gefühl mehr als der Verstand. *Ein Arbeiterjunge, dessen Herz heiß für unsern Führer schlägt, ist für Deutschland wesentlicher als ein hochgebildeter Ästhet, der jede Regung seines schwächlichen Ge-fühls mit verstandesmäßigen Überlegungen bekämpft.* Er wird in der Stunde der Not unseres Vaterlandes bestimmt nicht wissen, wo er hingehört, wird immer außerhalb der Gemeinschaft stehen, weil er nicht die Kraft hat, die Gemeinschaft zu erleben. Für ihn ist der Marschrhythmus unserer Jungen etwas Unverständliches und Un-nötiges. Unsere Begeisterung erscheint ihm unverständlich. Er ist viel-leicht reich an Geist, aber arm an Gemüt, und das herrliche Gefühl unserer Kameradschaft, das man in Worten nicht auszudrücken ver-mag, kann von ihm nie mit seiner Bücherweisheit errungen werden. Trotz alledem: zu unserem Fühlen und Wollen gehört auch das *Wis-sen* und *Können.*

Was der Hitlerjunge in seiner Kameradschaft lernen muß, wird ihm nicht von weltfremden Theoretikern beigebracht. Die Schulung der HJ wird von Kameraden gestaltet, die aus den Reihen der HJ und aus den Kämpfen des Nationalsozialismus herausgewachsen sind. In der Zeit, als die HJ noch eine kleine, ringende Gemeinschaft war, mußte sich die Schulungsabteilung naturnotwendig damit begnügen, von Zeit zu Zeit *Schulungsbriefe* an die unteren Einheiten zu ver-senden, mit einigen knappen Richtlinien über die Richtung unserer Arbeit. In den Heimabenden versuchte der junge Führer und die

Mädelführerin, so gut sie es konnten, nach ihrer eigenen Empfindung und Vorstellung das nationalsozialistische Gedankengut ihren Kameraden und Kameradinnen zu vermitteln. Es muß auch heute für alle Schulungsarbeit als Grundsatz gelten, daß für diese freie Gestaltung der Feierstunden der Jugend Raum bleibt. Mit der Machtergreifung erschlossen sich uns neue Möglichkeiten der Schulungsarbeit. Die größte versuchten wir sofort in ihren Dienst zu stellen: den *Rundfunk*. Ich selbst hätte niemals die Schwierigkeiten, die sich draußen im Lande dem Einigungswerk der Jugend entgegenstellten, überwinden können, wenn ich nicht vom Frühjahr 1933 an immer wieder und wieder die Möglichkeit gehabt hätte, mich über alle deutschen Sender an die Jugend zu wenden...

Bei der Aufstellung des Gesamtprogramms dieser Schulungssendungen für den Heimabend der HJ gingen wir von der Überlegung aus, daß es in erster Linie darauf ankommen müßte, die große geschichtliche Vergangenheit unseres Volkes lebendig zu gestalten. Die Vorträge und Reden über geschichtliche Taten schieden wir von vornherein aus unserem Betrachtungsfeld aus und wählten das *Hörspiel* als die einzig geeignete Form einer wirklich lebendigen Vermittlung des Stoffes an die jungen Zuhörer... Wir dramatisieren einfach irgendein Geschehen der Zeit und versuchen die Jugend selbst zur Mitarbeit zu bewegen, indem wir sie für das Heldische begeistern oder das Schwächliche verachten lehren...

Die weltanschauliche Schulung beschränkt sich wegen der kurzen Dauer der Lehrgänge (drei Wochen) in erster Linie auf Rassenkunde, Geschichte und Sozialismus sowie auf Grenz- und Auslandsdeutschtum. Ferner bildet die praktische Ausgestaltung des Heimabends einen wesentlichen Teil der Führerausbildung. Behandelt werden in diesem Zusammenhang außerdem noch die Fest- und Feiergestaltung und das deutsche Lied.

Durch den Dienst auf der Führerschule werden die Teilnehmer charakterlich geschult. Die kameradschaftliche Haltung des einzelnen Teilnehmers ist für die Beurteilung seiner Person und für seine Qualifikation als HJ-Führer entscheidend. Kameradschaftlichkeit ist die erste Forderung, die die HJ an ihre Führer stellt. Wer sie nicht in sich trägt, ist zum HJ-Führer ungeeignet.

Die körperliche Schulung umfaßt die Grundschulung in den Leibesübungen, Kleinkaliberschießen und Geländesport. Der HJ-Führer muß zu einem entschlossenen und wagemutigen Draufgänger erzogen werden. Schnelligkeit, Kraft, Ausdauer, Gewandtheit, Mut, Energie und Entschlußkraft sind die Grundeigenschaften, die er durch die körperliche Ertüchtigung erwerben muß. Der HJ-Führer muß einer der Besten im Laufen, Springen, Werfen, Ringen, Boxen, Schwimmen (Retten) und Marschieren sein. Erreicht wird diese vielseitige Körperertüchtigung durch richtig angewandte und richtig betriebene Leibesübungen und durch geländesportliche Ausbildung. Das äußere Ziel der körperlichen Ertüchtigung ist die Erringung des *HJ-Leistungsabzeichens*, das ich Mitte 1934 gestiftet habe ...

In der ausländischen Presse ist verschiedentlich die Meinung aufgetaucht, daß die Führerschulen der HJ sich mit *militärischer Ausbildung* beschäftigen. Abgesehen davon, daß unsere Führerschulen die ganzen Jahre hindurch jedem an der deutschen Jugend wirklich interessierten Ausländer gezeigt werden und eine große Anzahl ausländischer Journalisten sich an Ort und Stelle von der Unrichtigkeit dieser Behauptung überzeugen konnte, würde eine derartige Verwendung der Führerschulen dem mir vom Führer gegebenen Auftrag direkt widersprechen. Unsere 30 Schulen dienen allein der Ausbildung unserer Führer für ihren HJ-Dienst. Das geht schon aus der Verteilung der Lehrstundenzahl innerhalb der dreiwöchigen Lehrgänge hervor. Danach sind vorgesehen:

Für weltanschauliche Schulung (einschließlich Heimabendgestaltung usw.)	38 Std.
Leibesübungen	27 Std.
Geländesport	51 Std.
Sonstiges (Erste Hilfe, Kleinkaliber-Schießen, Schreibstunden, Singen, Aussprache usw.)	27 Std.
	insgesamt: 143 Std.

... *Eine Regierung, die ihre Jugend militärisch ausbilden will, pflegt die Führung ihrer Jugend nicht solchen Personen anzuvertrauen, die selbst keinerlei militärische Ausbildung aufzuweisen haben* ... Die Tendenz der HJ-Erziehung ist eine weltanschauliche. Soldatische Haltung gehört zur nationalsozialistischen Weltanschauung und ist für jeden Hitlerjungen selbstverständlich. Die HJ will die deutsche Jugend nicht für den Krieg, sondern für den Frieden mobilisieren. Indem sie alle Jugend zusammenführt, vernichtet sie die deutsche Uneinigkeit und damit die Voraussetzung innerer Kämpfe. *Durch die Einstellung eines jeden Jungen auf die Person des Führers, der seinen Friedenswillen oft genug der ganzen Welt gegenüber zum Ausdruck gebracht hat, ist dafür Sorge getragen, daß auch in aller Zukunft die Friedenspolitik Adolf Hitlers die Politik des deutschen Volkes sein wird. Das ist der Sinn der körperlichen und geistigen Erziehung unserer Jugend.*

Der „Reichsjugendführer" möchte die Bereiche Schule und HJ sorgsam getrennt, aber doch wechselseitig respektvoll verbunden wissen. Er hält Lehren und Führen für zwei „grundverschiedene Dinge", denn zum Führer müsse man „geboren" sein. Außerdem seien Führer- und Lehreraufgabe schon aus Kräfterücksichten für den einzelnen kaum zu verbinden. Über die Kräfte des Schülers, der zugleich HJ-Führer ist, schweigt *Schirach*. Für den delikaten Fall, daß ein HJ-Führer in der Klasse wegen schlechter schulischer Leistungen vom Lehrer getadelt werden müsse, habe es mit „Taktgefühl" zu geschehen, denn es gilt, daß die Jugend in einem höheren Sinne immer recht hat. Mit einem Ausfall gegen den „Oberstudiendirektor" schließt der Text; möglicherweise spielen für diesen Angriff Umstände von Schirachs Lebensgeschichte eine Rolle.

Baldur von Schirach: Schule und HJ. Die Jugend hat immer recht!

in: 37, 169–175.

Die Schule ist die Erziehung von oben, die HJ die von unten. In der Schule erzieht die Lehrerschaft, in der HJ die junge Führung. *Es ist selbstverständlich, daß die Autorität des Lehrers innerhalb der Schule die höchste Autorität sein muß. Ebenso selbstverständlich ist aber die andere Feststellung, daß die Autorität des HJ-Führers die höchste Autorität außerhalb der Schule ist.* Wenn beide Teile das genau beachten, wird es zu keinen Reibereien kommen können, zumal wenn sie sich darüber klar sind, daß die Erziehung der Jugend ein einheitliches Ganzes ist, in das sie sich sinnvoll einzufügen haben. Ohne dem Lehrerstand zu nahe treten zu wollen, ist die Feststellung notwendig, daß der Lehrer als solcher nicht HJ-Führer sein soll. Wenn wir innerhalb der Gefolgschaft der HJ auch einige hundert Lehrer zählen, steht das in keinem Widerspruch zu dieser Forderung. Die Führung der HJ kommt aus allen Ständen, mithin auch aus dem Lehrerstand. Aber die Reichsjugendführung erkennt dem Lehrer keinesfalls von vornherein eine größere Eignung für das Amt eines Jugendführers zu als irgendeinem anderen Volksgenossen. Der für die Jugendführung besonders befähigte Lehrer hat innerhalb der HJ dieselbe Aufstiegsmöglichkeit wie jeder andere Volksgenosse. Sein Lehramt gibt ihm jedoch keinerlei Anspruch auf Führung der Jugend. *Lehren und Führen sind zwei grundverschiedene Dinge.* Und selbst der erfahrenste und erfolgreichste Schulmann kann in der Führung einer Kameradschaft oder Gefolgschaft völlig versagen, wie andererseits auch ein fähiger HJ-Führer nicht in der Lage sein wird, einen ordentlichen Schulunterricht erteilen zu können. Die Voraussetzungen für die erzieherische Tätigkeit des Lehrers liegen neben der besonderen Berufung in einem bestimmten, planmäßigen Ausbildungsgang, der vom Staat überwacht wird. Auch der Jugendführer hat einen gewissen Ausbildungsgang vorzuweisen, der vor allem die praktische Betätigung innerhalb der Jugendbewegung umfassen muß. Er muß aber darüber hinaus eine Fähigkeit besitzen, die ihm kein Lehrerseminar, keine Hochschule und auch kein Volksbildungsministerium anerziehen kann, nämlich *die Führereigenschaft, mit der man geboren wird.* Für den Beruf des HJ-Führers ist dieses angeborene Führertum ausschlaggebend. Wer es besitzt, gleich ob Lehrer, Bauer oder Arbeiter, ist für die Jugendarbeit zu gebrauchen. *Leider meint aber mitunter ein Lehrer, er habe das Recht zur Jugendführung gleichsam mit dem Staatsexamen mitbekommen.* Ein verhängnisvoller Irrtum! Kommt ein solcher Lehrer durch ein Versehen tatsächlich zur Führung einer Jugendgruppe, *verfälscht er unbewußt den Sinn der Jugendbewegung, indem er die Jugendorganisation als Fortsetzung des Schulunterrichts mit anderen Mitteln auffaßt.* Was für die Jungen Ausmarsch und Fahrt sein soll, wird dann Schulausflug usw. Nur zu leicht verleitet ein Amt, das zur Beschäftigung mit der Jugend verpflichtet, zu einer falschen Selbsteinschätzung des Lehrenden. Er verwechselt dann die ihm von der Behörde verliehene Autorität als Lehrer mit der anderen, angeborenen Autorität des Führers ... Außerdem hat mir mancher Lehrer bestätigt, daß es bei einer ernsten Auffassung des Lehrerberufes selten möglich sein wird, gleichzeitig den beiden Pflichtenkreisen des Jugendführers und Schulmannes gerecht zu werden, weil die Arbeitslast zu groß wird.

Es kommt noch hinzu, daß vermöge der soziologischen Struktur der HJ mit ihrer prozentual weit überwiegenden Mehrheit von berufstätigen Jugendlichen der Lehrer als HJ-Führer einem ganz anderen Lebenskreis gegenübersteht, als er sich vielleicht aus der Schulperspektive heraus vorgestellt hat. Die erzieherischen Voraussetzungen, auf denen er, dank seiner schulischen Arbeit, bei seinen Schülern innerhalb der HJ aufbauen könnte, sind nicht mehr gegeben, sobald neben ihnen schulentlassene Lehrlinge aus den verschiedensten Berufsgruppen stehen. Und wenn er angenommen hatte, es mit einer uniformierten Schulklasse zu tun zu haben, wird ihm nun die Überzeugung, daß die HJ auch bis in ihre kleinste Zelle hinein das Volk repräsentiert.

Der Trennungsstrich zwischen Schule und HJ kann nicht scharf genug gezogen werden. Wohl aber muß die *Zusammenarbeit* zwischen Jugendführern und Lehrern vertrauensvoll und kameradschaftlich

sein. *Je häufiger sich Lehrer und Jugendführer über die ihnen anvertrauten Jugendlichen aussprechen, um so besser,* und zwar sowohl für die Schule als auch für die Jugendorganisation. Ein fauler
Schüler (auch in der HJ gibt es faule Schüler!) wird sehr häufig einen
ernsteren Antrieb zur Arbeit erhalten, wenn der HJ-Führer nach
einer Rücksprache mit dem Lehrer ihn ernsthaft zur Arbeit mahnt,
als wenn der Lehrer direkt seine Warnung ausspricht. Hierbei ist
besonders das Folgende zu bedenken: Mit dem Entstehen der nationalsozialistischen Jugendorganisation ist heute für jede Schule
der Fall eingetreten, daß in der einen oder anderen Klasse auch
Führer des JV und der HJ wie auch des BDM unter den Schülern
bzw. Schülerinnen sitzen. Der Lehrer bedarf eines nicht geringen
Maßes an Taktgefühl, um ihnen gegenüber den richtigen Ton zu
treffen. Natürlich sind sie Schüler wie alle anderen auch. Aber immerhin ist es etwas anderes, ob man einen Schüler tadelt, der
außerhalb des Unterrichts eine Gefolgschaft führt, oder einen solchen, der eben nichts anderes als Schüler ist. Hier wird der Lehrer
stets bestrebt sein müssen, die Autorität des HJ-Führers vor seinen
Kameraden nicht unnötig herabzusetzen. Er wird ihm unter vier
Augen sagen, was ihm im Interesse seiner Schulbildung gesagt werden muß. Und wenn er selbst damit nicht durchkommt, wird er sich
lieber mit dem dienstlichen Vorgesetzten des HJ-Führers in Verbindung setzen, als eine Auseinandersetzung vor der Klasse herbei-
führen, die häufig nur den psychologisch leicht erklärbaren Erfolg
zeitigen wird, daß sich die Hitlerjungen gegen ihn zusammenschlie-
ßen, weil sie vielleicht den Unterschied zwischen dem Tadel am
Schüler und am Gefolgschaftsführer nicht zu unterscheiden vermögen. Wenn dann tatsächlich in der Erregung des Augenblicks ein
Wort gegen die HJ fällt, ist das Vertrauen zwischen Schülerschaft
und Lehrerschaft zerstört und nicht so leicht wiederherzustellen. Je
mehr sich aber der Lehrer in Geist und Gesetz der HJ selbst ein-
zufühlen bemüht, um so mehr wird er Erfolg haben. Meiner Überzeugung nach muß heutzutage auch der Lehrer das wahrlich geringe
Opfer bringen, dieser oder jener Veranstaltung der HJ beizuwohnen, um zu zeigen, daß auch er an der außerschulischen Betätigung
seiner Jungen Anteil nimmt. Wie viele Lehrer in Deutschland haben
es verstanden, auf solche Weise ein seelisches Band zwischen sich
und ihre Schüler zu knüpfen! Wie viele aber haben auch den
Fehler begangen, sich von der Jugend abzukehren! *Sie vergessen
einfach, daß die Jugend in einem höheren Sinne immer recht hat,
weil sie das neue Leben trägt. Ihr starres Festhalten an der alten Zeit
hat nur den Erfolg, daß sie selbst abseits der neuen Zeit stehen und
mit Jugend und Leben keinen Kontakt mehr haben.*
Der Lehrer ist erst recht in dieser Zeit notwendig. Er hat genau wie

der Jugendführer seine große, herrliche Aufgabe an der jungen Generation. Heute weniger als je soll er mit Schulschluß die Bücher zuklappen und damit seinen täglichen Dienst beenden.

Gewiß, die Jugend hat keinen Respekt vor dem Wissen. Sie achtet nur den Kerl. Wer ein Kerl ist unter den Lehrern, der versteht es auch, aus der muffigen Schulstube ein Erlebnis zu machen. Wer keiner ist, dem kann nicht geholfen werden. Wir können nur hoffen, daß die Sorte ausstirbt, die ihr Lehramt ausschließlich vom Standpunkt der Versorgung aus betrachtet und im Schüler ein unangenehmes Arbeitsobjekt sieht. Jeder von uns kennt diese Typen, die der Volksmund „Pauker" nennt. Sie werden von Tag zu Tag weniger. Die frische Luft des Dritten Reiches bekommt ihnen nicht, und in eben dem Maße, wie sie verschwinden, erscheinen die frischen Gestalten unserer jungen Lehrer. Die stehen mit beiden Beinen in der Gegenwart, marschieren in Reih und Glied mit ihren Kameraden in SA und PO und sind wie diese die älteren Kameraden der HJ.

Die liberalistische Zeit erfand den entsetzlichen Titel „*Oberstudiendirektor*". Der Nationalsozialismus wird uns zeigen, was ein *SchulMeister* ist.

Die hier geschilderte „Verpflichtung" sollte unmerklich die Konfirmation ablösen; sie war ein systematischer Schritt zur Ausgestaltung eines Staats-Zeremoniells, des „Braunen Kults" (vgl. Lit.-Verz. 72), der die Religion entbehrlich machen sollte, obwohl in dem HJ-Gelöbnis noch die Formel „Gott" erschien.

G. Kaufmann: Verpflichtung der Jugend

in 24, 68–71

Der Bedeutung der Aufnahmefeier in die nationalsozialistische Jugendbewegung am Geburtstage des Führers entspricht eine mitten im Krieg ausgeprägte neue nationalsozialistische Feierlichkeit aus Anlaß der Überführung der 14jährigen Jungen und Mädel aus Jungvolk und Jungmädelbund in HJ und BDM. Die Feier, die den Namen *„Verpflichtung der Jugend"* trägt, fand im Jahre 1942 erstmals am 22. März statt. Ihr kommt in Wahrheit der Charakter einer Feier zur Lebenswende des jungen Menschen zu. Es ist nicht nur ein *Fest der nationalsozialistischen Jugendbewegung,* sondern soll darüber hinaus auch *Familie, Schule und Beruf* einbeziehen. Die Verpflichtung der Jugend wird daher auch aus Anlaß der *Entlassung aus der Volksschule* unter Beteiligung der jeweiligen Rektoren und aus Anlaß des Eintritts in das Berufsleben in Gegenwart der künftigen *Lehrherren* durchgeführt. Größter Wert wird aber auf die Teilnahme der *Elternschaft* gelegt, die dabei mithelfen soll, diesen festlichen Tag, der im Leben der Jungen und Mädel zu einer Wende ihrer Entwicklung wird, würdig und feierlich auszugestalten. Sie sollen darum Zeuge sein, wenn unter Führung der Partei, deren Auftrag, die Menschen zu führen, in einer solchen Verpflichtung der Jugend sinnbildlichen Ausdruck erhält, die jungen Menschen ins Leben treten. Der Tag der Verpflichtung der Jugend ist auch ein Festtag, der die einheitliche Willensrichtung aller Erziehungsträger im nationalsozialistischen Staat, Familie, Schule, Beruf und Jugendbewegung zum Ausdruck bringt. Der Tag der Verpflichtung wird am Abend vorher schon durch Theater- und Konzertveranstaltungen würdig eingeleitet. Vielen Jungen und Mädeln wird damit zum erstenmal in ihrem Leben ein so hoher kultureller Genuß zuteil, der die Erinnerung an diesen Tag im Leben des jungen Menschen haften lassen wird. Die kostenlose Teilnahme der 14jährigen Jungen und Mädel mit ihren Eltern an solchen Veranstaltungen ist auch ein überzeugender Ausdruck dafür, daß die Kulturäußerungen im Leben des nationalsozialistischen Staates eine Angelegenheit der Gemeinschaft, nicht einer besonders begüterten Schicht oder Klasse sind. Am Tage selbst, an dem der zuständige Hoheitsträger der NSDAP, der Rektor und der HJ-Führer sich in Ansprachen an die Jugend wenden, wird dem Jungen oder dem Mädel zur Erinnerung ein Gedenkblatt mit dem Bild des Führers überreicht. Soweit es unter den Kriegsverhältnissen möglich ist, schließt sich am Tage der Verpflichtung der Jugend im Familienkreis eine kleine Feier an, in der durch Geschenke an die Jugendlichen der festliche Charakter dieses Ereignisses im Leben der Jugend betont wird. In seiner Ansprache aus Anlaß der ersten Reichsfeier zur Verpflichtung der Jugend erklärte am 22. März 1942 der Reichsjugendführer Artur Axmann im großdeutschen Rundfunk: „Verehrt die großen Heroen des Geistes und des Kampfes. Verehrt die Helden dieses Krieges, unter denen ihr mit Stolz eure Väter und Brüder wißt, und entzündet eure Herzen an ihren unvergleichlichen Taten! Seid vor allem dankbar euren Eltern, denn dieser Tag ist ihr Feiertag. Sie haben euch in eurem Leben alles gegeben! Gebt es ihnen zurück durch Liebe und Anständigkeit!"

Im nationalsozialistischen Feierjahr kommt der Verpflichtung der Jugend eine ganz besonders hohe Bedeutung zu. Sie ist in Wahrheit ein revolutionärer Akt, weil sie nicht etwa wie nur der 30. Januar oder der 9. November ein historisches Ereignis oder wie am Geburtstag des Führers die Liebe und Verehrung für eine geniale einmalige Persönlichkeit zum Ausdruck bringt, sondern das eigene private Leben selbst berührt und in den Mittelpunkt einer feierlichen Handlung rückt. Dadurch wird das persönliche Leben von dem Auftrag der NSDAP, die Menschen zu führen, unmittelbar erfaßt und ein Weg eingeschlagen, der zu neuen Formen von wahrhaft säkularer Bedeutung führen kann.

Das Gelöbnis, das bei der Übernahme in die Hitlerjugend geleistet wird, lautet:

„Ich gelobe, dem Führer Adolf Hitler treu und selbstlos in der Hitlerjugend zu dienen. Ich gelobe, mich allezeit einzusetzen für die Einigkeit und Kameradschaft der deutschen Jugend. Ich gelobe Gehorsam dem Reichsjugendführer und allen Führern der HJ. Ich gelobe bei unserer heiligen Fahne, daß ich immer versuchen will, ihrer würdig zu sein, so wahr mir Gott helfe!"

Wie der Pimpf im Deutschen Jungvolk das Leistungsabzeichen des DJ in seinem 12. und 13. Lebensjahr erwirbt, so erwirbt auch der *Hitlerjunge das Leistungsabzeichen*, und zwar bis zum 16. Lebensjahr in Bronze und in den darauffolgenden Lebensjahren in Silber. Im Leistungsbuch werden auch die Fachprüfungen der Marine-HJ, Motor-HJ und der Flieger-HJ bestätigt. Außerdem sind für die Sondereinheiten der HJ besondere Ausbildungsabzeichen geschaffen, deren Erwerb den Angehörigen der Sondereinheiten zur Pflicht gemacht wird... Bei ehrenvollem Ausscheiden aus der Hitlerjugend darf das HJ-Leistungsabzeichen an jeglicher Uniform in großer Ausführung und in Zivil als Anstecknadel weitergetragen werden. Für das HJ-Leistungsabzeichen in Bronze werden Leibesübungen (Lauf- und Sprungübungen, Keulenweitwurf, Kugelstoßen, Klimmzüge, Schwimmen oder Radfahren), Ziel- und Marschübungen (Keulenzielwurf, Kleinkaliberschießen und Marschübungen) und Geländesport (Geländekunde, Kampfeskunde, Sinnesschärfung, Entfernungsschätzen, Meldewesen, Tarnung und Geländeausnutzung) gefordert. Auch der weltanschauliche Teil bei der Erwerbung des Leistungsabzeichens enthält eine Reihe einfacher Fragen, die jeder Hitlerjunge beantworten kann, der seinen HJ-Dienst regelmäßig erfüllt. Die Leistungsprüfungen zur Erlangung des Leistungsabzeichens in Silber bestehen aus denselben Übungen, die nur in den Aufgaben dem höheren Alter des Jungen entsprechend schwieriger sind... Der Hitlerjunge wird im 18. Lebensjahr seit dem Jahre 1934 im Rahmen der Feierlichkeiten zum 9. November, jetzt am 20. April jeden Jahres in die NSDAP aufgenommen. Damit ist sein Weg in die nationalsozialistische Jugendbewegung beendet und er kann, soweit er sich bewährt hat, die Rechte und Pflichten eines Mitglieds der Nationalsozialistischen Deutschen Arbeiterpartei erwerben, die ihn sein Leben hindurch in der Volksgemeinschaft zu Vorbild und Beispiel verpflichten.

Dokument 65

Im folgenden wird das Modell einer reichseinheitlichen Musterung der Zehnjährigen gezeigt. In einer Veranstaltung für das gesamte Deutschland erfolgte die Aufnahme. Von der ostpreußischen Marienburg aus (nach der Ideologie ein Ort heroischen Trotzes) sprach der „Reichsjugendführer" die Formel über den Rundfunk vor, und der unsichtbare Chor aller deutschen Jungen und Mädchen von 10 Jahren antwortete und gelobte dem Führer Treue. Diese Veranstaltung gefiel den Machthabern. Je mehr Münder sich auf Kommando bewegten, ein desto größerer Beweis von Kraft schien dadurch zustande zu kommen. Das läßt sich auch an der Praxis der Nürnberger Reichsparteitage ablesen.

Aufnahme des Pimpfs

in: 24, 57 f.

Die Reichsjugendführung gibt im Rahmen der Vorschriftenreihe der HJ die DV. DJ 1 (Dienstordnung für das Deutsche Jungvolk) und die DV. JM 1 (Dienstordnung für den Jungmädelbund) heraus. Hierin sind die allgemein verbindlichen Bestimmungen für den Dienst der 10- bis 14jährigen Pimpfe und Jungmädel zusammengefaßt.
Die *Aufnahme* erfolgt am Vorabend des 20. April, des Geburtstages Adolf Hitlers, durch die Meldung des Reichsjugendführers an den Führer. Die Aufnahme nimmt der Reichsjugendführer vom Remter der Marienburg aus in einer Feier vor, die von allen Sendern übertragen wird und bei der jeder neu aufgenommene Pimpf dem Reichsjugendführer die Verpflichtungsformel nachspricht: „Ich verspreche, in der Hitlerjugend allzeit meine Pflicht zu tun in Liebe und Treue zum Führer und unserer Fahne, so wahr mir Gott helfe."
Bei den zugleich im ganzen Reich stattfindenden Feiern erhält jeder zehnjährige Pimpf von seinem zuständigen Jungvolkführer die Aufnahmeurkunde überreicht.
Die *Meldung* jedes Jungen deutscher Staatsangehörigkeit, der im Laufe des begonnenen Jahres das 10. Lebensjahr vollendet, erfolgt seit dem März 1940 auf Grund des § 2 der Jugenddienstverordnung pflichtgemäß. Die Erfassung aller Jugenddienstpflichtigen eines Jahrgangs wird künftig durch Aufnahmeappelle im März jeden Jahres vorgenommen, auf denen der „Neue" des Jungvolknachwuchses seinen Dienstausweis, die Dienstvorschrift für den Jungvolkdienst und seinen Zuweisungsschein – der Einheit, Ort und Zeit des ersten Dienstes bestimmt – erhält.
Vor der endgültigen Aufnahme wird der Pimpf ärztlich auf Tauglich-

keit für den DJ-Dienst untersucht ... Das Recht zum Tragen des
HJ-Fahrtenmessers wird am 2. Oktober, dem Jahrestag des großen
Jugendaufmarsches von Potsdam (1932), verliehen und vom Bestehen der Pimpfenprobe abhängig gemacht; sie besteht aus folgenden Bedingungen:

60-Meter-Lauf in 12 Sekunden,

ein Weitsprung von 2,75 Metern, 25 Meter Ballweitwurf,

Kenntnis des Aufbaues und der Führerschaft des Fähnleins,

Teilnahme an einer Tagesfahrt,

Kenntnis des Schwertwortes des Jungvolks[28],

Kenntnis des Horst-Wessel- und des HJ-Fahnenliedes.

Diese Prüfung ist im ersten halben Jahr des Jungvolkdienstes abzu-
legen und kann im Falle des Nichtbestehens nach einem Jahr wiederholt werden.

Dokument 66

Die Dokumente 66 bis 68 geben als Gegenstück zur Erziehung des Hitlerjungen Richtlinien für die körperliche Ertüchtigung des „Jungmädels" mit
sorgfältig gestaffelten Leistungsgruppen. Dabei zeigt sich, wie wenig das
körperliche Leistungsprinzip zwischen den Geschlechtern unterschieden war.
Die „Einsatzbereitschaft" galt für alle Deutschen gleichermaßen.

Das Jungmädel

in: 24, 72–77.

Die Dienstordnung des Jungmädelbundes wird – analog der Dienstordnung für die Pimpfe – von den besonderen Aufgaben der Mä-
delführung bestimmt. Ein *jahrgangweiser Aufbau* im Dienstplan aller
Einheiten regelt die Dienstanforderungen und schaltet jede Über-
anstrengung des einzelnen Jungmädels von vornherein aus. Die gesundheitliche Betreuung setzt mit der Untersuchung auf Diensttaug-
lichkeit vor Aufnahme in den Jungmädelbund ein und wird laufend
durch BDM-Ärztinnen weitergeführt. Als Ergänzung zum Dienstausweis führt jedes Mädel einen *„Gesundheitspaß"*, in den jeweils der
Befund der ärztlichen Untersuchung eingetragen wird.
Das erste Halbjahr der Zugehörigkeit des zehnjährigen Mädels zum
Jungmädelbund gilt als Probezeit, in der jede „Neue" ein „Jungmädel" werden soll. Innerlich nunmehr in die neue Gemeinschaft
eingefügt, soll es allen denen, die mit ihm in der Jungmädelschaft
sind, gute Kameradin werden. Im Laufe dieser Zeit muß jede von
ihnen die *Jungmädelprobe* ablegen, die als Einzelleistungen folgende Anforderungen stellt: ein 60-Meter-Lauf in 14 Sekunden, ein
Weitsprung von 2 Metern, ein Ballweitwurf von 12 Metern, ferner
als Geschicklichkeitsübungen zwei Rollen vorwärts, danach Aufstehen ohne Hilfe der Hände, zwei Rollen rückwärts, durch ein
springendes Seil laufen, schließlich die Teilnahme an einer ein-
tägigen Fahrt. Erst nach bestandener Jungmädelprobe erhält das neu
aufgenommene Jungmädel Halstuch und Knoten zur Bundestracht
von ihrer Führerin verliehen und wird damit auch äußerlich als Jungmädel im Kreise der Kameradinnen bestätigt.
Der *allgemeine Jungmädeldienst* sieht den wöchentlich stattfindenden Heim- und Sportnachmittag, die Fahrt, das Lager, den Gruppen-
appell, die Feierstunde, das Sportfest vor. Mut, Geschicklichkeit und
Geistesgegenwart, das sind die Grundforderungen, die der *Jungmädelsport* verlangt, die er zu wecken und immer stärker auszubilden hat. Entscheidend ist die Körperbeherrschung, mit der das

Jungmädel alle Hindernisse überwindet, die Treffsicherheit des Ball-
wurfs, der Mut des Springens, das schnelle und richtige Erfassen
jeder Lage. Erziehungsmittel in dieser Sportarbeit ist in erster Linie
das Spiel. Unbewußt und ohne theoretische Erörterungen wird das
Jungmädel dabei geführt, planmäßig leistet der Jungmädelsport die
sinnvolle Ergänzung zur Erziehungsarbeit in der jüngsten Gemeinschaft der Mädel.

Als Ziel der Leibeserziehung im Jungmädelbund gilt das *Leistungsabzeichen* der Jungmädel, das die abschließende Leistungsprüfung
aller 13- und 14jährigen Jungmädel vor ihrer Überweisung in den
BDM bildet. Die Bedingungen werden nicht allein im Sportdienst,
sondern auch am Heimabend und auf Fahrt erfüllt.

Geforderte Leistungen am Heimabend:

1. Der Führer und seine Bewegung.

Über den gesamten Jungmädeldienst soll die Verpflichtung auf den
Führer stehen, der uns in seinen Kämpfen und Arbeiten Vorbild
und Ausrichtung ist.

a) Das Jungmädel muß den Geburtsort und den Geburtstag des
Führers wissen und aus seinem Leben erzählen können.

b) Es kann aus der Geschichte der Bewegung und vom Kampf der
SA und der Hitlerjugend erzählen.

c) Das Jungmädel kennt die wesentlichsten Mitarbeiter des
Führers.

d) Das Jungmädel kennt sämtliche Strophen des Deutschland- und
Horst-Wessel-Liedes sowie die Bedeutung der nationalen Feiertage.

2. Hitlerjugend.

a) Das Jungmädel soll wissen, warum wir den Namen Hitler-
jugend tragen.

b) Es soll die Namen der ihm bekannten Toten der HJ nennen und
von ihrem Kampf erzählen.

c) Das Jungmädel muß wissen, was sein Wimpel bedeutet und
was ihm die Wimpelrute (wohl: -rune) sagen soll.

d) Die Jungmädelschaft kann am Heimnachmittag drei HJ-Lieder
text- und melodiemäßig ordentlich singen.

3. Deutschtum in aller Welt.

a) Das Jungmädel muß die ungefähren Umrisse der Karte von
Deutschland aus dem Gedächtnis aufzeichnen können.

b) Es soll die Bedeutung von Versailles kennen und soll wissen,
welche Gebiete wir abtreten mußten und an welche Staaten sie
fielen.

c) Es kann vom Deutschtum in der Welt erzählen.

4. Heimat.

a) Das Jungmädel kennt sein eigenes Gebiet (Bedeutung des Armdreiecks) und kann angeben, welche Landschaften und größeren Städte dazu gehören.

b) Es kann aus der Vergangenheit seiner engeren Heimat und von ihren Märchen, Sagen, Liedern und Bräuchen erzählen.

c) Das Jungmädel soll vom Leben bedeutender Persönlichkeiten seiner Heimat berichten können.

Geforderte Leistungen im Sport:

1. 60-Meter-Lauf 12 Sekunden,
2. Weitsprung 2,50 Meter,
3. Ball-Weitwurf 20 Meter,
4. Zielwerfen mit dem Schlagball aus 6 Meter Entfernung auf eine 60×60 Zentimeter große Scheibe in Höhe von 2 Metern,
5. Schwimmen in beliebiger Zeit 100 Meter oder, wo im Umkreis von 6 Kilometern keine Schwimmgelegenheit vorhanden ist und keine Ausbildungsmöglichkeit besteht, 8-Kilometer-Wanderung in 2 Stunden ohne Gepäck,
6. Hechtrolle über 2 Mädel,
7. 25 Meter Sprungseil-Laufen, anschließend an Ort je 10 Seilschwünge vorwärts und rückwärts mit Zwischenhupf.

Geforderte Leistungen auf Fahrt:

1. Teilnahme an einer 1½tägigen Fahrt in ordnungsmäßiger Fahrtausrüstung mit Übernachten in einer Jugendherberge,
2. Bettenbauen bzw. ordentliches Hinterlassen des Lagerplatzes,
3. Ausübung eines Ordnungsdienstes (Küchendienst, Einkaufsdienst usw.),
4. Fahrtengepäck packen,
5. Kenntnisse der wichtigsten Baum- und Getreidearten,
6. Kenntnisse der wichtigsten Kartenzeichen (Meßtischblatt 1 : 25 000) . . .

Dokument 67

Organische Weiterentwicklung der Mädelerziehung

in: 24, 79–81.

In vierjähriger Zugehörigkeit zur Gemeinschaftserziehung im Jungmädelbund wächst das Jungmädel in den BDM hinein. Eine größere Verantwortung, ein weiteres Blickfeld, die Forderung zu entschlossener Tatkraft tritt nun an jedes Mädel heran. Aus den Anfängen der Jungmädel-Flötenmusik erwächst eine planmäßige Instrumentalmusikpflege und ihr Einsatz auf Kammermusikabenden, musikalischen Morgenfeiern sowie auf Dorfabenden, auf Spielschar-Einsatzfahrten des BDM. In der Spielzeugwerkstatt des Jungmädelheimes wurde die eigenschöpferische Werkarbeit geweckt, die nunmehr im BDM die Anlagen begabter Mädel zur Entfaltung bringt. Aus dem Jungmädelerlebnis der sozialen Kameradschaftshilfe wird eine umfassende Sozialarbeit im BDM, die der Gesunderhaltung und Förderung der Jugend mit allen Mitteln sozialpolitischen Einsatzes dient. Aus der ersten Jungmädelschulung hat sich eine weltanschauliche und politische Ausrichtung entwickelt . . .
Die Leibeserziehung, die im Jungmädelspiel den Gemeinschaftseinsatz, Straffheit, Mut und Geschicklichkeit jeder einzelnen entwickelt, fordert nun im Kampfspiel, in der Leichtathletik und den weiteren Gebieten des BDM-Sports den höheren Einsatz. Das Leistungsabzeichen des BDM (in Bronze) ist das Ziel der sportlichen Grundausbildung. Es werden Mindestleistungen gefordert, die jedes Mädel erringen kann.
1. Leibesübungen: 75-Meter-Lauf in 13 Sekunden, Hochsprung von 1 Meter, Weitsprung von 3,25 Metern, Schlagballweitwurf von 25 Metern, Kugelstoß (4 kg) von 5,80 Metern, 200-Meter-Schwimmen in beliebiger Zeit, ein beliebiger Sprung vom 3-Meter-Brett.
2. Wanderkunde: Zielwandern nach der Karte, mindestens 3 km weit, und 25-km-Wandern, ohne Gepäck in 6 Stunden.
3. Erste Hilfe bei Unglücksfällen und Erkrankungen: Anlegen von Notverbänden bei Verrenkungen, Verstauchungen und Brüchen; Anlegen von Notverbänden bei Wunden, Kenntnisse über grundlegende Fragen der Krankenpflege.
Hand in Hand mit dem Leistungssport im BDM geht die Schulung des Bewegungsgefühls. Die in jedem Mädel schlummernde Anlage, sich natürlich und schön zu bewegen, wird geweckt und gefördert. Gymnastik mit und ohne Geräte sorgt für eine abwechslungsreiche, dabei doch planmäßige Bewegungsschulung des Körpers.
Geeignete Führerinnen und Mädel aus den Reihen des BDM wer-

den zu Sportwartinnen einer Einheit ausgebildet. Nur wer einen Sportschulungslehrgang des BDM mit Erfolg durchlaufen hat, wird als verantwortliche Gruppensportwartin eingesetzt. Unter Leitung der als Turn- und Sportlehrerin ausgebildeten BDM-Führerinnen (Bannsportwartinnen) werden in diesen Lehrgängen alle praktischen und theoretischen Arbeitsgebiete der Leibeserziehung des BDM durchgearbeitet. Abschließend hat jede Sportwartin-Anwärterin kurze Lehrproben zu bestehen. Nicht die körperliche Ertüchtigung allein soll Inhalt dieser Arbeit sein, sondern die Erziehung des ganzen Menschen durch die Erziehung des Leibes. Innerlich und äußerlich gesund – damit schön – soll jedes Mädel sein, stolz auf seine Mädelart, aber nicht im alten, verweichlichten Sinne, sondern straff, mutig und einsatzbereit für die Aufgaben, vor die es gestellt wird . .

Das BDM-Werk „Glaube und Schönheit"

in: 24, 82 f.

Das 17jährige Mädel wird auf Grund seines freiwilligen Entschlusses zum feststehenden Termin (Geburtstag des Führers) in das BDM-Werk „Glaube und Schönheit" überwiesen. Zu demselben Termin erfolgen die Neuaufnahmen der 17–21jährigen Mädel, die bisher nicht der Hitlerjugend angehört haben. Diese Mädel können sich nach einer dreimonatigen Dienstzeit die endgültige Mitgliedschaft im BDM-Werk erwerben, die die Zugehörigkeit zur Hitlerjugend und damit zu einer Parteigliederung bedeutet. Entschließt sich das 17jährige Mädel nicht zum Eintritt in das BDM-Werk „Glaube und Schönheit", so ist es auf Grund des Hitler-Jugend-Gesetzes vom 1. Dezember 1936 bis zum 18. Lebensjahr zum Dienst im allgemeinen BDM verpflichtet.

Das BDM-Werk „Glaube und Schönheit" wurde im Januar 1938 gegründet und erfaßt die 17–21jährigen Mädel. Der Dienst entspricht dem Lebensalter dieser Mädel. Die NS-Frauenschaft erfaßt die Mädel erst nach dem 21. Lebensjahr, sofern diese nicht schon vorher geheiratet haben und damit aus dem BDM, bzw. „Glaube und Schönheit", ausgeschieden sind.

Tritt das 17jährige Mädel in das BDM-Werk „Glaube und Schönheit" ein, so eröffnen sich ihm hier neue Wege der persönlichen Entwicklung. Es bestimmt nunmehr selbst, auf welches Gebiet es seinen Wünschen und Veranlagungen entsprechend zur Mitarbeit drängt. In kleinen Arbeitsgemeinschaften von 15 bis 20 Teilnehmerinnen erfolgt die spezialisierte Ausbildung, für die sich ein Mädel jeweils auf längere Zeit verpflichtet. Der weitaus größte Teil der Mädel wird um einer vielseitigen Ausbildung willen in den vier Jahren der Zugehörigkeit zum BDM-Werk „Glaube und Schönheit" jährlich die Arbeitsgemeinschaften wechseln und sich jeweils eine aus den nachstehenden Gruppen erwählen.

Arbeitsgemeinschaften zur körperlichen Erziehung und Ausbildung.

1. *Sport:* Das Ziel dieser Arbeitsgemeinschaft ist die gründliche allgemeine Durchbildung des Körpers durch diejenigen Sportarten, die Voraussetzung zum Erwerb des BDM-Leistungsabzeichens sind. Anschließend kann in allen übrigen Disziplinen der Leichtathletik weitergearbeitet werden.

2. *Gymnastik:* Die Arbeitsgemeinschaft soll jene Schönheit erar-

beiten helfen, die jedes Mädel erwerben kann: die Schönheit der freien und natürlichen Bewegung. Sie ist im Rahmen des BDM-Werkes „Glaube und Schönheit" eine der wichtigsten Arbeitsgemeinschaften, und jedes Mädel soll ein Jahr lang an dieser Arbeitsgemeinschaft teilnehmen.

3. *Gesundheitsdienst und Körperpflege.* Diese Arbeitsgemeinschaft vermittelt die Ausbildung, die zum Erwerb des Gesundheitsdienstausweises des BDM führt. Die Ausbildung umfaßt die Kenntnis des menschlichen Körpers, Erste Hilfe mit praktischem Einsatz im täglichen Leben, im Lager und auf Fahrt. Hand in Hand damit werden die Fragen einer gesunden Lebensführung, der gesunden Ernährung, der Körper- und Schönheitspflege behandelt. In Weiterführung dieser Arbeitsgemeinschaft werden die Mädel unter Leitung von Fachkräften der NS-Frauenschaft mit Säuglingspflege und der Beschäftigung und Pflege des Kleinkindes vertraut gemacht.

In manchen Texten wurde betont, daß die HJ keine vormilitärische Ausbildung leiste. Hier folgt nun die ausführliche Darlegung der Schießlehr-
gänge, die „den Hitlerjungen schon vor Eintritt in die Wehrmacht zum
sicheren Schützen" werden lassen. Die Zahlen vermitteln eine Vorstellung
vom Umfang der Aktionen. Gipfelleistung war der Hitlerjunge als „Scharf-
schütze". Mit dieser Ausbildung konnten die Jugendlichen aufgeboten werden, im April 1945 Berlin gegen die Rote Armee zu verteidigen und dabei
unterzugehen.

Wehrfreudig – Wehrfähig!

in: 24, 114–116.

Auf der Grundschule, in den Leibesübungen und der gesamten
sportlichen Mobilmachung der Jugend baut die *Wehrerziehung*,
d. h. die körperliche, geistige und charakterliche Vorbereitung für
den späteren Dienst in der Wehrmacht auf. Die für diese Aufgabe
erforderliche Arbeit erfolgt im Rahmen der Leibeserziehung der
deutschen Jugend vom *Amt für körperliche Ertüchtigung* aus. Auch
in dieser Arbeit unterscheidet man eine Grundausbildung und eine
Sonderausbildung.
Der Schießdienst und der Geländedienst gelten als *Grundausbildung*. Ziel der *Schießausbildung* ist, den Hitlerjungen schon vor
Eintritt in die Wehrmacht zum sicheren Schützen werden zu lassen.
Erreicht wird dieses Ziel, wenn jeder Hitlerjunge im Kleinkaliberschießen die Schießbedingungen der Ausbildungsklasse (5 Schuß =
35 Ringe liegend aufgelegt, 5 Schuß = 30 Ringe liegend freihändig)
erfüllt. Um sicherer Schütze zu werden, ist eine langjährige Übung
nötig; daher wird die Schießausbildung schon im Jungvolk mit dem
Luftgewehrschießen begonnen. In der HJ selbst hat jeder erst die
Anfängerklasse mit der Schießgrundschule zu durchlaufen. Hierher
gehören vorbereitende Ziel- und Anschlagsübungen sowie das Aller-
wichtigste der Schießlehre. Dann erst werden die Hitlerjungen in die
Ausbildungsklasse eingereiht, von der sie nach dem Erfüllen bestimmter Schießbedingungen in die Sonderklasse übernommen
werden. Jeder Hitlerjunge soll die Handhabung und den Gebrauch
eines KK-Wehrsportgewehres erlernen. Der Deutsche Schützenver-
band stellt seine Schießstände zur Verfügung. 90 Prozent aller
Schießwarte kommen heute bereits schon aus der Hitlerjugend. Die
Jugendbewegung verfügt selbst schon über 15 000 eigene Gewehre.
Die vollständige Erfassung der deutschen Jugend im Schießsport ist

von den vorhandenen Ausbildern, den Gewehren, Schießplätzen und der Munition abhängig. Im Jahre 1938 konnten 1 250 000 Jugendliche im ganzen Reich die Schießausbildung erhalten. Träger der Ausbildung sind die HJ-*Schießwarte* in den Gefolgschaften. 1937 waren 2480 ausgebildete Schießwarte in der HJ tätig, 1938 bereits 15 000 und 1939 dann 20 000. Innerhalb eines Jahres hat also die HJ 12 500 eigene Schießwarte ausgebildet. Es ist das Ziel, 36 000 Schießwarte auszubilden, um sie in den Scharen einsetzen zu können. In Lehrgängen von sechstägiger Dauer erhalten die Schießwarte der HJ ihre besondere Ausbildung. Zuverlässigkeit, Lehrbefähigung werden neben der fachlichen Eignung bei der Prüfung der Schießwarte sorgfältig abgewogen. Mindestalter für den Schießwart beträgt 17 Jahre. Im Monat werden in der HJ ungefähr 7 Millionen Schuß abgegeben.

Wer die drei Klassen der Schießausbildung erfolgreich durchlaufen hat, kann und soll die Schießauszeichnung sich erwerben. Bei einer Zwölferringscheibe müssen bei 5 Schuß mindestens 45 Ringe, also eine Durchschnittsleistung von 9 erreicht werden. Im Jahre 1937 erhielten sie 12 480 junge Schützen. Bis zum Jahre 1939 wurden bereits mehr als 51 500 dieser *Schießauszeichnungen* verliehen. 1942 waren es schon mehr als 100 000, seitdem können monatlich 9000 Schießauszeichnungen verliehen werden. Im Kriege wurde die HJ-Schießauszeichnung für Scharfschützen geschaffen. Sie trugen im Frühjahr 1942 schon 10 500 Jungen. Erstmalig wurde im Frühjahr 1939 der Reichswettkampf im Luftgewehrschießen für die Pimpfe veranstaltet. Vom 15. März bis 15. April eines jeden Jahres finden regelmäßig die Bann- und Gebietsmeisterschaften im Kleinkaliberschießen statt. Dabei werden die besten Gefolgschaftsmannschaften in Stärke von 20 Jungen und die 10 besten Einzelschützen eines Bannes ermittelt. Jeder Bann entsendet in der Zeit vom 1. Mai bis 15. Mai die beste Gefolgschaftsmannschaft und die 10 besten Einzelschützen. Den Abschluß dieser Ausscheidungskämpfe bildet der Reichsschießwettkampf der Gebiete auf dem Reichsparteitag, zu dem jedes Gebiet die beste Mannschaft von 10 Hitlerjungen entsendet. Im Rahmen dieser Kämpfe schießen auch die 100 besten Einzelschützen um den Titel des Deutschen Jugendmeisters. Im Kriege wurde vor allem auf die Ausbildung neuer Schießwarte Wert gelegt und der Übungsbetrieb intensiviert.

Schulung der HJ

in: 24, 128 f.

Als *Schulungsmittel* gelten die *Heimabendhefte* der HJ, die vierzehntägig erscheinen, eine Mappe „Die Kameradschaft" (Ausgabe A und B) gilt für die Hitlerjungen, eine andere „Die Jungenschaft" gilt für die Jungvolkjahrgänge. Die 16seitigen Heimabendmappen mit einem weiteren 8seitigen Schulungsmaterial haben eine monatliche Gesamtauflage von 620 000 Stück. Die Heimabendmappen erscheinen nach dem *Jahrgangsschulungsplan*, die dem Alter und Verständnis entsprechend von verschiedenen Gesichtspunkten her ein Thema untersuchen und darstellen. Die Schulungsthemen werden den großen politischen Geschehnissen der Gegenwart und der Geschichte entnommen. Die BDM-Mädel erhalten für ihre Jahrgänge die Heimabendmappe „Die Mädelschaft" (Ausgabe A und B), und für die Jungmädel erscheint „Die Jungmädelschaft" (Ausgabe A und B). Bei den Banndienststellen und in den Heimen sind eigene Büchereien vorhanden, die vom *Amt für weltanschauliche Schulung* der Reichsjugendführung, das die Führungsstelle für diese Arbeit ist, monatlich mit guten und für die HJ *verbilligten Büchern* beliefert werden. Eine wesentliche Unterstützung für die Arbeit des Amtes für weltanschauliche Schulung ist besonders in ländlichen Gebieten durch die Herausgabe des HJ-*Bildgerätes* geschaffen worden. Bildbänder mit je 36 Bildern und dazugehörigem Text zeigen z. B. „Gesunde Familie", „Gesundes Volk", „Erbkranker Nachwuchs", „5000 Jahre Germanentum", „Versailles und seine Überwindung", „Von der alten zur neuen Armee" usw. Seit Oktober 1937 wurden bis Ende 1938 2500 Geräte an die Einheiten ausgeliefert. Die Bildbänder für das HJ-Bildgerät, das leicht auch von den Jüngsten in den Einheiten bedient werden kann, sollen durch besonders ausgewähltes Bildmaterial die Themen der Heimabendschulung illustrieren. Es gehen monatlich 5000 Bildbänder an die Einheiten. Innerhalb des Sozialen Amtes der Reichsjugendführung besteht ferner ein *Sozial- und wirtschaftspolitisches Schulungswerk*, dessen Aufgabe es ist, durch Vorträge an Führerschulen, durch Lieferung von Material für die Schulungshefte der HJ, durch Arbeitsgemeinschaften unter HJ-Führern aus der HJ heraus einen Beitrag für die Auslese eines nationalsozialistischen Führernachwuchses für die Wirtschaft zu leisten. Durch wirtschaftskundliche Fahrten, die sich auch auf das Ausland ausdehnen, sowie durch Reichsschulungslager, in denen schon viele hundert Teilnehmer erfaßt wurden, wird im Führerkorps der

HJ Verständnis für die Zusammenhänge der Wirtschaftspolitik geweckt und damit ein Teil jener Menschen, die später einmal im Wirtschaftsleben eine Rolle spielen, in der Jugend zu einer richtigen weltanschaulichen Einstellung im Wirtschaftsdenken erzogen, wie es dem sozialistischen Geist des Nationalsozialismus entspricht.

Die politische Rede war agitatorisches Hauptmittel des Nationalsozialismus. So mußte man „Nachwuchsredner" aus den Reihen der HJ „auslesen". Über die Wege dazu informiert der folgende Text, wie auch über die Stellungen, die politische Redner damals in Deutschland einnehmen konnten. Die Rednerkompetenzen entsprechen dem hierarchischen Aufbau der Partei.

Nachwuchsredner der HJ

in: 24, 133–135.

Über die Bedeutung des gesprochenen Wortes schrieb der Führer in seinem Werk „Mein Kampf", daß alle gewaltigen weltumwälzenden Ereignisse nicht durch das geschriebene, sondern durch das gesprochene Wort herbeigeführt werden.

Auch nach der Machtergreifung durch den Nationalsozialismus wirkt das gesprochene Wort als Mittler zwischen der Führung der Partei und dem Volk und sorgt für jene revolutionäre Dynamik, die die Grundlage des nationalsozialistischen Ideengutes ist.

Die rednerische Tradition der Partei kann daher nicht mit jenen Rednern des Nationalsozialismus beendet sein, die durch die Gewalt ihres Wortes diesen Staat eroberten. Die Errichtung eines Rednerstabes in der Hitlerjugend durfte daher von Anbeginn nicht die Zielsetzung haben, einen Fachrednerstab heranzuziehen, der nur in der Lage sein würde, über Fragen der HJ zu berichten. Die Aufgabe hieß vielmehr, aus den Reihen der HJ die *Nachwuchsredner* zu holen, die in der Lage sein werden, das verpflichtende Erbe der rednerischen Tradition der NSDAP weiterzuführen. Es ist selbstverständlich, daß bei dieser Aufgabenstellung eine fruchtbare Zusammenarbeit mit der Rednerorganisation der Partei angestrebt und durchgeführt wurde.

Die Reichsjugendführung hat bei der Reichspropagandaleitung der NSDAP eine Verbindungsstelle eingerichtet mit dem Auftrag, aus den Reihen der HJ jene Kräfte zu sammeln und wissensmäßig zu schulen, die durch ihre rednerische Veranlagung und nationalsozialistische Haltung schon heute die Gewähr bieten, später einmal in die Fußstapfen der alten Kampfredner der Bewegung treten zu können.

Da Redner nicht in Schulen „produziert" werden können, hat die HJ vor die Rednerschulung das Prinzip der Auslese von jungen Talenten gesetzt, die in den *Erzählerwettstreiten der HJ* ihre ursprüngliche Begabung verrieten. Durch eine gründliche Ausbildung und vermehrte Schulung wird diesen künftigen Rednern ein solides Wissen und Können vermittelt. Erst ein gründliches politisches Allgemeinwissen, eine umfassende Kenntnis des nationalsozialistischen Schrifttums, eine stetige Unterrichtung durch Presse und Rundfunk und die strengste Arbeit an sich selbst machen aus dem talentierten Erzähler den jungen politischen Redner. Die Hitlerjugend hat aus dieser Erwägung heraus drei verschiedene Gruppen von HJ-Rednern geschaffen: Bannredner, Gebietsredner und Reichsfachredner der HJ, die dem verschiedenen Leistungs- und Ausbildungsstand der jungen Redner entsprechen.

Die HJ ist ferner bestrebt, der NSDAP in jedem Jahr eine stetig wachsende Zahl von Nachwuchsrednern als politische Kreis-, Gau- und Reichsredner der NSDAP zur Verfügung zu stellen. Es ist festzustellen, daß heute schon mehrere hundert HJ-Führer als politische Redner dem Rednerstab der Partei angehören, und es gibt darüber hinaus einen einsatzfähigen HJ-Rednerstab von 400 bis 500 Bann- und Gebietsrednern, die auf ihre Berufung in den Rednerstab der Partei warten. Der Besuch nationalsozialistischer Versammlungen ist Garantie für den Bestand der Einheit und Geschlossenheit des Volkes. In ihnen erfährt die Öffentlichkeit Ausrichtung im Geiste des Nationalsozialismus und verspürt die Stärke, die in jeder Einheit wurzelt. Wohl fehlt den heutigen Versammlungen jenes erregende Moment, das die Versammlungen der Kampfzeit trugen, jene spannende Atmosphäre, die jeden von Versammlung zu Versammlung riß, die alle ergriff, die zum erstenmal eine politische Versammlung der NSDAP besuchten.

Um dieses Erlebnis der Zeit härtesten Ringens wachzuhalten, hat die Hitlerjugend ihre eigene Versammlungsform geschaffen. Die Jungen und Mädel sollen in den *„Versammlungen der Jugend"* und in der Aktion *„Alte Kämpfer sprechen zur Hitlerjugend"* den Geist der Kampfzeit spüren, den sie als nachwachsende Jahrgänge schon nicht mehr bewußt erlebt haben.

Durch eine gute Auswahl der besten politischen Redner der Kampfzeit unterstützte die Reichspropagandaleitung diese Aktionen. Eine vernünftige, der Aufnahmefähigkeit der HJ angepaßte Themenauswahl und die sorgfältigste Vorbereitung machen die Versammlungen der HJ zu einem wahrhaften Erlebnis für jeden Jungen und jedes Mädel. Bei der Aktion „Alte Kämpfer sprechen zur HJ" wurden allein in den Sommerlagern 1939 insgesamt 1300 Termine von Parteirednern vor den Einheiten der HJ wahrgenommen, und dank der Lebendigkeit der jungen Hörer sind die Redner selbst vielfach die begeistertsten Freunde dieser Veranstaltungen.

Dokument 72

Der Marsch der Jugend zum Nürnberger Reichsparteitag war einer der zahlreichen Versuche, die körperliche Leistungsfähigkeit der jungen Menschen auf den Ernstfall vorzubereiten. Hier geschah es durch den „Sternmarsch" mit den „Bannfahnen" durch ganz Deutschland, wodurch sowohl Strapazen ertragen („Wehrertüchtigung") als auch propagandistische Effekte erzielt wurden. Schließlich stärkte sich an den begeisterten und stolzen Jungen auch die „Volksgemeinschaft".

Der Adolf-Hitler-Marsch

in: 24, 189–191.

In Verbindung mit den Fahrten und dem Wandern der Jugend muß das größte Ereignis und idealste Vorbild der Jugendarbeit eines jeden Sommers genannt werden: *der Adolf-Hitler-Marsch*. Es ist der Sternmarsch der Bannfahnen aller Gebiete zum Reichsparteitag nach Nürnberg durch die Gaue Großdeutschlands. 1935 waren es zum erstenmal 1200 der tüchtigsten Hitlerjungen, die als Träger der 341 Bannfahnen insgesamt 11 700 Kilometer in Deutschland zurücklegten. 1936 stieg die Teilnehmerzahl mit der Zahl der neuen Bannfahnen auf 1600, und die Marschleistung erstreckte sich auf insgesamt 9450 Kilometer. 1937 legten 1600 Teilnehmer des Adolf-Hitler-Marsches an 693 Marschtagen, wovon 152 Ruhetage waren, 12 267 Kilometer zurück. Bei einer reinen Marschzeit von 541 Tagen wurde ein Tagesdurchschnitt von 22,7 Kilometern erzielt. Die weiteste Marschstrecke hat davon die Marscheinheit des Gebietes Schlesien mit 849 Kilometern, die längste Marschzeit, wozu die Fahrt mit den Seedienst Ostpreußen hinzukommt, benötigte die Marscheinheit des Gebietes Ostland mit 47 Tagen. 1938 betrug die Teilnehmerzahl am Adolf-Hitler-Marsch 2000 Teilnehmer. Der Marsch der Jugend durch Deutschland nach Nürnberg mag als Ergebnis einer soldatischen Erziehung und einer Gewöhnung an harte und schwierige Aufgaben in der nationalsozialistischen Jugendbewegung verstanden werden. Diese Arbeitsleistung 16- bis 17jähriger Hitlerjungen beweist, in welchem Umfang die Erziehungsarbeit der HJ sich im Sinne der Wehrertüchtigung unseres Volkes vollzieht. Männer und Frauen des deutschen Volkes in allen Dörfern und Städten nehmen die jungen Fahnenträger nach Beendigung ihrer Marschleistung in ihren Privatquartieren auf. Sie sprechen dann von ihrer Heimat und von dem fernen Gau, aus welchem sie marschiert sind. Bauern und Arbeiter, Kaufleute und Handwerker erzählen ihnen gern von dem Leben in ihrer kleinen Stadt, von der Arbeit der Jugend ihres Dorfes, in dem sie Quartier beziehen. Manche Freundschaften knüpfen sich auf diesem Marsch durch Deutschland zwischen den Jungen und Männern und Frauen aus dem Volke an. Indem sie die Fahnen Adolf Hitlers durch Deutschland tragen, erleben sie das sozialistische Wunder der neuen Zeit. In Nürnberg, wo die Teilnehmer des Adolf-Hitler-Marsches als erste eingetroffen sind und vor den Toren der Stadt ein Zeltlager bezogen haben, leiten sie den *Reichsparteitag* ein, indem sie nach der Ankunft des Führers mit ihren Fahnen und Bannern als erste vor Adolf Hitler am Deutschen Hof zu Nürnberg vorbeimarschieren dürfen. Nach Abschluß des Reichsparteitages marschieren die Fahnenträger nach der Festung Landsberg, wo ihnen der Reichsjugendführer Jahr für Jahr in der Zelle des Führers als Dank für ihre Leistung das Werk Adolf Hitlers „Mein Kampf" überreicht. Zwischen den Teilnehmern am Marsch herrscht stets eine wunderbare Kameradschaft. Das Aufmarschamt der Reichsjugendführung sorgt mit Quartiermachern und Ärzten, durch Verpflegungskolonnen und alle möglichen Sicherungen für eine gesundheitliche Betreuung und für einen reibungslosen Verlauf dieses Marsches durch Deutschland.

Verschiedene Dokumente dieses Kapitels verwiesen auf die „Heimabende"
der HJ und vorgestaltete Lehrstoffe, die für diesen Zweck von der RJF einheitlich zur Verfügung gestellt wurden. In diesem Abschnitt ist nun eine
Auswahl aus solchen Texten dargeboten. Das Material war für die Hand
des HJ-Führers gedacht, der die vorgeschriebenen Tatsachen und politischen Leitsätze am „Heimabend" darbieten sollte. Man muß sich vergegenwärtigen, daß von diesen Parolen die gesamte deutsche Jugend erreicht wurde und daß daraus namentlich ihr Bild von den Zuständen im
Osten („Polnische Wirtschaft", „Unfähigkeit der Tschechen zum eigenen
Staat") entstand.

Material zur Gestaltung der Heimabende von der Reichsjugendführung Berlin

in: Schulungsdienst der Hitler-Jugend, Folge 4/1942, S. 2.

Kameraden!
Unsere Wehrmacht vernichtete in diesen Monaten die bolschewistischen Armeen und beseitigte damit die furchtbarste Gefahr, die
unser Volk und Europa jemals aus dem Osten bedrohte. Wir erhalten dadurch eine gesicherte Zukunft.
In zwei Heimabenden wollen wir versuchen, dieses gewaltigste Geschehen der Geschichte unseres Volkes uns klarzumachen.
Im ersten Heimabend erfahren wir, daß der Kern unserer deutschen
Geschichte eine West-Ost-Bewegung ist, d. h. daß unser Volk seinen
notwendigen Lebensraum stets im Osten gesucht und gefunden hat.

Der zweite Heimabend zeigt uns, daß der Führer diese geschichtliche Sendung unseres Volkes fortführt und vollendet. Im Osten
allein liegt das Schicksal und damit die Zukunft unseres Volkes.
Kameraden! Gerade diese beiden Heimabende müßt ihr mit besonderem Eifer durcharbeiten. Vielleicht wird es euch diesmal etwas
schwerfallen, aber ihr könnt mit eurem Idealismus, mit eurem Fleiß
und eurer Gründlichkeit diese Schwierigkeiten leicht überwinden.
Nehmt es daher besonders genau mit eurer Vorbereitung, damit ihr
euern Einheiten ein bleibendes Bild von der geschichtlichen Sendung und Aufgabe unseres Volkes geben könnt.
Wir erleben ja heute wie kein Geschlecht vor uns durch den Kampf
unseres Volkes gegen das bolschewistische Chaos Sinn und Ziel unserer Geschichte: die gewaltigen Osträume dem Leben und der
Zukunft unseres Volkes zu erschließen, Kultur und Sitte in die öst-

liche Barbarei zu tragen und das Germanische Reich Deutscher Nation als europäische Ordnungsmacht aufzurichten.

Aus einer Rede Adolf Hitlers vom 6. Oktober 1933 über die
„Polnische Wirtschaft"

in: Schulungsdienst der Hitler-Jugend, Folge 4/1942, S. 22–25.

Im Jahre 1919 übernahm dieser Staat von Preußen und auch von Österreich in jahrhundertelanger Arbeit mühselig entwickelte, ja zum Teil geradezu blühende Provinzen. Heute, 20 Jahre später, sind sie im Begriff, allmählich wieder zu versteppen. Die Weichsel, der Strom, dessen Meeresmündung für die polnische Regierung immer so ungeheuer wichtig war, ist mangels jeder Pflege schon jetzt ungeeignet für jeden wirklichen Verkehr und je nach der Jahreszeit entweder ein wilder Strom oder ein ausgetrocknetes Rinnsal. Städte und Dörfer sind verwahrlost. Die Straßen mit geringsten Ausnahmen verlottert und verkommen. Wer zum ersten Male dieses Land zwei oder drei Wochen lang besichtigt, der erhält erst einen Begriff vom Sinn des Wortes: „Polnische Wirtschaft"! ... Diese unleugbaren Tatsachen verpflichten uns Deutsche, den slawischen Völkerschaften des Ostens den Segen staatlicher Ordnung und das Licht wahrer Kultur zu bringen. Je mehr das deutsche Volk vom Osten Besitz ergreift und je weiter deutscher Einfluß reicht, desto glücklicher wird sich auch das Leben der slawischen Völkerschaften, der Polen, der Tschechen und der Russen, gestalten. Die Geschichte hat genügend dargelegt, daß es diesen Völkern immer dann am schlechtesten erging, wenn sie in verhängnisvoller Überschätzung ihrer Fähigkeiten meinten, auf die deutsche Führung verzichten zu können. Der Nationalsozialismus hat dem deutschen Volk wieder die Kraft zur Erfüllung seiner Führeraufgabe im Osten gegeben.

Das Ostmark- und Sudetendeutschtum kehrt heim

in: Schulungsdienst der Hitler-Jugend, Folge 4/1942, S. 26–28.

In Österreich war es in den Jahren von 1933 bis zum Frühjahr 1938 einer kleinen romhörigen Clique gelungen, alle Macht an sich zu reißen und ein Widerstandszentrum gegen das Reich Adolf Hitlers zu bilden. Mit einem unerhörten Terror begann diese klerikale Regierung Dollfuß-Schuschnigg, den Nationalsozialismus in der Ostmark zu bekämpfen.

Damit setzte die letzte Leidenszeit dieses lange vom Reich getrennten Ostmark-Deutschtums ein. Wie es viele Jahrhunderte vorher gegen Slawen, Madjaren und Juden um sein Deutschtum kämpfen mußte, so galt es nunmehr gegen eine klerikale Regierung und deren Helfershelfer die heiligsten Güter des Volkstums, der Kultur zu verteidigen und den Zusammenschluß aller Deutschen zu erzwingen. Die Geschichte des Leidensweges der ostmärkischen Nationalsozialisten vom Jahre 1933 bis 1938 muß erst geschrieben werden. Zehntausende bester deutscher Frauen und Männer dieses kerndeutschen Vorpostenlandes wurden eingekerkert, weitere Zehntausende in das Reich vertrieben. Hunderttausenden nahm man die Existenzmöglichkeiten, und weit über tausend Nationalsozialisten starben den Heldentod für Führer und Großdeutschland. Davon wurden allein 16 Kameraden von den Schuschnigg-Schergen aufgehängt.

Am 13. März 1938 bereitete der Führer durch den Einmarsch der deutschen Wehrmacht der romhörigen, deutschfeindlichen Schuschnigg-Tyrannei das verdiente Ende. Die Ostmark, tausend Jahre Vorposten und Bollwerk des Reiches im Südosten, kehrte nunmehr wieder heim ins gemeinsame Vaterhaus. Großdeutschland ist damit erstanden. Das war im Frühjahr 1938. In der Volksabstimmung vom 10. April 1938 unterzeichneten 75 Millionen Deutsche die Geburtsurkunde des Großdeutschen Reiches.

Mit der Heimkehr der Ostmärker in das Reich mußte auch das Schicksal der mit ihnen zeitlebens engst verbundenen Sudetendeutschen entschieden werden. Dreieinhalb Millionen Sudetendeutsche waren durch den Vertrag von Versailles und St. Germain mit den sieben Millionen Tschechen zu einem unmöglichen, lebensunfähigen Staatsgebilde zusammengezwungen worden. Im Tschechentum waren wieder die alten hussitischen Haßgesänge gegen das Deutschtum erwacht. Masaryk und Benesch betrieben eine planmäßige Vernichtungspolitik gegen die dreieinhalb Millionen Sudetendeutsche. Zwei Jahrzehnte führten die an ein hartes Schicksal gewohnten Sudetendeutschen einen verzweifelten Existenzkampf gegen das in hussitischem Rachedurst glühende Tschechentum.

Solange das Reich ohnmächtig am Boden lag, konnte es dieses kleine Volk der Tschechen ungestraft wagen, Deutsche zu vertreiben, zu bedrücken, zu enteignen und zu terrorisieren. Das wiedererstarkte Deutschland aber konnte die dauernde Verfolgung der Grenz- und Auslandsdeutschen nicht mehr länger dulden. Das war eine Frage der Ehre. So erhob denn der Führer am 9. September in Nürnberg auf dem Reichsparteitag die Forderung des Reiches nach der Heimkehr der dreieinhalb Millionen Sudetendeutschen. Am 1. Oktober 1938 war das Ziel erreicht. Wie im Frühjahr die Ostmärker, so traten nunmehr die Sudetendeutschen den lang ersehnten und heißerkämpften Freiheitsweg ins gemeinsame Reich an. Der so verbliebene tschechische Rumpfstaat aber glaubte auch jetzt noch, gegen das Reich antreten zu können. Dieser kleine Tschechenstaat betrachtete sich auch nach der Niederlage vom 1. Oktober noch immer als Vorposten der Feinde Deutschlands. Die Sicherheit des Reiches erforderte gebieterisch die Beseitigung der ständig drohenden Gefahr im Herzen Europas. In den Märztagen des Jahres 1939 erwies sich erneut die Lebensunfähigkeit eines tschechischen Staates. Was die vergangenen Jahrhunderte schon immer unwiderlegbar dargetan hatten, wiederholte sich auch im 20. Jahrhundert. Die Tschechen sind nicht in der Lage, einen eigenen Staat aus eigener Kraft auf die Dauer zu erhalten. Es ist ihr geschichtliches Schicksal, nur in dauernder Abhängigkeit vom Deutschen Reich leben zu können. Als König Heinrich I. 929 vor Prag erschien, erkannte der damalige Tschechenherzog diese Schicksalsfügung und beugte sich willig unter das königliche Zepter des Deutschen.

Kein Jahrhundert vermochte etwas an diesem Gesetz zu ändern. Alle Versuche der Tschechen, ohne das Deutschtum oder gar gegen unser Volk einen Staat aufzurichten, scheiterten zwangsläufig an der inneren Unzulänglichkeit dieser kleinen Nation. Glücklich lebte mithin der Tscheche nur unter dem starken Schutz des Deutschen Reiches.

Als daher der Führer im März 1939 in der alten Kaiserburg Karls IV. auf dem Prager Hradschin erschien und seine Standarte hochgezogen wurde, vollzog er aufs neue dieses geschichtliche Gesetz der Gebundenheit des Tschechentums an die Schöpferkraft des Deutschen Reiches.

Das Los der Tschecho-Slowakei hatte einen baltischen Staat, der ebenfalls 20 Jahre gegen das Deutschtum verbrecherische Übergriffe sich erlaubte, schnell zur Vernunft gebracht: Litauen. Freiwillig gab er das Memelgebiet an das Reich zurück.

Dokument 74

Mit dem Mythos vom Heldentod junger deutscher Studentenregimenter im November 1914 vor Langemarck (eine militärisch völlig unsinnige Aktion), war ein Stimmungsmittel vorhanden, mit dem der Wille zu „heroischer" Lebensgestaltung unter den Nachwachsenden aufgeputscht werden konnte. R. A. Schröders Feierlied „Heilig Vaterland" durchrieselte bei den Langemarckfeiern die junge Generation schauervoll und rückte den Opfergedanken in ihren Vorstellungshorizont.

Günter Kaufmann: Einführung der Jugend in den Frontkämpfergeist

in: 24, 301–306.

Nach einem wunderbaren Wort Baldur von Schirachs ist in Deutschland nichts lebendiger als unsere Toten. Aus dem Erlebnis des Weltkrieges wurde die Idee des Nationalsozialismus geboren, und aus dem Millionenheer der unbekannten Frontsoldaten erhielt sie ihren Führer in Adolf Hitler. Der Mythos vom Weltkriegsopfer der deutschen Jugend hat dazu beigetragen, auch in der Jugend der Nachkriegszeit einen neuen Glauben an die eigene Kraft und das Bekenntnis zu den nationalsozialistischen Idealen zu entfachen. Da alle Erziehung nach der Sinngebung durch den Reichsjugendführer auf dem Vorbild beruht, so war es erklärlich, daß der Einsatz der deutschen Jugend im Weltkrieg ebenso wie das Opfer von Herbert Norkus und anderen, die in ihrer Jugend für ein neues Deutschland ihr Leben gaben, zu den tiefsten und entscheidendsten Voraussetzungen einer revolutionären erzieherischen Idee und ihrer Jugendbewegung wurde, darüber hinaus aber auch die Voraussetzung schuf, um in der Zeit der eigenen soldatischen Bewährung dem Heldentum der vorausgegangenen Generation in nichts nachzustehen. Dieser Mythos vom Weltkriegsopfer der deutschen Jugend verbindet sich mit dem Namen des kleinen flandrischen Dorfes vor Ypern, von dem in soldatischer Nüchternheit der Heeresbericht des 11. November 1914 berichtet: „Westlich Langemarck brachen junge Regimenter unter dem Gesang ,Deutschland, Deutschland über alles' gegen die erste Linie der feindlichen Stellungen vor und nahmen sie."
Wenn in der Nachkriegszeit und wenn heute nach dem einzigartigen Sieg das Opfer der Jugend von Langemarck der ganzen deutschen Jugend heilig ist, so verehrt sie in jenem Ereignis das Opfer

der Jugend an allen Fronten der beiden Kriege. Das Gedächtnis an Langemarck, das zu erhalten und von Generation zu Generation weiterzugeben eine der schönsten und vornehmsten Aufgaben des Jugendführers des Deutschen Reichs geworden ist, wurde erstmals an einem grauen Oktobertag des Jahres 1921 in der Potsdamer Garnisonkirche gemeinsam von alten Flandernkämpfern, Studenten der Berliner Hochschulen und nationalistisch gesinnten Gruppen von Jugendverbänden aufgenommen. Im „Langemarckausschuß, Hochschule und Heer", fand der Langemarckgedanke seine erste organisatorische Grundlage und führte zu regelmäßigen Feierlichkeiten. Es muß als ein Verdienst der Führung der Deutschen Studentenschaft hier festgehalten werden, daß auf der Heimkehr von einem internationalen Studentenkongreß 1928 in Paris ein kleiner Kreis ihrer Führer die Schlachtfelder Nordfrankreichs und Flanderns besuchte, dabei auch in das Dörfchen Langemarck geriet und hier den Entschluß faßte, eine verwahrloste, unwürdige Gräberstätte zu einem Ehrenfriedhof auszubauen. Der „Langemarckausschuß, Hochschule und Heer" hat dann in den Jahren 1928 bis 1932 die Mittel zum Ausbau des Ehrenfriedhofs aufgebracht ... Die Heldenfriedhöfe in fremden Ländern künden das Hohelied deutscher Kultur, deutscher Baukunst und deutschen Stilempfindens, das Hohelied des deutschen Gemeinschaftsbewußtseins der Lebenden mit den Toten, das Hohelied einer würdigen Totenehrung.

Die Langemarckarbeit der HJ erschöpft sich nicht in der Veranstaltung jährlicher Feiern und der Einsammlung von Geldmitteln. Sie wird das ganze Jahr über von einem kleinen Mitarbeiterkreis in der Reichsjugendführung und in den Gebieten betreut und stellt einen ansehnlichen Teil der gesamten regelmäßigen Erziehungsarbeit an der deutschen Jugend dar ...

Einige der wirkungsvollsten Aufgaben des Arbeitsausschusses Langemarck waren vor dem Krieg 1939 die Frontkämpfer-Einsatzkurse, bei denen alte Frontsoldaten vorbereitet wurden, um danach in der HJ eingesetzt zu werden. Mit der Heimkehr der jungen Frontsoldaten dieses Krieges wird dieser Einsatz vor unseren Pimpfen und Hitlerjungen einen gewaltigen Auftrieb erfahren. Mit Begeisterung und Spannung werden sie den Erzählungen ihrer Führer und ihrer älteren Kameraden lauschen, die sie um das Fronterlebnis beneiden. Der Sinn ist, Frontsoldaten, die zu erzählen verstehen und in der richtigen Weise der Jugend das Erlebnis des Krieges zu vermitteln vermögen, auf Heimabenden der HJ und in Sommerzeltlagern sprechen zu lassen. Der Arbeitsausschuß, der eine regelmäßige Verbindung zum NS-Reichskriegerbund und zur NSKOV unterhält, nahm sich bisher schon sehr viel Mühe, um die Frontkämpfer mit den Erziehungsgedanken und dem Aufbau der Hitlerjugend vertraut zu machen, um alle Voraussetzungen für ein gegenseitiges Verständnis von Frontsoldaten und Jugend zu schaffen . . .

Am 11. November 1940 konnte zum erstenmal die Jugend, die das Erbe von Langemarck in den Nachkriegsjahren aufgenommen und bewahrt hatte, im feldgrauen Rock und im Zeichen der wehenden Reichskriegsflagge und der HJ-Fahne, angetreten im Ehrenhain des Mahnmales von Langemarck, die Heldenehrung auf deutschem Boden in flandrischer Erde vollziehen. Generalfeldmarschall von Brauchitsch hatte die Jugendführer des Reichs, die in den Armeen des Westens als Soldaten und Offiziere standen, nach Langemarck zur Ehrung der Toten geladen, und mit ihm sprach über alle deutschen Sender das Bekenntnis der mit der Wehrmacht vereinten deutschen Jugend der Reichsleiter für die Jugenderziehung, Baldur von Schirach. Die siegreiche Wehrmacht aber übergab das Ehrenmal *in die ewige Obhut der nationalsozialistischen Jugendbewegung.* In der Tuchhalle von Ypern feierte das Korps der Jugendführer mit dem Generalfeldmarschall und mit dem Reichsleiter, mit dem Reichsjugendführer sowie mit dem Reichsstudentenführer am gleichen Tage in glücklicher Gemeinschaft ihr größtes Fronttreffen in diesem Kriege.

Langemarck lebt! Über dem Ehrenfriedhof in Flandern wurde die Reichskriegsflagge gehißt. Die Toten sind auferstanden und in ihrem heldischen Geist in den Reihen der Jungen mitmarschiert zum Kanal und tief nach Frankreich hinein. Durch die Pforte des Ehrenmals ist der große Feldherr eingetreten. Adolf Hitler trat in das Ehrenmal ein und grüßte stumm die Toten von Langemarck. Ihr Ruf ist erhört und ihr Vermächtnis erfüllt worden. Ihr Auftrag an die kommende Generation ist ausgeführt, gewaltiger und glorreicher, als es die toten Helden, da sie noch lebten, zu ahnen vermochten. Nun sind sie heimgekehrt und haben den ewigen Frieden gefunden. Mit ihnen im Tode und in der Verehrung des Volkes vereint die jungen Helden von 1939/40. Wenn wir künftig an Langemarck denken, dann denken wir auch an sie, der Name aber bleibt Symbol für das Opfer der Jugend an allen Fronten der beiden Kriege, wird stets mit frommer Scheu von künftigen Geschlechtern genannt, die zu den jungen Helden der beiden Kriege aufblicken werden, deren Opfer Deutschlands Wiedergeburt und Aufstieg zur ersten Macht Europas begründet hat.

b) *Reichsarbeitsdienst*

Dokumente 75 und 76

Konstantin *Hierl* legt in diesen beiden Abschnitten die nationalsozialistischen Vorstellungen über den Arbeitsdienst vor. Der Arbeitsdienst war nicht eine Erfindung des Dritten Reiches, so wenig wie die Autobahnen, beide stammten aus der vielgeschmähten Weimarer Republik. Tatsache ist lediglich, daß diese Ansätze nach 1933 gewaltig gesteigert wurden. Der Arbeitsdienst wurde zur Pflicht, noch vor der Allgemeinen Wehrpflicht von 1935, mit der Hitler relativ lange zurückhielt, weil er unsicher war, ob er den Versailler Vertrag ungestraft antasten dürfe. Im übrigen ergeben die beiden Dokumente, daß der RAD als nationalsozialistische Erziehungsinstanz geplant war.

Erklärung des Staatssekretärs für den Arbeitsdienst Hierl über die Aufgaben des Arbeitsdienstes vom 4. Mai 1933[29]

in: Dokumente der deutschen Politik, Bd. 1, Berlin 1938[3], S. 248–252.

Unsere wichtigste Aufgabe bestand und besteht auch heute noch darin, daß wir unser deutsches Volk und vor allem unsere Jugend geistig und seelisch auf die Einführung des Arbeitsdienstes vorbereiten, daß wir sie für den Arbeitsdienst-Gedanken in vollem Umfange gewinnen.
Für dieses Ziel kämpfe ich seit Jahren, unterstützt von vielen Mitarbeitern aus unserer nationalsozialistischen Bewegung, die sich von jeher für die Arbeitsdienst-Idee eingesetzt haben, unterstützt aber auch von einzelnen klarblickenden Männern aus anderen Lagern. Ich glaube, daß heute nunmehr das deutsche Volk für den Arbeitsdienstgedanken reif ist. Dazu hat die politische Entwicklung der letzten Monate natürlich wesentlich beigetragen. Und ich habe persönlich keinen Zweifel, daß der Arbeitsdienst in kurzem ebenso volkstümlich sein wird, wie früher die allgemeine Dienstpflicht volkstümlich wurde...
Dabei verrate ich ja kein Geheimnis, wenn ich sage, daß auch gerade hier an der Zentralstelle in den letzten Wochen und Monaten gewisse Schwierigkeiten zu überwinden waren, um eine völlige Gleichschaltung in bezug auf Ziel und Weg zu erreichen. Diese Schwierigkeiten sind jetzt überwunden, und es besteht die Gewähr, daß nunmehr eine klare, einheitliche Linie eingehalten werden kann...

Besondere Schwierigkeiten haben sich von jeher für die Durchführung des Arbeitsdienstes auf finanziellem Gebiete ergeben, und zum Teil sind diese auch heute noch vorhanden.

Ich vertrete jedoch die Auffassung, daß da, wo es sich darum handelt, staatspolitische Notwendigkeiten durchzuführen, finanzielle Schwierigkeiten überwunden werden müssen. Unser Führer hat sich in seiner großen Rede auf dem Tempelhofer Felde so entschieden für die Durchführung des Arbeitsdienstes eingesetzt und so eindeutig seinen Willen kundgetan, daß kein Zweifel besteht, daß die Sache gemacht werden muß. Aufgabe der Führer auf dem Finanzgebiet ist es, die Durchführung möglich zu machen. Dafür sind sie ja Führer auf diesem Gebiet. Es müssen hierzu neue Wege gefunden werden, und man muß endlich den Mut finden, diese Wege zu beschreiten. Allerdings müssen dabei auch gewisse Anschauungen überwunden werden, die sich nicht mit den Ideen der nationalsozialistischen Revolution vereinbaren lassen ...

Jedenfalls, das kann ich wohl mit Bestimmtheit behaupten, wird ein Mangel an durchzuführenden Arbeiten für den Arbeitsdienst nie eintreten. Der arische Geist wird immer etwas finden, was volkswirtschaftlich, staatspolitisch oder kulturell wertvoll ist und praktisch verwirklicht werden soll. Ich kann mir auch nicht denken, daß die Menschen arischen Geistes einmal nichts mehr zu arbeiten haben und daß sie einmal Langeweile haben sollten!

Ein umfassender Plan auf lange Jahre hinaus für die Einsetzung des Arbeitsdienstes fehlt allerdings noch. Dies konnten wir leider bei unseren gewissermaßen privaten Vorarbeiten nicht machen, da hierzu der staatliche Apparat unbedingt notwendig war. Wir haben aber das Material hierzu in großem Umfange gesammelt, und heute fehlt nur noch die staatliche Stelle, die die Projekte der Arbeitsbeschaffung für den Arbeitsdienst niederzulegen hat. Ich werde mich mit aller Energie dafür einsetzen, daß diese Stelle unter der Leitung der Abteilung für Arbeitsdienst geschaffen wird. Dort werden dann die Arbeitsprojekte gesammelt und nach ihrer Wichtigkeit auf die einzelnen Gruppen verteilt werden ...

Ab 1. Oktober wird es keine Freiwilligen bisheriger Art mehr geben, sondern an ihre Stelle wird ein staatliches Arbeitsdienstheer von 120 000 Mann treten. Aus diesen wird der Rahmen geschaffen werden, in den dann wahrscheinlich in den ersten Tagen des Januar 1934 der erste Schub Arbeitsdienstpflichtiger eingeführt werden wird.

Wir werden Anfang Januar voraussichtlich ein Arbeitsdienstheer von 350 000 Mann stehen haben. Wir werden aus finanziellen Gründen nämlich kaum in der Lage sein, den ersten Jahrgang gleich ganz einzuziehen, und werden zu der Aushilfe greifen müssen, daß wir zunächst einmal die erste Hälfte auf ein halbes Jahr einziehen und sodann die zweite Hälfte des Jahrganges für die zweiten sechs Monate des nächsten Jahres. Später wird es möglich sein, die ganzen Jahrgänge auf ein Jahr dienen zu lassen. Im nächsten Jahr wird der Jahrgang unserer deutschen Jugend zur Arbeitsdienstpflicht eingezogen werden, der 1934 das neunzehnte Lebensjahr vollendet.

Soll der Arbeitsdienst das werden, was uns allen vorschwebt, dann ist es die wesentlichste Aufgabe, daß der richtige Geist in das Führertum des Arbeitsdienstes hineingetragen wird. Es muß ein besonderer Typ geschaffen werden, und es genügt nicht etwa nur der Führertyp des alten Offiziers. In dem neuen Führer des Arbeitsdienstes muß ein Stück Arbeitertum, ein Stück Soldatentum und ein Stück Jugend stecken.

Es ist klar, daß wir auf diesem Gebiet am Anfang noch manche Schwierigkeiten überwinden werden müssen. Später ist es dann leichter, wenn wir die Zeit gehabt haben, unser Führer-Korps langsam von unten her heranwachsen zu lassen. Heute ist dies noch mehr Glückssache, namentlich bei den höheren Führern. Wir sind heute auf eine gewisse Schnellpresse angewiesen, da wir die Zeit zu längeren Führerkursen nicht haben. Schon jetzt lege ich aber Wert darauf, daß jeder, und auch der höchste Führer, wenn auch nur kurze Zeit, den Arbeitsdienst von der Pike auf, sozusagen von Schaufel und Spaten auf, kennenlernt. Jeder muß einmal mit Hacke und Schaufel arbeiten, daß es in sein Bewußtsein kommt und daß wir zeigen können, daß diese Handarbeit nichts ist, was den oberen Führer herunterzieht.

Unsere nationalsozialistische Auffassung des deutschen Sozialismus fordert selbstverständlich, daß es für die allgemeine Arbeitsdienstpflicht keinerlei Ausnahmen, etwa durch Freikauf, gibt. Wir vertreten auch weiter die Anschauung, daß der Deutsche erst nach Absolvierung seines Dienstjahres in den vollen Genuß seiner staatsbürgerlichen Rechte kommen kann. Gerade der Führer vertritt auch ganz scharf diese Anschauung.

Nach der Arbeitsdienstpflicht müßte dann eigentlich noch die militärische Dienstpflicht kommen, und erst, wenn der Deutsche diese doppelte Schule durchgemacht hat, sollte er als Staatsbürger anerkannt werden und nach meiner Anschauung auch dann erst die Erlaubnis zur Eheschließung bekommen. Bei den Beratungen über das Gesetz zur Arbeitsdienstpflicht, das zur Zeit ausgearbeitet wird, werde ich auch diese Forderungen entschieden vertreten. Damit erst wird dann der Arbeitsdienst so, wie es uns Nationalsozialisten vorschwebt, in den Mittelpunkt des Lebens des deutschen Menschen treten.

Rede des Staatssekretärs Hierl auf dem Parteitag zu Nürnberg über „den Geist des Arbeitsdienstes" vom 2. September 1933

in: Dokumente der deutschen Politik, Bd. 1, 1933, Berlin 1938[3], S. 256–259.

Die Idee der Arbeitsdienstpflicht ist wohl der kennzeichnendste Ausdruck des Geistes einer neuen Zeit, der Aufbruch einer Bewegung, die in ihrem Wollen, ihrer Auffassung vom Sinn der Arbeit, ihrer Bodenverbundenheit im schroffsten Gegensatz steht zum Geiste des versinkenden liberalistischen Zeitalters, dem immer mehr der Geist des Judentums das Gepräge gegeben hat.

Liberalistische Auffassung sieht in der Arbeit nur ein Mittel zum Gelderwerb, ein mehr oder weniger notwendiges Übel. Als klügster galt, der es am besten verstand, andere für seinen Vorteil arbeiten zu lassen, mit möglichst wenig eigener Arbeit möglichst viel Geld zu erwerben.

Für uns bedeutet Arbeit den Inhalt des Lebens. In der Arbeit erkennen wir eine Schwester des Kampfes. Ein Dasein ohne Arbeit und Lebenskampf erscheint uns als eine dumpfe Krankenstube.

Liberalistische Auffassung wertete die Arbeit nach dem, was sie für den einzelnen eintrug, wir schätzen die Arbeit nach ihrem Werte für die Volksgemeinschaft.

Der überhebliche Intellektualismus des liberalistischen Zeitalters sah mit Hochmut auf die Handarbeit herab.

„Nur ein Arbeiter" war der Ausdruck bürgerlichen Denkens. Wir wollen dem deutschen Arbeiter seine Ehre geben, sie ist ihm unentbehrlicher als Tariflöhne, weil er ein Deutscher ist. Wir wollen das Wort „Arbeiter" zum Ehrentitel für jeden Deutschen machen, deshalb soll jeder junge Deutsche eine gewisse Zeit seines Lebens als Handarbeiter Ehrendienst tun für sein Volk. Gegenüber reaktionärem Denken sei mit aller Entschiedenheit betont, daß es nicht nur einen Ehrendienst mit den Waffen, sondern auch mit dem Werkzeug gibt. Jeder uneigennützige Dienst am Volk ist Ehrendienst ...

Der materialistische Händlergeist des liberalistischen Zeitalters betrachtete alles als „Ware", auch den arbeitenden Menschen und den Arbeitsboden. Für uns ist der arbeitende Mensch die Krone der Schöpfung, und der Heimatboden ist uns stets Heiliges, er ist unser Vaterland.

Unzählige Generationen unserer Ahnen haben auf dem Stück Erdoberfläche, das wir bewohnen, den deutschen Kulturboden geschaffen. Wir haben die Verpflichtung, dieses Kulturwerk fortzuführen.

Wir fühlen uns vor allem verpflichtet, den deutschen Boden so zu bearbeiten, daß unser Volk sich von dem Ertrag der eigenen Scholle ernähren kann.

Die „Brotfreiheit" ist die Grundlage jeder anderen Freiheit. Ein Volk, dessen Brotkorb fremde Mächte in der Hand halten, ist unfrei. Das Friedensdiktat von Versailles hat uns große Flächen Ackerboden entrissen, um so mehr müssen wir den uns verbliebenen Boden benutzen...

Deshalb halten wir Nationalsozialisten grundsätzlich an der Forderung der allgemeinen gleichen Arbeitsdienstpflicht fest.

Wir sehen in dieser Pflicht ein unerläßliches Mittel, um unser ganzes Volk zu der dem Nationalsozialismus eigenen geistigen und seelischen Einstellung zur Arbeit und zum Arbeitertum zu erziehen.

Jedes Volk hat ein unveräußerliches Recht, sein inneres Leben nach den ihm eigenen Verhältnissen und Bedürfnissen zu gestalten.

Die zahlreichen Ausländer, denen ich den Besuch unserer Arbeitslager gestatte, haben Gelegenheit, sich zu überzeugen, daß unser deutscher Arbeitsdienst ein Friedenswerk, ein Kulturwerk erster Ordnung ist.

Die Forderung der allgemeinen gleichen Arbeitsdienstpflicht ist die schärfste Kampfansage an den Geist des liberalistischen Zeitalters. Kein Wunder, daß die Vertreter des liberalistischen Geistes immer, auch außerhalb Deutschlands, der Durchführung dieser Forderung möglichst große Widerstände bereiten.

Aber man mag uns auch immer wieder Holzblöcke auf den Weg rollen oder Fallgruben stellen, wir werden uns dadurch vom Vormarsch auf unser Ziel nicht abhalten lassen, und wenn wir einen Weg versperrt finden, so werden wir uns daneben einen neuen bahnen. Wir scheuen den Kampf nicht, denn Nationalsozialist sein heißt Kämpfer sein.

Um den Ausgang ist uns nicht bange. Wir glauben an die sieghafte Kraft unserer Idee und vertrauen auf die Zähigkeit unseres Willens. Der Arbeitsdienstgedanke wird sich siegreich durchsetzen in Deutschland und darüber hinaus in der Kulturwelt.

In zahlreichen ausländischen Staaten, namentlich der germanischen Welt, beginnt man das deutsche Beispiel nachzuahmen. Unsere Sache ist es, dafür zu sorgen, daß wir den Vorsprung, den wir in der Idee haben, auch in ihrer Verwirklichung beibehalten.

Der Arbeitsdienst ist kein leichter Dienst, besonders das Führeramt im Arbeitsdienst ist schwer. Es kann nicht verliehen werden als Belohnung für Verdienste, die in der Vergangenheit liegen. Es kann nicht eine Versorgungsstelle sein für verdiente alte Kämpfer für Vaterland und Bewegung, es muß ein Arbeitsplatz sein für Leistungen, deren Früchte in der Zukunft reifen sollen. Nur unter diesem

Gesichtspunkt kann es vergeben werden. Der Führer im Arbeitsdienst hat kein bequemes Leben. Ihm winkt nicht die Aussicht, Reichtümer zu sammeln, aber er kann reiche innere Befriedigung finden in seinem ehrenvollen Dienst, wenn er Idealist ist. Die Männer des Arbeitsdienstes sind in ihren materiellen Ansprüchen bescheiden. Sie fordern aber, daß ihnen nicht nur die innere Hochachtung, sondern auch die äußeren Ehren zuerkannt werden, die dem Arbeitsdienst als Ehrendienst an Volk und Vaterland gebühren. Diese äußere Anerkennung ist unerläßlich, damit sie ihren entsagungsvollen Dienst mit Freude und mit voller Hingebung tun können.

c) NSDAP

Dokument 77

Der·folgende Beitrag enthält wichtiges statistisches Material über den Aufbau der „Schulung". Besonders interessant ist das soziale Herkommen des „Kreisschulungsleiterkorps". Es ergibt sich daraus die bemerkenswerte Tatsache, daß Arbeiter am wenigsten und Lehrer am häufigsten die „Schulung" trugen. Das ist ein Umstand, der neben manchen anderen beweist, daß die NSDAP gerade keine *Arbeiter*partei war.

Das Schulungsmonopol der Partei

in: 7a, 214 f.

Das Hauptschulungsamt erfüllt die ihm gestellten Aufgaben durch die ihm unterstellten Gau- und Kreisschulungsämter, ferner durch die Reichsschulungsburg der NSDAP und durch die Gau- und Kreisschulungsburgen, sowie durch die Schulungsleiter der Ortsgruppen und durch einen Stab von Schulungsrednern.
In den vierzig Gauschulungsämtern Großdeutschlands sind einschließlich der Gauschulungsleiter selbst, welche in ihren Gaugebieten zugleich die Beauftragten des Reichsleiters *Alfred Rosenberg* im Rahmen seines Aufgabengebietes der Überwachung der gesamten geistigen und weltanschaulichen Erziehung der NSDAP sind, rund 200 politische Leiter, vorwiegend alte Parteigenossen, teils hauptamtlich, teils ehrenamtlich tätig.
Rund hundert politische Leiter arbeiten als Kommandanten, Lehrer und Sportlehrer an den 47 Gauschulungsburgen der NSDAP. Sieben Gauschulungsleiter sind in Personalunion gleichzeitig Kommandant ihrer Gauschulungsburg.

In den 803 politischen Kreisen Großdeutschlands sind einschließlich der Kreisschulungsleiter mehr als 4000 politische Leiter im Dienste der Schulungs- und Erziehungsarbeit tätig. Die innere Struktur des Kreisschulungsleiterkorps läßt sich aus folgenden Zahlen einigermaßen erkennen:

a) Parteizugehörigkeit lt. Mitgliedsnummer:

unter 100 000	8 %
bis 500 000	25 %
von 500 000 bis vor der Machtübernahme	44 %
nach der Machtübernahme	23 %

b) Familienstand:

ledig	10 %
verheiratet	90 %

c) Berufsherkommen:

freie Berufe	5 %
Beamte	19,10 %
selbständige Handwerker und Kaufleute	5,90 %
Lehrer	59,20 %
Industriearbeiter und Handwerkergesellen	0,10 %
Kaufmännische und Behördenangestellte	13,60 %
Bauern	0,70 %

In den 21 000 Ortsgruppen des Reiches ist in jeder Ortsgruppe ein Ortsgruppenschulungsleiter eingesetzt, der für die Durchführung der Schulungsarbeit in dem Bereich seiner Ortsgruppe die Verantwortung trägt. Die inhaltliche Gestaltung der Schulungsarbeit wird im wesentlichen von den Kreisschulungsämtern übernommen. Zur Durchführung der Schulungsarbeit in Kreis und Ortsgruppe steht den Kreisschulungsämtern der Partei außer ihren eigenen Kräften noch ein Stab von 3000 Kreisschulungsrednern zur Verfügung, von denen bereits mehr als 1000 einen dreiwöchigen Lehrgang auf der Reichsschulungsburg der NSDAP in Erwitte (Westfalen) durchliefen und dort gut beurteilt wurden.

Das Hauptschulungsamt selbst besteht aus folgenden sechs Ämtern:

Amt Lehrwesen,
Amt aktive Schulung,
Amt zentrale Einberufung,
Amt Schulungsbriefe,
Amt Ordensburgen,
Amt Adolf-Hitler-Schulen
und Reichsschulungsburg Erwitte.

Die Leiter dieser Ämter stehen im Range eines Reichsamtsleiters. Es sind fast durchweg alte Parteigenossen, Träger des goldenen Ehrenzeichens und im Dienste der Partei bestens bewährt.

Das Amt Ordensburgen wird seiner besonderen Bedeutung wegen vom Leiter des Hauptschulungsamtes in Personalunion persönlich geführt.

Das Hoheitsrecht der Partei auf dem Gebiet der weltanschaulichen Schulung und Erziehung

in: 7a, 216.

Die weltanschauliche und politische Erziehung sowie überhaupt jegliche Menschenformung ist erstes und alleiniges Hoheitsrecht der Partei und steht einzig und allein der NSDAP zu.

Zur Verkündung der Weltanschauung und zur politischen Willensbildung auf Grund der Erkenntnisse der nationalsozialistischen Weltanschauung ist darum allein die nationalsozialistische Bewegung berechtigt und verpflichtet. Es ist heute jedem Deutschen klar, daß in Deutschland nur eine Einrichtung das Recht hat, das deutsche Volk an der Waffe auszubilden: diese Einrichtung ist die Wehrmacht. Kein Ministerium, kein Verband, keine Körperschaft öffentlichen Rechts würde sich heute in Deutschland das Recht anmaßen, ihre Mitglieder, Angestellten oder Beamten am L- oder SMG auszubilden. (Leichtes oder schweres Maschinengewehr. Der Herausgeber.) *Für die Erziehung und Schulung des deutschen Menschen im Sinne der nationalsozialistischen Weltanschauung kann es darum auch nur eine Stelle geben, die diese Schulung und Erziehung durchführt.* Zum Soldaten wird der junge Deutsche durch die Wehrmacht des *Deutschen Reiches erzogen; den politischen, von der nationalsozialistischen Weltanschauung erfüllten Menschen erzieht für alle Zukunft einzig und allein die Nationalsozialistische Deutsche Arbeiterpartei.* Damit ist der Grundsatz, der heute für die politische und weltanschauliche Erziehung in Deutschland gilt, ausgesprochen.

Die Partei vertritt ab nun auch nach außen hin das Hoheitsrecht auf dem Gebiet der weltanschaulichen Schulung und Erziehung. Die Schulenden schulen damit als Schulungsbeauftragte der Partei, d. h. allein nach den Richtlinien und nur im Sinne der Auffassung der nationalsozialistischen Bewegung.

Dokument 78

Organisation der Schulung

in: Organisationsbuch der NSDAP. München 1943[7]. S. 176–181.

Der Reichsorganisationsleiter der NSDAP
Hauptschulungsamt
und Schulungsämter

Der Reichsorganisationsleiter ist zugleich Reichsschulungsleiter. Der Reichsorganisationsleiter der NSDAP ist für die weltanschaulich-politische Ausrichtung und Auslese der in der NSDAP tätigen Politischen Leiter, der in den Gliederungen und angeschlossenen Verbänden abgestellten Politischen Leiter (einschließlich NS-Frauenschaft) und der Walter, Warte und Obmänner der Gliederungen und angeschlossenen Verbände verantwortlich.
Zur Durchführung dieser Aufgabe bedient er sich des zu seinem Arbeitsbereich gehörigen
Hauptschulungsamtes.
Es werden durch das Hauptschulungsamt bzw. durch die Schulungsämter der NSDAP betr. *weltanschaulicher* Schulung unmittelbar erfaßt:
1. Die Politischen Leiter der NSDAP (einschließlich aller Politischen Leiter der NSDAP, die zur Dienstleistung in die angeschlossenen Verbände und betreuten Organisationen abgestellt sind, und Parteiredner).
2. Die Mitglieder der NSDAP, soweit sie sich freiwillig beteiligen.
3. Die Leiterinnen und Walterinnen der NS-Frauenschaft und des Deutschen Frauenwerks.
4. Die Obmänner, Walter und Warte der Deutschen Arbeitsfront einschließlich der NS-Gemeinschaft „Kraft durch Freude" und der Werkschar.
5. Die Walter der NSV und die NSV-Schwestern.
6. Die Obmänner bzw. alle Führenden in der NSKOV
7. Die Walter des RDB.
8. Die Obmänner des NSD-Ärztebundes.
9. Die Walter und Mitglieder des NS-Lehrerbundes.
10. Die Führenden des NS-Rechtswahrer-Bundes.
11. Die Führenden und Mitglieder des NSD-Studentenbundes.
12. Die Führenden und Mitglieder des NSD-Dozentenbundes.
13. Die Walter des NSBDT.
14. Die Führenden des NS-Reichsbundes für Leibesübungen.
15. Die Führenden des Kolonialpolitischen Amtes.

Das Hauptschulungsamt hat folgende Planstellen:

I. Hauptstelle Geschäftsführung
1. Stelle: Registratur
II. Hauptstelle Persönlicher Referent
III. Hauptstelle Bauplanung
IV. Amt Lehrwesen
1. Hauptstelle: Planung und Lehrstoffbearbeitung
a) Stelle: Schulungspläne angeschlossener Verbände
2. Hauptstelle: Lehrmittel
3. Hauptstelle: Bücher- und Zeitschriftenauswertung
a) Stelle: Informationsdienst
b) Stelle: Archiv
4. Hauptstelle: Büchereiwesen
a) Stelle: Bibliothek der Dienststelle
b) Stelle: Verbotsbücherei
5. Hauptstelle: Vortragswesen – Themengestaltung
6. Hauptstelle: Lichtbild und Film
a) Stelle: Planung und Durchführung
V. Amt Aktive Schulung
1. Hauptstelle: Reichslehrgänge
a) Stelle: Laufende Lehrgänge
2. Hauptstelle: Schulung der angeschlossenen Verbände
3. Hauptstelle: Weltanschauliche Feierstunden und Lebensfeiern
4. Hauptstelle: Lehrer- und Schulungsrednerwesen
a) Stelle: Einsatz der Schulungsredner
5. Hauptstelle: Gau-, Kreis- und Ortsgruppenschulung
6. Hauptstelle: Schulung von Volksdeutschen
7. Hauptstelle: Berichtswesen
a) Stelle: Berichtsauswertung
b) Stelle: Statistische Bearbeitung
VI. Amt Zentrale Einberufung
1. Hauptstelle: Auslese
2. Hauptstelle: Spezial- und Wiederholungskurse
3. Hauptstelle: Einberufung für die angeschlossenen Verbände
VII. Amt Redaktionelle Schulungsmittel
1. Hauptstelle: Redaktionelle Bearbeitung Schulungsbriefe
a) Stelle: Redaktionsarchiv Schulungsbriefe
2. Hauptstelle: Redaktionelle Auswertung Schulungsbriefe
3. Hauptstelle: Sondervorhaben
4. Hauptstelle: Bildschriftleitung Schulungsbriefe und Hoheitsträger
5. Hauptstelle: Redaktionelle Bearbeitung Hoheitsträger
6. Hauptstelle: Verwaltung und Vertrieb
a) Stelle: Vertriebsinspektion Schulungsbrief

b) Stelle: Vertriebsinspektion Hoheitsträger
7. Hauptstelle: Künstlerische Gestaltung und Graphik
VIII. Amt Ordensburgen
IX. Amt Adolf-Hitler-Schulen:
1. Hauptstelle: Planung und Lehrstoffbearbeitung
X. Amt Reichsschulungsburgen:
a) Hauptstelle: Lehrer ...

Das Gauschulungsamt hat folgende Planstellen:

I. Hauptstelle: Geschäftsführung und zentrale Einberufung
II. Hauptstelle: Lehrwesen
1. Stelle: Planung und Lehrstoffbearbeitung
III. Hauptstelle: Aktive Schulung
1. Stelle: Schulung Partei und angeschlossene Verbände
IV. Hauptstelle: Lehrer- und Schulungsrednerwesen
V. Hauptstelle: Redaktionelle Schulungsmittel
VI. Hauptstelle: Büchereiwesen
VII. Hauptstelle: Weltanschauliche Feierstunden und Lebensfeiern
VIII. Hauptstelle: Gauschulungsburg
1. Stelle: Lehrer
2. Stelle: Lehrer

Das Kreisschulungsamt hat folgende Planstellen:

I. Hauptstelle: Lehr- und Schulungsrednerwesen
II. Hauptstelle: Aktive Schulung und zentrale Einberufung
III. Hauptstelle: Redaktionelle Schulungsmittel
IV. Hauptstelle: Büchereiwesen
V. Hauptstelle: Weltanschauliche Feierstunde und Lebensfeiern
VI. Hauptstelle: Kreisschulungsburg.

Aufgaben
I.
Das Hauptschulungsamt der NSDAP

Amt Lehrwesen
Bearbeitung des Lehrstoffes, der Lehrpläne, des Lehrmaterials. Zusammenarbeit mit wissenschaftlichen Instituten, Ausrichtung der Lehrer. Herausgabe von Lehrstoffanweisungen für die Schulung der NSDAP. Bearbeitung eines Vortragsarchivs, Erfassung und Erstellung von Lehrmitteln.
Amt Aktive Schulung
Organisation und Überwachung des Schulungsbetriebes an den Schulungsburgen der NSDAP. Organisation und Überwachung aller

übrigen Schulungsmaßnahmen. Auslese, Ausbildung und Einsatz der Schulungsredner. Erfassung des Lehrerwesens in Schulungs- und Ordensburgen. Durchführung von Reichslehrgängen und Tagungen. Planung und Erfassung der Schulungsbauten. Überwachung der Einhaltung der Lehrpläne. Inspektion des Unterrichts. Überwachung der fachlichen Schulung der Verbände. Sammlung und Auswertung der Berichte. Auswertung der Beurteilungsbogen. Abgabe von Tätigkeitsberichten.

Amt Zentrale Einberufung

Mitarbeit bei der Musterung für die Ordensburgen. Einberufung der Politischen Leiter zu Lehrgängen auf den Kreis-, Gau- und Reichsschulen. Enge Zusammenarbeit mit dem Hauptpersonalamt . . . Hauptstellen: Spezial- und Wiederholungskurse, Auslese.

Amt Redaktionelle Schulungsmittel

Herausgabe des Schulungsbriefs der NSDAP, des „Hoheitsträgers" und Leitung der redaktionellen Schulungsarbeit der Partei. (Der Schriftleiter kann zum Hauptstellenleiter ernannt werden.)

Amt Ordensburgen

Zuständig für die weltanschauliche, körperliche und geistige Erziehung auf den Ordensburgen der NSDAP, Aufbau der Institute, ständige weltanschauliche und pädagogische Ausbildung der an den Burgen tätigen Lehrer, Bestimmung des Vortragswesens, einheitliche Ausrichtung der Stammführer; Einrichtung und Aufbau der Büchereien, Gestaltung der Freizeit der Ordensjunker; Ausbildung in allen Sportarten.

Amt Adolf-Hitler-Schulen

In Zusammenarbeit mit der Reichsjugendführung Aufbau der Lehr- und Stoffpläne; Zusammenstellung der Lehr- und Unterrichtsmittel der Adolf-Hitler-Schulen; Festsetzung des Raumprogramms für den Bau der Schulen; Mitbeteiligung an der Auslese der Erzieher und Erzieheranwärter sowie Aufsicht über ihre Weiterbildung; Mitbeteiligung an der Auslese der Adolf-Hitler-Schüler; ständige Betreuung der Adolf-Hitler-Schulen.

Amt Reichsschulungsburgen

II.

Das Gauschulungsamt der NSDAP

Der Gauschulungsleiter wird vom Gauleiter im Einvernehmen mit dem Reichsorganisationsleiter der NSDAP berufen.

Der Aufbau des Gauschulungsamtes der NSDAP entspricht dem Aufbau des Hauptschulungsamtes . . . Von den Aufgaben sind insbesondere zu nennen:

a) Leitung der Gauschulungsburgen.

Organisation und Durchführung der Schulung an den Gauschulungsburgen der NSDAP.

Überwachung der Fachschulen der Verbände und Gliederungen.

b) Auslese der Teilnehmer zu den Lehrgängen der Gauschulungsburgen.

c) Zusammenarbeit mit den Schulungsbeauftragten der Gliederungen und angeschlossenen Verbände im Rahmen der festgelegten Aufgaben und Zuständigkeiten.

d) Überwachung der Tätigkeit der Kreisschulungsleiter.

e) Vertrieb der Schulungsbriefe.

f) Bildung und Betreuung des notwendigen weltanschaulich-politischen Schulungsrednerstabes.

III.
Das Kreisschulungsamt der NSDAP

Der Kreisschulungsleiter wird vom Kreisleiter im Einvernehmen mit dem Gauschulungsleiter der NSDAP berufen.

Die Aufgaben des Kreisschulungsleiters entsprechen im allgemeinen denen des Gauschulungsleiters. Ihm obliegen insbesondere:

a) Vorschlag der Teilnehmer zu den Lehrgängen der Gauschulungsburg.

b) Organisation und Durchführung der weltanschaulich-politischen Schulung im Kreisgebiet.

c) Betreuung der Kreisschulungsburg. Veranstaltung von Lehrgängen bzw. Wochenendkursen.

d) Vertrieb der Schulungsbriefe.

e) Überwachung der fachlichen Schulung der Verbände.

f) Bildung und laufende Ausrichtung des weltanschaulich-politischen Schulungsrednerstabes.

Der organisatorische Aufbau des Hauptschulungsamtes setzt sich auch für die Kreisschulungsämter sinngemäß fort ...

IV.
Das Ortsgruppen-Schulungsamt der NSDAP

Der Ortsgruppenschulungsleiter wird vom Ortsgruppenleiter im Einvernehmen mit dem Kreisschulungsleiter berufen.

Der Ortsgruppenschulungsleiter hat folgende Aufgaben:

a) Organisatorische Vorbereitung der Schulungsabende.

b) Einsatz der Schulungsredner zwecks Schulung, insbesondere der Block- und Zellenleiter und aller in der Partei (einschl. der Gliederungen und angeschlossenen Verbände) führenden Parteimitglieder im Ortsgruppenbereich sowie freiwillig teilnehmender Parteigenossen.

c) Vorschlag der Teilnehmer für die Kreisschulungsburgen aus den Teilnehmern an der Ortsgruppenschulung.

d) Vertrieb des Schulungsbriefes.

e) Überwachung der fachlichen Schulung der Verbände im Bereich der Ortsgruppe.

Der Ortsgruppenschulungsleiter hat für eine einheitliche Durchführung der Schulungsarbeit im Bereich seiner Ortsgruppe Sorge zu tragen. Er ist nicht beauftragt, selbst zu schulen, sondern seine Aufgabe ist es, die Schulungsveranstaltungen, zu der die Gau- bzw. Kreisschulungsredner als Vortragende eingesetzt werden, vorzubereiten und zu organisieren.

Für die gesamte Schulungsarbeit gilt der Grundsatz (im Gegensatz zur Tätigkeit der Propaganda), daß sie sich nur an einen bestimmten, ausgewählten Kreis von Menschen wendet und daher bei ihren Veranstaltungen auf die übliche Form der Propagierung verzichtet. Aufgabe der Schulung soll es sein, Auslese zu betreiben. Diese Auslese erfolgt zunächst dadurch, daß die Teilnahme an den Schulungsveranstaltungen für die Parteigenossen grundsätzlich freiwillig ist und lediglich die Politischen Leiter usw. zu den Schulungsveranstaltungen pflichtgemäß herangezogen werden.

Aus diesem Kreis erfolgt die Auslese für den Besuch der Kreisschulungsburgen und Gauschulungsburgen, je nach Beteiligung und Bewährung in den Schulungsveranstaltungen der Ortsgruppe auf Vorschlag des Hoheitsträgers.

Die Redner der Schulungsabende werden jeweils aus dem Schulungsrednerstab des Gauschulungsamtes bzw. Kreisschulungsamtes zur Verfügung gestellt. Der Ortsgruppenschulungsleiter hat für die rechtzeitige Benachrichtigung des Schulungsredners und die Festlegung der Termine, ähnlich wie der Ortsgruppenpropagandaleiter, Sorge zu tragen. Er hat außerdem dafür zu sorgen, daß die vom Hauptschulungsamt monatlich eingesetzten Schulungsthemen rechtzeitig und erschöpfend behandelt werden.

Der Ortsgruppenschulungsleiter trägt daher innerhalb seines Bereiches die Verantwortung für die gesamte Schulungstätigkeit der NSDAP.

Dieses Zeitungsblatt steht im Dienst einer Durchhaltepropaganda, die mit allen Schreckbildern zum letzten Widerstand aufzuputschen versuchte. Die Parole „wir kapitulieren nie!", die man bereits seit 1939 ausgab, wurde ins ʌbsurde gesteigert. Dazu erhielt der Feind die Züge eines Scheusals, dazu arbeitete man mit dem Bild der prostituierten eigenen Frau, mit dem Untergang Europas und mit der Landestradition (Niedersachsens „Große Stunde" an der Weser). Wer sich davon nicht bewegen ließ, sich kampflos ergab oder die weiße Fahne zeigte, verlor sein Leben. So blieb nur noch der gemeinsame Untergang, und eben dies entsprach dem Letzten Willen der nationalsozialistischen Politiker.

Letzter Aufruf eines Gauleiters und Reichsstatthalters

in: Südhannoversche Zeitung, Göttingen, v. 7./8. April 1945:

LIEBER TOT ALS SKLAV

Der Gauleiter ruft alle Volksgenossen zum fanatischen Einsatz auf:

Hannover, den 5. April 1945

Niedersachsen, meine Volksgenossen und Volksgenossinnen!
Der Feind steht, nachdem er hessisches und westfälisches Gebiet durchschritten hat, mit Panzer- und Infanterieverbänden in unmittelbarer Nähe unserer südwestlichen und westlichen Gaugrenzen.
Unsere Heimat ist damit in höchster Gefahr.
Der Gau und Reichsverteidigungsbezirk Südhannover-Braunschweig wird daher seit Tagen in äußerste Verteidigungsbereitschaft versetzt. Wir sind gewillt und entschlossen, alle uns zur Verfügung stehenden Mittel und Möglichkeiten erbarmungslos einzusetzen, um unsere niedersächsische Erde, unsere Frauen und das höchste und wertvollste Gut, unsere Kinder, vor dem Zugriff der Anglo-Amerikaner und der ihnen folgenden Juden, Neger, Zuchthäusler und Gangster zu schützen.
Verloren ist nur das, was man verloren gibt! Auch dieser Krieg wird nur dann ein unübersehbares und schreckliches Ende finden, wenn wir kapitulieren. Dazu besteht nicht nur keine Veranlassung, sondern auch keine Möglichkeit. Irrsinnig der, der an die Möglichkeit eines ehrenvollen Friedens glaubt und die englisch-amerikanischen Feinde anders als die Horden Stalins einschätzt. Wir wurden schon im Jahre 1918 betrogen. Heute würden wir, gingen wir feige und

ehrlos in die Knie, entmannt und vergewaltigt. Die Tatsachen in den unterjochten Westgebieten unseres Reiches beweisen das. Alle Männer zwischen 14 und 65 Jahren wurden in Sammellagern zusammengefaßt und stehen unter Bewachung von Juden und Schwarzen. Unsere Frauen wurden in Negerbordelle verschleppt. Der Hunger grassiert.

Das, meine Volksgenossen, ist der Feind! Alle gegenteiligen Behauptungen sind Feindpropaganda oder Wunschträume Schwacher und Ehrloser.

Es gäbe nach einer deutschen Niederlage kein englisch-amerikanisches West- und kein bolschewistisches Osteuropa. Der Diktator der Alliierten ist Stalin. Europa und Deutschland würden den innerasiatischen Aasgeiern und Dschingis-Khanen zum Opfer fallen, und damit würden auch unsere Heimat und wir alle ausgemerzt! Das muß unter Einsatz aller Möglichkeiten – wenn nötig unseres eigenen Lebens – verhindert werden.

Im engsten und entschlossensten Einvernehmen mit der Wehrmacht wird gebaut und geschanzt. Täler und Höhen, Straßen und Übergänge, Wälder und Sumpfgebiete werden von Stunde zu Stunde durch geeignete Maßnahmen zu immer schwierigeren und für den Feind zeitraubenderen Hindernissen. Niedersachsen hat schon einmal in seiner Geschichte an der Weser seine große Stunde erlebt und den Feind geschlagen. Es wird jetzt hinter seinen tapferen Vorfahren nicht zurückstehen, sondern seine Soldaten und Volkssturmmänner in höchster Kraftentfaltung einsetzen und immer wieder einsetzen.

Die Partei wird ihrem Eid und ihrem Versprechen getreu diesen Kampf, der nicht minder schwer ist als der unserer Soldaten, aber auch keinesfalls schwerer, mit der Waffe und mit allen Mitteln, die uns heilig sind, da sie für nichts anderes als für das Leben unseres Volkes eingesetzt werden, führen. Kein Politischer Leiter, kein Parteigenosse wird weichen! Jeden Quadratmeter unseres Gaues wird der Feind sich nur unter großen Opfern an Blut und Waffen erkaufen können. Der Führer und Ihr alle, meine Volksgenossen, werdet durch uns nicht enttäuscht werden. Wenn das Schicksal gegen uns sich wenden sollte, werden wir genauso anständig, wie wir glauben gelebt zu haben, auch sterben können. Unser Kampfruf dieser Tage ist:

„LIEBER TOT ALS SKLAV!"

Wer dabei nicht mit uns ist oder feige oder verräterisch die Hand gegen unsere gerechte Sache erheben sollte, wer weiße Fahnen hißt und sich kampflos ergibt, ist des Todes.

Der Feind kann geschlagen werden, wenn wir anständig und tapfer bleiben. Der Feind wird uns aber überrollen und uns entwürdigen, wenn wir uns selbst untreu werden. Meine Volksgenossen, bewahrt Ruhe und Disziplin, geht Eurer Arbeit nach, bestellt die Felder und Gärten, schafft Waffen und Munition, treibt Euer Handwerk und versorgt die Bevölkerung mit dem Lebensnotwendigen!

Ich werde alles, aber auch alles tun und meine Mitarbeiter werden mir dabei helfen, Euch zu betreuen und zu führen, Euch zu unterrichten und rechtzeitig zu warnen. Glaubt nur den Anordnungen, die Ihr über amtliche Quellen erhaltet, und weist dumme Gerüchte und die Feindpropaganda von Euch! Der Draht- und Rundfunk des Gaubefehlsstandes, die Presse und, falls erforderlich, Lautsprecherwagen werden Euch aufklären.

Nun beißt in dieser Stunde der Krise die Zähne zusammen. Bewährt Euch als Deutsche und Niedersachsen! Im Bombenhagel haben wir gestanden und ein Beispiel geboten, jetzt wollen wir nicht anders handeln!

DEUTSCHLAND LEBT IN UNS UND
UNSEREM FÜHRER
IM TIEFEN GLAUBEN AN SEINE EWIGKEIT
GEHEN WIR IN DEN KAMPF

KAPITEL 9

ELITEERZIEHUNG UND ORDENSGEDANKE

Die SS (Schutzstaffel) galt als nationalsozialistischer „Orden", der strengste Auslese übte. Mit dem „großen Ahnennachweis" (bis 1750) stellte er die „Deutschblütigkeit" des Bewerbers fest, und mit dem „Heiratsbefehl" des „Reichsführers" gewährleistete er die zukünftige „Blutreinheit". Der SS-Angehörige sollte sich nämlich seinen Ahnen gegenüber verantwortlich wissen und ebenso als *Ahnherr* kommender Geschlechter. Heinrich Himmler betrieb damit bewußt eine Sippenpädagogik, der die furchtbare „Sippenhaftung" entsprach, d. h. Repressalien gegen die Familie, wenn eines ihrer Glieder sich im Dritten Reich hoch- oder landesverräterisch betätigt hatte.

Die SS war aus der persönlichen Leibwache Adolf Hitlers entstanden, zu deren Befehlshaber 1929 Heinrich Himmler ernannt wurde. Er hatte aus seiner Neigung zu biologischen Experimenten den Plan entwickelt, die SS zu einem „nordisch bestimmten" Orden für zuverlässige Männer mit guter „Erbmasse" auszugestalten, denen die Treue als das „Mark der Ehre" galt. Dieser „Orden" wandte sich bewußt vom Christentum ab und wollte das „Ahnenerbe" wiederbeleben, d. h. den germanischen Glauben und seinen Tugendkatalog zurückbringen. Es sollten *fanatisch* Gläubige herangezogen werden. Hitler stimmte den Zielen Himmlers völlig zu und erweiterte die Kompetenz der SS großzügig: 1931 wurden eine Geheimpolizei und ein Nachrichtendienst im Rahmen der SS begründet. Den Sicherheitsdienst (SD) baute der ehemalige Marineoberleutnant Reinhard Heydrich auf, einer der intelligentesten Nationalsozialisten. Von 1933 ab schuf Sepp Dietrich die „Leibstandarte SS Adolf Hitler". Immer weiter wuchs die SS, besonders durch „Verfügungstruppen", die am 30. Juni 1934 die Liquidation ihrer SA-Kameraden besorgten. 1936 wurde Himmler Chef der deutschen Polizei. Ihm unterstanden auch die „SS-Totenkopfverbände", welche die Konzentrationslager bewachten. Gegen Kriegsende war die SS-Armee auf fast 1 Million Mann angewachsen und bildete damit eine beachtliche Gewalt neben der Wehrmacht. Das Elitebewußtsein der SS gipfelte in einem „europäischen" Anspruch, als es gelang, in den besetzten europäischen Ländern Freiwillige für die SS zu gewinnen, die sich am

Kampf gegen den Bolschewismus beteiligten. Im ganzen kamen etwa 200 000 außerdeutsche Freiwillige aus vielen Nationen: Holländer, Belgier, Franzosen, Dänen, Norweger, Esten, Ungarn, Rumänen, Bulgaren; vereinzelt waren auch Schweden und Schweizer unter ihnen. Diese Soldaten lebten von der Leitidee, Vorkämpfer der „europäischen Freiheit" gegen das „Weltjudentum" und den Bolschewismus zu sein. Goebbels hatte sich in seinen letzten Reden zu der Behauptung verstiegen, Hitler *verteidige* Europa; wüßten die Völker es, so würden sie ihm tief betroffen Abbitte leisten. Diese Fehlauffassung spukt noch heute in Kreisen der SS, indem sie ihre Organisation als Urform der NATO betrachten; sie seien bereits eine „europäische Armee" gewesen[30], da Europa im Zweiten Weltkrieg gegen die „bolschewistische Kulturverneinung" gekämpft habe. Aus der gegenwärtigen Ost-West-Spannung möchte sich dieses absurde und gefährliche Klischee in manchen Köpfen erneut festsetzen.

Vom SS-Modell her läßt sich die nationalsozialistische Elitebildung und Ordenspädagogik am besten begreifen. Auch sie beruhte auf dem Prinzip strengster Auslese in „rassischer" Hinsicht und hohen Anforderungen während der Ausbildung. Die körperliche Ertüchtigung stand selbstverständlich, Hitlers Richtlinien in „Mein Kampf" zufolge, im Vordergrund. Die vorbereitende Eliteerziehung sollte in den Adolf-Hitler-Schulen (AHS) erfolgen. Eine eigentliche Gründungsurkunde für sie ist niemals veröffentlicht worden; wahrscheinlich ist das einzige diesbezügliche Dokument in der Verfügung Hitlers vom 15. Januar 1937 zu sehen: *Nach Vortrag des Reichsorganisationsleiters der NSDAP und des Jugendführers des Deutschen Reiches genehmige ich, daß die neu zu errichtenden nationalsozialistischen Schulen, die gleichzeitig als Vorschulen für die nationalsozialistischen Ordensburgen gelten sollen, meinen Namen tragen. Adolf Hitler* (vgl. Dokument 86). Dort sollten die politischen Führeranwärter, die von Anfang an einheitlich geschulten Hochfunktionäre, heranwachsen.

Die Adolf-Hitler-Schulen waren also Einrichtungen der NSDAP und unterstanden nicht der staatlichen Schulaufsicht, worauf der scharfe Brief des Reichsorganisationsleiters, Dr. Robert Ley, an den Reichserziehungsminister, Bernhard Rust, aufmerksam machte (vgl. Dok. 21). Wie ihre Funktion eigentlich gedacht war, läßt sich am besten aus der Würdigung ersehen, die der erste Absolventenjahrgang der AHS 1942 erfuhr (Dok. 88).

Die nationalpolitischen Erziehungsanstalten (NPEA), im Volksmund „Napolas", waren zeitlich die ersten Versuche, das bestehende Schulsystem den politischen Gegebenheiten anzupassen. Am Führergeburtstag (20. April 1933, „im Jahre des Umbruchs") wurden nationalsozialistische höhere Sonderschulen geschaffen: die NPEA. Sie waren Internate, in denen die Erziehung allein nach politischen Grundsätzen aufgebaut war (vgl. Dok. 82). Die ersten drei Schulen wurden aus den ehemaligen Kadettenanstalten Plön und Köslin und der Militärakademie Potsdam gebildet. Wie stark diese Schulform ausgebaut wurde, sieht man daran, daß es 1943 33 „Napolas" für Jungen im Großdeutschen Reich und 4 entsprechende Anstalten für Mädchen gab (7, 61). Hinsichtlich der Unterrichtsgestaltung unterstanden diese Einrichtungen (im Gegensatz zur AHS) dem Reichserziehungsministerium, hinsichtlich der nationalsozialistischen Formung aber dem „Inspekteur der Nationalpolitischen Erziehungsanstalten", dem Chef des SS-Erziehungshauptamtes, SS-Obergruppenführer August *Heißmeyer.*

Diese nationalsozialistischen Eliteschulen waren also die ersten neuen Bildungseinrichtungen des Dritten Reiches und haben am längsten wirken können. Die Meinung der Kenner geht dahin, daß es sich um vorzügliche Institute handelte, die wegen ihrer sorgfältig ausgelesenen Schüler keine Sorge um zurückbleibende hatten: ging es doch nur um einen Kreis von Begabten, wodurch sich das Leistungsniveau entsprechend heben ließ. Auch die Lehrer waren von der politischen Führung weithin nach Gesichtspunkten fachlicher Tüchtigkeit ausgesucht worden, so daß man von günstigen Bildungsvoraussetzungen sprechen kann.

Die Nationalpolitischen Erziehungsanstalten waren zunächst nur politisch akzentuierte pädagogische Formen im Rahmen des allgemeinbildenden Schulwesens, später wurden sie vor allem zu Nachwuchsschulen für SS und Wehrmacht und erhielten damit in gewissem Sinne den alten militärischen Vorschulcharakter der ehemaligen Kadettenanstalten zurück. Dagegen hatte die spätere Gründung der Adolf-Hitler-Schulen die eindeutige Funktion, als Führerschule der politischen Verbände zu dienen. Von hier aus sollte der Aufstieg in die eigentlichen politischen Führungskader anheben, der mit der „Hohen Schule der NSDAP" seinen Bildungsabschluß empfing. Nach den Plänen der Reichsleitung hätte später niemand in „Partei und Staat" wirken dürfen, der nicht von der AHS zur „Hohen Schule" gelangt wäre.

Eine andere, in der Öffentlichkeit aber weniger bekanntgewordene Bildungsform bestand in den *Deutschen Heimschulen,* nachdem die alten Landerziehungsheime und Internatsschulen nicht den nationalsozialistischen Elitevorstellungen entsprachen. Eine Reihe von Privatschulen wurde nach 1933 überhaupt aufgelöst. Nun gibt es aber in der jeweiligen Gesellschaft bestimmte bildungsökonomische Aufgaben. Diese konnten nicht mehr wahrgenommen werden, nachdem die bestehenden Einrichtungen den neuen politischen Zielen unangemessen zu sein schienen. Die Lücke füllten die Deutschen Heimschulen. Sie standen während des Krieges für die Kinder gefallener Wehrmachtsangehöriger offen, ebenso für Kinder, deren Mütter etwa für die Rüstungsindustrie verpflichtet worden waren, aber auch für Kinder von Beamten des Auswärtigen Dienstes oder Wissenschaftlern, die für wehrtechnische Projekte irgendwo abgeschlossen lebten. Sie hatten also eine zeitspezifische soziale Aufgabe im Kriege, und es ist verständlich, daß die Wehrmacht daran dachte, solcherart Schulen zu errichten. Die Idee wurde aber von der SS verwirklicht, und damit geriet in die Deutschen Heimschulen der ideologische Aspekt, sie wurden zu politischen Bildungsstätten. Sachverständige aus damaliger Zeit meinen, die Deutschen Heimschulen seien den NPEA sehr ähnlich gewesen und auch hinsichtlich ihrer Qualität hätten kaum Unterschiede zwischen ihnen bestanden: beide Institutionen dürften personell und materiell gleich gut ausgestattet gewesen sein. Die SS verfügte mit diesen Schulen über eine erzieherische Schlüsselposition und konnte damit rechnen, daß die politischen Ämter der Zukunft vom „Orden nordisch bestimmter Männer" besetzt würden. Eugen Kogons Begriff „SS-Staat" zeichnete sich auch auf dem Feld der Erziehung ab. Wie schon bemerkt, konnten für die Eliteschulen durch die praktisch unbegrenzte Verfügungsgewalt der SS die besten Lehrer aus allen deutschen Schulen für die politische Sonderaufgabe abgeordnet werden, ohne daß das Erziehungsministerium sich dagegen hätte sperren können.

Die *Ordensburgen* waren die Akademien der NSDAP, die Dokumente 84 und 85 geben eine hinlängliche Einleitung in ihre Struktur und Tendenz. Die *SS-Junkerschulen* Bad Tölz, Braunschweig und Klagenfurt dienten dem Führernachwuchs der SS, und die weitestgreifende Planung steckte in der *Hohen Schule der Partei*, (vgl. Völkischer Beobachter v. 24. 11. 1937), die nach dem Kriege entstehen und deren geistiges Haupt Reichsleiter Alfred Rosenberg werden sollte. Die Bücherei dieser Hochschule wurde bereits erstellt, indem man wertvolle Sammlungen (besonders Judaica und Antisemitica) überall im besetzten Europa zusammenstahl. Der pompöse Bau am Chiemsee, von dem Modell-Abbildungen erhalten sind (7, 113), durfte aber gemäß „Führerbefehl" erst nach dem „Endsieg" in Angriff genommen werden. Die Hohe Schule der Partei sollte den Nachwuchs für die obersten Parteidienststellen heranbilden.

Der Kampf um die Leitung der künftigen *Hohen Schule* wurde von den Spitzenfunktionären erbittert ausgetragen. Sie wußten genau, daß nach dem „Endsieg" die geplante parteiamtliche Ausbildungsstätte als ideologische Autorität gedacht war. So nimmt es nicht wunder, daß Alfred Rosenberg, Robert Ley, aber auch Martin Bormann bestrebt blieben, mit allen Abschnitten der Planung befaßt zu sein. Jeder wollte andere Sektoren berücksichtigt sehen, um seine Hausmacht zu festigen. Die Wahl der vorläufigen Mitarbeiter für die *Hohe Schule* bot bereits Anlaß zu heftigen Konflikten. Der Personalbestand des Nationalsozialismus war, wohin man auch griff, moralisch anfechtbar, und so blieben peinliche Überraschungen nicht aus. Einen Eindruck von dem intrigenreichen Spiel der braunen Prominenz um die geplante Parteiuniversität bieten Poliakov-Wulf: Das Dritte Reich und seine Denker. Berlin (1959). S. 129–164.

Der geplante Weg zur politischen Elitebildung

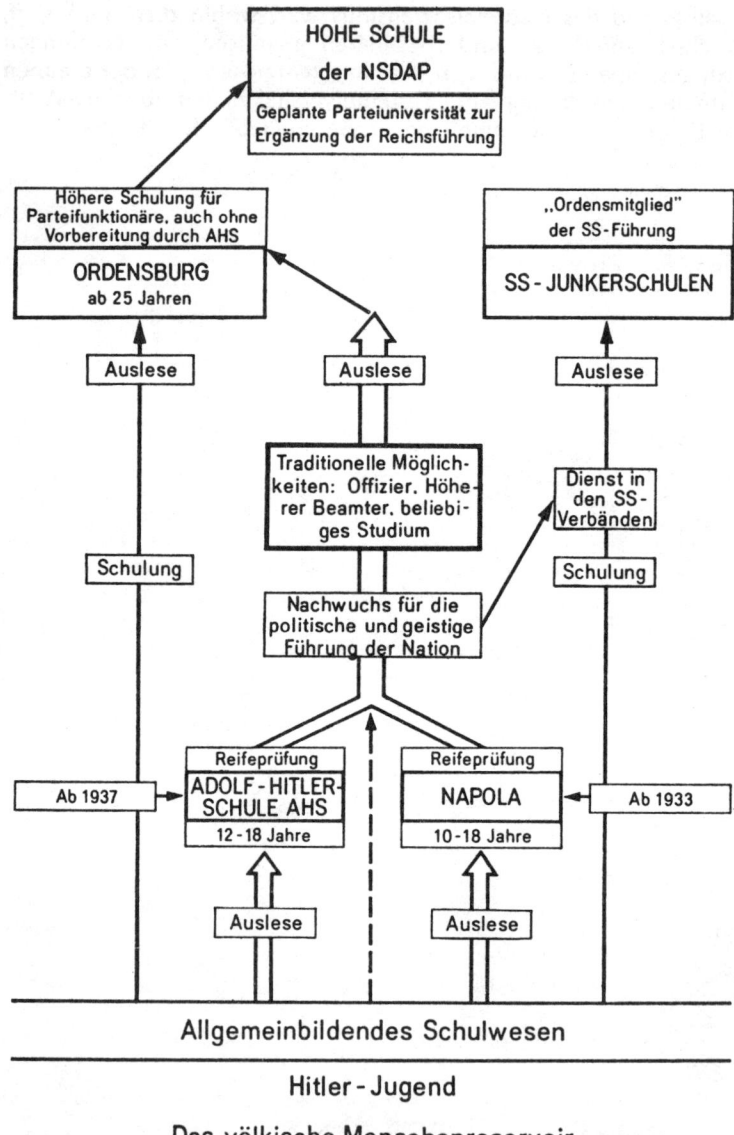

Dokument 80

Die folgende Rede *Himmlers* vor der Bauernschaft ist als Programm zu verstehen. Hier erläutert er nicht nur seine Auffassung von der Geschichte, sondern gibt auch die Auslese- und Erziehungsgrundsätze für das „Schwarze Korps" bekannt. Seine Gedankengänge sind dualistisch: immer schon hätten die jüdisch-bolschewistischen Kräfte gegen die lichten („arischen") Mächte im Kampfe gestanden; der Mensch ringe mit dem „Untermenschen". Damit hatte er ein Stichwort gegeben, das bei Beginn des Rußlandfeldzuges (22. 6. 1941) verstärkt wiederkehrte; der Kampf gegen den bolschewistischen „Untermenschen" (vgl. Kap. 10). Der erste Teil der Rede bemüht sich um geschichtliche Bestätigung dieser Ideologie: überall findet er den „ewigen Feind", den Juden, als Unheilstifter der Weltgeschichte. Daraus leitet er bereits die endgültige Lösung der „Judenfrage" ab: den „Vernichtungsfeldzug", wie gegen Ratte und Maus oder gegen den „Pestbazillus". Damit wird der Kampf zum „Naturgesetz" und fällt aus den üblichen moralischen Kategorien.

Die Rede hält zudem einige Entwicklungsspannungen im Nationalsozialismus fest: Karl d. Gr. figuriert bei Himmler nur noch als „Karl der Franke", da er sich gegen die germanischen Interessen stellte. Später wurde Karl wieder „der Große", nachdem man fürchtete, die Franzosen möchten ihn für sich allein beanspruchen. Im Aufriß zur deutschen Geschichte will Himmler beweisen, daß Uneinigkeit und Untreue unser Volk immer wieder um die Früchte seiner Bemühungen gebracht haben. So begründet er auch die Notwendigkeit des Gehorsams, der im neuen Staat endgültig verwirklicht werde. Im zweiten Teil erläutert er das SS-Programm. Er vergleicht sein Wirken mit den Maßnahmen des „Saatzüchters". Wie jener „Staudenauslese" vornehme, müsse er „nordisch-bestimmte" Menschen finden. Dann entwickelt er den Tugendkatalog der SS. „Bedingungsloser" Gehorsam steht an der Spitze (dreimal taucht im selben Absatz das Wort „bedingungslos" auf). Im Zusammenhang mit biologischen Erwägungen („Sieg des deutschen Kindes") umreißt Himmler den Charakter seines SS-„Ordens". Es ging ihm um „Anständigkeit" des SS-Mannes, die er später, angesichts der Verbrechen, erst recht lobte; vgl. dazu Himmlers Rede vor dem Führerkorps der SS am 4. Oktober 1943 in Posen (IMG 1919 – PS)

Rede des Reichsführers SS Himmler auf dem Reichsbauerntag in Goslar am 12. November 1935 über „Die Schutzstaffel als antibolschewistische Kampforganisation"[31]

in: Dokumente der deutschen Politik, Bd. 3, Berlin 1938³, S. 33–49.

Man spricht heute viel vom Bolschewismus, und die meisten sind der Meinung, als wäre dieser Bolschewismus eine Erscheinung, die nur in unserer heutigen modernen Zeit zutage träte. Manche glauben sogar, daß dieser Bolschewismus, dieser vom Juden organisierte und geführte Kampf des Untermenschen, zum erstenmal und völlig neu in der Weltgeschichte zu einem Problem geworden sei. Wir halten es für richtig, demgegenüber festzustellen, daß, solange es Menschen auf der Erde gibt, der Kampf zwischen Menschen und Untermenschen geschichtliche Regel ist, daß dieser vom Juden geführte Krieg gegen die Völker, solange wir zurückblicken können, zum natürlichen Ablauf des Lebens auf unserem Planeten gehört. Man kann beruhigt zu der Überzeugung kommen, daß dieses Ringen auf Leben und Tod wohl genauso Naturgesetz ist wie der Kampf des Menschen gegen irgendeine Seuche, wie der Kampf des Pestbazillus gegen den gesunden Körper.

Es ist daher notwendig, die Methoden dieses Kampfes in der Vergangenheit bis in unsere heutige Zeit an ein paar deutlich sichtbaren Beispielen zu studieren, um uns über die Taktik des jüdisch-bolschewistischen Gegners klarzuwerden.

Eines dieser geschichtlichen Beispiele der radikalen Vernichtung eines arischen Volkes durch bolschewistisch-jüdische Methoden bringt uns die Bibel. Lesen Sie einmal mit sehenden Augen diesen Teil jüdischer Geschichte, in dem erzählt wird, wie die Juden unter dem persischen Volk verteilt sitzen, in allen Städten und in allen Dörfern und in der Hauptstadt Susa, wie in diesem persischen arischen Volk die Erkenntnis von der Gefahr dieser Juden vorhanden ist, und wie der Wille, diese Judenfrage in Persien zu lösen – verkörpert durch den Minister Haman –, zutage tritt, wie ferner der Monarch, der in der Bibel Ahasverus genannt wird, und Xerxes war, durch unerhört klug gesponnene Intrigen seiner Hofjuden sich von seiner persischen Frau Vasthi trennt, wie der Jude in vielerlei Gestalt, in diesem Falle durch jüdische Mädchen und hier wieder besonders durch die jüdische Dirne Esther, den König umgarnt.

Wir vernehmen dann, wie nun entgegen dem Willen des volksverbundenen und rassebewußten Ministers Haman mit aller nur möglichen jüdischen Raffinesse das Intrigenspiel getrieben wird, das so endet, daß der seinem Volk und König treue Minister Haman von seinem gesinnungslosen und mit Blindheit geschlagenen Monarchen dem Juden Mardochai an den Galgen geliefert wird – ein schmählicher Vorgang, den wir hier nicht zum letztenmal in der Geschichte der Völker feststellen können – und wie dieser Jude Mardochai zum Vizekönig gemacht wird und nun mit der jedem Bolschewismus eigenen kaltblütigen, nüchternen und erbarmungslosen Berechnung seine Befehle gibt, auf Grund deren in allen Städten und Dörfern die Edelsten der Perser, alle Judenfeinde an einem vorher schriftlich festgelegten Tag von dem mit königlichem Dekret geschützten Juden ermordet werden. Die Bibel gibt an, daß 75 000 Perser damals abgeschlachtet wurden. Um dem Ganzen die Krone aufzusetzen, wird durch ein Dekret des arischen Königs bestimmt, daß der 14. und 15. des Monats Adar zum gesetzlichen Feiertag gemacht und Jahr für Jahr als großer Sieges-Festtag der Juden, als Purimfest, bis zum heutigen Tag gefeiert wird.

Es ist selbstverständlich, daß das alte persische Volk sich von diesem Schlag nie mehr erholen konnte. Und die ganze Tragik dieses vom jüdischen Bolschewismus im Kern getroffenen und vernichteten Volkes mögen Sie daraus ersehen, daß diesem arischen Volk nicht nur seine hohe, reine Gotteslehre Zarathustras, sondern auch seine Muttersprache durch Vergessenheit genommen ward. Nach zwei Jahrtausenden erst haben deutsche Gelehrte die Bücher Zarathustras in mühseligster wissenschaftlicher Arbeit aus der alten persischen Sprache ins Deutsche übersetzen können.

Denn so geht der Weg des Bolschewismus immer: Es werden einem Volk die Führer, die Köpfe abgeschlagen, und dann kommt es in die staatliche, in die wirtschaftliche, in die wissenschaftliche, in die kulturelle, in die geistige, in die seelische und in die leibliche Sklaverei. Der Rest des Volkes, durch zahllose blutliche Mischungen seines eigenen Wertes beraubt, entartet, und im geschichtlich kurzen Ablauf von Jahrhunderten weiß man höchstens noch, daß es einst ein solches Volk gegeben hat.

Wie viele solcher Tragödien – vollendet oder unvollendet – auf dieser Erde stattgefunden haben, können wir nicht einwandfrei klären. Wir können in vielen Fällen nur ahnen, daß hier unser aller ewiger Feind, der Jude, in irgendeinem Mantel oder durch irgendeine seiner Organisationen seine blutige Hand im Spiel hatte. Wir sehen im Ablauf der Zeiten das nimmermüde Henkersschwert von Cannstatt und von Verden blitzen. Wir sehen, wie die Scheiterhaufen auflohen, auf denen nach ungezählten Zehntausenden die zermarterten und zerfetzten Leiber der Mütter und Mädchen unseres Volkes im Hexenprozeß zu Asche brannten. Wir sehen vor unserem geistigen Auge die Richterstühle der Inquisition, die Spanien menschenleer machten, genauso wie der Krieg von 30 Jahren, der in einem Menschenalter aus unserem blühenden deutschen Volk von 24 Millionen den halbverhungerten Rest von 4 Millionen hinterließ.

Nun gehe ich in die neuere Zeit über und streife hier, nur einer gewissen europäischen Vollständigkeit halber, die Methoden der Schreckensherrschaft der Französischen Revolution, die im Jakobinertum und in der Zeit des Gesetzes zur Beseitigung der Verdächtigen den vollendeten Bolschewismus, das System der Abschlachtung der Blonden und Blauäugigen, der besten Söhne des französischen Volkes, darstellt. Der Wahrheit halber sei es hier erwähnt: die Französische Revolution und ihre Schreckensherrschaft war einzig und allein eine Revolution des Ordens der Freimaurer, dieser ausgezeichneten jüdischen Organisation. Die Freimaurerei hat ihre „ruhmvolle" Revolution nicht nur zugestanden, sondern sie in jeder Loge des Erdenrunds bis zu den harmlosesten deutschen Logen als ihren Sieg und ihre Menschheitsbefreiungstat gepriesen.

Ich komme nun zur russischen Revolution ...

Wenn Sie die russische Revolution betrachten, so können Sie ungezählte Parallelen zur deutschen Revolution des Jahres 1918 ziehen. Es besteht nur der eine Unterschied, daß eben ein gütiger Herrgott, ein gütiges Schicksal dem Judentum hier einen Damm entgegensetzte und Widerstandskräfte wachrief und zur rechten Zeit, im Jahre 1919, Adolf Hitler ans Werk gerufen hat.

Alles in allem betrachtet, mögen Sie an Hand dieser hingeworfenen, oft nur angedeuteten Beispiele sich selbst das Bild ergänzen, und Sie werden wohl unzählige kleine und große Beweise für dieses Blutgemälde des Bolschewismus in der Geschichte der Völker zusammenholen können.

Ich glaube kaum, daß Sie mir unrecht geben können, und bitte Sie, nicht in übertriebener arischer und deutscher Objektivität Einzelheiten zu sehen, sondern die Gesamtlinie, und daraus zu entnehmen, daß uns im Juden, im Untermenschen und in seinen Hilfsorganisationen kluge, in der Organisation der Zerstörung fähige, in der Verwendung jeder Gelegenheit und jeder Möglichkeit auf dem Parkett des Salons, im Vorzimmer der Staatsminister und Monarchen, im Attentat, in der Mischung von Gift, im bewußt gelenkten Mörderstahl, im Verhungernlassen ganzer unerwünschter Volksstämme, im Intrigieren, im Diffamieren einzelner Köpfe, im Auseinanderspielen führender Persönlichkeiten, die Freunde auf Leben und Tod sein müßten, im Kampf auf der Straße genauso wie in den Winkelzügen der Bürokratie, im Entwurzeln des Bauern wie im Mißbrauch der Konfession und der Gottessehnsucht – gewandte Gegner gegenüberstehen, die besser erkannt haben als wir, daß es in diesen Kämpfen keine Friedensschlüsse gibt, sondern nur Sieger oder Besiegte, und daß Besiegtsein in diesem Kampf für ein Volk Totsein heißt ...

Wie groß unser Volk war, welch hohe Denkungsweise es hatte, wie vollendet sein Recht war, geht mir immer aus folgender Tatsache hervor:

Das alte germanische Recht verhinderte, daß irgendein einzelner, Unberufener, irgend etwas in der für alle Menschen heiligen, von Gott geschaffenen Natur zerstörte. Bis in verhältnismäßig späte Zeiten war es in germanischen Siedlungsgebieten verboten, im Bereich eines Dorfes eine Eiche zu fällen, wenn nicht die Zustimmung der übrigen Bauern des Dorfes dazu vorhanden war. Durfte sie gefällt werden, so war die Verpflichtung, drei junge dafür zu pflanzen, daran gebunden.

In dieses Rechtsbild gehört die heilige Überzeugung unserer Vorfahren, daß alles, was es an Leben auf dieser Erde gab und gibt, von Gott geschaffen und von Gott beseelt sei. Törichte, böswillige und dumme Leute haben daraus die Fabel, das Greuelmärchen gemacht, als hätten unsere Vorfahren Götter und Bäume angebetet. Nein, sie waren, nach uraltem Wissen und uralter Lehre, von der göttlichen Ordnung dieser ganzen Erde, der ganzen Pflanzen- und der ganzen Tierwelt überzeugt.

Nur ein Arier, ein Germane, war dazu fähig, das Tier, das in ungezählten anderen Ländern dieser Erde rechtlos ist, in seine Rechtsordnung einzubeziehen. Auch hier finden wir Reste bis verhältnismäßig in das späte Mittelalter. Selbst in Fällen, wo der durch Tiere angerichtete Schaden ein offenkundiger war, wie z. B. bei einer Ratten- oder Mäuseplage, kennen wir Überlieferungen, daß der Stadtrat die Vernichtung dieser Mäuse und Ratten nicht ohne weiteres von sich aus ansetzen konnte, sondern auch diese kleinen, für die Menschheit doch in diesem Falle schädlichen Tiere waren in der göttlichen Ordnung verankert, denn auch sie waren und sind von Gott geschaffen. So wurden sie vor Gericht gestellt, und der anständige Deutsche stellt dem kleinen Nager einen Verteidiger vor seinem Gericht, und erst nach dem Rechtsverfahren, wenn erwiesen war, daß wirklich Ratte oder Maus die Ordnung und Harmonie dieses Stückchens Erde gestört hatte, konnte beschlossen werden, einen Vernichtungsfeldzug gegen sie zu beginnen.

Heute lachen wir vielleicht über die uralten, nach unserer Ansicht kindlichen Anschauungen. Es wäre besser, wir pietätlosen Menschen der neuen und neuesten Zeit würden unser Haupt neigen vor der Tiefe und Größe dieser Weltanschauung . . .

Als letztes Bild darf ich Ihnen die Runenschrift, die Mutter aller Schriftzeichen wohl der meisten Völker, vor Augen führen, die die frühesten Vorfahren des arischen deutschen Volkes wissend erdacht, geschöpft und erfunden haben. Wenige Beispiele aus grauer Vorzeit haben wir noch davon, die, von denen man schon glaubte, daß die Natur sie überwachsen habe, die Felseninschriften, während wir von anderen ungezählten Schriftdenkmälern nur feststellen können, daß Karl der Franke sie gesammelt und daß sein verjudeter Sohn Ludwig der Fromme sie im Verein mit einer verständnislosen Kirche fast ausnahmslos verbrannt hat . . .

Wenn wir uns aber die Geschichte dieses Volkes ansehen, so ist sie in den letzten 2000 Jahren die leidvollste Geschichte, die je ein Volk, gesegnet mit allen Gaben des Geistes und des Leibes, haben konnte und hatte.

Wir stellen die große Frage des Warum.

Auch hier möchte ich mich darauf beschränken, ein paar Beispiele anzuführen, die nur ganz wenige aus der großen Reihe sein können, und dann eine Antwort zu geben versuchen.

Der Befreier Germaniens von der Herrschaft des Römischen Reiches war, wie bekannt, Hermann der Cherusker. Er fiel, getötet von Menschen seiner eigenen Sippe, seines Blutes, nachdem sein Schwiegervater die eigene Tochter, die Frau des Befreiers, den Römern in die Hände gespielt hatte ...

Ich erinnere an den Verzweiflungskampf eines Widukind, der verlorengehen mußte, weil die Edelinge des eigenen Stammes und eigenen Volkes, Menschen des gleichen Blutes, die schon vorher sich nicht fügen konnten, dem eigenen Herzog in den Rücken fielen.

Ich erinnere an die oft erwähnte Alemannenschlacht, die verloren ging, weil die eigenen so freien Germanen es nicht duldeten, daß ihre Herzöge, gleichen Blutes wie sie, um die Schlacht zu übersehen, als Reiter auf den Pferden saßen, da sie sonst eine halbe Menschenlänge größer gewesen wären als sie selbst.

Ich erinnere zuletzt an die Bauernkriege, in denen einem todesmutigen Kampf eine ebenso große Unordnung, Zersplitterung und Disziplinlosigkeit gegenüberstand, in denen ein lauteres Wollen und das weise ausgedachte Wunschbild der besten Köpfe des Bauerntums für einen deutschen Staat nach verlorener Schlacht zusammen mit den blutigen Leichnamen unverbesserlich törichter Germanen in die Grube sanken, und an dessen Ende als letztes nur der tragische und erkennende Wunsch gesetzt werden konnte, daß die Enkel es besser ausfechten mögen.

Sicherlich ist eine unserer besten Tugenden unser unbändiger Freiheitswille. Sicherlich ist das beste Erbgut, das bis in unsere Zeit erhalten blieb, die Auslese unseres Blutes, die Güte unserer Rasse. Beide jedoch allein, so wie sie in unserem freiheitsliebenden Volk entwickelt waren, waren nicht nur Ansporn und Antrieb zu kultureller Größe und heroischem Kampf, sondern ebensosehr die Hindernisse zur Bildung eines großen Staates aller Deutschen und ebenso die Ursache zu allen Niederlagen, die wir in unserer ganzen Geschichte Jahrhundert für Jahrhundert entgegennehmen mußten.

Es war ja durch die überspitzte Einschätzung vom Wert des durch gleich guten Blutes stolzen Ichs nicht möglich, daß ein Edeling dem anderen gehorchte, daß ein Herzog dem anderen Treue hielt, daß einer sich dem anderen unterordnete. Eigenen Führern und eigenen Staatsschöpfern, die ohne Zweifel oft und oft vorhanden waren – angefangen von einem Widukind bis zu einem Florian Geyer –, wurde niemals von den Germanen gleichen Blutes die Möglichkeit gegeben, den deutschen Staat zu schaffen. Und es ging letzten Endes an diesen Fehlern Reich um Reich in Trümmer, seien es die Reiche der Goten, die der Vandalen, die der Burgunden, die der Alemannen und mancher anderen gewesen . . .

Wir wollen hier frei und offen sagen, daß uns nichts in dem Glauben an die Zukunft unseres Volkes und unseres Blutes so bestärkt wie die Tatsache, daß unser Volk und unsere Rasse trotz aller Fehler und trotz alles Leides heute noch lebt und heute sich wieder zur Größe erhoben hat. Wir glauben an die Bestimmung und an die Aufgabe unseres Blutes und sehen in der Geschichte der letzten zwei Jahrtausende nicht nur Niederlage und Unglück, sondern einen zu unserer eigenen Erhaltung notwendigen Weg des Lernens. Ich möchte ihn heißen: Den Weg zum Gehorsam . . .

Leicht war zum erstenmal im deutschen Raum Gehorsam einzuführen; denn neben der absoluten Herrschaft der christlichen Religion wirkte hier der Umstand mit, daß eine rassisch aus dem besten deutschen Blut durch Kampf ausgelesene Ritterschaft der edelsten Geschlechter sich als Führerschicht über Völker und Blutsmischungen schob, die rassisch unserem Volk nicht an Wert gleichkam, so daß neben dem kirchlichen Gehorsam das Wertgefälle von Leistung und Persönlichkeit entstand.

Aus diesem Ostpreußen, das die Kurfürsten von Brandenburg als Könige in Preußen übernahmen, wurden die Prinzipien der Organisation, der Verwaltung, der Sauberkeit und vor allem des bedingungslosen Gehorsams auf Preußen übernommen. Die preußische Armee mit ihren Söldnern wurde im inneren Deutschland die erste große Schule absoluter Disziplin . . .

Das Schicksal sandte uns den Führer. Selbst ein gehorsamer Soldat der großen deutschen Armee, trug er das ganze Wissen um Freiheit, Ehre und Blutswert unseres Volkes in sich und nahm uns in seine Schule. In nunmehr fünfzehn Jahren Kampf und Sieg erzog er zuerst wenige, dann mehr und mehr der am meisten die Freiheit liebenden Köpfe, die Auslese des kämpferischen deutschen Blutes zu Nationalsozialisten. Lassen Sie mich heute einmal diesen Begriff so fassen: Zu Menschen, die bewußte Träger des Wertes unserer Rasse und unseres Blutes sind, wissend, daß Blut die notwendigste Voraussetzung zur Kultur und Größe ist. Er stachelte zugleich den Willen zur Freiheit und Ehre selbst der Fanatischsten zu noch stärkerer Energie, zu noch unbeugsamerem Wollen an und bändigte als drittes diese Kräfte gleichen Blutswertes, unbändigsten Freiheitswillens und des schärfstempfundenen Ehrbegriffes in einem aus Blut, Ehre und Freiheitswollen entspringenden freiwilligen und desto mehr verpflichtenden Gehorsam . . .

Ich darf zur Schutzstaffel selbst kommen, die ein Teil dieser von Adolf Hitler geschaffenen und erzogenen Nationalsozialistischen

Deutschen Arbeiterpartei ist und die im Rahmen der Bewegung vom Führer ihre besondere Aufgabe der Sicherung des Reiches nach innen erhalten hat.

Als vom Führer vor Jahren, im Jahre 1925 (29. November. Der Herausgeber), der Befehl zur Aufstellung der Schutzstaffel erfolgte und dann im Jahre 1929 der Befehl zur größeren Organisation dieses Verbandes gegeben wurde, war es uns im Jahre 1929 klar, daß diese Schutzstaffel nur dann ihre Aufgabe erfüllen könnte, wenn sie im höchsten Maße nach den Erkenntnissen und den vom Führer der Bewegung aufgestellten Richtlinien und den ihr anerzogenen Tugenden aufgestellt würde.

Als erste Richtlinie galt und gilt für uns die Erkenntnis vom Wert des Blutes und der Auslese. Diese Voraussetzung galt im Jahre 1929 und wird gelten, solange es eine Schutzstaffel geben wird.

Wir gingen so, wie der Saatzüchter, der eine alte, gute Sorte, die vermischt und abgebaut ist, wieder rein züchten soll, zuerst über das Feld zur sogenannten Staudenauslese geht, zunächst daran, rein äußerlich die Menschen abzusieben, die wir glaubten, für den Aufbau der Schutzstaffel nicht brauchen zu können.

Die Art der Auslese konzentrierte sich auf die Auswahl derjenigen, die körperlich dem Wunschbild, dem nordisch-bestimmten Menschen, am meisten nahekommen. Äußere Merkmale, wie Größe und rassisch entsprechendes Aussehen, spielten und spielen dabei eine Rolle.

Daß dieses Prinzip im Laufe der Jahre, je mehr wir Erfahrungen sammelten, besser und schärfer ausgebaut wurde, brauche ich Ihnen nicht zu versichern. Ebenso bitte ich Sie, überzeugt zu sein, daß bei uns die vollste Klarheit darüber besteht, daß es bei dieser Auslese niemals einen Stillstand geben kann. Jahr um Jahr werden unsere Forderungen in demselben Maße schärfer, als durch die Auswirkung der deutschen Rassegesetze das immer mehr erwachende Verständnis für Blut und Zucht der Aufstieg der deutschen Menschen anhebt.

Es muß so sein, daß die Bedingungen, die in hundert oder mehr Jahren von unseren Nachfolgern gestellt werden, um ein Vielfaches mehr vom einzelnen verlangen, als es heute der Fall sein kann.

Ebenso wissen wir, daß die erste nach äußeren Gesichtspunkten – heute nach Ahnentafeln und vielfachen Untersuchungen ergänzte – Auswahl nur das erste, aber auch nur das allererste Ausleseprinzip sein kann, daß ein durch alle Jahre des Lebens in der Schutzstaffel gehender Ausleseprozeß die Fortsetzung sein muß und daß die Aussiebung der charakterlich, willensmäßig, herzensmäßig und damit blutsmäßig für uns nicht Tauglichen folgen muß.

Durch Gesetze, die wir uns selbst geben, wollen wir für alle Zukunft dafür sorgen, daß nicht etwa jeder Sohn einer im Sippenbuch der SS eingetragenen SS-Familie die Anwartschaft oder gar das Recht hat, wieder SS-Mann zu werden, sondern wir wollen dafür sorgen, daß immer nur ein Teil der Söhne dieser Familien von uns als SS-Männer aufgenommen und anerkannt wird, und werden weiter darauf bedacht sein, daß ständig die Auslese und der Blutstrom besten deutschen Blutes des gesamten Volkes in die Schutzstaffel Eingang nehmen möge. – Dies zunächst zum Prinzip der Auslese.

Die zweite Richtlinie und Tugend, die wir uns bemühten, der Schutzstaffel anzuerziehen und ihr als in ihr wohnende, unauslöschbare Eigenschaft für alle Zukunft mitzugeben, ist der Freiheitswille und Kampfgeist.

Wir haben von jeher den Ehrgeiz gehabt, in jedem Kampf und an jeder Stelle die Besten sein zu wollen. Und wir freuen uns hierbei über jeden Menschen und jeden Verband, der mit seinen Leistungen und seinem Kampfgeist dem unseren gleichkommt oder uns überflügelt, denn jeder, der uns gleichkommt, ist ein Gewinn für Deutschland und wäre für uns der Beweis, daß wir selbst zuwenig Kraft in uns hatten und daß wir unsere Anstrengungen zu verdoppeln, unseren Willen zum Kampf noch zu läutern und unsere Härte gegen uns selbst noch zu stählen hätten.

Durch härteste Schule, durch die zeitlebens jeder von uns zu gehen hat, durch Jahr für Jahr abzulegende Leistungsprüfungen sorgen wir dafür, daß der Mut und Kampfgeist jedes einzelnen, vor allem aber des Führerkorps, immer wieder auf die Probe gestellt wird. Wir werden gleichzeitig durch diese jährlich von uns geforderten Leistungen einen Riegel davorschieben, daß je in unsere Reihen die dem deutschen Volk schon so oft zur tödlichen Gefahr gewordene Gemütlichkeit einziehen kann. Weiterhin wird eine Gemeinschaft, von der in gleichen Abständen bis ins Alter hinein körperliche und willensmäßige Leistungen gefordert werden, einfach bleiben und auf die Dauer Dinge von sich weisen, die für ein behäbiges Leben zwar schön sein mögen, die aber unsere Kraft für Deutschland schwächen und den Kampfgeist zum Erlahmen bringen könnten.

Als dritte Richtlinie und Tugend, die zum Aufbau und Wesen dieser Schutzstaffel notwendig sind, sind die Begriffe Treue und Ehre zu nennen. Beide sind unlösbar voneinander. Sie sind niedergelegt in zwei Sätzen, in dem Satz, den der Führer uns geschenkt hat: „Meine Ehre heißt Treue" und in dem Satz des alten deutschen Rechts: „Alle Ehre von Treue kommt."

Viele Dinge, so lehren wir den SS-Mann, können auf dieser Erde verziehen werden, eines aber niemals: die Untreue. Wer die Treue verletzt, schließt sich aus aus unserer Gesellschaft. Denn Treue ist eine Angelegenheit des Herzens, niemals des Verstandes. Der Verstand mag straucheln. Das ist manchmal schädlich, jedoch niemals unverbesserlich. Das Herz hat immer denselben Pulsschlag zu schlagen, und wenn es aufhört, stirbt der Mensch genauso wie ein Volk, wenn es die Treue bricht. Wir meinen hiermit Treue jeder Art, Treue zum Führer und damit zum deutschen germanischen Volk, seinem Wissen und seiner Art, Treue zum Blut, zu unseren Ahnen und Enkeln, Treue zu unserer Sippe, Treue zum Kameraden und Treue zu den unverrückbaren Gesetzen des Anstandes, der Sauberkeit und der Ritterlichkeit. Es sündigt einer gegen Treue und Ehre nicht nur dann, wenn er untätig seine oder der Schutzstaffel Ehre verletzen läßt, sondern vor allem auch dann, wenn er die Ehre anderer nicht achtet, Dinge verspottet, die anderen heilig sind, oder wenn er für Abwesende, Schwache und Schutzlose nicht männlich und anständig eintritt.

Die vierte Richtlinie und Tugend, die für uns gilt, ist die des Gehorsams; des Gehorsams, der bedingungslos aus höchster Freiwilligkeit kommt, aus dem Dienst an unserer Weltanschauung, der bereit ist, jedes, aber auch jedes Opfer an Stolz, an äußeren Ehren und alledem, was uns persönlich lieb und wert ist, zu bringen; des Gehorsams, der nicht ein einziges Mal zaudert, sondern bedingungslos jeden Befehl befolgt, der vom Führer kommt oder rechtmäßig von den Vorgesetzten gegeben wird; des Gehorsams, der ebenso in der Zeit des politischen Kampfes, wenn der Freiheitswille glaubt, sich empören zu müssen, stille schweigt, der bei wachesten Sinnen und gespanntester Aufmerksamkeit gegen den Gegner, wenn es verboten ist, nicht den Finger rührt, der ebenso bedingungslos gehorcht und zum Angriff geht, auch wenn er einmal glauben sollte, es in seinem Herzen nicht überwinden zu können ...

Entsprechend diesen Richtlinien und Tugenden haben wir uns selbst Gesetze gegeben und das Leben unserer Gemeinschaft eingerichtet und den Weg festgelegt für eine ferne Zukunft. Als erstes Gesetz wurde im Jahre 1931 der SS-Befehl erlassen, der die Heirats- und Verlobungsgenehmigung für jeden SS-Mann vorschrieb.

Wir haben die Folgerung gezogen aus der Erkenntnis vom Wert des Blutes.

Wir sind uns darüber klargeworden, daß es unsinnig wäre, den Versuch zu unternehmen, Männer rassischer Auslese zu sammeln und nicht an die Sippe zu denken. Wir wollten und wollen nicht den Fehler der Soldaten- und Männerbünde der Vergangenheit machen, die Jahrhunderte wohl bestehen mögen, um dann, weil der Blutstrom der Zucht und der Tradition der Sippe fehlt, ins Nichts zu versinken, wir wissen ja aus tiefster, innerster Überzeugung, daß eine Gemeinschaft nur dann, wenn sie in Ehrfurcht vor den Ahnen der fernsten und grauesten Vorzeit, überzeugt von der ewigen Herkunft ihres Volkes lebt, imstande sein wird, den Weg in die Zukunft zu gehen. Wir wissen, daß nur dann, wenn die Erkenntnis guten Blutes als Verpflichtung aufgefaßt wird, als heiliges Vermächtnis, das in artreiner Sippe weiterzuvererben ist, eine Rasse und ein Volk das ewige Leben haben. Wir sind durchdrungen von der Überzeugung, daß nur die Generation, die eingebettet ist zwischen Ahnen und Enkeln, den richtigen Maßstab für die Größe ihrer Aufgabe und Verpflichtung und für die Winzigkeit ihrer eigenen und vergänglichen Bedeutung in sich aufnimmt.

Wir haben es erfahren, daß nur der Mensch dieser Überzeugung auch in den Zeiten des Erfolges sich bescheiden lernt und den Fehler des Übermutes, der Überheblichkeit vermeiden lernt, daß ebenfalls nur solche Menschen die Zeiten schwerster Belastung mit derselben eisernen Ruhe ertragen, wie sie die Zeiten des Glückes bescheiden und spartanisch einfach überleben. – Wir lehren deswegen über das Gesetz des Heiratsbefehls hinaus unsere SS-Männer, über die Erziehung zur Wahl der artgemäß richtigen Frau hinaus, daß all unser Kampf, der Tod der zwei Millionen des Weltkrieges, der politische Kampf unserer letzten fünfzehn Jahre, der Aufbau unserer Wehrmacht zum Schutze unserer Grenzen vergeblich und zwecklos wäre, wenn nicht dem Sieg des deutschen Geistes der Sieg des deutschen Kindes folgen würde.

Wir haben es uns als eine unserer Aufgaben gesetzt, auch hier nicht mit Rede und Wort, sondern durch Tat und Beispiel in unseren eigenen Reihen voranzugehen. Wir werden es heute und in aller Zukunft unseren Männern wieder einprägen, daß der heiligste und wertvollste Mensch eines Volkes die Mutter unseres Blutes und das kostbarste Gut das deutsche Kind ist.

Als weiteres Gesetz wurde am 9. November 1935 durch Befehl festgelegt, daß jeder SS-Mann seine Ehre mit der Waffe zu verteidigen das Recht und die Pflicht habe. Es wurde zum Beispiel in dem Befehl festgelegt, daß SS-Mann im Sinne des Ordens der SS jeder Angehörige der SS ist, der nach Ableistung einer Zeit von eineinhalb Jahren als Anwärter, nach Ablegung seines SS-Eides auf den Führer, nach ehrenvoller Ableistung seiner Arbeitsdienst- und Wehrpflicht mit 21 Jahren den SS-Dolch, die Waffe, verliehen bekommt und damit als vollgültiger SS-Mann in den Orden der SS aufgenommen wird. SS-Mann ist jeder von uns, ob Mann dem Dienstgrade nach oder Reichsführer. Wir haben uns dieses Ehrengesetz gegeben, weil wir der Überzeugung sind, daß nur der Mann, der weiß, daß er für jede seiner Taten und seiner Worte an irgendeiner Stelle einmal zur Verantwortung gezogen wird, den letzten Sinn unserer Gemeinschaft erfassen wird und wieder lernt, als untadelig sauberer Soldat des Lebens und seines Volkes zu dienen. Denn dieses Ehrengesetz verpflichtet ihn ebenso zur Wahrung der eigenen Ehre, wie es die Achtung der anderen von ihm verlangt und wie es bei aller Grundsatzstrenge, Güte und Großherzigkeit gegenüber seinen Kameraden, seinen Volksgenossen und seinen Mitmenschen uns als Pflicht auferlegt.

Zu ein paar Problemen darf ich nunmehr Stellung nehmen. Zum ersten: In einem Büchlein, das „Fünfzig Fragen und Antworten für den SS-Mann" überschrieben ist, steht als erste Frage: „Wie lautet dein Eid?"

Die Antwort ist: „Wir schwören dir, Adolf Hitler, als Führer und Kanzler des Deutschen Reiches, Treue und Tapferkeit. Wir geloben dir, den von dir bestimmten Vorgesetzten Treue und Gehorsam bis in den Tod, so wahr uns Gott helfe!"

Die zweite Frage lautet: „Also glaubst du an einen Gott?"

Die Antwort lautet: „Ja, ich glaube an einen Herrgott."

Die dritte Frage lautet: „Was hältst du von einem Menschen, der an keinen Gott glaubt?"

Die Antwort lautet: „Ich halte ihn für überheblich, größenwahnsinnig und dumm; er ist nicht für uns geeignet."

Ich habe Ihnen diese drei Fragen und Antworten mitgeteilt, um damit eindeutig unsere Stellung zur Religion darzutun. Seien Sie überzeugt, wir wären nicht fähig, dieses zusammengeschworene Korps zu sein, wenn wir nicht die Überzeugung und den Glauben an einen Herrgott hätten, der über uns steht und der uns und unser Vaterland, unser Volk und diese Erde geschaffen und uns unseren Führer geschickt hat.

Wir sind heilig davon überzeugt, daß wir nach den ewigen Gesetzen dieser Welt für jede Tat, für jedes Wort und für jeden Gedanken einzustehen haben, daß alles, was unser Geist ersinnt, was unsere Zunge spricht und was unsere Hand vollführt, mit dem Geschehen nicht abgetan ist, sondern Ursache ist, die ihre Wirkung haben wird, die im unentwegten, unentrinnbaren Kreislauf zum Segen oder Unsegen auf uns selbst und auf unser Volk zurückfällt.

Glauben Sie, Menschen mit dieser Überzeugung sind alles andere als Atheisten. Wir verbitten uns aber, deswegen, weil wir uns als Gemeinschaft nicht für diese oder jene Konfession, nicht für irgendein Dogma festlegen oder auch nur von irgendeinem unserer Männer das verlangen, unter Mißbrauch des Wortes „Heide" als Atheisten verschrien zu werden. Wir nehmen uns allerdings das Recht und die Freiheit, einen scharfen und sauberen Strich zwischen kirchlicher, konfessioneller Betätigung und politischem, weltanschaulichem Soldatentum zu ziehen, und werden jeden Übergriff auf das schärfste abwehren, ebensosehr wie wir unsere Männer trotz vielen berechtigten Ingrimms und schlechtester Erfahrungen, die unser Volk auf diesem Gebiet in der Vergangenheit machte, dazu erziehen, daß all das, was irgendeinem Volksgenossen heilig ist aus seiner Erziehung und Überzeugung heraus, von uns ohne jede Kränkung durch Wort oder Tat geachtet wird.

Die zweite Feststellung möchte ich hier vor Ihnen, deutsche Bauern, als Reichsführer SS, der ich selbst nach Abstammung, Blut und Wesen Bauer bin, treffen: Der in der Schutzstaffel von Anbeginn vertretene Gedanke des Blutes wäre zum Tode verurteilt, wenn er nicht unlösbar mit der Überzeugung vom Wert und von der Heiligkeit des Bodens verbunden wäre. Von Anfang an hat das Rasse- und Siedlungshauptamt in seinem Namen den Begriff „Blut und Boden" in anderen Worten, aber im selben Sinn niedergelegt. Ich darf Sie versichern, daß es kein Zufall ist, daß der Reichsbauernführer des Deutschen Reiches seit Jahren als Führer der SS angehört und als Obergruppenführer Chef dieses Rasse- und Siedlungshauptamtes ist, so wie es kein Zufall ist, daß ich Bauer bin und dem Reichsbauernrat angehöre. Bauern und SS-Männer gehören beide nicht zu den Arten von Menschen, die überflüssig viele liebenswürdige und freundliche Worte sagen. Es sei aber hier klar und deutlich vernehmbar ausgesprochen: So wie es bisher war, soll es nach unserem Willen auch für die Zukunft sein. Da, wo die Bauern Adolf Hitlers stehen, werden sie die Schutzstaffel immer als treuesten Freund an ihrer Seite haben, genauso, wie wir wissen, daß da, wo die Schutzstaffel Adolf Hitlers steht, der deutsche Bauer als bester Kamerad und Freund ihr zur Seite steht. So ist es heute und so sei es für alle Zukunft.

Ich weiß, daß es manche Leute in Deutschland gibt, denen es schlecht wird, wenn sie diesen schwarzen Rock sehen; wir haben Verständnis dafür und erwarten nicht, daß wir von allzu vielen geliebt werden. Achten werden und sollen uns alle, denen Deutschland am Herzen liegt, fürchten sollen uns die, die irgendwie und irgendwann dem Führer und der Nation gegenüber ein schlechtes Gewissen haben müssen. Für diese Menschen haben wir eine Organisation ausgebaut, die Sicherheitsdienst heißt, und ebenso stellen wir als SS die Männer für den Dienst in der Geheimen Staatspolizei. Wir werden unablässig unsere Aufgabe, die Garanten der Sicherheit Deutschlands im Innern zu sein, erfüllen, ebenso wie die deutsche Wehrmacht die Sicherung der Ehre und Größe und des Friedens des Reiches nach außen garantiert. Wir werden dafür sorgen, daß niemals mehr in Deutschland, dem Herzen Europas, von innen oder durch Emissäre von außen her die jüdisch-bolschewistische Revolution des Untermenschen entfacht werden kann. Unbarmherzig werden wir für alle diese Kräfte, deren Existenz und Treiben wir kennen, am Tage auch nur des geringsten Versuches, sei er heute, in Jahren, Jahrzehnten oder in Jahrhunderten, ein gnadenloses Richtschwert sein.

Ich komme damit zum Anfang zurück und möchte noch einmal betonen, wir sehen im Bolschewismus keine Tageserscheinung, die leichthin aus der Welt herausdebattiert oder unseren Wünschen gemäß weggedacht werden könnte. Wir kennen ihn heute, den Juden, das Volk, das aus den Abfallprodukten sämtlicher Völker und Nationen dieses Erdballes zusammengesetzt und allen den Stempel seiner jüdischen Blutsart aufgedrückt hat, dessen Wunsch die Weltherrschaft, dessen Lust die Zerstörung, dessen Wille die Ausrottung, dessen Religion die Gottlosigkeit, dessen Idee der Bolschewismus ist. Wir unterschätzen ihn nicht, weil wir ihn seit Jahrtausenden kennen, wir überschätzen ihn nicht, weil wir an die göttliche Sendung unseres Volkes und unsere durch Adolf Hitlers Führung und Werk wieder auferstandene Kraft glauben.

In diesem neuerstandenen Volk sind nun wir, die Schutzstaffel, nach des Führers Befehl gegründet worden und gewachsen ... Es läßt sich nicht erklären, warum wir, an Zahl so wenig, im Rahmen des deutschen Volkes rund zweihunderttausend Mann, diese Kraft in uns haben. Es läßt sich nicht logisch erläutern, warum heute jeder von uns, der den schwarzen Rock trägt, ganz gleich, wo er sei, von der Kraft dieser unserer Gemeinschaft getragen wird, sei es, daß er im Sattel des Renngaules sitzt, auf dem Sportplatz ficht, sei es, daß er als Beamter dient, sei es, daß er als Arbeiter am Bau Steine trägt, oder sei es, daß er an höchster Staatsstelle regiert, sei es, daß er als Soldat Dienst tut, sei es, daß er an Werken deutschen Geistes unserer Art schafft, sei es, daß er menschlich irgendwo – vielleicht ungesehen – seinen Mann zu stellen hat. Jeder von uns weiß, daß er nicht allein steht, sondern daß diese unerhörte Kraft von zweihunderttausend Menschen, die zusammengeschworen sind, ihm unermeßliche Kraft verleihen, ebenso wie er weiß, daß er als Repräsentant dieses Schwarzen Korps dieser seiner Gemeinschaft durch beste Leistung an seinem Platze Ehre zu machen hat. So sind wir angetreten und marschieren nach unabänderlichen Gesetzen als ein soldatischer, nationalsozialistischer Orden nordisch bestimmter Männer und als eine geschworene Gemeinschaft ihrer Sippen, den Weg in eine ferne Zukunft und wünschen und glauben, wir möchten nicht nur sein die Enkel, die es besser ausfochten, sondern darüber hinaus die Ahnen spätester, für das ewige Leben des deutschen germanischen Volkes notwendiger Geschlechter.

Dokument 81

Hatte *Himmler* im vorigen Dokument noch aus der innerdeutschen Lage seine „Ordens"ansichten entwickelt, so stand er im Jahre 1942 auf der Höhe seiner Macht und konnte im Hauptquartier auf russischem Boden spekulieren. Er sprach vom „guten Blut", das man zwangsweise „heimführen" oder „totschlagen" müsse.

Himmlers europäische Elitepläne

Rede des Reichsführers-SS am 16. September 1942 in der Feldkommandostelle „Hegewald" (nahe Schitomir/Rußland) vor höheren SS- und Polizeiführern

in: Ausgewählte Dokumente zur Geschichte des Nationalsozialismus 1933–1945, hrsg. v. H. A. Jacobsen und W. Jochmann, Bd. III. Bielefeld 1961.

Hieraus müssen wir Folgerungen ziehen, die ich kurz zusammenfassen möchte: Dieses Vorfeld Asiens erobern wir jetzt. Was an gutem Blut überhaupt auf der Welt vorhanden ist, an germanischem Blut, das haben wir zusammenzuholen. Wir werden die Volksdeutschen heimführen; die Germanen werden sich, ob sie wollen oder nicht, ob sie es einsehen oder nicht, zu diesem Reich bekennen müssen, aus dem Zwang des geschichtlichen Gesetzes heraus, aus dem Zwang des Blutes heraus. Jedes gute Blut – und das ist der erste Grundsatz, den Sie sich merken müssen –, das Sie irgendwo im Osten treffen, können Sie entweder gewinnen oder Sie müssen es totschlagen. Es auf der anderen Seite zu lassen, damit dort morgen wieder ein Führer ersteht, kleinen, großen oder mittleren Formats, das wäre ein Verbrechen an uns selbst, denn letzten Endes besiegen kann uns nur unser eigenes Blut oder – wollen wir es hier in Rußland anders ausdrücken – die Früchte, die Errungenschaften unseres eigenen Blutes. Denn die Russen haben ja nicht den Tank erfunden, nicht die Stalinorgel und alle diese Dinge. Sie haben erfunden, wie man das am praktischsten stiehlt und nachmacht. Und dann sind selbstverständlich noch einzelne Teile da, germanische Reste und Köpfe unseres Blutes, die so aussehen wie wir, die auch Gehirn haben wie wir, und die sind gefährlich. Der wirklich stupide kleine Mann, wenn er keinen Führer hat, ist nicht gefährlich. Infolgedessen mag dieser Satz für Sie alle – ich möchte wirklich sagen – unauslöschlich sein: Wo Sie ein gutes Blut finden, haben Sie es für

Deutschland zu gewinnen, oder Sie haben dafür zu sorgen, daß es nicht mehr existiert. Auf keinen Fall darf es auf der Seite unserer Gegner leben ...

Die Gesamtlinie ist absolut die: Wir haben diesem Volk keine Kultur zu bringen. Ich kann Ihnen wörtlich nur das wiederholen, was der Führer wünscht. Es genügt, 1. wenn die Kinder in der Schule die Verkehrszeichen lernen, damit sie uns nicht in die Autos laufen, 2. wenn sie das kleine Einmaleins bis 25 lernen, damit sie so weit zählen können, und 3. wenn sie noch ihren Namen schreiben können; mehr ist nicht nötig.

Unsere Aufgabe ist, das, was gutrassig ist, herauszuholen. Das holen wir uns nach Deutschland, das kommt auf eine deutsche Schule, und das, was noch höher qualifiziert ist, kommt auf eine Heimschule oder Napola, so daß der Junge von vornherein als ein bewußter Träger seines Blutes und als bewußter Bürger des großgermanischen Reiches aufwächst und nicht von uns als National-Ukrainer erzogen wird. Es braucht niemand Bedenken zu haben, daß wir damit, wenn wir in der SS diese Auslese durchführen, das Blut des deutschen Volkes verderben. Wir nehmen schon nur die, die wirklich gutrassig sind. Für diese ist es ja auch in nationaler Hinsicht kein charakterlicher Verrat an ihrer Nation, wenn sie zum ersten Male überhaupt das Problem des slawischen Staates begreifen lernen und wenn wir ihnen einmal klarmachen: Du siehst aus wie wir, z. B. wie ein Schleswig-Holsteiner, und Du denkst wie wir. Wenn man ihm dann einen andern Russen zeigt, der aussieht wie ein Affe, und die Frage an ihn richtet: Hast Du ein russisches Ideal mit ihm gemeinsam, oder hast Du nicht ein anderes Ideal, nämlich das eines Reiches gleichen Blutes, wo Du auch herkommst? Es wird ihn stolz machen, wenn wir gerade ihn als wertvollen Menschen bezeichnen und wenn wir ihm mit Überzeugung sagen können: „Dich können wir auswählen!"

Die Napola wird im folgenden Dokument aus berufenem Munde dargestellt, das gibt dieser Quelle ihre Bedeutung. Ausgangspunkt ist der Begriff
„Gemeinschaft", mit dem man in der Propaganda nicht weniger als in der
Pädagogik operierte. Der vorliegende Text bemüht sich, die Erziehungsaufgabe der Gemeinschaft zu umreißen (vgl. dazu die schematische Darstellung
über den Ort der „Gemeinschaft" im Gefüge der Ideologie, S. 17). Außerdem liegt dem Verfasser daran, die Übereinstimmung der Napola mit dem
„Führerwillen" darzutun. Der Hauptteil beschäftigt sich mit Auslesefragen,
dem Erziehungsziel des vorbildlichen Menschen und einer Aufreihung viel-
fältiger Trainingsmöglichkeiten der künftigen Elite. Wichtig ist ferner, daß
in der Napola die Einheit von „Jugendführer und Lehrer" verwirklicht und
damit der deutschen Erzieherschaft ihre künftige Entwicklungslinie vorge-
zeichnet war. Die zeitweise „Abkommandierung" des Erziehers an andere
Parteidienststellen verweist zudem auf den neuen Typ des Erziehungsfunktionärs.

Die Nationalpolitischen Erziehungsanstalten

Von Oberregierungsrat SS-Sturmbannführer Otto Calliebe
Kom. Vizeinspekteur der Nationalpolitischen Erziehungsanstalten

in: 11, 248–257.

Die Nationalpolitischen Erziehungsanstalten sind mehr und mehr
in der Öffentlichkeit bekanntgeworden, nachdem sich ihr Aufbau,
der am Geburtstag des Führers im Jahre 1933 als eine der ersten
kulturpolitischen Taten großen Umfanges ins Werk gesetzt wurde,
in der Stille vollzogen hat. Reichserziehungsminister Rust ging bei
der Gründung dieser Anstalten von der Erwägung aus, daß der Gemeinschaftserziehung als einer Grundform nationalsozialistischer
Lebensführung für die Heranbildung eines leistungsfähigen Nachwuchses besondere Bedeutung beizumessen ist.
Zur Unterbringung der neugegründeten Erziehungsgemeinschaften
standen zunächst die Staatlichen Bildungsanstalten zur Verfügung,
die in der Systemzeit aus den ehemaligen Kadettenanstalten hervorgegangen waren. Man scheute sich nicht, diese alten Gebäude
für neue Zwecke zu übernehmen und dann laufend den neuen
Erziehungsformen entsprechend umzubauen und auszustatten, da
es wichtiger war, erst einmal die Menschen zu haben und sofort
mit der Arbeit zu beginnen, als lange und unbestimmte Zeit zu
warten, bis die Häuser, in denen man arbeiten wollte, schlüsselfertig
zur Verfügung standen. Mag der Kampf mit zahlreichen äußeren

Unzulänglichkeiten auch einen Teil der Kräfte beanspruchen, so bringt er doch auch eine wesentliche Stärkung und Steigerung der inneren Festigkeit und klaren Zielstrebigkeit dessen mit sich, der sich in ihm ständig und erfolgreich durchzusetzen hat. Der Erfolg hat dieser Entscheidung recht gegeben. Die Lebens- und Erziehungsformen der Anstalten haben in der erzieherischen Wirklichkeit des Anstaltslebens so weit ihre Ausprägung gefunden, daß die Neubauten, mit deren Gestaltung und Bau die Nationalpolitischen Erziehungsanstalten nun beginnen, architektonischer Ausdruck einer wirklichen und durchgestalteten Lebensgemeinschaft und ihrer Erziehungsidee werden . . .

Von Außenstehenden wird fast immer zuerst die Frage nach der Schulart erhoben. Eine solche Fragestellung nimmt eigentlich als stillschweigende Voraussetzung, daß das Wesentliche der Erziehung Jugendlicher hier wie früher die „Schule" sei, die ihre vor allem durch die Sprachenfolge bestimmten Spielarten habe. Wahrscheinlich werde ja noch etwas neben dem Unterricht betrieben, aber das sei ja nur zusätzlich. Hoffentlich komme bei dem vielen Nebenbetrieb „die Schule" nicht zu kurz. – So liegen die Dinge nun nicht!

Die Schule der Vergangenheit hat immer nur zögernd und verspätet den Forderungen der Zeit Zugeständnisse gemacht; das konnte oft nicht anders sein und hatte manchmal auch sein Gutes. Aber sie hat sich durch eine jahrhundertelange Entwicklung in eine Einseitigkeit hineingelebt und sich fast ausschließlich als Hochburg geistiger Bildung gefühlt. Mit einem unangebrachten Stolz sah sie – ich spreche vor allem von der höheren Schule – den Weg ihres Fortschrittes in dieser Richtung und machte sich damit zum Träger und Wegbereiter der liberalistischen Bildungsauffassung.

Der Führer gab in seinem Werk „Mein Kampf" eindeutig die Richtlinien, nach denen unsere Erziehungsarbeit zu leisten ist . . .

Für die Anstalten kann nach den bisherigen Ausführungen die „Schulform" nicht von ausschlaggebender Bedeutung sein. Die Anstalten haben auch nicht den Ehrgeiz, von sich aus einen neuen „Schultyp" zu entwickeln; sie schließen sich in ihrem Unterrichtsplan den bestehenden Formen der höheren Schule an; sie nehmen dabei für sich in Anspruch, auch auf diesem Gebiet ganze Arbeit zu leisten, diesen Unterricht in kompromißlos nationalsozialistischem Geiste mit dem Ziele höchster Leistung durchzuführen. Allerdings folgen die Anstalten in den Leibesübungen eigenen Plänen, die über das Maß der Leibesübungen an den höheren Schulen weit hinausgehen. Es wird in den Anstalten im allgemeinen nach dem Lehrplan der Oberschule unterrichtet . . . Die Ausbildung der Jungmannen in der Anstalt dauert im allgemeinen acht Jahre . . . Durch einen Erlaß

des Reichserziehungsministers sind die Lehrer aller Volksschulen des Reiches angehalten, ihre fähigsten Schüler über ihre vorgesetzte Behörde für die Aufnahme in eine Nationalpolitische Erziehungsanstalt vorzuschlagen (vgl. Dok. 23. Der Herausgeber). Die in einer Vormusterung in den einzelnen Volksschulen durch den Anstaltsleiter oder seinen Vertreter ausgesuchten Jungen werden für acht bis zehn Tage probeweise in eine Anstalt aufgenommen. Der Anstaltsleiter entscheidet dann über ihre endgültige Aufnahme. Entscheidend für ihre Aufnahme ist außer der Einwilligung der Eltern lediglich ihr rassisches Erbbild, ihre körperliche, charakterliche und geistige Begabung, nicht die wirtschaftliche Lage oder der Stand der Eltern ...
Es ist das Erziehungsziel der Anstalten, aus einer Auslese von körperlich, charakterlich und geistig besonders befähigten Jungmannen Nationalsozialisten zu erziehen, die, tüchtig an Leib und Seele, die Gewähr dafür bieten, daß sie das Leben des deutschen Volkes, das erst in der Nationalsozialistischen Revolution seine Einheit fand, wirksam mitgestalten und zu ihrem Teile dafür sorgen, daß Deutschland niemals mehr sich innerlich spaltet oder gar auseinanderfällt.
Dieses Erziehungsziel ist durch wissenschaftlichen Unterricht nach Art der höheren Schule allein nicht zu erreichen. Es wird angestrebt durch vielfältige Erziehungsformen im Rahmen der festgeprägten Erziehungs- und Lebensgemeinschaft der Anstalten.
Die Lebensformen in den Anstalten sind schlicht und einfach. Wir haben uns zum Ziel gesetzt, daß der Jungmann fern aller Primitivität einen gesunden und aufgeschlossenen Sinn für alles Schöne und Hochwertige erhält und durch die Beherrschung jeglicher Formen allen Lagen, in die ihn das Leben versetzen wird, mit ruhiger Sicherheit gewachsen ist. Der sorgfältig und vollständig gedeckte und mit Blumen geschmückte Tisch ist für den Jungmann ebenso ein Bedürfnis wie die sorgsame Pflege und Sauberkeit seiner Kleidung. Der Schmuck der Wohnräume und die künstlerische Gestaltung der Einrichtungsgegenstände, anheimelnde Gemeinschaftssäle und großlinige Feierräume sind Ausdruck eines Erziehungsstrebens, das eine allein zweckgebundene Einheitsform der Lebensgestaltung verneint.

Erzieher und Jungmannen bilden eine festverschworene Kameradschaft, die von Zucht und Ordnung durchdrungen ist, keine Überheblichkeit kennt und freudig gewillt ist, unter dem Gesetz der Autorität zu leben und die gestellten Aufgaben zu meistern. Der Jungmann widmet sich der geistigen Ausbildung und der Steigerung seiner körperlichen Fähigkeiten mit dem gleichen Eifer. Er weiß, daß ihm sein späterer Beruf im Dienste des Volkes, an welcher Stelle er einst stehen mag, auch geistig alles abverlangen wird. Wissen ist sicherlich nicht *die* Macht, wie es eine überwundene Zeit uns weismachen wollte; es wird aber zu einer Macht, wenn auf dem Wege der Erkenntnis der Wille die Tat entspringen läßt. Der Jungmann wird so erzogen, daß er auch die Waffe des Wissens gut zu führen weiß.

Die politische Schulung in den Anstalten zielt auf den einsatzbereiten und opfermütigen Willen zur politischen Tat. Die Anstalten wollen den dynamischen Menschen erziehen, der sich auf allen Gebieten völkischen Lebens mit Schnelligkeit und Tatkraft bewegen und bewähren kann.

Der Dienst ist daher vielgestaltig. Der Unterricht wird weitgehend aus der Stube ins Freie verlegt. Dazu gehört auch, daß die Züge – so nennen wir die Klassen – nach gründlicher wissenschaftlicher Erledigung bestimmter Aufgaben im Lehrsaal auf anstaltseigenen Kraftwagen hinaus in das deutsche Land fahren, um an Ort und Stelle die gewonnenen Kenntnisse und Erkenntnisse an deutschen Kulturstätten, in Städten und Dörfern, an Arbeitsstätten der Partei und der Wirtschaft, in Fabriken und Bergwerken, beim Bauern und Siedler zu vertiefen und zu verarbeiten.

Selbstverständlich gehören alle Jungmannen dem Deutschen Jungvolk bzw. der Hitler-Jugend an. Die Anstalten bilden eigene Stämme.

In den Anstalten herrscht trotz harter Zucht ein frohes und bewegtes Leben. Jede Art von Leibesübungen hat hier ihre Pflegestätte. Neben Turnen und Leichtathletik betreiben die Jungmannen unter Anpassung an ihre Altersstufe: Reiten, Rudern, Segeln, Schwimmen, Boxen, Fechten, Segelfliegen, Schießen, Radfahren, Motorradfahren, Kraftwagenfahren u. a. Diese Sportarten werden nicht nur um ihrer selbst willen betrieben; sie sollen die leibliche und charakterliche Haltung und Sicherheit der Jungmannen fördern, ihren Mut, ihre Entschlußkraft und ihre Ausdauer stärken. Dem Geländesport ist ein weiter Raum zugewiesen. Mit Marschlied und Musik eines eigenen Spielmanns- und Musikzuges ziehen die Jungmannen in die nähere und weitere Umgebung ihrer Anstalt hinaus zu jungenhaftem Geländespiel. Einmal im Jahre werden alle Anstalten des Reiches zu einer größeren Geländeübung zusammengezogen. Der Ort der Übung wechselt, damit die Jungmannen mit der Zeit charakteristische Teile des deutschen Volksbodens aus eigener Anschauung kennenlernen. Eine solche Übung dauert zwei bis drei Wochen. Zelt und Scheune sind Quartier, die Verpflegung liefert die Feldküche. In jungenhaftem, wenn auch oft zähem Kampf, der Mann gegen Mann ausgefochten wird, durch geschicktes Arbeiten im Gelände, im Überwinden aller Schwierigkeiten bei Regen und Sonnenschein soll sich der Jungmann als harter und charakterfester Mensch mit offenen Sinnen und aufgeschlossenem Herzen bewähren.

Jeder Jungmann des 6. Zuges arbeitet sechs bis acht Wochen lang im Landdienst an der Grenze bei einem Bauern oder Siedler. Er macht alle Arbeiten, als wenn er bei dem Bauern in Lohn und Brot stände. Im nächsten Jahr ist er acht bis zehn Wochen Jungarbeiter in einem Bergwerk oder einer Fabrik; er lebt in der Familie eines Bergmannes oder Arbeiters und hat sich selbst von seinem Lohn als Jungarbeiter zu unterhalten . . .

Zum Erziehungsgang eines jeden Jungmannen gehören außerdem wohlgeleitete Fahrten ins Reich und ins Ausland. In fast alle europäischen Länder ziehen alljährlich unsere Fahrtengruppen; sie bestreiten einen Großteil sämtlicher Fahrten deutscher Jugendlicher ins Ausland. Durch ein weitverzweigtes Austauschsystem, das bis Amerika und Afrika reicht, wird den Jungmannen außerdem regelmäßig die Möglichkeit gegeben, das Wesen und das Leben anderer Völker und Staaten durch längeren Auslandsaufenthalt kennenzulernen und ihr eigenes Volk im Urteil anderer Völker und unter dem Eindruck anderer Machtverhältnisse zu sehen. Das soll dazu beitragen, ihren politischen Blick zu weiten und ihre politische Haltung und ihr politisches Urteil geschmeidig und sicher zu machen.

Der Jungmann soll durch eine solche Erziehung, die manche harte Erprobung seines Wesens und seines Könnens einschließt, ihn insbesondere auch vor mancherlei Führungsaufgaben stellt, fähig und bereit gemacht werden für ein einsatzbereites Leben der Leistung im Dienst der Gestaltung des Volksganzen und seines Lebensraumes. In entwicklungsfähiger und aufnahmebereiter Jugend soll er in hartem Kampfspiel, in schwieriger Geländeübung und in anstrengender Arbeit seinen Willen, seinen Mut und seine Leibeskraft stählen, in der Zucht des Gemeinschaftslebens und seiner steten kleinen Lebensaufgaben seinen Charakter, seinen Mut und seine Haltung stärken, in vielfältigen Aufgaben des Lernens, des Erkennens und der kameradschaftlichen Lebens- und Feiergestaltung seinen Geist und sein musisches Vermögen schulen, eindringliche politische und völkische Erfahrungen im In- und Ausland erwerben und insbesondere auch eine vertraute Kenntnis der deutschen Volksschichten und eine Einsicht in das notwendige Zusammenwirken aller dieser Schichten des deutschen Volkes für immer sich zu eigen machen.

Es handelt sich also bei dem Aufbau der Nationalpolitischen Erziehungsanstalten um etwas anderes als eine bloße Unterrichts- oder Schulreform, um etwas anderes als die Umformung eines Schultyps im Rahmen der höheren Schule alten Gepräges. An Stelle des alten Unterrichtsplanes tritt ein neuer Gesamterziehungsplan, der auch einen Unterrichtsplan umschließt.

Das Ziel dieser Gesamterziehung ist durch die nationalsozialistische völkische Wirklichkeit gegeben, nicht durch ein Bildungs- oder Wissenschaftsideal, sei es auch noch so hehrer Herkunft und hohen Gepräges. Jede echte Erziehung zum wirklichen Leben in seinem ganzen Umfang und jede Erziehung zum Leben ist politische Erziehung; Sinn der politischen Erziehung ist aber die Erziehung eines Nachwuchses, der die eigene Lebensgemeinschaft in die Zukunft trägt, ist typenprägende Erziehung, und typenprägende Erziehung wird in unserem Volke heute sinnvollerweise in der Form der Gemeinschafts- und Mannschaftserziehung vollzogen.

Bei rassisch und weltanschaulich einheitlichen und politisch instinktsicheren Völkern gab es große Zeiten einer politischen und typenprägenden Familienerziehung . .

Bei einem Volk ohne sichere allgemeine politische Familienüberlieferung, bei einem Volk, dessen verlorengegangene politische und weltanschauliche Einheit und dessen völkisches Selbstbewußtsein in schwerem Umbruch und gewaltiger Erziehungsarbeit wieder im Werden ist, bietet die Gemeinschaftserziehung die einzige Möglichkeit zu einer typenprägenden und mannschaftsmäßigen Erziehung . . .

Dem deutschen Volk wird völkischer Lebenssinn und politische Lebensart von seinem Führer wieder erweckt und anerzogen. Der deutschen Jugend wird der politische Geist durch vielfältige Erziehungsformen vermittelt, zu deren wirksamsten und nachhaltigsten die der Nationalpolitischen Erziehungsanstalten und anderer Gemeinschaftserziehungsstätten gehören. Die Nationalpolitischen Erziehungsanstalten werden zu ihrem Teil auch darauf hinwirken, daß eine lebenskräftige völkische Denkart und ein politischer, opferbereiter Schicksalsinn wieder mehr als bisher Hort und Heimstatt in deutschen Familien findet. Das ist auch der Sinn der kürzlich erfolgten Gründung einer Nationalpolitischen Erziehungsanstalt für Mädel, der ersten ihrer Art.

Der typen- und mannschaftsprägende Sinn der soldatischen Gemeinschaftserziehung der Nationalpolitischen Erziehungsanstalten ist also auch etwas grundsätzlich und wesentlich anderes als der – bei aller Anerkennung der erzieherischen Leistung Lietz' und seiner nationalen Denkart – im Grunde schicksalhaft-unpolitische, dem mannschaftsmäßig-soldatischen abholde „Heim"gedanke der Landerziehungsheime oder als der inhaltsleere, liberalistische Heimgedanke der ehemaligen Staatlichen Bildungsanstalten und anderer „Internatsschulen" . . . Die Nationalpolitischen Erziehungsanstalten haben die Erziehung der ihr anvertrauten Jugend von der Ebene der schulischen Bildung auf die Ebene der echten, möglichst vielseitigen, typenprägenden und mannschaftsformenden politischen Erziehung gestellt . . .

Die Erzieher der Nationalpolitischen Erziehungsanstalten haben nicht

Schüler zu bilden; sie haben die vielfältigen Kräfte und Fähigkeiten der Jungmannen zu wecken und zu fördern, sie haben zur mannhaft-sicheren Haltung zu erziehen und eine Jungmannschaft nationalsozialistischen Gepräges und Geistes zu formen. Voraussetzung dafür ist unter anderem, daß sie selber in der weltanschaulich-politischen wie in der wissenschaftlichen, in der charakterlichen wie in der körperlichen, in der soldatischen wie in der musischen Erziehung, in der Fahrtengestaltung wie in der Feiergestaltung, d. h. also im ganzen Umkreis der Jugenderziehung und -führung eingesetzt werden können. Nicht ihre Lehrbefähigung – sie muß gut sein –, sondern ihr Wesen und ihre Haltung sind entscheidend für ihre erzieherische Wirkung. Von vornherein haben die Nationalpolitischen Erziehungsanstalten aus erzieherischen Gründen eine Scheidung von Lehrer und Erzieher abgelehnt und den Erzieher gesucht, der Jugendführer und Lehrer zugleich ist und ein tüchtiges Glied eines geschlossenen Erzieherkorps darstellt . . . Die Auslese der Erzieher ist daher nicht leicht, aber von entscheidender Bedeutung für die Form und den Erfolg der Anstaltserziehung. Nicht weniger bedeutsam ist die Weiterbildung der Erzieher, die ein besonderes Anliegen der Anstalten ist. Obwohl der Lebens- und Wirkenskreis der Anstalten weiter reicht als der einer Schulstube, ja weil er eben weiter reicht, muß der Sinn des Erziehers immer offenbleiben für alles Bedeutsame der Umwelt. So wird der Erzieher zeitweise abkommandiert zur Mitarbeit in Dienststellen der Partei und des Staates, zu weltanschaulich-politischer und zu wissenschaftlicher Schulung und Arbeit, zu Fahrten ins Reich und ins Ausland. Wer dem Leben dient, muß ständig das Leben erfahren.

Die Anstalten unterstehen der „Inspektion der Nationalpolitischen Erziehungsanstalten", einer kleinen, in ihren Entscheidungen selbständigen Behörde, die dem Gründer der Anstalten, Reichsminister Rust, als ihrem Chef unmittelbar unterstellt ist. Diese Form der Verwaltung fand ihre Bewährung bei dem raschen Aufbau der Anstalten. Inspekteur der Anstalten ist der Chef des SS-Hauptamtes, SS-Obergruppenführer Heißmeyer. Nach dem alten soldatischen Wahlspruch: „Mehr sein als scheinen" haben die Anstalten ihren Aufbau und ihren Ausbau in der Stille vollzogen; nach einem Wort des „Völkischen Beobachters" haben sie „bahnbrechend für die neue nationalsozialistische Jugenderziehung gewirkt"; ihre Auswirkungen auf andere nationalsozialistische Erziehungseinrichtungen sind vielfach greifbar. Von berufener Seite wurden sie „wahre deutsche Erziehungsburgen" genannt, „in denen der Traum der alten Gefolgschaft des Führers von der Erziehung deutscher Jugend in Erfüllung geht".

Dokument 83

Das „Merkblatt" bietet eine aufschlußreiche Ergänzung zum Dokument 82 und erklärt die technischen Einzelheiten der „Nationalpolitischen Erziehungsanstalt".

Merkblatt für die Aufnahme in Nationalpolitische Erziehungsanstalten

in: 67, 9–15.

Als Stätten nationalpolitischer Gemeinschaftserziehung haben die Nationalpolitischen Erziehungsanstalten die Aufgabe, durch eine besonders vielseitige, aber auch besonders harte, jahrelange Erziehung dem deutschen Volke Männer zur Verfügung zu stellen, die den Anforderungen gewachsen sind, die an die *kommende Führergeneration* gestellt werden müssen.

Um diese Aufgabe erfüllen zu können, brauchen sie laufend einen *völlig gesunden, rassisch einwandfreien, charakterlich sauberen* und *geistig überdurchschnittlich* begabten Nachwuchs.

Bewerber, die diesen erhöhten Anforderungen nicht gewachsen sind, haben keine Aussicht auf Aufnahme. Insbesondere muß – um nötige Fehlanmeldungen zu vermeiden – darauf hingewiesen werden, daß eine ungünstige wirtschaftliche oder häusliche Lage der Eltern kein Grund ist für die Aufnahme in eine Nationalpolitische Erziehungsanstalt. *Ausschlaggebend für die Aufnahme ist allein die Veranlagung des Bewerbers und für den Verbleib an der Anstalt* dessen Leistungen und Führung.

Aus diesem Grunde erfolgt – auch nach der Aufnahmeprüfung – die *Aufnahme* zunächst *für ein halbes Jahr auf Probe.* Aber auch der nach dieser Probezeit aufgenommene Jungmann muß seine Leistungsfähigkeit auf allen Gebieten dauernd unter Beweis stellen. Zeigt er sich den laufenden erhöhten körperlichen, charakterlichen und geistigen Anforderungen nicht gewachsen, so kann er nach rechtzeitiger Benachrichtigung der Eltern zum nächsten Halbjahrestermin entlassen werden, ohne daß damit eine Verweisung von einer höheren Schule überhaupt ausgesprochen ist. Unwürdiges Verhalten hat in schweren Fällen die sofortige Entlassung des Jungmannen zur Folge. Zur Zeit bestehen in *Preußen* folgende Nationalpolitische Erziehungsanstalten:

Bensberg bei Köln a. Rh., Schloß
Berlin-Spandau, Hohenzollernring 122
Köslin (Pom.), Danziger Str. 86
Naumburg (Saale), Kösener Str. 50
Oranienstein bei Diez (Lahn)
Plön (Holstein), Schloß
Potsdam-Neuzelle, Potsdam
Saarmunder Straße 21
Stuhm (Westpreußen)

Sämtliche dieser Anstalten sind unterrichtlich nach dem Lehrplan der deutschen Oberschule aufgebaut, d. h. in bezug auf die Fremdsprachen.
Englisch ab Sexta
Latein ab Quarta
Ferner bestehen an den Anstalten
Naumburg
Potsdam-Neuzelle
Stuhm
sog. Aufbauzüge, die in erster Linie für Volksschüler bestimmt sind, die acht Jahre lang die Volksschule besucht haben und bis dahin noch keine Fremdsprache erlernt haben.
Diese beiden Anstalten tragen unterrichtlich humanistischen Charakter, d. h. in bezug auf die Fremdsprachen:

Ilfeld (Südharz), Neanderplatz 5
Ilfeld: Latein ab Sexta
Griechisch ab Untertertia
Englisch ab Untersekunda

Schulpforta bei Naumburg (Saale)
Schulpforta:
Latein ab Sexta
Griechisch ab Untertertia
Englisch ab Quarta

Außerhalb Preußens bestehen folgende drei Nationalpolitischen Erziehungsanstalten:

1. *In Anhalt:*
Ballenstedt (Harz)
Nationalpolitische Bildungsanstalt
Kügelgenstraße 25

Deutsche Oberschule (9 Klassen)
Sprachenfolge:
Englisch ab Sexta
Latein ab Untertertia

2. *In Sachsen:*
Rudolf-Schröter-Schule
Klotzsche bei Dresden
Königsbrücker Str. 2

Diese Anstalt hat
1. einen *Reformrealgymnasialzug* (U III bis O I), in dessen U III Jungen nach Durchlaufen der Klasse IV

409

einer höheren Lehranstalt mit Englisch als erster Fremdsprache oder aus einer entsprechenden Klasse der höheren Abteilung der Volksschule eintreten können.

2. einen *Oberrealschulzug* (U III bis U I), der in seine U III Volksschüler aufnimmt, die die 2. Klasse der Volksschule (7. Schuljahr) mit sehr gutem Erfolg durchzulaufen haben. Für den Eintritt in diese Klasse werden fremdsprachliche Kenntnisse nicht vorausgesetzt.
Sprachenfolge:
Reformrealgymnasialzug:
Englisch ab Sexta
Latein ab Untertertia
Französisch ab Untersekunda
Oberrealschulzug:
Englisch ab Untertertia
Französisch ab Untersekunda

3. *In Württemberg:*
Rottweil und Backnang

Die Anstalten in Rottweil und Backnang umfassen zusammen die Klassen U III bis O I der höheren Schule und führen nebeneinander eine humanistische (Gymnasium u. Realgymnasium) und eine realistische Abteilung (Oberrealschule), und zwar in der Weise, daß in Rottweil die Mittelstufe (Klassen U III bis U II) und in Backnang die Oberstufe (Klassen O II bis O I) eingerichtet ist. Die Jungmannen treten, nachdem sie die Klassen VI bis IV einer beliebigen höheren Schule besucht haben, in die U III in Rottweil ein.
Sprachenfolge:
Die 1. Fremdsprache (von Klasse VI an) ist für Jungmannen des Gym-

nasiums und Realgymnasiums La-
tein, für die übrigen Französisch.
Im übrigen:
Gymnasialzug:
Griechisch ab Untertertia,
Englisch ab Untersekunda.
Realgymnasialzug:
Französisch ab Untertertia
(fällt ab O III weg),
Englisch ab Untersekunda.
Oberrealschulzug:
Englisch ab Untertertia.

– 4 –

Neben der gründlichen unterrichtlich-wissenschaftlichen Ausbildung
und der charakterlichen Formung wird an allen· Anstalten gleichmäßig im Interesse einer vielseitigen Ausbildung großer Wert auf
die verschiedensten Formen der körperlichen Ertüchtigung gelegt.
Diese Ausbildung umfaßt Turnen, Spiele, Geländesport, Boxen,
Fechten, Reiten, Skilaufen, Rudern, Segeln, Segelfliegen, Motorsport
(Motorrad und Personenkraftwagen). Die in Unterricht und körperlicher Erziehung erworbenen Kenntnisse finden praktische Verwendung in Frühjahrs- und Herbstübungen, Landheimaufenthalten, Fe-
rienfahrten und Auslandsaufenthalten.
Durch seine Zugehörigkeit zu einer Nationalpolitischen Erziehungsanstalt gehört jeder Jungmann der Hitler-Jugend an.
Mit Rücksicht auf die zum Teil erheblichen Entfernungen zwischen
Heimatort und Anstalt wird das Schuljahr der Nationalpolitischen
Erziehungsanstalten nur durch drei längere *Ferien* unterbrochen,
nämlich zu Weihnachten, zu Ostern und im Sommer.
Die Schulzeit gilt als abgeschlossen mit Überreichung eines *Reifezeugnisses,* das u. a. zum Besuch der Universitäten und Hochschulen
berechtigt. Aus dem Besitz des Reifezeugnisses einer Nationalpolitischen Erziehungsanstalt kann ein *Anspruch* auf die Offiziers- oder
Führerlaufbahn in der Partei *nicht* hergeleitet werden.
Aufnahmen finden *grundsätzlich nur nach erfolgreicher Aufnahmeprüfung* statt, die acht Tage dauert und die in der Regel nur für die
unterste Klasse vor Ostern abgehalten wird. Sie erstreckt ˋsich nicht
nur auf das gedächtnismäßig Erlernte, sondern auch auf die Ermitt-
lung der körperlichen und charakterlichen Fähigkeiten und Eigenschaften. Über Aufnahmen in die Nationalpolitischen Erziehungsanstalten entscheiden die Anstaltsleiter *allein* . . .

Bei dem starken Andrang zu den Nationalpolitischen Erziehungsanstalten ist aus dem Bestehen der Aufnahmeprüfung ein
Recht auf Aufnahme in eine Nationalpolitische Erziehungsanstalt
nicht herzuleiten.

Aufnahmegesuche in eine Nationalpolitische Erziehungsanstalt sind
bei den *Leitern der Nationalpolitischen Erziehungsanstalten* einzu-
reichen, und zwar jeweils *nur an einer Anstalt.*

Es bleibt vorbehalten, noch vor Zulassung zur Aufnahmeprüfung
den Bewerber *und seine Eltern* zu einer persönlichen Vorstellung
bei dem Anstaltsleiter zu laden. Zwecks Kostenersparnis kann der
Bewerber vom Leiter der aufnehmenden Anstalt zur Ableistung der
Aufnahmeprüfung zu einer anderen, dem Wohnort des Bewerbers
näher gelegenen Anstalt überwiesen werden.

Kurz- und Weitsichtige sowie Gehörbehinderte können keine Berücksichtigung finden.

Erfahrungsgemäß sind auch in den bereits bestehenden Klassen gelegentlich Ausfälle zu verzeichnen. In Ausnahmefällen können daher
Aufnahmen in schon bestehende Klassen (mit Ausnahme der beiden
obersten Klassen) vorgenommen werden.

Voraussetzung in diesen Fällen ist jedoch:

1. daß Bewerber, die das 10. Lebensjahr überschritten haben, dem
DJ oder der HJ angehören,
2. daß neben aller übrigen Eignung die bisherige unterrichtlich-
wissenschaftliche Ausbildung zum mindesten in den Fremdsprachen
dem Stande derjenigen Klassen entspricht, in die um Aufnahme
nachgesucht wird ... Es besteht keine Möglichkeit bei dem an-
strengenden Anstaltsdienst, derartige Lücken in der Anstalt auszufüllen ...

Nach der Aufnahme ist zu zahlen ein jährlicher Erziehungsbeitrag
(einschließlich Schulgeld), gestaffelt nach den wirtschaftlichen Verhältnissen der Eltern, im Durchschnitt etwa RM 50,– monatlich (für
Aufbauzüge etwa RM 25,–). Freistellen für Jungen aus unbemittelten
Volkskreisen sind vorhanden.

Die Erziehungsbeiträge sind auch während der Ferien voll zu ent-
richten. Sie sind monatlich im voraus bis zum 15. d. M. zu zahlen.

Bei Eintritt, Entlassung, Beurlaubung innerhalb eines Monats ist für
den betreffenden Monat voll zu zahlen.

Der Erziehungsbeitrag wird vom Anstaltsleiter festgesetzt auf Grund
der Darlegung der Vermögensverhältnisse der Eltern. Er kann jederzeit neu in anderer Höhe festgesetzt werden.

Für alle geldlichen Verpflichtungen haften beide Elternteile ...

Papiere und Zeugnisse des entlassenen Jungmannen können bis zur

Erfüllung aller Verpflichtungen der Eltern der Anstalt gegenüber zurückgehalten werden. Dazu gehört die ordnungsmäßige Rückgabe staatseigener, dem Jungmannen überlassener Gegenstände, zu der die Eltern neben dem Jungmann verpflichtet sind. Gerichtsort für die Streitigkeiten zwischen Anstalt und Eltern ist das Gericht des Anstaltsortes.

Weitere Leistungen der Eltern:
Kosten für Schulbücher und Lernmittel,
monatliches Taschengeld, etwa RM 8,– bis RM 12,–,
Unfallversicherung, z. Zt. halbjährlich RM 0,75,
Pflichtkrankenversicherung, monatlich RM 1,35,
HJ-Beiträge usw.

Möglicherweise Ersatz für Schäden und Verluste an staatseigenen Gegenständen, die der Jungmann verursacht hat.

Reisegeld für Reisen zwischen Anstalts- und Heimatort gelegentlich der Aufnahmeprüfung und zu Anfang und Ende der Ferien ...

Die Jungmannen tragen im Anstaltsdienst und auf Urlaub vom Staat gelieferte Uniform und Ausrüstung, deren Instandhaltung, Reinigung und normale Erneuerung von Staats wegen erfolgt ...

Die Kleidung, in der der Jungmann in der Anstalt ankommt, wird nach Einkleidung den Eltern zurückgesandt.

Dokument 84

Das fehlende „typenbildende Kampferlebnis" aus der Zeit vor 1933 veranlaßte die Nationalsozialisten, einen „Orden" zu schaffen, in dem die
heroischen Tugenden für „alle Zeiten" (mehrfach in einem Absatz) weiter-
gepflegt werden sollten.
Dann folgt der Kanon progressiver Mutproben (Pferd, Sprungbrett, Flugzeug),
um Gehorsam und Treue zu üben. Wer die Gesetze brach, sollte „in Acht
und Bahn getan werden". „Reichsacht" und „Kirchenbann" waren im Mittelalter verbunden und trafen den Verräter vernichtend. Den positiven Wert
sollte die „verschworene Gemeinschaft" aller Absolventen der Ordensburg
bilden.

Über die Ordensburgen

Karlheinz Rüdiger: Auslese der Bewegung.

in: Wille und Macht. Führerorgan der nationalsozialistischen Jugend.
4. Jg., H. 12/1936. Zitiert nach: Ausgewählte Dokumente zur
Geschichte des NS 1933–1945. Hrsg. v. H. A. Jacobsen und
W. Jochmann. Bd. IV, Bielefeld 1961.
Die nationalsozialistische Bewegung hat im Ringen um die Macht
aus der Gesamtheit des Volkes einen besonderen Kern von Menschen ausgewählt, die sich aus dem Kampferlebnis heraus zu politischen Führern entwickelten, und wird dieses Prinzip der Auslese
nunmehr, nachdem dieses typenbildende Kampferlebnis nicht mehr
den einzelnen formt und charakterlich schult, durch die Bildung
eines nationalsozialistischen Ordens erneut zur Geltung bringen und
damit die Möglichkeit schaffen, eine verschworene Gemeinschaft von
Führern herauszustellen, die für alle Zeiten in der Lage sein wird,
die Geschicke des deutschen Volkes im nationalsozialistischen Geiste
zu leiten. Damit wird zum ersten Male in der Geschichte des deutschen Volkes versucht, den Bestand der geistigen Kraft eines großen
Führers lebendig über alle Zeiten hinweg in den Herzen der deutschen Menschen zu verwurzeln. Wenn es gelingt, diese dauernde
Führerschicht sicherzustellen, wird die nationalsozialistische Bewegung nicht nur eine Erscheinung einer bestimmten Epoche der deutschen Geschichte sein, sondern den Ausdruck des deutschen Wesens
für alle kommenden Zeiten bestimmen.
Diesen Gedanken eines nationalsozialistischen Ordens hat der Führer auf dem Parteitag der Freiheit als maßgeblich für die Weiterentwicklung der Bewegung anerkannt, wenn er in seiner Schlußrede
über die Arbeit der Partei festlegte, daß ihre innere Organisation

zur Herstellung einer stabilen, sich selbst forterhaltenden ewigen Zelle der nationalsozialistischen Lehre aufgebaut werden muß, die die Erziehung des gesamten Volkes im Sinne der Gedanken dieser Lehre durchführt und zur Führung des Staates die Geeignetsten der in diesem Sinne Erzogenen zur Verfügung stellt.

In großzügigster Weise und getragen von dem Willen, dieser geradezu lebenswichtigen und für den Bestand der Bewegung und somit des deutschen Volkes ausschlaggebenden Idee Gestaltung zu verleihen, ging der Reichsorganisationsleiter der NSDAP, Pg. Dr. Ley, in aller Stille daran, praktische Möglichkeiten zu schaffen, die die Bildung dieses Ordens verantwortungsbewußter Männer förderten, und schuf drei große Stätten der Willensbewegung, in denen durch die Werte der deutschen Seele und des deutschen Geistes eine verschworene Gemeinschaft von Männern erzogen wird, die die Grundlage dieses künftigen Ordens der NSDAP bilden soll.

Die Ordensburgen in Vogelsang, Crössinsee und Sonthofen sind die steinernen Zeugen des Ewigkeitswillens unseres Volkes. Durch ihre Errichtung wurde ein neuer Abschnitt der Entwicklung der Bewegung eingeleitet, der richtungweisend die zukünftige Gestaltung und Erlebnisform der nationalsozialistischen Kampfgemeinschaft bestimmen wird. Das Examen bestimmte die Führerauslese im Deutschland der Vor- und Nachkriegszeit. Für jede höhere Laufbahn waren Zeugnisse vorgeschrieben, die beigebracht werden mußten, wollte man im Leben vorwärtskommen. Durch diese Examensmethode erzog man sich wohl tüchtige Könner in ihrem Spezialfach, aber keine Führerpersönlichkeiten. Die Prinzipien der Auslese, die für die Ordensburgen maßgeblich sind, weichen grundsätzlich von diesen Anschauungen ab und stellen die charakterliche Haltung des einzelnen, seine rassischen Werte und seine Pflichterfüllung im Dienste der Volksgemeinschaft in den Mittelpunkt. Nur derjenige wird in die Ordensburgen aufgenommen, der aus dem Leben der Hitlerjugend kommend durch die Schule des Arbeitsdienstes und der Wehrmacht gegangen ist und sich durch freiwillige Arbeiten im Dienste der Bewegung bewährt hat. Es ist selbstverständlich, daß derjenige, der diese Forderungen erfüllt und sich nun freiwillig zur Dienstleistung in den Ordensburgen gemeldet hat, körperlich und erblich gesund ist und seinen Ahnennachweis eindeutig und klar beibringen kann. Diese Punkte allein sind maßgebend für die Auswahl. Der Anwärter wird keiner Prüfung unterzogen. Er soll auch keinen Lebenslauf schreiben. Ausschlaggebend ist allein, ob er ein ganzer Kerl ist, der Bereitschaft, Opfermut und Einsatzwillen für sein Volk besitzt. Diese Prinzipien sind die gleichen, die in der Kampfzeit die Bewegung groß gemacht haben und die, somit einmal als richtig erkannt, nunmehr für immer gelten sollen. Das Leben auf den Ordensburgen ist hart. Es fordert Tag für Tag neue Bewährung des einzelnen. Tag für Tag muß er sein ganzes Können und sein ganzes Ich in die Waagschale werfen.

Auf den Ordensburgen wird keine Weltanschauung „gelehrt". Das kann man nicht. Wer nicht von ihrer Richtigkeit innerlich überzeugt ist und sie instinktsicher zu leben vermag, wird nie zu einem Nationalsozialisten werden und hat auch nichts auf den Ordensburgen zu suchen. Hier geht es darum, die weltanschaulichen Erkenntnisse zu vertiefen und ihre Quellen wissenschaftlich zu unterbauen. Den Ordensburgangehörigen werden die besten Könner auf allen wissenschaftlichen Gebieten, z. B. der Rassenkunde, der Vorgeschichte, Geschichte usw., das geistige Rüstzeug vermitteln, das ihre haltungsmäßige Einstellung noch vertieft und erweitert und sie in die Lage setzt, auf Fragen der Zeit eine entsprechende Antwort zu finden und gegnerische Anfeindungen mit den Waffen des Geistes abzuwehren. Die Hauptlehrer in den Schulen sind also äußerst ausgewählte Männer, die nicht nur über ein reiches Wissen auf ihrem Lehrgebiet verfügen, sondern darüber hinaus auch weltanschaulich in allen Fragen unantastbar sind. Außer den Hauptlehrern und ihren Mitarbeitern, die als Kameradschaftsführer in kleinen Arbeitsgemeinschaften den Wissensstoff mit den Ordensburgangehörigen auswerten und vertiefen, werden zahlreiche Gastlehrer besonders über kulturelle Dinge Vorträge halten, werden regelmäßige Theaterbesuche und künstlerische Veranstaltungen das kulturelle Leben der Ordensburgen ausbauen und gestalten.

Neben dieser wissenschaftlichen Schulung, deren Lehrerschaft durch Reichsleiter Rosenberg ausgewählt wird, werden die charakterlichen Werte des Mannes und sein körperliches Können überprüft. Nur ganze Kerle sollen auf den Burgen sein, sagte Dr. Ley, Kerle, die bereit sind, ihr Mannestum, ihren Mut, ihre Entschlossenheit und Kühnheit zu jeder Zeit unter Beweis zu stellen. Denn ein Führer, der als Vorbild später im Volk wirken soll, soll nicht nur ein großes Wissen haben, sondern muß auch ein selbstbewußtes Auftreten besitzen und als Kämpfer bereit sein, sich in allen Lagen durchzusetzen. Dieses Kämpfertum durch dauerndes Bewähren zu stärken, ist eine der Hauptaufgaben der Ordensburgen. Darum steht die körperliche Ertüchtigung im Mittelpunkt der Erziehung. Alle Sportarten werden durchgeführt. Darüber hinaus festigen Mutproben den Willen des einzelnen und erziehen ihn zu einem harten, selbstbeherrschten Menschen. Durch die Mutproben wird nicht festgestellt, ob einer körperlich in der Lage ist, z. B. vorschriftsmäßig zu turnen, sondern wie er eine an ihn gestellte Aufgabe anpackt; ob er mit Elan über das Pferd springt, ohne dabei zu bedenken, daß er hinstürzen könnte, ob er mit Entschlossenheit vom 8-Meter-Sprungbrett, ohne jemals hierzu trainiert zu haben, ins Wasser springt, ob er einen Fallschirmabsprung wagt, stets stehen Selbstüberwindung und Entschlossenheit als tragende Werte der Mutprobe im Mittelpunkt. So wird jede Hemmung und jedes Minderwertigkeitsbewußtsein ausgemerzt. Wer diesen Anforderungen gerecht wird, wird auch in allen übrigen Lagen des Lebens sein Leistungsbewußtsein unter Beweis stellen können und somit jede an ihn herantretende Anforderung erfüllen.

Die Männer der Ordensburgen werden zu einem sicheren gesellschaftlichen Auftreten erzogen, um auch auf diesem Gebiete in der Lage zu sein, von keiner Hemmung berührt, sich durchzusetzen. So werden hier Menschen geformt, die auf allen Gebieten und in allen Dingen vorbildlich sein können und die, geistig und körperlich geschult, eine wirkliche Auslese des Volkes darstellen. Ihre große Aufgabe, an der Entwicklung des Volkes tätig zu sein und die politische Führung und Schulung der Volksgenossen durchzuführen, verlangt, daß sie einsatzbereit diesem Orden auf Gedeih und Verderb verbunden und seinen Gesetzen unbedingt gehorsam sind. Auf den Gehorsam bauten sich alle großen Männerbünde auf. Er ist das Rückgrat jeder weltbedeutenden Bewegung. Wer diesen Gehorsam verletzt, wer die Kameradschaft verrät und den Treueid bricht, muß bedingungslos aus diesem Orden ausgestoßen werden. So wie der einzelne Mann durch seine Zugehörigkeit zum Orden alle Möglichkeiten hat, zu einem verantwortlichen und tatkräftigen Führer heranzuwachsen, so soll er auch in Acht und Bann getan werden, wenn er seine Gesetze bricht.

Während der Ordensburgzeit wird durch die Leistungen des Anwärters entschieden, für welche Dienststellung er sich eignet, ob er später als Hoheitsträger die Geschicke einer Ortsgruppe oder eines Kreises leitet oder als Stabsleiter die Aufgaben des Hoheitsträgers unterstützt. In Zukunft wird kein Politischer Leiter in Deutschland eingesetzt werden, der nicht durch die Schule der Ordensburgen gegangen ist.

Der Führernachwuchs „für die politische Leitung der NSDAP" sollte auf Or-
densburgen herangezogen werden. Wenn man die Rechnung am Ende
des Dokuments zugrunde legt, so ergeben sich dreieinhalb Jahre. Auch die
„Ordens"stätten sollten gewechselt werden; als letzte Instanz war die
Marienburg in Ostpreußen vorgesehen, wodurch man den neuheidnischen
„Orden" des Nationalsozialismus mit dem deutschen Ritterorden des hohen
Mittelalters symbolisch verbinden wollte.
Das Dokument erschließt auch, wie die Ordensburgen Stätten hochgestei-
gerter „Schulung" und politischer Appelle von der „Reichsleitung" waren.
Die 700 Kreisleiter aus dem gesamten Reich wurden im Angesicht des „Führers" ideologisch vergattert. Sie bekamen scheinbar Politik aus erster Hand;
in Wahrheit wurden sie aber nur an die sich langsam legendär gebenden
obersten Bonzen herangeführt, die ihnen politisch bei diesem Treffen nicht
mehr erschlossen, als die Teilnehmer bereits wußten. Denn die NS-Ideologie
ist durch eigentümliche Sterilität und Unergiebigkeit gekennzeichnet; sie
konnte nicht einmal auf neue Erscheinungen elastisch reagieren. Derartige
Treffen schufen aber eine Stufe von Zwischenmagiern, die für den Glau-
bensstand des kleinen Mannes nach oben verantwortlich zeichneten, da die
Großbonzen an das Volk selbst nur unstetig über Massenaufmärsche heran-
kamen. Wenn der Zauber nachließ, hatten die Zwischenmagier ihr Werk
zu tun. Diese Schicht wurde auf den Ordensburgen ausgerüstet, und sie
sollte den politischen Stabilitätsfaktor des Dritten Reiches bilden.

Einweihung der Ordensburgen

in: NS-Monatshefte 1936, S. 564–567.

In der Zeit vom 15. bis 24. April (1936) waren auf der Ordensburg
Crössinsee bei Falkenburg in Pommern die Kreisleiter der NSDAP
aus dem gesamten Reichsgebiet, weit über 700 an der Zahl, zu einem
Reichstreffen versammelt. In den 10 Tagen ihres Zusammenseins
sprachen die führenden Männer der Bewegung und des Staates zu
ihnen über ihre Arbeitsgebiete und die bevorstehenden Aufgaben.
Auf diese Weise wurde eine enge persönliche Fühlungnahme zwischen den in ihrem Kreisgebiet auf verantwortungsreichstem Posten
stehenden Kreisleitern und den an höchster Stelle stehenden Männern geschaffen und die gemeinsame Ausrichtung für den kommenden harten Tageskampf gegeben. An die Eröffnung am 15. April
durch Hauptdienstleiter Schmeer, der die ganze Tagung leitete,
schloß sich ein Vortrag des Reichsleiters Dr. Ley an, der die neuen
Wege aufzeigte, die die Bewegung bei der Heranbildung des neuen
Führernachwuchses beschreiten werde. Darauf sprachen in Vertre-

tung des Reichskriegsministers General Fromm und der Leiter des Rassenpolitischen Amtes Dr. Groß. Der zweite Tag des Treffens wurde eingeleitet durch einen Vortrag des Reichsleiters Dr. Ley über die Aufgabe der jetzt errichteten Ordensburgen Crössinsee, Vogelsang in der Eifel und Sonthofen im Allgäu, in denen ab Anfang Mai der Führernachwuchs der Partei herangebildet werde. Am Nachmittag sprach Reichsleiter Rosenberg über den weltanschaulichen Kampf des Nationalsozialismus.

An den folgenden Tagen sprachen der Stabschef der SA, Hauptdienstleiter Reinhardt, über die Finanzpolitik der nationalsozialistischen Regierung, Reichsminister Kerrl und Hauptamtsleiter Sommer vom Stabe des Stellvertreters des Führers.

Der Geburtstag des Führers wurde mit einer schlichten Feierlichkeit auf der Schulungsburg begangen; anschließend daran fuhren die Kreisleiter in Autobussen durch das schöne Pommern, von den Bewohnern der Dörfer und Städtchen jubelnd begrüßt, nach Kolberg. Am Dienstag, den 21. April, sprachen der Korpsführer des NSKK Hühnlein über die Aufgaben des Korps und der Reichsführer SS Himmler über die besonders verantwortungsvolle Arbeit der Schutzstaffel. Reichspropagandaleiter Dr. Goebbels gab nachmittags nach kurzen einführenden Worten Gelegenheit zu einer offenen Aussprache über alle Fragen, die den Kreisleitern auf dem Gebiet der Propaganda entgegengetreten wären. Anschließend daran sprach Reichsarbeitsführer Hierl über den Ausbildungsgang des Führeranwärters des Reichsarbeitsdienstes und über den freiwilligen Arbeitsdienst.

An den beiden folgenden Tagen sprachen Reichsminister Darré über die Ernährungsgrundlage des deutschen Volkes, Ministerpräsident Generaloberst Göring, der in seiner fast eineinhalbstündigen Rede von dem unbeugsamen inneren Kampfgeist der Bewegung ein Zeugnis ablegte, Reichsleiter Schwarz über das innere Gefüge der Verwaltung der NSDAP und Reichsleiter Fiehler über nationalsozialistische Kommunalpolitik . . .

Höhepunkt und Abschluß der Tagung bildeten die Rede des Führers und die Einweihung der Ordensburgen. Nachdem der Führer am Freitagvormittag in eineinhalbstündigen Ausführungen zu den Kreisleitern über ihre Aufgabe in der nationalsozialistischen Bewegung gesprochen hatte, übergab Reichsleiter Dr. Ley dem Führer die drei Ordensburgen als Dankgeschenk der Arbeitsfront an die Bewegung. Zur gleichen Stunde, während der Führer die Ordensburg Crössinsee übernahm, stiegen auf den anderen Burgen Vogelsang und Sonthofen die Fahnen am Mast empor.

Die drei Ordensburgen der NSDAP

Am Freitag, den 24. April (1936), weihte der Führer die Ordensburg Crössinsee und mit ihr die beiden anderen Ordensburgen Vogelsang bei Gemünd in der Eifel und Sonthofen im Allgäu. Damit hat ein großer und bedeutender Abschnitt auf dem Wege zur Erfüllung einer der wichtigsten Aufgaben der nationalsozialistischen Bewegung seinen Abschluß gefunden. Innerhalb dreier Jahre wurden diese gewaltigen und in der Welt beispiellos dastehenden Bauwerke errichtet. Sie haben der einen großen Aufgabe zu dienen, *der Heranbildung des Führernachwuchses für die politische Leitung der NSDAP.*

Die Ordensburg Crössinsee, auf der vom 15. bis 24. April das Reichstreffen der Kreisleiter stattfand, liegt mitten in der herben pommerschen Landschaft, umgeben von Wald und See. Von dem Wachtturm der Burg herab, der eigentlich das einzige ist, das an eine Burg im alten Sinne erinnert, bietet sich ein großartiges Bild. Uns zu Füßen liegen die beiden großen Hallen mit ihren strohgedeckten Dächern – zwischen ihnen die Ehrenhalle –; dann dehnt sich nach Osten das weite rechteckige Feld, an dessen Längsseiten je 6 einstöckige Kameradschaftshäuser stehen, die die Schlafräume bergen. Die ganze Anlage überzeugt in ihrer schlichten ehrlichen Schönheit und ist mit der Landschaft zu einem einheitlichen Ganzen verwachsen.

In der Eifel, nicht weit von Gemünd, liegt einsam auf einer Höhe die Burg Vogelsang, ihr zu Füßen der Urfsee. Sie verkörpert von den jetzt neu erbauten Burgen am stärksten den harten Kampfgeist der Bewegung. Trutzig erheben sich auf den Hügeln und Bergen der Burgturm und die einzelnen Gebäude, in die auch diese Anlage gegliedert ist. Auch hier wurde das Bauwerk vollendet schön in die Landschaft eingefügt.

Die Ordensburg Sonthofen im Allgäu ist wohl auf dem schönsten Platz der gesamten deutschen Alpenlandschaft erbaut. So wie die Berge des Allgäus von allen Seiten das Tal umstehen und die Landschaft begrenzt erscheinen lassen, wurden hier gegenüber den beiden anderen Burgen alle Gebäudeteile unter einem Dach zusammengefügt, das sich über die in Hufeisenform erbaute Burg dehnt. Dennoch erreicht man das andere Ende der Gebäude nicht durch düstere Gänge und Korridore, sondern holzgefügte, weit offene Sonnengänge und kunstreiche Steinarkaden verbinden die Räume und gestalten die Burg licht, hell und heiter.

Reichsorganisationsleiter Dr. Ley, als dessen Werk man die Errichtung der Ordensburgen bezeichnen darf, hat Richtlinien für die Auslese des Führernachwuchses der Politischen Leiter, d. h. derjenigen

Parteigenossen, die jetzt für die Ausbildung auf den Ordensburgen ausgewählt werden, gegeben, die in folgendem kurz zusammengefaßt sind:

1. Der Anwärter, der selbstverständlich Mitglied der NSDAP sein muß, soll schon in seinem täglichen Leben bewiesen haben, daß er imstande ist, freiwillig, ohne Entgelt und ohne irgendwelche Vorteile davon zu haben, für die Gemeinschaft zu arbeiten, daß er es fertigbringt, eigene Wünsche einer großen gemeinsamen Sache unterzuordnen.

2. Der Anwärter muß körperlich absolut gesund sein. Bei der Auswahl wird daher ein Arzt zur Beratung herangezogen.

3. Muß die Erbgesundheit nachgewiesen und der Ariernachweis gemäß den Richtlinien für Politische Leiter erbracht sein.

Die Auslese und Musterung der Anwärter, die sich nur bei ihren Ortsgruppenleitern oder bei ihren Sturmführern der SA, SS oder NSKK melden können, erfolgt weiter durch den Kreisleiter und Gauleiter und zuletzt durch den Reichsorganisationsleiter persönlich. Am 1. Mai 1936 haben die ersten 500 Anwärter die Ordensburg Vogelsang zunächst für ein Jahr bezogen. Hier erfolgt die Festigung ihrer nationalsozialistischen Weltanschauung und die Untermauerung durch Wissen auf den Gebieten der Rassenkunde, der deutschen Vorgeschichte und Geschichte und damit zusammenhängend der deutschen Kultur- und Wirtschaftsgeschichte. Für diese Gebiete sollen die besten Kräfte der Partei als Lehrer herangezogen werden. Der in den einzelnen Unterrichtsstunden vermittelte Wissensstoff wird in Arbeitsgemeinschaften zu je fünfzig Mann weiter vertieft und unklar gebliebene Zusammenhänge aufgeklärt. Daneben läuft eine eingehende und gründliche Ausbildung in körperlicher und sportlicher Hinsicht. Es ist Vorsorge getroffen, daß schlechthin jeder Sport betrieben werden kann: Fußball-, Tennis- und Golfplätze, Aschenbahnen und Reitbahnen, Schwimmanlagen, Sporthallen und ideales Skigelände harren der Betätigung unserer Männer. Diesem einen Jahr auf der Ordensburg Vogelsang sollen nach dem Willen des Reichsorganisationsleiters zwei Ausbildungsjahre auf der Ordensburg Crössinsee und Sonthofen und ein weiteres halbes Jahr auf der Marienburg in Ostpreußen folgen.

Dok. 86 bis 88 beschäftigen sich mit der vier Jahre nach der Napola gegründeten AHS, die als politische Gymnasialform für die Auslese der Nation gedacht war. Diese neuen Schulen wurden in der Öffentlichkeit nachdrücklich herausgestellt: es könne einem Elternhaus keine größere Ehre widerfahren, als wenn ein Sohn der Familie für die AHS ausgelesen werde. Hinzu kam, daß man die gesamte Ausbildung kostenfrei hielt, daß die Schüler auch gekleidet (Uniform!) und unterhalten wurden und sogar ein „angemessenes Taschengeld" empfingen – alles auf Kosten der Partei. Man muß diesen großzügigen Zuschnitt in seiner sozialen Verführungstendenz verstehen: Das war für die meisten Eltern der dreißiger Jahre, bei denen das Durchschnittseinkommen noch ziemlich gering war, ein starker Antrieb, der „Auslese" ihrer Kinder zuzustimmen. Es gehörte eine andersartige Überzeugung des Elternhauses dazu, sich dieser Möglichkeit zu verschließen.

Gründungsverfügung der Adolf-Hitler-Schulen

in: Dokumente der deutschen Politik, Bd. 5, Berlin 1938, S. 389–392.

Verfügung des Führers und Reichskanzlers über die Adolf-Hitler-Schulen vom 15. Januar 1937.

Nach Vortrag des Reichsorganisationsleiters der NSDAP und des Jugendführers des Deutschen Reiches genehmige ich, daß die neu zu errichtenden nationalsozialistischen Schulen, die gleichzeitig als Vorschulen für die nationalsozialistischen Ordensburgen gelten sollen, meinen Namen tragen.
Berlin, den 15. Januar 1937.   Adolf Hitler.

Der Führer hat auf Grund eines von uns gemeinsam ausgearbeiteten Planes die obige Verfügung über die Adolf-Hitler-Schulen der NSDAP erlassen. NSDAP und Hitlerjugend haben damit einen neuen gewaltigen Auftrag erhalten, der weit über diese Zeit hinaus in die ferne Zukunft reicht.
Nähere Einzelheiten über die „Adolf-Hitler-Schulen" werden heute noch nicht veröffentlicht. Wir teilen jedoch, um Unklarheiten zu vermeiden, die nachfolgenden Grundsätze mit:
1.   Die Adolf-Hitler-Schulen sind Einheiten der Hitlerjugend und werden von dieser verantwortlich geführt. Lehrstoff, Lehrplan und Lehrkörper werden von den unterzeichneten Reichsleitern reichseinheitlich bestimmt.

2. Die Adolf-Hitler-Schule umfaßt sechs Klassen. Die Aufnahme erfolgt im allgemeinen mit dem vollendeten 12. Lebensjahr.
3. Aufnahme in die Adolf-Hitler-Schulen finden solche Jungen, die sich im Deutschen Jungvolk hervorragend bewährt haben und von den zuständigen Hoheitsträgern in Vorschlag gebracht werden.
4. Die Schulausbildung in den Adolf-Hitler-Schulen ist unentgeltlich.
5. Die Schulaufsicht gehört zu den Hoheitsrechten des Gauleiters der NSDAP. Er übt sie entweder selbst aus oder übergibt die Ausübung dem Gauschulungsamt.
6. Nach erfolgter Reifeprüfung steht dem Adolf-Hitler-Schüler jede Laufbahn der Partei und des Staates offen.

Der Reichsorganisationsleiter der NSDAP
gez. Dr. Ley.
Der Jugendführer des Deutschen Reiches
gez. Baldur von Schirach.

München, den 17. Januar 1937.

Endlose Auslese. Der Weg des Adolf-Hitler-Schülers

in: Dokumente der deutschen Politik, Bd. 5, Berlin 1938, S. 389–392.

Erklärung der Reichsleiter Dr. Ley und Schirach über die Adolf-Hitler-Schulen vom 17. Januar 1937.

Diese Adolf-Hitler-Schulen bilden, wie Reichsorganisationsleiter Dr. Ley am 23. November 1937 auf der Ordensburg Sonthofen ausführte, als erste Stufe des Ausleseprinzips, ein wichtiges Glied im Erziehungssystem des nationalsozialistischen Führernachwuchses (VB. vom 24. November 1937):
„In jedem Gau wird eine dieser Erziehungsstätten der Jugend der Partei errichtet. Von den 32 Schulen liegen zehn bereits im Plan genau fest, und sieben von ihnen wurden zum Bau freigegeben. Vom 12. bis 18. Lebensjahr wird der junge Mensch hier seine einzigartige Ausbildung erhalten.
Die Schüler kommen aus der Masse des Volkes, ohne Ansehen von Stand und finanzieller Lage der Eltern. Nachdem jede Ortsgruppe die Tüchtigsten aus ihrer Jugend vorgeschlagen hat, nachdem der Kreis sie bewertet und gesiebt hat, wird die Musterung die Berufensten von ihnen auslesen. Strengste Maßstäbe prüfen dabei die vollgültige Gesundheit und körperliche Verfassung, die auch nicht den geringsten gesundheitlichen Mangel dulden wird.
600 Schüler, im ganzen also rund 4000, werden dann hier zu einer starken, geistig wachen, körperlich urgesunden, gläubigen jungen Mannschaft auf der Grundlage ehrlichster Kameradschaft herangebildet. Die ganze Ausbildung übernimmt die Partei. Sie ist für die Eltern ohne jede Kosten. Kleidung, Uniform, Lehrmittel und alles, was der Schüler braucht, wird von der Schule gestellt, und ebenso erhalten die Jungen ein angemessenes Taschengeld. Jeder wird gleich reich oder gleich arm sein wie der andere, denn Sonderzuwendungen von zu Hause gibt es für den einzelnen nicht. Alle Gaben der Eltern kommen der Gemeinschaft zugute.
Der Lehrplan ist von Reichsleiter Rosenberg in Gemeinschaft mit dem Reichsorganisationsleiter und dem Reichsjugendführer festgelegt worden. Es gibt bei seiner Durchführung keine Zeugnisse, keine Prüfungen, kein Sitzenbleiben. Der Schüler bewährt sich in charakterlicher Leistung und Wissen, oder er scheidet aus. Eine ständige Bewertung, die in den Personalakten ihren Niederschlag findet, bildet das Gesamturteil über den einzelnen Adolf-Hitler-Schüler, der in den sechs Jahren seiner Schulung im Dienst für die Be-

wegung stehen muß: er hat außerhalb der Schule Dienst in der Front der Hitlerjugend zu tun. Damit wird jeder Absonderung und jedem Dünkel vor den anderen Kameraden ein Riegel vorgeschoben. Nach dieser Ausbildung tritt die junge nationalsozialistische Mannschaft ins Leben. Sie genießt in den folgenden sieben Jahren keinerlei besondere Unterstützung durch die Partei. Jeder muß, das sind die Voraussetzungen für die weitere Teilnahme an der Führerauslese, einen Beruf erlernen und zum Abschluß bringen. Die Universität steht den Adolf-Hitler-Schülern wie jedem Gymnasiasten, der sein Abitur machte, offen. Der Arbeits- und Wehrdienst ist abzuleisten. Jeder hat nun seinen Mann im Leben zu stehen. Selbstverständlich haben sie in den Reihen der SA und SS, im NSKK oder als Block- und Zellenleiter aktiv Dienst für die Bewegung zu leisten.

4000 zogen aus den Adolf-Hitler-Schulen heraus, aber 1000 nur werden jährlich die nächste Stufe, die Ordensburgen, erlangen. Ein Teil wird in Berufe oder in die Wehrmacht eingetreten sein, andere werden den Härten der Prüfung nicht standgehalten haben, weitere werden gesundheitlich nicht mehr alle Forderungen erfüllen, die bei den Musterungen für die Ordensburgen maßgeblich sind, wenn an Hand der Personalakten nach den sieben Jahren die ehemaligen Adolf-Hitler-Schüler zur freiwilligen Meldung aufgerufen werden. Die Besten, Bereitesten und Härtesten werden dann als Elite der jungen deutschen Männer die Ordensburgen beziehen."

Nach vierjähriger Ausbildung und Erprobung „ist die nächste und oberste Stufe dieses Erziehungssystems, die nach allen den vorausgegangenen Erprobungen abermals nur die Auslese der Durchgesiebten erreicht, die Hohe Schule der Partei, die als Garant der nationalsozialistischen Weltanschauung am Chiemsee errichtet wird und der Leitung von Alfred Rosenberg unterstellt wird".

Dieser Akademie fällt zugleich auch die Aufgabe zu, die Lehrkräfte für die Adolf-Hitler-Schulen wie auch für die Ordensburgen wissenschaftlich auszubilden. Wie der vom Reichsjugendführer zum Inspekteur der Adolf-Hitler-Schulen ernannte Gebietsführer Kurt Petter am 28. Mai 1937 auf dem Reichsführerlager der HJ in Weimar darlegte, „wird auch die Auslese der Erzieher gemeinsam von der Partei und von der HJ durchgeführt. Von den Erziehern wird verlangt, daß sie bewährte Nationalsozialisten und HJ-Führer sind und daß sie hervorragende Fachkenntnisse auf ihrem Arbeitsgebiet und pädagogische Begabung besitzen."

Da der Bau der Adolf-Hitler-Schulen, die als „modernste Erziehungsstätten der Welt" (Dr. Ley) im Baustil keine Ähnlichkeit mit den überlieferten Schulgebäuden haben sollen, erst vor kurzem begonnen wurde – in zehn Jahren sollen sämtliche Schulen vollendet sein –, wurden die ersten Klassen der Adolf-Hitler-Schulen am 19. April

1937, dem Vorabend des Geburtstages des Führers, von den beiden Reichsleitern Schirach und Dr. Ley auf der Ordensburg Crössinsee mit einem feierlichen Weiheakt eröffnet. In seiner Ansprache an die ersten 300 Schüler, die dann im Herbst 1937 auf der Ordensburg Sonthofen untergebracht wurden, erklärte der Reichsjugendführer: „Wir wollen keine bleichen Musterknaben, sondern aufrechte und fröhliche deutsche Jungen, die auch das Ringen und Boxen verstehen, denen keine Mauer und kein Zaun zu hoch ist. Wir verlangen von euch Mut, Tapferkeit, Entschlossenheit und Draufgängertum. Angeber können wir nicht gebrauchen. Ihr müßt zusammenhalten wie Pech und Schwefel. Die Ehre eurer Gemeinschaft ist das Schönste, was ihr in eurem jungen Leben besitzt."

Die Grundsteinlegung der ersten Adolf-Hitler-Schule wurde am 15. Januar 1938, dem Jahrestag der Verfügung des Führers, in Anwesenheit des Reichsorganisationsleiters Dr. Ley und des Reichsjugendführers Baldur von Schirach in Waldbröl (Gau Köln-Aachen) vollzogen. Gleichzeitig wurde der Grundstein gelegt für neun weitere Schulen in Koblenz (Gau Koblenz-Trier), Landstuhl (Gau Saar-Pfalz), Mittenwald (Gau München-Oberbayern), Hesselberg (Gau Franken), Weimar (Gau Thüringen), Schneckengrün bei Plauen (Gau Sachsen), Potsdam (Gau Kurmark), Heiligendamm (Gau Mecklenburg) und Tilsit (Gau Ostpreußen).

Günter Kaufmann: Die Adolf-Hitler-Schulen und der politische Ritterschlag

in: 24, 161–173.

Im März 1942 erfuhr die deutsche Öffentlichkeit durch eine Mitteilung der Presse von der erstmaligen Durchführung von Abschlußbeurteilungen auf sämtlichen Adolf-Hitler-Schulen und von der Überreichung des Diploms an die ersten 230 Jungen durch den Reichsleiter für die Jugenderziehung Baldur von Schirach. Diese Nachricht gab zu verstehen, daß der Schulaufbau der Adolf-Hitler-Schulen mit der Entlassung des ältesten Jahrganges endgültig abgeschlossen ist. Damit hat das deutsche Volk zum ersten Male in seiner Geschichte eine politische Erziehungsstätte für seine zur Führung vorbestimmt scheinenden Söhne erhalten. Der Nationalsozialismus, der erkannt hat, daß unser deutsches Volk niemals in der Geschichte aus militärischen Gründen entscheidende Zusammenbrüche erlebt hat, sondern daß ihm in seinen Notzeiten *immer nur eine politische Herrenschicht* fehlte, gab mitten im Krieg um seine Weltgeltung bekannt, daß diese Fehlerquelle der deutschen Geschichte beseitigt worden ist. Was der Weltmacht der katholischen Kirche an Führungskräften aus den Jesuitenschulen erwuchs, was in Eton dem britischen Empire an geschulten Politikern zur Führung anderer Völker erzogen wurde, das trägt im nationalsozialistischen Reich als Schüler den Namen Adolf Hitlers. Und dieser Name ist Programm für die Zukunft, kann wie keine andere Bezeichnung in aller Deutlichkeit ankündigen, daß hier ein vielseitig gebildetes, zur Härte erzogenes und im Volk verwurzeltes Führerkorps der Zukunft heranwächst ...

Die Grundlage für den Erfolg der Ausbildung auf diesen hohen Schulen der Jugend ist *die Auslese*. Man ist sich klar darüber, daß ein politischer Führer nicht durch Erziehung und Ausbildung allein herangezogen werden kann, sondern daß seine Anlagen und Fähigkeiten, sein Charakter und sein Blut wesentlich bestimmend für seinen Weg sein muß, der allerdings durch eine vorbildliche Erziehung weitgehend entwickelt, ausgerichtet und bestimmt werden kann.

Während der Besuch einer höheren Schule im allgemeinen dem Wunsch der Eltern entspringt und heute auch noch wesentlich von der wirtschaftlichen Stellung der Eltern abhängig ist, fällen für den Besuch einer Adolf-Hitler-Schule nicht die Eltern, sondern die NSDAP als Willensträgerin der Nation selbst die Entscheidung über die Aufnahme zu einer solchen Ausbildung der später zur Führung berufenen Jugend. Die Herkunft des Jungen ist absolut gleichgültig ... Entscheidend ist, daß er eine völlige Gesundheit, einen einwandfreien Charakter, im Jungvolkdienst bewährte Führereigenschaften, sportliche Leistungsfähigkeit, gute Schulleistungen, einwandfreie Abstammung (arischer Nachweis bis 1800), Erbgesundheit und Erbtüchtigkeit der Sippe und Eltern besitzt, die sich in der völkischen Gemeinschaft betätigt haben, wobei die Parteizugehörigkeit nicht unbedingt Voraussetzung für die Aufnahme des Jungen in die Schule sein muß. Das Ausleseverfahren erfolgt in besonderen Auswahlkursen, im Sommerlager, in sogenannten Vor- und Endausleselehrgängen unter Führung der Hitlerjugend. Nach diesem Ergebnis werden die Jungen dem zuständigen Hoheitsträger vorgestellt und, nachdem auch hier eine gründliche Eignungsfeststellung vorgenommen worden ist, überzeugen sich die Gauleiter in den meisten Fällen persönlich von dem Ergebnis der Auslese, sprechen mit den vorgeschlagenen Pimpfen und berufen sie danach endgültig in die Adolf-Hitler-Schulen ...

Es ist selbstverständlich, daß nur die Mutigsten, Aufgewecktesten, körperlich Kräftigsten, geistig Begabtesten Aufnahme finden können. Eine einseitige starke Veranlagung, die für einen Jungen beispielsweise die Möglichkeit für einen erfolgreichen Besuch einer höheren Schule mit sich bringen könnte, genügt auf einer Adolf-Hitler-Schule nicht. Weder der ausschließliche Kraftmeier noch der nur intellektuell hervorragend begabte Junge könnten sich auf die Dauer hier durchsetzen. Die *Gleichberechtigung künstlerischer, geistiger und körperlicher Ausbildung* versprechen nur *dem* Jungen erfolgreich die Anforderungen einer Adolf-Hitler-Schule zu bestehen, der für alle drei Erziehungsgebiete eine gleich starke außerordentliche Begabung mitbringt. *Die universale Erziehung verlangt eine universale Veranlagung.* Es ist daher selbstverständlich, wenn für ein solches Schulsystem nur eine wirklich kleine Elite alle Voraussetzungen mit sich bringt ...

Auf den Adolf-Hitler-Schulen gibt es kein Klassenbuch, kein Katheder, keinen großen und kleinen Eintrag und ebenso keine Zensuren und Strafarbeiten. Sämtliche *Imponderabilien der herkömmlichen alten Schule* sind also abgeschafft. Darin liegt ihre revolutionäre Bedeutung. Ihr einen vollkommen neuen Inhalt und damit das revolutionäre Gesicht unserer Bewegung gegeben zu haben, ist, wie Dr. Ley den ersten zur Entlassung kommenden jungen Menschen zum Abschied sagte, das große Verdienst des Reichsleiters Baldur von Schirach. Das erzieherische Prinzip der nationalsozialistischen Jugendbewegung, das Adolf Hitler aufstellte, „Jugend soll durch Jugend geführt werden", ist hier in seiner praktischen Nutzanwen-

dung auch im schulischen Bereich verwirklicht. *Der Erzieher* ist daher Lehrer und Jugendführer in einer Person. Es kann daher nur einer auf einer Adolf-Hitler-Schule Erzieher werden, der allen fachlichen Anforderungen genügt – es handelt sich auch in fast allen Fällen um bewährte Studienassessoren oder in der handwerklichen Erziehung um Handwerksmeister – und auch in der Lage ist, eine HJ-Einheit zu führen und sich darin besonders bewährt und als geeignet erwiesen hat. Für die künftige Ausbildung der Erzieher auf Adolf-Hitler-Schulen ist dem besonderen Charakter der Schulen entsprechend eine eigene zusätzliche Ausbildungsstätte, die Erzieherakademie der Adolf-Hitler-Schule, im Aufbau begriffen. Äußerlich kommt diese Einheit in der Person von Lehrer und Jugendführer, wie wir sie hier erstmalig bewußt verwirklicht vorfinden, in dem *„Du"* zum Ausdruck, das Erzieher und Adolf-Hitler-Schüler verbindet ...
Das Ergebnis ist, daß die Jungen früher zum Selbstbewußtsein, zur eigenen Verantwortlichkeit und zur Arbeit an sich selbst erzogen werden und nicht ihre Kräfte durch den immerwährenden Versuch vergeuden, sich um die ihnen gestellten Aufgaben herumzudrücken und ihre Lehrerschaft zu betrügen. In der Praxis sieht die Selbstführung der Jugend auf einer Adolf-Hitler-Schule so aus, daß die Zwölf- und Dreizehnjährigen auf der Schule als Jungzug bezeichnet und die vier älteren Jahrgänge dagegen als Schar eingeteilt werden. Jeder Jungzug wird von einem älteren Schüler, der einer Schar angehört, geführt, dieser heißt Jungzugführer. Aber schon aus den Reihen des Jungzuges selbst wird ein Pimpf bestimmt, der für die Dauer eines Tages als *„Pimpf* vom *Dienst"* in Funktion tritt. Er kontrolliert Bettenbau, Waschen und Anziehen und die Sauberkeit der Fingernägel. Wenn der Tag vorüber ist, dann tritt er wieder in die Reihen seiner Jungzugkameraden ein und wird von einem anderen, dem er noch gestern auf die Finger schaute, seinerseits kontrolliert Im Krieg wurde die Aufgabe eines *Hauptscharführers* eingeführt, der für den Dienstbetrieb der ganzen Schule für die Dauer einer Woche verantwortlich ist ...
Die Selbständigkeit der Jungen und ihre allgemeine Lebenstüchtigkeit wird allerdings auch durch die Bemühungen gefördert, jede Inzucht im Schulbetrieb zu vermeiden und die Jungen an dem Dienst der allgemeinen HJ *außerhalb der Schule in der Umgebung* teilnehmen zu lassen. Ferner werden sie in ihren Ferien nicht nur eine bestimmte Zeit in ihr Elternhaus entlassen, sondern auch in Rüstungsbetriebe, auf Bauernhöfe, in Bergwerke, zu Gesandtschaften und Botschaften ins Ausland oder in völkisches Grenzgebiet entsandt und kommen von einem solchen eigenen Einsatz, bei dem sie durch ihre Arbeit sich Unterhalt und Unterkunft verdienen, meist mit einer Fülle von Eindrücken in allen sittlichen, sozialen und po-

litischen Fragen angefüllt wieder auf die Schule zurück, und hier
können die Eindrücke des Lebens wieder in der Gemeinschaft verarbeitet und geordnet werden. Hier kann die erzieherische Persönlichkeit nun eingreifen und die jungen Seelen wirklich prägen. Dadurch,
daß der Erzieher mit den Jungen lebt und nicht nur für die Stunden
des Unterrichts ausschließlich mit ihnen verbunden ist – soweit er
nicht sich der eigenen Familie, die im Umkreis der Schule lebt,
widmet –, kann er *mehr* als nur Wissen vermitteln, sondern Persönlichkeiten bilden.

Der Inhalt der Erziehung auf den Schulen der Partei
Die Führung und Ausbildung der Schulen liegt in den Händen der
Hitlerjugend und wird vom Reichsleiter Baldur von Schirach, auch
nachdem er die Aufgabe des Reichsjugendführers an seinen alten
Freund und Mitarbeiter Artur Axmann abgegeben hat, persönlich weitgehend beeinflußt und verantwortet...
Die körperliche Erziehung geht davon aus, die Gesunderhaltung
und Ertüchtigung der Jungen zu gewährleisten und hier ein Höchst-
maß an Erfolg zu erzielen. Licht, Luft und Sonne, die die modernen,
schönen und zweckmäßigen Schulbauten erfüllen und im Dienstbetrieb eine große Rolle spielen, sind hierfür die Voraussetzung. Im
Winter wird auf den herrlichen Hängen des Allgäu sehr viel Skisport
betrieben, im Sommer werden Ausflüge und Bergtouren unternom-
men... Im Mittelpunkt der planmäßigen körperlichen Ertüchtigung
steht allerdings der Kampf- und Leistungssport. Er vollzieht sich am
Gerät oder im Boxring, auf dem Rasen oder der Aschenbahn. Jeder
Junge wird im Schwimmen ausgebildet; Mutproben werden durchgeführt, um seinen Willen zu bilden und ihn hart zu machen.
In der geistigen Erziehung sind die Kernfächer Volkskunde und
Biologie. Unter Volkskunde werden hier sämtliche Kulturgüter des
deutschen Lebens verstanden, also Deutsch, Geschichte, Erdkunde
und Religionskunde. Der Lehrplan beginnt beim jüngsten Jahrgang
mit der deutschen Geschichte seit 1870/71 und führt über den Weltkrieg bis zur nationalsozialistischen Revolution. Die Dreizehnjährigen erhalten dann Unterricht in römischer, persischer und griechi-
scher Geschichte. Die Vierzehn-, Fünfzehn- und Sechzehnjährigen
werden über die gesamtdeutsche Geschichte von ihren Anfängen an
bis zur Reichsgründung unterrichtet und mit der Geschichte der anderen Völker vertraut gemacht. Schließlich gehört in den Bereich
der Volkskunde noch das Fach „Blick in die Welt", in dem Tages-
fragen behandelt werden... In den Bereich der Biologie fällt auch
die Rassenkunde, die die Erkenntnis der Zusammenhänge des Lebens und die Grundlage unserer nationalsozialistischen Weltanschauung vermittelt...

430

An Fremdsprachen werden Latein und Englisch gelehrt. Wer über große sprachliche Begabung verfügt, kann noch in einer Wahlsprache ausgebildet werden. So lernten vom ältesten Jahrgang 1942 15 Jungen Griechisch, 100 Russisch, 150 Französisch. Auch italienische Spracherzieher sind für die einzelnen Adolf-Hitler-Schulen in Zukunft vorgesehen.

Eng mit der charakterlichen Erziehung ist *die musische Ausbildung* verbunden. Unter ihr verstehen wir den theoretischen Kunstunterricht, die handwerkliche Ausbildung, die Geschmacksbildung und die musikalische Erziehung. Es wird dabei weitgehend auf die eigene Neigung und Veranlagung des einzelnen Rücksicht genommen. Wer sich also für die Bildhauerei interessiert, kann plastisch arbeiten, wer Anlage zum Musizieren hat, erhält Instrumentalunterricht, wer Freude am Zeichnen und Malen hat, der erhält hierin seine Unterweisung ... Vom vierten Jahr ab wird überhaupt auf allen erzieherischen Gebieten der Adolf-Hitler-Schulen den Jungen die Möglichkeit gegeben, besondere Neigungen auch stärker als andere Gebiete zu pflegen, gleichgültig, ob es sich um die Ausbildung in einer zusätzlichen Sprache, auf einem Gebiet des Sports oder in der Werkerziehung handelt. Die musische Betätigung der Jungen erstreckt sich auf fast alle Gebiete des künstlerischen Lebens. Während der Abschlußprüfungen geben die Adolf-Hitler-Schulen den beiden Reichsleitern, die regelmäßig selbst die Prüfungen überwachen, einen Einblick in das Talent, das sie entwickelt und ausgebildet haben. Da werden nicht nur schöne Vasen und Gemälde vorgewiesen, sondern auch kleine Theaterstücke in schönsten Kostümen, die ein großes Staatstheater aus seinem Fundus zur Verfügung stellt, vorgeführt, da werden kleine Konzerte veranstaltet und Chöre treten auf ...

Ein wichtiges Merkmal der Erziehung auf einer Adolf-Hitler-Schule ist im Unterschied zum normalen Schulbetrieb die bewußte *Erziehung zum Kampfgespräch und zur freien Rede.* Diskussionen werden veranstaltet, in denen weltanschauliche Fragen, politische Fragen, Fragen des sittlichen Lebens zur Debatte gestellt und für die verschiedenartigsten Standpunkte Jungen bestimmt werden, die nun eine These, gleichgültig ob sie von ihr überzeugt sind, plausibel begründen und durchstehen müssen. In solchen Diskussionen sprühen die Funken, entpuppen sich die hellen, geweckten Jungenherzen, hat jeder Erzieher einen schweren Stand, der sich nicht völlig konzentriert auf das Thema richtet, und die Jungen, denen alle Bibliotheken offenstehen, bereiten sich mit besonderem Vergnügen auf diese Kampfgespräche vor, um hier, so wie im sportlichen Wettkampf, die Kameraden zu übertreffen und als Sieger in diesem Kampf hervorzugehen.

Viele Eltern werden die Liebe zu ihren Kindern höher stellen als die außerordentlichen Möglichkeiten, die sich der Zukunft ihrer Jungen durch diese Ausbildung eröffnen. Gewiß bedeutet der Eintritt in eine Adolf-Hitler-Schule, daß *das Elternhaus mit seinen Ansprüchen* an das Leben des Jugendlichen weitgehend zurücktreten muß. In Kenntnis dieser Gefühle aber haben die verantwortlichen beiden Reichsleiter Dr. Ley und Baldur von Schirach dafür Sorge getragen, daß dreimal im Jahr, zu Weihnachten, zu Ostern und in den großen Ferien, die Jungen zu ihren Eltern für einige Zeit nach Hause fahren können. Um ihnen aber die Möglichkeit zu geben, durch eigene Anschauung das Leben auf den Schulen kennenzulernen, sind Besuche der Eltern auf den Adolf-Hitler-Schulen möglich und erwünscht. Außerdem stehen die Erzieher in ständigem Briefverkehr mit den Eltern der Jungen und geben ihnen Rechenschaft von den Leistungen ihrer Kinder... Für den Erzieher aber ist der Kontakt mit dem Elternhaus, das er ebenfalls selbst in den Ferien aufsucht, um persönlichen Kontakt mit den Eltern seiner Jungen zu finden, schon deshalb wichtig, weil er die Möglichkeit haben muß, auch Geist und Haltung der Familiengemeinschaft kennenzulernen, in der der Adolf-Hitler-Schüler aufwächst.

Nach dem politischen Ritterschlag

Die Entlassung des ersten Jahrganges von Adolf-Hitler-Schülern ins Leben hat begreiflicherweise das Interesse für den *zukünftigen Lebensweg* dieser jungen Menschen lebhaft gesteigert. Wie in der Verfügung des Führers gesagt worden ist, sollen die Adolf-Hitler-Schulen als Vorschulen für die Ordensburgen dienen. Dies gilt insoweit, als die Jungen die politische Führerlaufbahn einzuschlagen beabsichtigen, damit also für den überwiegenden Teil der Jungen. Da sie aber erst mit 25 Jahren auf die Ordensburgen berufen werden, so steht ihnen in der Zwischenzeit außer ihrem Wehrdienst die Möglichkeit zum Studium offen, können sie ein Handwerk erlernen, sich im Ausland umsehen. Von den Ostern 1942 zur Entlassung kommenden Jungen entschieden sich 67 v. H. für die politische Führerlaufbahn, 10,9 v. H. wollen Offiziere werden, 7,1 v. H. für technisch-wissenschaftliche und 4,6 v. H. für erzieherische Berufe usw. Erwünscht ist jedenfalls stets, daß sie irgendeinen Ausbildungsgang vollkommen und zur Zufriedenheit abschließen. Die Partei, die immer mit den Adolf-Hitler-Schülern Verbindung behält, hat nicht die Absicht, ihnen ihren Lebensweg zu erleichtern und ihnen alle Schwierigkeiten aus dem Wege zu räumen. Sie sollen selbst das Leben mit allen seinen Widerständen und Mühseligkeiten kennenlernen. Dort aber, wo beim einzelnen Jungen der Wunsch nach einer besseren Ausbildung, nach dem Kennenlernen irgendeines Landes oder eines Berufszweiges besteht, wird die Partei, werden insonderheit die Gaupersonalämter, aber auch der Reichsleiter Dr. Ley persönlich die Wege ebnen und alles daransetzen, um die Ausbildungsmöglichkeiten für den einzelnen Adolf-Hitler-Schüler zu verbessern. Auch diejenigen, die nicht den Beruf des politischen Führers unmittelbar ergreifen werden, dürften, gleichgültig welchen Beruf sie erwählen, in der politischen Arbeit ihres Berufszweiges stehen. Wir brauchen *in allen Berufen führende nationalsozialistische Persönlichkeiten,* und darum besteht von vornherein nicht ein absolutes Interesse der Partei, nun unbedingt die Jungen nur für die politische Führerlaufbahn zu bestimmen. Die freie und unbeeinflußte künftige Entscheidung, die die einzelnen Jungen für ihr Leben finden, ist wertvoll und wird daher für die Partei immer bestimmend sein. Denn so wie sich ihre Mitglieder nur aus Freiwilligkeit heraus rekrutieren, so werden auch für ihre Führungsaufgaben nur diejenigen berufen sein können, die aus vollster innerer Überzeugung und Begeisterung sich für diese hohe Mission entscheiden. Der Unterschied zwischen den politischen Schulen Adolf Hitlers und den Hohen Schulen der britischen Herrenschicht in Eton ist offenbar. Während auf der Insel die Plätze der vornehmsten Schulen auf Generationen hinaus von denselben adligen Familien belegt sind und nur dort einer aufgenommen wird, der nachweisen kann, daß seine Ahnen vor ihm die Schulbank in der gleichen Anstalt gedrückt haben, entscheidet bei uns die Leistung und ist Herkunft und Elternberuf gleichgültig. Während dort ein Eton-Schüler mindestens 150 Pfund Sterling als Monatswechsel mitbringen muß, was soviel wie 3000 RM sind, werden diese Schulen für die kommende Führerschicht vom Volk bezahlt und ist die Ausbildung für den einzelnen kostenlos. Während dort niemals ein Arbeiterkind in der Lage ist, in die Führung des britischen Volkes auf dem Wege der normalen Ausbildung zu gelangen, steht dem deutschen Arbeiterkind der Weg zu der höchsten Ausbildung und zu der Ehre offen, den Namen eines Adolf-Hitler-Schülers tragen zu können. In der Stunde aber, da ihnen der Reichsleiter Baldur von Schirach im Namen des Führers das Diplom der Adolf-Hitler-Schule überreicht und ihnen mit diesem Zeugnis der Reife der Weg in das Leben und die Führung der Nation offensteht, empfangen sie den *politischen Ritterschlag des revolutionären Jahrhunderts.*

KAPITEL 10

IDEOLOGISCHE KONSEQUENZEN:
DIE BEHANDLUNG DER OSTVÖLKER

Die kulturpolitischen Vorstellungen des Nationalsozialismus, die sich bereits in Deutschland tiefgreifend auswirkten, gewannen erst in den besetzten Ostgebieten ihre unbeschönigte Brutalität. Neben den Juden waren die bolschewistischen Führer – die entweder selbst als Juden oder als Judenknechte galten – seit der Frühzeit der NSDAP verleumdet worden; sie wurden als „Kulturzerstörer" verschrien. Die SS begründete ihr Elitebewußtsein wesentlich von der Auffassung her, als „antibolschewistische Kampforganisation" in die Geschichte eingehen zu wollen (vgl. Dok. 80). Der zweijährige Nichtangriffs- und Wirtschaftsvertrag (1939–1941) zwischen Deutschland und der Sowjetunion bewirkte keinen Wandel in der nationalsozialistischen Anschauung, wie sich in ihr grundsätzlich überhaupt nichts änderte, sondern der Haß wurde nur befristet verschwiegen. Hitler fühlte sich darum auch „wieder innerlich frei", als er sich zum Angriff auf die Sowjetunion entschlossen hatte. *Ich bin nun glücklich, von dieser Qual befreit zu sein,* so schrieb er an Mussolini (69, 15). Nunmehr konnte er in den gebräuchlichen agitatorischen Stil zurückfallen. Im 14. Kapitel seines Buches „Mein Kampf" hatte er sich ausführlich mit „Ostorientierung und Ostpolitik" beschäftigt und das Recht auf „Lebensraum" unverblümt ausgesprochen. Er wollte Land und Reichtum und begründete die Forderung mit der rassischen Minderwertigkeit der Ostvölker und einer angeblichen deutschen „Kulturmission". Die Propaganda gegen den Osten ließ sich an Grobheit nicht mehr überbieten.
Der 22. Juni 1941 bedeutete die eigentliche Kriegswende; denn dies war der Augenblick, an dem Hitler den Vertrag brach und in die Sowjetunion einfiel. Von einer Fehlspekulation geriet er in die andere, und seine tiefe Unbelehrbarkeit beschwor die Katastrophe selbst herauf. Jener 22. Juni 1941 war aber auch der Tag, da das deutsche Kulturbewußtsein und „Herrenmenschentum" für die Gestaltung des „Ostraums" tätig werden konnte. Verhängnisvoll wirkte es sich aus, daß bald an Hand von Fotos russischer Kriegsgefangener in deutschen Zeitungen das Wort „Untermensch" auftauchte („Sowjetgefangene sehen dich an!"). Das Wort war schon 1935 von

Himmler gebraucht worden (vgl. Dok. 80). Hitler redete vom „Mongolensturm" und vom „Europäischen Kreuzzug" gegen den Osten, der die abendländische Kultur retten solle (69, 79; vgl. Dok. 97). Goebbels sekundierte entsprechend: *Die Russen sind kein Volk, sondern eine Ansammlung von Tieren,* womit er eine Wendung aus Hitlers Tagesbefehl vom 2. Oktober 1941 wieder aufnahm, in dem es geheißen hatte, die Russen seien größtenteils nicht Soldaten, sondern Bestien. Der Chefideologe, Alfred Rosenberg, ließ sein 1922 erschienenes Pamphlet *Die Pest in Rußland* 1944 erneut drucken. So entstand Hitlers „Vernichtungskrieg" gegen die Sowjetunion, und mit seinem berüchtigten „Kommissarbefehl" verfügte er die sofortige Liquidierung aller gefangenen Politruks, womit die internationalen Gepflogenheiten bezüglich der Behandlung Kriegsgefangener außer Kraft gesetzt waren und der Ostfeldzug sich beiderseitig zu immer größerer Erbitterung und Rücksichtslosigkeit steigerte. Die im Namen Deutschlands verübten Greuel sind derartig, daß man ihnen heute gern ausweicht. Wo man es aber über sich bringt, die Quellen sprechen zu lassen, wird erst deutlich, wie vieles vergessen worden ist: 5 Millionen sowjetische Kriegsgefangene fielen während des Ostfeldzuges insgesamt in unsere Hände. Man ging derartig mit ihnen um, daß 2 Millionen in deutschem Gewahrsam starben, eine weitere Million gilt als vermißt, wodurch die Bilanz noch düsterer wird. Im Grunde verfolgten die Nationalsozialisten das Ziel, alle gefangenen sowjetischen Soldaten zu beseitigen. Die Lebensmittelzuteilungen in den russischen Lagern wurden deshalb weithin unter das Existenzminimum hinabgedrückt (vgl. IMG 1519 – PS). Wie Rudolf Höß, der Kommandant von Auschwitz, in seiner Biographie bemerkt, stieß er auf Fälle von Menschenfresserei. Mehrere Millionen Sowjetbürger wurden als Zwangsarbeiter ins Reich deportiert, über die Grenzen ihrer Kräfte ausgenutzt und schikanös behandelt.

Eine deutsche Kulturpolitik war zu Beginn des Rußlandfeldzuges überhaupt nicht vorgesehen, und es gab, solange man noch im Vorteil war, keine Versuche, die Sowjetvölker als Bundesgenossen zu gewinnen. Man hatte insgesamt nur mit einer Kriegsdauer von drei Monaten gerechnet, und bei Winterbeginn sollte Rußland erledigt sein. Darum stand der Truppe beim Kälteeinbruch auch keine Winterkleidung zur Verfügung. Hitler hatte sich völlig verschätzt; in seiner Rede vom 3. Oktober 1941 verkündete er, *daß dieser Gegner bereits gebrochen ist und sich nie mehr erheben wird!* – Sobald die Gebiete von der militärischen an die Zivilverwaltung übergeben wurden, fielen die Kulturfragen in das Ressort des „Reichsministers für die besetzten Ostgebiete", Alfred Rosenberg, der aber zu verworren und zu schwach war, sich gegenüber seinen „Generalkommissaren" durchzusetzen (IMG 192 – PS), die seine Anordnungen durch Konspiration mit dem „Sekretär des Führers", Reichsleiter Bormann, höhnisch umgingen. Der schärfere Kurs gegenüber den Ostvölkern wurde von Hitler völlig gebilligt. Die deutschen Beamten, die von den einzelnen Berliner Ministerien für den Dienst in den besetzten Ostgebieten abkommandiert wurden, stellten eine Nachlese dar. Die Ministerien hatten schon zu oft Beamtenkontingente für das besetzte Europa abgeben müssen, um noch über tüchtige Kräfte zu verfügen. Was sie 1941/42 entsenden konnten, war außerordentlich dürftig, sei es in charakterlicher, sei es in fachlicher Hinsicht. Oft traten auch Parteifunktionäre, die von Verwaltung überhaupt nichts verstanden, in die Lücken und konnten sich als Vertreter der „Herrenrasse" gegenüber der sowjetischen Bevölkerung aufspielen. Waren in vielen Teilen der Sowjetunion die Einwohner den deutschen Soldaten herzlich entgegengekommen und hatten sie zum Teil als Befreier vom Joch Stalins begrüßt, so bewirkten die Umstände unter deutscher Verwaltung und das Wüten der „Einsatzgruppen", daß die Bevölkerung langsam umschwenkte und das sowjetische Partisanenwesen Zulauf und moralische und materielle Unterstützung fand. Die deutsche Borniertheit beschleunigte die Katastrophe.

Hitler war der Meinung, die „Bildung" im Osten sollte auf ein Mindestmaß beschränkt werden, er fürchtete sonst revolutionäre Umtriebe. Die grotesken Gedanken aus seinen „Tischgesprächen" sind rasch wiedergegeben (vgl. Dok. 96): In den Schulen dürfe man nicht mehr lernen als höchstens die Bedeutung der Verkehrszeichen; Inhalt des Geographieunterrichts dürfe im großen und ganzen nur sein, daß die Hauptstadt des Reiches Berlin heiße und jeder in seinem Leben einmal dort gewesen sein müsse; Unterricht im Rechnen und dergleichen sei überflüssig (30, 116, vgl. auch Dok. 81).

In den eroberten russischen Gebieten wurde eine vierklassige Grundschule eingerichtet, die Schüler im Alter bis zu 11 Jahren aufnehmen durfte. Der Gauleiter von Ostpreußen und „Reichskommissar" der Ukraine, Erich Koch, meinte allerdings, daß seiner Überzeugung nach selbst eine dreijährige Grundschule „einen zu hohen Bildungsstand" in der Ukraine zur Folge haben würde (69, 473), und er gab im Winter 1943 gewiß gern bekannt, daß im Reichskommissariat Ukraine die Schulen wegen Kohlenmangel in mehreren Bezirken geschlossen werden müßten. Rosenberg wandte sich gegen diese Maßnahme und verklagte seinen Untergebenen Koch vor Hitler, der wiederum nur das alte Klischee über den Zusammenhang von „Bildung" und Revolution anzubringen wußte, womit Koch recht bekam. Die Verhältnisse waren etwas besser, wo die besetzten Gebiete Militärbefehlshabern unterstanden; dort baute man sogar die Schulen von vier auf sieben Klassen aus, obwohl auch hier längst nicht alle schulpflichtigen russischen Kinder berücksichtigt werden konnten, weil die Plätze einfach nicht ausreichten. Außerdem war dies eine eigenmächtige „humane" Militärverfügung, die aufgehoben wurde, sobald das Gebiet in die Hände der Reichsverwaltung überging.

Höhere Schulen und Universitäten wurden im Osten überhaupt nicht zugelassen. Hitler fürchtete wieder, daß man gefährliche Intellektuelle heranzüchten könne; seiner Meinung nach neigte der Geist stets zu Verschwörungen, wodurch Hitler seinen eigenen Horizont charakterisierte. Rosenbergs Plan, in Kiew eine einheimische Universität zu eröffnen, fiel entsprechend in Ungnade. Lediglich über die Trockenlegung von Sümpfen, Landvermessung und den Anbau von Gummipflanzen sollten Lehrgänge für Ukrainer stattfinden dürfen, damit sie sich hier einige theoretische Kenntnisse aneignen könnten (69, 477). Auch ein System von Berufsschulen für das Veterinärwesen, Verkehr, Landwirtschaft und Geologie wurde von Rosenberg gegen den Widerstand Erich Kochs gefordert. Diese Schulen sollten den deutschen Bedarf an einheimischen Helfern für die zügigere wirtschaftliche Ausbeutung der besetzten Ostgebiete decken. Alle diese Bestrebungen gerieten aber in die Interessenkonflikte und weltanschaulichen Gegensätzlichkeiten der Gruppen, die sich weiter verstärkt hätten, wäre auch noch der Kaukasus, wie vorgesehen, aufgeteilt worden (vgl. Schema S. 475). Der Sowjetbürger mußte erkennen, wie sehr er von den „Herrenmenschen" verachtet wurde. Was immer man von deutscher Seite tat, sollte dazu dienen, das Land ohne Rücksicht auf seine Bewohner auszuplündern, um den Krieg zu gewinnen. Insgeheim hatte man schon mit deutscher Gründlichkeit die Menschen der besetzten Ostgebiete in ein niederträchtiges Schema eingeplant (vgl. Schema S. 476).

Dokument 89

Alfred *Baeumler,* der „Philosoph" der Nationalsozialisten, entfaltet an zwei baltischen Bauwerken seine pseudowissenschaftliche Interpretation, die für viele literarische Versuche Baeumlers kennzeichnend ist. Der slawische Charakter bestätigt sich ihm als unheimlich und brutal. Das ist die psychologische Verführungsmethode, einen Furchtkomplex anzusetzen, aus dem Haß entspringt. Es war ein verbrecherisches Verfahren, die Gefühle des deutschen Volkes gegenüber dem russischen zu vergiften, indem man bereits kunstgeschichtliche Archetypen sprechen ließ. Diese Indoktrination hat den Kampf mit der Sowjetunion stimmungsmäßig vorbereitet.

Germanischer und slawischer Charakter

in: Alfred Baeumler: Alfred Rosenberg und der Mythus des 20. Jahrhunderts. München (1943³), S. 5.

An der Ostgrenze Estlands liegen zwei Festungen einander gegenüber. Auf dem westlichen Ufer der Narwa erhebt sich die vom Deutschen Ritterorden gebaute Hermannsburg: machtvoll aufragend und klar gegliedert, fest wurzelnd und zugleich hoch aufstrebend, von scharfem Umriß – das Bild einer Kraft, die, in sich ruhend, der Welt sich zuwendet, um sie geistig zu beherrschen.
Gegenüber auf dem östlichen Ufer zieht sich die slawische Feste Iwangorod hin. Immer neue Massen ansetzend, wälzt der kaum gegliederte Bau sich in den Raum. Seine Verhältnisse und Maße haben kaum mehr etwas Menschliches. Während der Turm hier im Westen uns an die Haltung eines Kriegers erinnert, der ruhig und sicher im Sattel sitzt, kann dort im Osten die Vorstellung von einer menschlich-ritterlichen Haltung sich nicht einstellen. Furchtbare Geheimnisse müssen diese ungefügen Mauern verbergen. Vor unserem geistigen Auge erscheint ein unmenschlicher Despotismus und eine ebenso unmenschliche Knechtseligkeit. Jede mittelalterliche Festung hat ihre Verliese, aber diese Burg wirkt wie ein einziges düsteres Verlies. Wir vermissen an diesem Bauwerk jeden Klang einer heiteren freien Schöpfung. Die Auswegslosigkeit einer der deutschen entgegengesetzten Seele scheint sich in ihm ihr Symbol geschaffen zu haben.
Deutsche Gestalt und asiatische Endlosigkeit: – an der östlichen Grenze des Baltenlandes begegnen sie sich auf engstem Raum. Aus der schweigenden Unbedingtheit der baulichen Erscheinung treten mit unerhörter Wucht die *Charaktere* hervor, die das Schicksal der Völker sind.

Die polnischen Gebiete haben am längsten unter deutscher Verwaltung gestanden, wenn man von der schon früher überfallenen Tschechoslowakei absieht. Gegen die Polen richtete sich die erklärte Verachtung der Nationalsozialisten; in ihnen sah man ausgesprochen minderwertiges „Menschenmaterial" und bestimmte sie daher zum dauernden „Frondienst" für die deutschen „Herren". Die Verhetzung unmittelbar vor dem Polenfeldzug 1939, die provokatorische Haltung der „Volksdeutschen", die man vom Reich aus gegen Warschau aufputschte, einzelne polnische Terrorakte („Bromberger Blutsonntag"), vertieften den gegenseitigen Haß. Darum sah das polnische „Bildungswesen" unter deutscher Besatzung so aus, wie es in dem folgenden Dokument geschildert wird.

Schulbesuch polnischer Kinder

in: 32, 312–317.

Der Regierungspräsident   Hohensalza, den 27. Juni 1942
II 2 C: 57/42. II 3 G.
An die Herren Landräte – Schulamt.
An die Herren Oberbürgermeister.
An die Herren Schulräte in Hohensalza, Gnesen und Leslau.

Betrifft: Schulbesuch polnischer Kinder
Aus mancherlei Erwägungen heraus ergibt sich die Notwendigkeit, die Kinder des polnischen Volkstums mit Beginn des neuen Schuljahrs allgemein zu beschulen. Für die zu ergreifenden Maßnahmen sind die nachstehenden Richtlinien zu beachten:
I. Allgemeines, insbesondere Schulpflicht.
1.   Für Kinder polnischer Volkszugehörigkeit (Polenkinder) sind besondere Schulen einzurichten (Polenschulen).
2.   Eingeschult werden zum jeweiligen Schuljahrsbeginn die Kinder, die im laufenden Kalenderjahr das 9. Lebensjahr vollendet haben oder vollenden. Zur Entlassung kommen zum jeweiligen Schuljahrsschluß die Kinder, die im laufenden Kalenderjahr das 14. Lebensjahr vollendet haben oder vollenden.
Wenn der Arbeits- und berufsmäßige Einsatz der polnischen Jugendlichen erforderlich ist, können sie mit Vollendung des 12. Lebensjahres zur Arbeitsaufnahme beurlaubt werden. Sie haben jedoch in die Schule zurückzukehren, sobald sie aus der Arbeit entlassen sind. Eine Schulentlassung vor vollendetem 14. Lebensjahre scheint untunlich.

3. Die unter 2. genannten Jahrgänge sind zum Schulbesuch verpflichtet.

II. Lehrkräfte.

1. Als Lehrkräfte sind in den Polenschulen deutsche Laienlehrkräfte tätig (Schulhalter). Für deutsche Schulen fachlich vorgebildete Lehrkräfte dürfen an Polenschulen im allgemeinen keine Verwendung finden. Ausnahmen bedürfen meiner ausdrücklichen Genehmigung.

2. In einem größeren Schulsystem ist die Leitung der Schule einem geeigneten Schulhalter zu übertragen. Es ist anzustreben, daß dem Schulrat für jeden Kreis ein volksdeutscher Lehrer als Hilfskraft für die Beaufsichtigung der im Kreise vorhandenen Polenschulen beigegeben wird. Dahingehende Vorschläge sind mir vorzulegen.

3. Die Schulhalter an Polenschulen sind ins Angestelltenverhältnis zu übernehmen und nach TO. A VIII zu bezahlen.

III. Lehrplan.

1. Ziel der Beschulung der Polenkinder ist in erster Linie die Erziehung zur Sauberkeit und Ordnung, zum anständigen Benehmen und zum Gehorsam gegenüber den Deutschen.

2. Die Unterrichtssprache in den Polenschulen ist Deutsch.

3. Die Schule übermittelt den Kindern ein genau umrissenes Wissen, das auf die spätere Arbeitskraftnutzung abgestimmt ist.

4. Ein genauer Stoffplan ist in Bearbeitung und wird zu gegebener Zeit bekanntgegeben.

5. Über die zu benutzenden Lehrbücher ergeht eine besondere Anordnung, sobald die Bücher fertiggestellt sind.

IV. Unterrichtszeit.

Die Unterrichtszeit in den Polenschulen beträgt bis zu 2 Stunden täglich.

V. Ferien.

Die Ferien der Polenschulen sind so zu legen, wie es die Wirtschaft notwendig macht. In den Sommermonaten müssen die älteren Schüler weitgehend zugunsten unserer Wirtschaft arbeitsmäßig eingesetzt werden.

VI. Unterbringung.

Die Einrichtung von Polenschulen kann nur erfolgen, soweit leerstehende Schulgebäude oder andere geeignete Räumlichkeiten vorhanden sind und in absehbarer Zeit für Zwecke der deutschen Schule nicht benötigt werden.

Die Beschulung der Polenkinder in einem Schulgebäude, in dem auch deutsche Kinder unterrichtet werden, ist unzulässig, es sei denn, daß sowohl die Schulräume als auch die Hoffläche und die Abortanlagen so restlos abgetrennt werden können, daß die Polenkinder mit den deutschen Kindern auf keine Weise in Berührung kommen.

441

Instandsetzungsarbeiten an Polenschulen in dem Umfange, wie sie für deutsche Schulen erforderlich sind, kommen grundsätzlich nicht in Frage. Kleinere Ausbesserungen, die zur Inbetriebnahme der Schulen erforderlich sind, müssen bis zur Eröffnung auf Kosten der Gemeinde durchgeführt werden. Anträge auf Baubeihilfen für Polenschulen sind zwecklos, da mir Mittel dafür nicht zur Verfügung stehen. Größere Instandsetzungsarbeiten kommen nur in Frage, soweit sie für die Erhaltung des Baukörpers unumgänglich notwendig sind; sie bedürfen meiner ausdrücklichen Genehmigung.

Ergänzungszuschüsse für die Beschaffung der Einrichtung können nicht gewährt werden. Die notwendigen Einrichtungsgegenstände, wie Bänke usw., sind aus den Beständen der früheren polnischen Schulen zu entnehmen. Diese Gegenstände sind ordnungsgemäß in ein Geräteverzeichnis einzutragen.

VII. Arbeitseinsatz der Polenkinder.

Die Arbeitsämter sind zu ersuchen, daß bei Arbeitseinsatz von einzelnen Schülern oder ganzen Jahrgängen der Polenschulen der Schulrat beteiligt wird.

Die Beschulung der deutschen Kinder darf in keinem Falle unter diesen Maßnahmen leiden.

In den Fällen, in denen die Einrichtung einer Polenschule z. Zt. nicht durchführbar ist, sind die Maßnahmen zurückzustellen, jedoch im Auge zu behalten.

Über das Veranlaßte ist mir bis zum 1. 10. 1942 eingehend zu berichten.

Im Auftrage
gez. v. Lahrbusch.

Reg.-Präs. vom 16. 12. 1943 – II 2 C: 330/15
Lehrplan zur Beschulung der polnischen Kinder.
1. Die Unterrichtssprache in den Schulen mit poln. K. ist Deutsch.
2. Ziel der Beschulung d. poln. K. ist in erster Linie die Erziehung zur Sauberkeit und Ordnung, zum anständigen Benehmen und zum Gehorsam gegenüber d. Deutschen.
3. Gemüts- und gesinnungsbildende Fächer und Leibeserziehung dürfen in den Plan der Schule nicht aufgenommen werden.
4. Die Schule übermittelt d. poln. K. bestimmte Kenntnisse und Fertigkeiten, die auf spätere Arbeitskraftnutzung abgestimmt sind.
I. Kenntnisse im Sprechen, Lesen und Schreiben d. dtsch. Sprache. Kenntnisse im Rechnen, gewisse Kenntnisse in Erdk., Naturkd. und Zeichnen.
a) Erlernung d. dtsch. Sprache in Wort und Schrift nur soweit, daß mündl. Anweisungen in d. Arbeitsstelle ohne besondere Schwierigkeiten verstanden werden u. kz. Anweisungen über Arbeitsvorgänge,

Maschinenbedienung usw. in Druck und Schrift gelesen werden können. D. Unterr. im Deutschen muß sich auf ein bloßes Verständlichmachen beschränken. Es darf keine Mühe verwandt werden, durch systematische Rechtschreibe- und Leseübg. ein fehlerfreies Deutsch zu vermitteln. Ebenso fallen sämtliche planmäßige Grammatikübg. weg.

b) die vier Grundrechnungsarten u. d. Kenntnisse der Münzen, Maße u. Gewichte u. ihrer Schreibweise, einfache u. Zehntelbruchrechnung.

c) In d. beiden letzten Kl. einen Überblick über Europa, Dtschl. als das Herz Europas, die dtsch. Ostgaue, Gau Wartheland.

d) D. Nutztiere, ihre Pflege u. Behandl. – D. Nutzpflanzen, ihre Pflege u. Behandlung. – Schädlinge u. deren Bekämpfung. – D. menschl. Körper, Erziehung zur Sauberkeit u. Gesunderhaltung.

e) Zeichenunterr. so weit, daß d. Schüler einfache Gegenstände bildlich darstellen können.

II. Disziplin- und Ordnungsübungen

Übg., um d. Kd. zu Ordnung u. Sauberkeit, zu Gehorsam u. diszipliniertem Verhalten zu erziehen, sind vom ersten bis zum letzten Tage d. Schulzeit stetig u. in straffer Form durchzuführen. Sie umfassen im einzelnen: Grüßen, geraden und ausgerichteten Sitz während d. Unterr., schnelles u. straffes Aufstehen beim Aufruf, ordtl. Stehen, lautes Sprechen, Antreten in d. Kl. u. auf d. Hofe, Ordg. u. Schweigen während des Hinausgehens u. Hineinkommens. Aufmachen d. Tür u. Zurseitetreten für d. Durchgang d. Lehrers oder eines a. Erwachsenen, Ordnungsdienst i. d. Kl. (auf d. Platz, in den Gängen, für Öfen, Fenster, Schrank), Ordgdienst im Hof (Papieraufheben, Schließen d. Aborttüren), Kontrolle d. Lehrmittel (Hefte, Tafel, Schwamm, Stift), Kontr. d. Ordnung u. Sauberkt. an d. Kleidg., an Händen, Hals, Ohren, Frisur, Wiederholen eines mdl. Auftrages, Zurückmelden, Entschuldigung bei Versäumnis, Mitbringen eines Entschuldigungszettels, korrektes und höfl. Verhalten gegenüber Erwachsenen, Disz. auf der Straße u. im Straßenverkehr.

III. Arbeitsübungen.

Folgende Übg. nach Möglichkeit d. Verhältnisse, Gruppen, Klassen, schulw. Bastel-, Klebe-, Pap.-, Schnitz-, Strick-, Flick- u. Näharbeiten; besonders für gemeinnützige dtsch. Einrichtungen: Flicken für NSV –. Strümpfestopfen für d. Wehrmacht. Sammelarbeiten (Beeren, Heilkr., Pilze, Waldfrüchte), Sammeln u. Sortieren v. Altmaterial, leichte Arbeiten im Wald u. Feld (Entsteinung von Äckern, Bekämpfung von Unkraut, Pflanzenschädlingen). Einsatz bei der Getreide- und Hackfruchternte, Seidenraupenzucht . . .

Der Regierungspräsident   Hohensalza, den 10. Februar 1944
II 2 C: 330/15.
An die
Herren Landräte – Schulamt –
Herren Schulräte in Hohensalza, Gnesen und Leslau.

Abschrift

Der Reichsminister   Berlin W 8, den 10. 1. 1944
für Wissenschaft, Erziehung   (Postfach)
und Volksbildung
E IIa (C 29 Po.) 24/43. Z IIIb

Betrifft: Aussonderung von Kindern polnischen Volkstums aus deutschen Volksschulen

Aus volkstumspolitischen Erwägungen kann, zumal bei den mit der längeren Dauer des Krieges zunehmenden Schwierigkeiten in der unterrichtlichen Versorgung der deutschen Kinder, künftig keinesfalls geduldet werden, daß schutzangehörige Kinder polnischen Volkstums gemeinsam mit deutschen Kindern unterrichtet bzw. daß solche durch ausgebildete deutsche Lehrkräfte betreut werden. Ich ersuche deshalb im Einvernehmen mit dem Reichsführer-SS und Reichsminister des Innern sowie dem Leiter der Partei-Kanzlei unverzüglich dafür zu sorgen, daß sämtliche schutzangehörige Kinder polnischen Volkstums aus den deutschen Schulen bzw. deutschen Klassen ausgesondert, fernerhin auch nicht mehr durch ausgebildete deutsche Lehrkräfte unterrichtet werden. Der Erlaß vom 5. Juli 1941 – E II a 4052 (b) – wird hierdurch nicht berührt.

Zur Vermeidung von Zweifeln weise ich ausdrücklich darauf hin, daß sich der vorliegende Erlaß nicht auf die schutzangehörigen Kinder bezieht, die in die Abteilung 4 der deutschen Volksliste eingetragen worden sind.

———

Den obenstehenden Erlaß des Herrn Reichsminister für Wissenschaft, Erziehung und Volksbildung übersende ich zur Kenntnisnahme und Nachachtung.

Es ist mir zum 25. Februar 1944 *(pünktlich!)* ein Bericht über die Verhältnisse im dortigen Kreise herzureichen.

Im Auftrage
gez. Wagner.

Dokument 91

Die mit der „Rassenlehre" üppig wuchernde erotische Phantasie der Nationalsozialisten bewegte sich beständig in einem Katalog von Intimitäten, das läßt sich bei Hitler ebenso zeigen (vgl. S. 463), wie an den Pornographien in der Wochenzeitung „Der Stürmer" und diesem Dokument über „Verkehr mit Polinnen". Die deutschen Beamten wurden mit schärfsten Strafen bedroht (KZ), wenn sie die Anordnung übertraten. Polen jedoch, die mit deutschen Frauen verkehrten, bestrafte man mit dem Tode. „Rassenschande" gehörte zu den ärgsten Delikten im Dritten Reich (IMG 3063 - PS). Diese Tabu-Erklärung für die polnischen Frauen entsprang der Verachtung: mit den besetzten westlichen Völkern war Umgang erlaubt, mit norwegischen Frauen förderte man ihn zeitweise sogar, besonders seitens der SS, weil man sich davon eine „nordische Blutzufuhr" versprach (vgl. IMG 2825 – PS). Polinnen und Russinnen aber waren grundsätzlich ausgeschlossen, weil sie, nationalsozialistischer Auffassung zufolge, das Sammelbecken rassischer Minderwertigkeit bildeten. Gerade von solcherart Erlassen, die jeden Beamten banden, sind starke Anstöße ausgegangen, als „Herrenmenschen" das polnische Volk zu brüskieren.

Verkehr mit Polinnen

in: 32, 306.

Der Höhere SS- und Polizeiführer
beim Reichsstatthalter in Posen   Posen, den 25. April 1941
im Wehrkreis XXI

Jeder nichtdienstliche Verkehr mit Polinnen ist für einen SS-Mann und Polizeiangehörigen unehrenhaft und damit schärfstens verboten. Der Geschlechtsverkehr mit einer Polin ist eine Schande für jeden Deutschen, denn Blut und Ehre sind die tragenden Fundamente der nationalsozialistischen Weltanschauung. Für die SS und Polizei ist daher die Reinhaltung des deutschen Blutes oberstes Gebot der Ehre. Wer hier fehlt, brandmarkt sich selbst als Verräter am Volkstumskampf und stellt sich damit außerhalb unserer Gemeinschaft.

In Zukunft werde ich Angehörige der Schutzstaffel und der Polizei, die gegen diesen Befehl verstoßen, durch das SS- und Polizeigericht wegen militärischen Ungehorsams bestrafen lassen. Der Beschuldigte hat jeweils mit einer Gefängnisstrafe von mindestens vier Monaten zu rechnen. Die Bestrafung zieht außerdem Degradierung und Ausschluß aus der SS, in schweren Fällen Ausstoßung, nach sich. Ich weise ferner darauf hin, daß der Reichsstatthalter angeordnet hat, jeden Deutschen, der Geschlechtsverkehr mit Polinnen treibt, ins KZ einzuliefern. Schließlich hat auch der Reichsminister einen Erlaß herausgegeben, wonach gegen Beamte in solchen Fällen ein Dienststrafverfahren mit dem Ziele der Dienstentlassung einzuleiten ist; diese hat den Entzug des Ruhegehalts zur Folge.

Da die Arbeit der Deutschen Volksliste im Warthegau im wesentlichen abgeschlossen ist, kann sich niemand auf einen Irrtum über die Volkstumszugehörigkeit der Personen, mit denen er Verkehr gehabt hat, berufen. Auch hier schützt also Unwissenheit nicht vor Strafe. Ich mache es daher jedem Angehörigen der SS und Polizei zur Pflicht, sich einwandfrei von der deutschen Volkszugehörigkeit zu überzeugen, bevor er freundschaftliche oder gar intime Beziehungen anknüpft. Da schon aus einer Unterhaltung leicht ein engerer Verkehr entstehen kann, ist die Prüfung der Volkstumszugehörigkeit grundsätzlich frühzeitig genug vorzunehmen.

Vorstehende Anordnung ist mindestens vierteljährlich einmal bei Dienstbesprechungen und Appellen allen unterstellten Führern und Unterführern zur Kenntnis zu bringen.

Der Höhere SS- und Polizeiführer
gez. Koppe
SS-Gruppenführer und Generalltn. d. Sch.

Dokument 92

Der Unterschied zwischen Herren und Knechten sollte sich für jeden sichtbar in Ehrenbezeigungen niederschlagen. Im Grunde kam das alte Modell erneut in Gebrauch, das vor der Judenemanzipation gegolten hatte: Jeder Jude erwies selbstverständlich dem Christen Reverenz; das leitete sich von der Überzeugung her, im Christentum die „wahre Religion" zu besitzen. In der totalitären Praxis des Nationalsozialismus war darüber hinaus eine demütigende Wirkung beabsichtigt, verbunden mit dem Gedanken der „Umschulung" der Polen zur Bereitschaft, den Deutschen gehorsam zu dienen, nachdem sie deren rassischen und geistigen Vorrang erkannt hatten.

Grußpflicht

in: 32, 301 f.

Sicherheitsdienst des Reichsführers-SS   Posen, den 1. Okt. 1942
SD-Leitabschnitt Posen
AZ: III B 21/A 32 SA 16
Dr. S/D.

An den
Stellvertretenden Gauleiter   NSDAP
Pg. *Schmalz*   Gauleitung Wartheland
Posen   Amt für Volkstumsfragen
Schloßfreiheit 11

Betrifft: Grußpflicht der Polen – Erweisen des deutschen oder militärischen Grußes durch Polen – Grußform der Polen
Vorgang: Anruf des stellv. Gauleiters beim SD.-Leitabschnitt Posen am 29. 9. 1942 auf Grund einer Anfrage der Partei-Kanzlei.

Zur dortigen fernmündlichen Anfrage wird von hier aus wie folgt Stellung genommen:
Allgemein ist festzustellen, daß für den gesamten Fragenkomplex des Grüßens durch Polen allein schon im hiesigen Gaubereich in keiner Weise eine einheitliche Richtung besteht. So wurden vor einiger Zeit noch von seiten des Befehlshabers der Ordnungspolizei die Erlasse des Höheren SS- und Polizeiführers betr. Grußpflicht der Polen vom 4. 11. 39 und 25. 11. 39 in Erinnerung gebracht.
Die Grußpflicht der Polen im hiesigen Bereich gründet sich auf diese Verordnung und auf die erfolgten Bekanntmachungen aus der ersten

447

Zeit, in denen die Polen aufgefordert wurden, jeden Deutschen zu grüßen. Im folgenden wird eine derartige Aufforderung an die deutsche Bevölkerung im Kreise Konin wiedergegeben, in der grundsätzlich darauf hingewiesen wird, daß jeder Pole mit Ausnahme der Frauen verpflichtet ist, Deutsche in Uniform durch Abnehmen der Kopfbedeckung bzw. durch Verbeugen zu grüßen.

An die deutsche Bevölkerung des Kreises *Konin.*
Ich weise hiermit im Einvernehmen mit dem Herrn Stadtkommandanten auf folgendes hin:
1. Jeder Pole, ausgenommen sind Frauen, ist verpflichtet, jeden Deutschen in Uniform durch Abnehmen der Kopfbedeckung bzw. durch Verbeugung zu grüßen. Dabei ist es gleichgültig, welche Uniform der Deutsche trägt (Wehrmachts-, Partei-, Polizei-, Forstschutz-, Beamten-Uniform usw.).
2. Als Pole gilt, also grußpflichtig ist, wer kein Abzeichen sichtbar trägt. Jeder deutsche Volksgenosse ist gemäß Anordnung des Gauleiters und Reichsstatthalters verpflichtet, ein Abzeichen zu tragen, das ihn als Deutschen kenntlich macht.
3. Ich erwarte von jedem Uniformträger, daß er bei Unterlassung des Grußes diesen sofort selbst erzwingt bzw. den Polen bei der Abnahme der Kopfbedeckung entsprechend behilflich ist[32].

Der Leiter des Kreises Konin
gez. *Margull*
Bereichsleiter

Allen Zeugnissen zufolge war die Konsequenz unausweichlich, daß man in der Behandlung des polnischen Volkes auf Praktiken der Leibeigenschaft zurückgreifen und die Prügelstrafe für Erwachsene als geeignet ansehen mußte. Die andere Form der Behandlung bestand in Massenliquidationen. So verlor das polnische Volk durch Krieg und Besatzung 22 Prozent seiner Gesamtbevölkerung.

Plädoyer für die Prügelstrafe

in: 32, 274 ff.

Bericht über die Tagung der Reichstreuhänder der Arbeit der Ostgebiete in Posen am 9. Oktober 1941

Dr. *Derichsweiler:* Wenn der Pole in einem Betrieb die Mehrheit hat oder gar 100 Prozent der Belegschaft ausmacht, so arbeitet er wenig oder schlecht. Wenn er anständig arbeitet, soll er auch anständig bezahlt werden. Als Anreizmittel sei die Akkordarbeit zu bevorzugen. Eine Posener Baufirma sei durch Einführung eines Akkordsystems von einer Tagesleistung von 300 gemauerten Steinen je poln. Maurer auf 1200 je Tag gekommen. Der Pole, der sich in der Masse sicher fühle, beantworte unsere Anständigkeit grundsätzlich mit Sabotage und Arbeitsverweigerung, weil er sie als Ausdruck von Schwäche ansehe. Wie gut das Prinzip der Härte gegen Polen sei, beweisen die Erfahrungen bei den D. W. M. Dort habe man die Prügelstrafe eingeführt, die immer dann zur Anwendung gebracht würde, wenn ein Pole einen Betriebsunfall erlitten habe. Ohne Prügel sehe der Pole kein Krankenhaus. Die Unfallkurve sei seitdem geradezu unvorstellbar herabgesunken.
... Es wird betont, daß diese (scil. Prügelstrafe) mit dem Kulturstande des deutschen Volkes nicht zu vereinbaren sei. Demgegenüber ist zu sagen, daß sich diese Strafart mit dem Kulturstande des Polen jedenfalls besser verträgt, als sich mancher vorstellt. Dort, wo die Prügelstrafe in geeigneten Fällen in gutabgemessenen Dosen verabreicht wird, wirkt sie besser als ein kompliziertes Verordnungs- und Überwachungssystem, zu dem außerdem im Kriege Menschen und Mittel fehlen. Es kommt letzten Endes nicht darauf an, diesen Grundsatz gesetzlich festzulegen, aber es darf dieses Mittel der geeigneten Erziehung der Polen nicht durch irgendwelche Vorschriften oder amtliche Kommentare diffamiert werden.

Dokument 94

Denkschriften, die von den „wissenschaftlichen" Instanzen der Partei ausgingen, unternahmen es meistens, wünschenswerte und der politischen Gesamtlinie gemäße Änderungen vorzubereiten. Die Alternative lautet hier: „Eindeutschen" oder „Abschieben" der Bevölkerung. Das Ende jeder kulturellen Betätigung der Polen stand jedenfalls fest, und so forderte man auch die Auflösung der polnischen Schulen.

Rassenpolitische Gesichtspunkte gegenüber der polnischen Bevölkerung

in: 32, 2 ff.

Rassenpolitisches Amt   Reichsleitung
Die Frage der Behandlung der Bevölkerung der ehemaligen
polnischen Gebiete nach rassenpolitischen Gesichtspunkten.
Im Auftrage des Rassenpolitischen Amtes der NSDAP
bearbeitet von
Dr. E. Wetzel, Amtsgerichtsrat
Leiter der Hauptstelle Beratungsstelle
des Rassenpolitischen Amtes
und
Dr. G. Hecht, wissenschaftl. Referent,
Leiter der Abteilung für Volksdeutsche und
Minderheiten im Rassenpolitischen Amt.

Berlin, den 25. November 1939
Polen dürfen keine Geschäftsinhaber sein. Ihr bisheriger Grund- und Bodenbesitz, auch der landwirtschaftliche, wird enteignet. Polen dürfen kein selbständiges Handwerk ausüben und nicht Lehrmeister sein; alle bestehenden Lehrverhältnisse sind gelöst; geeignet erscheinende polnische Lehrlinge können im Altreich in die Lehre gegeben werden.
Die Löhne der Deutschen in den Ostgebieten werden den Löhnen im Altreich angeglichen. Polen und Angehörige der deutsch-polnischen Zwischenschichten erhalten dagegen nur einen erheblich geringeren Lohn.
Bei der Behandlung der in den Ostgebieten verbleibenden Bevölkerung – vor allem der Polen und der deutsch-polnischen Zwischenschichten – ist stets davon auszugehen, daß alle Maßnahmen der Gesetzgebung und Verwaltung allein bezwecken, eine Eindeutschung der nichtdeutschen Bevölkerungsschichten mit allen Mitteln

450

und so schnell wie möglich zu erreichen. Aus diesem Grunde muß die Aufrechterhaltung eines völkisch polnischen, kulturellen Eigenlebens absolut ausgeschlossen sein. Die ausgesprochen polnisch gesinnte Bevölkerung soll ja, soweit sie nicht assimilierbar erscheint, abgeschoben, die verbleibende eingedeutscht werden. Deshalb darf es Ansatzpunkte für völkisches und kulturelles Eigenleben nicht mehr geben. *Polnische Schulen* gibt es in den Ostgebieten künftig nicht mehr. Insgesamt aber gibt es nur deutsche Schulen mit selbstverständlich betont nationalsozialistischem völkischem Unterricht. Polen und noch nicht einwandfrei eingedeutschte Angehörige der deutsch-polnischen Zwischenschichten dürfen deutsche Universitäten und Fachschulen sowie höhere und Mittelschulen nicht besuchen. Die Kinder dieser Schichten werden erst dann zugelassen, wenn sie Mitglieder der HJ und durch diese gemeldet sind.

Jeder *Gottesdienst* in polnischer Sprache ist einzustellen. Der katholische und auch der evangelische Gottesdienst darf nur von besonders ausgesuchten, deutschbewußten deutschen Geistlichen abgehalten werden und nur in deutscher Sprache. Im Hinblick auf die politische Bedeutung und die damit verbundene Gefährlichkeit der katholisch-polnischen Kirche in diesen Gebieten könnte man auf den Gedanken kommen, die katholische Kirche hier überhaupt nicht mehr zuzulassen. Man muß aber bedenken, daß die Bevölkerung ausgesprochen stark kirchlich eingestellt ist und daß eine derartige Maßnahme vielleicht das Gegenteil einer Eindeutschung erreichen würde. Besonders ausgesuchte, deutschgesinnte deutsche katholische Geistliche könnten durch eine geschickte Beeinflussung des katholisch-polnischen Bevölkerungsteiles wahrscheinlich nicht unerhebliche Erfolge in einer Eindeutschung erreichen. Die Wahrscheinlichkeit, daß gerade deutschstämmige, in den vergangenen Jahrhunderten polonisierte katholische Schichten wieder dem deutschen Volke zugeführt werden können, ist bei entsprechender Tätigkeit geeigneter deutscher Geistlicher nicht gering anzusetzen. In der evangelischen Kirche sind die Geistlichen, die während der polnischen Zeit, vor allem in den letzten Jahren, in oft nicht zu beschreibender Gehässigkeit das deutsche Volk verraten wollten (unter Führung ihres Bischofs Bursche), rücksichtslos als Feinde jeder völkischen Gesinnung und des Nationalsozialismus zu entfernen. Die polnischen kirchlichen Feiertage werden abgeschafft. Gestattet sind allein die im Reich genehmigten Feiertage beider Konfessionen.

Dokument 95

Himmlers Denkschrift wurde Hitler zugeleitet, der daraus vermutlich Anregungen für seine kulturpolitische Beurteilung der Ukrainer gewann (Dok. 96). An Himmlers Darlegung ist interessant, daß er ein Bildungsziel der Volksschule für Nichtdeutsche festlegt und darin vor allem das „göttliche Gebot" des Gehorsams herausstellt, Lesen aber „nicht für erforderlich" hält. Der Zynismus in diesem Lehrplan ist unüberbietbar. Bezeichnend für Himmler ist auch seine Reflexion über die „Grausamkeit", polnischen Eltern ihre „nordisch-bestimmten" Kinder fortnehmen zu müssen. Er hält sich aber für milder als die Bolschewisten mit ihrer „physischen Ausrottung" und rechtfertigt sich außerdem mit den ewigen Erfordernissen der „germanischen" Selbstbehauptung. Im übrigen sollen die Polen Wanderarbeiter werden, um an den „ewigen Kulturtaten" des deutschen Volkes mitzuwirken.

Heinrich Himmlers Denkschrift über die Behandlung der Fremdvölkischen im Osten (Mai 1940)

in: Vierteljahreshefte für Zeitgeschichte, 5. Jg. 1957 – S. 194 – 198.

Geheime Reichssache
Bei der Behandlung der Fremdvölkischen im Osten müssen wir darauf sehen, so viel wie möglich einzelne Völkerschaften anzuerkennen und zu pflegen, also neben den Polen und Juden die Ukrainer, die Weißrussen, die Goralen, die Lemken und die Kaschuben. Wenn sonst noch irgendwo Volkssplitter zu finden sind, auch diese.
Ich will damit sagen, daß wir nicht nur das größte Interesse daran haben, die Bevölkerung des Ostens nicht zu einen, sondern im Gegenteil in möglichst viele Teile und Splitter zu zergliedern.
Aber auch innerhalb der Völkerschaften selbst haben wir nicht das Interesse, diese zu Einheit und Größe zu führen, ihnen vielleicht allmählich Nationalbewußtsein und nationale Kultur beizubringen, sondern sie in unzählige kleine Splitter und Partikel aufzulösen. Die Angehörigen aller dieser Völkerschaften, insbesondere der kleinen, wollen wir selbstverständlich in den Stellen von Polizeibeamten und Bürgermeistern verwenden.
Spitzen in solchen Völkerschaften dürfen nur die Bürgermeister und die örtlichen Polizeibehörden sein; bei den Goralen die einzelnen, sich ohnedies schon befehdenden Häuptlinge und Sippenältesten. Eine Zusammenfassung nach oben darf es nicht geben, denn nur dadurch, daß wir diesen ganzen Völkerbrei des Generalgouvernements von 15 Millionen und die 8 Millionen der Ostprovinzen auf-

lösen, wird es uns möglich sein, die rassische Siebung durchzuführen, die das Fundament in unseren Erwägungen sein muß, die rassisch Wertvollen aus diesem Brei herauszufischen, nach Deutschland zu tun, um sie dort zu assimilieren.

Schon in ganz wenigen Jahren – ich stelle mir vor, in vier bis fünf Jahren – muß beispielsweise der Begriff der Kaschuben unbekannt sein, da es dann ein kaschubisches Volk nicht mehr gibt (das trifft besonders auch für die Westpreußen zu). Den Begriff Juden hoffe ich, durch die Möglichkeit einer großen Auswanderung sämtlicher Juden nach Afrika oder sonst in eine Kolonie völlig auslöschen zu sehen. Es muß in einer etwas längeren Zeit auch möglich sein, in unserem Gebiet die Volksbegriffe der Ukrainer, Goralen und Lemken verschwinden zu lassen. Dasselbe, was für diese Splittervölker gesagt ist, gilt in dem entsprechend größeren Rahmen für die Polen.

Eine grundsätzliche Frage bei der Lösung aller dieser Probleme ist die Schulfrage und damit die Frage der Sichtung und Siebung der Jugend. Für die nichtdeutsche Bevölkerung des Ostens darf es keine höhere Schule geben als die vierklassige Volksschule. Das Ziel dieser Volksschule hat lediglich zu sein:

Einfaches Rechnen bis höchstens 500, Schreiben des Namens, eine Lehre, daß es ein göttliches Gebot ist, den Deutschen gehorsam zu sein und ehrlich, fleißig und brav zu sein. Lesen halte ich nicht für erforderlich.

Außer dieser Schule darf es im Osten überhaupt keine Schulen geben. Eltern, die ihren Kindern von vornherein eine bessere Schulbildung sowohl in der Volksschule als später auch an einer höheren Schule vermitteln wollen, müssen dazu einen Antrag bei den Höheren SS- und Polizeiführern stellen. Der Antrag wird in erster Linie danach entschieden, ob das Kind rassisch tadellos und unseren Bedingungen entsprechend ist. Erkennen wir ein solches Kind als unser Blut an, so wird den Eltern eröffnet, daß das Kind auf eine Schule nach Deutschland kommt und für Dauer in Deutschland bleibt.

So grausam und tragisch jeder einzelne Fall sein mag, so ist diese Methode, wenn man die bolschewistische Methode der physischen Ausrottung eines Volkes aus innerer Überzeugung als ungermanisch und unmöglich ablehnt, doch die mildeste und beste.

Die Eltern dieser Kinder guten Blutes werden vor die Wahl gestellt, entweder das Kind herzugeben – sie werden dann wahrscheinlich keine weiteren Kinder mehr erzeugen, so daß die Gefahr, daß dieses Untermenschenvolk des Ostens durch solche Menschen guten Blutes eine für uns gefährliche, da ebenbürtige Führerschicht erhält, erlischt –, oder die Eltern verpflichten sich, nach Deutschland zu gehen und dort loyale Staatsbürger zu werden. Eine starke Handhabe, die man ihnen gegenüber hat, ist die Liebe zu ihrem Kind, dessen Zukunft und dessen Ausbildung von der Loyalität der Eltern abhängt.

Abgesehen von der Prüfung der Gesuche, die die Eltern um eine bessere Schulbildung stellen, erfolgt jährlich insgesamt bei allen 6- bis 10jährigen eine Siebung aller Kinder des Generalgouvernements nach blutlich wertvollen und nichtwertvollen. Die als wertvoll Ausgesiebten werden in der gleichen Weise behandelt wie die Kinder, die auf Grund des genehmigten Gesuches ihrer Eltern zugelassen werden.

Als gefühls- und verstandesmäßig selbstverständlich erachte ich es, daß die Kinder und die Eltern in dem Augenblick, wo sie nach Deutschland kommen, in den Schulen und im Leben nicht wie Aussätzige behandelt werden, sondern nach Änderung ihres Namens in das deutsche Leben – bei aller Aufmerksamkeit und Wachsamkeit, die man ihnen widmen muß – vertrauensvoll eingebaut werden. Es darf nicht so sein, daß die Kinder sich wie ausgestoßen fühlen, denn wir glauben doch an dieses unser eigenes Blut, das durch die Irrtümer deutscher Geschichte in eine fremde Nationalität hineingeflossen ist, und sind überzeugt, daß unsere Weltanschauung und unsere Ideale in der rassisch gleichen Seele dieser Kinder Widerhall finden werden. Hier muß aber dann vor allem von den Lehrern und von den Führern in der HJ ein ganzer Strich gezogen werden, und es darf niemals wie in der Vergangenheit bei den Elsaß-Lothringern der Fehler gemacht werden, daß man einesteils die Menschen als Deutsche gewinnen will und sie andernteils bei jeder Gelegenheit durch Mißtrauen und Beschimpfung in ihrem menschlichen Wert, Stolz und Ehrgefühl kränkt und abstößt. Beschimpfungen wie „Polacke" oder „Ukrainer" oder ähnliches müssen unmöglich sein.

Die Erziehung hat in einer Vorschule zu erfolgen, nach deren vier Klassen man dann entscheiden kann, ob man die Kinder weiter in die deutsche Volksschule gehen läßt oder ob man sie einer Nationalpolitischen Erziehungsanstalt zuführt.

Die Bevölkerung des Generalgouvernements setzt sich dann zwangsläufig nach einer konsequenten Durchführung dieser Maßnahmen im Laufe der nächsten zehn Jahre aus einer verbleibenden minderwertigen Bevölkerung, die noch durch abgeschobene Bevölkerung der Ostprovinzen sowie all der Teile des Deutschen Reiches, die dieselbe rassische und menschliche Art haben (Teile, z. B. der Sorben und Wenden), zusammen.

Diese Bevölkerung wird als führerloses Arbeitsvolk zur Verfügung stehen und Deutschland jährlich Wanderarbeiter und Arbeiter für besondere Arbeitsvorkommen (Straßen, Steinbrüche, Bauten) stellen; sie wird selbst dabei mehr zu essen und zu leben haben als

unter der polnischen Herrschaft und bei eigener Kulturlosigkeit unter
der strengen, konsequenten und gerechten Leitung des deutschen
Volkes berufen sein, an dessen ewigen Kulturtaten und Bauwerken
mitzuarbeiten und diese, was die Menge der groben Arbeit anlangt,
vielleicht erst ermöglichen.

Dokument 96

Da jedes Wort *Hitlers* als bedeutungsvoll angesehen wurde, hatte der „Sekretär des Führers", Martin Bormann, veranlaßt, daß immer Stenographen zur Hand waren, um auch bei Tische alle Äußerungen festzuhalten. Diesem Umstand ist es zuzuschreiben, daß Hitlers Ansichten zur Behandlung der ukrainischen Bevölkerung erhalten blieben. Er beginnt mit einem brutalen sanitären Monolog und verfügt, den „Aberglauben" unter dem Ostvolk zu fördern, um es zu dezimieren. Dann schließt er Bemerkungen über die polnische Schule an, die sich mit den Grundsätzen Himmlers berühren. Durch vollständige Abriegelung der Deutschen von den Polen erstrebte Hitler, das „Herrentum" unverfälscht zu erhalten.

Hitlers kulturpolitische Richtlinien für die Ukraine Tischgespräche am 22. Juli 1942

in: 30, 115–117.

... Hitler meinte dazu, in irgendeiner Abhandlung habe er kürzlich den Vorschlag gefunden, den Vertrieb und den Gebrauch von Abtreibungsmitteln in den besetzten Ostgebieten zu verbieten. Wenn tatsächlich irgendein Idiot versuchen sollte, ein derartiges Verbot in den besetzten Ostgebieten in die Praxis umzusetzen, würde er ihn persönlich zusammenschießen. Man müsse einen schwungvollen Handel mit Verhütungsmitteln in den Ostgebieten nicht nur zulassen, sondern geradezu fördern, da man an einer übermäßigen Vermehrung der nichtdeutschen Bevölkerung nicht das geringste Interesse haben könne. Aber man müsse ja wohl erst den Juden zu Hilfe holen, um derartige Dinge forciert in Gang zu bringen. Die Gefahr, daß die einheimische Bevölkerung sich unter deutscher Herrschaft noch stärker als bisher vermehre, halte er für gegeben. Denn es sei bei einer deutschen Führung gar nicht zu vermeiden, daß die gesamten Lebensumstände der Einheimischen viel besser und gesicherter würden. Wir müßten deshalb unter allen Umständen Vorkehrungsmaßnahmen gegen eine Vermehrung der nichtdeutschen Bevölkerung treffen.
Wenn man daher für die nichtdeutsche Bevölkerung in den besetzten Ostgebieten eine Gesundheitsfürsorge nach deutschem Muster einrichten würde, wäre das heller Wahnsinn. Das Impfen und was es sonst an vorbeugenden Gesundheitsmaßnahmen gebe, komme für die nichtdeutsche Bevölkerung keinesfalls in Betracht. Man solle deshalb ruhig den Aberglauben unter ihnen verbreiten lassen, daß das Impfen usw. eine ganz gefährliche Sache sei.

Von außerordentlicher Bedeutung sei ferner, daß man nicht durch irgendwelche Maßnahmen ein Herrenbewußtsein bei der nichtdeutschen Bevölkerung erzeuge. In dieser Hinsicht müsse man besonders vorsichtig sein, denn gerade das Gegenteil von einem solchen Herrenbewußtsein sei eine der notwendigen Voraussetzungen für unsere Arbeit. Aus diesem Grunde dürfe der nichtdeutschen Bevölkerung auch keinesfalls eine höhere Bildung zugestanden werden. Würde man in diesen Fehler verfallen, so würden wir einen kommenden Widerstand gegen unsere Herrschaft selbst züchten. Man müsse ihnen zwar Schulen geben, für die sie bezahlen müßten, wenn sie hineingingen. Man dürfe sie in ihnen aber nicht mehr lernen lassen als höchstens die Bedeutung der Verkehrszeichen. Inhalt des Geographieunterrichts dürfe im großen und ganzen nur sein, daß die Hauptstadt des Reiches Berlin heiße und jeder in seinem Leben einmal in Berlin gewesen sein müsse. Darüber hinaus genüge es vollkommen, wenn die nichtdeutsche Bevölkerung etwas Deutsch lesen und schreiben lerne. Unterricht im Rechnen und dergleichen sei überflüssig.

Auch in puncto Schulwesen der nichtdeutschen Bevölkerung dürfe man nie vergessen, daß man in den besetzten Ostgebieten dieselben Methoden anwenden müsse wie die Engländer in den Kolonien. Der ganze Aufklärungsrummel, der mit dem Erscheinen reichsdeutscher Pfaffen anfange, sei daher Unsinn. General Jodl habe ganz recht, wenn er ein Plakat beanstande, durch das in ukrainischer Sprache das Betreten eines Bahnkörpers verboten werde.

Wenn er dafür sei, die einheimische Bevölkerung in den Schulen Deutsch lernen zu lassen, so lediglich deshalb, um die sprachlichen Voraussetzungen für die deutsche Führung zu schaffen. Denn sonst würde sich jeder Einheimische einer deutschen Weisung mit der Angabe, daß er „nicht verstanden" habe, entziehen. Aus demselben Grunde solle in den Schulen auch statt der bisherigen Schriftzeichen ausschließlich die Normalschrift gelehrt werden. Der größte Fehler, den man machen könne, sei der, der einheimischen Bevölkerung zuviel Fürsorge angedeihen zu lassen. Damit die deutschen Menschen dort nicht mit der Zeit durch die Lebensverhältnisse ganz von selbst zu einem weichlichen Standpunkt kämen, sei es erforderlich, sie vollständig von der einheimischen Bevölkerung abzusetzen.

Ein Wohnen von Deutschen in ukrainischen Städten sei unter allen Umständen zu verhindern. Selbst eine Barackenunterbringung der Deutschen außerhalb der ukrainischen Städte sei besser als ihre Unterbringung innerhalb derselben. Denn sonst beginne doch nur in kurzer Zeit das Saubermachen dieser Städte und dergleichen. Die russischen bzw. ukrainischen Städte sollten aber keinesfalls irgendwie hergerichtet oder gar verschönert werden. Denn es sei nicht

Aufgabe einer Besatzung, der einheimischen Bevölkerung ein besseres Niveau zu bescheren. Auf lange Sicht gesehen müßten daher die Deutschen in später neu zu erbauenden Städten und Dörfern wohnen, die ganz klar von der russischen bzw. ukrainischen Bevölkerung abgesetzt seien. Deshalb sollten auch die für die Deutschen zu erbauenden Häuser unter gar keinen Umständen den russischen oder ukrainischen gleichen; weder Lehmverputz noch Strohdächer sollten bei den deutschen Häusern an russische oder ukrainische Vorbilder erinnern ...

Dokument 97

Das letzte Dokument erschließt vollends die Heuchelei der Nationalsozialisten, die sich nach ihrem Überfall auf die Sowjetunion als „mit einem europäischen Mandat versehen" der Welt in neuer Staffage darstellten und zum „europäischen Kreuzzug" gegen den Bolschewismus" aufriefen. Staaten, die bereits von Deutschland besetzt waren, wurden genötigt, ihren Beitrag zu diesem „Kreuzzug" zu leisten, die neutralen (Schweden) unter Druck gesetzt, jedenfalls gewisse Hilfestellungen darzubieten. Man wollte in der Erklärung vor allem den europäischen „Geist" beschwören, um dessentwillen die Völker an der Seite Deutschlands gegen Rußland ziehen sollten. Alle Werte, die von den Nationalsozialisten verraten und verhöhnt worden waren: Würde und Freiheit der Persönlichkeit, Sittlichkeit, Religionsfreiheit, kulturelle Eigenständigkeit aller europäischen Völker usw. wurden nun als unter besonderem Schutz stehend ausgegeben. Sogar die Kirchen empfänden, daß in Rußland auch ihre Sache von Hitler gegen den Bolschewismus verteidigt würde. – In den letzten Äußerungen vor seinem Selbstmord gefiel Hitler sich darin, rückblickend auf den „europäischen Kreuzzug" zu verweisen, zu betonen, daß nur der Nationalsozialismus gegen den Bolschewismus hätte siegen können; der westlichen Torheit entsprechend müsse Europa unentrinnbar dem „stärkeren Ostvolk" anheimfallen.

„Europäischer Kreuzzug" gegen den Bolschewismus

in: Dokumente der deutschen Politik, Bd. IX, Teil 1, Berlin 1944, S. 236–240.

Erklärung der „Deutschen diplomatisch-politischen Information" über den europäischen Kreuzzug gegen den Bolschewismus vom 27. Juni 1941 (Völkischer Beobachter v. 28. 6. 1941).
Der Kampf Deutschlands gegen Moskau wird zum Kreuzzug Europas gegen den Bolschewismus. Mit einer über alle Erwartungen hinausgehenden Anziehungskraft erfaßt die Erkenntnis, daß es hier um die Sache Europas gehe, den ganzen Kontinent: Freunde, Neutrale und selbst jene Völker, die noch vor kurzem mit Deutschland die Klingen gekreuzt haben.
Das Reich und seine Verbündeten führen diesen Kreuzzug, mit einem europäischen Mandat versehen, das über die scheinheiligen Deklamationen Englands und der amerikanischen Kriegspartei von der angeblichen Rettung der Freiheit in dieser Welt zur Tagesordnung übergeht. Europa findet sich und verteidigt alles, was es in tausendjährigen Kämpfen, Arbeiten und schöpferischen Leistungen zum Mittelpunkt aller menschlichen Kultur und Gesittung gemacht

hat. Fast ohne Ausnahme sind seine Völker bereit, in irgendeiner Form ihren Beitrag zu diesem gesamteuropäischen Freiheitskrieg zu leisten. An der Seite Deutschlands und des faschistischen Italiens stehen heute schon Finnland, Rumänien, die Slowakei und Ungarn im Krieg gegen Moskau. Auch Schweden hat sich der gemeinsamen Aufgabe nicht entzogen und erleichtert durch geeignete Maßnahmen die Kriegführung des Reiches und Finnlands. Hinter diesem Beitrag steht das gesamte schwedische Volk und alle seine verfassungsmäßigen Organe. In der schwedischen Jugend wächst das Gefühl dafür, daß auch sie bereit sein muß, um im freiwilligen Dienst an der finnischen Front dieses gigantischen Kampfes Europa zu verteidigen[33], Dänemark hat die Beziehungen zu Moskau bereits abgebrochen und sich im Innern gegen die kommunistischen Umtriebe gesichert[34]. Auch die dänische Jugend will zur gegebenen Zeit zur Stelle sein, um an der Seite Deutschlands für Europa zu kämpfen. Norwegische Einheiten marschieren schon jetzt in der Standarte „Nordland"[35]. Die Völker des Baltikums, die sich gegen den bolschewistischen Unterdrücker erhoben haben, begrüßen die deutschen Soldaten als Befreier. Die Erneuerungsbewegungen der Flamen, Wallonen und Holländer begrüßen begeistert die Abrechnung mit Moskau als größte Tat des Führers. Der Führer der nationalsozialistischen Bewegung in Holland, Mussert, ruft die Freiwilligen auf. In der Standarte „Westland" werden sie sich mit Flamen und Wallonen zusammenfinden. Die Solidarität Bulgariens im europäischen Freiheitskampf ist selbstverständlich. Die junge Wehrmacht Kroatiens rechnet es sich zur Ehre an, sich der deutschen Armee anzuschließen. In Spanien haben Falange und Armee, von der jubelnden Zustimmung der demonstrierenden Volksmassen getragen, beschlossen, durch freiwillige Kontingente die Sache Europas, die sie schon einmal in einem langen und blutigen Krieg auf spanischem Boden verfochten haben, nun auch im Osten Europas zu führen. In Portugal, dessen Haltung schon bisher dadurch gekennzeichnet war, daß es keine diplomatischen Beziehungen zu der Sowjetunion unterhielt, ist das Verständnis für den sittlichen Imperativ dieses Kampfes durch die öffentliche Meinung ebenso zum Ausdruck gekommen wie in der des besetzten und unbesetzten Frankreich, dessen neue Staatsauffassung in schärfstem Gegensatz zum Bolschewismus steht. So wie alle diese Staaten und Völker sich bewußt geworden sind, daß es hier um die Substanz ihres nationalen, kulturellen und wirtschaftlichen Lebens geht, so empfinden auch die kirchlichen Gemeinschaften unter Hintansetzung aller weltanschaulichen Auseinandersetzungen, daß an der riesigen Front im Osten auch ihre Sache verteidigt wird.

Der Überblick über die Haltung der europäischen Völker zeigt klar, wo sie in diesem Kampf stehen. Was sie dazu zu sagen oder jedes nach seiner Art und an seinem Platz dazu beizutragen haben, stellt eine gesamteuropäische Legitimation für Deutschland und seine Verbündeten und zugleich eine Absage an jene dar, die sich mit dem Bolschewismus im Angriff gegen Europa gefunden haben und dem Abendland in den Rücken fallen.

Es gehört zum gesamteuropäischen Bewußtsein, daß es für das neue Europa so lange keine Sicherheit und keinen Frieden gibt, als es im Osten des Kontinents dem Bolschewismus möglich ist, von einem Sechstel der bewohnten Erde aus einen Block von über 180 Millionen Menschen für destruktive Zwecke einzusetzen, vor allem, wenn es den britischen Absichten, dieses Europa durch einen langen Krieg zu ermüden, gelänge, den Kontinent für den bolschewistischen Angriff sturmreif zu machen.

Um so gewaltiger ist die Rückwirkung dieses Abwehrkampfes, den Deutschland aus seiner nationalsozialistischen Grundhaltung heraus um die Erhaltung und Wiederherstellung der großen Grundprinzipien alles menschlichen und völkischen Zusammenlebens führt: um die Wiederherstellung der Würde und Freiheit der menschlichen Persönlichkeit, der Familie als Trägerin des sittlichen und natürlichen Lebens jedes Volkes, um die Wiederherstellung des Begriffes des Privateigentums, der Freiheit der religiösen Überzeugung, der Freiheit und kulturellen Eigenständigkeit der Völker und Volksgruppen als Glieder der europäischen Gemeinschaft, kurzum der Wiederherstellung der Fundamente, über denen sich das Gebäude eines geeinten Europas erheben soll, das entschlossen ist, seinen Platz in der Welt zu behaupten. In diesen Dingen gibt es heute keine Meinungsverschiedenheiten mehr; denn durch die bolschewistische Drohung einerseits und den Angriff Englands auf Europa andererseits sind die Dinge dahin gekommen, daß ohne diesen Freiheitskampf die europäischen Völker einem System ausgeliefert worden wären, dessen Raison d'Etre die Vernichtung aller menschlichen und europäischen Werte, die organisierte Gottlosigkeit, die Verproletarisierung aller und der Weltherrschaftsanspruch des Bolschewismus ist. Um so verwerflicher die Rolle Englands, das offen mit dem Bolschewismus gegen Europa zusammenarbeitet. Schon bisher betrieb es mit seinem Überfall auf Deutschland und der versuchten Blockierung Europas die Geschäfte des Bolschewismus, der nur auf seine Stunde wartete. Heute ist es auch offen der Komplice des Todfeindes von Europa geworden.

Keine Ausrede und kein scheinheiliger Vorbehalt, keine rabulistische Unterscheidung zwischen dem Kommunismus, den man ablehne, und der Sowjetunion, die man als gemeinsamen Gegner Deutschlands willkommen heiße, ändert etwas an der verbrecherischen Absicht, den Bolschewismus zum Sieger in Europa zu machen und es ihm als Siegesbeute zu überlassen. Schon heute wäre England machtmäßig weder imstande noch gesinnungsmäßig gewillt, dem bolschewistischen Bundesgenossen die europäische Beute im letzten Augenblick wieder streitig zu machen. Es würde sich zynisch und kaltherzig auf seine Inseln zurückziehen, aus seinem Empire leben und Europa seinem Elend und seinen Ruinen überlassen. Die amerikanischen Kriegstreiber könnten und würden nicht anders handeln. Auch diese inneren Zusammenhänge zwischen der bolschewistischen Drohung und dem englischen Verbrechen werden den Völkern Europas immer klarer.

Instinktiv sammeln sie sich daher um jenes Kraftzentrum, das allein imstande ist, die säkulare Auseinandersetzung zwischen den Kräften der Zerstörung und denen der Erneuerung zum Siege zu führen. Das Ergebnis des Anschlages von Westen und von Osten wird daher eine europäische Schicksals- und Lebensgemeinschaft sein, wie sie bisher noch nie bestanden hat, aber von den Besten aus allen europäischen Völkern angestrebt worden ist.

III. ANHANG

Anmerkungen

1. Hitlers auf der Festung Landsberg 1924 begonnenes Bekenntnis und Programmbuch wurde zur nationalsozialistischen Bibel und erlebte immer neue Auflagen. Bei Ende des Dritten Reiches hatte es nahezu 10 Millionen Exemplare erreicht und war damit, wie Hitler im Führerhauptquartier selbstgefällig bemerkte (30, 436), nächst der Bibel das weitestverbreitete Werk der Weltliteratur. Hitler hat an seinem Buch keine wichtigen Veränderungen vorgenommen, so daß die einzelnen Auflagen kaum voneinander abweichen. Vgl. auch H. Hammer: Die deutschen Ausgaben von Hitlers „Mein Kampf" im: Vjh. f. Zg. H. 2/1956.

2. Diese Formel dürfte von Artur Dinter entlehnt worden sein, der nach dem ersten Weltkrieg mit seinen Romanen „Die Sünde wider das Blut" (Leipzig 1920[11]) und „Die Sünde wider den Geist" (Leipzig 1921[10]) ungezählte Leser fand; seine biologisch-religiösen Gedanken förderten den Rassenhochmut.

3. Der Antisemitismus ist die einzige Konstante in Hitlers Ideologie, und der Jude spielt die Rolle eines „Antisymbols" (E. Reichmann). Noch in seinem politischen Testament vom 29. April 1945 verpflichtet er die Nation zur „peinlichen Einhaltung der Rassegesetze". Dies war sein letztes Wort an das deutsche Volk, nachdem er es ins Unglück geführt hatte. Der Ursprung von Hitlers hysterischem Judenhaß liegt in seinen Wiener Jahren vor dem Ersten Weltkrieg, als er ins Lumpenproletariat absank und in den Juden eine Projektion für sein gemindertes Selbstbewußtsein fand. Seine „Entdeckung" der unheilvollen Rolle der Juden beschrieb Hitler folgendermaßen: „Nichts hatte mich in kurzer Zeit so nachdenklich gestimmt als die langsam aufsteigende Einsicht in die Art der Betätigung der Juden auf gewissen Gebieten. Gab es denn da einen Unrat, eine Schamlosigkeit in irgendeiner Form, vor allem des kulturellen Lebens, an der nicht wenigstens ein Jude beteiligt gewesen wäre? Sowie man nur vorsichtig in eine solche Geschwulst hineinschnitt, fand man, wie die Made im faulenden Leibe, oft ganz geblendet vom plötzlichen Lichte, ein Jüdlein." (1, 61.)

4. In „Mein Kampf" hat Hitler „den bösen Judenjungen" genau geschildert und damit etwas von seinem Sexualneid durchblicken lassen, abgesehen von der abgründigen Verbohrtheit seiner Meinungen: „Der schwarzhaarige Judenjunge lauert stundenlang, satanische Freude in seinem Gesicht, auf das ahnungslose Mädchen, das er mit seinem Blute schändet und damit seinem, des Mädchens, Volke raubt. Mit allen Mitteln versucht er, die rassischen Grundlagen des zu unterjochenden Volkes zu verderben. So wie er selber planmäßig Frauen und Mädchen verdirbt, so schreckt er auch nicht davor zurück, selbst im größeren Umfange die Blutschranken für andere einzureißen. Juden waren es und sind es, die den Neger an den Rhein bringen, immer mit dem

gleichen Hintergedanken und klaren Ziele, durch die dadurch zwangsläufig eintretende Bastardierung die ihnen verhaßte weiße Rasse zu
zerstören, von ihrer kulturellen und politischen Höhe zu stürzen und
selber zu ihren Herren aufzusteigen." (1,357.) Diese Sexualphilosophie
dürfte Hitler aus den Broschüren und der Zeitschrift „Ostara" des entsprungenen Mönches Jörg Lanz von Liebenfels gewonnen haben (vgl.
Wilfried Daim: Der Mann, der Hitler die Ideen gab. München 1958),
die er wohl meint, wenn er erzählt, er habe sich damals in Wien für
einige Groschen antisemitische Broschüren gekauft (1, 59 f,) Diese
Pamphlete waren damals im Vorkriegswien, im „europäischen Untergrund" (F. Heer) in Zehntausenden Exemplaren zu haben und halfen,
die Weltanschauung des sozial entwurzelten jungen Hitler zu festigen.
5. Hitler meint hier die Höhere Schule, die er in der geläufigen Bezeichnung seiner österreichischen Heimat „Mittelschule" nennt.
6. Hier spricht Hitlers eigene Lebensgeschichte mit. Es war der Traum des
   von der Wiener Malerakademie abgelehnten jungen Mannes, ein
   solcher vielseitiger Meister zu werden. Als er bereits auf der Höhe
   seiner Macht stand, hielt er seiner Umgebung gelegentlich vor, sein
   Leben viel lieber als „Künstler" zu vollenden, als mit öden Staats-
   geschäften belastet zu sein; doch wolle er seiner „Pflicht" nicht aus-
   weichen. Es war eine der Rollen, in der Hitler sich gefiel.
7. Am 28. April 1933 ernannte Frick Hauptmann a. D. Hans von Tscham-
   mer-Osten zum Reichssportkommissar; später lautete der Titel Reichs-
   sportführer.
8. Vgl. Hans F. K. Günther: Die nordische Rasse bei den Indogermanen
   Asiens, 1934; ders.: Herkunft und Rassengeschichte der Germanen,
   1935; ders.: Frömmigkeit nordischer Artung, 1935.
9. Hier zeigt sich die anmaßende Unfähigkeit des nationalsozialistischen
   Biologen Günther, der den Wert vertiefter wissenschaftlicher Ausbildung im pädagogischen Studium verwirft; sein „geborener Erzieher"
   ist der Autodidakt, am besten der ausgediente Unteroffizier, der „Persönlichkeit" sei und folglich auch Kinder trefflich unterrichten müsse.
   In dieser Richtung äußerte sich auch Hitler in seinen Tischgesprächen
   (vgl. Dok. 30 b).
10. Wenn man heute liest, was Baeumler der Erziehungswissenschaft alles
    unterstellt, welche absolut falschen und böswilligen Verdächtigungen
    er gegenüber der pädagogischen Forschung ausspricht, dann wird einem
    deutlich, welches Unheil die Besetzung von akademischen Lehrstühlen
    aus politischer Rücksicht stiften kann.
11. Diese in der nationalsozialistischen Pädagogik häufig zitierte Formel
    stammt von Ernst Krieck, der den Erziehungsbegriff so ausgeweitet
    hatte, daß es überhaupt keine geistigen Lebensvorgänge mehr gab, die
    nicht die „Formung des Menschen" beeinflußten. Vgl. E. Krieck:
    Philosophie der Erziehung, 1922, S. 177.
12. Die Parole stammt aus den schlecht gefügten Versen Dietrich Eckarts
    (gestorben 1923), der auf den jungen Hitler großen Einfluß ausübte.
    Das Wort wurde zum Kampfruf der SA, oft noch durch die Formel
    „Juda verrecke!" ergänzt.

13. Es handelte sich um die Entlassung eines „Mischling ersten Grades" (ein Elternteil jüdisch), die nach den Auslesebestimmungen IV des Erlasses des Reichserziehungsministers vom 27. 3. 1935 – E III e 202 E II a, E II d, M. 1. vorgenommen werden konnte, wenn der Betreffende sich staatsfeindlich betätigt oder Schulgeldermäßigung beantragt hatte. Beides lag in diesem Falle nicht vor; außerdem handelte es sich um einen sehr guten Schüler. – Der in diesem Dokument Genannte ist dem Herausgeber persönlich bekannt.

14. Am 30. November 1927 hatte die Studentenschaft das neue Preußische Studentenrecht des Kultusministeriums abgelehnt.

15. Er hatte als Rektor der Universität Greifswald am 11. August 1924 die Schwarz-Rot-Goldene Fahne vom Hochschulgebäude entfernen lassen und war seines Amtes als Universitätsprofessor enthoben worden. Für die Rechtsradikalen galt nur die Fahne Schwarz-Weiß-Rot, die Fahne der Republik lehnten sie ab.

16. Gesetz über die Entpflichtung und Versetzung von Hochschullehrern aus Anlaß des Neuaufbaus des deutschen Hochschulwesens vom 21. Januar 1935 (RGBl. I, S. 23).

17. Am 13. April 1933 entließ Rust sechzehn preußische Universitätsprofessoren und weitere am 3. Mai 1933.

18. Das Buch erschien als Heft 1 der Schriftenreihe der Hochschule für Lehrerbildung Eßlingen a. N. (Wissenschaftliche Reihe).

19. Alfred Rosenberg am 7. November 1934 bei der Eröffnung des Wintersemesters an der Münchener Universität. Abgedruckt in: A. Rosenberg: Gestaltung der Idee. München 1938[6]. S. 213.

20. Punkt 20 des Programms der NSDAP vom 24. Februar 1920 lautete: „Um jedem fähigen und fleißigen Deutschen das Erreichen höherer Bildung und damit das Einrücken in führende Stellungen zu ermöglichen, hat der Staat für einen gründlichen Ausbau unseres gesamten Volksbildungswesens Sorge zu tragen. Die Lehrpläne aller Bildungsanstalten sind den Erfordernissen des praktischen Lebens anzupassen. Das Erfassen des Staatsgedankens muß bereits mit dem Beginn des Verständnisses durch die Schule (Staatsbürgerkunde) erzielt werden. Wir fordern die Ausbildung besonders veranlagter Kinder armer Eltern, ohne Rücksicht auf den Stand oder Beruf, auf Staatskosten."

21. Zu Gauleitern wurden die Lehrer Julius Streicher, Robert Wagner, Fritz Wächtler, Josef Wagner, Gustav Simon, Hans Schemm, Rudolf Jordan und Josef Bürckel erhoben. Erziehungsminister Rust war zunächst Studienrat. Die Volksschullehrer stellten also einen erheblichen Anteil für die Gauleiterschaft, um nur die oberste Funktionärsgruppe zu nennen; außerdem waren über die Hälfte der für die NSDAP tätigen „Schulungsleiter" von Beruf Lehrer (vgl. Dok. 77). Man darf demnach feststellen, daß die Pädagogen offenbar für die Ideologie anfällig waren. Das mag mit der unbefriedigenden Entwicklung des Lehrerstandes hinsichtlich seiner sozialen Integration zusammenhängen. Vgl. auch A. O. Schorb: Schule und Lehrer an der Zeitschwelle. Stuttgart 1962, S. 83.

22. In diesem Dokument finden sich fast alle nationalsozialistischen Klischees, die sich in der Sprache der Pädagogik besonders befremdlich

ausnehmen: Front, Ausrichtung, Einsatz, Lager, Brauchtum, Dienst, Volksdienst, Stoßtrupp, Kampfverbände, Kameradschaft und Glaube an die Sendung.

23. Neben diesem Werk vgl. auch Petersen-Schrepfer: Die Geographie vor neuen Aufgaben. Frankfurt/Main 1934, Verlag Diesterweg.

24. So wurden auch die Reklame-SA-Leute gemalt, die von dem Karikaturisten Hans Schweitzer stammten, der sich das Pseudonym „Mjoelnir" zugelegt hatte und ein intimer Freund von Goebbels war. Er verfertigte die wichtigsten Wahlplakate für die Partei. 1935 wurde er „Reichsbeauftragter für künstlerische Formgebung", und 1937 erhielt er den Titel Professor. Goebbels erwähnt ihn lobend in seinen Tagebüchern.

25. Adolf Hitler erlaubte sich, auf dem „Reichsparteitag der Ehre" (1936) zu sagen:

„Wenn heute eine weibliche Juristin noch so viel leistet und nebenan eine Mutter wohnt mit fünf, sechs, sieben Kindern, die alle gesund und gut erzogen sind, dann möchte ich sagen: Vom Standpunkt des ewigen Wertes unseres Volkes hat die Frau, die Kinder bekommen und erzogen hat und die unserem Volke damit das Leben in die Zukunft wieder geschenkt hat, mehr geleistet, mehr getan."

Das ist zugleich ein Beispiel für Hitlers Methode, Umstände zu verbinden, die nichts miteinander zu tun haben; er wählt einen häßlichen psychologischen Trick, die unverheiratete Juristin gegen die kinderreiche Mutter auszuspielen und soziale Abneigung gegen die studierte und besserbezahlte Frau wachzurufen, die meist als „bevölkerungspolitischer Blindgänger" galt.

Freilich steht die Juristin zugleich repräsentativ für ihren Berufsstand, den Hitler besonders verabscheute. Bei der letzten Reichstagssitzung am 26. April 1942 sagte er: „Ich werde nicht eher ruhen, bis jeder Deutsche einsieht, daß es eine Schande ist, Jurist zu sein." Vgl. dazu auch Hubert Schorn: Der Richter im Dritten Reich. Geschichte und Dokumente. Frankfurt/Main (1959).

26. Das Referat wurde gehalten auf der 1. Erzieherinnentagung des NSLB in Alexisbad vom 1. bis 3. Juni 1934. Das Schlußwort hielt dort Reichsleiter Staatsminister Hans Schemm, der Reichswalter des NSLB. In dem Referat von Auguste Reber-Gruber ist bemerkenswert, daß sie eine Ehrenrettung der Frau vorzunehmen versucht.

27. Der erste Reichsberufswettkampf fand vom 9. bis 15. April 1934 statt. Er wurde von der Arbeitsfront (DAF) und der Reichsjugendführung gemeinsam veranstaltet und am 8. April von Dr. Robert Ley in Köln eröffnet. Der zweite Reichsberufswettkampf fand vom 18. bis 23. März 1935 statt. Als Gestalter dieser Leistungsvergleiche tat sich der spätere Reichsjugendführer Artur Axmann, der Nachfolger Baldur von Schirachs, besonders hervor. (Vgl. Lit.-Verz. Nr. 4)

28. Das „Schwertwort" des Jungvolks lautete: Jungvolkjungen sind hart, schweigsam, tapfer und treu; des Jungvolkjungen Höchstes ist die Ehre; Jungvolkjungen sind Kameraden.

29. Konstantin Hierl, Oberst a. D., war seit dem 9. Juni 1932 Beauftragter Hitlers für den Arbeitsdienst. Am 31. März 1933 wurde er zum Staats-

sekretär für den Freiwilligen Arbeitsdienst im Reichsarbeitsministerium ernannt. Seit dem 15. Mai 1933 existierte eine Reichsführerschule für den Arbeitsdienst in Spandau.
30. Vgl. Paul Kluke: Nationalsozialistische Europaideologie, in: Vjh. f. Zg. 3/1955 und Heinz Wewer: Die HIAG der Waffen-SS, in: Frankfurter Hefte, Heft 7/1962.
31. Himmlers SS-Kampforden war eng mit den Spekulationen des Reichsbauernführers W. Darré verbunden, der eine „Erbblutkartei" der neuen politischen Elite angelegt hatte (33, 36).
32. Dies ist eine der typisch „scherzhaften" Ausdrucksweisen nationalsozialistischer Funktionäre, von denen auch die KZ-Praxis voll war. Über dem Vernichtungslager Auschwitz hatte der Kommandant, Rudolf Höß, den sinnigen Spruch anbringen lassen „Arbeit macht frei". An einem andern der greulichen Lager erschien die früher respektable Devise des preußischen schwarzen Adlerordens „Jedem das Seine". – Beim Abnehmen „behilflich" sein, heißt, jemandem die Mütze vom Kopf zu schlagen. Vgl. auch Anm. 4.
33. In einer Verlautbarung des schwedischen Außenministeriums vom 25. Juni 1941 war zunächst nachdrücklich betont worden, daß Schweden den Kriegführenden gegenüber seine Neutralität absolut zu halten gedenke. Angesichts der neuen Lage gab man jedoch den deutschen und finnischen Forderungen nach, Truppentransporte zwischen Norwegen und Finnland durch schwedisches Territorium auf dem Schienenwege zu gestatten.
34. Amtliche dänische Mitteilung über die Rückberufung des dänischen Gesandten aus Moskau vom 25. Juni 1941. Ein „Freikorps Danmark" rückte schon im August 1941 an die Ostfront ab.
35. Am 30. Januar 1941 vollzog der Reichsführer SS selbst in Oslo die Vereidigung der SS-Standarte „Nordland". Die Rede ist abgedruckt in Dokumente der deutschen Politik, 1941, Teil 2. Berlin 1944. S. 541 ff. Die norwegischen Freiwilligen sollten bei zweijähriger Verpflichtung für die SS neben der norwegischen Staatsangehörigkeit das deutsche Reichsbürgerrecht erhalten, bei aktiver Teilnahme am Kriege versprach man ihnen außerdem einen „Berechtigungsschein für einen bebauten Hof mit 25 bis 30 Hektar guten Bodens". Reichsführer SS Himmler wollte diese Menschen besonders „guten Blutes" nach dem „Endsiege" als „Wehrbauern" in den eroberten Osträumen ansiedeln. – Der norwegische Justizminister verfügte bezeichnenderweise am 22. Januar 1942 betr. den Einsatz freiwilliger norwegischer Staatsbürger an der Ostfront, daß noch nicht volljährige Norweger für den Eintritt in die Standarte „Nordland" oder in die Wehrmacht nicht die Erlaubnis ihrer Eltern oder Vormünder einzuholen brauchten. Die Romantik einer Fremdenlegion und das abenteuerliche Kriegserlebnis wirkte sich auf die jungen Skandinavier aus, ohne daß die Eltern den unreifen Entschlüssen ihrer Söhne gesetzlich entgegentreten konnten. Auch dies ist ein bezeichnendes nationalsozialistisches Verfahren, bedenkenlos neues „Menschenmaterial" für den großen militärischen Aderlaß an der Ostfront zu gewinnen; die einheimischen „Quislinge" halfen dabei rege mit.

Verzeichnis der Abkürzungen

BDF	=	Bund Deutscher Frontkämpfer
BDM	=	Bund Deutscher Mädel
BNSDJ	=	Bund nationalsozialistischer Deutscher Juristen
DAF	=	Deutsche Arbeitsfront
DBB	=	Deutscher Beamtenbund
DF	=	Deutsches Frauenwerk
Dinta	=	Deutsches Institut für nationalsozialistische und technische Arbeitsforschung und Schulung
DJ	=	Deutsches Jungvolk
DNB	=	Deutsches Nachrichtenbüro
HJ	=	Hitlerjugend
IMG	=	Internationaler Militärgerichtshof (siehe Lit.-Verz. Nr. 23)
JM	=	Jungmädel
JV	=	Jungvolk
KDAI	=	Kampfbund Deutscher Architekten und Ingenieure
KDF	=	Kraft durch Freude
KfDK	=	Kampfbund für Deutsche Kultur
NSDÄB	=	Nationalsozialistischer Deutscher Ärztebund
NSBO	=	Nationalsozialistische Betriebszellenorganisation
NSDAP	=	Nationalsozialistische Deutsche Arbeiterpartei
NSDSTB	=	Nationalsozialistischer Deutscher Studentenbund
NSFK	=	Nationalsozialistisches Fliegerkorps
NSKK	=	Nationalsozialistisches Kraftfahrkorps
NSKOV	=	Nationalsozialistische Kriegsopferversorgung
NSLB	=	Nationalsozialistischer Lehrerbund
NSV	=	Nationalsozialistische Volkswohlfahrt
OSAF	=	Oberste SA-Führung
PO	=	Politische Organisation
RAD	=	Reichsarbeitsdienst
RF	=	Reichsführung
RJF	=	Reichsjugendführung
RL	=	Reichsleitung
RFSS	=	Reichsführer SS
RSHA	=	Reichssicherheitshauptamt
SA	=	Sturmabteilung der NSDAP
SD	=	Sicherheitsdienst
SS	=	Schutzstaffeln der NSDAP
VB	=	Völkischer Beobachter (Hauptorgan der NSDAP)
WHW	=	Winterhilfswerk

Kalender der Jugendarbeit

1. 1. 1943 Jahr des Kriegseinsatzes der Hitler-Jugend
15. 9. 1942 Gründung des Europäischen Jugendverbandes in Wien
1. 1. 1942 Jahr des Landdienstes und Osteinsatzes
1. 1. 1941 Jahr der Aufbauarbeit in den neugewonnenen Gebieten
1. 10. 1940 Beginn der erweiterten Kinderlandverschickung für Jugend luftgefährdeter Gaue
7. 8. 1940 Artur Axmann Reichsjugendführer – Schirach Beauftragter des Führers
3. 8. 1940 Befreiung der deutschen Jugend von Elsaß und Lothringen
18. 5. 1940 Heimkehr der Jugend von Eupen und Malmedy
1. 1. 1940 Jahr der Bewährung – 99 Prozent aller HJ-Führer im Felde
30. 9. 1939 DNB-Meldung über den Kriegseinsatz von 1 091 000 HJ-Angehörigen in den ersten vier Kriegswochen
25. 3. 1939 Erlaß der Durchführungsbestimmungen zum Gesetz über die HJ
22. 3. 1939 Heimkehr der memelländischen HJ ins Reich
15. 3. 1939 Befreiung der volksdeutschen Jugend in Böhmen und Mähren durch Errichtung des Protektorates
1939 Jahr der Gesundheitspflicht
1. 10. 1938 Eingliederung der Sudetendeutschen Volksjugend
26. 8. 1938 HJ-Streifendienst, die Nachwuchs-Organisation der SS
30. 4. 1938 Jugendschutzgesetz
13. 3. 1938 Die HJ der Ostmark durch den Anschluß an die HJ des Großdeutschen Reichs aufgenommen
19. 1. 1938 Gründung des BDM-Werkes „Glaube und Schönheit"
1938 Jahr der Verständigung
1. 12. 1937 Verfügung des RJF über den Gesundheitsappell der deutschen Jugend im April eines jeden Jahres
5./6. 6. 1937 1. Reichssportwettkampf der HJ
1. 2. 1937 Übernahme des Leistungssports durch die HJ sowie Berufung des Reichssportführers zum Beauftragten für die Leibeserziehung der deutschen Jugend
18. 1. 1937 Verfügung des RJF über Führerzehnkampf der HJ
1937 Jahr der HJ-Heimbeschaffung
1. 12. 1936 Gesetz über die Hitler-Jugend
11. 9. 1936 Untergauwimpelweihe in Bamberg
18. 5. 1936 Beginn des 1. Reichsführerlagers in Braunschweig
1936 Jahr des Deutschen Jungvolks
Aug./Sept. 1935 1. Adolf-Hitler-Marsch nach Nürnberg
13. 7. 1935 Beginn des Deutschlandlagers
24. 1. 1935 Jungbannfahnenweihe in Marienburg
30. 11. 1934 Eingliederung der Turn- und Sportjugend
10. 11. 1934 Übernahme der Langemarckarbeit durch die HJ

7. 10. 1934	Übernahme der Artamanen in Güstrow in den Landdienst der HJ
15. 9. 1934	Bannfahnenweihe in München
24. 4. 1934	Endkämpfe des 1. Reichsberufswettkampfes in Berlin in den folgenden Jahren zur gleichen Zeit in Saarbrücken, Königsberg, München, Hamburg, Köln
24. 1. 1934	Bannfahnenweihe in Potsdam
19. 12. 1933	Eingliederung der Evangelischen Jugendverbände
8. 7. 1933	Einrichtung der Dienststelle Jugendführer des Deutschen Reichs
5. 4. 1933	Übernahme des Reichsausschusses der Deutschen Jugendverbände durch die Reichsjugendführung
30. 1. 1933	Adolf Hitler Reichskanzler
1. 10. 1932	Reichsjugendtag in Potsdam
13. 4. 1932	HJ-Verbot
Ostern 1932	Bannfahnenweihe in Braunschweig
30. 10. 1931	Baldur von Schirach Reichsjugendführer der NSDAP
1928	1. Reichstreffen in Bad Steben
3./4. 7. 1926	Gründung der HJ in Weimar
1923	NS-Arbeiterjugend in Wien gegründet
1922	Adolf Hitler gründet in München den „Nationalsozialistischen Jugendbund".

Die immatrikulierten Studierenden von 1928-1944

in Deutschland

Semester	Universitäten männ-lich	weib-lich	ins-gesamt
S.-S. 1928	71 234	12 052	83 286
W.-S. 1928/29	69 951	12 305	82 256
S.-S. 1932	80 442	18 315	98 757
W.-S. 1932/33	75 321	17 191	92 512
S.-S. 1933	72 613	16 210	88 823
W.-S. 1933/34	67 848	14 016	81 864
S.-S. 1934	59 922	11 866	71 788
W.-S. 1934/35	57 053	10 990	68 043
S.-S. 1935	47 272	9 645	56 917
W.-S. 1935/36	50 251	9 797	60 048
S.-S. 1936	44 096	8 376	52 472
W.-S. 1936/37	40 753	7 827	48 580
S.-S. 1937	37 431	6 941	44 372
W.-S. 1937/38	36 985	6 299	43 284
S.-S. 1938	35 063	5 920	40 983
W.-S. 1938/39	35 091	6 043	41 134
S.-S. 1939	34 868	5 777	40 645
Trimester 1939	23 249	5 447	28 696
1. Trimester 1940 . .	31 366	6 919	38 285
2. Trimester 1940 . .	22 548	7 772	30 320
3. Trimester 1940 . .	27 953	11 671	39 624
Trimester 1941 . . .	25 193	11 883	37 076
S.-S. 1941	21 029	12 941	33 970
W.-S. 1941/42	26 708	13 660	40 368
S.-S. 1942	23 025	17 383	40 408
W.-S. 1942/43	31 322	19 771	51 093
S.-S. 1943	27 337	25 009	52 346
W.-S. 1943/44	28 914	28 378	54 252

in: Statistisches Handbuch von Deutschland 1928–1944, München 1944, S. 622.

Aufbauplan der Hitler-Jugend

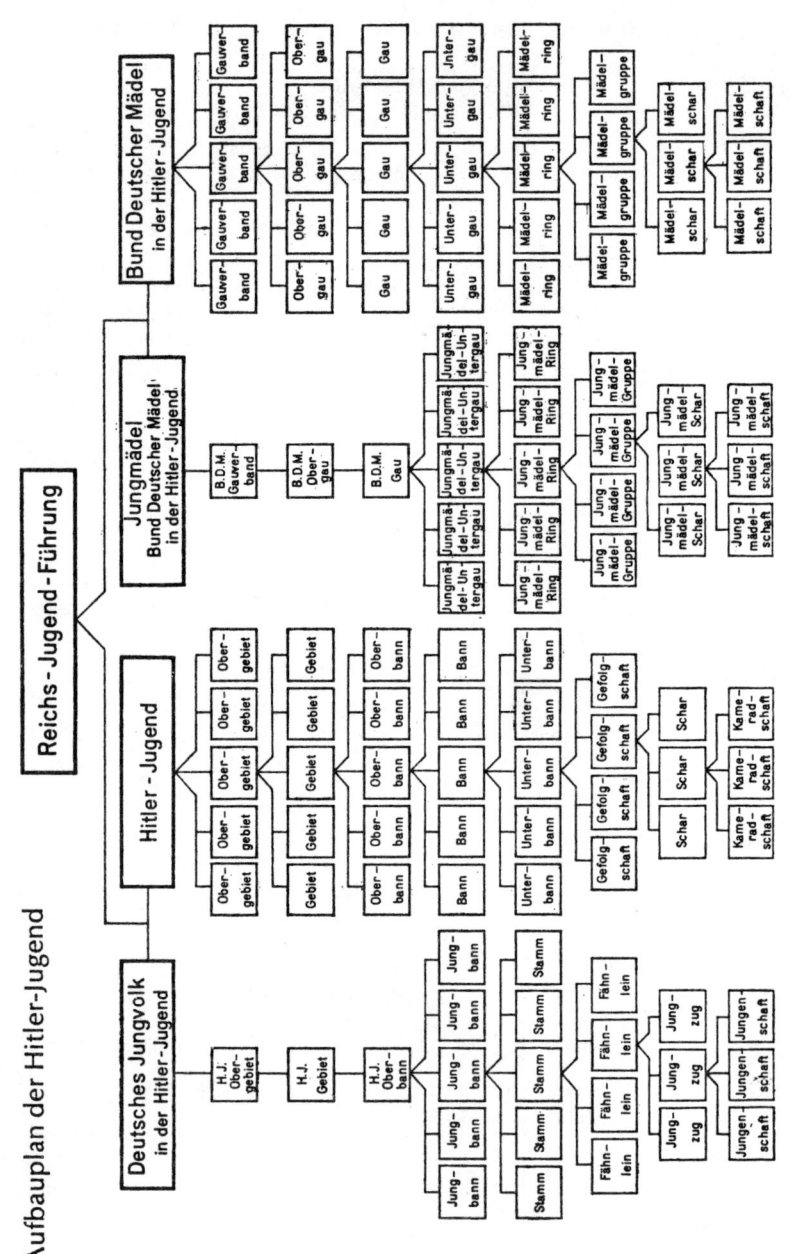

Die SS

(in: 69, 39)

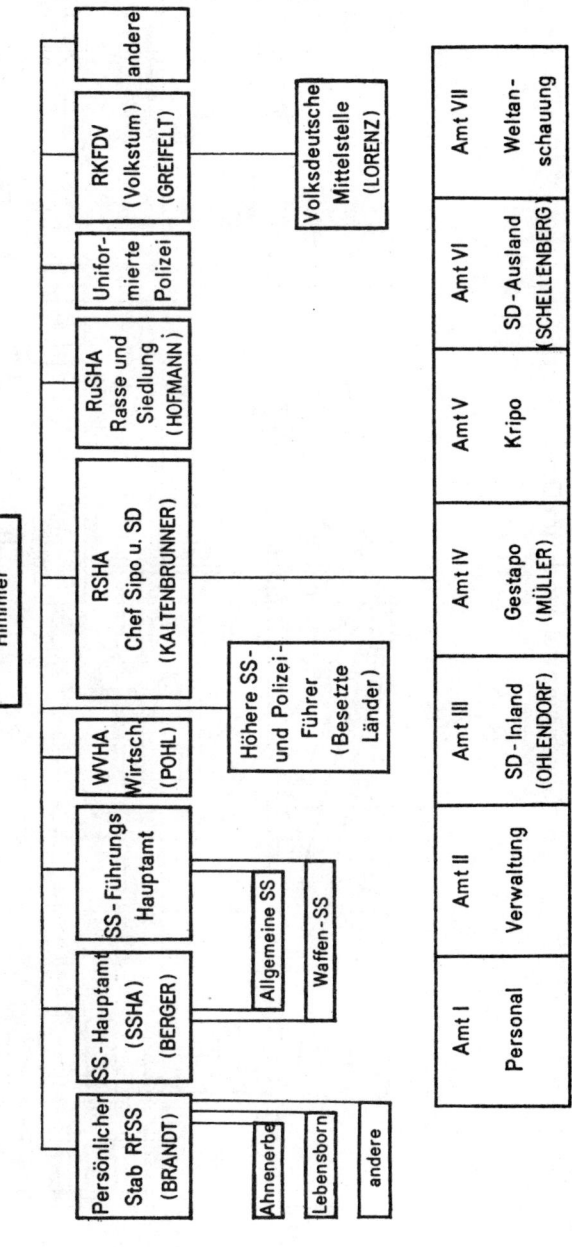

Die Gliederung der Macht im Dritten Reich

Das Ostproblem

(in: 69, 33)

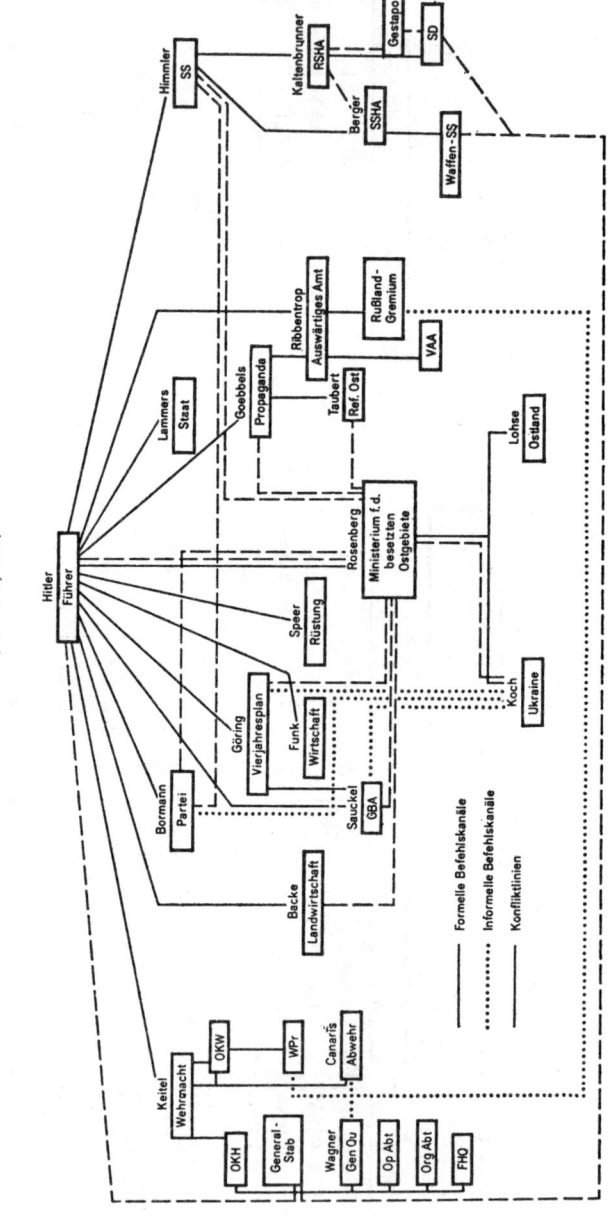

Deutsche Zivilverwaltung im besetzten Osten (in: 69, 104)

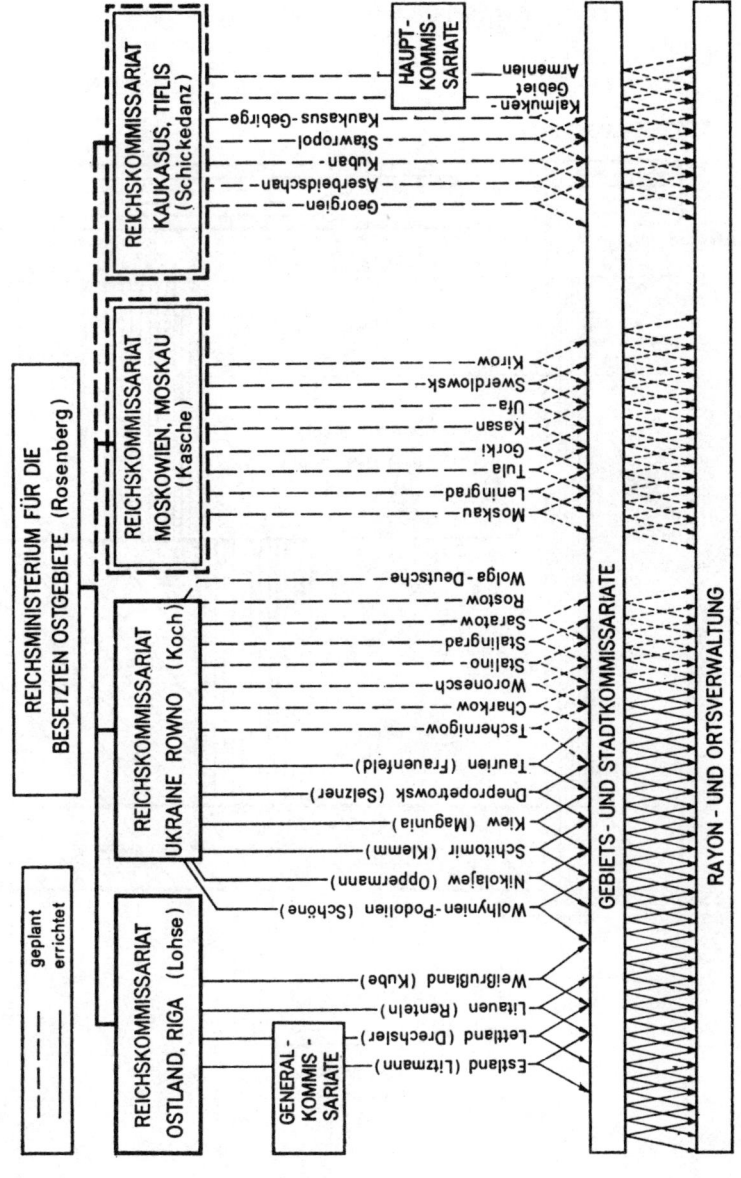

Schematischer Plan der künftigen Volkshierarchie
im Osten (in: 69, 289)

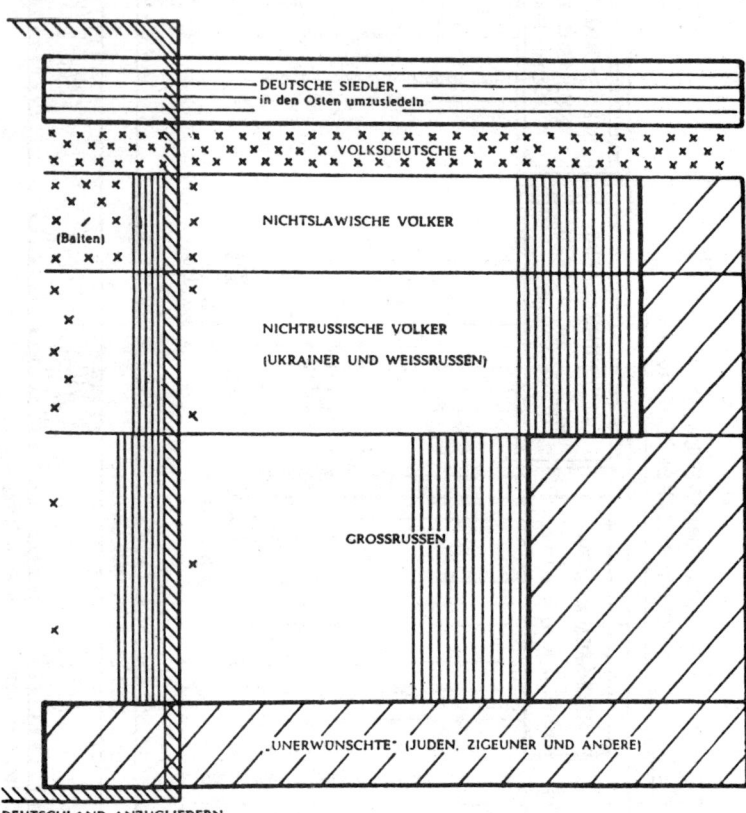

DEUTSCHE SIEDLER,
in den Osten umzusiedeln

VOLKSDEUTSCHE

NICHTSLAWISCHE VÖLKER

(Balten)

NICHTRUSSISCHE VÖLKER
(UKRAINER UND WEISSRUSSEN)

GROSSRUSSEN

"UNERWÜNSCHTE" (JUDEN, ZIGEUNER UND ANDERE)

DEUTSCHLAND ANZUGLIEDERN

- auszurotten
- weiter nach Osten umzusiedeln
- zu "germanisieren"

Bibliographie

Eine auch nur annähernd vollständige Bibliographie zur nationalsozialistischen Pädagogik soll nicht geboten werden. Zur Grundorientierung seien empfohlen:
Pädagogischer Handkatalog. Ein Wegweiser durch das seit 1933 erschienene Schrifttum und durch das wichtigste Schrifttum der Vorjahre auf dem Gebiete des Erziehungs- und Schulwesens. Osterwieck und Berlin 1937; Nationalsozialistische Bibliographie, hrsg.: Philipp Bouhler; darin besonders 4. Beiheft: Hochschulschrifttum, Verzeichnis von Dissertationen und Habilitationsschriften. Berlin 1942. – Zitiert wird durch zwei eingeklammerte Zahlen; die erste nennt die Nummer des Werks in dieser Bibliographie, die andere die betreffende Seite.

A. Quellen

1. Hitler, Adolf: Mein Kampf. 597. Auflage. München 1941. (Damalige Gesamtauflage: 7 Millionen Exemplare.)
2. d'Alquen, Gunter: Die SS. Geschichte, Aufgabe und Organisation der Schutzstaffeln der NSDAP. Berlin 1939.
3. Altrichter, Friedrich: Das Wesen der soldatischen Erziehung. Oldenburg 1938 [3].
4. Axmann, Artur: Der Reichsberufswettkampf. Berlin 1938.
5. Baeumler, Alfred: Literaturangaben siehe S. 92.
6. Beck, Friedrich Adolf: Geistige Grundlagen der neuen Erziehung, dargestellt aus der nationalsozialistischen Idee. Osterwieck 1933.
7. Benze, Rudolf: Erziehung im Großdeutschen Reich. Frankfurt 1943 [3] (weiterführende Bibliographie).
7a Benze, R.-Gräfer, G.: Erziehungsmächte und Erziehungshoheit im Großdeutschen Reich. Leipzig 1940.
8. Chamberlain, H. St.: Die Grundlagen des 19. Jahrhunderts. München 1938 [23].
9. Dietrich, Albert: Die Schule im Gefüge der nationalen Ordnung. München und Berlin 1940.
10. Decker, Will: Die politische Aufgabe des Arbeitsdienstes. Berlin 1937.
11. Deutsche Schulerziehung. Jahrbuch des Deutschen Zentralinstituts für Erziehung und Unterricht 1940. Bericht über die Entwicklung der deutschen Schule 1933–1939. Hrsg. von Rudolf Benze. Berlin 1940.
12. Dokumente der Deutschen Politik. Hrsgb. von Paul Meyer-Benneckenstein. Berlin 1936 ff.
13. Freudenthal, Herbert: Die deutsche Volksschule. Langensalza 1938.
14. Frick, Wilhelm: Kampfziel der deutschen Schule. Langensalza 1933.
15. Günther, Hans F. K.: Rassenkunde des deutschen Volkes. München 1939.
16. ders.: Führeradel durch Sippenpflege. München 1936.
17. Heydrich, Reinhard: Wandlungen unseres Kampfes. München 1937 [2].
18. Himmler, Heinrich: Die Schutzstaffel als antibolschewistische Kampforganisation. München 1938 [3].

19. Hofer, Walther: Der Nationalsozialismus. Dokumente 1933 bis 1945. Fischer-Bücherei, Bd. 172.
20. Hördt, Philipp: Grundformen volkhafter Bildung. Frankfurt/M. 1932.
21. ders.: Der Durchbruch der Volkheit und die Schule. Leipzig 1932.
22. ders.: Ernst Krieck. Volk als Schicksal und Aufgabe. Heidelberg 1932.
23. Internationaler Militärgerichtshof: Prozeß gegen die Hauptkriegsverbrecher. Nürnberg 1947. 42 Bde.
24. Kaufmann, Günter: Das kommende Deutschland. Die Erziehung der Jugend im Reich Adolf Hitlers. Berlin 1943[3].
25. Klagges, Diedrich: Idee und System. Grundfragen nationalsozialistischer Weltanschauung. Leipzig 1934.
26. Krieck, Ernst: Siehe Seite 95 f.
27. v. Leers, Johann: Blut und Rasse in der Gesetzgebung. München 1936.
28. Nationalpolitische Lehrgänge für Schüler. Denkschrift des Oberpräsidenten der Rheinprovinz. Frankfurt/M. 1935.
29. Organisationsbuch der NSDAP. München 1943[7].
30. Picker, Henry: Hitlers Tischgespräche im Führerhauptquartier 1941 bis 1942. Freiburg 1951.
31. Pimpf im Dienst. Ein Handbuch für das Deutsche Jungvolk in der HJ. Hrsgb. von der Reichsjugendführung. Potsdam 1938.
32. Pospieszalski, K. M.: Hitlerowskie „Prawo" okupacyjne w Polsce. Poznan 1952. Documenta occupationis, V.
33. Rauschning, Hermann: Gespräche mit Hitler. Zürich - Wien - New York 1940.
34. Rosenberg, Alfred: Der Mythus des 20. Jahrhunderts. Eine Wertung der seelisch-geistigen Gestaltenkämpfe in unserer Zeit. München 1941. (Damalige Gesamtauflage 950 000 Exempl.)
35. Rüdiger, Jutta: Der Bund deutscher Mädel in der Hitlerjugend. Berlin 1939.
36. Scheel, Gustav Adolf: Die Reichsstudentenführung. Berlin 1938.
37. Schirach, Baldur: Die Hitler-Jugend. Idee und Gestalt. Berlin 1934.
38. ders.: Revolution der Erziehung. München 1939[2].
39. Scholtz-Klink, Gertrud: Verpflichtung und Aufgabe der Frau im nationalsozialistischen Staat. Berlin 1936.
40. Stellrecht, Helmut: Neue Erziehung. Berlin 1942.
41. Usadel, Georg: Zucht und Ordnung. Hamburg 1935.
42. Zimmermann, Karl: Deutsche Geschichte als Rassenschicksal. Leipzig 1934[5].

Zeitschriften

43. Nationalsozialistische Monatshefte. Hrsgb. von Alfred Rosenberg; München.
44. Deutsche Wissenschaft, Erziehung und Volksbildung. Amtsblatt des Reichsministeriums für Wissenschaft, Erziehung und Volksbildung und der Unterrichtsverwaltungen der anderen Länder. Berlin.
45. Deutsche Volkserziehung. Frankfurt/Main.

46. Weltanschauung und Schule. Berlin.
47. Nationalsozialistisches Bildungswesen. München.
48. Der Deutsche Erzieher. Reichszeitung des Nationalsozialistischen Lehrerbundes. Bayreuth.
49. Nationalsozialistische Mädchenerziehung. München.
50. Internationale Zeitschrift für Erziehung. Berlin.
51. Die Schule im Volk. Frankfurt/Main.
52. Die deutsche Volksschule. München.
53. Die neue deutsche Schule. Frankfurt/M.
54. Der deutsche Volkserzieher. Osterwieck.
55. Die deutsche Schule. Leipzig.
56. Die Scholle. Ansbach.
57. Volk im Werden. Leipzig.
58. Geist der Zeit. Berlin.
59. Der Schulungsbrief. Berlin.
60. Neues Volk. Blätter des Rassenpolitischen Amtes der NSDAP. Berlin.
61. Das Schwarze Korps. Berlin.
62. Das junge Deutschland. Amtliches Organ des Jugendführers des Deutschen Reiches. München.
63. Wille und Macht. Führerorgan der nationalsozialistischen Jugend. München.

B. Literatur

Hier werden nur solche Schriften erwähnt, in denen sich Ansätze zur Pädagogik des Nationalsozialismus finden und die damit über den bisherigen Stand der Diskussion orientieren.

64. Arendt, Hannah: Elemente und Ursprünge totaler Herrschaft (Frankfurt 1954).
65. Adorno, Theodor W.: Was bedeutet: Aufarbeitung der Vergangenheit? in: Th. W. Adorno: Eingriffe (Frankfurt 1963).
66. Botjer, Horst: Das Geschichtsbild des Nationalsozialismus. Dargestellt an Hitlers Mein Kampf und Rosenbergs Mythus des 20. Jahrhunderts. Unveröffentlichte Examensarbeit 1963 Oldenburg (Archiv d. Päd. Hochschule).
67. Brauel, Horst: Die Nationalpolitischen Erziehungsanstalten im Erziehungssystem des nationalsozialistischen Staates. Unveröffentlichte Examensarbeit, Hamburg 1960 (Archiv der Schulbehörde).
68. Buchheim, Hans, u. a.: Der Führer ins Nichts: Eine Diagnose Adolf Hitlers. (Rastatt - Baden, 1960.)
69. Dallin, Alexander: Deutsche Herrschaft in Rußland 1941–1945. Eine Studie über Besatzungspolitik. Düsseldorf (1958).
70. Fette, Marlis: Die nationalsozialistische Erziehungs- und Schulpolitik im Dienste des totalitären Staates. Unveröffentlichte Examensarbeit Hamburg 1959 (Archiv der Schulbehörde).
71. Friedrich, Carl-Joachim: Totalitäre Diktatur (Stuttgart 1957).
72. Gamm, Hans-Jochen: Der braune Kult. Das Dritte Reich und seine Ersatzreligion. Ein Beitrag zur politischen Bildung. Hamburg 1962.

73. ders.: Der Flüsterwitz im Dritten Reich. München 1963.
74. Gutachten des Instituts für Zeitgeschichte. München 1958.
75. Henningsen, Jürgen: Bildsamkeit, Sprache und Nationalsozialismus. Essen (1963).
76. Klönne, Arno: Hitlerjugend. Die Jugend und ihre Organisation im Dritten Reich. Hannover und Frankfurt/M. 1957.
77. ders.: Gegen den Strom. Ein Bericht über Jugendopposition im Dritten Reich. 1957.
78. Kneller, George: The educational Philosophy of National Socialism. New Haven: Yale University Press 1941.
79. Kogon, Eugen: Der SS-Staat. Das System der deutschen Konzentrationslager. Frankfurt/M. (1960). (1. Aufl. 1946.)
80. Lange, M. G.: Totalitäre Erziehung. Das Erziehungssystem der Sowjetzone Deutschlands. Frankfurt 1954.
81. Lehmann, Wolfgang: Das Bild des Zöglings im Werk Martin Bubers und Alfred Baeumlers. Ein pädagogisch-politischer Vergleich. Examensarbeit Oldenburg 1963 (Archiv d. Päd. Hochschule).
82. Maschmann, Melita: Fazit. Kein Rechtfertigungsversuch. (Stuttgart 1963.)
83. Mitscherlich, A., u. Milke, F.: Medizin ohne Menschlichkeit. Dokumente des Nürnberger Ärzteprozesses. Fischer-Bücherei, Bd. 332.
84. Neumann, Franz: Behemoth. The Structure and Practice of National Socialism. 1933–1944. New York Oxford (University Press), 1944.
85. Neusüss, Hunkel; Ermenhild: Die SS. Hannover und Frankfurt 1956.
86. Niekisch, Ernst: Das Reich der niederen Dämonen. Hamburg (1953).
87. Niethammer, Arnolf: Ernst Kriecks Bildungstheorie und die Elemente „Totaler Erziehung". Tübingen 1959. Diss. phil.
88. Oetinger, Friedrich: Wendepunkt der politischen Erziehung. Partnerschaft als pädagogische Aufgabe. Stuttgart 1951.
89. Olfermann, Irmgard: Ernst Kriecks „Menschenformung" und der Begriff der Zucht. Examensarbeit Oldenburg 1963 (Archiv der Päd. Hochschule).
90. Paetel, Karl O.: Das Bild vom Menschen in der deutschen Jugendführung. Bad Godesberg (1954).
91. Picard, Max: Hitler in uns selbst. Erlenbach-Zürich (o. J., 3. Aufl.).
92. Pousson, L. B.: The Totalitarian Philosophy of Education. (The Catholic University of America Press Washington D. C. 1944.)
93. Saller, Karl: Die Rassenlehre des Nationalsozialismus in Wissenschaft und Propaganda. Darmstadt (1961).
94. Sauberzweig, Dieter: Die Hochschulen im Dritten Reich. in: Die Zeit, 10. März 1961.
95. Schonauer, Franz: Deutsche Literatur im Dritten Reich. Versuch einer Darstellung in polemisch-didaktischer Absicht. Olten u. Freiburg (1961).
96. Stippel, Fritz: Die Zerstörung der Person. Kritische Studien zur nationalsozialistischen Pädagogik. Donauwörth (1957).
97. Strothmann, Dietrich: Nationalsozialistische Literaturpolitik. Ein Beitrag zur Publizistik im Dritten Reich. Bonn 1960.
98. Tazerout, M.: L'éducation vitaliste. Paris 1946.

99. Wilhelm, Theodor: Pädagogik der Gegenwart. Stuttgart (1960²).
100. Wohlfeil, Annerose: Nationalsozialistische Frauenbildung. Oldenburg Examensarbeit 1963 (Archiv d. Päd. Hochschule).
101. Ziemer, Gregor: Education for Death. (New York: Oxford University Press. 1941)
102. Eilers, Rolf: Die nationalsozialistische Schulpolitik. Eine Studie zur Funktion der Erziehung im totalitären Staat. Köln und Opladen 1963. In: Staat und Politik, Bd. 4.
103. Roessler, Wilhelm: Jugend im Erziehungsfeld. Düsseldorf (1957).
104. Rödling, Ingeborg M.: Die Soziologie des Nationalsozialismus in ihrer Auswirkung auf die Erziehung. Diss. phil. München 1952.
105. Döpp-Vorwald, Heinrich: Erziehungswissenschaft und Philosophie der Erziehung. Berlin 1941.
106. Fest, Joachim C.: Das Gesicht des Dritten Reiches. Profile einer totalitären Herrschaft. München (1963).
107. Buchheim, Max: Arbeitsmaterial zur Gegenwartskunde. Hannover (1962²).
108. Griesbach, Ernst: Die Erziehungswissenschaft Ernst Kriecks und ihre weltanschaulichen Grundlagen. Würzburg 1951. Diss. phil.
109. Bracher/Sauer/Schulz: Die nationalsozialistische. Machtergreifung. Studien zur Errichtung des totalitären Herrschaftssystems in Deutschland 1933/34. Köln und Opladen 1962².
110. Plessner, Helmuth: Die verspätete Nation. Über die politische Verführbarkeit bürgerlichen Geistes. (Stuttgart 1959).

Ergänzungsbibliographie 1984

Ackermann, J.: Heinrich Himmler als Ideologe. Göttingen 1970
Adam, U.-D.: Hochschule und Nationalsozialismus. Die Universität Tübingen im Dritten Reich. Tübingen 1977
ders.: Judenpolitik im Dritten Reich. Düsseldorf 1972
Arbeitsgruppe Pädagogisches Museum (Hg.): Heil Hitler, Herr Lehrer. Volksschule 1933–1945. Das Beispiel Berlin. Reinbek 1983
Arendt, H.: Eichmann in Jerusalem. München 1964
Assel, H.-G.: Die Perversion der politischen Pädagogik im Nationalsozialismus. München 1969
Bernett, H.: Nationalsozialistische Leibeserziehung. Eine Dokumentation ihrer Theorie und Organisation. Schorndorf 1966
Beyerchen, A.: Wissenschaftler unter Hitler. Köln 1980
Bleuel, H.-P./Klinnert, E.: Deutsche Studenten auf dem Weg ins Dritte Reich. Ideologien, Programme, Aktionen 1918–1935. Gütersloh 1967
Bleuel, H.-P.: Deutschlands Bekenner. Professoren zwischen Kaiserreich und Diktatur. Bern/München/Wien 1968
ders.: Das saubere Reich. Theorie und Praxis des sittlichen Lebens im Dritten Reich. Bern/München/Wien 1972
Bölling, R.: Volksschullehrer und Politik. Der Deutsche Lehrerverein 1918–1933. Göttingen 1978

481

Bollmus, R.: Das Amt Rosenberg und seine Gegner. Studien zum Machtkampf im nationalsozialistischen Herrschaftssystem. Stuttgart 1970
Bracher, K.-D.: Die deutsche Diktatur. Köln/Berlin 1980
Bracher, K.-D. u. a.: Die nationalsozialistische Machtergreifung. Studien zur Errichtung des totalitären Herrschaftssystems in Deutschland 1933/34. Köln 1962
Brenner, H.: Die Kunstpolitik des Nationalsozialismus. Reinbek 1963
Broszat, M.: Der Stab Hitlers: Grundlegung und Entwicklung seiner inneren Verfassung. München 1969
ders.: Hitler und die Genesis der „Endlösung". In: Vierteljahrshefte für Zeitgeschichte 25, 1977. S. 739 bis 775
Buchholz, W.: Die NS-Gemeinschaft „Kraft durch Freude". München Diss. Phil. 1976
Conway, J. S.: Die nationalsozialistische Kirchenpolitik 1933–1945. Ihre Ziele, Widersprüche und Fehlschläge. München 1969
Dawidowicz, L.: Der Krieg gegen die Juden 1933–1945. München 1979
Demeter, K.: Das deutsche Offizierkorps in Gesellschaft und Staat 1650 bis 1945. Frankfurt 1962
Denkler, H./Prümm, K. (Hg.): Die deutsche Literatur im Dritten Reich. Themen, Traditionen, Wirkungen. Stuttgart 1976
Deutsches Geistesleben und Nationalsozialismus. Eine Vortragsreihe der Universität Tübingen. Tübingen 1965
Dickopp, K.-H.: Systemanalyse nationalsozialistischer Erziehung. Ratingen 1971
Ehrhardt, J.: Erziehungsdenken und Erziehungspraxis des Nationalsozialismus. Berlin Diss. Phil. 1968
Eilers, R.: Die nationalsozialistische Schulpolitik. Eine Studie zur Funktion der Erziehung im totalitären Staat. Köln 1963
Faust, A.: Der Nationalsozialistische Deutsche Studentenbund. Studenten und Nationalsozialismus in der Weimarer Republik. 2 Bde. Düsseldorf 1973
Feidel-Mertz, H. (Hg.): Schulen im Exil. Die verdrängte Pädagogik nach 1933. Reinbek 1983
Feiten, W.: Der Nationalsozialistische Lehrerbund. Entwicklung und Organisation. Ein Beitrag zum Aufbau und zur Organisationsstruktur des nationalsozialistischen Herrschaftssystems. Weinheim 1981
Flessau, K.-I.: Schule der Diktatur. Lehrpläne und Schulbücher des Nationalsozialismus. München 1977
Friedrich, Th. (Hg.): Das Vorspiel. Die Bücherverbrennung am 10. Mai 1933. Verlauf, Folgen, Nachwirkungen. Berlin 1983
Gamm, H.-J.: Dreißig Jahre Befreiung vom Faschismus und die bundesdeutsche Erziehungswissenschaft. In: Demokratische Erziehung. 1. Jg. 1975, H. 3. S. 74–79
ders.: Der gewöhnliche Faschismus. Über die Bedrohlichkeit von Stereotypen und die Rolle der Bildung. In: Neue Praxis. Kritische Zeitschrift für Sozialarbeit und Sozialpädagogik. 13. Jg. 1983. H. 4. S. 323–333
ders.: Der Faschismuskomplex und die Sonderpädagogik. In: Zeitschrift für Heilpädagogik. 34. Jg. 1983. H. 12. S. 789–797
ders.: Von der faschistischen Erziehung zur Pädagogik des Widerstands. In: Dick, L. v. (Hg.): Lernen in der Friedensbewegung. Weinheim/Basel 1984. S. 25–36
Gersdorff, U. v.: Frauen im Kriegsdienst 1914 bis 1945. Stuttgart 1969
Günther, U.: Die Schulmusikerziehung von der Kestenberg-Reform bis zum Ende des Dritten Reiches. Darmstadt 1967

Hamburger, F.: Lehrer zwischen Kaiser und Führer. Der Deutsche Philologenverband in der Weimarer Republik. Eine Untersuchung zur Sozialgeschichte der Lehrerorganisationen. Heidelberg Diss. Phil. 1974

Haug, W. F.: Der hilflose Antifaschismus. Zur Kritik der Vorlesungsreihen über Wissenschaft und NS an deutschen Universitäten. Frankfurt 1967

Heiber, H.: Walter Frank und sein Reichsinstitut für Geschichte des neuen Deutschlands. Stuttgart 1966

Heinemann, M. (Hg.): Erziehung und Schulung im Dritten Reich. Bd. 1: Kindergarten, Schule, Jugend, Berufserziehung. Bd. 2: Hochschule, Erwachsenenbildung. Stuttgart 1980

Henkys, R.: Die nationalsozialistischen Gewaltverbrechen. Geschichte und Gericht. Stuttgart 1964

Hennig, E.: Thesen zur deutschen Sozial- und Wirtschaftsgeschichte 1933 bis 1938. Frankfurt 1973

ders.: Bürgerliche Gesellschaft und Faschismus in Deutschland. Ein Forschungsbericht. Frankfurt 1977

Höhne, H.: Der Orden unter dem Totenkopf. Die Geschichte der SS. Gütersloh 1967

Hofer, W. (Hg.): Der Nationalsozialismus. Dokumente 1933–1945. Frankfurt 1971

Hüttenberger, P.: Die Gauleiter. Studie zum Wandel des Machtgefüges in der NSDAP. Stuttgart 1969

Joch, W.: Theorie einer politischen Pädagogik. Alfred Baeumlers Beitrag zur Pädagogik des Nationalsozialismus. Bern/Frankfurt 1971

Kadritzke, N.: Faschismus und Krise. Zum Verhältnis von Politik und Ökonomie im Nationalsozialismus. Frankfurt 1976

Kater, M. H.: Das „Ahnenerbe" der SS. Ein Beitrag zur Kulturpolitik des Dritten Reiches. Stuttgart 1974

ders.: Studentenschaft und Rechtsradikalismus in Deutschland 1918–1933. Eine sozialgeschichtliche Studie zur Bildungskrise in der Weimarer Republik. Hamburg 1975

Keim, H./Urbach, D.: Volksbildung in Deutschland 1933 bis 1945. Einführung und Dokumente. Braunschweig 1976

Ketelsen, U.-K.: Völkisch-nationale und nationalsozialistische Literatur in Deutschland 1890–1945. Stuttgart 1976

Kipp, M./Miller, G.: Berufserziehung im Dritten Reich. In: Schule und Erziehung VI. Reformpädagogik und Berufspädagogik. Argument Sonderband 21. Berlin 1978. S. 248 bis 266

Klaus, M.: Mädchen in der Hitler-Jugend. Köln 1980

Klönne, A.: Jugend im Dritten Reich. Die Hitler-Jugend und ihre Gegner. Düsseldorf 1982

Kogon, E. (Hg.): Nationalsozialistische Massentötungen durch Giftgas. Eine Dokumentation. Frankfurt 1983

Krause-Vilmar, D. (Hg.): Lehrerschaft, Republik und Faschismus. Beiträge zur Geschichte der organisierten Lehrerschaft in der Weimarer Republik. Köln 1978

Kühnl, R.: Faschismustheorien. Texte zur Faschismusdiskussion 2. Ein Leitfaden. Reinbek 1979

ders.: Formen bürgerlicher Herrschaft. Liberalismus – Faschismus. Reinbek 1976

ders.: Texte zur Faschismusdiskussion I. Positionen und Kontroversen. Reinbek 1977

ders.: Der deutsche Faschismus in Quellen und Dokumenten. Köln 1975
Kunert, H.: Deutsche Reformpädagogik und Faschismus. Hannover 1973
Lingelbach, K. C.: Erziehung und Erziehungstheorien im nationalsozialistischen Deutschland. Weinheim 1970
Losemann, V.: Nationalsozialismus und Antike. Studien zur Entwicklung des Faches Alte Geschichte 1933–1945. Hamburg 1977
Lück, M.: Die gesellschaftliche Stellung der Frau im Nationalsozialismus. Eine Analyse aus pädagogischer Sicht. Essen Diss. Phil. 1977
Lutzhöft, H.-J.: Der Nordische Gedanke in Deutschland 1920–1940. Stuttgart 1971
Mager, B.: Arbeitserziehung im Faschismus. In: Monumenta Paedagogica IX, 2. Berlin/DDR 1971. S. 125 bis 152
Markmann, H.-J.: Der deutsche Widerstand gegen den Nationalsozialismus. Berlin 1981
Mason, T.: Arbeiterklasse und Volksgemeinschaft. Opladen 1975
Messerschmidt, M.: Die Wehrmacht im NS-Staat. Zeit der Indoktrination. Hamburg 1969
Mosse, G.: Der Nationalsozialistische Alltag. So lebte man unter Hitler. Königstein 1978
Müller, G.: Ernst Krieck und die nationalsozialistische Wissenschaftsreform. Motive und Tendenzen einer Wissenschaftslehre und Hochschulreform im Dritten Reich. Weinheim 1978
Nemitz, R.: Die Erziehung des faschistischen Subjekts. Argument Sonderbände 60/62. Berlin 1980
Neumann, F.: Behemoth. Struktur und Praxis des Nationalsozialismus 1933–1944. Köln 1977
Nolte, E. (Hg.): Theorien über den Faschismus. Köln/Berlin 1967
Nolte, E.: Der Faschismus in seiner Epoche. München 1971
ders.: Die faschistischen Bewegungen. Die Krise des liberalen Systems und die Entwicklung der Faschismen. München 1975
Nyssen, E.: Schule im Nationalsozialismus, Heidelberg 1979
Ottweiler, O.: Die Volksschule im Nationalsozialismus. Weinheim 1979
Peukert, D.: Volksgenossen und Gemeinschaftsfremde. Anpassung, Ausmerze und Aufbegehren unter dem Nationalsozialismus. Köln 1982
ders. (Hg.): Die Reihen fest geschlossen. Beiträge zur Geschichte des Alltags unterm Nationalsozialismus. Wuppertal 1981
Poliakov, L./Wulf, J.: Das Dritte Reich und seine Denker. Dokumente. Berlin 1955
Reichardt, H. J.: Die Deutsche Arbeitsfront. Berlin Diss. Phil. 1956
Rothfels, H.: Die deutsche Opposition gegen Hitler. Frankfurt 1977
Ruppelt, G.: Schiller im nationalsozialistischen Deutschland. Ein Versuch einer Gleichschaltung. Stuttgart 1979
Seubert, R.: Berufserziehung und Nationalsozialismus. Das berufspädagogische Erbe und seine Betreuer. Weinheim 1977
Schäfer, H. D.: Das gespaltene Bewußtsein. Über deutsche Kultur und Lebenswirklichkeit 1933 bis 1945. München 1981
Schirach, B. v.: Ich glaubte an Hitler. Hamburg 1967
Scholtz, H.: Nationalsozialistische Ausleseschulen. Internatsschulen als Herrschaftsmittel des Führerstaates. Göttingen 1973
Schulz, G.: Aufstieg des Nationalsozialismus. Krise und Revolution in Deutschland. Frankfurt 1975

Steinbach, L.: Ein Volk, ein Reich, ein Glaube? Ehemalige Nationalsozialisten und Zeitzeugen berichten über ihr Leben im Dritten Reich. Berlin 1983

Steinhaus, H.: Hitlers pädagogische Maximen: „Mein Kampf" und die Destruktion der Erziehung im Nationalsozialismus. Frankfurt 1981

Stolleis, M.: Gemeinwohlformeln im nationalsozialistischen Recht. Berlin 1974

Stollmann, R.: Ästhetisierung der Politik. Studien zum subjektiven Faschismus. Stuttgart 1978

Vondung, K.: Magie und Manipulation. Ideologischer Kult und politische Religion des Nationalsozialismus. Göttingen 1971

Winkler, H. A.: Revolution, Staat, Faschismus. Göttingen 1978

Wippermann, W.: Faschismustheorien. Darmstadt 1972

Wistrich, R.: Wer war wer im Dritten Reich? (Aus dem Englischen.) München 1983

Zipfel, F.: Kirchenkampf in Deutschland. Religionsverfolgung und Selbstbehauptung der Kirchen in der nationalsozialistischen Zeit. Berlin 1965

Namenregister

Sachregister

490

LIST BIBLIOTHEK

T. E. Lawrence
UNTER DEM PRÄGESTOCK
240 Seiten, gebunden

Robert von Ranke Graves
ICH, CLAUDIUS, KAISER UND GOTT
360 Seiten, gebunden

Kenneth Roberts
NORDWEST-PASSAGE
Roman.
640 Seiten, gebunden

C. V. Wedgwood
DER DREISSIGJÄHRIGE KRIEG
520 Seiten, gebunden

LIST

LIST BIBLIOTHEK

Edward Crankshaw
BISMARCK
250 Seiten, gebunden

Johannes Gaitanides
GRIECHENLAND OHNE SÄULEN
320 Seiten, gebunden

Rudolf Hagelstange
SPIELBALL DER GÖTTER
Aufzeichnungen eines trojanischen Prinzen.
Roman.
346 Seiten, gebunden

LIST

Tom Bower

VERSCHWÖRUNG PAPERCLIP

NS-Wissenschaftler im Dienst der Siegermächte.
Aus dem Englischen von Volkhard Matyssek.
Gebunden. 400 Seiten

Ein düsteres und geheimnisumwittertes Kapitel der
Nachkriegsgeschichte sind heute noch die Umstände,
unter denen NS-Wissenschaftler und Kriegsverbrecher
unmittelbar nach Kriegsende in den Dienst der Siegermächte treten konnten.

„*Verschwörung Paperclip* ist ein Buch, das beweist, daß
die Moral der Sieger einer genauso gründlichen Überprüfung bedarf wie die der Besiegten."

Dublin Evening Press

LIST